道路工程常用混凝土实用技术手册

李继业　刘福臣　林世乐　主编
张　峰　黄怀峰　副主编

中国建材工业出版社

图书在版编目（CIP）数据

道路工程常用混凝土实用技术手册/李继业　刘福臣，
林世乐主编．—北京：中国建材工业出版社，2008.1
ISBN 978-7-80227-349-8

Ⅰ．道…　Ⅱ．①李…②刘…③林…　Ⅲ．道路工程—水泥
混凝土路面—技术手册　Ⅳ．U416.216-62

中国版本图书馆 CIP 数据核字（2007）第 179182 号

内　容　简　介

本书比较全面、系统地介绍了一般道路工程和城市道路工程常用混凝土的发展概况、原材料组成、配合比设计、施工工艺及其他方面。实际上在道路工程中所用的混凝土种类很多，但由于篇幅的原因，本书只主要介绍了高性能混凝土、道路水泥混凝土、道路沥青混凝土、道路碾压混凝土、道路耐磨混凝土、道路透水性混凝土、路面彩色混凝土、聚合物混凝土、纤维增强混凝土等。

本书具有较强的实用性，特别适合设计和施工单位在工程中应用，既可供道路工程和城市道路工程等领域的工程技术人员参考，也可作为其他建筑行业和高等院校相关专业的辅助教材或参考资料。

道路工程常用混凝土实用技术手册
李继业　刘福臣　林世乐　主编
张　峰　黄怀峰　副主编

出版发行：中国建材工业出版社
地　　址：北京市西城区车公庄大街 6 号
邮　　编：100044
经　　销：全国各地新华书店
印　　刷：北京鑫正大印刷有限公司
开　　本：787mm × 1092mm　1/16
印　　张：22.75
字　　数：566 千字
版　　次：2008 年 1 月第 1 版
印　　次：2008 年 1 月第 1 次
书　　号：ISBN 978-7-80227-349-8
定　　价：41.00 元

本社网址：www.jccbs.com.cn
本书如出现印装质量问题，由我社发行部负责调换。联系电话：（010）88386906

前　言

21 世纪是我国国民经济发展的重要阶段，也是全面推进交通新的跨越式发展的关键时期。根据我国的基本国情，交通部提出了我国交通发展的宏伟蓝图，即：2010 年前东部地区基本形成高速公路网，国省干线公路等级全面提高，农村公路交通条件得到明显改善。再经过 15 年的努力，全国基本形成国家高速公路网。

在 2006 年全国交通工作会议上，新任交通部部长李盛霖同志指出：“十一五”交通工作的总体要求是以邓小平理论和“三个代表”重要思想为指导，以科学发展观统领交通工作全局，不断提高交通发展的全面性、协调性和可持续性，推进交通改革，建设便捷、通畅、高效、安全的公路交通运输体系，促进经济社会全面、协调、可持续发展。

“十一五”期间公路发展的具体目标是：进一步完善公路网络，发挥路网整体效率；全国公路总里程将达到 230 万 km，五年增加 38 万 km；高速公路里程达 6. 5 万 km，五年增加 2. 4 万 km；继续完善国省干线公路网络，提高技术等级，二级及二级以上公路里程达 45 万 km，五年增加 13 万 km；县乡公路达 180 万 km，五年增加 30 多万 km，新改建农村公路 120 万 km。由此可见，我国的公路工程建设任重而道远。

根据有关专家预测，到 21 世纪以后的更长一个时期，混凝土材料必然仍是现代公路和城市道路建设的主要建筑材料。随着高速、高等级道路对道路工程功能从高从新要求，对道路工程常用混凝土也提出了一系列更高更新的要求。

工程实践证明，用于道路工程的混凝土的种类很多，各自具有其独特的技术性能和施工方法，又分别适用于某一场合和环境。随着我国交通事业和城市建设规模的不断扩大，有些道路常用混凝土技术与施工工艺已在工程中广泛应用，并积累了丰富的施工经验；有些道路常用混凝土技术与施工工艺正处于探索和研究阶段，纵观其未来，它们都具有广阔的发展前景。

我们根据一些混凝土公路工程的实践和科研项目，参考近几年国内外有关专家的研究成果，在总结、学习和发展的基础上，组织编写了这本《道路工程常用混凝土实用技术手册》，目的是通过介绍这些道路工程中常用的混凝土的发展历史、物理力学性能、组成材料、配合比设计、施工工艺等，大力推广应用、发展这些道路混凝土的技术与施工工艺，为我国的公路和城市道路建设事业做出更大的贡献。

本书在编写的过程中，注重实践与理论相结合，特别注意突出工程的应用性、实用性，尽量为设计和施工技术人员的应用创造有利条件。

本书由李继业、刘福臣、林世乐担任主编，张峰、黄怀峰担任副主编，林建军、张岩参加了编写。李继业负责全书的规划，刘福臣负责第一章至第五章的统稿，林世乐负责第六章至第九章的统稿，张峰负责全书的绘图，黄怀峰负责全书的校对。具体编写分工为：李继业撰写第二章；刘福臣撰写第一章、第五章；林世乐撰写第七章、第八章；张峰撰写第六章；

黄怀峰撰写第四章；张岩撰写第三章；林建军撰写第九章。另外，李海燕、李海豹对全书进行校对和制图。

由于新型混凝土技术与施工工艺发展非常迅速，加上编者掌握的技术资料不全和水平有限，错误和不妥之处在所难免，敬请专家和读者提出宝贵的意见。

编　者

2007 年 10 月于泰山

目　录

第一章　高性能混凝土

水泥混凝土自问世以来，随着建筑业和建材科学的发展，混凝土的配制技术和使用功能也随之发展。从混凝土工作性和性能角度来看，水泥混凝土技术，由初期的大流动性混凝土，发展到塑性混凝土；第二次世界大战后，由于混凝土施工机械的发展，需要提高混凝土质量，发展了半干硬性混凝土与干硬性混凝土；新型高效减水剂问世后，发展了流态混凝土；直至今天，由于混凝土技术水平的提高及工程特种性能的要求，高强度、高性能混凝土才得到迅速发展。

第一节　高性能混凝土的发展概况

高性能混凝土是20世纪90年代初提出的，它是根据混凝土的耐久性要求而设计的一种新型混凝土。经过十几年的工程实践证明，高性能混凝土具有优良的工作性、较好的体积稳定性和很高的耐久性，而且具有显著的技术经济、社会和环境效益。高性能混凝土技术使混凝土的生产过程和应用过程实现了绿色化，混凝土从传统概念上得到飞跃，符合人类寻求与自然和谐、可持续发展的趋势，是一种具有广阔发展前景的环保型绿色建筑材料。

一、研制高性能混凝土的重要性

（一）混凝土耐久性是混凝土学科的重大研究课题

在原来的普通水泥混凝土结构设计中，往往只重视混凝土的强度，尚未意识到材料耐久性的重要性。在很多国家，至今在耐久性指标的测试方法上，还没有统一的标准，再加上混凝土具有强的耐蚀性和耐候性，耐久性不良的质量事故要经过长时间后才会出现，所以在设计时忽视了对耐久性的全面考虑。但是，很多混凝土结构由于长期暴露于有害气体中或埋置于地下，或处于海水或海滩上，受到各种有害介质的侵蚀，很容易引起结构的破坏。

1988年，我国的一项抽样调查结果表明，大约有40%的混凝土碳化深度已达钢筋表面，在潮湿环境下建筑物中90%构件内钢筋已经锈蚀；我国所修建的高等级水泥混凝土公路，很多因达不到设计的使用年限，而被迫提前维修或重新修筑，不仅严重影响交通和安全，而且造成巨大的浪费。为此，人们希望致力于提高混凝土的强度，一般混凝土已经不能满足更加坚固、更加耐久和更长寿命的要求。特别是21世纪开发重点将转向海洋、沙漠，因此对特殊性能和特殊用途的混凝土要求日趋突出，仅靠提高混凝土的强度，已无法满足这些要求。

众多工程实例证明，有些钢筋混凝土结构发生过早破坏，其原因不是由于强度不足，而主要是混凝土的耐久性不够。例如，1980年3月27日，北海近海钻井平台 Alexander Kjell 号突然发生倒塌，造成123人死亡的恶性事故。前苏联的切尔诺贝利核电站，由于钢筋混凝土耐久性不足，造成因泄漏出现大面积的放射性污染，生态环境遭受严重破坏。1987年，山西大同的钢筋混凝土大水塔突然毁坏，水流如同山洪暴发一样冲下，造成很大的人员伤亡和建筑设施的破坏。

经过长期的工程实践充分证明，高强混凝土存在着如下缺陷：①强度越高，脆性越大；②自身收缩大，变形严重；③掺加硅灰的混凝土，后期强度增长减少。这就需要改善高强混凝土的性能，高性能混凝土也由此诞生。

工程实践经验和教训告诉人们，在进行钢筋混凝土结构设计时，对其耐久性要像对其强度一样对待。混凝土的高耐久性，是高性能混凝土非常重要的一个方面。因此，提高混凝土的耐久性是混凝土学科的重大研究课题。

（二）混凝土在特种结构中应用范围更加广泛

随着科学技术的飞速发展，混凝土的应用范围越来越广泛。在未来的几十年里，海底隧道、海上采油平台、污水管道、核反应堆外壳、有害化学物的容器等恶劣环境下的混凝土结构物，对混凝土要求的使用寿命不再是普通混凝土的50年左右，而是将要达到上百年至几百年。这样，对混凝土的耐久性提出了更高要求。

高性能混凝土已在城市建设、建筑工程、地下及水下工程、海洋开发、宇宙航天、核能工程中广泛应用。英国在煤矿井壁衬砌工程中，采用了强度高达100MPa的高性能混凝土，以此来抵抗很高的水压力；美国芝加哥在城市建设中，采用了强度等级为C95的大坍落度高性能混凝土，不仅加快了施工速度，而且提高了工程质量。

综上所述，在很多特种结构中，混凝土是一种必不可缺的建筑材料；而对这些结构工程来说，混凝土的耐久性与长期性显得更加重要，甚至比强度还重要。

（三）混凝土新技术已进入高科技时代

对于普通水泥混凝土来说，从原材料的选择、配制到其施工工艺，是比较简单的一种经验性总结。但从20世纪70年代末期，混凝土技术发生突破性进展，其强度已远远超出了工程所要求的范围，从而使混凝土技术进入高科技时代

在胶凝材料（水泥）方面，球状水泥、调粒（级配）水泥、活化水泥、高强度等级水泥等的出现，为降低水灰比或增大流动性，配制高性能混凝土创造了物质基础；利用矿渣、粉煤灰、沸石、硅灰等超细掺合料，对改善和提高混凝土的性能起着重要的作用，成为配制高性能混凝土不可缺少的组分；特别是高性能AE减水剂的问世，为高性能混凝土的发展提供了一种关键性的材料。

在日本已研制出耐久性达500年的混凝土。在水灰比为0.50的普通混凝土中，加入乙二醇醚衍生物及氨基醇衍生物，混凝土的耐久性可大幅度提高；其干燥收缩仅为普通混凝土的50%~60%；其碳化的速度约为普通混凝土的30%左右，可以有效防止钢筋的锈蚀；其密实度比较高，氯离子渗透速度仅为普通混凝土的25%。另外，这种混凝土还具有优异的耐酸性，能有效地控制盐酸、硝酸对混凝土的渗透。

二、高性能混凝土的定义

何谓高性能混凝土？在20世纪80年代末，美国首次提出高性能混凝土这一名称，而后世界各国迅速开始研究和应用。在20世纪90年代以前，由于人们的认识不够统一，高性能混凝土没有一个确切的定义。

高性能混凝土可以认为是在高强混凝土基础上的发展和提高，也可说是高强混凝土的进

一步完善。由于近些年来，在高强混凝土的配制中，不仅加入了超塑化剂，往往也掺入了一些活性磨细矿物掺合料，与高性能混凝土的组分材料相似，而且在有的国家早期发表的文献报告中曾提到："高性能混凝土并不需要很高的混凝土抗压强度，但仍需达到55MPa 以上。"因此，至今国内外有些学者仍然将高性能混凝土与高强混凝土在概念上有所混淆。在欧洲一些国家常常把高性能混凝土与高强混凝土并提。

高强混凝土仅仅是以强度的大小来表征或确定其何谓普通混凝土、高强混凝土与超高强混凝土，而且其强度指标随着混凝土技术的进步而不断有所变化和提高。而高性能混凝土则由于技术性能的多元化，诸如良好的工作性（施工性）、体积稳定性、耐久性、物理力学性能等，而难以用定量的性能指标给高性能混凝土一个确切的定义。

不同的国家，不同的学者，因对高性能混凝土有各自的认识、实践、应用范围和目的要求上的差异，所以，不仅对高性能混凝土曾提出过不同的解释和定义，而且在性能特征上各有所侧重。

（一）美国对高性能混凝土的认识

1990 年5 月，在美国马里兰州 Gaithersburg 城，由美国国家标准与工艺研究院（NIST）和美国混凝土学会（ACI）主办的讨论会上，高性能混凝土（High Performance Concrete，简称 HPC）定义为：具有所要求的性能和匀质性的混凝土。这些性能主要包括：易于浇筑、捣实而不产生离析；高超的、能长期保持其力学性能；早期强度高、韧性高和体积稳定性好；在恶劣的使用条件下，使用寿命长。这种混凝土特别适用于高层建筑、桥梁以及暴露在严酷环境中的建筑物。

近年来，美国混凝土学会又给出一个文字上较精练的定义："高性能混凝土是一种要能符合特殊性能综合与均匀性要求的混凝土，此种混凝土往往不能用常规的混凝土组分材料和通常的搅拌、浇捣和养护的习惯做法所获得。"

美国教授 P. K. Mehta 早在 1990 年就提出："把高强混凝土假定为高性能混凝土，严格地说，这种假定是错误的。"美国学者 S. P. Shah 教授最近也提出："尽管高强混凝土具有较高的强度和较低的渗透性，但是高强混凝土并不具有所需要的综合耐久性。"美国学者 Virendra K. Varma 最近也撰文认为，应该把高性能混凝土与高强混凝土有所区分。

（二）加拿大对高性能混凝土的认识

他们强调的是硬化后混凝土的性质，认为对于近年来建造的暴露于腐蚀环境下的混凝土结构物，其受腐蚀的速率之快表明：抗压强度高低已不是能否满足高性能混凝土的主要指标，而耐久性应当放在高性能混凝土的首位，其主要是指混凝土的抗渗性和尺寸稳定性。

1. 高性能混凝土的抗渗性

混凝土的大多数化学侵蚀，都是在水分和有害离子渗透进入结构内部的条件下产生的，混凝土的抗渗性是防止化学侵蚀的第一道防线。混凝土的抗渗性是以美国的 AASHTO277 方法为标准，在该方法中，氯离子的渗透速度以"库仑"为单位，如果某种混凝土进行 6h 渗透试验后，通过的电量小于等于 500 库仑，则认为该混凝土抗渗性较好。

2. 高性能混凝土的尺寸稳定性

尺寸稳定性良好的混凝土主要特征是：高弹性模量、低干燥收缩、徐变及温度应变率小。尺寸稳定性好的混凝土，可以降低预应力的损失，可以减少混凝土的原生裂纹。为了获得良好的尺寸稳定性，需要限制单位体积水泥用量，选用高弹性模量、高强度的粗骨料。经验证明，选用适当的原材料，进行合理的配合比设计，混凝土90d龄期的干缩值可以降低到小于0.04%。

（三）日本对高性能混凝土的认识

1. 以冈村为代表的部分日本学派

他们认为高流态、免振自密实的混凝土为高性能混凝土。也就是说，他们强调的是新拌混凝土的性质。其理由是：①混凝土技术熟练的工人越来越少，自密实的混凝土不需要很高的技术，就可以保证混凝土的施工质量，同时也可以保证施工速度；②可以有效地减少混凝土施工时产生的噪声，避免环境污染。

2. 日本大多数学者及工业界观点

日本建设省综合技术开发计划“钢筋混凝土结构建筑物的超轻量与超高层技术的开发”(简称新RC总计划)，从1988年开始为期五年的研究工作，其结果受到了人们的普遍关注。在新RC总计划中，把混凝土的高强与超高强作为研究目标，同时与钢筋的高强度相匹配，并把研究对象分为：高强材料的RC结构、超高强混凝土的RC结构、超高强钢筋的RC结构和超高强材料的RC结构4个区。

日本许多商品混凝土公司，生产与开发高性能减水剂的公司，纷纷从事高强度、高流态混凝土的开发研究。如日本三菱材料（株）开发了一种超高强、耐磨的混凝土，使用硅灰、高性能减水剂和天然的特殊骨料，成型后蒸养16h后脱模，混凝土的脱模强度达到140MPa。按照美国ASTM C666方法进行抗冻试验，质量损失小于0.2%，耐久性系数为97。此外，混凝土的耐磨性明显提高，按雷氏磨耗试验法测定，耐磨性比普通混凝土提高10倍。他们认为：高强、超高强与高流态的混凝土就是高性能混凝土。

以上几个学派的观点虽然都有一定的道理，但均强调了某一方面的重要性，都是比较片面的。

（四）我国对高性能混凝土的认识

我国已故中国工程院院士吴中伟教授早在1996年就明确提出：“有人认为混凝土高强度必然是高耐久性，这是不全面的，因为高强混凝土会带来一些不利于耐久性的因素……高性能混凝土还应包括中等强度混凝土，如C30混凝土。”1999年又提出：“单纯的高强度不一定具有高性能。如果强调高性能混凝土必须在C50以上，大量处于严酷环境中的海工、水工建筑对混凝土强度要求并不高（C30左右），但对耐久性要求却很高，而高性能混凝土恰能满足此要求。”

随着对高性能混凝土的深入研究，吴中伟教授结合可持续发展战略问题，提出高性能混凝土不仅应具有高强度、高流动性和高体积稳定性，而且还应当包括节约资源、保护环境、符合可持续发展的原则。

我国混凝土专家冯乃谦教授认为：高性能混凝土首先必须是高强度；高性能混凝土必须是流动性好的、可泵性好的混凝土，以保证施工的密实性，确保混凝土质量；高性能混凝土一般需要控制坍落度的损失，以保证施工要求的工作度；耐久性是高性能混凝土的最重要技术指标。

根据混凝土技术的不断发展和结构对混凝土性能的需求，现代高性能混凝土的定义可简单概括为：HPC是一种新型高技术混凝土，是在大幅度提高普通混凝土性能的基础上，采用现代混凝土技术，选用优质的原材料，在严格的质量管理条件下制成的高质量混凝土。它除了必须满足普通混凝土的一些常规性能外，还必须达到高强度、高流动性、高体积稳定性、高环保性和优异耐久性的混凝土。

随着人口急剧增长、生产高度发达，大自然承受的负担日益加剧，以资源枯竭、环境污染最为严重，人类的生存受到严重威胁。1992 年里约热内卢世界环境会议后，绿色事业受到全世界的普遍重视。在建筑领域中，高性能混凝土的含义有了进一步延伸，人们提出了将绿色高性能混凝土（GHPC）作为今后发展的方向。目的在于加强人们在建筑界对绿色的重视，加强绿色意识，要求混凝土科学和生产工作者自觉地提高 HPC 的绿色含量，节约更多的资源和能源，将对环境的污染降低到最小程度。这不仅是为了混凝土和建筑工程业的健康发展，更是为了人类生存和更好的发展。

三、实现混凝土高性能的技术途径

根据以上各种观点所述，高性能混凝土的内涵中共同的一点是：高性能混凝土首先必须是高强度混凝土，如何实现混凝土的高强度，这是配制高性能混凝土的核心问题。实现混凝土高强化的技术途径如图 1-1 所示。

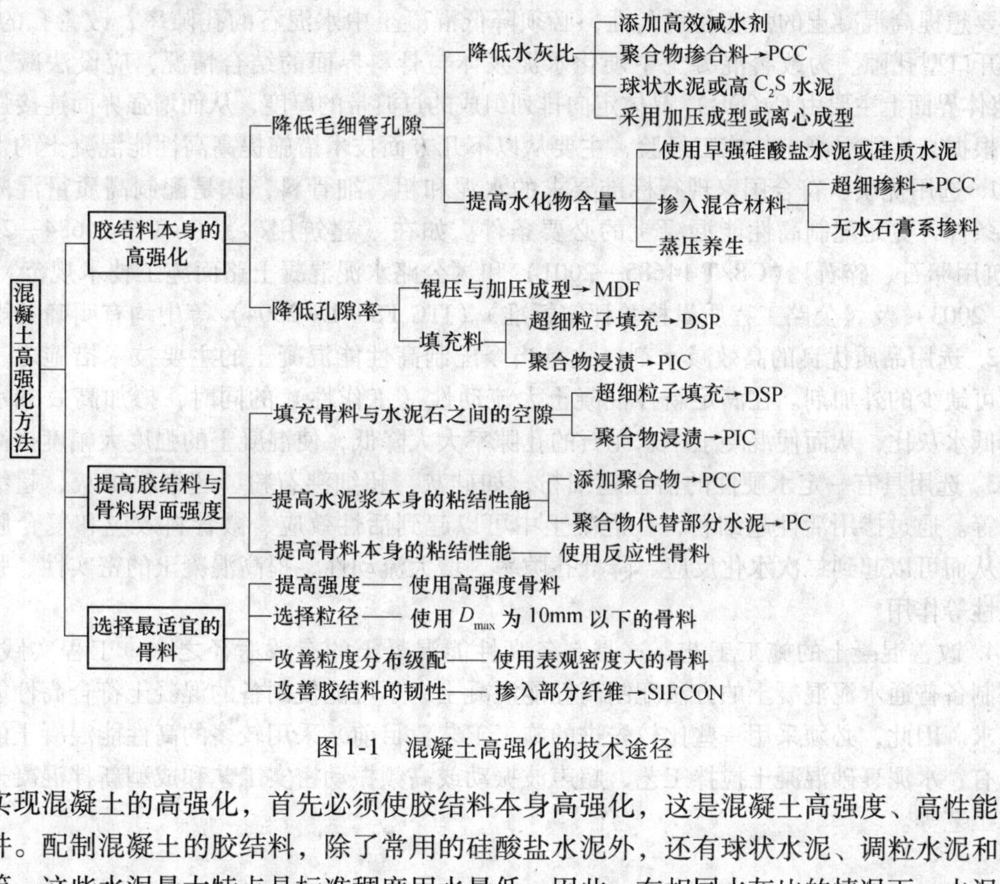

图 1-1　混凝土高强化的技术途径

实现混凝土的高强化，首先必须使胶结料本身高强化，这是混凝土高强度、高性能的必要条件。配制混凝土的胶结料，除了常用的硅酸盐水泥外，还有球状水泥、调粒水泥和活化水泥等。这些水泥最大特点是标准稠度用水量低。因此，在相同水灰比的情况下，水泥浆的流动性大，或者说达到相同的流动性时，混凝土的水灰比可以降低。如调粒水泥混凝土的水灰比可降低 17.5%，坍落度仍可以达到 25cm 以上。

从骨料与胶结料之间的界面结构看，界面过渡层约 20μm 范围内，氢氧化钙富集及定向排列情况，与其他部分的水泥石相比，是一种多孔质的结构，其强度很低。为了改善其界面结构，可在混凝土中掺入矿物掺合料，如硅灰、超细矿渣、磨细粉煤灰及超细沸石粉等。这些超细的粒子与界面上存在的氢氧化钙反应，生成 C-S-H 凝胶，降低了氢氧化钙的富集及定向排列，因而可提高界面强度，同时还有利于提高混凝土的抗渗性和耐久性。

在普通混凝土中，骨料对强度的影响不太明显。但在高强混凝土中，骨料的数量和质量对混凝土的强度影响很大。当水灰比为 0.25 时，用不同粗骨料配制的混凝土，其抗压强度相差约 40MPa；而不同细骨料配制的混凝土，其抗压强度差值也达 20MPa。因此，在配制高强度混凝土时，粗细骨料的品种与品质、单位体积混凝土中粗骨料的体积含量与最大粒径，是三个必须要考虑的因素。

高性能 AE 减水剂是配制高性能混凝土不可缺少的材料，高性能 AE 减水剂在混凝土中除了降低水灰比、提高混凝土的强度和流动性以外，新型的高性能 AE 减水剂还能降低混凝土的坍落度损失，这也是配制高性能混凝土不可缺少的功能。

大量科学研究表明，影响混凝土强度和耐久性的最主要因素有两个方面：一是混凝土中硬化水泥浆体的孔隙率，孔的分布状态和孔的特征；二是混凝土硬化水泥浆体与骨料的界面。要想提高混凝土的强度和耐久性，必须降低混凝土中水泥石的孔隙率，改善孔的分布，减少开口型孔隙。为改善混凝土中硬化水泥浆体与骨料界面的结合情况，应设法减少在骨料-浆体界面上主要由 $Ca(OH)_2$ 晶体定向排列组成的过渡带的厚度，从而增强界面连接强度。

根据高性能混凝土的施工经验，主要从以下几方面技术措施提高高性能混凝土的性能：

1. 选用优质、符合国家现行标准要求的水泥和粗、细骨料，这是配制高质量混凝土的基本条件，更是配制高性能混凝土的必要条件。如在《建筑用砂》（GB/T 14684—2001）、《建筑用卵石、碎石》（GB/T 14685—2001）和《公路水泥混凝土路面施工技术规范》（JTG F30—2003）及《公路工程质量检验评定标准》（JTG F80/1—2004）等中均有明确的规定。

2. 选用品质优良的高效减水剂，这是当今配制高性能混凝土的主要技术措施之一，也是不可缺少的外加剂。在满足新拌混凝土大流动性（工作性）的同时，掺加高效减水剂可以降低水灰比，从而使混凝土中水泥石的孔隙率大大降低，使混凝土的强度大幅度提高。

3. 选用具有一定水硬性的活性超细粉，如硅灰、超细沸石粉、超细粉煤灰、超细石灰石粉等。通过掺用活性超细粉，在混凝土中可以起到活性效应、微骨料效应和复合胶凝效应，从而可以起到二次水化反应、降低孔隙率、增大流动性、提高混凝土的密实性、强度和耐久性等作用。

4. 改善混凝土的施工工艺，这是制备高性能混凝土的有效途径之一。工程实践证明，采用制备普通水泥混凝土的方法配制高性能混凝土，不可能使制备的混凝土符合高性能的设计要求。因此，必须采用一些比较先进的施工工艺。目前，采用较多的高性能混凝土的施工工艺有：水泥裹砂混凝土搅拌工艺、超声波振动或高频振动密实工艺和成型新拌混凝土真空吸水工艺等。

第二节　高性能混凝土的组成材料

普通水泥混凝土的受力破坏，主要出现在水泥石与骨料界面或水泥石中，因为这些部位往往存在有孔隙、水隙和潜在微裂缝等结构缺陷，这是混凝土中的薄弱环节。而在高性能混凝土中，其性能除受制作工艺影响外，主要受原材料的影响。只有选择符合高性能要求的原材料，才能配制出符合高性能设计要求的混凝土。选择原材料时，要根据工程的实际要求及所处环境而定。

一、胶凝材料

胶凝材料（水泥）是高性能混凝土中最关键的组分，不是所有的水泥都可以用来配制高性能混凝土的，高性能混凝土选用的水泥必须满足以下条件：①标准稠度用水量要低，从而使混凝土在低水灰比时也能获得较大的流动性；②水化放热量和放热速率要低，以避免因混凝土的内外温差过大而使混凝土产生裂缝；③水泥硬化后的强度要高，以保证以使用较少的水泥用量获得高强混凝土。

国外用于配制高性能混凝土的水泥，主要为特种水泥，其中有中热硅酸盐水泥、球形水泥、调粒径水泥、活化水泥、超细磨水泥和高贝利特水泥等。但是，这些水泥有的尚处于试验研究阶段，有些水泥我国还未生产，所以在国内一般不推荐首先使用特种水泥，主要采用硅酸盐水泥和普通硅酸盐水泥。

（一）硅酸盐水泥和普通硅酸盐水泥

根据高性能混凝土的特点，从我国的实际情况出发，选用的水泥应具有足够的强度、良好的流变性、与高效减水剂的相容性和容易控制坍落度的损失。经过工程实践和材料配比试验证明，我国生产的强度等级 42.5MPa 以上的普通硅酸盐水泥和硅酸盐水泥，完全可满足配制高强高性能混凝土的要求。

我国有关专家在“新型高性能混凝土及其耐久性的研究”中，对不同强度等级、不同水泥品种的水泥，进行了品种与混凝土强度关系的试验，试验结果如表 1-1 所示。

表 1-1　水泥品种与混凝土强度

序号	水泥品种	强度（MPa）	混凝土配合比 水泥: 砂子: 石子	水泥用量（kg/m^3）	外加剂（%）	水灰比	抗压强度（MPa）			
							3d	7d	28d	60d
1	硅酸盐水泥	62.5	1:1.128:2.098	560	1.50	0.289	68.0	72.4	81.5	88.7
2	硅酸盐水泥	52.5	1:1.128:2.098	560	1.50	0.284	72.0	74.0	84.5	92.9
3	LN 硅酸盐水泥	42.5	1:1.128:2.098	560	1.50	0.321	52.1	60.2	75.0	81.0
4	LLH 普通硅酸盐水泥	42.5	1:1.128:2.098	560	1.50	0.286	61.5	74.6	87.5	89.1
5	HS 中热水泥	42.5	1:1.128:2.098	560	1.50	0.290	72.0	78.0	92.0	94.8
6	JD 硅酸盐水泥（R）	42.5	1:1.128:2.098	560	1.50	0.286	60.0	67.5	72.5	79.9
7	LN 普通硅酸盐水泥	32.5	1:1.128:2.098	560	1.50	0.299	56.5	63.0	74.8	79.2

注：表中所用外加剂，系指 JB-1 型外加剂。

（二）中热硅酸盐水泥

国家标准《中热硅酸盐水泥、低热硅酸盐水泥和低热矿渣硅酸盐水泥》（GB 200—2003）中规定：中热硅酸盐水泥是指以适当成分的硅酸盐水泥熟料，加入适量石膏，磨细制成的具有中等水化热的水硬性胶凝材料。

中热硅酸盐水泥实际上是一种铝酸三钙（C_3A）的含量不超过 6%，硅酸三钙（C_3S）

和铝酸三钙（C_3A）的总含量不超过58%的硅酸盐水泥。中热硅酸盐水泥具有较高的抵抗硫酸盐侵蚀的能力，水化热呈中等，有利于混凝土体积的稳定，避免混凝土表面因温差过大而出现裂缝。

（三）球形水泥

球形水泥是由日本小野田水泥公司与清水建设共同研究开发的，是水泥熟料通过高速气流粉碎及特殊处理而制成的。球形水泥的表面，由于摩擦粉碎，熟料矿物表面没有裂纹，凹凸部分和棱角部分消失，成为1~30μm大小的粒子，平均粒径较小，微粉含量较低。因此，水泥粒子具有较高的流动性与填充性，在保持坍落度相同的条件下，球形水泥的用水量比普通水泥的用水量降低10%左右。球形水泥与普通水泥相比，粉体特性如表1-2所示。

表1-2　球形水泥的主要粉体特性

粉体特性	球状水泥（A）	普通水泥（B）	两者对比
形状（球状度）	0.85	0.67	A>B
平均粒径（μm）	10.1	13.5	A<B
比表面积值（cm^2/g）	2698	3231	A<B
充填性（g/cm^3）	1.2	1.0	A>B
微粉量（μm）	15.3	18.0	A<B

（四）调粒水泥

超细矿粉是指平均粒径小于10μm的矿物质粉体。在水泥混凝土中使用超细粉是从利用硅灰（平均粒径为0.1μm或更小）发展起来的，北欧一些国家在利用硅灰的实践中，开发出了一种以硅酸盐水泥和硅灰为主要材料的高强混凝土，称为DSP材料。利用硅灰的物理填充和高火山灰活性，改善了水泥混凝土的微观结构，大大地提高了水泥混凝土的早期及远期强度，改善了混凝土的耐久性。受DSP材料的启发，后来发展了超细矿粉掺合料，用于制备高性能混凝土。调粒水泥也是在其基础之上发展起来的。

所谓调粒水泥是将水泥组成中的粒度分布进行调整，提高胶凝材料的填充率；使水泥粒子的最大粒径增大，粒度分布向粗的方向移动；同时还掺入适量的超细粉，以获得最密实的填充。这样就能获得流动性良好的水泥浆，具有早期强度适当、水化热低、水化放热速度慢等方面的优良性能。

（五）活化水泥

将粉状超塑化剂和水泥熟料按适当比例混合磨细，即制得活性较高的活化水泥。活化水泥的活性大幅度提高，低强度等级的活化水泥可以代替高强度等级的普通硅酸盐水泥。采用活化水泥配制的高性能混凝土如表1-3所示。

表1-3　活化水泥混凝土的性能

混凝土所用水泥种类	水灰比（W/C）	坍落度（cm）	抗压强度（MPa）	弹性模量（$\times10^4$MPa）	冻融循环次数	抗冻性系数
普通32.5MPa水泥	0.42	3.5	36.2	2.85	300	0.88
活化32.5MPa水泥	0.29	20	75.2	3.70	500	1.23

二、矿物质掺合料

矿物质掺合料是高性能混凝土中不可缺少的组分，其掺入的目的是：减少水泥用量，改善混凝土拌合物的工作性；降低混凝土水化中的水化热；增进混凝土的后期强度；改善混凝土的内部结构；提高混凝土的抗渗性和抗腐蚀能力；防止碱-骨料反应等。

在高性能混凝土中所用的各种超磨细的矿物原料，与用于普通混凝土中的矿物原料在作用和性能上有显著不同。配制高性能混凝土常用的矿物质掺合料主要有：硅粉、磨细矿渣、优质粉煤灰、超细沸石粉、无水石膏及其他微粉等。

矿物质掺合料的主要活性成分，在混凝土中的主要反应过程如下：

$$xCa(OH)_2 + SiO_2 + m_1H_2O \longrightarrow xCaO \cdot SiO_2 \cdot n_1H_2O$$

$$yCa(OH)_2 + Al_2O_3 + m_2H_2O \longrightarrow yCaO \cdot Al_2O_3 \cdot n_2H_2O$$

（一）硅粉

硅粉是铁合金厂在冶炼硅铁合金或金属硅时，从烟气净化装置中回收的工业烟尘。在北欧各国将硅粉又称为凝聚硅灰。我国是世界硅铁、工业硅生产大国，硅铁实际年生产量达80～90万t，硅灰的潜在资源每年达15～20万t，实际年产量已达4000t。

硅粉的颗粒主要呈球状，粒径小于1μm，平均粒径约0.1μm。硅粉中的主要活性成分为无定形的SiO_2，其含量约占90%左右。硅粉的小球状颗粒填充于水泥颗粒之间，使胶凝材料具有良好的级配，降低了其标准稠度下的用水量，从而提高了混凝土的强度和耐久性。因此，硅灰配制的混凝土多用于有特殊要求的工程，如高强度、高抗渗性、高耐磨性、高耐久性及对钢筋无侵蚀作用的混凝土中。

硅灰用于混凝土是研究最早、应用最广的一个领域，它在混凝土中可以起到加速胶凝材料水化，提高混凝土致密度，改善混凝土离析和泌水性能，提高混凝土的抗渗性、抗冻性、抗化学腐蚀性，提高混凝土的强度和耐磨性等作用。

由于硅灰是生产硅铁和工业硅的副产品，其生产条件基本相似，所以各国硅灰的物理性质和化学成分也差不多，表1-4为我国某生产单位生产的硅灰各种性能指标。

表1-4　我国某生产单位生产的硅灰各种性能指标

序　号	性能指标名称	检测值	序　号	性能指标名称	检测值
1	SiO_2（%）	95.48	10	含碳量（%）	0.250
2	Al_2O_3（%）	0.400	11	烧失量（900℃）（%）	0.900
3	Fe_2O_3（%）	0.032	12	密度（g/cm^3）	2.230
4	CaO（%）	0.440	13	比表面积（m^2/g）	30.10
5	MgO（%）	0.400	14	45μm筛余量（%）	0
6	K_2O（%）	0.720	15	含水率（%）	1.400
7	Na_2O（%）	0.250	16	表观密度（kg/m^3）	173.0
8	SO_3（%）	0.420	17	耐火度（℃）	1710～1730
9	P_2O_5（%）	0.690	—	—	—

（二）磨细矿渣

矿渣是在炼铁炉中浮于铁水表面的熔渣，在排出时用水急冷处理，则得到水淬矿渣，生产矿渣水泥和磨细矿渣用的都是这种粒状渣。磨细矿渣是将粒化高炉矿渣干燥，再采用专门的磨细工艺磨细到比表面积 $7500cm^2/g$ 左右，颗粒粒径小于 $10\mu m$，在混凝土配制时掺入的一种矿物外加剂。

自 20 世纪 80 年代以来，磨细矿渣作为混凝土用矿物外加剂的研究和应用已成为国际范围的热点，美国、日本、英国、法国、奥地利等国家相继制定了产品标准，我国于 1994 年制定了《用于水泥中的粒化高炉矿渣》（GB/T 203—1994），2000 年颁布了《用于水泥和混凝土中的粒化高炉矿渣粉》（GB/T 18046—2000），为掺加磨细矿渣配制高性能混凝土明确了质量标准。

在混凝土拌合物中掺入适量的磨细矿渣，在水泥水化初期，胶凝材料系统中的矿渣微粉分布并包裹在水泥颗粒的表面，能起到延缓和减少水泥初期水化产物相互搭接的隔离作用，从而改善了混凝土拌合物的工作性。

磨细矿渣绝大部分是不稳定的玻璃体，不仅储有较高的化学能，而且有较高的活性。这些活性成分一般为活性 Al_2O_3 和活性 SiO_2，即使在常温条件下，以上活性成分也可与水泥中的 $Ca(OH)_2$ 发生反应而产生强度。用磨细矿渣取代混凝土中的部分水泥后，流动性提高，泌水量降低，具有缓凝作用，其早期强度与硅酸盐水泥混凝土相当，但表现出后期强度高、耐久性好的优良性能。

表 1-5 列出了在相同用水量的条件下，单掺硅灰胶砂的流动性下降，单掺不同比表面积及不同比例的磨细矿渣，均可不同程度地改善胶砂的流动性；同时掺加硅灰和磨细矿渣时，磨细矿渣可以改善因掺加硅灰流动性下降的性能。表 1-6 列出了掺加不同磨细矿渣后胶砂试体的抗压强度与抗折强度。

表 1-5　掺加磨细矿渣和硅灰的水泥胶砂配合比和流动度

序号	水泥胶砂配合比（g）							流动度（mm）
	水泥	硅灰	磨细矿渣细度（m^2/kg）			砂子	用水量	
			400	600	800			
1	500	—	—	—	—	1350	250	148
2	450	50	—	—	—	1350	250	141
3	350	—	—	—	150	1350	250	160
4	300	50	—	—	150	1350	250	147
5	350	—	150	—	—	1350	250	160
6	350	—	—	150	—	1350	250	165
7	400	—	—	—	100	1350	250	170
8	300	—	—	—	200	1350	250	160
9	250	—	—	—	250	1350	250	165
10	400	—	100	—	—	1350	250	175
11	300	—	200	—	—	1350	250	160
12	250	—	250	—	—	1350	250	170

表 1-6　胶砂试体的抗压强度与抗折强度

序　号	抗压强度（MPa）				抗折强度（MPa）			
	3d	7d	28d	60d	3d	7d	28d	60d
1	34.0	37.9	59.6	65.3	5.30	6.47	8.36	9.12
2	35.7	41.0	63.4	69.8	5.46	6.55	9.80	10.96
3	38.9	46.4	72.5	77.6	5.96	8.52	10.58	11.22
4	36.0	46.2	66.8	69.0	5.54	8.68	10.17	11.24
5	28.8	35.6	66.8	69.0	4.96	6.57	8.98	9.99
6	33.0	45.2	71.2	74.3	5.34	7.55	10.03	10.41
7	38.6	48.2	69.6	70.4	5.78	7.80	10.88	—
8	37.5	49.2	73.4	77.1	6.02	10.22	11.36	—
9	34.9	48.2	71.0	76.5	5.82	110.8	11.40	—
10	32.6	39.8	63.4	67.3	4.99	7.05	9.10	9.49
11	22.4	28.1	63.2	67.2	4.55	6.28	9.43	9.83
12	21.3	30.5	59.0	65.2	3.84	5.79	9.28	10.15

（三）优质粉煤灰

粉煤灰是火力发电厂锅炉以煤粉作燃料，从其烟气中收集下来的灰渣。优质粉煤灰一般是指粒径为 10μm 的分级灰，其比表面积约为 $7850cm^2/g$，烧失量为 1% ~2%，且含有大量的球状玻璃珠。粉煤灰中的主要活性成分，与磨细矿渣基本相同，也是活性 SiO_2 和活性 Al_2O_3。

粉煤灰过去作为粉煤灰水泥的混合材、混凝土中降低成本和水化热功能的掺合料，在我国已被广泛而有效的应用。具有胶凝性质的粉煤灰，作为矿物外加剂代替部分水泥配制高性能混凝土，在我国还有很大的发展潜力和空间。

美国标准 ASTM C618 中把粉煤灰分为 F 级和 C 级两个等级，其技术性能如表 1-7 所示。我国在国家标准《用于水泥和混凝土中的粉煤灰》（GB/T 1596—2005），也把粉煤灰分为 F 类和 C 类，把拌制混凝土和砂浆用的粉煤灰按其品质分为Ⅰ、Ⅱ、Ⅲ三个等级，其具体技术要求如表 1-8 所示。配制高性能混凝土最好采用表 1-8 中的Ⅰ等 C 级粉煤灰。

表 1-7　美国对常用粉煤灰的性能要求

粉煤灰等级	粉煤灰的化学成分（%）					平均尺寸（mm）	密度（g/cm^3）
	SiO_2	Al_2O_3	Fe_2O_3	CaO	C		
F 级	>50	20 ~30	<20	<5.0	<5.0	10 ~15	2.2 ~2.4
C 级	>30	15 ~25	20 ~30	20 ~32	<1.0	10 ~15	2.2 ~2.4

表 1-8 我国对配制混凝土和砂浆用粉煤灰的技术要求（摘自 GB/T 1596—2005）

技术指标项目		技术要求		
		Ⅰ	Ⅱ	Ⅲ
细度（0.045mm 方孔筛的筛余,%）≤	F类	12.0	25.0	45.0
	C类			
需水量比（%）≤	F类	95	105	115
	C类			
烧失量（%）≤	F类	5.0	8.0	15.0
	C类			
含水量（%）≤	F类	1.0		
	C类			
三氧化硫含量（%）≤	F类	3.0		
	C类			
游离氧化钙含量（%）≤	F类	1.0		
	C类	4.0		

（四）磨细天然沸石粉

磨细天然沸石粉是指以天然沸石岩为原料，经破碎、磨细而制成的产品，与粉煤灰、矿渣、硅灰等玻璃态的工业废渣不同，这是一种含有多孔结构的微晶矿物，是一种矿产资源。现在已有很多国家都注重开发天然沸石作为水泥混凝土原材料，我国在建筑材料中已将天然沸石作为混凝土的矿物外加剂，用以配制高性能混凝土。

材料试验证明，磨细天然沸石粉的细度对沸石粉的活性和混凝土的物理性能影响很大。只有当沸石磨到平均粒径小于 15μm（比表面积相当于 500 ~ 700m^2/kg）时，才能表现出 3d、7d 的早期强度和 28d 强度较快增长。鉴于以上情况，在国家标准《高强高性能混凝土用矿物外加剂》（GB/T 18736—2002）中规定，Ⅰ级品的比表面积为 700m^2/kg，Ⅱ级品的比表面积为 500m^2/kg。

磨细天然沸石粉作为混凝土的一种矿物外加剂，它既能改善混凝土拌合物的均匀性与和易性、降低水化热，又能提高混凝土的抗渗性与耐久性，还能抑制水泥混凝土中碱-骨料反应的发生。磨细天然沸石粉适宜配制泵送混凝土、大体积混凝土、抗渗防水混凝土、抗硫酸盐侵蚀混凝土、抗软水侵蚀混凝土、高强混凝土、蒸养混凝土、轻骨料混凝土、地下和水下工程混凝土等。

国家标准《高强高性能混凝土用矿物外加剂》（GB/T 18736—2002）中规定，配制高强高性能混凝土用的矿物外加剂的性能，应符合表 1-9 中的要求。

表 1-9　配制高强高性能混凝土用的矿物外加剂的性能指标

性能指标名称		矿物外加剂品种①							
		磨细矿渣			硅灰	粉煤灰②		磨细天然沸石	
		Ⅰ	Ⅱ	Ⅲ		Ⅰ	Ⅱ	Ⅰ	Ⅱ
化学性能	MgO 含量，不大于（%）	14	14	14	—	—	—	—	—
化学性能	SO_3 含量，不大于（%）	4	4	4	—	3	3	—	—
化学性能	烧失量，不大于（%）	3	3	3	6.0	5	8	—	—
化学性能	Cl 含量，不大于（%）	0.02	0.02	0.02	0.02	0.02	0.02	0.02	0.02
化学性能	SiO_2 含量，不小于（%）	—	—	—	85	—	—	—	—
化学性能	吸铵值，不小于（mmol/100g）	—	—	—	—	—	—	130	100
物理性能	细度（45μm 筛筛余），不大于（%）	—	—	—	10	12	20	—	—
物理性能	比表面积，不小于（m^2/kg）	750	550	350	15000	600	400	700	500
物理性能	含水率，不大于（%）	1.0	1.0	1.0	3.0	1.0	1.0	—	—
胶砂性能	需水量比，不大于（%）	100	100	100	—	95	105	110	115
胶砂性能	活性指数 3d，不小于（%）	85	70	55	—	—	—	—	—
胶砂性能	活性指数 7d，不小于（%）	100	85	75	—	80	75	—	—
胶砂性能	活性指数 28d，不小于（%）	115	105	100	85	90	85	90	85

注：①由两种或两种以上矿物外加剂复合而成的产品，依其主要组分参照该类指标进行检验。

②粉煤灰包括原状粉煤灰和磨细粉煤灰。

③硅灰的细度上述两种指标满足其中一项即为合格。

④各种矿物外加剂的化学组成均应测定其总碱量，并于使用说明书中予以说明，以便根据工程要求选用，其测试方法按 GB/T 18736—2002 中的有关规定进行。

三、粗细骨料

高性能混凝土骨料的选择，对于保证高性能混凝土的物理力学性能和长期耐久性至关重要。清华大学冯乃谦教授认为，要选择适宜的骨料配制高性能混凝土，必须注意骨料的品种、表观密度、吸水率、粗骨料强度、粗骨料最大粒径、粗骨料级配、粗骨料体积用量、砂率和碱活性组分含量等。

（一）细骨料的选择

配制高性能混凝土所用的细骨料，其质量要求主要包括：细度模数、颗粒级配、含泥量、泥块含量、坚固性、有害杂质含量和碱活性等。砂的各项质量指标应达到国家标准《建筑用砂》（GB/T 14684—2001）中规定的优质砂标准。

工程实践经验证明，配制高性能混凝土所用的细骨料，宜选用石英含量高、颗粒形状浑圆、洁净、具有平滑筛分曲线的中粗砂，其细度模数一般应控制在 2.6 ~ 3.2 之间；对于 C50 ~ C60 强度等级的高性能混凝土，砂的细度模数可控制在 2.2 ~ 2.6 之间。混凝土中的砂率一般控制在 36% 左右。

有些试验研究指出，配制高性能混凝土，强度要求越高，砂的细度模数应尽量采取上限。如果采用一些特殊的配比和工艺措施，也可以采用细度模数小于2.2的砂配制C60～C80的高性能混凝土。

（二）粗骨料的选择

配制高性能混凝土所用的粗骨料，其质量要求主要包括：颗粒级配、针片状颗粒含量、含泥量、泥块含量、强度（岩石抗压强度和压碎指标值）、坚固性、有害杂质含量和碱活性等。粗骨料的各项质量指标，应达到国家标准《建筑用卵石、碎石》（GB/T 14685—2001）中的规定。其具体要求如下：

1. 粗骨料的表面特征

粗骨料的形状和表面特征对混凝土的强度影响很大，尤其在高强混凝土中，骨料的形状和表面特征对混凝土的强度影响更大。表面较粗糙的结构，可使骨料颗粒和水泥石之间形成较大的黏着力。同样，具有较大表面积的角状骨料，也具有较大的粘结强度。但是，针状、片状的骨料会影响混凝土的流动性和强度，因此，针、片状的骨料含量不宜大于5%。

2. 粗骨料的强度

由于混凝土内各个颗粒接触点的实际应力可能会远远超过所施加的压应力，所以选择的粗骨料的强度应高于混凝土的强度。但是，过硬、过强的粗骨料可能因温度和湿度的因素而使混凝土发生体积变化，使水泥石受到较大的应力而开裂。所以，从耐久性意义上说，选择强度中等的粗骨料，反而对混凝土的耐久性有利。试验证明，高性能混凝土所用的粗骨料，其压碎指标宜控制在10%～15%之间。

3. 粗骨料的最大粒径

高性能混凝土粗骨料最大粒径的选择，与普通混凝土完全不同。普通混凝土粗骨料最大粒径的控制，主要由构件截面尺寸及钢筋间距决定，粒径的大小对混凝土的强度影响不大；但对高性能（高强）混凝土来说，粗骨料最大粒径的大小对混凝土的强度影响较大。

材料配比试验证明，加大粗骨料的粒径，会使高性能混凝土的强度下降，强度等级愈高影响愈明显。造成强度下降的主要原因是：骨料尺寸愈大，粘结面积愈小，造成混凝土不连续性的不利影响也愈大，尤其对水泥用量较多的高性能混凝土，影响更为显著。因此，高性能混凝土的粗骨料宜选用最大粒径不大于15mm的碎石。

4. 对骨料进行碱活性检测

碱-骨料反应是指水泥中的碱与骨料中的活性组分，在潮湿条件下发生的化学反应，混凝土产生体积膨胀而发生结构破坏。我国是世界上研究碱-骨料反应比较广泛的国家之一，很多行业都制定了有关检测标准，在2001年修订实施的《建筑用砂》（GB/T 14864—2001）和《建筑用卵石、碎石》（GB/T 14865—2001）中，第一次在国家标准中规定了骨料碱活性的测试方法。配制高性能混凝土所用的骨料，一定要按照有关规定和方法进行检测。

5. 其他几方面的要求

粗、细骨料的表观密度应在2.65g/cm³以上；粗骨料的吸水率应低于1.0%，细骨料的饱和吸水率应低于2.5%；粗骨料的级配良好，空隙率达到最小；粗骨料的体积用量一般为400L，即1050～1100kg/m³；粗骨料中无碱活性组分。

四、高效减水剂

由于高性能混凝土的胶凝材料用量大、水灰比低、拌合物黏性大，为使混凝土获得高工作性，在配制高性能混凝土时，必须采用高性能减水剂。高效减水剂、高效 AE 减水剂、流化剂或超塑化剂、超流化剂等外加剂，是制备高性能混凝土的关键材料。在日本称之为高性能 AE 减水剂，其主要特点是：既具有较高的减水率（20% ~30%），又有控制混凝土坍落度损失的能力。

配制高性能混凝土所用的高效减水剂，应当满足下列要求：①高减水率。减水剂的减水率一般应大于 20%，当配制泵送高性能混凝土时，减水率应大于 25%；②新拌混凝土的坍落度经时损失要小，使混凝土拌合物能保持良好的流动性；③选用的高效减水剂，与所用的水泥具有良好的相容性。

目前，我国生产高效减水剂的厂家很多，产品遍及萘系、多羧酸系、三聚氰胺系、氨基磺酸系等，且有了与改性木质素磺酸盐系相结合的复合型减水剂，这为制备高性能混凝土打下了一定基础。但是，我国生产的普通高效减水剂还不能同时具备高性能 AE 减水剂的性能，因此，在我国通常将普通高效减水剂与缓凝剂复合使用。在实际工程施工中，将萘磺酸盐甲醛缩合物与多羟羧酸盐复合起来，基本上可具备与高性能 AE 减水剂相似的性能。

为使粗、细骨料具有较强的抗分离性，还需加入适量的纤维素类、丙烯酸类、聚丙烯酰酸、发酵多糖聚合物、改性水下混凝土外加剂等增黏剂，以防止混凝土发生分离、泌水等质量问题。为降低高性能混凝土的收缩，除选好粗、细骨料及控制胶结材料、用水量外，也可加入铝粉、硫铝酸盐系、石膏、石灰系膨胀调节剂。

第三节　高性能混凝土配合比设计

由于高性能混凝土的强度高、水灰比低，受影响因素很多，因此，在高性能混凝土配合比设计方面，原来的普通混凝土配合比设计方法和原则已不适用。其主要原因是：通常的高强度与较低的水灰比不再成反比例关系，较大的水泥用量中有不容忽视的不能水化部分，改变超塑化剂用量（不改变用水量）可以调节坍落度，以及所掺加矿物掺合料品种和数量等，均直接影响混凝土的强度和其他性能。

但是，迄今为止，世界上尚没有更为适合高性能混凝土配合比的设计的统一方法，各国研究人员在各自的试验基础上，粗略地计算具体的配合比，然后通过试配调整，确定最终配合比。

一、配合比设计的基本原则

高性能混凝土配合比设计与普通混凝土配合比设计，既有相同之处，也有不同之处。因此，在进行高性能混凝土配合比设计时，主要应掌握以下基本原则：

1. 高性能混凝土配合比设计应根据原材料的品质、混凝土的设计强度等级、混凝土的耐久性及施工工艺对其工作性的要求，通过计算、试配、调整等步骤选定。配制的混凝土必须满足施工要求、设计强度和耐久性等方面的要求。

2. 高性能混凝土配合比设计应首先考虑混凝土的耐久性要求，然后再根据施工工艺对拌合物的工作性和强度要求进行设计，并通过试配、调整，确认满足使用和力学性能后方可用于正式施工。

3. 为提高高性能混凝土的耐久性，改善混凝土的施工性能和抗裂性能，在混凝土中可以适量掺加优质的粉煤灰、矿渣粉或硅灰等矿物外加剂，其掺量应根据混凝土的性能通过试验确定。

4. 化学外加剂的掺量应使混凝土达到规定的水胶比和工作度，且选用的最高掺量不应对混凝土性能（如凝结时间、后期强度等）产生不利的影响。

二、配合比设计的基本要求

高性能混凝土配合比设计的任务，就是要根据原材料的技术性能、工程要求及施工条件，科学合理地选择原材料，通过计算和试验，确定能满足工程要求的技术经济指标的各项组成材料的用量。

根据现代公路工程对混凝土的要求，高性能混凝土配合比设计应满足以下基本要求：

（一）高耐久性

高性能混凝土与普通混凝土有很大区别，最重要的特征是其具有优异的耐久性，在进行配合比设计时，首先要保证耐久性要求。因此，必须考虑到抗渗性、抗冻性、抗化学侵蚀性、抗碳化性、抗大气作用性、耐磨性、碱-骨料反应、抗干燥收缩的体积稳定性等。

以上这些性能受水灰比的影响很大。水灰比愈低，混凝土的密实度愈高，各方面的性能愈好，体积稳定性亦愈强，所以高性能混凝土的水灰比不宜大于 0.40。为了提高高性能混凝土的抗化学侵蚀性和碱-骨料反应，提高其强度和密实度，一般宜掺加适量的超细活性矿物质混合材料。

（二）高强度

各国试验证明，混凝土要达到高耐久性，必须提高混凝土的强度。因此，高强度是高性能混凝土的基本特征，高强混凝土也属于高性能混凝土的范畴，但高强度并不一定意味着高性能。高性能混凝土与普通混凝土相比，要求抗压强度的不合格率更低，以满足现代建筑的基本要求。

由于高性能混凝土在施工过程中不确定因素很多，所以，结构混凝土的抗压强度离散性更大。为确保混凝土结构的安全，必须按国家有关规定控制不合格率。

我国施工规范规定，普通混凝土的强度等级保证率为95%，即不合格率应控制在5%以下；对于高性能混凝土，其强度等级的保证率为97.5%，即不合格率应控制在2.5%以下，其概率度 $t \leqslant -1.960$。

（三）高工作性

在一般情况下，对新拌混凝土施工性能可用工作性进行评价，即混凝土拌合物在运输、浇筑以及成型中不分离、易于操作的程度，这是新拌混凝土的一项综合性能。它不仅关系到施工的难易和速度，而且关系到工程的质量和经济性。

坍落度是表示新拌混凝土流动性大小的指标。在施工操作中，坍落度越大，流动性越好，则混凝土拌合物的工作性也越好。但是，混凝土的坍落度过大，一般单位用水量也增大，容易产生离析，匀质性变差。因此，在施工操作允许的条件下，应尽可能降低坍落度。

根据目前的施工水平和条件，高性能混凝土的坍落度控制在 18 ~ 22cm 为宜。

（四）经济性

重视混凝土配合比的经济性，是进行配合比设计时需要着重考虑的一个问题，它关系到工程的造价高低。在高性能混凝土的组成材料中，水泥和高性能减水剂的价格最贵，高性能减水剂的用量又取决于水泥的用量。因此，在满足工程对混凝土质量要求的前提下，单位体积混凝土中水泥的用量愈少愈经济。

众多工程实践证明，水泥用量多少不仅是一个经济问题，而且还具有技术上的优点。例如，对于大体积混凝土，水泥用量较少时，可以减少由于水化热过大而引起的裂缝；在结构用混凝土中，水泥用量如果过多，会导致干缩增大和开裂。

三、配合比设计中应考虑的几个方面

高性能混凝土配合比设计前，首先对配合比设计中有关重要问题进行总体考虑，这是以后计算中某些必要假设的基础。高性能混凝土配合比设计应考虑以下几个方面：

（一）水泥浆与骨料比

对给定的水泥浆与骨料体积比 35∶65，通过使用合适的粗骨料，可以获得足够尺寸稳定的高性能混凝土（如弹性性能、干燥收缩及徐变等）。

（二）强度等级

高强度并不一定意味着高性能，也不是高性能混凝土的唯一指标，但当抗压强度大于 60MPa 时，不仅具有较高的密实性，而且其抗渗透能力强、耐久性也较高。因此，抗压强度可作为高性能混凝土配合比设计及质量控制的基础。

工程实践证明，采用大多数天然骨料，通过改善水泥浆的强度，即选择用水量及掺合料品种和用量，可以配制出抗压强度 120MPa 以上的混凝土。为方便混凝土配合比的计算，可将 60 ~ 120MPa 强度划分为几个等级，以便根据工程需要而选择。

（三）用水量

对于传统的混凝土而言，拌合用水量的多少，取决于骨料的最大粒径和混凝土的坍落度。由于高性能混凝土的最大骨料粒径和坍落度允许波动的范围很小（最大粒径不大于 15mm、坍落度为 18 ~ 22cm），以及坍落度可通过调节超塑化剂用量来控制，所以在确定用水量时不必考虑骨料的最大尺寸及坍落度。

根据各国配制高性能混凝土的经验证明，高性能混凝土中的用水量与混凝土的抗压强度通常成反比例关系，通过这一关系不仅可作为配合比设计的重要参考，而且可用于预测和控制混凝土的强度。

（四）水泥用量

在高性能混凝土中，水泥浆体积与骨料的体积比大约为 35∶65，比较适宜。在新拌水泥浆中，含有未水化的水泥颗粒、水及空气，混凝土虽然经过强力搅拌，即使在不掺加任何引气剂的情况下，混凝土中也含有大约 2% 的空气。对于一定体积的水泥浆（35%），如果已知水和空气的体积，则可以计算出水泥的体积和水泥的用量。当混凝土有冻融耐久性要求引气时，对于设定的较大引气体积（5% ~6%），也可以计算出水泥的用量。

（五）减水剂的种类与用量

普通减水剂达不到高性能混凝土所要求的减水程度及工作性，因此，超塑化剂（即高效减水剂）是配制高性能混凝土不可缺少的材料。常用的超塑化剂，主要有萘系减水剂和三聚氰胺系减水剂。但是，市场上销售的超塑化剂，与水泥的适应性差别很大。研究人员报道：三聚氰胺系减水剂减水率大，明显比萘系减水剂的缓凝作用小，非常适合与引气剂共同使用，但混凝土坍落度损失较大。

在配制高性能混凝土时，要根据给定的混凝土组成材料，在试验室内进行一些必要的基本试验，以决定使用何种减水剂更加适合。超塑化剂的固体用量，一般为水泥用量的0.8%～2%，对第一次掺合料建议使用1%。由于超塑化剂价格较高，为获得给定水泥浆满意的流变性，又不产生过大的缓凝，应进行多次试验确定最佳用量。

（六）矿物掺合料的种类与用量

矿物掺合料的种类，简单的方法可分为：不掺加任何矿物掺合料、掺加单一或多种矿物掺合料和掺加凝聚硅灰取代部分矿物掺合料三种情况。

第一种情况，单独使用硅酸盐水泥，不掺加任何矿物掺合料。这种情况较少，只有在建议的高性能混凝土强度范围内，绝对不允许掺加矿物掺合料时才出现。因为不掺加任何矿物掺合料，将不会得到混凝土相应的许多重要技术性能，如降低水化热、增加耐腐蚀性、提高工作性。

第二种情况，掺加一种或多种矿物掺合料，以取代混凝土中的部分水泥。经验证明，用高质量的粉煤灰或矿渣代替25%的水泥，不仅可改善新拌混凝土的工作性、减小水化热，而且还可提高充分水化水泥浆的微观结构。因此，在进行高性能混凝土配合比设计时，可假设水泥与选用矿物掺合料的体积比为75∶25。

第三种情况，掺加凝聚硅灰取代部分矿物掺合料，即用凝聚硅灰取代部分粉煤灰或矿渣，所产生的效果会更好。例如，不掺加25%的优质粉煤灰，而用10%的凝聚硅灰和15%的粉煤灰同时掺入。

（七）粗细骨料的比例

根据试验证明，高性能混凝土中骨料体积的最佳比例为65%。粗细骨料分别所占的比例，通常取决于骨料的级配与形状，水泥浆的流变性及混凝土所要求达到的工作性。由于高性能混凝土中的水泥浆体含量相对较大，通常细骨料的体积用量不宜超过骨料总量的40%。因此，假设第一次拌合粗细骨料的体积比为3∶2。

四、配合比设计的方法步骤

目前，国际上提出的高性能混凝土配合比设计方法很多，主要有：美国混凝土协会（ACI）方法、法国国家路桥试验室（LCPC）方法、P. K. Mehta和P. C. Aitcin方法等。这些设计方法各有优缺点，但均不十分成熟。根据我国的实际，清华大学的冯乃谦教授创造的设计方法，与普通混凝土配合比设计方法基本相同，具有计算步骤简单、计算结果比较精确、容易使人掌握等优点。

（一）初步配合比的计算

根据选用原材料的性能及对高性能混凝土的技术要求，进行初步配合比的计算，得出供试配混凝土所用的配合比。

1. 配制强度的确定（$f_{cu,o}$）

由于影响高性能混凝土强度的因素很多，变异系数较大，因此，在配合比设计时就应该控制其不合格率。在通常情况下，高性能混凝土的不合格率宜控制在2.5%，即高性能混凝土的强度保证率为97.5%以上。

当设计要求的高性能混凝土强度等级已知时，混凝土的试配强度可按下式确定：

$$f_{cu,o} = f_{cu,k} - t\sigma \quad (1\text{-}1)$$

式中 $f_{cu,o}$——高性能混凝土的试配强度（MPa）；

$f_{cu,k}$——设计的混凝土立方体抗压强度标准值（MPa）；

t——概率度，当混凝土强度的保证率为97.5%时，$t = -1.960$；

σ——混凝土强度标准差（MPa）。

混凝土强度标准差（σ）应根据施工单位的具体情况而确定。当施工单位有近期的同一品种混凝土强度资料时，其混凝土强度标准差（σ）可按标准差计算公式进行计算。如果施工单位没有高性能混凝土施工管理水平统计资料，且σ也无其他资料可查时，对于C60的混凝土，σ可取值6MPa；对于大于C60的混凝土，应参考有关工程经验而确定。

2. *初步确定水胶比 $W/(C+M)$*

根据已测定的水泥实际强度f_{ce}（或选用的水泥强度等级$f_{ce,k}$）、粗骨料的种类及所要求的混凝土配制强度（$f_{cu,o}$），同济大学提出了高性能混凝土的如下关系式：

对于用卵石配制的高性能混凝土：

$$f_{cu,o} = 0.296 f_{ce}[(C+M)/W + 0.71] \quad (1\text{-}2)$$

对于用碎石配制的高性能混凝土：

$$f_{cu,o} = 0.304 f_{ce}[(C+M)/W + 0.62] \quad (1\text{-}3)$$

当无水泥实际强度数据时，公式中的f_{ce}值可按下式计算：

$$f_{ce} = \gamma_e \cdot f_{ce,k} \quad (1\text{-}4)$$

式中 C——每立方米混凝土中水泥的用量（kg/m^3）；

M——每立方米混凝土中矿物质的掺加量（kg/m^3）；

W——每立方米混凝土中的用水量（kg/m^3）；

γ_e——水泥强度的富余系数，一般可取值1.13。

3. *选取单位用水量（W_0）*

单位用水量的多少，主要取决于混凝土设计坍落度的大小和高性能减水剂的效果。在和易性允许的条件下，尽可能采用较小的单位用水量，以提高混凝土的强度和耐久性。一般情况下，单位用水量不宜大于175kg/m³。在进行混凝土配合比设计时，可根据试配强度参考表1-10中的经验数据；对于重要工程，应通过试配确定单位用水量。

表1-10 最大用水量与试配强度的关系

混凝土试配强度（MPa）	最大单位用水量（kg/m^3）	混凝土试配强度（MPa）	最大单位用水量（kg/m^3）
60	175	90	140
65	160	105	130
70	150	120	120

4. *计算混凝土的单位胶凝材料用量（C_0+M_0）*

根据已选定的每立方米混凝土用水量（W_0）和得出的水胶比［$W/(C+M)$］值，可按下式计算出胶凝材料用量：

$$C_0 + M_0 = (C + M)W_0/W \tag{1-5}$$

5. 矿物质掺合料（M_0）的确定

矿物质掺合料的掺量多少，主要取决于掺合料中活性 SiO_2 的含量，在一般情况下，其掺量为水泥的10% ~15%。如果活性 SiO_2 含量高（如硅粉），取下限；如果活性 SiO_2 含量低（如优质粉煤灰），取上限。

6. 选择合理的砂率（S_p）

合理的砂率值，主要应根据混凝土的坍落度、黏聚性及保水性要求等特征来确定。由于高性能混凝土的水胶比较小，胶凝材料用量大，水泥浆的黏度大，混凝土拌合物的工作性容易保证，所以，砂率可以适当降低。合理的砂率值，一般应通过试验确定，在进行混凝土配合比设计时，可在36% ~42%之间选用。

7. 粗细骨料用量的确定

混凝土中粗细骨料用量的确定，与普通混凝土配合比设计相同，可采用假定表观密度法计算求得。由于高性能混凝土的密实度比较大，其表观密度一般应比普通混凝土稍高些，可取2450 ~2500kg/m^3。

8. 高性能减水剂用量的确定

高性能减水剂是配制高性能混凝土不可缺少的组分，它具有不仅能增大坍落度，而且又能控制坍落度损失的作用。高性能减水剂的用量多少，应根据掺加的品种、施工条件、混凝土拌合物所要求的工作性、凝结性能和经济性等方面，通过多次试验才能确定其最佳掺量。以固体计，高性能减水剂的掺量，通常为胶凝材料总量的0.8% ~2.0%，建议第一次试配时掺加1.0%。

9. 含水量的修正

由于上述高性能混凝土配合比设计是基于各材料饱和面干的情况下，所以在实际拌合中还应根据骨料中含水量的不同，要进行适当的粗细骨料含水修正。

（二）高性能混凝土配合比的试配与调整

高性能混凝土的配合比设计，与普通混凝土基本相同，也包括两个过程，即配合比的初步计算和工程中的比例调整。由于在初步计算中有一些假设，与工程实际很可能不相符，所以计算得出的数据仅为混凝土试配的依据。工程实际中往往需要通过多次试配才能得到适当的配合比。

高性能混凝土配合比的试配与调整的方法和步骤，与普通混凝土基本相同。但是，其水胶比的增减值宜为0.02 ~0.03。为确保高性能混凝土的质量要求，设计配合比提出后，还须用该配合比进行6 ~10次重复试验确定。

（三）高性能混凝土配合比设计实例

【例1-1】 某建筑工程的框架柱要求配制C60高性能混凝土，原材料选用淄博水泥厂的强度为52.5MPa中热硅酸盐水泥，粗骨料为崂山产粒径为5 ~15mm的碎石，细骨料为大沽河的细度模数为2.84的中砂。现场搅拌要求混凝土坍落度为18 ~22cm。采用CM-1缓凝型高效减水剂，优质粉煤灰F。求此种混凝土的试验室配合比。

【解】 用假定表观密度法求得初步配合比，假设此种高性能混凝土的表观密度为2450kg/m^3。

1. 确定高性能混凝土的试配强度（$f_{cu,o}$）

$$f_{cu,o}=f_{cu,k}-t\sigma=60-6\times(-1.960)=71.76(MPa)$$

2. 确定高性能混凝土的水胶比［$W/(C+F)$］

$$f_{ce}=\gamma_e\cdot f_{ce,k}=1.15\times52.5=60.375(MPa)$$

$$f_{cu,o}=0.304f_{ce}[(C+F)/W+0.62]$$

$$=0.304\times60.375[(C+F)/W+0.62]\quad W/(C+F)=0.30$$

3. 选择单位用水量（W_0）

高性能混凝土的单位用水量，主要根据混凝土的试配强度选择单位用水量。参考表1-10选用 $W_0=150kg/m^3$。

4. 确定高性能混凝土的胶凝材料用量（F_0，C_0）

$$C+F=W_0(C+F)/W=150\times1/0.30=500(kg/m^3)$$

$$F_0=500\times15\%=75.0(kg/m^3)$$

$$C_0=500-75.0=425(kg/m^3)$$

5. 确定高性能混凝土的砂率（S_p）

根据工程实践经验，高性能混凝土的合理砂率在36%～42%之间，此混凝土的砂率取 $S_p=36\%$。

6. 高性能混凝土骨料的确定（S_0，G_0）

根据假定表观密度法的计算方法，列出以下二元一次方程式：

$$G_0+S_0+425+75=2450$$

$$S_0/(S_0+G_0)=36\%$$

解之得

$$S_0=702(kg/m^3)$$

$$G_0=1248(kg/m^3)$$

7. 确定高效减水剂的用量

高效减水剂的用量，第一次试配建议掺入胶凝材料总量的1%。则CM-1的用量为：

$$500\times1\%=5.0(kg/m^3)$$

8. 确定高性能混凝土中各种材料用量

根据以上计算结果，可以确定每立方米混凝土中各种材料的用量，如表1-11所示。

表1-11　某建筑工程高性能混凝土材料用量及试验结果

$W/(C+F)$	S_p (%)	材料用量（kg/m^3）						坍落度 (cm)	抗压强度（MPa）	
		W_0	C_0	S_0	G_0	F_0	CM-1		7d	28d
0.30	36	150	425	702	1248	75	5.0	21.0	65.2	76.8

（四）高性能混凝土经验配合比

为方便配制高性能混凝土，以下特列出高性能混凝土参考配合比（表1-12）、高性能混凝土最大用水量（表1-13）、高性能混凝土的砂率（表1-14）、高性能混凝土中骨料体积（表1-15）、工程中的经验配合比（表1-16）、自密实高性能混凝土配合比（表1-17），供施工单位参考选用。

表 1-12 高性能混凝土参考配合比

强度等级	平均抗压强度（MPa）	情况	胶凝材料（kg）			用水量（kg）	粗骨料（kg）	细骨料（kg）	总量（kg/m³）	水灰比（*W/C*）
			PC	FA（或 BFS）	CSF					
A	65	1	534	0	0	160	1050	690	2434	0.30
		2	400	106	0	160	1050	690	2406	0.32
		3	400	64	36	160	1050	690	2400	0.32
B	75	1	565	0	0	150	1070	670	2455	0.27
		2	423	113	0	150	1070	670	2426	0.28
		3	423	68	38	150	1070	670	2419	0.28
C	90	1	597	0	0	140	1090	650	2477	0.23
		2	447	119	0	140	1090	50	2446	0.25
		3	447	71	40	140	1090	650	2438	0.25
D	105	—	—	—	—	—	—	—	—	—
		2	471	125	0	130	1100	630	2466	0.22
		3	471	75	40	130	1100	630	2458	0.22
E	120	—	—	—	—	—	—	—	—	—
		2	495	131	0	120	1120	620	2486	0.19
		3	495	79	44	120	1120	620	2478	0.19

注：表中 PC 为硅酸盐水泥；FA 为粉煤灰；BFS 为矿渣；CSF 为硅粉。

表 1-13 高性能混凝土最大用水量

混凝土强度等级	A	B	C	D	E	O
平均强度（MPa）	75	85	100	115	130	50 ~ 65
最大用水量（kg/m³）	160	150	140	130	120	165 ~ 175

表 1-14 高性能混凝土的砂率

胶凝材料总量（kg/m³）	350 ~ 400	401 ~ 450	451 ~ 500	501 ~ 550	551 ~ 600
砂率 S_p（%）	42	39	36	33	30

表 1-15 高性能混凝土中骨料体积

强度等级	细骨料:粗骨料	细骨料体积（m³）	粗骨料体积（m³）
A	2.00:3.00	0.2600	0.3900
B	1.95:3.05	0.2535	0.3965
C	1.90:3.10	0.2470	0.4030
D	1.85:3.15	0.2405	0.4095
E	1.80:3.20	0.2340	0.4150

表 1-16　工程上的高性能混凝土经验配合比

组成材料 \ 拌合物序号		1	2	3	4	5
水（kg/m^3）		195	165	135	145	130
水泥（kg/m^3）		505	451	500	315	513
粉煤灰（kg/m^3）		60	—	—	—	—
矿渣（kg/m^3）		—	—	—	137	—
硅灰（kg/m^3）		—	—	30	36	43
粗骨料（kg/m^3）		1030	1030	1100	1130	1080
细骨料（kg/m^3）		630	745	700	745	685
减水剂（kg/m^3）		9. 75	—	—	9. 00	—
缓凝剂（L/m^3）		—	4. 5	1. 8	—	—
超塑化剂（L/m^3）		—	11. 25	14	5. 9	15. 7
水/（水泥 + 混合材）		0. 35	0. 37	0. 27	0. 31	0. 25
抗压强度	28d（MPa）	65	80	93	83	119
	91d（MPa）	79	87	107	93	145

表 1-17　自密实高性能混凝土配合比

水胶比 $W/(C+F)$	砂率（%）	水（kg）	水泥（kg）	粉煤灰（kg）	砂子（kg）	石子（kg）	其他（kg）	外加剂（C×%）	抗压强度（MPa） 设计	$f_{ce,28}$
0. 370	50	200	350	180	800	800	UEA30	DFS-2（F）0. 8	C30	57. 0
0. 360	50	200	350	180	782	797	UEA30	DFS-2（F）0. 8	C30	47. 0
0. 430	50	200	270	162	834	850	UEA30	DFS-2（F）0. 6	C30	37. 5
0. 365	51	201	382	168	796	760	—	SN1. 8	C30	53. 3
0. 310	44	154	144	197	753	963	矿渣 154	SP12. 21	C50	60. 0

第四节　高性能混凝土的施工工艺

高性能混凝土的施工工艺，与普通水泥混凝土基本相同，主要包括混凝土的拌制、运输、浇筑、振捣和养护等，最后要对高性能混凝土的质量进行评价。

一、高性能混凝土的拌制

高性能混凝土的拌制，是在配合比设计的基础上，按照有关规定的要求将各种组成材料均匀地混合在一起，并使其符合工作性和硬化后各性能的要求。在进行高性能混凝土的拌制过程中，应注意以下事项：

1. 在混凝土拌制之前，应当按照混凝土配合比设计的要求，认真检查或测定所组成材料的品种、规格、质量和数量等是否符合设计规定，对不符合要求的应立即采取措施加以更换。

2. 混凝土原材料应严格按照施工配合比要求进行准确称量，称量最大允许偏差应符合下列规定（按质量计）：胶凝材料（水泥、掺合料等）±1%；外加剂 ±1%；骨料 ±2%；拌合用水 ±1%。以上各种材料的计量应采用电子计量系统，以确保计量的准确性。

3. 在混凝土拌制的过程中，骨料级配和含水量的检测频率要比普通水泥混凝土大，因为高性能混凝土对这些因素的波动性更为敏感。特别要注意严格测定砂、石料中的含水率，一般情况每班应抽测 2 次，温度变化大和雨天应随时进行抽测，并按测定结果调整混凝土的配合比。

4. 高性能混凝土必须采用强制式混凝土搅拌机拌制，每一阶段的搅拌时间不宜少于 30s，在常温情况下，总搅拌时间一般不宜少于 2min，也不宜超过 3min。

5. 高性能混凝土混合料的搅拌应保证物料充分均匀。在进行搅拌时，宜先向搅拌机中投入细骨料、水泥、矿物掺加料和化学外加剂，在干燥状态下搅拌均匀后，再加入所需要的用水量，待砂浆充分搅拌后再投入粗骨料，并继续搅拌至均匀为止。

6. 在拌制第一盘混凝土时，应在设计配合比用量的基础上，在保持水灰比不变的前提下，加大水泥和砂子的用量 10%，以防止因搅拌机挂浆而影响混凝土的质量。

7. 在低温情况下搅拌混凝土时，应采取并评价预热各种原材料的措施，以保证混凝土的入模温度。一般宜优先采用加热水的预热方法来调整拌合物的温度，不满足要求时再加热粗细骨料，水泥、外加剂和掺合料可在使用前运入暖棚进行自然预热，但不得直接加热。

8. 在高温情况下搅拌混凝土时，应在骨料堆场搭设遮阳棚，采用低温水拌合混凝土等措施，降低混凝土拌合物的温度，或者尽可能在傍晚和夜间搅拌混凝土，以保证混凝土的入模温度。

二、高性能混凝土的运输

高性能混凝土的运输，也是施工过程中非常重要的环节。不仅关系到混凝土在浇筑时的质量如何，而且关系到工程的施工进度和施工质量。因此，在高性能混凝土的运输中，应当注意如下事项：

1. 为确保混凝土拌合物的性能良好，高性能混凝土宜采用混凝土搅拌车进行运输。搅拌车在装混凝土前应认真检查，并排干净车内存留的刷车水。

2. 高性能混凝土的泵送施工应根据施工进度，加强对混凝土运输的组织和调度工作，确保混凝土连续均匀供料，混凝土的搅拌能力、运输能力和泵送能力要相匹配。

3. 在混凝土的运输过程中，要采取措施对其表面进行覆盖，防止混凝土中的水分蒸发，严格禁止在运输中因混凝土出现干涩而加水。

4. 混凝土搅拌运输车到达施工现场后，应高速旋转 20 ~ 30s，使混凝土搅拌均匀后，再将混凝土拌合物喂入泵车受料斗内。

三、高性能混凝土的浇筑

高性能混凝土的浇筑，是混凝土施工中最重要的施工过程，是确保混凝土施工质量的关键。因此，在高性能混凝土的浇筑中，应当注意以下事项：

1. 在高性能混凝土正式浇筑前，应针对工程特点、施工环境和施工条件等，事先进行浇筑方案的设计，其中包括混凝土浇筑起点、浇筑方向、浇筑进度和浇筑厚度等。高性能混凝土的浇筑应采用分层连续推移的方式进行，在常温下的间隙时间不得超过90min，不得随意留置施工缝。

2. 在高性能混凝土正式浇筑前，应仔细检查钢筋保护层垫块的位置、数量及其紧固程度，以提高钢筋混凝土保护层厚度尺寸的精确性。

3. 搅拌好的混凝土出厂后宜在60min内泵送完毕，在交通易堵塞和气候炎热等情况下，应采取措施防止混凝土坍落度产生过大损失。

4. 在混凝土入模浇筑前，应测定混凝土的温度、坍落度、含气量、水胶比及泌水率等工作性能，符合设计要求的混凝土方可入模浇筑。

5. 在相对湿度较小、风速较大的环境下浇筑混凝土时，应采取适当挡风、遮阳、围护等措施，防止混凝土失水过快，此时应避免浇筑有较大暴露面积的构件。

6. 在浇筑大体积混凝土结构前，应根据工程的实际情况，预先做好防止混凝土出现温度裂缝的措施，如用冷水拌合、预冷原材料、搭设遮阳棚、预埋循环冷却水系统等。

7. 自密实高性能混凝土比普通水泥混凝土易于浇筑，但为了减小混凝土发生离析的可能性，在混凝土浇筑时竖直下落距离不要超过5m，当浇筑层的高度较大时，可使用串筒浇筑，从卸料点开始的水平流动距离不要超过10m。

8. 混凝土倾落高度一般不宜超过2m，当混凝土拌合物较黏稠不出现分层离析时，允许适当增加倾落高度，但最大以4m为限，并应采用滑槽、串筒、漏斗等器具辅助输送混凝土，保证混凝土不出现分层离析现象。

9. 泵送高性能混凝土时，输送管路起始水平管段的长度不应小于15m。除了出口处可采用软管外，输送管路的其他部位均不得采用软管。输送管路所用的支架吊具等应加以固定，不应与模板或钢筋直接接触。在高温或低温环境下，输送管路应分别用湿草帘或保温材料覆盖。

10. 混凝土应保证供应，以确保连续泵送，必要时可降低泵送速度以维持泵送的连续性。如果停泵时间超过15min，应每隔4～5min开泵一次，使泵机进行正转和反转两个方向的运动，同时开动料斗搅拌器，防止混凝土离析堵泵。如果停泵时间超过45min，应将管道中的混凝土清除，并用压力水或其他方法冲洗管内残留的混凝土。

11. 在向下泵送高性能混凝土时，泵送管道与垂线的夹角不宜小于12°，以防止混凝土中混入空气而引起管路的堵塞。

12. 在冬季低温情况下浇筑高性能混凝土时，应制定切实可行的冬期施工措施，并保证混凝土拌合物入模的温度在10℃以上。

13. 当采用泵送混凝土时，高性能混凝土的一次摊铺厚度不宜大于600mm；当采用非泵送混凝土时，高性能混凝土的一次摊铺厚度不宜大于400mm。在浇筑竖向结构的混凝土前，其底部应先浇入50～100mm厚度的水泥砂浆垫层，砂浆的水灰比应略小于混凝土。

四、高性能混凝土的振捣

高性能混凝土的振捣，是确保混凝土密实度的关键。因此，在高性能混凝土的振捣中，应当注意以下事项：

1. 高性能混凝土应进行振捣密实，并应采用高频振捣器振捣。根据工程的实际情况，可采用插入式振动棒、附着式平板振捣器、表面平板振捣器等振捣设备。

2. 及时将入模的混凝土均匀振捣密实，但不得过振或漏振，每振捣点的振捣时间以表面出现泛浆为准，一般不宜超过30s。

3. 在振捣混凝土的过程中，应加强检查模板的支撑是否牢固稳定，防止产生漏浆。

4. 在进行混凝土平仓中，不得将振捣棒放在混凝土拌合物内。

五、高性能混凝土的养护

高性能混凝土的养护，是混凝土施工中的最后一个工序，对于确保混凝土的最终质量起着非常重要的作用。因此，在高性能混凝土的养护中，应当注意以下事项：

1. 高性能混凝土的用水量比普通水泥混凝土小，切不可因混凝土失水而影响质量，在振捣密实后应用苫布或塑料薄膜及时对混凝土暴露面进行覆盖，尽量减少混凝土的暴露时间，防止表面水分蒸发。

2. 为防止大体积混凝土结构产生温度裂缝，在养护期间混凝土内部的最高温度不宜超过75℃，并应采取措施缩小混凝土的内外温差，如降低混凝土入模温度、对混凝土构件进行早期保温等。

3. 在混凝土浇筑后，要防止混凝土表面温度受环境因素（如气温骤降、曝晒等）而引起激烈变化，减少早期干燥收缩和温度收缩。

4. 在混凝土带模养护期间，或者除去表面覆盖物及拆除模板后，应对混凝土采用蓄水、浇水或覆盖洒水等措施进行潮湿养护。

5. 在高性能混凝土养护期间，应对有代表性的混凝土结构进行温度监控，定时测定混凝土内部温度、表层温度、环境气温、相对湿度、风速等参数，并根据混凝土温度和环境参数的变化情况，及时调整原来的养护制度，严格控制混凝土的内外温差，以满足工程质量要求。

6. 在混凝土的养护期间，施工和监理单位应各自对混凝土的养护过程做详细记录，并建立严格的岗位责任制。

六、高性能混凝土的质量评价

高性能混凝土的质量评价，主要包括混凝土拌合物的评价、混凝土力学性能的评价、混凝土耐久性的评价、结构性能的评价及混凝土的验收规范。

（一）混凝土拌合物的评价

由于高性能混凝土胶凝材料用量大，水灰比低，拌合物的黏度大，流动性较差，所以，与其他混凝土相比，在坍落度相同时，振动捣实所需的时间长。单纯用混凝土坍落度指标，不能客观评价高性能混凝土拌合物的性能。评价高性能混凝土拌合物的性能，必须反映流动过程的时间因素，L型流动仪是测定高性能混凝土拌合物流动性较好的仪器。

L型流动仪如图1-2所示。在进行试验时，先将混凝土浇入仪器的垂直部位，捣实后把隔板垂直提起，混凝土拌合物在重力的作用下往水平方向移动，假设移动的距离为L_1，从开始移动到停止的时间为t，垂直部分混凝土的下沉量为L_0（L型坍落度）。测定这些技术参数之后，则可求出L型流动速度，L_1/t即为混凝土拌合物的流动速度。L型流动速度可代表高性能混凝土拌合物的黏度。

根据求出的混凝土拌合物流动速度，可以了解到混凝土拌合物水灰比（黏性）变动情况。L型流动速度与水灰比的关系如图1-3所示。由图1-3可见，混凝土的水灰比不同，L型流动速度不同。这样，可利用L型流动速度对混凝土的水灰比进行管理。

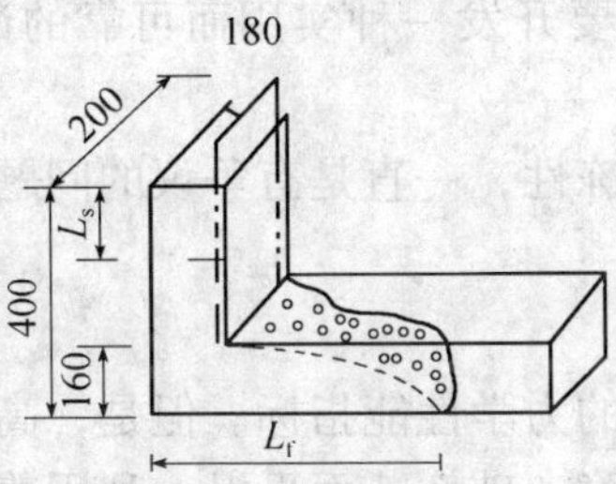

图1-2　L型流动测定仪示意图（mm）

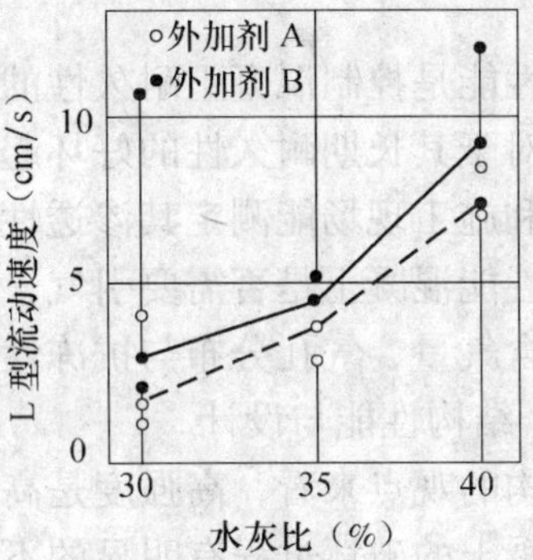

图1-3　L型流动速度与水灰比的关系

（二）力学性能测试及评价

力学性能的测试为施工验收和结构设计提供基本数据。目前，测定高性能混凝土强度的试验方法和仪器，都是根据普通混凝土测定的；而高性能混凝土的强度较高，现行的标准试验方法有很多不足之处，应当找出改进的技术依据，建立可靠的高性能混凝土的试验方法。值得注意的因素是：养护条件的影响；以$\phi 100 \times 200$mm的试件代替$\phi 150 \times 300$mm试件的可行性；试件受压面的影响；试验机的刚度影响等。

混凝土的抗压强度是其主要的力学性能指标。在普通混凝土中根据抗压强度结果和经验公式，可以推导出其抗折强度与弹性模量。但对于高性能混凝土来说，普通混凝土所用的关系式是否适用，还需要进一步验证，必要时要通过试验更改关系式。

标准养护试件是评价混凝土质量的必要条件，但并不一定能真正提供结构物性能的信息，因为至今混凝土的试验方法都是针对普通混凝土的，如果用于高性能混凝土时还需要检验。

现场检验混凝土的强度时，常采用钻芯取样方法。试验结果证明，高性能混凝土的芯样强度明显地低于标准养护的圆柱体强度。这就需要系统地研究了解相同混凝土芯样与圆柱体试件的差异，从而得出从结构物取出芯样的实际强度。

高性能混凝土常用于获取高弹性模量，以控制其受弯变形。但是，在进行高性能混凝土设计时，弹性模量的估算公式是以抗压强度和密度为依据的，与其实际的弹性模量有一定差异，所以应该根据其他特征建立估算弹性模量更可靠的数学模型。

另外，高性能混凝土的水泥用量大，产生的水化热大，混凝土的绝热温升高，必然造成初期温度高，而长期强度偏低，需要加深对不同早期温度和长期性能关系的了解。

（三）耐久性评价

高性能混凝土的抗渗性优良，耐久性的其他方面都比普通混凝土高得多。为了利用这方面的优势，需要进一步认识其劣化机理，组成、微观结构与耐久性的关系，周围环境对耐久性的影响。通过对高性能混凝土耐久性的进一步认识，从而建立耐久性的设计标准，以补充现行混凝土结构强度设计标准。

普通混凝土的耐久性快速试验，目前已经用于预测高性能混凝土的耐久性，但对这些试验方法的适用性和可靠性仍有很大争论。这就需要了解高性能混凝土的劣化机理及其影响因素，以判断现行的试验方法是否适用。随着高性能混凝土的广泛应用，开发与实际性能相关性更好的试验方法，开发能预测服务寿命的模型，这对于高性能混凝土耐久性的设计是很有必要的。

抗渗性能是控制混凝土耐久性的关键性能，对处于某些暴露大气中的混凝土，靠近表面的渗透性对于其长期耐久性的好坏起着决定性作用，需要开发一种实用而可靠的试验方法，在试验室和施工现场能测定其渗透性。

对高性能混凝土是否需要引气，以提高混凝土的抗冻性，一直是有争议的问题，需要进一步研究含气量、气孔分布与抗冻性之间的关系。

（四）结构性能与设计

从结构的观点来看，高强度是高性能混凝土最重要的力学性能指标。但是，高强混凝土与普通混凝土的破坏过程有明显的不同，高强混凝土质脆，破坏断面平滑。利用普通混凝土的经验公式，设计高强混凝土的结构，目前仍用外推法；但其设计公式中的混凝土强度最大值受到限制，因此需要进一步研究。

对于高性能混凝土结构的性能，除了必须测定其变形外，还应测定其在设计使用荷载下的开裂，以确定在普通混凝土中未发现的开裂现象，在高性能混凝土中是否会出现。对那些耐久性要求高的结构物，还要进行无损检测。

高性能混凝土的抗震性能，是混凝土结构设计中的另一个重要问题，值得更深入的研究。如果在高性能混凝土中掺入纤维材料，在抗震混凝土结构中可以发挥重要的作用。

第五节　高性能混凝土的技术性能

对于高性能混凝土的技术性能的研究，关系到其推广应用，国内外都非常重视。我国很多专家进行了艰苦的努力和探索，特别是姚燕、王玲、田培主编的《高性能混凝土》中，介绍了高性能混凝土新拌合硬化混凝土各种性能的检测方法及评价依据，值得认真学习。

归纳起来，高性能混凝土的基本性能，主要包括高性能混凝土拌合物的性能和高性能混凝土硬化后的性能两个部分。

一、高性能混凝土拌合物的性能

高性能混凝土拌合物的性能，包括混凝土的填充性、流动中产生离析的机理、水泥浆对骨料抗摩擦性能的影响、粉体的种类与细度对剪切性能的影响四个方面。

（一）混凝土的填充性

对于高性能混凝土的组成材料，为了具有较高的填充性，不仅要求其具有高的流动性，同时还必须具有优异的抗离析性能。如图 1-4 所示，在钢筋混凝土配筋率较高的情况下，浇筑普通混凝土，在低坍落度范围，混凝土的填充性受其变形性支配；而在高坍落度时，材料的抗离析性是支配填充性的主要因素。如图 1-5 所示，则考虑变形性与抗离析性两者的综合因素，可以得到拌合物最适宜的坍落度。

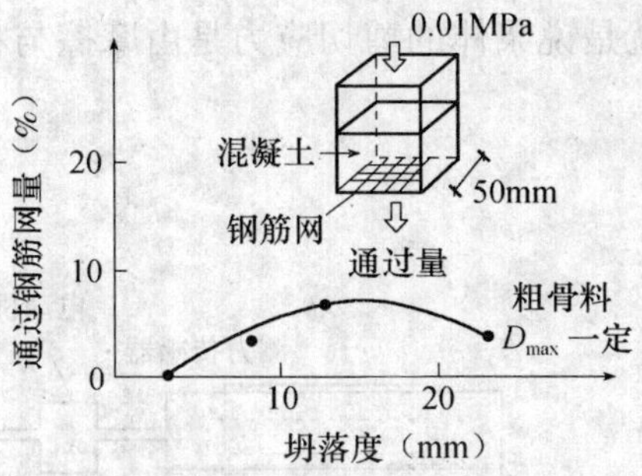

图 1-4　混凝土坍落度与通过钢筋网量关系

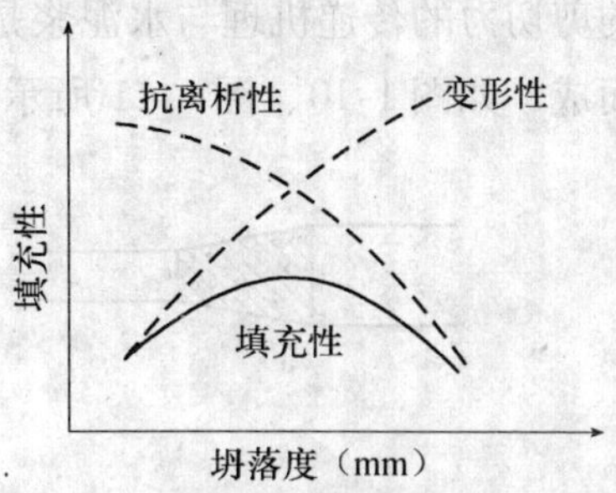

图 1-5　混凝土坍落度与填充性关系

试验和工程实践证明，新拌混凝土中的自由水，是支配混凝土变形及抗离析性能的主要因素，自由水与变形性的关系是线性关系，而与抗离析性能的关系则为非线性关系，如图 1-6、图 1-7 所示。

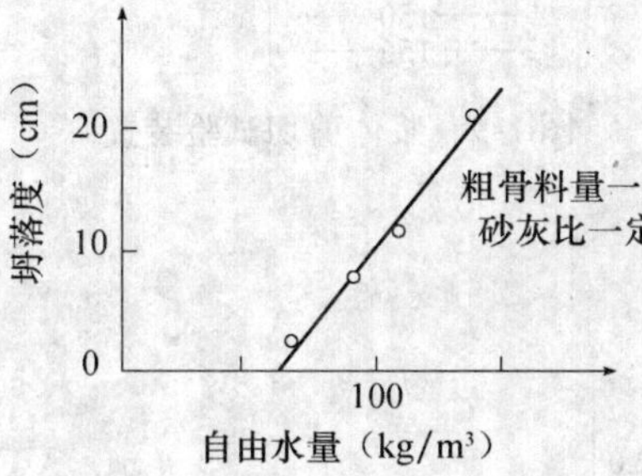

图 1-6　自由水量与变形性的关系

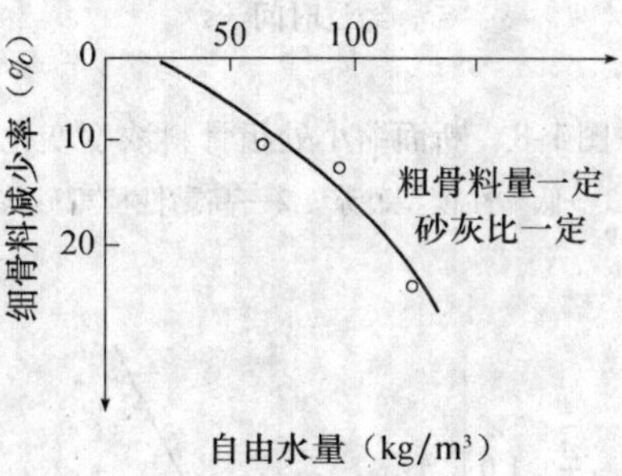

图 1-7　自由水量与抗离析性的关系

由以上所述可见，高性能混凝土的填充性主要取决于其变形性能及抗离析性能，变形性能大，抗离析性能高的高性能混凝土拌合物，其填充性也好。但这些最终取决于自由水的含量，自由水含量较低，坍落度流动值大，这是高性能混凝土配合比设计中的最重要的关键技术之一。

（二）流动中产生离析的机理

不需要振动自密实的高性能混凝土拌合物，在浇筑成型填充模具的流动过程中，粗骨料与砂浆之间产生的分离现象是非常有趣的。如图 1-8a 所示，混凝土拌合物在其中流动，由大变小的喇叭口处，产生粗骨料的凝聚，进一步继续观察时，不仅发现粗骨料成拱，而且发生堵塞。

从图 1-8b 中可见，当混凝土中的砂浆黏度提高时，混凝土中粗骨料浓度基本上不变，混凝土拌合物即使通过喇叭口，粗骨料也不会产生分离现象。但是，如果混凝土拌合物中的浓度较低，则易发生如图 1-8b 中曲线 2 的现象，粗骨料在混凝土拌合物中的浓度增加，发生凝聚现象。这是由于两种拌合物在变截面处的剪切变形不同而引起的。砂浆黏度低的混凝土拌合物，在管内的某一处，粗骨料间发生激烈的碰撞与摩擦，浆体黏度低，容易发生流失，粗骨料间的内摩擦增大，产生凝聚现象。

（三）水泥浆对骨料抗摩擦性能的影响

由于粗骨料相互间的碰撞及摩擦，应力的传递是不同的，但对混凝土的变形性能有很大的影响。如图 1-9 所示，在两块钢板之间放入水泥浆试样，通过钢板进行直接剪切试验。固体之间的剪切力的传递机理与水泥浆是不同的，也就是说浆体的剪切应力是由摩擦与粘结两者复合而成，如图 1-10、图 1-11 所示。

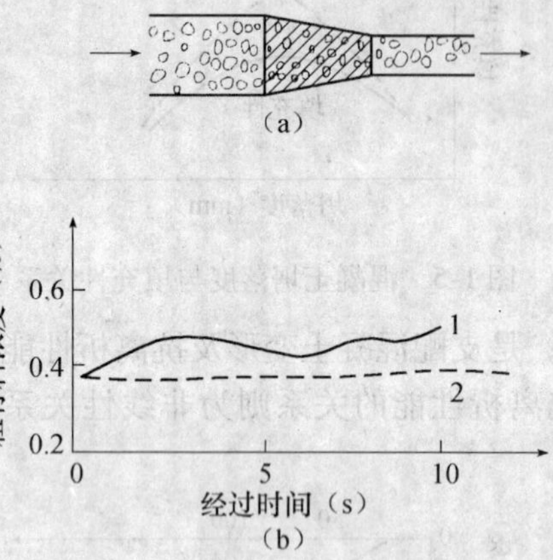

图 1-8　断面缩小处粗骨料浓度变化

1—低黏性模型砂浆；2—高黏性模型砂浆

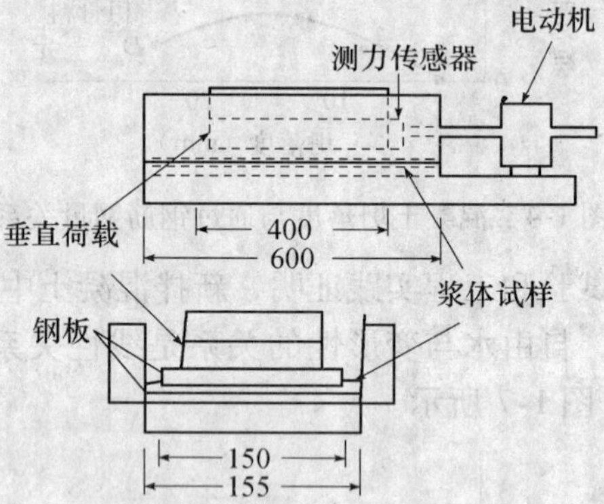

图 1-9　浆体剪切试验装置

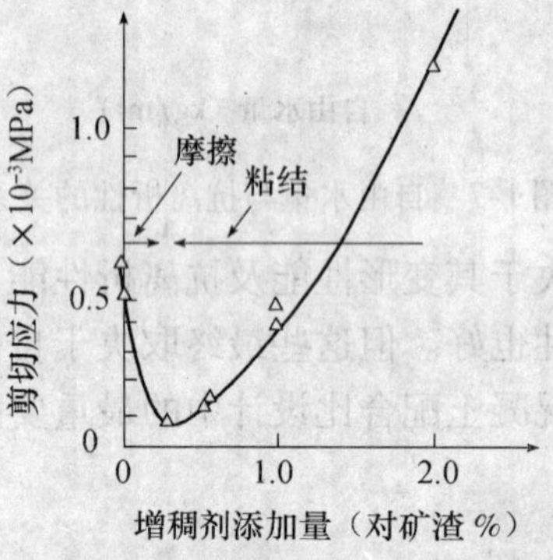

图 1-10　增稠剂添加量与剪切应力关系

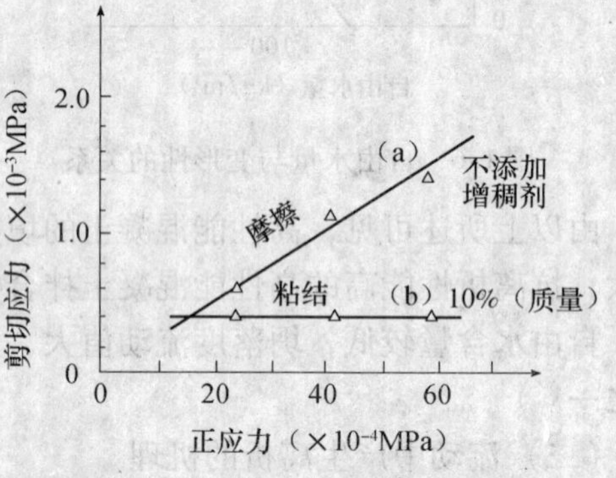

图 1-11　浆体剪切应力与正应力的关系

在水泥浆中掺入增稠剂，可以控制混凝土中液相的黏度，也影响变形与离析。在含矿渣的水泥浆中，稍微掺入少量的增稠剂就能大大降低剪切应力，但随着增稠剂的增加，剪切应力迅速提高。当增稠剂最适宜的掺量是 0.2%（占矿渣质量%）时，浆体的剪切应力最低，见图 1-10。

从图 1-10 中可以看出，浆体中没有增稠剂时，虽然存在大量的自由水，但当正应力增大时，自由水被挤压出，摩擦阻力增大（图 1-11a）。但掺入矿渣含量 1.0% 的增稠剂后，自由水能保留于浆体之中，即使正应力增大，两钢板之间的摩擦抵抗也是不变的，两者间的相互作用只是由于粘结而引起的，且为线性关系（图 1-11b）。

由图 1-11 中可以看出，掺入适量的增稠剂不仅能改善固体间的摩擦抵抗，而且还能有效地降低体系的剪切力。

（四）粉体的种类与细度对剪切性能的影响

粉体的种类对剪切性能的影响，如图 1-12 所示；粉体的黏度对剪切性能的影响，如图 1-13 所示。

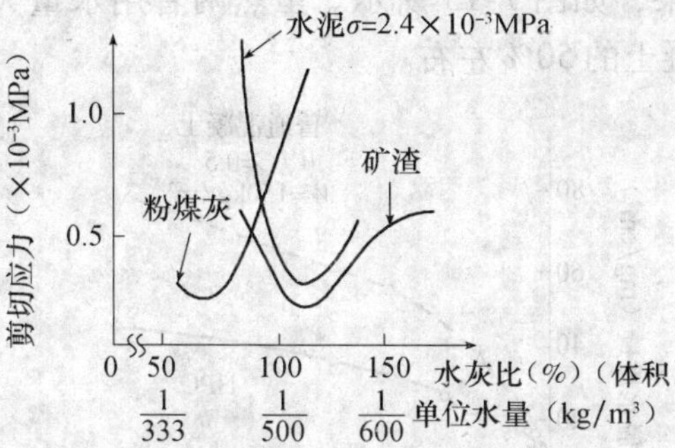

图 1-12　浆体剪切应力与水灰比关系（粉体种类影响）

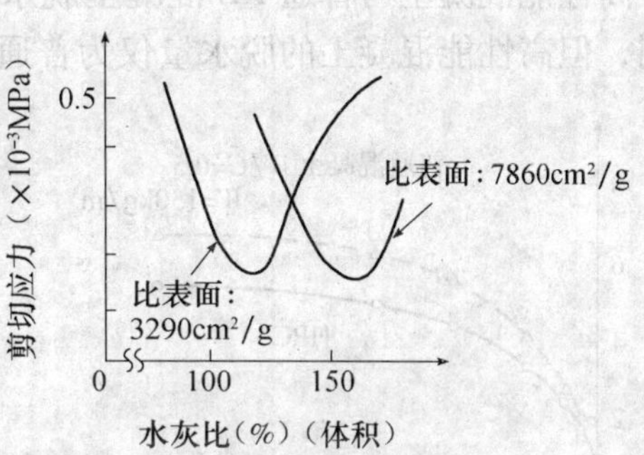

图 1-13　浆体剪切应力与水灰比关系（粉体黏度影响）

试验结果证明，试验的不同粉体达到最低剪应力时，其曲线形状基本相似。但由于颗粒形状不同，达到最低剪应力时，水粉体比不相同。由于粉煤灰为球形颗粒，所以用水量比水泥及矿渣的低。关于粉体细度的影响，以矿渣材料为例，当矿渣细度提高（达 7860cm²/g）时，其保水能力增强，最低剪应力的水粉比也相应增大。

粉煤灰、矿渣等活性混合材料，通过适宜的配比，水量很低时就能给予浆体所需要的黏性。使用适量的增稠剂，既可以不降低混凝土的变形性能，又能赋予混凝土拌合物抵抗离析分层的能力。

二、高性能混凝土硬化后的性能

高性能混凝土硬化后的性能，主要包括干燥收缩性能、脱水性能、力学性能、耐久性等方面。

（一）干燥收缩性能

根据日本工业标准 JISA1129，按表 1-18 中的配合比进行混凝土的干缩试验，其试验结果如图 1-14 所示。虽然高性能混凝土的用水量稍大，粉体的用量也比普通混凝土多，但其干缩率却比普通混凝土低，这是发展高性能混凝土非常有利的方面。

表 1-18　高性能混凝土与普通混凝土试验配合比

混凝土 \ 组成材料	W	C	A_1	A_2	A_3	S	G	Ad	坍落度或流动值（cm）	含气量（%）
高性能混凝土	154	144	10	154	197	753	963	*	57（流动值）	2.1
普通混凝土	150	300	—	—	—		1176	**	17	4.2

注：A_1 为膨胀剂；A_2 为矿渣；A_3 为粉煤灰；* 为 4800CC 超塑化剂 +6g 增稠剂；** 为 750CCAE 剂及减水剂；粗骨料最大粒径为 25mm。

（二）脱水试验结果

高性能混凝土的脱水试验，主要是检验混凝土的密实度。如果密实度不高，真空脱水时必然有较多的水从孔缝中流出来，脱水量增大。

高性能混凝土与普通 AE 混凝土脱水试验结果，如图 1-15 所示。虽然两者用水量大体相同，但高性能混凝土的脱水量仅为普通 AE 混凝土的50%左右。

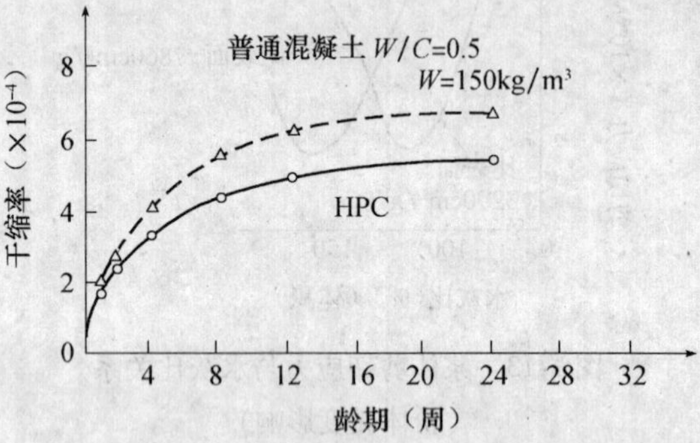

图 1-14　两种混凝土干缩试验结果

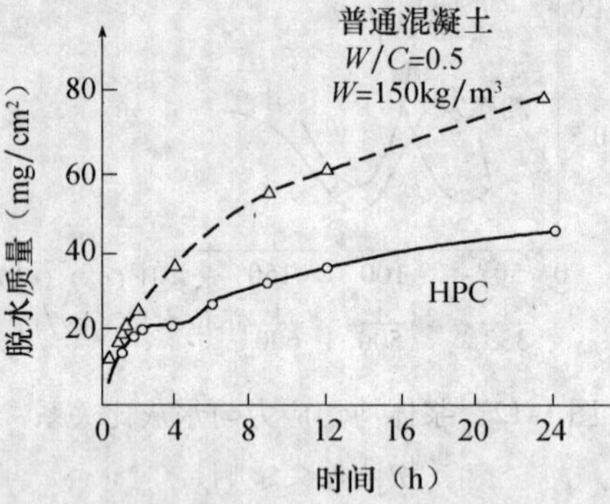

图 1-15　两种混凝土脱水试验结果

（三）力学性能

由于高性能混凝土采用掺加高效减水剂和矿物质掺合料的技术措施，所以高性能混凝土具有很好的物理性能和力学性能，力学性能主要表现在抗压强度、劈裂抗拉强度和静力弹性模量方面。

1. 抗压强度

不同材料所制备的高性能混凝土的强度是有所差异的。粉煤灰高性能混凝土的强度如表 1-19所示，超细矿渣高性能混凝土的强度如表 1-20 所示，硅粉高性能混凝土的强度如表 1-21所示。

表 1-19　粉煤灰高性能混凝土强度

编号	水泥（kg/m^3）	粉煤灰（kg/m^3）	水灰比（W/C）	配合比 胶结料: 细骨料: 石	减水剂 NF（%）	抗压强度（MPa）		
						3d	28d	56d
1	495	55	0.36	1:1.340:1.60	0.5	57.4	64.5	72.3
2	520	130	0.29	1:0.958:1.29	0.5	48.9	65.3	74.6
3	594	149	0.28	1:0.753:1.15	1.0	61.9	80.1	86.8

表 1-20　超细矿渣高性能混凝土强度

编号	混凝土组成材料						抗压强度（MPa）		
	水（kg/m^3）	水泥（kg/m^3）	矿渣（kg/m^3）	砂子（kg/m^3）	石子（kg/m^3）	萘系减水剂（%）	7d	28d	91d
1	165	589	—	637	1013	2.6	63.9	74.7	80.9
2	165	353	236	631	1001	2.6	75.0	80.6	85.3

注：超细矿渣比表面积为8000cm^2/g，混凝土的坍落度为23～25cm。

表 1-21　硅粉高性能混凝土强度

编号	水灰比（W/C）	高效减水剂（%）	各种组成材料用量（kg/m^3）					坍落度（cm）	抗压强度（MPa）	
			水泥	硅粉	水	砂	石		7d	28d
1	0.26	1.0	440	38.9	127	622	1263	5～8	63.7	86.9
2	0.26	1.3	480	53.8	139	640	1182	13～15	63.5	86.1

2. 劈裂抗拉强度

工程试验资料表明：掺入矿物质掺合料的高性能混凝土劈裂抗拉强度，高于同强度等级的普通混凝土。

3. 静力弹性模量

高性能混凝土的弹性模量一般在（3.80～4.40）$\times10^4$MPa范围内，因此，比普通混凝土的静力弹性模量高得多。

（四）收缩与徐变

1. 混凝土的收缩

高性能混凝土的干燥收缩性，与水泥用量、水灰比、掺合料种类、外加剂种类、混凝土配合比、环境相对湿度和温度等有关。

研究资料表明：掺加磨细粉煤灰、磨细沸石粉的高性能混凝土早期干缩较大，最终的收缩值比普通混凝土稍低；掺加硅粉和超细矿渣的高性能混凝土的干缩值低于相同强度等级的高强混凝土。

2. 混凝土的徐变

掺加磨细粉煤灰、磨细沸石粉的高性能混凝土的徐变度略高于未掺加的基准混凝土；掺加硅粉和超细矿渣的高性能混凝土的徐变度低于未掺加的基准混凝土。

（五）耐久性

高性能混凝土与普通混凝土相比，其水灰比低、密实度高、强度较高、体积稳定性好，所以，其具有很好的耐久性，这是高性能混凝土得以在工程中应用的最重要原因。高性能混凝土的优良耐久性，主要包括抗渗透性、抗硫酸盐侵蚀、抗冻性、碱-骨料反应、耐磨性和抗碳化性等。

1. 抗渗透性

高性能混凝土由于水灰比低，并且又以一部分矿物质掺合料代替水泥，所以，混凝土不易发生离析泌水现象，水泥石与石子界面得到改善，其抗渗性提高。有人采用内掺5%的硅粉替代5%的水泥配制高性能混凝土的试验结果证明：硅粉高性能混凝土的渗透系数为6×10^{-14}m/s，非硅粉高性能混凝土的渗透系数为3×10^{-11}m/s。清华大学研究了掺加沸石粉高性能混凝土的抗渗性，强度为60MPa的高性能混凝土，抗渗压力为2.0MPa时未发现渗水现象，说明高性能混凝土具有很高的抗渗性。

除抗渗性外，氯离子渗透是评价混凝土抗渗性的另一项重要指标。经有关试验证明：硅酸盐水泥的氯离子扩散系数为（1.56～8.70）$\times10^{-12}$m^2/s；而以F级粉煤灰取代30%水泥后，扩散系数仅为（1.34～1.35）$\times10^{-12}$m^2/s。其他试验结果表明：含粉煤灰的混合水泥氯离子扩散系数比纯水泥浆降低10%～50%；掺加硅粉的水泥石扩散系数比基准水泥石降低68%～84%。

上述研究试验结果说明了高性能混凝土具有很高的抗渗能力和较高的抗氯离子渗透能力。

2. 抗硫酸盐侵蚀

挪威工程实践证明：掺加15%硅粉的高性能混凝土，其抗硫酸盐侵蚀的能力大大优于普通混凝土；德国、法国等国家用磨细的矿渣代替部分胶凝材料的高性能混凝土，处于有硫酸盐侵蚀的环境下，当矿渣含量达到70%时，混凝土观察不到膨胀值；内掺30%粉煤灰的高性能混凝土，能明显改善抗硫酸盐侵蚀的性能。

3. 抗冻性

工程试验证明：用7.5%和15%的硅粉代替相应的水泥，水胶比为0.45的砂浆耐久性系数，其抗冻性显著提高，这说明硅粉高性能混凝土具有很高的抗冻性。若混凝土中以20%磨细粉煤灰代替相应的水泥，其抗冻性也高于相对比的基准混凝土。但随着粉煤灰的掺量继续增加，混凝土的抗冻性反而下降。有的研究资料还表明：掺加超细矿渣的高性能混凝土，也可以获得很高的抗冻性。

4. 碱-骨料反应

碱-骨料反应是指水泥石中的碱与骨料中的活性物质反应，使混凝土产生较大的体积膨胀，最终导致混凝土破坏的现象。

清华大学测定了掺加沸石粉、粉煤灰、硅粉的砂浆棒的膨胀值。粉煤灰的比表面积为700m^2/kg，硅粉的比表面积为20000m^2/kg，沸石粉的比表面积为700m^2/kg；混凝土中的掺量分别为：粉煤灰20%，沸石粉20%，硅粉10%。试验结果表明：粉煤灰与沸石粉对碱-骨料反应的抑制效果大体相同，当掺量为20%时，180d的膨胀率小于等于0.03%；硅粉抑制效果较好，掺量10%时就可达到上述效果。

5. 耐磨性

高性能混凝土一般都具有很高的耐磨性，而硅粉高性能混凝土更具有突出的耐磨性能。挪威研究结果表明：120MPa以上的硅粉高性能混凝土，其耐磨性可与花岗岩基本相同，磨耗率仅为0.6×10^{-4}mm/次，这里的每次相当于以63km/h速度行驶的带有防滑铁钉轮胎的货车作用。

我国上海建筑材料所按照水工混凝土试验规程，进行过硅粉高性能混凝土冲磨试验，在相等水泥用量的情况下，掺加硅粉（7.5% ~25%）、$W/C=0.48\sim0.58$的高性能混凝土，磨耗率为1.62~2.01kg/h·m^2，而不掺加硅粉混凝土的磨耗率为3.74kg/h·m^2。上述试验结果表明：掺加硅粉的高性能混凝土可大大提高耐磨性。因此，硅粉高性能混凝土可用于高等级路面、机场跑道和有高速水流冲刷的水工建筑。

6. 抗碳化性

高性能混凝土中虽然掺入了矿物质掺合料，降低了混凝土内部的碱度，但由于高性能混凝土内部结构致密，侵蚀介质很难进入，碳化的深度与普通混凝土基本相当，而碳化速度却小于普通混凝土。在一般情况下，当高性能混凝土的强度达到60MPa以上时，可不考虑其碳化问题。

第六节 高性能混凝土的工程应用

高性能混凝土是一种新型高技术混凝土，是在大幅度提高普通水泥混凝土性能的基础上，采用现代混凝土技术，选用优质的原材料，在严格的质量管理条件下制成的。高性能混凝土不仅在性能上对传统的混凝土有很大突破，在节约资源、能源，改善劳动条件等方面，尤其是保护环境方面，有着十分重大的意义，是一种具有广阔应用前景、可持续发展的绿色材料。

高性能混凝土具有优良的耐久性能、力学性能和施工性能，并能长期保持其强度，降低工程造价，方便施工，可解决现代混凝土施工中高（空）、大（体积、跨径）、深（基础、海洋）、快（快速施工）、强（性能）的技术问题，美化城市建设空间等诸多优点，其社会、经济效益显著，适应城市化、现代化基本建设，具有积极、深远的现实意义和实用价值。

高性能混凝土所具有的显著优越性，使其应用范围不断扩大，在不少工程中得以推广应用。虽然目前尚未形成完整的高性能混凝土（HPC）应用技术规范，但经过广大科研工作者和工程技术人员的努力，已经掌握了高性能混凝土的配制、施工应用方面的经验，并在很多工程中取得成功。如首都国际机场停车楼工程、北京八达岭高速公路山羊洼1号桥、北京海洋馆工程、长春市西郊污水治理厂工程、长春自然博物馆工程、山东巨野龙固煤矿矿井工程等，均成功地运用了高性能混凝土。

目前，高性能混凝土以其性能优势，在应用方面几乎渗透到建筑工程中的各个领域，如工业与民用建筑工程（尤其是高层及超高层建筑）、地下建筑工程、水下工程和隧道工程等。随着混凝土技术的不断发展，高性能混凝土应用的领域更加广泛，它不仅可应用于工业、民用建筑，而且可以应用于桥梁、道路工程。

一、超塑早强高性能混凝土在道路工程中的应用

道路建设是公路市政工程中最基本的建设工程，水泥混凝土路面是近年来普通道路工程中最基本的一种路面形式。由于水泥混凝土路面具有刚度大、强度高、板体性好、稳定性好、耐用、抗侵蚀能力强、养护费用少等特点，在我国有广泛的应用与发展，特别是其应用技术，无论在结构性能或施工工艺等方面均有明显的技术进步。但是，水泥混凝土路面也有其缺点，它与沥青路面相比，浇筑后不能立即开放交通，需一定的养生期，常规需要14~28d，这对城市化程度较高、交通繁忙的地区极其不利。

水泥混凝土路面的改建、拓宽和翻挖维修工程大量存在，这也往往会给市民的生活、生产带来不便。因此建设单位和施工单位企盼能有早强性质的道路混凝土品种提供使用。早期强度高、路面致密性好、施工和易性好的高性能水泥混凝土路面高新品种，除路面具有早强特性外，还具有节能、降低机械损耗和劳动强度等方面的优点。

超塑早强混凝土是采用水泥、黄砂、碎石和水等，在适当配合比下用搅拌机搅拌一定时间，掺入适量的早强剂、高效减水剂，经规定时间搅拌均匀而成的混凝土，用它铺筑的道路，称为超塑早强混凝土路面。

超塑早强混凝土路面是一种高级路面，它具有很高的强度和刚度，属于刚性类路面结构。除了具有普通水泥路面的特性和优点外，由于其早期强度增长快，克服了施工工期较长的缺点，一般3~6d就能开放交通。它不仅能铺筑道路，而且能用于桥面及其他混凝土结构物。

（一）超塑早强混凝土的应用技术要求

超塑早强混凝土的水泥、黄砂、碎石等原材料的要求，与普通水泥混凝土相同，应符合国家规定的要求和地方标准。拌合及养生用水必须洁净，一般采用饮用水。

高效减水剂（超塑剂）、早强剂、超早强水泥其性能应符合出厂标准，掺用量必须由专人按不同配方计算确定，严格控制。

减水剂的减水效果与掺入混凝土的时间有一定的关系，因此，拌合工艺比较讲究，应严

格掌握时间，称量非常准确，还要随时检查混凝土的坍落度。

超塑早强混凝土的和易性变化比较明显，以就地机械拌合为宜。在高温季节施工时，混凝土的最长运送时间应控制在20min内，同时避免运输车辆产生剧烈颠簸，在不利天气运输时，应加以覆盖。

超塑早强混凝土路面的施工和普通混凝土的技术要求相同，因混凝土的初凝时间较短，要求现场操作人员具有熟练的技艺，振捣、整平、抹面应一气呵成，应准确掌握施工时间。

超塑早强混凝土由于具有早期强度增长快的特性，所以其养生期较短，一般为3d，成型后养生24h即可拆模，因而填缝时间也较普通混凝土提前。路面混凝土强度达到100%后即可开放交通。

以上各种材料的质量评定标准，应当符合现行的国家标准和行业标准中的要求；其抗压强度和抗折强度评定，是在标准条件下养生3d的部位（单位）工程试块，应符合有关规定的要求。

（二）超塑早强高性能路面混凝土种类

根据我国道路工程设计与施工的实践经验，常用的超塑早强高性能混凝土主要有：掺早强剂早强路面混凝土、掺TJ型抗折高效减水剂超塑早强混凝土、掺高效减水剂的超塑早强混凝土、高强度水泥超塑早强路面混凝土和硫铝酸盐水泥超塑早强路面混凝土。

1. 掺早强剂早强路面混凝土

掺早强剂早强路面混凝土，其早强剂以氯化钙（$CaCl_2$）最佳，由于货源充足，价格便宜，已得到广泛使用。必须引起注意的是，早强剂如果掺量适当，混凝土的强度会有所增高；如果早强剂掺量过大，混凝土的强度反而降低，其适宜掺量应通过试验确定。

2. 掺TJ型抗折高效减水剂超塑早强混凝土

掺TJ型抗折高效减水剂超塑早强路面混凝土，其高效减水剂系同济大学开发，上海华联外加剂厂生产的一种粉末状产品，它对混凝土抗折强度、高效发挥早期强度、并具减水有明显的作用，对加快开放交通有显著效果。

3. 掺高效减水剂的超塑早强混凝土

掺高效减水剂的超塑早强混凝土，选用上海五四助剂厂生产的SN-Ⅱ型高效减水剂，不但早期强度发展快，还具有良好的工作性，在路面抢修工程中应用较多。

4. 高强度水泥超塑早强路面混凝土

高强度水泥超塑早强混凝土，采用上海白水泥厂近年来开发的725R型硅酸盐水泥配制的超塑早强路面混凝土，如适量掺入外加剂，可满足一天开放交通的要求，但成本较高，只能用于抢修工程。

5. 硫铝酸盐水泥超塑早强路面混凝土

硫铝酸盐水泥超塑早强路面混凝土，最主要的特性是早强快硬，强度发展速率最高，12h即可开放交通，是一种很好的抢修材料。但由于初凝时间快，对于大体积混凝土施工或远距离运送施工，若掌握不好会影响工作质量。解决办法是，可通过掺加缓凝剂延长初凝时间。

（三）超塑早强高性能路面混凝土的应用实例

掺TJ型抗折高效减水剂超塑早强路面混凝土，在上海浦东张杨路的施工中，得到广泛使用，效果明显。在上海的其他路段施工也较多。

掺SN-Ⅱ型高效减水剂超塑早强混凝土由于成本低，已被广泛应用。在南北高架道路、沪杭高速公路及市区重点道路改造工程中，以及在新建道路如车亭线、沪闵线等及在桥梁抢修工程的桥面铺装、广深珠高速公路等的高架伸缩缝工程施工中，均应用此种材料，效果良好。

上海中山西路-兰皋路口的路面沉降抢修，采用了此技术。边抽水边施工，至第二天早晨六点顺利通车。近年来，在青浦区市政道路工程、公路桥坡沉降抢修、大量的桥梁桥面铺装以及冬期施工中应用也较多。

高强度水泥超塑早强混凝土，配制简单，操作方便，1d可开放交通，效果较好。在上海沪青平国道路面的抢修、桥梁桥面抢修等特殊要求情况下，应用较多，效果显著。

硫铝酸盐水泥超塑早强路面混凝土，应用到上海市中山路—武夷路的铁路道口路面的抢修工程中，头一天晚上施工，第二天早晨便可以开放交通，取得了良好的效果。

二、高性能聚合物混凝土和高性能纤维混凝土的应用

上海市青浦区公路市政管理署，近几年对聚合物混凝土、纤维（钢、尼龙）混凝土等高性能混凝土材料也进行了长期的应用试验。

2000年10月，在上海沈砖公路王家塘桥坡的修补中，采用了钢纤维混凝土材料，修补了800m^2，也获得成功，并且已经通过技术鉴定。由于钢纤维混凝土比普通混凝土强度高，耐久性好，可适当减薄路面厚度，且延长使用寿命。经造价分析比较，每1000m^{2}降低成本1.3万元，经济效益和社会效益都很显著。

2001年，采用NC聚合物混凝土材料快速修补技术，对处于上海繁华热闹地段的城中中路交叉口路面进行了薄层罩面，成功地修补了52m^2。NC聚合物混凝土材料是高性能混凝土中的一种，该材料具有高强、新老混凝土粘结牢固、耐磨耐久性好的优点。在修补中，利用星期日晚上施工，至第二天（星期一）早晨6时，顺利全部完成，对交通几乎没有影响。

2002年，采用NC掺聚丙烯烃（尼龙）混凝土材料，对上海城中东路老东门桥桥坡进行了罩面接平，成功地修复了96m^2，解决了桥头跳车问题，至今效果良好，且施工时间短，尤其是最大限度的不扰民，得到市民的认可和好评。

2002年，对上海城北大桥桥坡沉降处理，也采用了NC聚合物混凝土加罩，运营至今完好无损，获得成功。

2002年，采用NC聚合物粘结剂材料，成功地完成了100多座公路桥梁桥面修补和水淬渣桥梁的修补。

2003年8月，在上海盈港路东大盈港桥的抢修中，采用了NC聚合物纤维砂浆喷射技术，成功地修缮了该桥上盖梁、立柱、18根大梁，计190.38m^2，施工速度快，干扰比较少，成本比较低，效果比较好。

三、高性能轻骨料混凝土在桥梁工程中的应用

轻骨料混凝土按其用途不同，可分为保温轻骨料混凝土、结构保温轻骨料混凝土和结构轻骨料混凝土。很明显，能应用于桥梁结构构件中的是结构轻骨料混凝土。

（一）高性能轻骨料混凝土的发展

各国对结构轻骨料混凝土的定义有所不同，如美国混凝土协会规范（ACI 213—87）对

结构轻骨料混凝土的定义为：28d 圆柱体抗压强度不小于 17.24MPa，干表观密度不大于 1850kg/m^3，全部用轻骨料配制而成的混凝土，称为结构轻骨料混凝土。而在 ACI 318—95 中规定：依据 ASTM 567 的试验方法，这种混凝土的干表观密度不超过 1840kg/m^3。

目前，高性能轻骨料混凝土已逐步应用于桥梁工程中。20 世纪 50 年代，美国开始建造轻骨料混凝土桥，至 1986 年，美国已建成轻骨料混凝土桥 400 余座。

随着轻骨料混凝土技术的发展，近几年，高性能轻骨料混凝土已开始应用于钢与混凝土组合结构的桥面、中等跨度的 T 型梁与箱梁、大跨度连续梁及斜拉桥的梁体等。在欧洲国家，法国的 Ottmarshrim 桥，主跨跨度为 172m，中部 100m 采用高性能轻骨料混凝土。荷兰 1968 ~ 1982 年建成 12 座轻骨料混凝土桥，其中跨跨度为 112 ~ 157m 的桥，中部结构全部采用高性能轻骨料混凝土。挪威 Rafsundstd 桥，主跨跨度为 298m，中部 224m 采用高性能轻骨料混凝土；Stolma 桥，主跨跨度为 301m，中部 184m 采用高性能轻骨料混凝土。

我国在 20 世纪 50 年代开始研究建造轻骨料混凝土桥，但技术发展非常缓慢。1960 年河南省平顶山市用黏土陶粒混凝土建成港河拱桥，跨度仅 50m；其后，南京长江大桥、黄河桥等部分桥面采用了轻骨料混凝土。20 世纪 90 年代，我国轻骨料混凝土技术有较大发展，2000 年建成的天津永定河大桥，引桥长 1500m、跨度为 35m，全部是采用轻骨料混凝土。这是我国应用新材料、新技术建筑现代轻骨料混凝土桥梁的开端。

（二）高性能轻骨料混凝土的优点

高性能轻骨料混凝土相对于普通高强混凝土应用于桥梁工程，其优越性主要表现在轻质高强、抗震性能好、抗裂性能较好和耐久性良好四个方面。

1. 轻质高强

目前研究结果表明：高性能轻骨料混凝土能达到大跨度预应力混凝土桥梁要求的 CL50、CL60 强度等级，而此时轻骨料混凝土的表观密度可保持在 1800 ~ 1900kg/m^3，自重可比普通高强混凝土降低 20% ~30%。

当高性能轻骨料混凝土用于建造桥梁的上部结构时，这种轻质高强的优点带来的效益是非常显著的。一般主要表现在以下方面：①可使桥梁的跨度增大，从而可以减少桥墩的数量；②需要较少的预应力钢筋、普通钢筋，从而可以节省大量钢材；③由于桥梁本身自重大大减少，从而可以提高桥梁活荷载的承载能力；④在不增加恒载的前提下，可以提高截面的高度；⑤由于桥梁上部重量的减少，可以降低基础处理的费用；⑥可以降低原材料和构件的运输、安装费用。

2. 抗震性能好

试验结果表明：地震作用和桥梁上部结构的自重成正比，当桥梁结构采用高性能轻骨料混凝土后，整个桥梁结构体系自重的下降，将降低水平地震作用。同时，由于高性能轻骨料混凝土的弹性模量较低，桥梁的自振周期将会变长，抵抗变形能力增强，梁体破坏时将消耗更多的变形能。因此，高性能轻骨料混凝土结构的抗震性能较好。

3. 抗裂性能较好

高性能轻骨料混凝土与普通混凝土相比，其热膨胀系数和弹性模量均较小，这样就使得由于冷缩和干缩作用引起的拉应力相对较小，使高性能轻骨料混凝土构件表现出较好的抗裂性能。这对改善桥梁的耐久性，延长桥梁的使用寿命是非常有利的，并有助于降低桥梁运营中的维护费用。

4. 耐久性良好

使用高性能轻骨料混凝土，能有效地避免混凝土的碱-骨料反应问题，并具有较好的抗渗性和抗冻性，使得桥梁的使用寿命得以延长。同时，由于高性能轻骨料混凝土中的骨料-基体间材性相差较小，即具有较好的相容性，可以避免由于应力集中而引起微裂缝产生。

另外，高性能轻骨料混凝土中的粗骨料，它与水泥浆体间界面接触区的性能优于普通混凝土，轻骨料与浆体间的抗拉强度甚至大于轻骨料自身的抗拉强度。再者，由于轻骨料具有一定的吸水性，其保持的水分有利于水泥的后期水化反应，从而可以增强高性能轻骨料混凝土的耐久性。

（三）高性能轻骨料混凝土存在的主要问题

高性能轻骨料混凝土虽然具有很多很明显的优点，但由于这种新型混凝土发展较晚，在实际应用中还存在很多需要解决的技术问题。归纳起来，高性能轻骨料混凝土存在以下问题：

（1）为降低轻骨料的吸水率、改善新拌高性能轻骨料混凝土的工作性，普遍采取在其表面涂蜡、聚苯乙烯乳液等防水材料，或在拌制前进行预湿轻骨料，这些做法不仅降低了高性能轻骨料混凝土的力学性能和抗冻性能，而且使高性能轻骨料混凝土的生产制作变得复杂。

（2）在大的初始坍落度时，轻骨料很容易产生上浮离析，采用机械振捣时尤为突出，使硬化后的高性能轻骨料混凝土均质性较差、耐久性下降，并降低其力学性能。

（3）采用提高水泥掺量的方法，虽然能改善新拌混凝土的工作性，但却增大了高性能轻骨料混凝土的收缩裂缝和温度裂缝引起的危害，从而降低了高性能轻骨料混凝土的耐久性，同时也提高了工程的造价。

由此可见，采用高性能轻骨料混凝土的工程结构，迫切需要制作简单、工作性好、能免振捣自密实施工、硬化后质量好、体积稳定性高、高耐久、经济的高性能轻骨料混凝土。为此，对于高性能轻骨料混凝土，应当着重解决以下问题。

1. 高性能轻骨料混凝土的轻骨料研究开发

研究开发高强、经济合适的轻骨料，是配制高性能轻骨料混凝土的基础。目前，我国已能配制强度等级C30以上的高性能轻骨料混凝土。在天津、北京、上海等地，强度为C30的粉煤灰陶粒、黏土陶粒混凝土已用于预应力空心板和屋面板。这些陶粒的堆积密度一般为700~800kg/m^3，筒压强度为3.0~4.0MPa，强度为C30的高性能陶粒混凝土的表观密度一般都在1800kg/m^{3}左右。

材料试验表明：天然轻骨料表面多孔、颗粒强度低，用它配制高性能轻骨料混凝土，水泥用量高达500kg/m^{3}左右，技术经济不合理。只有研究开发轻质、高强、优质的陶粒，才能满足高性能轻骨料混凝土在承重结构上应用日益广泛的需要。

2. 新拌高性能轻骨料混凝土的离析问题

新拌高性能轻骨料混凝土在振捣过程中，轻骨料产生上浮离析是制约其在工程中应用的主要问题之一，尤其是泵送施工的高性能轻骨料混凝土，其流动性比较大，对其在振捣过程中的抗离析性研究非常必要。

轻骨料本身的表面特征对新拌混合物的分层度影响很明显：表面较光滑或呈球形的陶粒抗离析性较差，表面多孔粗糙或呈碎石状的陶粒抗离析性较好。粗骨料的绝对体积越大，新拌轻骨料混凝土的分层度也越大。因此，如何提高高性能轻骨料混凝土的抗离析性，也是一个很值得研究的重大课题。

3. 新拌高性能轻骨料混凝土的泵送问题

泵送轻骨料混凝土工艺表明，轻骨料混凝土易产生分层离析、坍落度损失快及轻骨料在压力作用下会吸收混凝土中的水分而导致堵塞等问题，也是妨碍高性能轻骨料混凝土可泵性的关键问题。

提高高性能轻骨料混凝土的可泵性可从以下三个方面入手：①优选轻骨料是配制良好可泵性高性能轻骨料混凝土的极其重要的环节。在混凝土的试配过程中，也应同时考虑到混凝土的成本等因素；②掺加粉煤灰、硅粉等掺合料，以增大胶凝材料的用量，增加新拌混凝土的黏聚性，改善新拌混凝土的流动性和保水性，也可以在一定程度上防止轻骨料上浮；③选择适宜的外加剂。可以尝试采用各种增黏剂与高浓度高效减水剂、缓凝剂等组分进行复合配制。

4. 高性能轻骨料混凝土的强度问题

高性能轻骨料混凝土具有轻质、高强、抗震、耐火、隔热等优异的技术性能，在各类工程建设中有着广阔的应用前景。在进行轻骨料混凝土配合比设计时，总的拌合用水量 = 有效用水量 + 附加用水量，并用有效用水量计算混凝土的有效水灰比，由有效水灰比确定轻骨料混凝土的强度。

但是，这种方法存在以下问题：①在水泥浆体凝结硬化的过程中，附加用水量是一个动态的变量，因施工条件不同而不同，无法准确进行计算；②有效水灰比的有关理论是建立在重骨料的基础上，其吸水率小于1.8%，与轻骨料混凝土是不相符的；③轻骨料弹性模量小，吸水率大，其有效水灰比越小，混凝土试块的强度越高，但在受约束状态下产生收缩缝的趋势越大，这对高性能轻骨料混凝土的耐久性有很大危害。

在道路、桥梁工程中，抗折强度是混凝土设计的重要指标。粗骨料的级配对混凝土的抗折强度影响很大，合理的级配可以大大提高混凝土的抗折强度。因此，高性能轻骨料混凝土如何得到这个合理的级配非常重要。

5. 高性能轻骨料混凝土裂缝及耐久性问题

轻骨料混凝土由于孔隙率较大、吸水率也较大，轻骨料混凝土拌合物在凝结硬化的过程中，可能会出现较大面积的塑性裂缝，且其干缩值也较大。因此，如何抑制这些收缩带来的裂缝，以及提高其耐久性也很重要。

第二章　道路水泥混凝土

水泥混凝土路面以其抗压、抗弯、抗磨损、高稳定性等诸多优势，在各级路面上得到广泛应用。水泥混凝土路面包括很多类型，如普通混凝土路面、钢筋混凝土路面、连续配筋混凝土路面、预应力混凝土路面、装配式混凝土路面和钢纤维混凝土路面等。目前，在我国应用最广泛的是就地浇筑的普通混凝土路面，简称水泥混凝土路面。

第一节　道路水泥混凝土概述

水泥混凝土路面是公路高等级路面的主要结构形式。据有关部门统计，在我国已建成的高速公路中，主要以水泥混凝土路面和沥青混凝土路面为主，其中水泥混凝土路面占58%左右。

一、水泥混凝土路面的特点

所谓水泥混凝土路面，是指除接缝区和局部范围（边缘和角隅）外，那些不配置钢筋的混凝土路面。这种混凝土路面与其他类型路面相比，具有以下特点：

（一）水泥混凝土路面的优点

水泥混凝土路面与其他类型的路面相比，具有原料丰富、施工容易、强度较高、稳定性好、耐久性好和利于行车等优点。

1. 原料丰富

由于水泥混凝土是由水泥、砂子、石子、水和外加剂配制而成，所以路面的组成材料来源广泛、非常丰富，尤其是山区丘陵地区原料更加充足，这是进行水泥混凝土路面施工的物质基础。

2. 施工容易

水泥混凝土路面所用的混凝土，与建筑工程和其他工程施工方法一样，主要包括混凝土配制、搅拌、运输、浇筑、振捣和养护等工序。所以，施工非常容易，质量易于保证。

3. 强度较高

由于路面水泥混凝土的设计，是根据交通等级按混凝土的抗弯拉强度进行的，所以混凝土路面具有很高的抗压强度、较高的抗弯拉强度和优良的抗磨损能力。

4. 稳定性好

水泥混凝土路面与其他材料路面相比，其水稳性、热稳性均比较好。特别是水泥混凝土的强度会随着时间的延长而逐渐提高，不存在沥青混凝土路面那种“老化”现象。

5. 耐久性好

由于水泥混凝土是一种人造石，具有天然岩石强度较高、耐蚀性强、稳定性好等性能，所以水泥混凝土路面经久耐用，一般情况能使用20～40年。

6. 利于行车

水泥混凝土在干燥的情况下呈灰白色，在潮湿的情况下颜色稍深一些。由于水泥混凝土路面的色泽鲜明、能见度好，不仅使驾驶人员感到光线比较舒适，而且对夜间行车有利。

（二）水泥混凝土路面的缺点

水泥混凝土路面虽然具有以上优点，但也存在一些明显的缺点，主要有以下几方面：

1. 水泥用量大

高等级水泥混凝土路面要求强度高、耐久性好，其水泥用量要比其他工程大得多。如修筑0.2m厚、7m宽的水泥混凝土路面，每1000m需要消耗水泥400～500t，不仅使工程造价比较高，而且对水泥供应不足的地区也带来较大困难。

2. 需设置接缝

为适应环境温度变化，不使混凝土路面产生热胀拱裂和冷缩裂缝，必须按设计要求建造许多接缝。这些接缝不仅增加施工和管理的复杂性，而且很容易引起行车的跳动，影响行车的舒适性和安全性。

工程实践证明，接缝处也是路面的薄弱点，如果处理不当，一方面可成为路面渗水的通道，另一方面可导致路面板边和板角处破坏。

3. 开放交通迟

水泥混凝土是在一定温度和湿度条件下，经过一定时间的养护才能达到预定的强度。试验结果证明，在常温情况下，水泥混凝土要经过28d的潮湿养生，才能达到开放交通的强度。不像沥青混凝土那样，只要压实度达到要求即可开放交通。

水泥混凝土若需提早开放交通，必须采取特殊的措施，如掺加速凝剂、提高养护温度等。

4. 修复较困难

工程实践证明，如果水泥混凝土路面出现局部损坏，由于混凝土硬度比较大，在修复开挖时非常困难，修补工作量也较大；由于修补的混凝土也需要进行养护，所以影响正常交通。

二、水泥混凝土的发展概况

据统计，美国为世界上拥有高速公路最多的国家，总里程大约9万km，连接了美国所有5万人以上的城市；加拿大修建了1.65万km的高速公路，居世界第三位；德国高速公路总里程为1.1万多km，居世界第四位；法国目前拥有1万多km高速公路，位居世界第五位；意大利高速公路通车总里程为6300多km；日本已修建了6000多km高速公路；英国为3000多km。目前，全球高速公路通车总里程超过23万km。

自20世纪90年代开始，我国进入了公路建设快速发展的时期，尤其是1998年中国实施积极的公路工程财政政策以来，中国公路建设投资数量之大、开工项目之多、建筑速度之快举世瞩目。

“十五”期间我国共建成高速公路2.47万km，是“八五”和“九五”建成高速公路总和的1.5倍。全国高速公路通车总里程先后跃上了2万km、3万km、4万km三个大台阶。至2006年年底，我国高速公路的通车里程已到4.54万km，稳居世界第二，仅次于美国。

我国高速公路建设用了不足20年的时间，就完成了西方发达国家近40年的公路发展历程。

2006年，交通部部长李盛霖在召开的全国交通工作会议上指出："十一五"期间，交通部将着手组织实施国家高速公路网规划，到2010年，新建高速公路2.4万km，全国高速公路总里程达到6.5万km。东部地区基本形成高速公路网，长江三角洲、珠江三角洲和京津冀地区形成较完善的城际高速公路网，国家高速公路网骨架基本形成。

最近，交通部有关负责人说，针对公路交通事业的长远发展需要，交通部又提出了8.1万km国家重点公路建设规划，计划到2020年完成，并与目前的国道主干线共同构成国家骨架公路网。届时，中国高速公路的里程将达到7万km。

我国从20世纪80年代初，就开始积极开展水泥混凝土路面的推广工作，并从政策、技术和投资等多方面，扶持水泥混凝土路面的科研、设计、施工与建设。自20世纪90年代以来，我国水泥混凝土路面以前所未有的速度迅速发展。在1980年以前，我国建成的水泥混凝土路面仅1137km，仅到2004年年底，已建成水泥混凝土路面达167517km，增长了147倍，24年中净增166380km，平均增长率为25.12%。

目前，水泥混凝土路面每年的修建规模超过25000km，中国水泥混凝土路面建设总里程已居世界第二位。2003年3月，在全国交通工作会议上，交通部提出"让农民兄弟走上水泥路和沥青路"的奋斗目标，在今后的五年中国家将投资900亿元，大力建设县乡、乡镇与农村公路，预计今后我国的水泥混凝土路面的建设规模将会得到更加迅猛的发展。

2007年全国交通工作会议提出，全年新改建公路里程34万km，其中高速公路4460km。到今年年底，全国公路通车总里程达348万km，高速公路达4.54万km。并强调指出：围绕贯彻落实今年中央1号文件提出的"十一五"农村公路建设目标的要求，启动"五年千亿元"农村公路建设工程，加大省级财政对农村公路建设的支持力度，力争2007年新改建农村公路26万km，使行政村通公路率达到84.1%。

第二节　道路水泥混凝土的组成材料

组成路面水泥混凝土的基本材料，主要是水泥、水、砂子和石子。一般砂石总含量占其总体积的80%以上，主要起骨架作用，故分别称为细骨料和粗骨料。水泥加水后形成水泥浆，包裹在砂粒表面并填充砂粒间的空隙形成水泥砂浆，水泥砂浆又包裹石子并填充石子的空隙而形成混凝土。水泥浆在硬化前起润滑作用，使混凝土拌合物具有良好的流动性，硬化后将骨料胶结在一起，从而形成坚硬的整体——人造石材混凝土。

水泥混凝土路面的施工应根据合同及设计文件、施工现场所处的气候、水文、地形等环境条件，选择满足质量指标要求、性能稳定的原材料。由于水泥路面是在露天环境下承受车轮冲击、振动、疲劳的动载结构物，同时又要求达到20~30年的设计基准期，因此，原材料要求应比一般静载结构物更高、更严格，原则上水泥路面混凝土所使用的原材料，应是国内市场上能够供应的一等品或优等品。

混凝土的质量在很大程度上取决于组成材料的品种、性质、质量和用量，同时也与混凝土的施工因素（如配合比设计、自然条件、搅拌、计量、振捣、养护和技术管理水平等）有关。因此，首先必须了解混凝土组成材料的性质、作用及其质量要求，然后才能进一步了解混凝土的其他性能。

一、水泥

水泥是路面水泥混凝土中最重要的组成材料，也是价格相对比较高的材料，其质量直接影响混凝土路面的弯拉强度、抗冲击振动性能、疲劳循环周次、体积稳定性和耐久性等关键物理力学性能和路用品质，必须引起高度重视。因此，在配制水泥混凝土时，如何正确选择水泥的品种及强度等级，直接关系到水泥混凝土的耐久性和经济性。

（一）水泥品种的选择

在道路工程施工所用的材料中，我国与所有发达国家不同的一点是有特种道路硅酸盐水泥。我国的《道路硅酸盐水泥》（GB 13693—2005）中的各项技术指标，基本上符合高速公路水泥混凝土路面使用技术要求。因此，特重、重交通公路更应优先选用旋窑生产的道路硅酸盐水泥，亦可采用旋窑生产的硅酸盐水泥和普通硅酸盐水泥；对于中等以下交通量的公路路面，也可采用矿渣硅酸盐水泥。其他混合水泥不得在混凝土路面中使用。

在低温天气施工、有快通要求的路段或快速修复的工程中，可采用 R 型水泥；在冬季负温条件下，R 型水泥有利于蓄热保温和养护，能够尽早达到抗冻临界强度；抢修工程中 R 型水泥能加快施工速度和混凝土凝结硬化，满足尽快开放交通的需要。但 R 型早强水泥的水化放热量大，热峰值高而集中，凝结时间相对较短，不利于控制断板和温度裂缝，更不便于混凝土拌合物远距离运输，特别是在夏季高温下施工不得采用。

根据部颁标准《公路水泥混凝土路面施工技术规范》（JTG F30—2003）中的规定，高等级公路水泥混凝土路面所用的水泥，应采用抗折强度高、耐疲劳、收缩性小、耐磨性强、抗冻性好的水泥。用于各级交通路面的水泥，其各龄期的抗折强度、抗压强度，不得低于表 2-1 中的规定。

表 2-1　各级交通路面水泥各龄期的抗折强度、抗压强度

交通等级	特重交通		重交通		中、轻交通	
龄　期	3d	28d	3d	28d	3d	28d
抗压强度（MPa）≥	25.5	57.5	23.0	52.5	16.0	42.5
抗折强度（MPa）≥	4.5	7.5	4.0	7.0	3.5	6.5

由于立窑生产的水泥中游离氧化钙和氧化镁含量较高、水泥性能稳定性较差，严重影响路面混凝土的耐动载交通的疲劳循环周次，成为影响混凝土路面使用寿命能否达到设计使用寿命（一般为 30 年）的关键因素。因此，高速公路、一级公路和重交通二级公路的水泥混凝土路面，应采用回转窑生产的质量稳定、性能可靠的水泥，除特殊情况，一般不得使用立窑生产的水泥。

在选用水泥时，除应满足表 2-1 中的规定外，还应通过混凝土配合比试验，根据其配制弯拉强度、耐久性和工作性优选适宜的水泥品种、强度等级。水泥在公路路面工程中使用的前提是抗压强度等级必须符合要求，而混凝土路面的第一力学指标是水泥的弯拉强度，因此，道路混凝土路面所要求水泥强度，与其他建筑工程不同，必须同时满足抗压强度和抗折强度的要求。

当贫混凝土和碾压混凝土用作基层时，可使用各种硅酸盐类水泥。当不掺用粉煤灰时，宜使用强度等级32.5MPa以下的水泥。当掺用粉煤灰时，只能使用道路硅酸盐水泥、硅酸盐水泥、普通硅酸盐水泥。水泥的抗压强度、抗折强度、安定性和凝结时间必须检验合格，符合国家的有关标准。

（二）水泥的技术性能

水泥进场时每批量应附有齐全的矿物组成，物理、力学指标合格的检验证明，使用前应对水泥的安定性、凝结时间、标准稠度用水量、抗折强度、细度等主要技术指标检验合格后，方可使用。水泥的存放期不得超过三个月。

根据部颁标准《公路水泥混凝土路面施工技术规范》（JTG F30—2003）的规定，对水泥的化学品质，特别是游离氧化钙、氧化镁和碱度的含量提出了明确要求；对水泥的安定性在蒸煮法的基础上，首次提出高速公路、一级公路要用雷氏夹进行检验。各级公路混凝土路面所用水泥的矿物组成、物理性能等路用品质要求，应符合表2-2中的规定。

表2-2　各交通等级路面用水泥的化学成分和物理指标（摘自JTG F30—2003）

项　目	特重、重交通路面	中、轻交通路面
铝酸三钙	不宜>7.0%	不宜>9.0%
铁铝酸四钙	不宜<15.0%	不宜<12.0%
游离氧化钙	不得>1.0%	不得>1.5%
氧化镁	不得>5.0%	不得>6.0%
三氧化硫	不得>3.5%	不得>4.0%
碱含量	$Na_2O+0.658K_2O\leq0.6\%$	怀疑有碱性骨料时，≤0.6%；无碱性骨料时，≤1.0%
混合材种类	不得掺窑灰、煤矸石、火山灰和黏土，有抗盐冻要求时不得掺石灰、石粉	不得掺窑灰、煤矸石、火山灰和黏土，有抗盐冻要求时不得掺石灰、石粉
出磨时安定性	雷氏夹或蒸煮法检验必须合格	蒸煮法检验必须合格
标准稠度需水量	不宜>28%	不宜>30%
烧失量	不得>3.9%	不得>5.0%
比表面积	宜在300~450m²/kg	宜在300~450m²/kg
细度（80μm）	筛余量不得>10%	筛余量不得>10%
初凝时间	不早于1.5h	不早于1.5h
终凝时间	不迟于10h	不迟于10h
28d干缩率*	不得>0.09%	不得>0.10%
耐磨性*	不得>3.6kg/m²	不得>3.6kg/m²

注：*28d干缩率和耐磨性试验方法采用《道路硅酸盐水泥》（GB 13693—92）标准。

（三）水泥出厂与搅拌温度

当采用机械化铺筑时，一般宜选用散装水泥。散装水泥的夏季出厂温度：南方不宜高于65℃，北方不宜高于55℃。

混凝土搅拌时的水泥温度：南方不宜高于60℃，北方不宜高于50℃，限制水泥温度的主要目的是为了降低水化反应速度，严防出现温差开裂。低温条件下混凝土搅拌时，水泥的温度不宜低于10℃。这是国际上对低温和负温施工条件下，水泥混凝土路面施工公认的水泥控制温度。规定“不宜低于10℃”的目的，一是要保证水泥凝结硬化尽快达到抗冻临界强度；二是如果低于此温度，水泥的水化反应过慢，凝结时间必然过长，不便于水泥路面铺筑后抗滑构造制作及养生等工序的进行。

二、粗骨料

根据我国国家标准《建筑用卵石、碎石》（GB/T 14685—2001）的规定，粒径大于4.75mm 的岩石颗粒称为粗骨料，普通水泥混凝土所用的粗骨料有卵石和碎石两种。

（一）粗骨料的种类和技术要求

1. 粗骨料的种类

混凝土粗骨料的种类，从岩石成因上可分为火成岩、变质岩和沉积岩。从岩石化学成分不同，可以分为碱性粗骨料（如石灰岩、玄武岩、大理岩等）；酸性粗骨料（如花岗岩、石英岩等）；中性粗骨料（如闪长岩等）。

岩石由产状分类有叶岩、板岩、块状岩石等。从粒形上可分为碎石、破口石和卵石，不规则、角状、片状、针状等。按岩石的表面结构可分为玻璃质、光滑、粒状、粗糙、结晶、蜂窝状等。骨料的颗粒形状、粒径大小、矿物成分、表面特征、质量好坏，对所配制的混凝土抗折强度、用水量、工作性、界面粘结等性能均有较大的影响。

行业标准《公路水泥混凝土路面施工技术规范》（JTG F30—2003）中，对所采用的粗骨料分类很简单，仅从粒形上分为碎石、破口石和卵石。

2. 粗骨料的技术要求

公路路面混凝土所用的粗骨料，应使用质地坚硬、耐久、洁净的碎石、碎卵石和卵石，其技术要求应符合表 2-3 中的规定。

表 2-3　碎石、碎卵石和卵石技术指标（摘自 JTG F30—2003）

项　目	技术要求		
	Ⅰ级	Ⅱ级	Ⅲ级
碎石压碎指标（%）	<10	<15	<20①
卵石压碎指标（%）	<12	<14	<16
坚固性（按质量损失计,%）	<5	<8	<12
针片状颗粒含量（按质量计,%）	<5	<15	<20②
含泥量（按质量计,%）	<0.5	<1.0	<1.5
泥块含量（按质量计,%）	<0	<0.2	<0.5
有机物含量（比色法）	合格	合格	合格
硫化物及硫酸盐（按 SO_3 质量计,%）	<0.5	<1.0	<1.0
岩石抗压强度	火成岩不应小于 100MPa；变质岩不应小于 80MPa；水成岩不应小于 60MPa		
表观密度（kg/m^3）	>2500		
松散堆积密度（kg/m^3）	>1350		
空隙率	<47%		
碱-骨料反应	经碱-骨料反应试验后，试件无裂缝、酥裂、胶体外溢等现象，在规定试验龄期的膨胀率应小于 0.10%		

注：①Ⅲ级碎石的压碎指标，用作路面时，应小于 20%；用作下面层或基层时，可小于 25%。
②Ⅲ级粗骨料的针片状颗粒含量，用作路面时，应小于 20%；用作下面层或基层时，可小于 25%。

（1）粗骨料性能分级与公路等级

根据国家标准《建筑用卵石、碎石》（GB/T 14685—2001）的规定，按粗骨料的技术要求，可将卵石、碎石分为Ⅰ类、Ⅱ类、Ⅲ类。各类粗骨料分别用于不同强度等级的混凝土中。Ⅰ类宜用于强度等级大于C60的混凝土；Ⅱ类宜用于强度等级C30～C60的混凝土；Ⅲ类宜用于强度等级小于C30的混凝土。

用于特重、重交通高速公路、一级公路、二级公路及有抗（盐）冻要求的三、四级公路混凝土路面施工弯拉强度为5.00～5.75MPa时，对应的混凝土强度等级为C30～C45，因此规定使用的粗骨料级别应不低于Ⅱ级；无抗（盐）冻要求的三、四级公路混凝土路面及贫混凝土基层，对应的混凝土强度等级为C15～C30，因此可使用Ⅲ级粗骨料。

大量混凝土强度试验表明，当水灰比控制在0.40～0.44范围内时，路面混凝土的抗压强度等级可达到C35～C45，只有三、四级公路面板的抗压强度等级为C25～C35，由此可见，混凝土实际达到的强度等级与国家规定的标准是对应的、适宜的。但是，国家标准中Ⅲ级粗骨料压碎指标小于30%及针片状颗粒含量小于25%的规定，对高等级公路路面混凝土是不适宜的，将其均调整为20%比较恰当。

（2）吸水率和含水率

吸水率指骨料饱和面干含水量与烘干重量的比值，含水率指天然状态骨料从大气中吸附的水量与烘干重量的比值。吸水率和含水率分别用于混凝土配合比计算和实际用水量的施工调整。

孔隙率大、吸水率大的骨料，不仅其表观密度小、干缩系数大，而且力学强度差，特别是抗冻性很差。因此，用于高速公路的粗骨料即使没有抗（盐）冻性要求，其吸水率和含水率也不宜大于5%。

粗骨料的吸水率和含水率，在原来的公路水泥混凝土路面设计和施工规范中均无规定和限制，它取决于骨料的孔隙结构、数量和大小，直接影响混凝土的和易性、抗冻性、隔热性、化学稳定性等。因此，在现行的行业标准《公路水泥混凝土路面施工技术规范》（JTG F30—2003）中规定，有抗（盐）冻要求时，Ⅰ级粗骨料的吸水率不应大于1.0%，Ⅱ级粗骨料的吸水率不应大于2.0%。

（3）石料强度和压碎指标

粗骨料的强度采用两种强度指标来表示：一种是直接采用岩石制成5cm×5cm×5cm立方体（或ϕ5×5cm圆柱体）试件，在水饱和状态下测得的极限抗压强度；另一种是以粗骨料在圆筒中抵抗压碎的能力（压碎指标）间接推测其强度。

一般要求岩石的抗压强度值与混凝土强度等级之比，不宜小于1.2～1.5。高速公路路面混凝土满足设计弯拉强度5.0MPa时，对应混凝土的抗压强度等级约为C40左右。所对应粗骨料的抗压强度火成岩不宜低于100MPa，变质岩不宜低于80MPa，沉积岩不宜低于60MPa。碎石和卵石压碎指标和对应的混凝土强度等级如表2-4所示。

表2-4　碎石和卵石压碎指标和对应的混凝土强度等级

岩石种类	混凝土强度等级	压碎指标（%）	
		碎石	卵石
沉积岩	C60～C40	10～12	≤9
变质岩或深成火成岩	C60～C40	12～19	12～18
火成岩	C60～C40	≤13	—

根据我国公路建设的实践经验证明：高速公路水泥混凝土路面粗骨料的抗压强度应大于等于60MPa，沉积岩的压碎指标应不大于12%，其他岩石的压碎指标应不大于15%；当粗骨料作基层或下面层时，其压碎指标不应大于20%。

（4）碱活性骨料

水泥混凝土中发生碱-骨料反应，必须具备高碱性水泥、碱活性骨料和水分三个条件。水泥的水化反应是在高碱性条件下进行的，硅酸盐类水泥的 pH 值在 13.5 左右，即使严格控制水泥及外加剂的含碱量，也不能改变水泥混凝土的高碱性环境。因此，防止碱-骨料反应最根本的措施是严格限制混凝土中的碱活性骨料。

研究结果表明，碱-骨料反应中不仅碱-硅酸盐反应与活性 SiO_2 硅质矿物有关，而且碱-碳酸盐反应也与其中夹杂的活性 SiO_2 硅质矿物关系密切。所以，在重要高速公路水泥混凝土路面工程施工中，当怀疑有活性骨料时，应进行活性 SiO_2 硅质矿物的鉴定，以免发生碱活性骨料反应。

（5）针片状颗粒含量

粗骨料的针片状颗粒含量是颗粒形状问题，关系到路面混凝土的弯拉强度和抗压强度的高低。原来规范中限制针片状颗粒的含量均在15%以内，通过近几年的工程实践，对于高速公路来讲，这个标准不能满足实际需要，对于改善混凝土工作性、增加密实度、提高弯拉强度和平整度均非常不利。

因此，在现行的行业标准《公路水泥混凝土路面施工技术规范》（JTG F30—2003）中规定，针片状颗粒的含量Ⅰ级粗骨料应小于5%、Ⅱ级粗骨料应小于15%、Ⅲ级粗骨料应小于20%。

粗骨料中的针片状颗粒含量，主要与粗骨料的破碎生产方式有关。生产实践证明，针片状颗粒含量小于10%的优质碎石，必须采用两级破碎方式生产，第一级破碎可采用鄂式，第二级应采用反击式、冲击式、锤击式或对流撞击式进行生产。

（6）软弱颗粒和含泥量

软弱颗粒主要是指泥块、土、石粉、严重风化石、夹杂的砂岩和泥岩等，这些材料用于路面混凝土中，不仅严重影响混凝土的弯拉强度，而且会在短期内使路面形成小坑洞，造成路面冲击和压坏的临空点，路面的平整度和耐磨性急剧劣化。因此，必须从采石开始严格控制，剔除表面风化的岩石和泥块，不使它伪混入碎石机中。

含泥量包括石粉含量，它对路面混凝土的弯拉强度、塑性收缩开裂和干缩均有重大影响。在现行的行业标准《公路水泥混凝土路面施工技术规范》（JTG F30—2003）中规定，含泥量Ⅰ级粗骨料应小于0.5%、Ⅱ级粗骨料应小于1.0%、Ⅲ级粗骨料应小于1.5%。高速公路和一级公路路面混凝土的含泥量必须严格控制在1%以内。

根据施工经验，要控制含泥量在允许范围内，一是必须明确规定雨天不得破碎生产碎石，凡是雨天生产的碎石含泥量均超标；二是严防砂石料在搅拌站产生二次污染，骨料必须堆放在混凝土基层上。

（7）坚固性

坚固性反映骨料在气候、外力或其他物理因素的作用下抵抗破碎的能力。骨料的坚固性有冻结法和硫酸盐浸泡法两种检验膨胀能力的方法。骨料的坚固性是一个非常重要的技术性能，关系到路面混凝土的耐久性和耐磨性。

对于寒冷和严寒地区高速公路使用的混凝土粗骨料，在现行的行业标准《公路水泥混凝土路面施工技术规范》（JTG F30—2003）中规定，粗骨料的坚固性，按质量损失计，Ⅰ级粗骨料应小于5%、Ⅱ级粗骨料应小于8%、Ⅲ级粗骨料应小于12%。

（8）硫化物（SO_3）含量

为了防止混凝土发生硫酸盐侵蚀，必须严格限制粗骨料中硫化物和硫酸盐（SO_3）的含量。在现行的行业标准《公路水泥混凝土路面施工技术规范》（JTG F30—2003）中规定，粗骨料中 SO_3 的含量为：Ⅰ级粗骨料应小于0.5%、Ⅱ级粗骨料应小于1.0%、Ⅲ级粗骨料应小于1.0%。

但是，如果在粗骨料此项超标的条件下，对用量较大的粗骨料进行处理是非常困难的，最好的控制方法是不要单独使用纯水泥，应同时在混凝土中掺加适量的粉煤灰，由于硫化物和硫酸盐是粉煤灰的激发剂，可以将其反应除掉，生成具有强度和微膨胀性的水化硫铝酸钙，并可以有效地防止混凝土可能发生的长期硫酸盐侵蚀破坏。

（9）磨耗率和磨光值

混凝土路面的磨耗率和磨光值，是与水泥混凝土路面使用寿命密切相关的重要指标。在一般情况下，当路面混凝土的弯拉强度为4.50MPa时，其使用寿命为10～15年；当路面混凝土的弯拉强度为5.00MPa时，其使用寿命为15～20年。尤其是在水泥混凝土路面的使用后期，路面混凝土表面砂浆被磨掉，粗骨料裸露且光滑，此时粗骨料的磨耗率和磨光值对行车安全至关重要，但在现行规范中没有加以具体规定。

为确保水泥混凝土路面使用后期的安全，对于碾压混凝土路面和裸露骨料的抗滑表层，粗骨料应使用碎石，不宜使用碎卵石，不得使用卵石，其技术指标除应符合上述规定外，还应符合表2-5中的要求。

表2-5　抗滑表层用粗骨料的技术要求

公路等级	磨光值（PSV）	磨耗值（%）	冲击值（%）	压碎指标（%）	针片状含量（%）
高速公路、一级公路	≥42	≤14	≤28	≤10	≤6
其他公路	≥35	≤16	≤30	≤12	≤8

（二）粗骨料级配与公称最大粒径

1. 粗骨料的级配

粗骨料级配优劣首先影响混凝土拌合物的工作性、黏聚性、匀质性和可振动密实度。另外，粗骨料的级配所提供的较大嵌锁力，也将直接关系到弯拉强度大小和单位水泥用量多少；粗骨料级配好坏还影响混凝土水灰比和单位用水量的大小，同时又决定着塑性收缩和硬化混凝土的干缩变形性能和抗冻耐久性。由此可见，粗骨料级配优良是优质水泥混凝土路面的先决条件之一。

在一般情况下，施工所得到的水泥石，总是低于粗骨料岩石的强度和抗磨性，对高速公路水泥混凝土路面而言，一是增强骨料嵌锁力对提高弯拉强度十分重要，二是水泥石是路面干缩变形的根源，三是水泥石以及水泥石与骨料的界面控制着混凝土的渗透性和抗冻性。所以，从严控制水泥混凝土粗骨料的级配，使路面混凝土形成具有嵌锁力的骨架密实结构，对于改善其路用品质和抗磨耐久性具有非常重要的意义。

现行的行业标准《公路水泥混凝土路面施工技术规范》（JTG F30—2003）在粗骨料技

术指标方面，基本上是沿用国家标准《建筑用卵石、碎石》的规定。但是在用于路面混凝土的级配方面，必须要符合公路工程的实际，因此，公路路面混凝土粗骨料的级配要求更高。其级配范围如表2-6所示。

表2-6　粗骨料级配范围

级配情况	公称粒径（mm）	方筛孔尺寸（mm）							
		2.36	4.75	9.50	16.0	19.0	26.5	31.5	37.5
		累计筛余（以质量计）（%）							
连续级配	4.75~16.0	95~100	85~100	40~60	0~10				
	4.75~19.0	95~100	85~95	60~75	30~45	0~5	0		
	4.75~26.5	95~100	90~100	70~90	50~70	25~40	0~5	0	
	4.75~31.5	95~100	90~100	75~90	60~75	40~60	20~35	0~5	0
单粒级配	4.75~9.50	95~100	80~100	0~15	0				
	9.50~16.0		95~100	80~100	0~15	0			
	9.50~19.0		95~100	85~100	40~60	0~25	0		
	16.0~26.5			95~100	55~70	25~40	0~10	0	
	16.0~31.5			95~100	85~100	55~70	25~40	0~10	0

从严要求水泥混凝土路面所用粗骨料的级配曲线范围的原因有：首先，路面混凝土级配对弯拉强度的影响很大，主要表现在其振动密实后，能否达到逐级充填密实结构，是否能形成高弯拉强度所要求的嵌锁力；其次，粗骨料的级配对于路面的干缩和温缩，即接缝开口位移量影响相当大，而逐级充填的良好级配的粗骨料有利于减小收缩及接缝开口位移量；再次，在《公路水泥混凝土路面设计规范》中有坚实的理论和实践基础，经工程实践证明已比较成熟，不宜轻易变动。

2. 公称最大粒径

水泥混凝土路面所用粗骨料的公称最大粒径大小，是多年来一直有争议的问题。原来水泥混凝土路面设计与施工规范中规定公称最大粒径为40mm，这是按一般公路水泥混凝土路面弯拉强度4.5MPa所规定的。但是，高等级水泥混凝土路面的施工弯拉强度为5.8MPa，再采用40mm的公称最大粒径，如此高的弯拉强度很难达到。

根据“八五”国家攻关滑模和振碾两种水泥混凝土路面的材料试验研究，综合考虑普通水泥混凝土路面全部路面结构、混凝土性能和施工质量诸方面因素，在现行的行业标准《公路水泥混凝土路面施工技术规范》中规定，卵石最大公称粒径不宜大于19.0mm；碎卵石最大公称粒径不宜大于26.5mm；碎石最大公称粒径不应大于31.5mm。贫混凝土基层粗骨料最大公称粒径不应大于31.5mm；钢纤维混凝土与碾压混凝土粗骨料最大公称粒径不宜大于19.0mm。同时，碎卵石或碎石半粒径小于75μm的石粉含量不宜大于1%。

国外在高速公路水泥混凝土路面中规定粗骨料最大公称粒径为20mm。工程实践证明，采用这样的粗骨料最大公称粒径，对于提高弯拉强度、增大疲劳极限、改善匀质性、提高耐久性和平整度是有利的。我国规定的这些粗骨料的最大公称粒径，不仅适合于高速公路水泥混凝土路面，而且适用于所有公路水泥混凝土路面。

三、细骨料

根据我国国家标准《建筑用砂》的规定，砂按细度模数分为粗砂（3.7～3.1）、中砂（3.0～2.3）和细砂（2.2～1.6）；按技术要求砂可分为Ⅰ类、Ⅱ类、Ⅲ类，Ⅰ类砂宜用于强度等级大于C60的混凝土，Ⅱ类砂宜用于强度等级C30～C60的混凝土，Ⅲ类砂宜用于强度等级小于C30的混凝土和建筑砂浆。建筑用砂的技术要求主要包括：颗粒级配，含泥量、石粉含量和泥块含量，有害物质，坚固性等。

现行的行业标准《公路水泥混凝土路面施工技术规范》（JTG F30—2003）中，对细骨料的分类、技术性能要求等，是在国家标准《建筑用砂》的基础上，根据公路水泥混凝土路面的实际加以修订的，提出了切合实际的更高的标准和要求。

（一）路面用砂的种类和技术要求

1. 路面用砂的种类

现行的行业标准《公路水泥混凝土路面施工技术规范》（JTG F30—2003）中规定，配制公路水泥混凝土路面的细骨料，应采用质地坚硬、耐久、洁净的天然砂、机制砂或混合砂。砂可分为天然砂和人工砂两种，天然砂包括河砂、湖砂、山砂、淡化海砂，人工砂包括机制砂和混合砂。

在以上几种砂中，河砂经过长期水流冲洗，粒形较圆，杂质较少，质量最好，是高速公路和一级公路水泥混凝土所用首选细骨料。山砂的含泥量和软弱颗粒比较多，在不超标的前提下，也可以用于工程。机制砂粒形很差，石粉含量高，新拌混凝土工作性差，相同工作性的混凝土水灰比大，弯拉强度及耐磨性等指标不易满足，当石粉和土含量不超标时，掺加高效减水剂，也可用于水泥混凝土路面。海砂的氯离子含量、含盐量和贝壳含量等均比较高，如果经过冲洗处理，氯盐、硫酸盐和有机质含量符合有关规定时，可用于素混凝土路面。

2. 路面用砂的技术要求

在现行的行业标准《公路水泥混凝土路面施工技术规范》（JTG F30—2003）中，砂按技术要求分为Ⅰ级、Ⅱ级、Ⅲ级，路面用砂的技术要求应符合表2-7中的规定。

表2-7　路用细骨料技术指标（摘自JTG F30—2003）

项　目	技术要求		
	Ⅰ级	Ⅱ级	Ⅲ级
机制砂单粒级最大压碎指标（%）	<20	<25	<30
氯化物（按氯离子质量计，%）	<0.01	<0.02	<0.06
坚固性（按质量损失计，%）	<6	<8	<10
云母（按质量计，%）	<1.0	<2.0	<2.0
天然砂、机制砂含泥量（按质量计，%）	<1.0	<2.0	<3.0[①]
天然砂、机制砂泥块含量（按质量计，%）	0	<1.0	<2.0
机制砂MB值<1.4或合格石粉含量[②]（按质量计，%）	<3.0	<5.0	<7.0
机制砂MB值<1.4或不合格石粉含量（按质量计，%）	<1.0	<3.0	<5.0
有机物含量（比色法）	合格	合格	合格

续表

项　目	技术要求		
	Ⅰ级	Ⅱ级	Ⅲ级
硫化物及硫酸盐（按 SO_3 质量计，%）	<0.5	<0.5	<0.5
轻物质（按质量计，%）	<1.0	<1.0	<1.0
机制砂母岩抗压强度	火成岩不应小于 100MPa；变质岩不应小于 80MPa；水成岩不应小于 60MPa		
表观密度（kg/m^3）	>2500		
松散堆积密度（kg/m^3）	>1350		
空隙率	<47%		
碱-骨料反应	经碱-骨料反应试验后，由砂配制的试件无裂缝、酥裂、胶体外溢等现象，在规定试验龄期的膨胀率应小于 0.10%		

注：①天然Ⅲ级砂用作路面时，含泥量应小于3%；用作贫混凝土基层时，可小于5%。

②亚甲蓝试验 MB 试验方法见有关内容。

高速公路、一级公路、二级公路及有抗（盐）冻要求的三、四级公路混凝土使用的砂应不低于Ⅱ级，无抗（盐）冻要求的三、四级公路混凝土路面、碾压混凝土及贫混凝土基层可使用Ⅲ级砂。特重、重交通混凝土路面宜使用河砂，砂的硅质含量不应低于 25%。

（1）含泥量和泥块含量

由于砂的种类较多，来源比较广泛，各地的含泥量和泥块含量各不相同，有时控制砂中的含泥（块）量相当困难，如果采取清洗的方法很难达到，这对于确保混凝土的质量也有很大难度。在实际工程操作中，一是控制砂石料中的总含泥量不超标，二是砂石料总含泥量超标，又无法清洗时，必须加大 5～10kg/m^3 水泥用量来保证达到规定的施工弯拉强度。因此，严格控制砂石各自的含泥量和泥块含量，是非常重要的技术措施。特别是用于高速公路和一级公路的砂更应严格控制，不宜超过 2%。

（2）细骨料的硬度及磨光值

在现行的行业标准《公路水泥混凝土路面施工技术规范》中规定，特重、重交通高速公路、一级公路混凝土路面宜采用河砂，其硅质砂和石英砂的含量不应低于 25%。这主要是从路面抗滑及耐磨性出发，对砂提出硬度及其磨光值的规定，实际水泥混凝土路面上横向力系数是通过水泥浆磨损后凸起的砂颗粒来提供的。

（3）氯离子的含量

在现行的行业标准《公路水泥混凝土路面施工技术规范》中规定，氯离子的含量Ⅰ级砂不大于 0.01%，Ⅱ级砂不大于 0.02%，Ⅲ级砂不大于 0.06%。经计算和试验证明，这个技术指标Ⅱ级砂用于腐蚀环境、Ⅲ级砂用潮湿环境，均满足钢筋混凝土路面的要求，但Ⅲ级砂用于腐蚀环境是不能满足要求的。

这表明在一般情况下，这个技术指标是可以的，但在海风、海水、盐碱地区等腐蚀环境下，需要按照表 2-8 中的规定，认真检测并计算砂、拌合水、外加剂、掺合料、水泥中的总氯离子含量是否超标，如果出现超标，应掺加适量的阻锈剂，防止钢筋混凝土路面和桥面中的钢筋锈蚀。

表 2-8　混凝土拌合物中氯化物（以氯离子计%）总含量的最高限量

结构种类及其环境条件	预应力混凝土及腐蚀环境中的钢筋混凝土	潮湿但不含氯离子环境中的钢筋混凝土	干燥环境或有防潮措施的钢筋混凝土	素混凝土
氯离子占水泥用量（%）	0.06	0.30	1.00	1.60
外加剂、掺合料或共同带入氯离子占水泥用量（%）	0.02	0.10	0.33	—

（4）云母的含量

砂中的云母含量是细骨料中的一个特殊问题，主要是因为岩石风化后，残留下的石英与云母矿物很难再风化分解。结晶良好的石英是立方晶体，构成天然细骨料的主要成分；而细骨料中混杂的云母形态是层片状颗粒，并且层片非常薄，层间的联结极差，因此是砂中对混凝土物理力学性能、抗滑安全性及耐磨性等有害的成分。

在现行的行业标准《公路水泥混凝土路面施工技术规范》中规定，云母的含量Ⅰ级砂不大于1.0%，Ⅱ级砂不大于2.0%，Ⅲ级砂不大于2.0%。这个技术指标的规定与国家标准《建筑用砂》中的规定是完全一致的。

由于云母的密度较小，如果砂中有2%的云母含量，砂的表面会显得非常明显。根据我国砂源的砂子实际情况来看，大多数砂中的云母含量是小于2%的。

另外，砂子的其他技术指标，如压碎指标、坚固性、有机物含量、硫化物及硫酸盐等方面的要求，与粗骨料相同，此处不再重复。

（二）细骨料的细度模数和级配要求

砂按其细度模数分为 1 区粗砂、2 区中砂、3 区细砂。各区级配要求如表 2-9 所示。路面和桥面普通水泥混凝土、钢筋水泥混凝土及钢纤维水泥混凝土用天然砂的级配曲线宜为 2 区（中砂），可使用 1 区偏细粗砂和 3 区偏粗细砂，细度模数宜控制在 2.0 ~3.5 范围内，且最小不应小于 2.0。

表 2-9　细骨料级配范围

砂分级	方筛孔尺寸（mm）					
	0.15	0.30	0.60	1.18	2.36	4.75
	累计筛余（以质量计）（%）					
粗　砂	90 ~ 100	80 ~ 85	71 ~ 85	35 ~ 65	5 ~ 35	0 ~ 10
中　砂	90 ~ 100	70 ~ 92	41 ~ 70	10 ~ 50	0 ~ 25	0 ~ 10
细　砂	90 ~ 100	55 ~ 85	16 ~ 40	0 ~ 25	0 ~ 15	0 ~ 10

路面混凝土同一配合比用砂的细度模数变化范围不应超过 0.30，否则应调整配合比中的砂率；细度模数差别超过 0.30 的不同来源或不同产地砂应分别堆放，并应按不同砂率的配合比分别拌合使用。

（三）对机制砂和海砂的特殊要求

1. *对机制砂的要求*

在我国西南地区，很难得到天然河砂，只好生产破碎机制砂。但是，机制砂路面的耐磨性较差，如果达不到某些特殊要求，是不能用于水泥混凝土路面的。在现行的行业标准《公路水泥混凝土路面施工技术规范》中规定，路面和桥面混凝土所使用的机制砂，除应符合河砂的有关规定（表2-8和表2-9）外，还应检验砂浆磨光值（PMA），其值（PMA）宜大于35，不宜使用抗磨性较差的泥岩、页岩、板岩等水成岩类母岩品种生产的机制砂。配制机制砂混凝土应同时掺引气高效减水剂。

2. 对海砂的要求

在我国大量的沿海地区，有着丰富的海砂资源，如何充分利用这个资源，降低工程造价，这是一个值得探讨的问题。在原来的设计与施工技术规范中，不允许使用海砂拌制公路混凝土。在现行的行业标准《公路水泥混凝土路面施工技术规范》中，首次允许普通混凝土路面中使用淡化海砂。

为了防止钢筋混凝土路面或钢纤维混凝土路面产生严重锈蚀或其他化学侵蚀破坏，在《公路水泥混凝土路面施工技术规范》中规定，河砂资源紧缺的沿海地区，二级及二级以下公路混凝土路面和基层可使用淡化海砂，缩缝设传力杆混凝土路面不宜使用淡化海砂；钢筋混凝土及钢纤维混凝土路面和桥面不得使用淡化海砂。

淡化海砂除应符合表2-8和表2-9中的要求外，尚应符合以下三个规定：①淡化海砂带入每立方米混凝土的含盐量不应大于1.0kg。②淡化海砂中碎贝壳等甲壳类动物残留物含量不应大于1.0%。③与河砂对比试验，淡化海砂应对砂浆磨光值、混凝土凝结时间、耐磨性、弯拉强度等无不利影响。

四、混凝土拌合用水

混凝土用水的基本质量要求是：不能含影响水泥正常凝结硬化的有害杂质；无损于混凝土强度发展及耐久性；不能加快钢筋的锈蚀；不引起预应力钢筋脆断；保证混凝土表面不受污染。混凝土工程实践证明，凡是饮用的自来水及清洁的天然水，都可用作拌制和养护混凝土。

总之，用于道路水泥混凝土的拌合用水，其技术指标应符合《混凝土用水标准》（JGJ 63—2006）中的要求。

五、混凝土外加剂

（一）常用外加剂的种类和性能

1. 路用外加剂的质量等级

鉴于水泥混凝土公路路面工程的重要性，用于公路工程的外加剂的产品质量应达到一等品的要求，就是一般公路路面也不允许使用合格品。一般公路路面混凝土，当设计弯拉强度为4.50MPa，达到配制弯拉强度5.00MPa以上时，对应的混凝土抗压强度等级为C30～C35级；而高速公路和一级公路，当设计弯拉强度为5.00MPa，达到配制弯拉强度5.75MPa以上时，对应的混凝土抗压强度等级为C35～C50级，均已达到较高强度等级混凝土的要求。

2. 路用混凝土外加剂的技术性能

混凝土外加剂是指在拌制混凝土过程中，根据不同的要求，为改善混凝土性能而掺入的物质，其掺量一般不大于水泥质量的5%（特殊情况除外）。外加剂按其主要功能不同可分为：改善混凝土拌合物流变性能的外加剂、调节混凝土凝结时间和硬化性能的外加剂、改善混凝土耐久性的外加剂和改善混凝土其他性能的外加剂。

在混凝土工程中常用的外加剂有：减水剂、引气剂、早强剂、缓凝剂、速凝剂、膨胀剂、防冻剂、阻锈剂等。

在公路水泥混凝土路面和桥面中常用的外加剂有：减水剂、早强剂、缓凝剂和引气剂等，外加剂的产品质量应符合表2-10中的各项技术指标。

表2-10　混凝土外加剂产品的技术性能指标

试验项目		普通减水剂	高效减水剂	早强减水剂	缓凝高效减水剂	缓凝减水剂	引气减水剂	早强剂	缓凝剂	引气剂
减水率（%），≮		8	15	8	15	8	12	—	—	6
泌水率比(%)，≯		95	90	95	100	100	70	100	100	70
含气量（%）		≤3.0	≤4.0	≤3.0	<4.5	<5.5	>3.0			>3.0
凝结时间（min）	初凝	−90～	−90～	−90～	>+90	>+90	−90～	−90～	>+90	−90～
	终凝	+120	+120	+90	—	—	+120	+90	—	+120
抗压强度比（%），≮	1d		140	140				135		
	3d	115	130	130	125	100	115	130	100	95
	7d	110	125	115	125	110	110	110	100	95
	28d	110	120	105	120	110	100	100	100	90
28d收缩率比（%），≯		130	120	120	120	120	120	120	120	120
抗冻强度		50	59	50	50	50	200	50	50	200
对钢筋锈蚀作用		应说明对钢筋无锈蚀危害								

注：①除含气量外，表中数据为掺外加剂混凝土与基准混凝土差值或比值。

②凝结时间指标“−”表示提前，“+”表示延缓。

为确保所用外加剂达到要求，在《公路水泥混凝土路面施工技术规范》中规定，供应商应提供有相应资质的外加剂检测机构的品质检测报告，检测报告应说明外加剂的主要化学成分，认定对人员无毒副作用。

3. 现行规范与国家标准的区别

对路用混凝土外加剂性能的要求，是在国家标准《混凝土外加剂》（GB 8076—1997）的基础上制定的，但根据公路路面水泥混凝土的应用实际，《公路水泥混凝土路面施工技术规范》中对外加剂的规定，与国家标准有以下三点不同：

（1）高效减水剂的减水率提高

路面水泥混凝土所用的高效减水剂、缓凝高效减水剂和引气减水剂的减水率，是参照国外及我国电力行业规范《水工混凝土外加剂技术规程》（DL/T 5100—1999）而确定的，比国家标准《混凝土外加剂》有所提高。高效减水剂、缓凝高效减水剂的减水率由12%提高到15%，引气减水剂的减水率由10%提高到12%。

（2）混凝土收缩率比有所减小

我国国家标准《混凝土外加剂》中规定，外加剂的28d收缩率比为135%；《水工混凝土外加剂技术规程》中规定，外加剂的28d收缩率比为125%。据国外有关资料介绍，有的国家将外加剂的28d收缩率比规定为115%，有的国家规定为120%。

公路混凝土结构和构件最显著的特点，是薄壁结构占主导地位，其抗裂问题始终是困扰公路行业的一大难题。如果外加剂的28d收缩率比为135%，掺加外加剂的混凝土28d的收缩率比不掺者还大35%。在实际工程中使用过的最好外加剂28d收缩率仅108%，一般为115%左右，最大不得大于120%。因此，《公路水泥混凝土路面施工技术规范》中规定，掺加的所有外加剂的28d收缩率比为120%。

(3) 相对耐久性指标改为抗冻标号

鉴于公路混凝土结构抗冻的重要性，《公路水泥混凝土路面施工技术规范》中对耐久性的规定，与《水工混凝土外加剂技术规程》相同，将国家标准《混凝土外加剂》中规定的相对耐久性指标修改为抗冻标号，凡引气剂和复合有引气剂的外加剂均规定抗冻标号不小于200次，其他外加剂一般不小于50次。

在国家标准《混凝土外加剂》中规定，凡引气剂和复合有引气剂的外加剂的相对耐久性指标均为200次不小于80%，其他外加剂对抗冻性无规定，这不适用于公路桥梁、隧道、涵洞、路面和桥面工程薄壁混凝土结构，不利于提高其抗渗性、抗冻性等耐久性能。

(二) 各种常用外加剂的基本性能

1. 减水剂

减水剂是指在混凝土拌合物坍落度基本相同的条件下，用来减少拌合用水量和增强作用的外加剂。

(1) 减水剂的分类

减水剂分类的方法很多，一般可以按减水效率大小、化学成分、功能和作用三个方面进行分类：

1) 按减水效率大小分类。减水剂按照其减水效率大于或小于15%，可以分为高效减水剂和普通减水剂。

2) 按化学成分不同分类。减水剂按原材料及化学成分可分为：木质素磺酸盐类（木钙、木钠、木镁）普通减水剂、聚烷基芳基磺酸盐类减水剂、磺化三聚氰胺甲醛树脂磺酸盐类减水剂、糖蜜类（糖蜜、糖钙和糖钠）普通减水剂、水溶性树脂磺酸盐类减水剂（密胺、三聚氰胺、苯酚、磺化古玛隆树脂等）和腐植酸类减水剂等。

3) 按功能和作用不同分类。减水剂按功能和作用可分为：普通减水剂、高效减水剂、早强减水剂、缓凝减水剂、引气减水剂等。

各级公路路面混凝土宜选用减水率高、坍落度损失小、凝结时间可调控的复合型减水剂。高温施工宜使用引气缓凝减水剂或引气高效缓凝（保塑）减水剂，低温情况下施工宜使用引气早强高效减水剂。

工程经验证明，高速公路水泥混凝土使用的减水剂，应根据施工气候、性能要求和施工条件等进行选择，可以是普通减水剂、缓凝减水剂、引气减水剂、高效减水剂、缓凝高效减水剂、缓凝引气减水剂等。无论采用何种减水剂，供应商必须有国家、省级或地区级外加剂检测机构认定的一等品质检报告，检测报告应说明外加剂的主要化学成分，对混凝土有无腐蚀和对人员有无毒副作用。

(2) 减水剂的作用机理

减水剂对新拌混凝土的作用机理，根据目前研究结果主要有吸附-分散作用、润滑作用和湿润作用。

1）吸附-分散作用。水泥在加水搅拌后，会产生一种絮凝状的结构，如图2-1a所示。产生这种絮凝结构的原因很多，或因为水泥矿物成分在水化过程中所带电荷不同，产生异性电荷相互吸引而絮凝；或因水泥颗粒在溶液中的热运动，在某些边角处互相碰撞，相互吸引而形成的；或因水泥矿物水化后溶液化水膜产生某些缔合作用等。由于上述原因，在这些絮凝状结构中，包裹着很多拌合水，从而降低了新拌混凝土的工作性。

施工中为了保持新拌混凝土所需的工作性，必须在拌合时相应增加用水量，这样就会促使水泥石结构中形成过多的孔隙，从而严重影响硬化混凝土的物理力学性质。当加入减水剂后，减水剂的憎水基因定向吸附于水泥质点表面，使水泥颗粒表面带有相同的电荷，在电性斥力作用下，使水泥颗粒分散，如图2-1b所示，从而使游离水从絮凝体内释放出来，在不增加用水量的条件下，增加了混凝土拌合物的流动性。另外，减水剂还能在水泥颗粒表面形成一层溶剂水膜，如图2-1c所示。

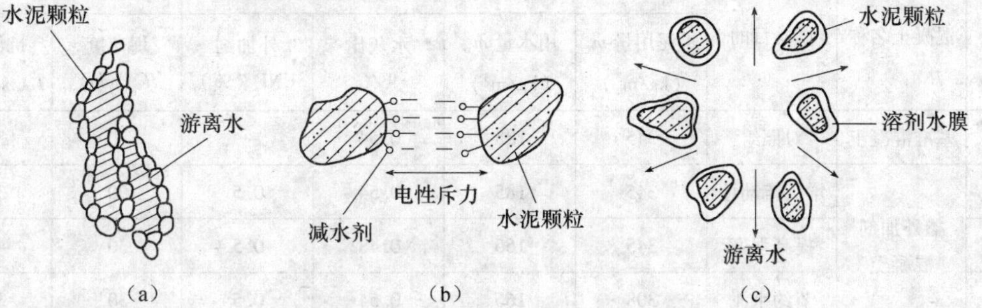

图2-1　水泥浆的絮凝结构和减水剂作用示意图

2）润滑作用。减水剂在水泥颗粒表面吸附定向排列，其亲水端极性很强，带有负电，很容易与水分子中氢键产生缔合作用，再加上水分子间的氢键缔合，使水泥颗粒表面形成一层稳定的溶剂化水膜，它不仅能阻止水泥颗粒间的直接接触，并在颗粒间起着润滑作用。同时，伴随减水剂的加入，也引进一定量的微细气泡，如图2-2所示，这些微细气泡是由减水剂的定向排列形成的分子膜，它们与水泥颗粒吸附膜带有相同电荷，因此气泡与水泥颗粒间也由于电性斥力而使水泥颗粒分散，从而增加水泥颗粒间的滑动能力。

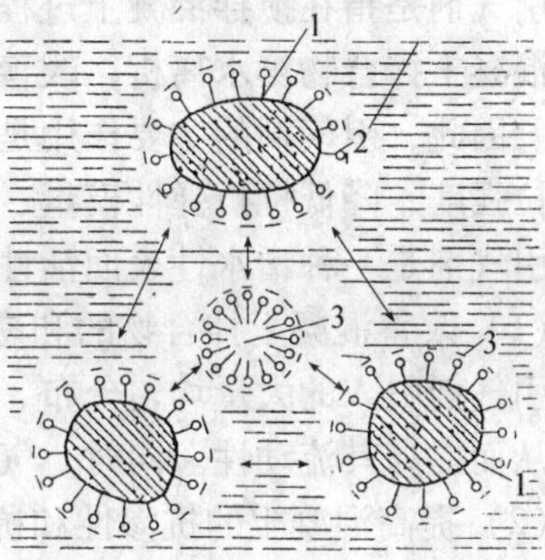

图2-2　减水剂形成微细气泡的润滑作用
1—水泥颗粒；2—减水剂；3—极性气泡

3）湿润作用。水泥加水拌合后，颗粒表面被水所湿润，其湿润状况对新拌混凝土的性能有很大影响。掺加减水剂后，由于减水剂在水泥颗粒表面定向排列，不仅能使水泥颗粒分散，而且能增大水泥的水化面积，影响水泥的水化速度。

综上可知，由于减水剂具有吸附分散作用、润滑作用和湿润作用，只要掺加少量的减水剂，就能使混凝土拌合物的工作性显著改善，同时使硬化后的混凝土也具有一系列的优点。

（3）减水剂的技术经济效益

众多道路与桥梁工程实践证明，使用减水剂不仅可以改善混凝土的工作性、降低水灰比、调节凝结时间，而且还具有下列技术经济效益：

1）在保证混凝土工作性和水泥用量不变的条件下，可以减少单位用水量，提高混凝土的弯拉强度；特别是高效减水剂可大幅度减小用水量，制备早强、高强混凝土。因此，要制备高弯拉强度、高耐疲劳极限、小变形性能和高耐久性的高性能道路混凝土，离不开高效缓凝引气减水剂。

2）在保持混凝土用水量和水泥用量不变的条件下，可以增大混凝土拌合物的流变性；如果采用高效减水剂可制备大流动性混凝土。

3）在保证混凝土工作性和强度不变的条件下，可节约水泥用量10%～20%，从而可降低工程造价。以上三项减水剂的技术经济效益，可由表2-11示例说明。

表2-11　减水剂对混凝土的技术经济效益

编　号	混凝土名称	试验目的	材料组成				技术性质	
			水泥用量 m_c（kg/m^3）	用水量 m_w（kg/m^3）	水灰比 W/C	外加剂 UNF（%）	坍落度 H（mm）	抗压强度 $f_{cu,28}$（MPa）
1	基准混凝土	对照组	345	185	0.54	—	30	38.2
2	掺外加剂混凝土	增大流动性	345	185	0.54	0.5	90	38.5
3		提高强度	345	166	0.48	0.5	30	44.5
4		节约水泥	308	166	0.54	0.5	30	38.0

2. 引气剂

引气剂是指在搅拌混凝土过程中，能引入大量均匀分布、稳定而封闭的微小气泡，从而减少混凝土拌合物泌水离析，改善混凝土的和易性，并能提高混凝土的抗冻、耐久性能的外加剂。因此，引气剂的主要作用是改善和易性、减少泌水、提供富浆平稳的表面，提高混凝土弯拉强度、降低抗折弹性模量、改善荷载和温湿度变形性能，提高抗渗性、抗冻性和耐候性。引气剂是一种憎水性表面活性剂，对混凝土性能有以下影响：

（1）改善混凝土拌合物的和易性

引气剂引入的大量均匀分布、稳定而封闭的微小气泡犹如滚珠，减少了水泥颗粒间的摩擦，从而提高其流动性。同时，气泡薄膜的形成也会起到一定的保水作用。

（2）提高混凝土的抗渗性和抗冻性

引气剂引入的封闭气泡能有效隔断毛细孔通道，并能减少泌水造成的孔隙，从而增强其抗渗性。同时，封闭气泡的引入对水结冰时膨胀能起到有效的缓冲作用，从而提高其抗冻性。

（3）明显降低混凝土的强度

大量试验证明，混凝土中含气量增加1%，其抗压强度可降低4%～6%，所以引气剂的掺量应当适量。

（4）可提高混凝土弯拉强度

一般来讲，引气剂对混凝土的抗压强度虽有降低作用，但如果剂量合适、含气量适宜时，反而可提高混凝土弯拉强度，这是制作高性能道路混凝土不可缺少的重要外加剂。

工程中常用的引气剂有松香树脂类（文松树脂、松香皂、松香热聚物）、烷基磺酸盐类（烷基磺酸钠、烷基苯磺酸钠、烷基苯酚、聚氧乙烯醚、皂角素）和脂肪醇类（脂肪醇聚氧乙烯磺酸钠、脂肪醇聚氧乙烯醚、高级脂肪醇衍生物）等，其中松香树脂类应用最广泛，适宜的掺量为水泥质量的0.005%～0.01%，混凝土中的含气量为3%～6%。

在《公路水泥混凝土路面施工技术规范》中规定，二级及其以上公路路面应使用引气剂，有抗冰冻、抗盐冻要求的地区的各级公路路面、桥面、护栏、路缘石、路肩石及贫混凝土基层必须使用引气剂。

工程实践证明，引气剂不仅引气而且具有普通减水剂的减水率，它可以增大新拌混凝土的黏聚性，防止泌水离析，提高混凝土的匀质性；引气剂所引含气量增大了混凝土中水泥浆的体积，使滑模摊铺出的路面光滑密实、平整度高、外观规矩；适宜含气量的引气混凝土，抗弯拉强度提高10%～15%，降低了抗弯弹性模量，减小了干缩和温缩变形，提高了抗冻性和抗渗性，缓解了碱-骨料反应和化学侵蚀膨胀。所以在滑模摊铺混凝土路面中必须使用引气剂，其他外加剂应根据工程需要而选用。

路面混凝土引气剂的适宜含气量推荐值如表2-12所示，从表中的数据可以看出，这个规定基本上是与各发达国家的先进标准接轨的。在所有混凝土路面中使用引气剂，对于混凝土路面这种暴露于大气中的薄壁结构，改善其耐候性，减小温、湿翘曲变形，抵抗冻坏是非常重要的。

表2-12　各国的路面混凝土适宜含气量推荐值　（%）

公称最大粒径（mm）	美国ACI	英国CP	德国DIN①	日本土木学会②	中国外加剂规范	路面无抗冻性要求	路面有抗冻性要求
15.0	7.0	6.0	≥4.0	6.0	6.0	5.0±1	6.0±1
19.0	6.0	5.0	—	5.0	5.5	4.0±1	5.5±1
26.5	5.0	—	—	4.5	5.0	4.5±1	5.01
31.5	—	—	≥3.5	—	—	3.0±1	4.5±1
37.5	4.5	4.0	≥3.0	3.5	4.5	2.0±1	4.0±1

注：①德国DIN骨料公称最大粒径分别为16mm、32mm、64mm。
②日本土木学会含气量3.5%对应的公称最大粒径为50mm。

桥面铺装层所用的水泥混凝土，是以抗压强度作为设计指标的，由于掺加引气剂对混凝土抗压强度有降低作用，如果桥面混凝土无抗（盐）冻耐久性要求，可以不掺加引气剂或复合引气剂。但在有抗（盐）冻耐久性要求时，应按照路面混凝土所规定的外加剂品种使用。此时，应同时掺加或复配高效减水剂，以补偿混凝土因掺加引气剂导致的损失。实践证明，引气剂本身减水率加上高效减水剂的减水率，不仅可以补偿因含气而造成的抗压强度损失，而且还可能提高抗压强度。

3. 早强剂

早强剂是指加速混凝土早期强度发展的外加剂。早强剂对水泥中的硅酸三钙和硅酸二钙等矿物的水化有催化作用，能加速水泥的水化和硬化，具有明显的早强作用。早强剂一般可分为无机早强剂（氯化物、硫酸盐系等）、有机早强剂（如三乙醇胺、三异丙醇胺、乙酸钠等）和复合早强剂三大类。

早强剂的特性是能促进水泥的水化和硬化，提高混凝土早期强度，缩短养护周期，从而提高模板和场地的周转率，加快施工进度，特别适宜冬期施工（最低气温不低于 -5℃）和紧急抢修工程。

4. 缓凝剂

缓凝剂是指能延缓混凝土拌合物的凝结时间，对混凝土后期物理力学性能无不利影响的外加剂。缓凝剂所以能延缓水泥凝结时间，是因其在水泥及其水化物表面上的吸附作用，或与水泥反应生成不溶层而达到缓凝的效果。

通常用的缓凝剂有羟基羧酸盐（如柠檬酸、酒石酸、水杨酸等）、多羟基碳水化合物（如糖蜜、含氧有机酸、多元醇等）和无机化合物（如 Na_2SO_4、Na_3PO_4 等）。在道路与桥梁工程中最常用的缓凝剂是糖蜜，其价格较低、效果较好，如在气温高、运距长的情况下，可防止混凝土拌合物发生过早坍落度损失；又如分层浇筑的混凝土，为防止出现冷缝，也常加入缓凝剂。另外，在大体积混凝土施工中，为了延长混凝土的放热速度，也可掺加缓凝剂。

在《公路水泥混凝土路面施工技术规范》中规定，在高温环境中施工时应使用引气缓凝减水剂或缓凝剂。

5. 速凝剂

速凝剂是指能促使混凝土迅速凝结硬化的外加剂。掺加速凝剂的混凝土，能使掺入水泥中的石膏丧失缓凝作用，促使混凝土在较短时间内迅速凝结硬化。如我国生产的 711 型、红星一型等速凝剂，它们都是由几种具有促凝作用的材料复合而制成的，效果比较好。

工程实践证明，如果掺加 2.5% ~4% 的速凝剂，可使混凝土在 3min 之内达到初凝，7 ~10min达到终凝，1d 后强度可提高 2 ~3 倍，28d 强度下降 20% ~35%。速凝剂主要用于喷射混凝土。

在《公路水泥混凝土路面施工技术规范》中规定，在低温环境中施工时应使用引气速凝剂或速凝剂。

6. 膨胀剂

膨胀剂是指能使混凝土（砂浆）产生补偿收缩或微膨胀的外加剂。一般常用的明矾石膨胀剂，掺量为水泥质量的 10% ~15%，掺量较大时可在钢筋混凝土中产生自应力。掺入膨胀剂后对混凝土的力学性质不会带来大的影响，可使混凝土的抗渗性提高到 P30 以上，从而大幅度提高其抗裂性能。

7. 防冻剂

防冻剂是指能降低水和混凝土拌合物液相的冰点，使混凝土在相应负温下免受冻害，并在规定的养护条件下达到预期性能的外加剂。防冻剂通常有以下几种：

（1）亚硝酸钠和亚硝酸钙

这类防冻剂具有降低冰点、早强、阻锈等作用，一般掺量为 1% ~8%。

（2）氯化钠和氯化钙

这类防冻剂具有降低冰点的作用，但对混凝土中的钢筋有锈蚀作用，一般掺量为 0.5% ~1.0%。

（3）碳酸钾、尿素等

在实际工程中，使用的防冻剂一般都是复合型的，同时具有防冻、早强、减水、阻锈等作用，有的还加入引气剂，从而可大大增强其防冻效果。

8. 阻锈剂

阻锈剂是指能减缓混凝土中钢筋或其他预埋金属锈蚀的外加剂。工程中常用的阻锈剂是亚硝酸钠。有些外加剂中含有氯盐，对钢筋有较强的锈蚀作用，所以掺入阻锈剂后，可以减缓对钢筋的锈蚀，从而达到保护钢筋的目的。

在《公路水泥混凝土路面施工技术规范》中规定，处在海水、海风、硫酸根离子环境或冬季撒除冰盐的路面或桥面钢筋混凝土、钢筋混凝土中宜掺阻锈剂。

除上述几类最常用的外加剂外，还有泵送剂、防水剂、消泡剂等多种外加剂，在工程中可根据工程需要进行选用。

(三) 水泥混凝土路面掺加外加剂注意事项

根据工程需要、外加剂性能、施工条件、施工经验等，在混凝土中掺加适宜、适量的外加剂，对改善混凝土的性能、提高混凝土的质量具有重要作用。如果掺加外加剂不当，不仅不能达到设计的目的，反而会引起相反的作用。因此，在掺加混凝土外加剂时，应当注意以下事项：

1. 外加剂与所用水泥的适应性

施工规范规定：在任何水泥混凝土路面工程中使用的外加剂，一定要注意外加剂与所用水泥的适应性问题，即必须与所用水泥进行适应性检验，其检验方法要符合《公路水泥混凝土外加剂和掺合料应用技术指南》中附录 D 的规定，化学成分不适应，不得用于实际工程中。

在表 2-10 中的各种外加剂的性能，均是在基准水泥、标准温度和标准砂石料的基础上测定的。当采用当地所生产的水泥和砂石料时，其性能和质量与标准材料有很大的差异，有的减水剂的减水率可能大大高于规范中的数据，有的也可能远远低于规定的数值。因此，外加剂掺入水泥混凝土中，其适应程度如何是混凝土外加剂在使用中的最大难点和关键技术所在。

影响外加剂适应性的主要因素是水泥中的矿物成分，最主要的是所用石膏种类、混合材料和铝酸三钙含量。一般适应性好的是二水石膏，适应性不好的是半水石膏、硬石膏、佛石膏及工业石膏渣等，特别是木钙、木镁、木钠和糖蜜两大类型的外加剂，只对普通二水石膏适应，对各种石膏变种均不适应。混合材料，如火山灰、煤矸石、粉煤灰、窑灰等，对外加剂的吸附量很大，因此在选用粉煤灰水泥或掺粉煤灰的混凝土时，引气剂的剂量必须加倍，才能达到规定含气量的引气效果。铝酸三钙含量越高，对减水剂的吸附量越大，减水效率越小；铝酸三钙含量较低的水泥，减水剂的减水率较高。

外加剂与水泥的适应性，可分为化学不适应和剂量不适应两类问题。如木钙和糖蜜外加剂对各种石膏变种的不适应，就是属于化学不适应，必须更换与水泥在化学上适应的外加剂。铝酸三钙含量及水泥中的混合材料，如粉煤灰、火山灰、煤矸石等的不适应问题，属于过量吸附造成的剂量不适应问题，可以采取加大剂量的方法解决。

无论是化学不适应或剂量不适应只有通过试验才能得到鉴别。因此，公路工程上使用的外加剂都必须通过混凝土试配试验，证明其对所用水泥是否适应。

2. 外加剂使用过程中的质量控制

（1）同时使用几种外加剂时的可共溶性

滑模摊铺水泥混凝土路面在高温季节施工时，要求同时掺加高效减水剂、缓凝剂和引气剂，或者同时掺加缓凝减水剂和引气剂。但是，在大型混凝土搅拌楼上，一般只有一个计量筒。要求将各种外加剂同时溶解于一个稀释池中，用自动计量筒分盘计量并喷入搅拌锅内。在这种情况下可能会遇到几种外加剂不能混溶的问题，如糖钙与松香皂混合，钙化糖蜜的过量钙离子，会将松香皂的钠离子置换或离解出来，使松香皂还原为松香或松香钙，造成大量絮状漂浮物或沉淀，一方面会使引气剂几乎完全失效，另一方面这些絮状物或沉淀物会堵塞滤网，使外加剂溶液无法使用。

（2）外加剂出现沉淀及其危害

大型混凝土路面施工适合使用化学反应合成后，喷雾干燥前的高浓度液体外加剂原液，不适合使用喷雾干燥后的粉末外加剂，然后在工厂或现场加水配制成一定浓度的液体。由于喷雾干燥，部分外加剂已经焦化或碳化，不可能在常温下再溶解。因此，使用粉末外加剂时，应20t为一批在水中稀释，检测其不溶物和沉淀的含量。

外加剂稀释溶解池中形成的大量沉淀物，如果不进行及时清除，在池中会累积很厚一层沉淀物，这个沉淀物搅拌起来，池中的外加剂浓度会大大超过施工规定的剂量浓度，若直接抽取外加剂沉淀物拌合混凝土，会产生一些不利于混凝土性能的现象。

试验证明：如果使用木钙或糖蜜粉末出现沉淀，超缓凝的混凝土即使很长时间以后凝固，其强度也很低，远远达不到设计要求，最终不得不铲除重铺。如果使用的减水剂出现沉淀，则达不到预期的减水效果，对提高混凝土强度不利。

（3）外加剂的原液浓度和剂量控制

如果使用液体外加剂，以每20t为一批，应在筒中外加剂稀释以前，用比重计或烘干法测量其浓度或含固量是否达到或变化，过稀达不到规定浓度和含固量的外加剂决不能用于工程。在掺加减水剂时，如果浓度过小，则减水率不能满足设计要求，影响混凝土的抗弯拉强度；如果浓度过大，则会带来严重的质量事故。比规定浓度大的外加剂，使用稀释时应在稀释池中加水，使其达到规定的浓度。如果原液浓度有较大变化而没有及时调整，势必造成外加剂掺量的很大变化，按规定外加剂用量波动不得超过2%。

（4）掺加外加剂中应注意的事项

当混凝土中需要同时复合使用几种比重不同的液体外加剂时，必须在使用过程中不停地搅拌，防止形成分层现象，分层的外加剂在外加剂水泵抽吸的过程中，很可能因只抽到某种外加剂，造成对工程的危害。

为确保混凝土的设计性能，保证水灰比的准确性，各种外加剂的稀释用水和原液中的水量，在混凝土的配制中，必须从加水量中扣除。

六、水泥混凝土路面对掺合料的要求

（一）对粉煤灰的要求

粉煤灰是一种活性掺合料，掺在路面混凝土中，必须满足活性高的要求。首先，必须保证水泥混凝土路面的28d强度要求；而后利用其长期强度高的特点增加抵抗超载的强度储备，以利于延长路面使用寿命，保障水泥混凝土路面弯拉强度、耐疲劳性和耐久性。其具体使用要求是：

1. 在混凝土路面或贫混凝土基层中使用粉煤灰时，应确切了解所用水泥中已经加入的掺合料种类和数量。

2. 混凝土路面在掺用粉煤灰时，应掺用质量指标符合行业标准《公路水泥混凝土路面施工技术规范》中的规定，必须使用电收尘Ⅰ级、Ⅱ级干排或磨细粉煤灰，不得使用Ⅲ级粉煤灰。贫混凝土、碾压混凝土基层或复合式路面下面层，应掺用符合国家标准《用于水泥和混凝土中的粉煤灰》（GB/T 1596—2005）中规定的Ⅲ级以上或Ⅲ级粉煤灰，不得使用等外粉煤灰。

3. 路面混凝土中使用粉煤灰必须有适宜掺量控制。在高速公路水泥混凝土路面中，应根据所使用的水泥种类而确定。当使用硅酸盐水泥时，粉煤灰的极限掺量不得大于30%；当使用普通硅酸盐水泥时，允许有不大于15%的混合材料，则粉煤灰掺量不应大于15%。粉煤灰的极限掺量是水泥及外掺粉煤灰能够全部水化的最高掺量要求，同时也是路面抗冲、耐磨和耐疲劳性能的要求。

4. 粉煤灰进货应有等级检验报告，并宜采用散装干（磨细）粉煤灰。粉煤灰的储藏、运输等要求与水泥相同。

（二）对其他掺合料的要求

路面混凝土中可使用硅灰和磨细（水淬高炉）矿渣，其性能及使用要求等应符合《公路工程水泥混凝土外加剂与掺合料应用技术指南》中的规定，使用前应经过试验检验，确保路面混凝土的抗压强度、弯拉强度、工作性、抗磨性、抗冻性等技术指标全部合格，方可使用。

磨细矿渣本身具有自硬化能力，硅灰的水化反应速度极快。这两种掺合料均是配制高性能道路混凝土的必备原材料。尤其是硅灰对混凝土有很强的促凝作用，虽然在路面混凝土中应用较少，但多用于桥面或桥梁主要构件和腐蚀性很强的混凝土结构，用来制作高强混凝土。

七、接缝材料

工程上将接缝材料中的流态接缝材料称为灌缝材料，而将所有固体接缝材料、胀缝板预制橡胶条、背衬条称为填缝材料。水泥混凝土路面上使用的接缝材料按接缝类型划分为3类：胀缝填缝材料、横向缩缝灌缝材料和纵缝灌缝材料。

（一）胀缝填缝材料

在公路工程中用于水泥混凝土路面的胀缝填缝材料，主要有胀缝板、预制橡胶填缝条和胶条粘结剂等。

1. 胀缝板

应选用能适应混凝土面板膨胀收缩，施工时不变形，复原率比较高，耐久性良好的胀缝接缝板。高速公路、一级公路宜采用泡沫橡胶板、沥青纤维板，其他公路可采用泡沫橡胶板、沥青纤维板、杉木板、杨木板、纤维板、泡沫树脂板等，其技术要求应符合表2-13中的规定。在目前使用的各类胀缝板材中，泡沫橡胶胀缝板是技术性能和使用效果较理想的高速公路胀缝板材料。

表 2-13　胀缝板的技术要求

试验项目	胀缝板的种类		
	木材类	塑胶、橡胶泡沫类	纤维类
压缩应力（MPa）	5.0～20.0	0.20～0.60	2.0～10.0
弹性复原率（%）	≥55	≥90	≥65
挤出量（mm）	<5.5	<5.0	<3.0
弯曲荷载（N）	100～400	0～50	5～40

注：各类胀缝板吸水后的压缩应力不应小于不吸水的 90%，木板应除去结疤，沥青浸泡后木板厚度应为（20～25）±1mm。

2. 预制橡胶填缝条

用于制造预制橡胶填缝条的胶料质量如何，将直接影响预制橡胶填缝条的质量，胶料性能应满足行业标准《建筑用橡胶密封制品规范》（HG/T 3098—2004）中的要求，如表 2-14 所示。

表 2-14　橡胶填缝条胶料的技术要求

性　能	要　求	
	Ⅰ类	Ⅱ类
公称硬度（IRHD）	60	70
公称硬度公差	±5	
最小拉伸强度（MPa）	12	
最小扯断伸长率（%）	250	200
最大压缩永久变形（100℃×22h）（%）	40	—
耐老化性能（100℃×72h 热老化后）：		
硬度变化（IRHD）	0～+12	
最大拉伸强度变化（%）	-20	
最大扯断伸长率变化（%）	-25	
耐臭氧性能（伸长 20%，40℃×96h）： 一般条件：臭氧深度（50×10^{-8}） 苛刻条件：臭氧深度（100×10^{-8}）	不龟裂	
在 -10℃×7h 后硬度（IRHD）增加（最大 +A35）	15	10
耐水性：标准室温×7h 后的体积变化（%）	0～5	
成品填缝件的压缩恢复率（压缩 50%）		
-10℃×72h（最小）（%）	88	
-25℃×22h（最小）（%）	83	
100℃×72h（最小）（%）	85	

胀缝上部的密封材料，由于其伸缩量很大，任何填实的材料，在夏季高温下会被挤出来，影响平整度而被车轮碾坏，因此不仅应采用多空隙材料进行填缝，而且还应考虑不被嵌

入的硬物较快切割破坏。试验研究证明，采用复合翅翼的大深度四孔橡胶嵌缝条，其具有良好的密封性。

3. 胶条润滑粘结剂

胶条润滑粘结剂是胀缝和缩缝安装预制橡胶填缝条和多孔聚氨酯的专用材料。要求这种粘结剂黏度适中，固化前不发黏，有较强的润滑作用，固化速度可调，固化后与橡胶填缝条和混凝土缝壁粘结牢固、低温不脆、不溶于水等。可选用的粘结剂有聚氨酯胶粘剂、改性环氧树脂胶粘剂等。

（二）横向缩缝灌缝材料

我国在水泥混凝土路面缩缝中所用的灌缝材料，按化学成分划分主要有树脂类、橡胶类、胶泥类和沥青类4种。

1. 树脂类灌缝材料

树脂类灌缝材料主要有硅树脂、氯偏树脂、环氧树脂等为基材的灌缝材料，这是属于技术性能最高档的灌缝材料，在我国高等级公路上，大多数采用聚氨酯灌缝材料。正常使用温度可在 -30 ~ 70℃范围内，使用耐久性比较好。

2. 橡胶类灌缝材料

橡胶类灌缝材料是以氯丁橡胶、沥青橡胶或改性橡胶为基材的灌缝材料，其弹性很好，但粘结力较差，在施工时可加入一定树脂，制成橡胶基树脂灌缝材料。实践证明：这种填缝材料既改进了树脂材料的低温脆性，又改善了橡胶材料粘结力不足，是一种优质的复合型高等级公路用填缝料。

3. 胶泥类灌缝材料

胶泥类灌缝材料是以聚氯乙烯、聚乙烯等为基材的灌缝材料，再掺入大量辅助材料和填料制成。在工程上使用的是聚氯乙烯胶泥和聚乙烯胶泥等，但其硬度不足，抵抗砂石的嵌入能力较差，耐久性也有待改进。

4. 沥青类灌缝材料

沥青类灌缝材料主要有热沥青、沥青玛𤧛脂、乳化沥青和各种改性沥青。这类灌缝材料属于最低技术档次的填缝料，其粘结力、抗硬物的嵌入能力、弹性和耐久性均不理想。由于其价格低廉，所以在不少水泥混凝土路面工程中仍在采用。

以上四类灌缝材料，前两种适用于高速公路和一级公路水泥混凝土路面填缝，橡胶类可以用于二级公路上，沥青类只能作为普通水泥混凝土路面的填缝料。

（三）纵缝灌缝材料

由于纵缝中有拉杆的约束，所以对纵缝灌缝材料的要求不高，以上所述的所有缩缝灌缝材料均适用于纵缝填料。

（四）填缝料的技术要求

行业标准《公路水泥混凝土路面施工技术规范》中的规定，填缝材料应具有与混凝土板壁粘结牢固、回弹性好、不溶于水、不渗水，高温时不挤出、不流淌、抗嵌入能力强、耐老化龟裂，负温拉伸量大，低温时不脆裂、耐久性好等性能。

填缝料有常温施工式和加热施工式两种，其技术指标应分别符合表2-15和表2-16中的规定。

表 2-15　常温施工式填缝料技术要求

试验项目	低弹性型	高弹性型
失黏（固化）时间（h）	6～24	3～16
弹性复原率（%）	≥75	≥90
流动度（mm）	0	0
（-10℃）拉伸量（mm）	≥15	≥25
与混凝土粘结强度（MPa）	≥0.2	≥0.4
粘结延伸率（%）	≥200	≥400

注：低弹性型适宜在气候严寒、寒冷地区使用，高弹性型适宜在炎热、温暖地区使用。

表 2-16　加热施工式填缝料技术要求

试验项目	低弹性型	高弹性型
针入度（0.01mm）	<50	<90
弹性复原率（%）	≥30	≥60
流动度（mm）	<5	<2
（-10℃）拉伸量（mm）	≥10	≥15

八、钢筋材料

水泥混凝土路面结构中用的钢筋数量不大，根据行业标准《公路水泥混凝土路面施工技术规范》中的规定，对其有以下两个方面的要求：

1. 各交通等级的混凝土路面、桥面和搭板所用的钢筋网、传力杆、拉杆等钢筋，应符合国家有关标准的技术要求。

2. 各交通等级的混凝土路面、桥面和搭板所用的钢筋应当顺直，不得有裂纹、断伤、刻痕、表面油污和锈蚀。传力杆钢筋加工应锯断，不得采用挤压切断；断口应垂直、光圆，用砂轮将其毛刺打磨掉，并加工成2～3mm圆倒角。

九、其他材料

用于水泥混凝土路面中的其他材料，主要有防裂层及基层裂缝修补材料，传力杆套（管）帽、沥青及塑料薄膜，路面养护的养生剂等。

（一）防裂层及基层裂缝修补材料

防裂层及基层裂缝修补材料，主要品种有油毡、玻璃纤维网及土工织物。油毡的主要品种有：石油沥青纸胎油毡、玻璃纤维胎和玻璃纤维布胎油毡，纸胎油毡的抗拉强度、耐热性等指标不如玻璃纤维胎和玻璃纤维布胎油毡，一般不能用于公路工程上。

当使用油毡玻纤网和土工织物做防裂层及修补基层裂缝时，油毡的物理力学性能应符合《石油沥青玻璃纤维胎油毡》（GB/T 14686—1993）或《石油沥青玻璃布胎油毡》（JC/T

84—1996）中的规定；玻璃纤维网和土工织物的技术性能应满足《公路土工合成材料应用技术规范》（JTJ/T 019—1998）和《土工合成材料应用技术规范》（GB 50290—1998）中的规定。

（二）传力杆套（管）帽、沥青及塑料薄膜

传力杆套（管）帽、沥青及塑料薄膜应符合下列要求：

（1）用于滑模摊铺传力杆自动插入装置（DBI）缩缝传力杆塑料套管，其管壁厚度不应小于0.5mm；套管与传力杆应密切贴合，套管长度应比传力杆一半长度长30mm。

（2）用于胀缝传力杆端部的套帽宜采用镀锌管或塑料管，其厚度不应小于2.0mm；要求端部密封不透水，内径宜比传力杆直径大1.0～1.5mm，塑料套帽长度宜为100mm左右，镀锌套帽长度宜为50mm左右，顶部空隙长度均不应小于25mm。

（3）用于滑动封层的石油沥青、改性沥青和乳化沥青，应符合国家或行业有关沥青材料的规定。

（4）用于滑动封层的软聚氯乙烯吹塑或压延塑料薄膜，其厚度不应小于0.12mm，拉伸强度不应小于12.0MPa，直角撕裂强度不应小于400N/mm。用于混凝土路面养生塑料薄膜，可以为聚氯乙烯、聚乙烯、聚丙烯等品种，其厚度不应小于0.05mm。

（三）路面养护的养生剂

用于水泥混凝土路面养生的养生剂性能，应符合表2-17中的规定。

表2-17　水泥混凝土路面施工用养生剂的技术性能

检验项目		一级品	合格品
有效保水率①，不小于（%）		90	75
抗压强度比②，不小于（%）	7d	95	90
	28d	95	90
磨损量③，不大于（kg/m^2）		3.0	3.5
含固量，不小于（%）		20	
干燥时间，不短于（h）		4	
成膜后浸水溶解性④		应注明不溶或可溶	
成膜耐热性		合格	

注：①有效保水率试验条件，温度38±2℃，相对湿度32%±3%，风速0.5±0.2m/s，失水时间72h。

②抗压强度比也可为弯拉强度比，指标要求相同，可根据工程需要和用户要求选测。

③在对有耐磨性要求的表面上使用养生剂时为必检项目。

④露天养生的永久性表面，必须为不溶；在要求继续浇筑的混凝土结构上使用，应使用可溶。该指标由供需双方协商。

第三节　道路水泥混凝土配合比设计

公路水泥路面混凝土的配合比设计是水泥混凝土路面工程质量中极其重要的环节之一。公路工程实践充分证明：即使所用原材料相同，由于混凝土配合比设计不当，或配制过程中计量失控，常常会造成路面磨损严重、断板等早期破损现象。

公路水泥路面混凝土与常规混凝土相比，将会更加显示出路面混凝土配合比设计的重要性和独特性。公路水泥路面混凝土不仅承受与常规混凝土相同的因素作用，而且主要是承受车辆冲击、振动、反复、疲劳、磨损等作用的动载作用。因此，其主要的控制技术指标是弯拉强度、耐疲劳性、耐久性和工作性等。由于要求的控制技术指标不同，所以其要求比常规静载结构混凝土严格得多，在配合比设计上具有路面自身的特点，并不是任何原料都可以建造混凝土路面，也并不是能满足静载结构的配合比就可以满足路面的要求。

公路水泥混凝土配合比设计，主要包括路面水泥混凝土配合比的确定与施工控制。

一、道路混凝土配合比设计的基本要点

（一）混凝土配合比设计的基本要求

工程实践证明：对于道路路面水泥混凝土与桥梁工程混凝土的配合比设计，应满足下列四项基本要求：

1. 必须满足结构物强度的要求

不论是混凝土路面或桥梁，在设计时都会对不同的结构部位提出不同的“设计强度”要求。为了保证结构物的可靠性，在配制混凝土配合比时，必须要考虑到结构物的重要性、施工单位施工水平、施工环境因素等，采用一个比“设计强度”高的“配制强度”，才能满足设计强度的要求。但是，“配制强度”的高低一定要适宜，定得太低，结构物不安全，定得太高，会造成浪费。

对于普通水泥混凝土路面的弯拉强度，各交通等级路面面板的28d设计弯拉强度标准值应符合《公路水泥混凝土路面设计规范》（JTG D40—2002）的规定，如表2-18所示。并应按《公路水泥混凝土路面施工技术规范》中弯拉强度公式计算28d的配制强度。

表2-18　水泥混凝土路面设计强度标准值和弹性模量

交通等级	特　重	重	中　等	轻
水泥混凝土设计弯拉强度标准值（MPa）	5.0*	5.0	4.5	4.0
钢纤维混凝土设计弯拉强度标准值（MPa）	6.0	6.0	5.5	5.0
水泥混凝土和钢纤维混凝土弯拉弹性模量（$\times10^3$MPa）	31	30	29	27

注：* 在特重交通的特殊路段，通过论证，可使用设计弯拉强度标准值5.5MPa，弯拉弹性模量33×10^3MPa。

2. 必须满足施工工作性的要求

按照结构物断面尺寸和形状、钢筋的配置情况、施工方法及设备等，合理确定混凝土拌合物的工作性（坍落度或维勃稠度）。

对于普通混凝土路面的工作性，应按《公路水泥混凝土路面施工技术规范》中的有关规定确定其最佳工作性。

3. 必须满足环境耐久性的要求

对于公路水泥混凝土路面来讲，由于其使用条件和所处环境的特殊性，所以其耐久性包括的内容与其他工程所用水泥混凝土有所不同。满足水泥混凝土路面环境耐久性要求，应当包括满足抗（盐）冻性、抗滑性、抗磨性、耐疲劳性、抗冲击性、抗腐蚀介质化学侵蚀性等方面。

根据结构物所处的环境条件，如严寒地区的路面或桥梁、桥梁墩台在水位升降范围、处于有侵蚀介质的水中等，为保证结构的耐久性，在设计混凝土配合比时，应考虑允许的“最大水灰比”和“最小水泥用量”。

对于普通混凝土路面的工作性，应按《公路水泥混凝土路面施工技术规范》中的有关规定，根据公路级别、有无抗冰（盐）冻要求、是否掺加粉煤灰等，确定混凝土允许的“最大水灰比”和“最小水泥用量”。

4. 必须满足经济性的要求

在满足混凝土设计强度、工作性和耐久性的前提下，在配合比设计中要尽量降低高价材料（如水泥）的用量，并考虑到应用就地材料和工业废料（如粉煤灰），以配制成性能优良、价格便宜的混凝土。

在《公路水泥混凝土路面施工技术规范》中规定，普通混凝土路面的配合比设计，必须在兼顾经济性的同时满足弯拉强度、工作性和耐久性的要求。经济性在耗资高昂的公路建设中显得尤为重要。

（二）混凝土配合比设计三参数

由水泥、水、细骨料和粗骨料组成的普通混凝土配合比设计，实质上就是确定水泥、水、砂与石子这四种基本组成材料的用量。其中有三个重要的技术参数，即水灰比、砂率和单位用水量。

1. 水灰比

水与水泥组成水泥浆体，均匀分布在混凝土中，并将骨料胶结在一起，在混凝土配合比设计中起着决定性作用。水泥浆体的性能，在水与水泥性质固定的条件下，就决定于水与水泥的比例，这一比例就称为“水灰比”。

2. 砂率

砂率为砂的用量占砂、石总质量的百分率值，在砂石性质固定的条件下，就取决于砂与石之间的用量比例，它影响着混凝土的黏聚性和保水性。

3. 单位用水量

水泥浆与骨料组成普通混凝土拌合物。混凝土拌合物的性能，在水泥浆与骨料性质固定的条件下，主要取决于水泥浆与骨料的比例，这一比例称为“浆骨比”。但现行混凝土配合比设计方法对水泥浆与骨料的比例关系，是用“单位用水量”来表示。

所谓单位用水量，是指每立方米混凝土拌合物中水的用量（kg/m^3）。在水灰比固定的条件下，用水量如果确定，则水泥用量亦随之确定，当然骨料的总用量也能确定。因此，单位用水量反映了水泥浆与骨料之间的比例关系。

（三）混凝土配合比设计的表示方法

混凝土配合比设计的表示方法，一般有单位体积质量表示法和质量比表示法。

1. 单位体积质量表示法

单位体积质量表示法，即以每立方米混凝土中各项材料的质量表示，如某种混凝土中各种材料的用量分别为：水泥300kg、水180kg、砂子720kg、石子1200kg，合计1m^3混凝土的总质量为2400kg。

2. 质量比表示法

质量比表示法，即以各项材料相互之间的质量比例来表示，其中以水泥质量为1计，将上例换算成质量比为水泥∶砂子∶石子 =1∶2.4∶4.0，水灰比 =0.60。

（四）配合比设计前的准备工作

在进行混凝土配合比设计之前，必须详细掌握下列基本资料：

1. 设计要求的混凝土强度等级和反映混凝土生产中强度质量稳定性的强度标准差，以便确定混凝土的试配强度。

2. 掌握混凝土的使用环境条件及耐久性要求，以便确定所配制混凝土的最大允许水灰比和最小水泥用量。

3. 了解结构构件的断面形状、尺寸及钢筋配置情况，以便确定混凝土骨料的最大粒径。

4. 施工工艺对混凝土拌合物流动性的要求及各种原材料品种、类型和物理力学性能指标。

二、水泥混凝土配合比设计

公路水泥混凝土配合比设计，适用于滑模摊铺机、轨道摊铺机、三辊轴机组及小型机具四种施工工艺方式。满足这四种施工方式的塑性插入式振捣的各种水泥混凝土路面，包括插传力杆混凝土、钢筋混凝土和钢纤混凝土路面，配合比设计均适用。

公路水泥混凝土配合比设计的要求，主要包括混凝土弯拉强度、工作性、耐久性和经济性四个方面。

（一）弯拉强度

各交通等级路面板的28d设计弯拉强度标准值应符合《公路水泥混凝土路面设计规范》中的规定。即各交通等级公路水泥混凝土路面板的28d设计弯拉强度标准值、弯拉弹性模量应符合表2-19中的规定。

表2-19　水泥混凝土路面板设计弯拉强度标准值和弯拉弹性模量

交通等级	特　重	重	中　等	轻
水泥混凝土设计弯拉强度标准值 f_{cm}	5.0*	5.0	4.5	4.0
钢纤维混凝土设计弯拉强度标准值 F_{mf}（MPa）	6.0	6.0	5.5	5.0
混凝土和钢纤维混凝土设计弯拉弹性模量 E_c（$\times 10^3$MPa）	31	30	29	27

注：* 在特重交通的特殊路段，通过论证，可使用设计弯拉强度标准值5.5MPa，弯拉弹性模量 33×10^3MPa。

试配28d弯拉强度的均值 f_c（MPa），应按式（2-1）确定。

$$f_c = [f_r/(1-1.04c_v)] + ts \tag{2-1}$$

式中 f_c——混凝土试配28d弯拉强度的均值（MPa）；

f_r——混凝土设计弯拉强度标准值（MPa）；

s——混凝土弯拉强度试验样本的标准差（MPa）；

t——混凝土强度保证率系数，应按表2-20确定；

c_v——弯拉强度变异系数，应按统计数据在表2-21的规定范围内取值；在无统计数据时，弯拉强度变异系数应按设计取值；如果施工配制弯拉强度超出设计给定的弯拉强度变异系数上限，则必须改进机械装备和提高施工控制水平。

表 2-20　混凝土强度保证率系数 t（摘自 JTG F30—2003）

公路技术等级	判别概率 p	样本数 n（组）				
		3	6	9	15	20
高速公路	0.05	1.36	0.79	0.61	0.45	0.39
一级公路	0.10	0.95	0.59	0.46	0.35	0.30
二级公路	0.15	0.72	0.46	0.37	0.28	0.24
三、四级公路	0.20	0.56	0.37	0.29	0.22	0.19

表 2-21　各级公路混凝土路面弯拉强度变异系数（摘自 JTG F30—2003）

公路技术等级	高速公路	一级公路		二级公路	三、四级公路	
混凝土弯拉强度变异水平等级	低	低	中	中	中	高
弯拉强度变异系数 c_v 允许变化范围	0.05～0.10	0.05～0.10	0.10～0.15	0.10～0.15	0.10～0.15	0.15～0.20

从以上计算式和表中可以看出，水泥路面混凝土的配制贯彻了按各级公路规定的可靠度来计算配制弯拉强度。就是按公路等级逐级确定路面安全等级、目标可靠指标、目标可靠度、施工要求达到的管理水平、弯拉强度变异水平等级、弯拉强度变异系数允许变化范围，如表 2-22 所示。

表 2-22　各级公路混凝土路面满足可靠度要求的配制弯拉强度

公路技术等级	高速公路	一级公路		二级公路	三、四级公路	
路面安全等级	一级	二级		三级	四级	
目标可靠指标	1.64	1.28		1.04	0.84	
目标可靠度（%）	95	90		85	80	
施工要求达到管理水平	优	优	良	良	良	中
混凝土弯拉强度变异水平等级	低	低	中	中	中	高
弯拉强度变异系数 c_v 允许变化范围	0.05～0.10	0.05～0.10	0.10～0.15	0.10～0.15	0.10～0.15	0.15～0.20

从表 2-22 中可知，在按公路等级所要求达到的不同管理水平范围内，对弯拉强度变异系数有一点可机动选择的余地。由此可见，高速公路变异系数的可取范围为 5%～10%，一级公路变异系数的可取范围为 5%～15%，三、四级公路变异系数的可取范围为 10%～20%。在这些变异系数中，前者为最小可取值，后者为最大允许值。

（二）工作性

路面水泥混凝土工作性要求是非常重要的，首先它必须满足振捣棒（组）对路面板的振捣密实的要求；其次必须满足路表面施工较高平整度、抗滑构造和规则外观的要求。因此，在配制路面普通混凝土时，其工作性应满足以下规定：

1. 当采用滑模摊铺机施工时，机前混凝土拌合物最佳工作性及允许范围，应符合表 2-23 中的规定。

表 2-23　混凝土路面滑模摊铺最佳工作性及允许范围（摘自 JTG F30—2003）

界限＼指标	坍落度 S_L（mm）		振动黏度系数 η（$N \cdot s/m^2$）
	卵石混凝土	碎石混凝土	
最佳工作性	20 ~ 40	25 ~ 50	200 ~ 500
允许波动范围	5 ~ 55	10 ~ 65	100 ~ 600

注：①滑模摊铺机适宜的摊铺速度宜控制在 0.5 ~ 2.0m/min 之间。

②本表适用于设超铺角的滑模摊铺机；对不设超铺角的滑模摊铺机，最佳振动黏度系数为 250 ~ 600$N \cdot s/m^2$；最佳坍落度卵石混凝土为 10 ~ 40mm；碎石混凝土为 10 ~ 30mm。

③滑模摊铺时的最大单位用水量：卵石混凝土不宜大于 155kg/m^3，碎石混凝土不宜大于 160kg/m^3。

2. 当采用轨道摊铺机、三辊轴机组和小型机具摊铺路面混凝土时，普通混凝土拌合物的坍落度及最大单位用水量，应满足表 2-24 中的规定。

表 2-24　不同路面施工方式混凝土坍落度及最大单位用水量（摘自 JTG F30—2003）

摊铺方式	轨道摊铺机摊铺		三辊轴机组摊铺		小型机具摊铺	
出机坍落度（mm）	40 ~ 60		30 ~ 50		10 ~ 40	
摊铺坍落度（mm）	20 ~ 40		10 ~ 30		0 ~ 20	
最大单位用水量（kg/m^3）	碎石 156	卵石 153	碎石 153	卵石 148	碎石 150	卵石 145

注：①表中的最大单位用水量系采用中砂、粗细骨料为风干状态的取值；采用细砂时，应使用减水率较大的（高效）减水剂。

②使用碎卵石时，最大单位用水量可取碎石与卵石的中值。

（三）耐久性

水泥混凝土路面的耐久性，始终是进行配合比设计和配制混凝土的一个核心问题，不仅关系到混凝土路面的使用寿命和使用功能，而且还关系到高速行驶车辆的安全性。因此，对混凝土路面的耐久性应引起足够重视，必须注意以下几个方面：

1. 混凝土路面掺用引气剂，除了提高弯拉强度、工作性和平整度这三个主要技术性能外，从耐久性的角度，不仅是抗（盐）冻性、减小面板伸缩变形、提高抗风化能力、满足耐候性的需要，而且是减少表面泌水、提高表层耐磨性和抗海水、海风、酸雨、硫酸盐等腐蚀环境介质的重要措施。因此，各等级公路路面混凝土全部要求掺加适量引气剂。

在掺加引气剂时，应根据当地路面无抗冻性、有抗冻性或有抗盐冻性要求及混凝土最大公称粒径，达到表 2-25 中所规定的含气量。

表 2-25　混凝土路面含气量及允许偏差（摘自 JTG F30—2003）　（%）

最大公称粒径（mm）	无抗冰冻要求	有抗冰冻要求	有抗盐冻要求
19.0	4.0 ±1.0	5.0 ±0.5	6.0 ±0.5
26.5	3.5 ±1.0	4.5 ±0.5	5.5 ±0.5
31.5	3.5 ±1.0	4.0 ±0.5	5.0 ±0.5

2. 由于水泥路面混凝土耐久性要满足抗（盐）冻性、抗滑性、抗磨性、抗冲击性、耐疲劳性和抗海水、海风、酸雨、硫酸盐的侵蚀等多方面的要求，因此，各交通等级路面混凝土必须满足耐久性要求的最大水灰（胶）比和最小单位水泥用量的规定，如表2-26所示。但是，从其他方面综合考虑，其最大单位水泥用量不宜大于400kg/m^3；掺加粉煤灰时，最大单位胶材总量不宜大于420kg/m^3。

表2-26　混凝土满足耐久性要求的最大水灰（胶）比和最小单位水泥用量（摘自JTG F30—2003）

公路技术等级		高速公路、一级公路	二级公路	三、四级公路
最大水灰（胶）比		0.44	0.46	0.48
抗冰冻要求最大水灰（胶）比		0.42	0.44	0.46
抗盐冻要求最大水灰（胶）比		0.40	0.42	0.44
最小单位水泥用量（kg/m^3）	42.5级水泥	300	300	290
	32.5级水泥	310	310	305
抗冰（盐）冻时最小单位水泥用量（kg/m^3）	42.5级水泥	320	320	315
	32.5级水泥	330	330	325
掺粉煤灰时最小单位水泥用量（kg/m^3）	42.5级水泥	260	260	255
	32.5级水泥	280	270	265
抗冰（盐）冻掺粉煤灰最小单位水泥用量（42.5级水泥）（kg/m^3）		280	270	265

注：①掺加粉煤灰，并有抗冰（盐）冻要求时，不得使用32.5级水泥。

②水灰（胶）比计算以砂石料的自然风干状态计（砂含水量≤1.0%；石子含水量≤0.5%）。

③处在除冰盐、海风、酸雨或硫酸盐腐蚀性环境中，或在大纵坡等加减速车道上的混凝土，最大水灰（胶）比可比表中数值降低0.01～0.02。

3. 严寒和寒冷地区，要求在混凝土配合比确定前，必须检验其抗冻性，要求严寒地区路面混凝土的抗冻标号不宜小于F250，寒冷地区路面混凝土的抗冻标号不宜小于F200。

4. 在海风、酸雨、除冰盐或硫酸盐等腐蚀环境影响范围内的混凝土路面和桥面，在使用硅酸盐水泥时，应掺加适量的粉煤灰、磨细矿渣或硅灰掺合料，不宜单独使用硅酸盐水泥，可使用矿渣硅酸盐水泥或普通硅酸盐水泥。

（四）经济性

在满足弯拉强度、工作性和耐久性技术要求前提下，混凝土配合比应尽可能经济，以降低工程造价。各级公路混凝土路面最小、最大水泥用量宜控制在320～400kg/m^{3}之间；掺加粉煤灰时，最大胶材总量宜控制在360～420kg/m^{3}之间。

（五）对外加剂的要求

用于配制公路水泥混凝土的外加剂，主要应当符合凝结时间、适应性、共溶性和其他方面的要求。

1. *凝结时间的要求*

高温环境条件下施工时，混凝土拌合物的初凝时间不得小于3h，小于3h应采取缓凝或保塑措施；低温环境条件下施工时，混凝土拌合物的终凝时间不得大于10h，大于10h时也应采取必要的促凝或早强措施。在工程施工过程中，混凝土拌合物凝结时间的施工控制要求为：在任何气温下，均要求混凝土拌合物的初凝时间控制在施工铺筑所需的3h，终凝不迟于10h。

2. 适应性的要求

用于水泥路面的混凝土外加剂应进行适应性检验，掺量应由混凝土试配试验确定。掺用方法应当为稀释的溶液，溶液中所用的水应从拌合水中扣除。引气剂的适宜掺量，可由搅拌机口的拌合物含气量测定进行控制。实际路面和桥面引气混凝土抗冻性、抗盐冻耐久性的评价，宜采用《公路水泥混凝土路面施工技术规范》附录J. 1规定的钻芯法，测得的最大平气泡间距系数不宜超过表2-27中的规定。

表2-27　混凝土路面和桥面最大平均气泡间距系数（摘自JTG F30—2003）　　(μm)

环境 \ 公路技术等级		高速公路、一级公路	其他公路
严寒地区	冰冻	275	300
	盐冻	225	250
寒冷地区	冰冻	325	350
	盐冻	275	300

3. 共溶性的要求

引气剂与减水剂或其他外加剂复配在同一水溶液中时，应注意它们之间的共溶性，防止外加剂溶液发生絮凝现象。一旦产生絮凝现象，应分别进行稀释，分别加入搅拌机中。

4. 掺加阻锈剂要求

处在海风、海水、酸雨、硫酸盐或撒除冰盐锈蚀环境中的钢筋混凝土、钢纤维混凝土路面和桥面铺装层，宜掺加适量的阻锈剂。

（六）配合比设计参数的计算要求

1. 计算混凝土的水灰（胶）比

（1）根据所用粗骨料类型，分别计算水灰比

碎石或碎卵石混凝土：

$$W/C = 1.5684/(f_c + 1.0097 - 0.3595 f_s) \qquad (2\text{-}2)$$

式中　W/C——混凝土的水灰比；

f_s——水泥实测28d的抗折强度（MPa）。

卵石混凝土：

$$W/C = 1.2618/(f_c + 1.5492 - 0.4709 f_s) \qquad (2\text{-}3)$$

（2）当掺用粉煤灰时，应计入超量取代法中代替水泥的那一部分粉煤灰用量（代替砂的超量部分不计入），用水胶比［$W/(C+F)$］代替水灰比（W/C）。

（3）应在满足弯拉强度计算值和耐久性（如表2-26所示）两者要求的水灰（胶）比中选取小值。

2. 确定混凝土砂率

砂率应根据砂的细度模数和粗骨料的种类，查表2-28确定混凝土的砂率。在做软抗滑

槽时，砂率可在表2-28的基础上增大1%～2%。

表2-28　砂的细度模数与最优砂率的关系（摘自JTG F30—2003）

砂的细度模数		2.2～2.5	2.5～2.8	2.8～3.1	3.1～3.4	3.4～3.7
砂率 S_p（%）	碎石	30～34	32～36	34～38	36～40	38～42
	卵石	28～32	30～34	32～36	34～38	36～40

3. 确定单位用水量

根据粗骨料种类和表2-23和表2-24中的适宜坍落度，分别按下列经验公式计算单位用水量（砂石料以自然风干状态计）：

碎石：
$$W_0 = 104.97 + 0.309S_L + 11.27C/W + 0.61S_P \tag{2-4}$$

卵石：
$$W_0 = 86.89 + 0.370S_L + 11.24C/W + 1.00S_P \tag{2-5}$$

式中　W_0——不掺外加剂与掺合料混凝土的单位用水量（kg/m^3）；

S_L——混凝土拌合物的坍落度（mm）；

S_p——混凝土的砂率（%）；

C/W——灰水比，水灰比的倒数。

掺加外加剂的混凝土单位用量，可按式（2-6）进行计算：

$$W_{0W} = W_0(1 - \beta/100) \tag{2-6}$$

式中　W_{0W}——掺加外加剂混凝土的单位用水量（kg/m^3）；

β——所用外加剂剂量的实测减水率（%）。

最后单位用水量应取计算值和表2-23、表2-24中的规定值两者中的小值。如果实际单位用水量仅掺引气剂不满足所取数值，则应掺用引气（高效）减水剂。三、四级公路也可以采用真空脱水施工工艺。

4. 单位水泥用量

单位水泥用量应由式（2-7）进行计算，并取计算值与表2-26规定值两者中的大值。

$$C_0 = (C/W)W_0 \tag{2-7}$$

式中　C_0——混凝土的单位水泥用量（kg/m^3）。

5. 计算砂石用量

混凝土中砂石的用量可用密度法或体积法计算。按密度法计算时，混凝土单位体积的质量可取2400～2450kg/m^3；按体积法计算时，应计入设计的含气量。采用超量取代法掺加粉煤灰时，超量部分应代替砂，并折减用砂量。经计算得到的配合比，应验算单位粗骨料填充体积率，且不宜小于70%。

（1）按密度法计算

按密度法计算可按式（2-8）和式（2-9）联立方程进行计算：

$$C_0 + W_0 + S_0 + G_0 = \gamma_0 \tag{2-8}$$

$$S_p = S_0/(S_0 + G_0) \times 100\% \tag{2-9}$$

式中　C_0，W_0，S_0，G_0——分别为水泥、水、砂和石子的单位用量（kg）；

γ_0——假定混凝土的单位体积质量（kg）；

S_p——混凝土的砂率（%）。

（2）按体积法计算

按体积法计算砂石用量，可按式（2-10）和式（2-9）联立方程进行计算：

$$C_0/\gamma_{cc} + W_0/\gamma_w + S_0/\gamma_s + G_0/\gamma_g + 10\alpha = 1000 \tag{2-10}$$

式中　γ_{cc}，γ_w，γ_s，γ_g——分别为水泥、水、砂和石子的单位质量（kg）；

α——混凝土中的含气量（%）。

6. 真空脱水施工

当公路水泥混凝土采用真空脱水工艺施工时，可采用比式（2-4）、式（2-5）计算值略大的单位用水量，但在真空脱水后，扣除每立方米混凝土实际吸除的水量，剩余单位用水量和剩余水灰（胶）比，分别不宜超过表2-24最大单位用水量和表2-26最大水灰（胶）比中的规定。真空脱水混凝土抗压强度试件成型方法，可参考《公路水泥混凝土路面施工技术规范》附录E.1。

7. 掺加粉煤灰

当路面水泥混凝土掺用粉煤灰时，其配合比计算应按超量取代法进行。掺粉煤灰应根据水泥中原有的掺合料数量和混凝土弯拉强度、耐磨性等要求由试验确定。Ⅰ级、Ⅱ级粉煤灰的超量系数可按表2-29中数值初选。

表2-29　各级粉煤灰的超量取代系数（摘自JTG F30—2003）

粉煤灰等级	Ⅰ	Ⅱ	Ⅲ
超量取代系数 k	1.1～1.4	1.3～1.7	1.5～2.0

代替水泥的粉煤灰掺量应遵循以下规定：Ⅰ型硅酸盐水泥宜小于等于30%；Ⅱ型硅酸盐水泥宜小于等于25%；道路硅酸盐水泥宜小于等于20%；普通硅酸盐水泥宜小于等于15%；矿渣硅酸盐水泥不得掺加粉煤灰。

三、道路水泥混凝土的参考配合比

为方便道路水泥混凝土的试拌，表2-30中列出了试拌配合比，表2-31中列出了参考配合比（1）、（2）、（3），在施工中可以根据工程实际查表采用。

表2-30　道路水泥混凝土试拌配合比

搅拌次数	道路混凝土单位材料用量（kg/m³）					粗骨料的体积（m³）	固结系数（s）	坍落度（cm）	含气量（%）
	水泥	水	砂子	石子	引气剂				
1	338	130	753	1156	0.845	0.72	43	1.5	2.8
2	348	134	735	1156	0.870	0.72	32	2.5	3.1
3	341	134	748	1156	0.853	0.72	33	2.5	4.1

表 2-31　道路水泥混凝土参考配合比（1）

水泥强度等级（MPa）	混凝土强度等级（MPa）	水泥用量（kg/m³）	水灰比（W/C）	质量配合比			
				水泥	中砂	碎石（1~2cm）	碎石（3~5cm）
32.5	C30	330	0.450	1	2.08	—	3.880
	C30	340	0.430	1	1.68	0.485	3.740
	C30	365	0.425	1	1.73	—	3.640
42.5	C30	300	0.427	1	2.25	—	4.580
52.5	C40	400	0.400	1	1.61	2.990	—

表 2-31　道路水泥混凝土参考配合比（2）

序　号	水灰比（W/C）	坍落度（cm）	含气率（%）	粗骨料体积（m³）	道路混凝土单位材料用量（kg/m³）					28d 抗折强度（MPa）
					水泥	水	砂子	石子	引气剂	
1	0.476	2.5	4.1	0.73	131	275	787	1172	0.6875	4.44
2	0.426	2.5	4.1	0.73	131	308	760	1172	0.7700	4.93
3	0.385	2.0	3.0	0.73	131	341	732	1172	0.8525	5.49
4	0.351	2.0	4.0	0.73	131	373	706	1172	0.9325	5.90
5	0.410	1.0~2.5	—	0.73	149	363	599	1333	—	7.20

表 2-31　道路水泥混凝土参考配合比（3）

序　号	混凝土强度等级（MPa）	水泥强度等级（MPa）	水泥用量（kg/m³）	水灰比（W/C）	混凝土质量配合比			
					水泥	中砂	碎石（1~2cm）	碎石（3~5cm）
1	32.5	C30	330	0.450	1	2.08	—	3.88
2	32.5	C30	340	0.430	1	1.68	0.485	3.74
3	32.5	C30	365	0.425	1	1.73	—	3.64
4	42.5	C30	300	0.427	1	2.25	—	4.58
5	52.5	C40	400	0.400	1	1.61	2.99	—

第四节　道路水泥混凝土的施工工艺

水泥混凝土路面是由混凝土面板与基层组成的路面结构，水泥混凝土面板必须具有足够的抗折强度，良好的抗磨耗、抗滑、抗冻性能，也应具有尽可能低的线膨胀系数和弹性模量，使混凝土路面能承受荷载应力和温度应力的综合疲劳作用，为行驶的汽车提供快速、舒适、安全的服务。由此，水泥道路混凝土的施工，必须严格按照有关规范进行，使其施工质量符合设计要求。目前，水泥混凝土路面的施工工艺，我国主要采用轨道式摊铺机施工和滑模式摊铺机施工两种。

一、轨道式摊铺机施工

（一）施工准备工作

施工前的准备工作，包括材料准备及质量检验、混合料配合比检验与调整、基层的检验与整修等多项工作。

1. 材料准备及性能检验

根据拟定的施工进度计划，在正式施工前分期分批备好所需要的各种材料，并对其进行逐项核对调整。其性能检验主要包括：①对砂、石料抽样检验测定含泥量、级配、有害物质含量、坚固性；②对碎石还应抽检其强度、软弱及针片状颗粒含量和磨耗等；③对水泥除查验出厂质量报告单外，还应逐批抽验其细度、凝结时间、标准稠度用水量、安定性及3d、7d和28d的强度等是否符合要求；④对所采用的外加剂按其性能指标检验，通过试验判断是否适用。

对材料检验应特别注意：①严格控制砂、石的含泥量，不准超过国家标准的规定；②水泥的品种、强度等级、矿物成分等，一定符合混凝土性能要求；③外加剂的性能一定符合设计要求。

2. 混凝土配合比检验与调整

关于混凝土混合料配合比检验与调整，在配合比设计部分已详细介绍，着重是工作性的检验与调整、强度的检验。

（1）工作性检验与调整

按设计配合比适量取样试拌，测定混凝土拌合物的工作度，必要时还应通过试铺进行检验。

（2）强度的检验

按工作性符合要求的配合比，制作混凝土的抗压、抗拉、抗弯试件，标准养护28d后测定其强度。若强度较低时，可采用水泥强度高的水泥、降低水灰比或改善骨料级配等措施。

除进行上述检验外，还可以选择不同用水量、不同水灰比、不同砂率或不同骨料级配等配制混合料，通过比较从中选出经济合理的方案。为及早、及时进行配合比检验与调整，试件可不采取标准养护28d，可以压蒸4h快速测定强度后推算28d强度。

3. 基层检验与整修

（1）基层质量检验

基层强度应以基层顶面的当量回弹模量或以黄河标准汽车测定的计算回弹弯沉值作为检查指标。基层质量检查的项目与标准为：当量回弹模量值或计算回弹弯沉值，现场每50m测2点，不得小于设计要求；压实度以每1000m^2面上测1点，亦不得小于规定要求；厚度每50m测一处，不得小于允许误差±10%；平整度每50m测一处，用3m直尺量测，最大不超过10mm；宽度每50m测一处，不得小于设计宽度；纵坡高程要求用水准仪测量，每20m测1点，允许误差±10mm；横坡亦要求用水准仪测量，当路面宽度为9～15m时检测5点、大于15m时检测7点，允许误差应≤±1%。

基层完成后，应加强养护，控制行车，不出现车槽。如有损坏应在浇筑混凝土板前采用相同材料修补压实，严禁用松散粒料填补。对加宽的部分，新旧接槎要牢固、强度要一致。

（2）测量放样

测量放样是水泥混凝土路面施工的一项重要工作。首先应根据设计图纸放出路中心线及路边线。在路中心线上一般每 20m 设一中心桩，并相应在路边各设一对边桩。放样时，基层的宽度应比混凝土板每侧宽出 25 ~ 35cm。测设临时水准点每隔 100m 设置一个，以便于施工时就近对路面进行高程复核。放样时为了保证曲线地段中线内外侧车道混凝土块有较合理的划分，必须保持横向分块线与路中心线垂直。

（二）机械选型与配套

轨道式摊铺机施工，是公路机械化施工中最普遍的一种方法。各施工工序可以采用不同类型的机械，而不同类型的机械具有不同的工艺要求和生产率。因此，整个机械化施工需要机械的选型和配套。轨道式摊铺机施工方法各工序可选用的施工机械如表 2-32 所示。

表 2-32　轨道式摊铺机施工配套机械

施工工序	可考虑选用的配套机械
混凝土卸料	侧面卸料机、纵向卸料机
混凝土摊铺	刮板式匀料机、箱式摊铺机、螺旋式摊铺机
混凝土振捣	插入式振捣器、内部振动式振捣机、平板式振动器
混凝土养护	养生剂喷洒器、养护用洒水车
接缝施工机械	调速调厚切缝机、钢筋插入机、灌缝机
表面修整机械	纵向修光机、斜向表面修整机
修整粗糙面	纹理制作机、拉毛机、压（刻）槽机
其他配套机械	装载机、翻斗车、供水泵、计量水泵、移动电话、地磅等

1. 主导机械选型

决定水泥混凝土路面质量和使用性能的施工工序，主要是混凝土的拌合和摊铺成型，一般把混凝土摊铺机作为施工中的第一主导机械，把混凝土搅拌机械作为施工中的第二主导机械。在施工机械选型时，应首先选定主导机械，然后根据主导机械的技术性能和生产率，选择配套机械。

主导机械的选择，应考虑满足施工质量和进度的要求，同时还要考虑我国施工技术人员的素质、管理水平和购买能力等实际情况。用机械铺筑的路面质量（密实度和平整度）以及施工进度，取决于水泥混凝土的拌制质量。在选择拌合机械时，主要考虑混凝土的拌合能力、拌合质量、机械可靠度、工作效率和经济性。

2. 配合机械及配套机械

（1）配合机械

配合机械主要是指运输混凝土的车辆，选择的依据主要是混凝土的运输强度和运输距离。工程实践充分表明，运输距离在 1km 以内时，选用 2t 以下的小型自卸车比较经济；运输距离在 5km 左右时，选用 5 ~ 8t 的中型自卸车最为经济。考虑到混凝土在运输过程中水分的蒸发和离析等问题，当运输距离超过 10km 时，选用容量为 6m^3 以上的混凝土搅拌运输车较为理想。

（2）配套机械

配套机械的选型和配套数量，必须保证主导机械发挥其最大效率，并且使用配套机械的类型和数量尽可能少。

（3）机械合理配套

道路水泥混凝土施工机械的合理配套，主要指混凝土拌合机与摊铺机、运输车辆之间的配套情况。当混凝土摊铺机选定后，可根据机械的有关技术参数和施工中的具体情况，计算出摊铺机械的生产率。拌合机械与其配套就是在保证摊铺机械生产率充分发挥的前提下，使搅拌机械的生产率得到正常发挥，并在施工过程中保持均衡、协调一致。

当摊铺机和拌合机的生产率确定后，车辆在整个系统内的配套，实质上是车辆与拌合机的配套。车辆的配套问题可以应用排队论，找出合理的配套方案。考虑到装载点与车辆的配套是一个动态系统，即随着摊铺作业的推进，车辆的运输路程随时间的增加而增加。

在运输与装载过程中，随机影响因素比较多，如道路状况、操作水平、天气变化、设备运行状况等都会发生不断变化，因此对排队论中单通道模型进行改进，增加时间变化等因素便于在配套方案中适时优化控制，通过输入不同的采集数据得到不同的结果，然后进行分析比较，找出合理的优化方案。

（三）道路水泥混凝土的搅拌与运输

此部分内容已在第三节中详细介绍，必须严格按照基本要求和规定指标进行，只有这样，才能确保混凝土的质量。

（四）混凝土的摊铺与振捣

1. 轨道模板安装

轨道式摊铺机施工的整套机械，在轨道上移动前进，也以轨道作为控制路面表面的高程。由于轨道和模板同步安装，统一调整定位，将轨道固定在模板上，既作为水泥混凝土路面的侧模板，也是每节轨道的固定基座。

轨道高程控制是否精确，铺轨是否平直，接头是否平顺，将直接影响混凝土路面表面的质量和车辆行驶性能。轨道模板本身的精度标准和安装精度要求，按表 2-33 和表 2-34 中的要求施工。

表 2-33　轨道及模板的质量指标

项　目	纵向变形	局部变形	最大不平整度（3m 直尺）	高度
轨道	≤5mm	≤3mm	顶面≤1mm	按机械要求
模板	≤3mm	≤2mm	侧面≤2mm	与路面厚度相同

表 2-34　轨道及模板安装质量要求

纵向线型直度	顶面高程	顶面平整度（3m 直尺）	相邻轨、板间高差	相对模板间距离误差	垂直度
≤5mm	≤3mm	≤2mm	≤1mm	≤3mm	≤2mm

模板要能承受从轨道上传下来的机组重量，横向要保证模板的刚度。轨道的数量要根据施工进度配备，并要有拆模周期内的周转数量。施工时日平均气温在 20℃以上时，按日进度配置；日平均气温低于 19℃时，按日铺筑进度 2 倍配置。

设置纵缝时，应按要求的间距，在模板上预先作拉杆置放孔。对各种钢筋的安装位置偏差不得超过 10mm；传力杆必须与板面平行并垂直接缝，其偏差不得超过 5mm；传力杆间距偏差不得超过 10mm。

2. 摊铺

摊铺是将倾卸在基层上或摊铺机箱内的混凝土，按摊铺厚度均匀地充满模板范围之内。常用的摊铺机械有刮板式匀料机、箱式摊铺机和螺旋式摊铺机。

（1）刮板式匀料机

机械本身能在模板上自由地前后移动，在前面的导管上左右移动。由于刮板本身也旋转，所以可以将卸在基层上的混凝土堆向任意方向摊铺。这种摊铺机械重量轻、容易操作、易于掌握，使用比较普遍，但其摊铺能力较小。德国弗格勒J型、美国格马可和我国南京建筑机械厂制造的C-450X等摊铺机均属于此种机型。

（2）箱式摊铺机

混凝土通过卸料机（纵向或横向）卸在钢制的箱内，箱子在摊铺机前进行驶时横向移动，混凝土落到基层上，同时箱子的下端按松铺厚度刮平混凝土。此种摊铺机将混凝土混合料一次全部放入箱内，载重量比较大，但摊铺均匀而准确，摊铺能力大，很少发生故障。

（3）螺旋式摊铺机

由可以正反方向旋转的螺旋杆将混凝土摊开，螺旋杆后面有刮板，可以准确调整高度。这种摊铺机的摊铺能力大，其松铺系数一般在1.15～1.30之间。它与混凝土的配合比、骨料粒径和坍落度等因素有关，但施工阶段主要取决于坍落度大小。合适的松铺系数按各工程的配合比情况由试验确定。设计时可参考表2-35中的数值。

表2-35　混凝土的摊铺系数

坍落度（cm）	1	2	3	4	5
松铺系数	1.25	1.22	1.19	1.17	1.15

3. 混凝土的振捣

道路水泥混凝土的振捣，可选用振捣机或内部振动式振捣机进行。混凝土振捣机是跟在摊铺机后面，对混凝土进行再一次整平和捣实的机械。此种振捣机主要由复平刮梁和振捣梁两部分组成。复平刮梁在振捣梁的前方，其作用是补充摊铺机初平的缺陷、使松铺混凝土在全宽度范围内达到正确高度；振捣梁为弧形表面平板式振动机械，通过平板把振动力传至混凝土全厚度。

按混凝土工艺学的振动原理，道路水泥混凝土的振捣属于低频振捣，是以骨料接触传递振动能量。振捣梁的弹性支承使施振时同时具有弹压力。布料的均匀和松铺厚度掌握是确保质量的关键。复平刮梁前沿堆壅有确保充满模板的少量余料，余料堆积高度不应超过15cm，过多会加大复平刮梁的推进阻力。弹性振捣梁通过后混凝土已全部振实，其后部混凝土应控制有2～5mm的回弹高度，并提出砂浆，使以后的整平工序能正常进行。但是，靠近模板处的混凝土，还必须用插入式振捣器补充振捣。

内部振动式振捣机，主要用并排安装的振捣棒插入混凝土中，由内部进行振实。振捣器一般安装在有轮子的架子上，可在轨道上自行或用其他机械牵引。振捣棒有斜插入式和垂直插入式两种。

（五）混凝土表面修整

振实后的路面水泥混凝土，还应进行整平、精光、纹理制作等工序。

混凝土表面整平的机械有：斜向移动表面修整机和纵向移动表面修整机。在整平操作时，要注意及时清除推到路边沿的粗骨料，以确保整平效果和机械正常行驶。对于出现的不平之处，应及时辅以人工挖填找平，填补时要用较细的混凝土拌合物，严格禁止使用纯水泥砂浆填补。

精光工序是对混凝土表面进行最后的精细修整，使混凝土表面更加密实、平整、美观，这是混凝土路面外观质量优劣的关键工序。我国一般采用 C-450X 刮板式匀料机代替，这种摊铺机由于整机采用三点式整平原理和较为完善的修光配套机械，整平和精光质量较高。施工中应当加强质量检查与校核，保证精光质量。

纹理制作是提高水泥混凝土路面行车安全性的重要措施之一。施工时用纹理制作机，对混凝土路面进行拉槽或压槽，使混凝土表面在不影响平整度的前提下，具有一定的粗糙度。纹理制作的平均深度控制在 1 ~ 2mm 以内，制作时应使纹理的走向与路面前进方向垂直，相邻板的纹理要相互衔接，横向邻板的纹理要沟通以利于排水。适宜的纹理制作时间，以混凝土表面无波纹水迹比较合适，过早和过晚都会影响纹理制作质量。近年来，国外还采用一种更加有效的方法，即在完全凝固的面层上用切槽机切出深 5 ~ 6mm、宽 3mm、间距为 20mm 的横向防滑槽。

（六）混凝土的养护

混凝土表面修整完毕后，应立即进行养护，使混凝土路面在开放交通前具有足够的强度。在混凝土养护初期，为确保混凝土正常水化，应采取措施避免阳光照射，防止水分蒸发和风吹等，一般可用活动的三角形罩棚将混凝土全部遮盖起来。

混凝土板表面的泌水消失后，可在其表面喷洒薄膜养护剂进行养护，养护剂应在纵横方向各洒一次以上，喷洒要均匀，用量要足够。也可以采取洒水湿养，即用湿草帘或麻袋等覆盖在混凝土板表面，每天洒水至少 2 ~ 3 次。

养护时间要达到混凝土抗弯拉强度在 3.5MPa 以上的要求。根据经验，使用普通硅酸盐水泥时约为 14d，使用早强水泥约为 7d，使用中热硅酸盐水泥约为 21d。

模板在浇筑混凝土 60h 以后拆除。但当交通车辆不直接在混凝土板上行驶，气温不低于 10℃时，可缩短到 20h 拆除；当温度低于 10℃时，可缩短到 36h 拆除。

（七）接缝的施工

水泥混凝土路面的接缝，可分为纵缝、横向缩缝和胀缝三种。缝的类型不同，各自的作用不同，其施工要求也不同。

1. 纵缝施工

纵缝的构造一般采用平缝加拉杆型；若采用全幅施工时，也可采用假缝加拉杆型。如图 2-3 所示。

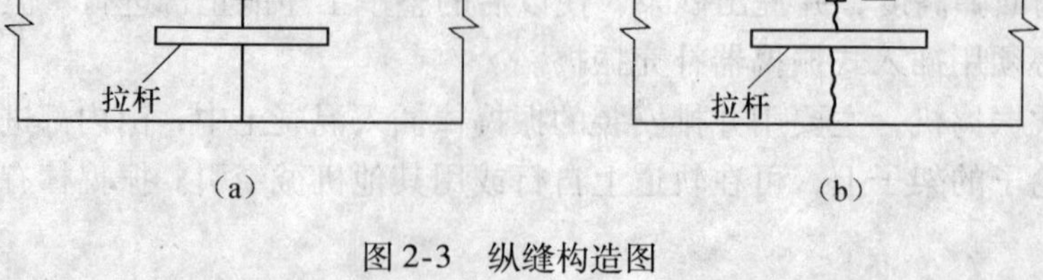

图 2-3　纵缝构造图

路面板平缝的施工应根据设计要求的间距，预先在模板上制作拉杆置放孔，并在缝壁一侧涂刷隔离剂，拉杆应当采用螺纹钢筋，顶面的缝槽以切缝机切成，深度为3~4cm，并用填料填满。

路面板假缝的施工应预先将拉杆采用门形式固定在基层上，或用拉杆置放在施工时置入。假缝顶面的缝槽应采用切缝机切成，深度为6~7cm，使混凝土在收缩时能从此缝向下规则开裂。

2. 横向缩缝施工

横向缩缝在混凝土硬化后，在适当的时机用切缝机进行切割。切缝过早，混凝土的强度不足，会使骨料从砂浆中脱落，而不能切出整齐的缝；切缝过晚，不仅使切割造成困难，而且会使混凝土板在非预定位置出现早期裂缝。适时的切缝时间，应控制在混凝土已有足够的强度，而收缩应力尚未超出其强度范围时。它随混凝土的组成和性质（骨料类型、水泥品种、水泥用量、水灰比等）、施工气候条件（温度、湿度、风力等）因素而变化。

试验研究表明，适时的切缝时间，一般可掌握在施工温度与施工后时间的乘积为200~300℃·h，或混凝土的抗压强度为8.0~10.0MPa时比较合适。切缝的方法以调深调速的切缝机锯切效果较好。为减少早期裂缝，切缝可采用“跳仓法”，即每隔几块板切一道缝，然后再逐块切割。切缝深度一般为板厚的1/3~1/4，如果切缝太浅会引起不规则断板。

3. 胀缝施工

胀缝设置分浇筑混凝土终了时设置和施工中间设置两种。

施工终了时设置胀缝，可采用图2-4a所示的形式。传力杆长度的一半穿过端部挡板，固定于外侧定位模板中。混凝土浇筑前应先检查传力杆位置，浇筑时应先摊铺下层混凝土，用插入振捣器振实，并校正传力杆位置，再浇筑上层混凝土。浇筑邻板时应拆除顶头木模，并设置下部胀缝板，木制嵌条和传力杆套管。

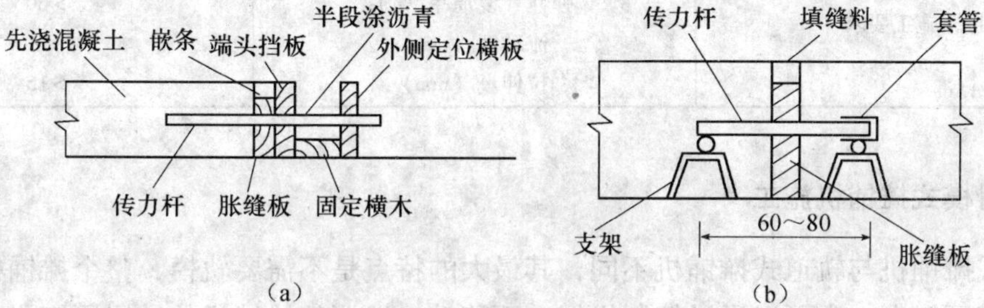

图2-4　胀缝施工工艺（cm）

施工过程中设置胀缝，可采用图2-4b所示的形式。胀缝施工先设置好胀缝板和传力杆支架，并预留好滑动空间。为保证胀缝施工的平整度以及机械化施工的连续性，胀缝板以上的混凝土硬化后，先用切缝机按胀缝的宽度切两条线，待临填缝时将胀缝板以上的混凝土凿去，这种施工方法，对保证胀缝施工质量特别有效。

4. 施工缝

施工缝是施工期间需要必须间断时设置的横缝，常设置于胀缝处或缩缝处，多车道施工缝应避免设置于同一横断面上。施工缝如果设置于缩缝处，板中应增设传力杆，其一端（长度的50%）锚固于混凝土中，另一端应涂上沥青，允许传力杆在混凝土变形时滑动。传力杆必须与缝壁垂直。

5. 接缝填封

混凝土板待养护龄期达到后，应及时填封接缝。填缝前对缝内必须清扫干净并保持干燥，填缝料应与混凝土缝壁粘结紧密，其灌注深度以 3 ~ 4cm 为宜，下部可填入多孔柔性材料。填缝料的灌注高度，夏天应与板面平齐，冬天宜稍低于板面。

当采用加热施工式填缝料时，应当不断搅拌至均匀，并达到规定的温度。当气温较低时，应用喷灯加热缝壁；个别脱开处，应用喷灯烧烤，使其粘结紧密。目前，在公路工程中采用的强制式灌缝机和灌缝枪，能把改性聚氯乙烯胶泥和橡胶沥青等加热施工式填缝料和常温施工式填缝料灌入缝宽不小于 3mm 的缝内，也能把分子链较长、稠度较大的聚氨酯焦油灌入 7mm 宽的缝内。

根据行业标准《公路水泥混凝土路面设计规范》中的规定，接缝的施工可以分为常温施工式和加热施工式，所用的封缝料应当分别符合表 2-36 和表 2-37 中的技术要求。

表 2-36　常温施工式封缝料技术要求

项　目	技术要求检验项目	技术要求标准
封缝施工要求	灌入稠度（s）	<20
	失黏时间（h）	6 ~ 24
	弹性（复原率,%）	>75
	流动度（mm）	0
	拉伸量（mm）	>15

表 2-37　加热施工式封缝料技术要求

项　目	技术要求检验项目	技术要求标准
封缝施工要求	针入度（锥针法）（mm）	<9
	弹性（复原率,%）	>60
	流动度（mm）	<2
	拉伸量（mm）	>15

二、滑模式摊铺机施工

滑模式摊铺机与轨道式摊铺机不同，其最大的特点是不需要轨模，整个摊铺机的机架支承在四个液压缸上，它可以通过控制机械上下移动，以调整摊铺机的铺层厚度。这种摊铺机的两侧设置有随机械移动的固定滑模板，不需另设轨模，一次通过就可以完成摊铺、振捣、整平等多道施工工序。

滑模式摊铺机的摊铺过程，如图 2-5 所示。

图 2-5　滑模式摊铺机摊铺过程示意图

1—螺旋摊铺器；2—刮平器；3—振捣器；4—刮平板；5—搓动式振捣板；6—光面带；7—混凝土面层

其具体施工工艺为：首先由螺旋摊铺器1把堆积在基层上的水泥混凝土向左右横向铺开，刮平器2进行初步齐平，然后振捣器3进行捣实，刮平器进行振捣后整平，形成密而平整的表面，再利用搓动式振捣板5对混凝土层进行振实和整平，最后用光面带6进行光面。

滑模式摊铺机的施工工艺过程与轨道式基本相同，但轨道式摊铺机所需配套的施工机械较多、施工程序多，特别是拆装固定式轨模，不仅费工费时，而且成本增加、操作复杂。滑模式摊铺机则不同，由于其整机性能好，操纵方便和采用电子液压控制，因此，其生产效率高、施工工艺简单。

采用滑模式摊铺机铺筑加筋混凝土路面进行双层施工时，其工艺过程如图2-6所示。整个施工过程由下列两个连续作业行程来完成。

（一）第一作业行程

摊铺机牵引着装载钢筋网格的大平板车，从已整平的基层地段开始摊铺，此时可从正面或侧面供应混凝土，随后的钢筋网格大平板车，按规定位置将钢筋网格自动卸下，并铺压在已摊平的混凝土层上，如此连续不断地向前铺筑。

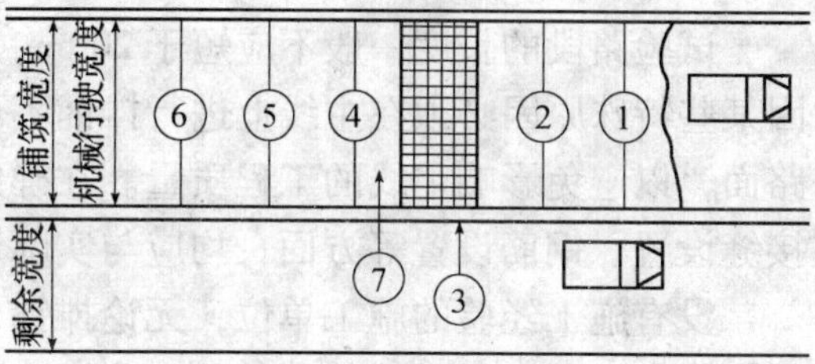

图2-6　滑模摊铺机施工时的施工机械组合

1—摊铺机；2—钢筋网格平板机；3—混凝土输送机；4—混凝土摊铺机；5—切缝机；6—养护剂喷洒机；7—传送带

（二）第二作业行程

它是紧跟在第一作业行程之后压入钢筋网格，混凝土面层摊铺、振实、整平、光面等作业程序。钢筋网格是用压入机压入混凝土的。压入机是摊铺机的一个附属装置，不用时可以卸下，使用时可安在摊铺机的前面，它由几个对称的液压千斤顶组成。施工开始时，摊铺机推着压入机前行，并将第一作业行程已铺好的钢筋网格压入混凝土内，摊铺机则进行摊铺、振捣、整平、光面等工序，最后进行切缝和喷洒养护剂。

第五节　道路水泥混凝土的质量控制

一、一般规定

（一）施工质量监控、管理与检查

施工质量的监控、管理与检查应贯穿于整个施工过程，应对每个施工技术环节严格控制把关，对出现的问题或检验出的问题，应立即进行纠正或停工整顿。问题不解决不得开工，每个工序均要确保工程质量，为施工质量验收与评定打好坚实的基础。

（二）施工质量管理规定

按照质量管理体系的规定，事先有检测计划，施工中从人力到设备仪器落实，并及时进行检测。施工质量检查与验收的内容，主要包括施工准备、铺筑试验路段、施工过程中各技术指标的检验，交工验收和竣工验收阶段的质量检查、施工经验总结等。

各级公路各种混凝土路面铺筑方式的施工均应建立健全质量、管理和保证体系。应按铺筑进度作出质检仪器和人员数量动态计划。施工中应按计划落实仪器和人员，对施工各阶段的各项质量指标应做到及时检查控制和评定，以达到所规定的质量标准，确保施工质量及其稳定性。

二、铺筑试验路段

(一) 试验路段的规定

为确保水泥混凝土路面的施工质量和顺利施工，使用滑模、轨道、碾压、三辊轴机组机械施工的二级及其以上公路混凝土路面工程，在正式摊铺混凝土路面前，均必须铺筑试验路段，以取得正式铺筑中的各项技术指标。

试验路段的长度一般不应短于200m，高速公路和一级公路宜在主线路面以外进行试铺。因某些特殊原因必须在主线上进行摊铺不可的，应当做好一切准备工作，及时铲除不合格的路面，以避免影响主线的工程质量。在确定试验路段的路面厚度、摊铺宽度、基准线设置、接缝设置、钢筋设置等方面，均应与实际设计的公路路面工程相同。

没有施工经验的施工单位，无论摊铺什么等级公路都应做试验路段。有施工经验的施工单位，由于原材料和工作参数的变化，也需要依据情况确定是否做试验路段。

(二) 铺筑试验路段的目的

试验路段分为试拌及试铺两个阶段，通过试验路段应达到下述目的：

1. 检验施工设备配套情况

试拌检验搅拌楼性能及确定合理的搅拌制度，试铺检验机械或机具摊铺系统主要机械的性能和生产能力，检验辅助施工机械种类、数量、实际生产能力及配套组合的合理性。以此提供主要机械性能和生产能力检验结果和改进措施。

2. 检验搅拌楼的拌合参数

试拌检验搅拌楼拌合的上料速度、拌合容量、搅拌均匀所需时间、新拌混凝土坍落度、振动黏度系数、含气量、泌水离析性、VC值和生产使用的混凝土配合比等。

3. 检验摊铺的工艺和质量

模板架设固定方式或基准线设置方式，摊铺机械（具）的适宜工作参数，包括松铺高度、摊铺速度、振捣与滚压遍数、碾压遍数、压实度、频率调整范围、中间和侧向拉杆打入情况等。检验整套施工工艺流程。

4. 进行施工现场技术培训

通过进行试铺路段的现场操作，使全体工程技术人员及设备操作人员，熟悉并掌握施工中的主要工序、工种的正确施工方法，掌握各主要施工机械（具）正确的操作要领、调整的范围及注意事项。这是进行技术培训的最好形式，并能取得良好的效果。

5. 检验施工合理组织形式

通过进行试铺路段的现场操作，确定人工辅助施工的修整机具、工具、模具的种类和数量，发电机、电焊机、钢筋工、混凝土工、拉毛方式及劳动力数量和定员位置等。按施工工艺要求检验施工组织形式和人员编制是否科学合理。

6. 建立健全质量管理体系

建立健全混凝土原材料和新拌混凝土坍落度、含气量、泌水量、路面抗弯强度、平整度、抗滑构造深度、板厚、接缝顺直度等全套技术性能检验手段，熟悉检验方法，建立路面铺筑系统的全面质量管理体系。

7. 检验配套机械生产能力

确定现有配套机械系统的实际生产能力、搅拌产量和铺筑进度，制定施工进度计划。与所要求的生产进度相对照，在达不到设计要求时，应提出按期保质保量完成生产任务的新增设备、人员及施工方案和措施。

8. 确定施工管理调度体系

施工管理调度是工程施工中的综合管理调度系统，担负着工程调度、协调和监督的任务。在铺筑试验路段中应检验无线通信和快速生产调度指挥系统，确定施工管理体系。

（三）总结试铺效果

试铺中，施工单位应认真做好记录，监理工程师或质监站应监督检查试验段的施工质量，及时与施工单位商定有关问题。试验段铺筑后，应由业主、施工单位和监理检查试铺效果，提出改进意见和注意事项，施工单位应就各项试验结果、改进措施和注意事项提出试验路段总结报告，上报监理和业主批复，取得正式开工资格。总结试铺效果的目的是发现问题，改进不足，为正式摊铺做好更充分的准备。

三、施工质量管理与检查

（一）混凝土路面施工质量管理程序

1. 开工许可申请

铺筑试行路段完成后，在取得比较满意的试验结果时，施工单位可根据具体情况和具备开工的条件，提出准备开工的书面申请，在得到正式的开工令后，方可开工。

2. 进行质量自检

施工单位应随时对施工质量进行自检。自检的项目和频率：原材料应按表2-2、表2-3、表2-4等中的规定进行；混凝土拌合物中氯化物总含量的最高限量应按表2-38中的规定进行；水泥混凝土路面的检验项目、方法和频率应按表2-39中的规定进行。

表2-38　混凝土拌合物中氯化物（以氯离子计%）总含量的最高限量

结构种类及环境条件	预应力混凝土及腐蚀环境中的钢筋混凝土	潮湿但不含氯离子环境中的钢筋混凝土	干燥环境或有防潮措施的钢筋混凝土	素混凝土
氯离子占水泥用量（%）	0.06	0.30	1.00	1.80
外加剂、掺合料或共同带入氯离子占水泥用量（%）	0.02	0.10	0.33	—

表2-39　混凝土路面的检验项目、方法和频率

项次	检查项目	检查方法和频率	
		高速公路、一级公路	其他公路
1	弯拉强度	每班留2~4组试件，日进度<500m取2组；≥500m取3组；≥1000m取4组，测f_{cs}，f_{min}，c_v	每班留1~3组试件，日进度<500m取1组；≥500m取2组；≥1000m取3组，测f_{cs}，f_{min}，c_v
	钻芯劈裂强度	每车道每3km钻取1个芯样，硬路肩为1个车道，测平均f_{cs}，f_{min}，c_v，板厚h	每车道每3km钻取1个芯样，硬路肩为1个车道，测平均f_{cs}，f_{min}，c_v，板厚h

续表

项次	检查项目	检查方法和频率	
		高速公路、一级公路	其他公路
2	板厚度	路面摊铺宽度内每 100m 左右各 2 处，连接摊铺每 100m 单边 1 处，参考芯样	路面摊铺宽度内每 100m 左右各 2 处，连接摊铺每 100m 单边 1 处，参考芯样
3	3m 直尺平整度	每半幅车道 100m 2 处 10 尺	每半幅车道 200m 2 处 10 尺
	动态平整度	所有车道连续检测	所有车道连续检测
4	抗滑构造深度	铺砂法：每幅 200m 2 处	铺砂法：每幅 200m 1 处
5	相邻板高差	尺测：每 200m 纵横缝 2 条，每条 3 处	尺测：每 200m 纵横缝 2 条，每条 2 处
6	连接摊铺纵缝高差	尺测：每 200m 纵向工作缝，每条 3 处，每处间隔 2m 3 尺，共 9 尺	尺测：每 200m 纵向工作缝，每条 2 处，每处间隔 2m 3 尺，共 6 尺
7	接缝顺直度	20m 拉线测：每 200m 6 条	20m 拉线测：每 200m 4 条
8	中线平面偏位	经纬仪：每 200m 6 点	经纬仪：每 200m 4 点
9	路面宽度	尺测：每 200m 6 处	尺测：每 200m 4 处
10	纵断高程	水准仪：每 200m 6 点	水准仪：每 200m 4 点
11	横坡度	水准仪：每 200m 6 个断面	水准仪：每 200m 4 个断面
12	断板率	数断板面板块占总块数比例	数断板面板块占总块数比例
13	脱皮裂纹露石缺边掉角	量实际面积，并计算与总面积比	量实际面积，并计算与总面积比
14	路缘石顺直度和高度	20m 拉线测：200m 4 处	20m 拉线测：200m 2 处
15	灌缝饱满度	尺测：每 200m 接缝测 6 处	尺测：每 200m 接缝测 4 处
16	切缝深度	尺测：每 200m 6 处	尺测：每 200m 4 处
17	胀缝表面缺陷	每条观察填缝及啃边断角	每条观察填缝及啃边断角
18	胀缝板连浆	每条胀缝板安装时测量	每条胀缝板安装时测量
	胀缝板倾斜	尺测：每块胀缝板每条两侧	尺测：每块胀缝板每条两侧
	胀缝板弯曲和位移	尺测：每块胀缝板每条 3 处	尺测：每块胀缝板每条 3 处
19	传力杆偏斜	钢筋保护层仪；每车道 4 根	钢筋保护层仪；每车道 3 根

注：①路面钻芯劈裂强度应换算为实际面板弯拉强度进行质量评定。

②钢纤维混凝土弯拉强度试验参见行业标准《公路水泥混凝土路面施工技术规范》附录 D 中的规定进行。

在混凝土路面的施工过程中，如果施工、监理、监督人员发现异常情况，应当加大检测的频率，从中找出原因，及时处理。高速公路、一级公路应利用计算机实行动态质量管理，并宜按照行业标准《公路水泥混凝土路面施工技术规范》附录 A.2 中的规定进行。

3. 拌合物及设备检查

每台混凝土搅拌楼所生产的混凝土拌合物，除应满足所用施工机械的可摊铺性外，还应着重控制混凝土拌合物的匀质性和各质量参数的稳定性。现场混凝土路面铺筑的关键设备如摊铺机、压路机、布料机、三辊轴整平机、刻槽机、切缝机等操作应规范稳定。

（二）质量自检的三大质量指标

水泥混凝土路面除应按照表 2-39 规定的检查项目和频率检测外，其中平整度、弯拉强度和板面厚度三大关键质量指标的检验要求尚须符合下列规定：

1. 路面平整度

3m 直尺检测平整度，作为施工过程中质量控制检测项目；车载式平整度仪检测的动态平整度结果，作为二级以上公路交工及竣工验收时工程质量的评定依据。施工时，当采用

3m 直尺测高速公路、一级公路纵向平整度时，应达到不大于 3m 的 90% 以上合格率，其他公路达到不大于 5m 的 90% 以上合格率。

用 3m 直尺检测的平整度，只反映小波长的不平整度，但不反映大波长的不平整度，只能作为施工过程中的质量控制检测项目。

用平整度仪检测动态平整度，精确度比较高，能较客观地反映路面在设计车速行驶中平整度的实际情况，可作为二级及二级以上公路交工验收时工程质量评定依据。但在施工养生期中，为防止压坏路面，平整度检测车不能在路面上进行检测。

作为设计时速很高的高速公路、一级公路水泥混凝土路面施工技术的配套检测手段，确定用动态平整度检测的结果作为交工验收时工程质量评定依据是合理的。施工规范与质量评定标准不同的是提出了 3m 直尺检测平整度合格率的规定。

水泥混凝土路面平整度合格标准应符合表 2-40 中的规定。

表 2-40　各级公路混凝土路面铺筑质量要求

项　次	检查项目		允许值	
			高速公路、一级公路	其他公路
1	弯拉强度①（MPa）		100% 符合（JTG F30—2003）中附录 A. 1 中的规定	
2	板厚度（mm）		代表值≥ -5；极值≥ -10，c_v 值符合设计规定	
3	平整度	σ（mm）	≤1. 2	≤2. 0
		IRI（m/km）	≤2. 0	≤3. 2
		3m 直尺最大间隙 Δh（mm）	≤3（合格率应≥90%）	≤5（合格率应≥90%）
4	抗滑构造深度（mm）	一般路段	0. 70 ~ 1. 10	0. 50 ~ 0. 90
		特殊路段②	0. 80 ~ 1. 20	0. 60 ~ 1. 00
5	相邻板高差（mm）		≤2	≤3
6	连接摊铺纵缝高差（mm）		平均值≤3；极值≤5	平均值≤5；极值≤7
7	接缝顺直度（mm）		≤10	
8	中线平面偏位（mm）		≤20	
9	路面宽度（mm）		≤ ±20	
10	纵断高程（mm）		±10	±15
11	横坡度（%）		±0. 15	±0. 25
12	断板率（‰）		≤2	≤4
13	脱皮裂纹露石缺边掉角（‰）		≤2	≤3
14	路缘石顺直度和高度（mm）		≤20	≤20
15	灌缝饱满度（mm）		≤2	≤3
16	切缝深度（mm）		≥50	≥50
17	胀缝表面缺陷		不应有	不宜有
18	胀缝板连浆（mm）		≤20	≤30
	胀缝板倾斜（mm）		≤20	≤25
	胀缝板弯曲和位移（mm）		≤10	≤15
19	传力杆偏斜（mm）		≤10	≤13

注：①路面钻芯劈裂强度应换算为实际面板弯拉强度进行质量评定。

②特殊路段指高速公路、一级公路的立交、平交、变速车道等处；其他公路系指急弯、陡坡、交叉口或集镇附近。

2. 弯拉强度

水泥混凝土路面弯拉强度的评价，以搅拌楼生产的混凝土中随机取样，在标准振动台上制作、标准养生的小梁弯拉强度为准。水泥混凝土路面弯拉强度的施工检查频率如表2-39中所示。应按照试验规程（JTJ 053）规定的标准取样方式、模具、制作方法、养生和压断方式，测定弯拉强度和断块的抗压强度。断块抗压强度仅作为参考，不作为主要的评价指标。

弯拉强度应采用三参数评价的方法，即平均弯拉强度合格值、最小值和统计偏差系数。各级公路弯拉强度合格标准规定，可参见行业标准《公路水泥混凝土路面施工技术规范》附录A.1中的规定进行，弯拉强度的变异系数不应大于表2-41中的要求。

表2-41　各级公路混凝土路面弯拉强度变异系数

公路技术等级	高速公路	一级公路		二级公路	三、四级公路	
混凝土弯拉强度变异水平等级	低	低	中	中	中	高
弯拉强度变异系数允许变化范围	0.05～0.10	0.05～0.10	0.10～0.15	0.10～0.15	0.10～0.15	0.15～0.20

3. 面板厚度

（1）双指标控制返工板厚

板厚应在面层摊铺前通过基准线或模板进行严格控制，摊铺后板厚可以在侧面用尺测量，当板厚不满足要求时，应以行车道横坡低侧面板钻芯厚度和面板平均厚度两项指标均满足设计厚度允许偏差作为返工判定依据。

（2）板厚统计变异系数

按可靠理论进行的混凝土路面设计要求严格控制板厚的变异系数，将板厚变异系数控制在不同等级的允许偏差范围内。

（三）铺筑中的质量检验技术要求

在混凝土路面的铺筑过程中，路面各项技术指标的质量检验评定标准应符合表2-40中的规定。其中部分质量指标在《公路工程质量检验评定标准》（TJT 071—98）的基础上进行了增补，提出了更详细具体的要求，如增加了连接机械摊铺纵缝高差、切缝深度、胀缝板连浆、倾斜、弯曲和位移、传力杆偏斜的检测要求，增加了实际路面钻芯劈裂强度应换算为弯拉强度进行评定。

（四）施工技术资料的整理

施工单位的质检结果应按1km为单位、按表2-40中的规定整理成原始记录表格，对于滑模、轨和三辊轴机组机械铺筑混凝土的关键工序，宜拍摄照片或进行录像，作为现场记录进行保存。

四、交工质量检查验收

（一）提出交工验收申请

水泥混凝土路面完工后，施工单位应将全线以每千米为一个评定路段，按照表2-39的要求和施工过程规定的检验项目、频率，提交检测结果、试验数据、施工总结报告及全部原始记录等齐全资料，申请交工验收。

（二）质量问题处理方法

业主、监理和质检部门收到施工方的申请交工验收报告，并经检查确认资料齐全后，首先应对照施工方交工自检报告数据与监理、质检部门在施工阶段进行的抽检数据是否吻合，然后按表 2-39 中规定的检查项目和验收频率进行交工检查和验收。发现异常情况，应按下述规定进行处理：

1. 弯拉强度的检查验收

评定路面混凝土弯拉强度，除采用小梁标准试件弯拉强度作为评定依据外，还应进行路面钻芯取样，并以圆柱劈裂强度折算的弯拉强度值作为路面强度不足的返工判定依据。二级及其以下公路圆柱体 $D=150\text{mm}$，劈裂强度 f_{sp}（MPa）与标准小梁弯拉强度 f_c（MPa）的关系，在无本工程的统计公式时，可参照式（2-11）和式（2-12）估计弯拉强度是否满足，满足则可通过；不满足时，应通过试验得到各自工程的统计公式，试验组数不宜小于 10 组。

石灰岩、花岗岩碎石混凝土：

$$f_c = 1.869 f_{sp}^{0.871} \tag{2-11}$$

玄武岩碎石混凝土：

$$f_c = 3.035 f_{sp}^{0.423} \tag{2-12}$$

式中 f_c——混凝土标准小梁弯拉强度（MPa）；

f_{sp}——混凝土直径 150mm 圆柱体的劈裂强度（MPa）。

当小梁弯拉强度不足时，每千米每车道取 3 个以上芯样，确定返工与否。用平均弯拉强度合格值、最小值和偏差系数三项指标进行最终评定。

当配制混凝土的碎石种类不是上述三类岩石，以上两个公式均不宜使用，只能作为参考。当二级以下公路采用砾石混凝土时，用钻芯劈裂强度 f_{sp} 推估弯拉强度 f_c 时，可用式（2-13）进行估计：

$$f_c = 1.607 + 1.035 f_{sp} \tag{2-13}$$

高速公路、一级公路应通过试验得到各自工程的统计公式，其混凝土试验组数不宜小于 15 组。

2. 路面平整度的改善

所有行车道均应连续检测动态平整度，其标准应符合表 2-40 中的规定。对局部路段、施工接头、桥面行车明显感到跳动的部位可磨平处理，然后硬刻槽恢复抗滑构造。

3. 板厚评判和返工标准

因上基层或桥梁上横坡不足，造成板厚不足或一侧板厚偏薄、另一侧偏厚时，要求返工重铺的标准为：一块面板平均板厚与行车道低侧面板实测平均板厚两者中，若有一个或两个同时薄于设计厚度 10mm，则应进行返工重铺。

五、工程施工总结

（一）施工总结与检测报告

施工单位应根据国家现行竣工文件的编制规定，提出施工总结报告、质量测试报告或采用新材料新技术研究报告，连同竣工图表，形成完整的施工资料档案，一并交业主及档案管理部门。

（二）施工总结报告的内容

施工总结报告包括的内容很多，工程不同施工总结也不相同，主要应包括：工程概况、设计图纸及变更、基层、原材料、施工组织、机械及人员配备、施工工艺、施工进度、工程质量评价、工程预决算等。

（三）施工质量管理与测试报告内容

施工质量管理与测试报告的内容，主要应包括：施工组织设计、全面（或 ISO）质量保证体系、试验段铺筑报告、施工质量达到或超过现行规范规定情况、原材料和混凝土检测结果、施工中路面质量自检结果、交工复测结果、工程质量评价、原始记录相册和录像资料等。

（四）试验研究报告内容

在省内或当地首次采用滑模、轨道、碾压、三辊轴机组新机械、新工艺施工或首次铺筑钢筋混凝土路面、钢纤维混凝土等新型路面结构时，应同时提交试验研究报告。目的是总结成功经验，分析失败的原因，提出改进意见和措施。

第六节　道路水泥混凝土的维修

水泥混凝土结构由于混凝土本身原因或施工缺陷，常致混凝土结构发生局部破损。在道路工程中的混凝土路面及桥梁，除上述影响因素外，还要经受长期自重与重复荷载的作用，混凝土更易产生裂缝和破损，不仅会降低结构的强度、刚度和整体性，而且会加剧钢筋锈蚀或因改变受力状况而缩短使用寿命。

因此，正确判断水泥混凝土路面出现的质量问题，科学分析产生的原因，采取必要的预防措施、处理方法和及时维修是非常必要的。

一、水泥混凝土路面的病害

在水泥混凝土路面工程中，常见到的病害主要有接缝破坏和混凝土板体损坏两种现象，其具体表现形式如下：

（一）接缝破坏的表现形式

水泥混凝土路面接缝破坏的表现形式很多，主要有接缝挤碎、接头拱起、两板错台、横缝错开、纵缝拉宽、填料脱落等。

1. 接缝挤碎

在混凝土面板胀缝的上部，如果有混凝土搭连或被硬石子阻塞，当气温升高板体发生伸胀时，面板的上部将产生较大的集中压应力，当压应力超过混凝土的抗剪强度时，面板板体边部即发生剪切挤碎。

2. 接头拱起

当混凝土面板的胀缝上部被硬石子等阻塞，板体伸胀时所产生的集中压应力尚未超过混凝土抗剪强度时，胀缝两侧的面板可能会出现向上拱起，甚至在炎热夏季里昼间会突然将面板拱起折断。

3. 两板错台

当水泥混凝土面板的下部接缝板与上部缝隙未能对齐，或面板的胀缝出现歪斜，则缝旁两块板在伸胀挤压过程中，会出现上下错开而成错台。缩缝断裂后，水沿着裂口渗入基础使其软化，或者裂口断面被磨光滑，传力效果显著降低，都可能导致产生错台。

另外，当交通量或基础的承载力在横向各幅板上分布不均匀时，各幅板体会产生横向沉陷不一致，两相邻纵缝也会出现错台现象。

4. 横缝错开

如果在横向各幅板与基础间的摩阻力不均匀，各幅板所承受的交通量差异较大时，会致使各幅板的挤动方向、速度和距离可能不会完全一致，结果导致横缝（包括伸缝和缩缝）产生错开现象。

5. 纵缝拉宽

由于水泥混凝土面板自身荷载沿着路拱横坡的分力方向作用，而路肩对路面板横向移动的阻力较小，所以混凝土面板将产生横向的爬动，则使板体纵缝间隙增宽。另外，在反复的环境温度变化的作用下，混凝土板体会产生多次反复膨胀收缩，从而也会使板体间的缝隙增宽。

6. 填料脱落

在水泥混凝土板体膨胀收缩的反复作用下，如果缝间的填料不能适宜这种变化，会被挤出而被车轮带走，使缝失去应有的作用，甚至出现其他方面的破坏。

（二）水泥混凝土面板自身破坏

水泥混凝土面板自身破坏，主要是指板体出现裂缝、路面上出现麻坑、剥落、磨损、折断与沉陷等。板体产生裂缝的原因有：

1. 基础软弱或压实度不足，出现强度不均匀，板体下面有脱空现象，而使路面板受到的支撑力有较大差异；

2. 铺筑的水泥混凝土面板太长，不符合混凝土分块的要求，当混凝土板体产生收缩时，它与基础间的摩擦阻力引起的应力之和，超过水泥混凝土板体自身的抗拉强度；

3. 由于选用材料不当、混凝土配合比设计有误或施工质量不良，混凝土未能达到设计强度的要求。

二、水泥混凝土路面的维修

（一）接缝的维修

路面接缝是水泥混凝土路面的重要组成部分，接缝处理不好是引起混凝土路面破坏的重要原因。因此，对路面接缝的施工应引起足够重视，不仅在铺筑路面时要认真处理好，而且在养护中要特别注意对接缝的防护。

首先，要定期检查接缝有无质量问题，要使接缝中的填料经常填充并填实封平，而且在填嵌之前必须用钢丝刷将缝内杂物清除干净。当发现缝隙的宽度有所扩大拉宽时，应先灌流动性好的热沥青，使其渗入路基之中，而后再填嵌接缝填料，照原结构进行修复。

如果因夏天高温板体膨胀而将嵌缝材料挤出，应及时将这些挤出物清除，防止车轮碾压将缝中材料带出。在冬季温度较低的情况下，出现缝隙增宽或填料脱落时，应及时补充填缝材料。如果填缝材料因日久老化失去弹性，应予以铲除并进行更新。

填缝材料的质量如何，对于接缝的使用功能、使用寿命和保护有着非常重要的影响，因此，在进行接缝的施工中应认真地选配接缝材料。

（二）裂缝的修补

裂缝是水泥混凝土最常见的一种质量问题，它可以使雨水渗入基层造成很大危害，对裂缝应根据其实际情况进行处理。对于细小的裂缝，应及时将缝隙内的尘土清除干净，然后再灌入环氧树脂、沥青胶或沥青砂等；对于宽度较大的裂缝，应先将已松动部分凿掉，除去碎块、清除灰尘，然后在表面干燥的状态下，用液体沥青涂刷缝壁，再填入配制好的沥青砂，并用铁夯夯实，用烙铁烫平，最后表面用细砂覆盖。

为确保裂缝修补的效果，水泥混凝土路面板的裂缝修补，宜在秋末冬初进行，此季节气温较低、缝隙较宽、雨水较少、效果较好。

（三）表面的修补

水泥混凝土路面板的表面，除常见的裂缝缺陷之外，还有麻坑、剥落或坑洞等质量问题。对于这些路面表面缺陷的修补，首先将路面板破坏部分的碎屑、尘土清除干净，再用水砂比为1∶2、水灰比为0.45～0.50的水泥砂浆或硫磺水泥填补。也可以用掺有10%～20%聚醋酸乙烯乳液的水泥砂浆进行修补。

对于路面板损坏较严重的地方，可先涂环氧树脂或掺有10%聚醋酸乙烯乳液的水泥浆，然后用掺有早强剂的混凝土填补。在涂环氧树脂时，必须在其固化前浇筑上面的混凝土，以利于混凝土粘结牢固。

工程实践证明，硫磺水泥强度比较高，与多种材料粘结的速度快而坚固，且不需要养护，有较好的耐酸抗渗作用，是水泥混凝土路面板表面修补的较好胶凝材料。

（四）磨损的处理

当水泥混凝土路面板表面出现大面积磨损时，应当进行认真地处理。一般可用坚硬石料进行双层表面处治。对于已磨光的混凝土路面，严重影响行车的速度和安全，应当用切槽机将混凝土路面切割出浅的横槽，从而提高混凝土路面对行车的防滑能力。

（五）断裂的修理

水泥混凝土路面板出现断裂，这是比较严重的质量问题，应当及时进行修理。根据板体断裂的位置和部位，将板体开裂部分凿成深度约5～7cm的长方形槽，并将槽内刷洗干净后，用水泥砂浆抹涂槽壁和底面，然后用混凝土进行填补。

如果路面板断裂比较严重，比较彻底的修补方法是将凹槽凿至贯通整个板厚，在开槽两边板体厚度中央部分打深为10cm、直径为3～4cm的洞，洞的水平间距为30～40cm，并预先将每个孔洞周围湿润，插入一根直径为18～20mm、长度为20cm的钢筋作为传力杆，然后用细石混凝土填塞捣实，在洞口处留下1～2cm不浇满，钢筋的一半伸出洞外。

待细石混凝土硬结后，再将凹槽边壁湿润，涂刷一道水泥浆，然后将与原来相同的混凝土浇入槽中夯捣密实，其具体修理方法如图2-7所示。这种修理方法可以使新老混凝土结合成牢固的整体。

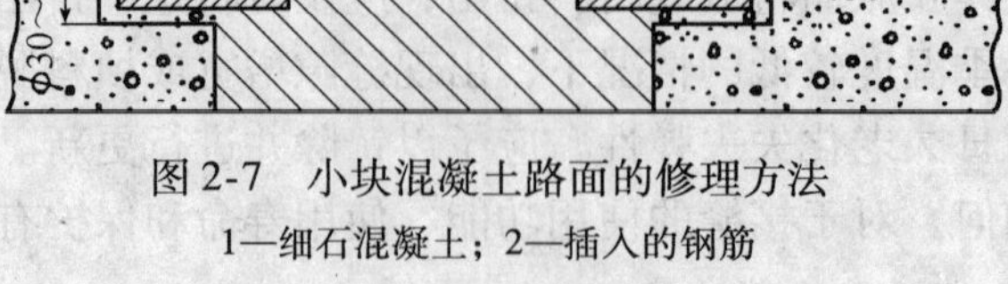

图2-7　小块混凝土路面的修理方法

1—细石混凝土；2—插入的钢筋

（六）整仓的修理

当裂缝很多且分布在整个混凝土面板上时，这是很严重的质量问题。对这种质量问题的处理方法，可将破碎的面板全部击破拆除，重新将基层夯实，然后再另浇筑新的混凝土。

（七）罩面的处理

当水泥混凝土路面出现普遍损坏后，可在原路面上用新混凝土进行覆盖罩面处理。为了增强新旧混凝土的结合，将旧混凝土经除尘凿毛处理后，在其上面先涂一层环氧树脂，然后铺筑新混凝土面层或钢丝网水泥。

近些年来，国外很多国家倾向于采用厚度为 8 ~ 13cm 连续配筋混凝土板做罩面，取得较好的技术经济效果，值得我们借鉴。

第三章　道路沥青混凝土

沥青是一种有机胶结料，是由一些极其复杂的高分子碳氢化合物及其非金属（氧、氮、硫）的衍生物所组成的混合物。由于沥青的产地和加工方法不同，使沥青材料的种类繁多，通常在工程上常用的沥青主要是指石油沥青，其他沥青要在沥青两字之前加上名称加以区别，如煤沥青、页岩沥青等。

沥青混凝土是以沥青（主要是石油沥青）为胶结材料，与粗骨料、细骨料和矿粉适量配合，在一定条件下混合均匀，然后经铺筑、碾压或捣实成为密实的混合物。沥青混凝土主要用于铺筑路面、防腐工程及海港工程中的护面，也可用于建筑工程的防水等。

第一节　道路沥青混凝土概述

沥青混凝土是一种以沥青为胶结材料的特殊新型混凝土，在建筑工程中主要用于防水工程，但是，用途最广泛的是用于高等级公路路面。因此，下述有关混凝土内容的介绍，主要以道路沥青混凝土材料为主。

一、道路沥青混凝土的特点

工程实践充分证明，沥青混凝土具有非常显著的优点，也具有比较突出的缺点。

（一）沥青混凝土的优点

1. 力学性能优良

沥青混凝土不同于普通水泥混凝土，它是一种黏弹性材料，用这种混凝土修筑的路面，具有良好的力学性能，不仅表面平整无接缝，车辆在其上面行驶平稳、舒适，而且力学性能优良、轮胎磨耗较低。

2. 路面噪声较小

在车辆密集的交通条件下，道路噪声是主要的公害之一，它对人体的健康和居住环境都有一定的影响，在西方发达国家非常重视这个问题。沥青混凝土路面具有一定的柔性，能够吸收部分噪声，是高等级公路应用最广泛的路面混凝土。

3. 抗滑性能良好

用沥青混凝土铺筑的路面，不仅路面平整、柔软、舒适，而且表面粗糙、摩擦力大。特别是雨天沥青混凝路面能基本上保持原有的性能，其摩擦力不会发生大的变化。再加上沥青色黑无强烈反光，能保证汽车行驶的安全性。

4. 比较经济耐久

沥青混凝土中的胶结材料用量比较小，沥青属于工业副产品加工利用，旧路面还可以再生利用，造价一般比水泥混凝土低。工程实践证明，采用现代工艺配制的沥青混凝土，可以保证15～20年不用大修；施工中操作比较方便，施工速度快，铺压完毕可以立即开放交通。

5. 排水性能良好

公路路面出现短期内返修的实例告诉我们，产生早期路面损坏的主要原因就是排水不良，特别是在有冰冻的寒冷地区，因排水性能不良而造成冻胀破坏的非常多。沥青混凝土具有良好的排水性能，而且晴天无尘、雨天不泞，可以保证顺利通车。

6. 可以分期加厚

水泥混凝土路面施工必须按照设计的路面厚度一次连续铺筑，而沥青混凝土路面上下层结合比较容易，完全可以在旧路面上加厚加强，能够充分发挥原有路面的强度，特别符合资金比较短缺、分期进行改造的公路工程。

（二）沥青混凝土的缺点

沥青混凝土虽然具有以上显著的优点，但也具有易于老化、感温性大等缺点，这也是在设计、施工和使用中应当注意的。

1. 易于老化

沥青材料是一种高分子碳氢化合物，在大气因素（阳光、温变、侵蚀等）的影响下，很容易产生化学组成的变化，使沥青混凝土出现老化，材料的脆性加大，路面易造成裂缝，使路面强度降低而破坏。

工程实践证明，由于沥青混凝土易于老化，因而使用年限比水泥混凝土路面短，其养护维修费用比较大。这是一个世界性技术难题，有待于研究和探索。

2. 感温性大

水泥混凝土路面在较大温差的情况下，也会出现膨胀或收缩，但在高温下不会出现软化，其对温度的敏感性远远不如沥青混凝土大。用沥青混凝土修筑的路面，在夏季高温的环境下容易软化，使路面产生车辙、纵向波浪、横向推移等现象；在冬季低温的情况下，又易使路面变得硬而脆，凹凸处受车辆冲击产生的重复荷载的作用，路面易产生裂缝。

二、道路沥青混凝土的分类

沥青道路混凝土是用沥青材料与石子、砂子和矿粉，经过适当的配合、拌匀，然后压实成为密实的混合物。沥青道路混凝土路面具有表面平整、无接缝、行车舒适、耐磨性好、噪声较低、施工期短、养护维修简便、宜于分期修建等优点，因此在国内外得到广泛应用，欧洲大部分国家高等级公路路面采用沥青混凝土面层。在我国，高等级公路路面面层的最常见类型为沥青混凝土和沥青碎石。

沥青混凝土按组成材料或施工方法不同，可以分为碾压沥青混凝土和注入式沥青砂浆和沥青胶；沥青混凝土按建筑结构不同，可以分为建筑沥青混凝土、道路沥青混凝土和水工沥青混凝土等。

道路沥青混凝土的分类方法很多。根据行业标准《公路沥青路面施工技术规范》（JTG F40—2004）中的规定，道路沥青混凝土按所用骨料的最大粒径不同，沥青混凝土分为粗粒式混凝土、中粒式混凝土、细粒式混凝土和砂粒式混凝土四种。粗粒式沥青混凝土（最大粒径为30mm或35mm），用作沥青路面的中层和底层，也可用作涌水和排水层；中粒式沥青混凝土（最大粒径为25mm），可用作沥青路面基层，有时也可用作单层式沥青路面；细粒式沥青混凝土（最大粒径为10mm或15mm），多用作沥青路面面层；沥青砂（最大粒径为5mm），即沥青砂浆。

沥青混凝土按施工方法不同，可分为热拌热铺沥青混凝土、热拌冷铺沥青混凝土、冷拌冷铺沥青混凝土。

沥青混凝土按标准压实后的剩余空隙率不同，可分为Ⅰ型沥青混凝土（剩余空隙率为3%～6%）和Ⅱ型沥青混凝土（剩余空隙率为6%～10%）。按所用沥青材料的不同，可分为石油沥青混凝土、煤沥青混凝土等。

沥青混凝土按其强度构成不同，可分为嵌挤型沥青混凝土和级配型沥青混凝土两大类。嵌挤型沥青混凝土的结构强度，是以矿料之间的嵌挤力和内摩擦力为主、沥青的粘结作用为辅而构成，沥青碎石就属于此类。这类沥青混合料是以颗粒较粗、尺寸均匀的矿料构成骨架，沥青混合料填充其空隙，并把矿料粘结成一个整体。这类沥青混凝土的结构强度受自然因素的影响较小。

级配型沥青混凝土的结构强度，是以沥青与矿料之间的粘结力为主、矿料的嵌挤力和内摩擦力为辅而构成，沥青混凝土就属于此类。这类沥青混凝土的结构强度受温度影响较大。按级配原则构成的沥青混合料，其结构通常按以下三种方式组成，如图3-1所示。

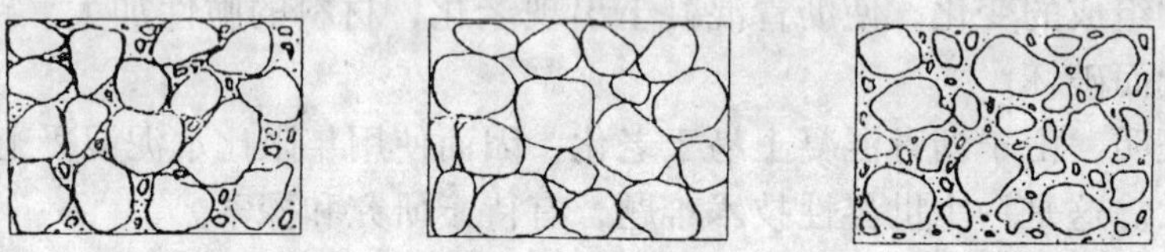

图3-1 沥青混合料的三种结构

（a）悬浮密实结构；（b）骨架空隙结构；（c）骨架密实结构

（1）悬浮密实结构

悬浮密实结构是由连续级配矿料组成的密实混合料，即矿料从大到小连续变化，并且各占有一定比例。实际上同一档较大颗粒都被较小一档颗粒挤开，大颗粒犹如悬浮于较小颗粒之中。这种结构通常按最佳级配原理进行设计，其密实度和强度均较高，但受沥青的性质影响比较大。

（2）骨架空隙结构

骨架空隙结构粗骨料彼此紧密相接，细骨料的数量较少，不足以充分填充空隙。因此，混合料的空隙较大，矿料能充分形成骨架。在这种结构中，粗骨料之间的内摩阻力起着重要的作用，其结构强度受沥青的性质影响较小，因而其稳定性较好。

（3）骨架密实结构

骨架密实结构是综合以上两种方式组成的结构。混合料中既有一定数量的粗骨料形成骨架，又根据粗骨料的空隙多少加入适量的细骨料，形成较高的密实度。间断级配即是按此原理构成。

三、沥青混合料的强度机理

沥青混合料的强度由两部分所组成，一是矿料之间的嵌挤力与内摩擦力，二是沥青与矿料之间的粘结力。

（一）矿料之间的嵌挤力与内摩阻力

沥青混合料中嵌挤力与内摩阻力的大小，主要取决于矿料的尺寸均匀度、颗粒形状及表面粗糙度。矿料尺寸较大、颗粒均匀、有棱角、表面粗糙时，组成的混合料具有较大的嵌挤力与内摩阻力。沥青含量对摩阻力的大小有一定影响，摩阻力随沥青含量减少而增大。沥青的黏度、混合料的温度和受荷载时的变形速度，对沥青混合料的嵌挤力与内摩阻力的影响较小。

（二）沥青混合料的黏聚力

沥青混合料的黏聚力主要取决于：矿料与沥青之间相互作用形成的粘结力和沥青材料本身的黏聚力。

沥青与矿料相互作用使沥青在矿料表面产生化学组分的重新分布，在矿料表面形成一层扩散结构膜，此结构膜以内的沥青称为结构沥青，此膜以外的沥青称为自由沥青。结构沥青与矿料之间相互作用，并使沥青的性质发生改变；自由沥青与矿料之间不发生作用，仅将分散的矿料粘结起来，沥青的性质不发生改变。

影响沥青混合料的粘结力的因素很多，其中主要因素是：沥青与矿料的性质、沥青的用量及矿料的比表面积。沥青与矿料的性质不同，其相互作用也不同。在应用石油沥青的情况下，碱性矿料与沥青发生化学吸附，从而产生坚强稳定的吸附力。在实际工程中，常遇到酸性矿料，为了改善其与沥青的相互作用过程，可在沥青中掺加表面活性物质，或对矿料进行活化处理。

沥青的用量对沥青混合料的黏聚力有较大影响。沥青混合料中的自由沥青，一般只起着将矿料粘结在一起的作用，黏聚力的大小主要取决于沥青本身的性质，而结构沥青是与矿料发生了一系列相互作用而形成，因而其间的黏附力较沥青的黏聚力大得多。因此，为了提高沥青混合料的强度，不但要选用优质沥青，而且要严格控制沥青的合理用量，使矿料表面在被沥青充分裹覆的前提下，适当减薄沥青膜的厚度。

材料试验和工程实践证明，矿料的比表面积对沥青混合料的黏聚力也有较大影响，当沥青的含量不变时，增加矿料的比表面积可以减薄沥青膜的厚度，使结构沥青所占的比例增大，黏聚力提高。所以对密实级配沥青混合料通常需要有适量的矿粉，它不仅起填充料的作用，而且也增大了比表面积。

第二节　道路沥青混凝土的组成材料

沥青混凝土高等级公路的组成断面，主要是由层面、基层、垫层和路基构成，其中只有面层使用沥青混凝土，所以沥青混凝土公路的面层又称为沥青材料层，如图 3-2 所示。

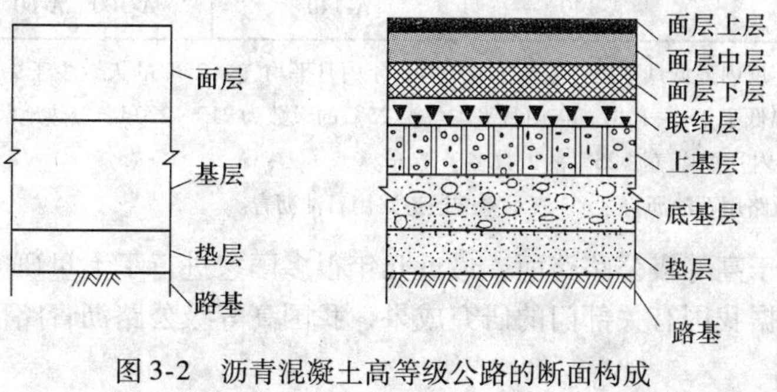

图 3-2　沥青混凝土高等级公路的断面构成

组成沥青混凝土的材料，主要是沥青材料、粗骨料、细骨料和矿粉填料。沥青是混凝土中的胶结材料，能将散碎的骨料和矿粉组合成一个整体，起着粘结和传递荷载的作用。粗细骨料和矿粉填料均属于矿质材料，占混凝土总体积90%以上，起着骨架和填充作用，沥青混凝土的受力性能主要取决于粗细骨料所形成的骨架，所以骨料对混凝土的整体强度和刚度起着重要作用。

一、沥青材料

沥青路面所用的沥青材料有道路石油沥青、软煤沥青、液体石油沥青和沥青乳液等。各类沥青路面所用沥青材料的标号，应根据路面的类型、施工条件、地区气候条件、施工季节和矿料性质与尺寸等因素而定。煤沥青不宜作沥青面层用，一般仅作为透层沥青使用。当选用乳化沥青时，对于酸性石料、潮湿石料及低温季节施工，宜选用阳离子乳化沥青，对于碱性石料或掺入水泥、石灰、粉煤灰共同使用时，宜选用阴离子乳化沥青。

对热拌热铺沥青路面，由于沥青材料和矿料均须加热拌合，并在热态下进行铺压，所以可采用稠度较高的沥青材料；热拌冷铺类沥青路面，所用的沥青材料稠度可较低；对浇灌类沥青路面，宜采用中等稠度的沥青材料。当气候寒冷、施工气温较低、矿料粒径偏细时，宜采用稠度较低的沥青材料。在炎热季节施工时，由于沥青材料的温度散失较慢，宜采用稠度较高的沥青材料。对于路拌类沥青路面，一般仅采用稠度较低的沥青材料。适用于各类沥青路面的沥青材料标号见表3-1。

表3-1　各类沥青路面选用沥青标号

气候分区	沥青种类	沥青路面类型			
		沥青表面处治	沥青贯入式及上拌下贯式	沥青碎石	沥青混凝土
寒冷地区	石油沥青	A-140 A-180	A-140 A-180	AH-90　AH-110 AH-130 A-100	AH-90　AH-110 A-100
温和地区	石油沥青	A-100 A-140 A-180	A-140 A-180	AH-90　AH-110 A-100	AH-70　AH-90 A-60　A-100
较热地区	石油沥青	A-60 A-100 A-140	A-60 A-100 A-140	AH-50　AH-70 AH-90 A-100　A-60	AH-50　AH-70 A-100　A-60

注：①寒冷地区：年度内最低月平均气温低于-10℃；年内月平均气温25℃的天数少于215d。温和地区：年度内最低月平均气温低于0～-10℃；年内月平均气温25℃的天数为215～270d。较热地区：年度内最低月平均气温高于0℃；年内月平均气温25℃的天数多于270d。

②A表示普通道路用石油沥青，AH表示重交通道路用石油沥青。

将沥青材料用于高等级公路路面，最近几年很多国家进行了大量研究和探索，取得了非常显著的成果。根据我国有关部门的研究成果，我国高等级公路沥青路面的石油沥青技术要求，如表3-2所示。

表 3-2　高等级公路石油沥青技术要求

检验项目			AH-130	AH-110	AH-90	AH-70	AH-50
针入度（25℃，100g，5s）（1/10mm）			120～140	100～120	80～100	60～80	40～60
延度（5cm/min，15℃）（cm）			>100	>100	>100	>100	>80
软化点（环球法）（℃）			40～50	41～51	42～52	44～54	45～55
溶解度（三氯乙烯）（%）			>99				
薄膜加热 163℃ 5h	质量损失（%）		<1.3	<1.2	<1.0	<1.0	<0.6
	针入度比（%）		>45	>48	>50	>55	>58
	延度（cm）	25℃	>75	>75	>75	>50	>40
		15℃	实测记录				
闪点（开口式）（℃）			>230				
含蜡量（蒸馏法）（%）			<3				
密度（15℃）（g/cm^3）			实测记录				

表中加热后针入度比是测定加热损失后的样品针入度与原针入度之比乘100，即得出残留物针入度占原针入度的百分数。

随着公路交通事业的发展，交通密度及车辆轴重明显增加，对路用沥青材料也不断提出新的技术要求。为了反映这些新的要求，近年来，许多国家的沥青技术标准都作了相应的修订。其发展趋势表现在以下几个方面：

1. 采用黏度等级划分标号。由于25℃时的针入度不能真实反映沥青的路用性能，现改为采用60℃时的动力黏度来划分等级，并用135℃时的运动黏度指标与之匹配。

2. 使用的黏度等级提高，划分的等级减少。随着车辆轴载和交通密度的增加，使用的沥青黏度提高，同时在使用中并不需要太多的等级（标号）。

3. 评定指标的项目减少。为便于生产实际应用，评定指标的项目明显减少。

4. 用加热老化后沥青性能作为评定依据。原始沥青性能相同的沥青，加热老化后的性能差别可能很大，故多采用薄膜烘箱试验后的性能作为评定依据。

沥青材料标号的选用，可以根据材料来源、施工条件、地区气候、交通量大小及矿料的尺寸而定。气候较冷，施工气温较低，矿料较软或颗粒偏细时，采用稠度较低的沥青，反之采用稠度较高的沥青。国产石油沥青的技术标准，如表3-3所示。

表 3-3　国产石油沥青技术标准

品种及标号 / 项目	道路石油沥青							建筑石油沥青		
	200（0）	180（1）	140（1）	100 甲（2 甲）	100 乙（2 乙）	60 甲（3 甲）	60 乙（3 乙）	30 甲（4 甲）	30 乙（4 乙）	10（5）
针入度（25℃，100g）1/10mm，不小于	200	161～200	121～160	81～120	81～120	41～80	41～80	21～40	21～40	5～20
延伸度，cm，25℃，不小于	—	100	100	80	60	60	40	3	3	1
软化点（环球法），℃不低于	—	25	25	40	40	45	45	70	60	95

续表

品种及标号 项目	道路石油沥青							建筑石油沥青		
	200 (0)	180 (1)	140 (1)	100 甲 (2 甲)	100 乙 (2 乙)	60 甲 (3 甲)	60 乙 (3 乙)	30 甲 (4 甲)	30 乙 (4 乙)	10 (5)
溶解度,%（三氯甲烷，四氯化碳或苯），不小于	99	99	99	99	99	98	98	99	99	99
蒸发减量，160℃，5h,%，不大于	1	1	1	1	1	1	1	1	1	1
蒸发后针入度比,%，不小于	—	60	60	60	60	60	60	—	—	—
闪点,℃（开口）不低于	180	200	200	200	200	230	230	230	230	230
水分,%，不大于	0.2	0.2	0.2	0.2	0.2	痕迹	痕迹	痕迹	痕迹	痕迹

二、粗骨料

沥青混合料所用的碎石，应尽量选用高强（抗压强度不小于78.4MPa）、耐磨（磨耗度<6%）、与石油沥青黏附性好的碱性碎石（如石灰石等）。若在就地取材的情况下选用酸性碎石（如花岗岩）时，则需掺加各种憎水性材料，如水泥、石灰或工业废料等使石料表面碱化。此外，也有单位研究采用掺加各种表面活性物质（如低分子聚酰胺树脂等），以改善石料与沥青的黏附性。

碎石的形状接近于正方形强度比较高，扁平颗粒的含量应比较少，表面比较粗糙，洁净、无风化、无杂质。沥青路用粗骨料质量技术要求如表3-4所示。抗滑表面使用的粗骨料应尽量选用坚硬、耐磨、抗冲击的碎石，其技术要求见表3-5。

表3-4　沥青路面用粗骨料质量技术要求

质量技术指标	一般公路	高等级公路
石料压碎值（%）	≤28	≤25
洛杉矶磨耗损失（%）	≤40	≤30
表观密度（t/m^3）	≥2.45	≥2.50
吸水率（%）	≤3.0	≤3.0
对沥青的黏附性	≥3级	≥4级
安定性（%）	—	≤12
细长扁平颗粒含量（%）	≤20	≤15
泥土含量（%）	≤1	≤1
软石含量（%）	≤5	≤5

表 3-5　沥青路面抗滑表层用粗骨料质量技术要求

质量技术指标	一般公路		高等级公路	
	一般路段	不良路段	一般路段	不良路段
石料磨光值（%）	≥35	≥42	≥42	≥47
道瑞磨耗损失（%）	≤16	≤14	≤14	≤12
石料冲击值（%）	≤30	≤28	≤28	≤20

三、细骨料

细骨料是指粒径小于 5mm 的天然砂（河砂、海砂、山砂）、人工砂、石屑。天然砂的细度模数及级配见表 3-6。

表 3-6　天然砂的细度模数与级配范围

天然砂分类		粗砂	中砂	细砂	特细砂
	筛孔尺寸（mm）	—	—	—	—
通过各筛孔的质量百分率（%）	9.50	100	100	100	100
	4.75	90 ~ 100	90 ~ 100	90 ~ 100	90 ~ 100
	2.36	65 ~ 95	75 ~ 100	85 ~ 100	—
	1.18	35 ~ 65	50 ~ 90	75 ~ 100	—
	0.60	15 ~ 29	30 ~ 59	60 ~ 84	75 ~ 100
	0.30	5 ~ 20	8 ~ 30	15 ~ 45	25 ~ 85
	0.15	0 ~ 10	0 ~ 10	0 ~ 10	0 ~ 20
	0.075	0 ~ 5	0 ~ 5	0 ~ 5	0 ~ 10
细度模数 M_x		3.7 ~ 3.1	3.0 ~ 2.3	2.2 ~ 1.6	≤1.5

石屑是指采石场加工碎石后 2.5 ~ 5mm 的筛下部分，也是沥青混凝土中的重要组成部分，其规格见表 3-7。

表 3-7　适用于沥青面层的石屑规格

规格	公称粒径（mm）	通过下列筛孔（方孔筛）的质量百分比（%）					
		9.50	4.75	4.36	0.60	0.30	0.075
S14	3 ~ 5	100	85 ~ 100	0 ~ 25	0 ~ 5	—	—
S15	0 ~ 5	100	85 ~ 100	40 ~ 70	—	—	0 ~ 15
S16	0 ~ 3	—	100	85 ~ 100	20 ~ 50	—	0 ~ 15

用于路面沥青混凝土细骨料的质量技术要求见表 3-8。

表 3-8　沥青路面用细骨料质量技术要求

质量技术指标	一般公路	高等级公路
表观密度（t/m^3）	≥2.45	≥2.50
安定性（>0.3mm 部分）（%）	—	≤12
泥土含量（%）	≤5	≤3
塑性（<0.4mm 部分）	无	无

安定性试验根据需要进行，泥土含量指标仅适用于天然砂，此处指水洗法小于 0.075mm 部分的含量。细骨料应与沥青具有良好的粘结力，酸性岩石的人工砂或石屑不宜用于高等级公路沥青面层。

沥青路面所用的细骨料应洁净、干燥、无风化、无杂质，并有适当的颗粒级配。热拌沥青混合料的细骨料宜采用优质的天然砂或机制砂，在缺少砂子的地区也可以用石屑。细骨料应与沥青有良好的粘结能力，与沥青粘结性能很差的天然砂及用花岗岩、石英岩等酸性石料破碎的机制砂或石屑，不宜用于高速公路、一级公路的沥青面层。当必须采用时，应采取抗剥落措施。

四、矿粉填料

为了改善沥青混凝土的某些性能，还要掺加一定比例、粒径小于 0.074mm 的矿物质材料，这种材料称为矿粉填料。由于矿粉填料颗粒微细，具有很大的表面能，与沥青混合后可产生物理吸附和化学吸附作用，提高沥青混凝土的温度稳定性和黏滞性，从而改善沥青混凝土的使用性能。

用于沥青混凝土的矿粉填料，要求由最好的碱性岩石制成，常用的矿粉填料有石棉粉、粉煤灰、石灰石粉、大理石粉和白云石粉等。矿粉填料要求干燥、洁净、疏松，不含泥土杂质和团块，含水量应在 1% 以下，矿粉呈碱性。

当取得矿粉有困难时，可以用水泥代替矿粉，也可以利用工业粉末废料煤灰、石灰或合成高分子、人工棉等代替，但其用量不宜超过矿料总量的 2%。另外，还要注意：使用矿粉时小于 0.074mm 的颗粒应不少于 80%，孔隙率在压实后不大于 35%，亲水系数≤1。

沥青路面用矿粉质量技术要求，见表 3-9。

表 3-9　沥青路面用矿粉质量技术要求

质量技术指标	一般公路	高等级公路
表观密度	≥2.45	≥2.50
含水量（%）	≤1	≤5
外　观	无团粒结块现象	
亲水系数	<1.0	
粒度范围 <0.60mm（%）	100	100
<0.15mm（%）	90~100	90~100
<0.075mm（%）	70~100	75~100

五、其他品种的沥青

道路石油沥青是配制沥青混凝土最常用的胶结材料，但在某些情况下，石油沥青的供应和性能并不能满足要求时，很可能需要采用其他品种的沥青材料。通过材料试验和工程实践证明，在工程上常用的其他品种沥青材料，主要有煤沥青、乳化沥青、液体石油沥青、改性沥青和改性乳化沥青等。

（一）煤沥青

煤沥青是由煤干馏的产品——煤焦油再加工而获得的。根据煤干馏的温度不同，可分为高温煤焦油（700℃）和低温煤焦油（450～700℃）两类。路用煤沥青主要是由炼焦或制造煤气得到的高温煤焦油加工而得。以高温煤焦油为原料可获得数量较多且质量较佳的煤沥青；而低温煤焦油却恰恰相反，获得的煤沥青数量较少，且质量也不稳定。

1. 煤沥青的化学组成和结构

（1）煤沥青的元素组成

煤沥青的组成主要是芳香族碳氢化合物及其氧、硫和碳的衍生物的混合物。其元素组成主要为碳、氢、氧、硫、氮。煤沥青的元素组成与石油沥青相比，有一定差别（表 3-10）。煤沥青元素组成的特点是“碳氢比”较石油沥青大得多，它的化学结构主要是高度缩聚的芳核及其含氧、氮和硫的衍生物，在环结构上带有侧链，但侧链很短。

表 3-10　石油沥青和煤沥青元素组成比较

沥青名称	元素组成（%）					碳氢原子比（C/H）	沥青名称	元素组成（%）					碳氢原子比（C/H）
	碳	氢	氧	硫	氮			碳	氢	氧	硫	氮	
石油沥青	86.7	9.7	1.0	2.0	0.8	0.8	煤沥青	93.0	4.5	1.0	0.6	0.9	1.7

（2）煤沥青的化学组成

煤沥青化学组成的分析方法，与石油沥青的方法相似，是采用能将煤沥青分离为几个化学性质相近、且与路用性能有一定联系的组分。目前煤沥青化学组分分析的方法很多，最常用的有 E. J. 狄金松法与 B. O. 葛列米尔德法两种。E. J. 狄金松法可将煤沥青分离为油分、树脂和游离碳等。

1）游离碳。游离碳又称自由碳，是高分子有机化合物的固态碳质微粒，既不溶于苯，加热也不熔化，但高温产生分解。煤沥青的游离碳含量增加，可以提高其黏度和温度稳定性，但随着游离碳含量的增加低温脆性也随之增加。

2）树脂。煤沥青的树脂为环心含氧碳氢化合物，其又分为硬树脂和软树脂。硬树脂类似石油沥青中的沥青质；软树脂为赤褐色黏塑性物，可溶于氯仿，类似石油沥青中的树脂。

3）油分。油分是液态碳氢化合物。与以上两种组分比较，是一种最简单结构的物质。

除以上三种基本组分外，煤沥青的油分中还含有萘、蒽和酚等。萘和蒽均能溶解于油分中，在含量较高或低温时，能呈固体晶状析出，影响煤沥青的低温变形能力。酚为苯环中含羟物质，不仅能溶于水中，而且易被氧化。煤沥青中的酚、萘和水均为有害物质，对其含量必须严格控制。

（3）胶体结构

胶体结构煤沥青与石油沥青相类似，也是一种复杂的胶体分散系，游离碳和硬树脂所组成的胶体微粒为分散相，油分为分散介质，而软树脂为保护物质，它吸附于固态分散胶粒的周围，逐渐向外扩散，并溶解于油分中，使分散系形成稳定的胶体物系。

2. 煤沥青的技术性质与技术标准

（1）煤沥青的技术性质

煤沥青与石油沥青相比，在技术性质上有以下三个方面的差异：

1）温度稳定性较低。煤沥青是一种较粗的分散系，同时树脂的可溶性较高，所以表现为热稳定性较低。当在一定温度下，随着煤沥青的黏度降低，减少了热稳定性不好的可溶性树脂，而增加了热稳定性好的油分含量。当煤沥青黏度升高时，其分散相的游离碳含量增加，但不足以补偿由于同时发生的可溶树脂数量的变化带来的热稳定性损失。

2）与矿质骨料的黏附性较好。在煤沥青组成中含有较多数量的极性物质，它赋予煤沥青较高的表面活性，所以它与矿质骨料具有较好的黏附性。

3）气候稳定性较差。在煤沥青组成中含有较高含量的不饱和芳香烃，这些化合物有相当大的化学潜能，它在周围介质（空气中的氧、日光的温度和紫外线以及大气降水）的作用下，老化进程（黏度增加、塑性降低）比石油沥青快。

（2）煤沥青的技术指标

煤沥青的技术指标主要包括以下各项：

1）黏度。黏度是评价煤沥青质量的最主要指标，也是确定煤沥青标号的主要指标，它表示煤沥青的粘结性。煤沥青的黏度取决于液相组分和固相组分在其组成中的数量比例，当煤沥青中油分的含量减少、固态树脂及游离碳含量增加时，则煤沥青的黏度增高。由于煤沥青的温度稳定性和大气稳定性均较差，所以当温度变化或“老化”后其黏度则显著变化。煤沥青的黏度测定方法与液体沥青相同。

2）蒸馏试验。煤沥青中含有各种沸点的油分，这些油分蒸发将影响其性质，因而煤沥青的起始黏滞度并不能完全表达其在使用过程中粘结性的特征。为了预估煤沥青在路面中使用过程的性质变化，在测定其起始黏度的同时，还必须测定其在蒸馏过程中所含馏分及其蒸馏后残留物的性质。

煤沥青蒸馏试验是用煤沥青分馏仪，按照我国交通行业标准《公路工程沥青及沥青混合料试验规程》（JTJ 052—2000）规定进行试验。煤沥青各馏分含量的规定，是为了控制其由于蒸发而老化的安全性；煤沥青残渣性质试验，是为了保证其残渣具有适宜的粘结性。

3）含水量。煤沥青中若含有水分，在施工加热时易产生泡沫或爆沸现象；同时，煤沥青作为路面结合料，水分会影响煤沥青与骨料的黏附，降低路面的强度。因此，对煤沥青中的含水量，必须加以限制。

煤沥青含水量的测定，按国家标准的有关规定，是煤沥青样品在水分测定器中，用甲苯为溶剂，使水分抽提而截留于接受管中，根据水分的体积，计算煤沥青中的含水量。

4）甲苯不溶物含量。甲苯不溶物含量是煤沥青中不溶于热甲苯的物质含量。这些不溶物主要为游离碳，并含有氧、氮和硫等结构复杂的大分子有机物等。这些物质含量过多会降低煤沥青的粘结性，必须加以限制。

甲苯不溶物含量的测定，按国家标准的有关规定，是将煤沥青试样放在滤纸筒内，放于脂肪抽提仪中，用热苯连续洗涤，直至透明无色，最后烘干称出残渣质量，计算甲苯不溶物含量。

5）萘含量。萘在煤沥青中，低温时易结晶析出，使煤沥青失去塑性，导致路面冬季易产生裂缝。在常温条件下，萘易挥发，加速煤沥青的“老化”，挥发出的气体，对人有较大的毒害。因此，煤沥青中萘的含量，更应当加以控制。

萘含量的测定方法，按照我国交通行业标准 JTJ 052—2000 规定，可以采用（T 0645—1993）抽滤法和（T 0645—1993）色谱柱法进行测定。抽滤法适用于对中油馏分（170～270℃）测定煤沥青的萘含量，色谱柱法适用于对中油（170～270℃）及重油（270～300℃）两种馏分测定煤沥青的萘含量。

6）酚含量。酚能溶解于水，易导致路面的强度降低；同时酚水溶物有毒，污染环境，对人类和牲畜均有害，因此对酚在煤沥青中的含量必须加以控制。

煤沥青中酚含量的测定方法，应当按照《煤沥青筑路油》（YB/T030—1992）标准规定，采用国标（GB 3065. 3）碱液萃取双球计量的方法。该法是将酚馏试验所得 300℃前的馏分，用纯苯稀释并用氢氧化钠饱和后，在双球双液漏斗中，用氢氧化钠使其与酚及其同系物作用生成酚盐，酚盐溶于碱液，而不溶于油，可根据碱性的体积增量，计算煤沥青中酚的含量。

采用本方法测得的酚含量（包括酚及其同系物的含量）称为“焦油酸含量”。

（3）煤沥青的技术标准

煤沥青根据其在工程中的应用要求不同，按其稠度可分为：软煤沥青（液体、半固体的）和硬煤沥青（固体的）两大类。道路工程上主要是应用软煤沥青。根据行业标准《公路沥青路面施工技术规范》（JTG F40—2004）中的规定，道路用煤沥青按其黏度和有关技术性质，又可分为 9 个标号，如表 3-11 所示。

表 3-11　道路用煤沥青的技术要求（摘自 JTG F40—2004）

试验项目		标号								
		T-1	T-2	T-3	T-4	T-5	T-6	T-7	T-8	T-9
黏度（s）	$C_{30,5}$	5～25	26～70							
	$C_{30,10}$			5～20	21～50	51～120	121～200			
	$C_{60,10}$							10～75	76～200	
	$C_{60,10}$									25～60
蒸馏试验馏出量（%）	170℃前	<3	<3	<3	<2	<1.5	<1.5	<1.5	<1.5	<1.0
	270℃前	<20	<20	<20	<15	<15	<15	<10	<10	<10
	300℃前	15～25	15～35	<30	<30	<25	<25	<20	<20	<15
300℃蒸馏残渣软化点（环球法）（℃）		30～45	30～45	35～65	35～65	35～65	35～65	40～70	40～70	40～70
水分（%）		<3.0	<3.0	<1.0	<1.0	<1.0	<0.5	<0.5	<0.5	<0.5
甲苯不溶物（%）		<20	<20	<20	<20	<20	<20	<20	<20	<20
含萘量（%）		<5.0	<5.0	<5.0	<4.0	<4.0	<3.5	<3.0	<2.0	<2.0
焦油酸含量（%）		<4.0	<4.0	<3.0	<3.0	<2.5	<2.5	<1.5	<1.5	<1.5

3. 道路用煤沥青的适用范围

道路用煤沥青适用于以下情况：

（1）各种等级公路的各种基层上的透层，宜采用T-1或T-2级煤沥青，其他等级不含喷洒要求时可适当稀释使用。

（2）三级及三级以下的公路铺筑表面处治或贯入式沥青路面，宜采用T-5、T-6或T-7级煤沥青。

（3）道路用煤沥青可以与道路石油沥青、乳化沥青混合使用，以改善沥青混凝土的渗透性。

（4）道路用煤沥青严禁用于热拌热铺的沥青混合料，作其他用途时的贮存温度不能过高，一般控制在70～90℃范围，并且不得长时间贮存。

（二）乳化沥青

乳化沥青是将黏稠沥青加热至流动状态，经机械力的作用而形成微滴（粒径为2～5μm）分散在乳化剂-稳定剂的水中，由于乳化剂-稳定剂的作用而形成均匀稳定的乳状液，称为沥青乳液。

经过公路建设的实践证明，乳化沥青是一种很好的路面胶结材料，具有很多明显的优越性，其主要优点有以下三个方面：

（1）冷态施工，节约能源。乳化沥青可以冷态施工，现场无需加热设备和能源消耗，扣除制备乳化沥青所消耗的能源后，仍然可以节省大量能源。

（2）利便施工，节约沥青。由于乳化沥青黏度较低，和易性好，施工非常方便，不仅可以加快施工进度，而且可以节省大量劳力。此外，由于乳化沥青在骨料表面形成的沥青膜较薄，不仅可以提高沥青与骨料的黏附性，而且还可以节约沥青的用量，从而降低工程造价。

（3）保护环境，保障健康。由于乳化沥青施工时不需进行加热，所以不污染环境；同时，避免了劳动操作人员受沥青挥发物的毒害。

1. 乳化沥青的组成材料

乳化沥青是一种以沥青为主、加入其他材料的混合料，主要是由沥青、乳化剂、稳定剂和水等组分按一定比例所组成。

（1）沥青材料

沥青是乳化沥青组成的最主要材料，沥青的质量如何直接关系到乳化沥青的性能和质量。在选择作为乳化沥青用的沥青时，首先必须要考虑它是否具有易乳化性，而沥青的易乳化性如何与其化学结构有密切关系。以工程适用为目的，可以认为沥青易乳化性与沥青中的沥青酸含量有关。

通常认为：沥青酸总量大于1%的沥青，采用通用的乳化剂和一般工艺，即易于制成乳化沥青。一般说来，相同油源和工艺的沥青，针入度较大者易于制作乳化沥青。但是，对沥青针入度的选择，应根据乳化沥青在路面工程中的用途而决定。

（2）乳化剂

乳化剂是乳化沥青形成的关键材料，其决定乳化沥青的质量。沥青乳化剂是表面活性剂的一种类型，从化学结构的角度来看，它是一种“两亲性”分子，分子的一部分具有亲水性质，而另一部分却具有亲油性质。亲油部分一般由碳氢原子团，特别是由长链烷基构成，结构差别较小。亲水部分原子团则种类繁多，结构差异较大。因此乳化剂的分类，是以亲水基的结构为依据。

沥青乳化剂按其亲水基在水中是否电离，可分为离子型乳化剂和非离子型乳化剂。离子型乳化剂按其离子电性不同，又衍生为阴离子型、阳离子型和两性离子型等三类。

1）阴离子型乳化剂。阴离子型乳化剂是在溶于水时，能电离成为离子或离子胶束，且与亲油基相连的亲水基团带有阴（或负）电荷的乳化剂。阴离子型沥青乳化剂最主要的亲水基团有羧酸盐（如—COONa）、硫酸酯盐（如—OSO_3Na）、磺酸盐（如 SO_3Na）三种。

2）阳离子型乳化剂。阳离子型乳化剂是在溶于水时，能电离成为离子或离子胶束，且与亲油基相连的亲水基团带有阳（或正）电荷的乳化剂。

阳离子型沥青乳化剂按其化学结构不同，主要有：季胺盐类、烷基胺类、酰胺类、咪唑啉类、环氧乙烷二胺类和胺化木质素类等。

3）两性离子型乳化剂。两性离子型沥青乳化剂是在水中溶解时，电离成离子或离子胶团，且与亲油基相连的亲水基团，既带有阴电荷又带有阳电荷的乳化剂。两性离子型沥青乳化剂按其两性离子的亲水基团的结构和特性，主要分为：氨基酸型、甜菜型和咪唑啉型等。

最常用的两性离子乳化剂的亲水基团，均有羧酸基构成阴离子部分，其中由胺盐构成阳离子部分的称为胺基酸型（如 $RNHCH_2COOH$）；由季胺盐构成阳离子部分的称为甜菜型［如 $RN(CH_3)_2COOH$］；咪唑啉型则为环式结构。

4）非离子型乳化剂。非离子型沥青乳化剂是在水中溶解时，不能离解成离子或离子胶束，而是依赖分子所含的羟基（—OH）和醚链（—O—）等作为亲水基团的乳化剂。非离子型沥青乳化剂根据亲水基团的结构可分为：醚基类、酯基类、酰胺类和杂环类等，但应用最多的为环氧乙烷缩合物和一元醇或多元醇的缩合物。

（3）稳定剂

在乳化沥青施工过程中，为使乳液具有良好的贮存稳定性，以及施工中喷洒或拌合的机械作用下的稳定性，必要时可加入适量的稳定剂。工程中常用的稳定剂可分为有机稳定剂和无机稳定剂。

1）有机稳定剂。在公路工程上常用的有机稳定剂有：聚乙烯醇、聚丙烯酰胺、羧甲基纤维钠、糊精、MF 废液等。有机稳定剂的主要作用，是可以提高乳液的贮存稳定性和施工稳定性。

2）无机稳定剂。在公路工程上常用的无机稳定剂有：氯化钙、氯化镁和氯化铵等。这类稳定剂的主要作用，是可提高乳液的贮存稳定性。

稳定剂对乳化剂的协同作用，与它们之间的性质有关，有的稳定剂可在生产乳液时同时加入乳化剂溶液中，但有的稳定剂会影响乳化剂的乳化作用，需要后加入乳液中。因此，必须通过实验来确定稳定剂和乳化剂的匹配作用。

2. 乳化沥青的技术性质及应用

（1）乳化沥青的技术性质

各种牌号的乳化石油沥青的技术性质，应符合现行交通行业标准《公路沥青路面施工技术规范》和《沥青路面施工及验收规范》（GB 50092—96）中的要求，如表 3-12 所示。

表 3-12　道路用乳化石油沥青的技术性质（摘自 JTG F040—2004）

试验项目		单位	品种及代号									
			阳离子				阴离子				非离子	
			喷洒用			拌合	喷洒用			拌合	喷洒	拌合
			PC-1	PC-2	PC-3	BC-1	PA-1	PA-2	PA-3	BA-1	PN-2	PA-1
破乳速度			快裂	慢裂	快裂或中裂	慢裂或中裂	快裂	慢裂	快裂或中裂	慢裂或中裂	慢裂	慢裂
粒子电荷			阳离子（+）				阴离子（-）				非离子	
筛上残留物 1.18mm 筛 ≯		%	0.1				0.1				0.1	
黏度	恩格拉黏度计 E_{25}		2~10	1~6	1~6	2~30	2~10	1~6	1~6	2~30	1~6	2~30
	道路标准黏度计 $C_{25.3}$	s	10~25	8~20	8~20	10~60	10~25	8~25	8~25	10~60	8~20	10~60
蒸发残留物	残留分含量，不小于	%	50	50	50	55	50	50	50	55	50	55
	溶解度，不小于	%	97.5				97.5				97.5	
	针入度（25℃）		50~200	50~200	45~150		50~200	50~200	45~150		50~300	60~300
	延度（15℃），不小于	cm	40				40				40	
与粗骨料的黏附性，裹附面积，不小于			2/3			—	2/3			—	2/3	—
与粗、细粒式骨料拌合试验			—			均匀	—			均匀	—	
水泥拌合试验的筛上剩余，不大于		%	—				—				—	3
常温贮存稳定性：1d，不大于		%	1				1				1	
常温贮存稳定性：5d，不大于		%	5				5				5	

注：①P 为喷洒型，B 为拌合型，C、A、N 分别表示阳离子、阴离子、非离子乳化沥青。

②黏度可选用恩格拉黏度计或沥青标准黏度计之一测定。

③表中的破乳速度与骨料的黏附性、拌合试验的要求、所使用的石料品种有关，质量检验时应采用工程上实际的石料进行试验，仅进行乳化沥青产品质量评定时可不要求此三项指标。

④贮存稳定性根据施工实际情况选用试验时间，通常采用 5d，乳液生产后能在当天使用时，也可用 1d 的稳定性。

⑤当乳化沥青需要在低温冰冻条件下贮存或使用时，尚需按 T 0656 试验方法进行 -5℃低温贮存稳定性试验，要求没有粗颗粒、不结块。

⑥表 3-12 中的蒸发残留物等各项指标为稀释前乳化沥青的要求。

（2）乳化沥青的应用

乳化沥青用于修筑路面，不论阳离子型乳化沥青（代号 C），还是阴离子型乳化沥青（代号 A）和非离子型乳化沥青（代号 N），均有两种施工方法：①喷洒法（代号 P），如透层、粘层、表面泼或贯入式沥青碎石路面；②拌合法（代号 B），如沥青碎石或沥青混合料路面。乳化沥青按其分裂速度，可分为快裂、中裂和慢裂三种类型。

根据行业标准《公路沥青路面施工技术规范》中的规定，乳化沥青主要适用于沥青表面处治路面、沥青贯入式路面、冷拌沥青混合料路面，修补裂缝，喷洒透层、粘层与封层等。道路用乳化沥青的品种及适用范围如表 3-13 所示。

表 3-13　乳化沥青的品种及适用范围

乳化沥青分类	品种及代号	适用范围
阳离子乳化沥青	PC-1	表面处治、贯入式路面及下封层用
	PC-2	透层油及基层养生用
	PC-3	粘层油用
	BC-1	稀浆封层或冷拌沥青混合料用
阴离子乳化沥青	PA-1	表面处治、贯入式路面及下封层用
	PA-2	透层油及基层养生用
	PA-3	粘层油用
	BA-1	稀浆封层或冷拌沥青混合料用
非离子乳化沥青	PN-2	透油层用
	PN-1	与水泥稳定骨料同时使用（基层路拌或再生）

（3）乳化沥青的选用和注意事项

在选用乳化沥青时，应注意以下几个方面：

1）乳化沥青适用于沥青表面处治路面、沥青贯入式路面、冷拌沥青混合料路面、修补裂缝、喷洒透层、粘层与封层等。所选用的乳化沥青的品种和适用范围，一定要符合表 3-13 中的规定。

2）道路工程上所选用的乳化沥青质量，应符合表 3-14 中的规定，不得随意降低技术性能指标。在高温施工和使用条件下，宜采用黏度较大的乳化沥青，寒冷条件下宜使用黏度较小的乳化沥青。

表 3-14　道路用乳化石油沥青的技术性质（摘自 JTG F040—2004）

试验项目		单位	品种及代号									
			阳离子				阴离子				非离子	
			喷洒用			拌合	喷洒用			拌合	喷洒	拌合
			PC-1	PC-2	PC-3	BC-1	PA-1	PA-2	PA-3	BA-1	PN-2	PA-1
破乳速度			快裂	慢裂	快裂或中裂	慢裂或中裂	快裂	慢裂	快裂或中裂	慢裂或中裂	慢裂	慢裂
粒子电荷			阳离子（+）				阴离子（-）				非离子	
筛上残留物（1.18mm 筛），≯		%	0.1				0.1				0.1	
黏度	恩格拉黏度计 E_{25}		2~10	1~6	1~6	2~30	2~10	1~6	1~6	2~30	1~6	2~30
	道路标准黏度计 $C_{25.3}$	s	10~25	8~20	8~20	10~60	10~25	8~25	8~25	10~60	8~20	10~60

续表

试验项目		单位	品种及代号									
			阳离子				阴离子				非离子	
			喷洒用			拌合	喷洒用			拌合	喷洒	拌合
			PC-1	PC-2	PC-3	BC-1	PA-1	PA-2	PA-3	BA-1	PN-2	PA-1
蒸发残留物	残留分含量，不小于	%	50	50	50	55	50	50	50	55	50	55
	溶解度，不小于	%	97.5				97.5				97.5	
	针入度（25℃）		50~200	50~200	45~150		50~200	50~200	45~150		50~300	60~300
	延度（15℃），不小于	cm	40				40				40	
与粗骨料的黏附性，裹附面积，不小于			2/3			—	2/3			—	2/3	—
与粗、细粒式骨料拌合试验			—			均匀	—			均匀	—	
水泥拌合试验的筛上剩余，不大于		%	—				—				—	3
常温贮存稳定性： 1d，不大于 5d，不大于		%	1 5				1 5				1 5	

注：①P 为喷洒型，B 为拌合型，C、A、N 分别表示阳离子、阴离子、非离子乳化沥青。

②黏度可选用恩格拉黏度计或沥青标准黏度计之一测定。

③表中的破乳速度与骨料的黏附性、拌合试验的要求、所使用的石料品种有关，质量检验时应采用工程上实际的石料进行试验，仅进行乳化沥青产品质量评定时可不要求此三项指标。

④贮存稳定性根据施工实际情况选用试验时间，通常采用 5d，乳液生产后能在当天使用时，也可用 1d 的稳定性。

⑤当乳化沥青需要在低温冰冻条件下贮存或使用时，尚需按 T 0656 试验方法进行 -5℃低温贮存稳定性试验，要求没有粗颗粒、不结块。

⑥蒸发残留物等各项指标为稀释前乳化沥青的要求。

3）选用乳化沥青类型还应根据骨料品种及使用条件选择。阳离子乳化沥青可适用于各种骨料品种，阴离子乳化沥青适用于碱性石料。乳化沥青的破乳速度、黏度，宜根据用途与施工方法选择。

4）制备乳化沥青用的基质沥青，对于高速公路和一级公路，宜符合道路石油沥青中 A、B 级的要求，其他等级的公路可采用 C 级沥青。

5）乳化沥青宜存放在立式贮罐中，并保持适当搅拌。贮存期以不离析、不冻结、不破乳为度。

（三）液体石油沥青

1. 液体石油沥青的技术要求

用于道路工程的液体石油沥青，根据使用目的与场所，可分为快凝液体石油沥青、中凝液体石油沥青和慢凝液体石油沥青。

根据行业标准《公路沥青路面施工技术规范》中的规定，道路用液体石油沥青的技术要求，应符合表 3-15 中的指标。

表 3-15　道路用液体石油沥青的技术要求

试验项目		单位	快凝		中凝						慢凝					
			AL(R)-1	AL(R)-2	AL(M)-1	AL(M)-2	AL(M)-3	AL(M)-4	AL(M)-5	AL(M)-6	AL(S)-1	AL(S)-2	AL(S)-3	AL(S)-4	AL(S)-5	AL(S)-6
黏度	$C_{25.5}$	s	<20	—	<20	—	—	—	—	—	<20	—	—	—	—	—
	$C_{60.5}$	s	—	5~15	—	5~15	16~25	26~40	41~100	101~200	—	5~15	16~40	26~40	41~100	101~200
蒸馏体积	225℃前	%	>20	>15	<10	<7	<3	<2	0	0	—	—	—	—	—	—
	315℃前	%	>35	>30	<35	<25	<17	<14	<8	<5	—	—	—	—	—	—
	360℃前	%	>45	>35	<50	<35	<30	<25	<20	<15	<40	<35	<25	<20	<15	<5
蒸馏后残留物	针入度25℃	0.1mm	60~200	60~200	100~300	100~300	100~300	100~300	100~300	100~300	—	—	—	—	—	—
	延度25℃	cm	>60	>60	>60	>60	>60	>60	>60	>60	—	—	—	—	—	—
	浮漂度5℃	s	—	—	—	—	—	—	—	—	<20	>20	>30	>40	>45	>50
闪点（TOC法）		℃	>30	>30	>65	>65	>65	>65	>65	>65	>70	>70	>100	>100	>120	>120
含水量不大于		%	0.2	0.2	0.2	0.2	0.2	0.2	0.2	0.2	2.0	2.0	2.0	2.0	2.0	2.0

2. 道路用液体石油沥青应用注意事项

根据行业标准《公路沥青路面施工技术规范》中的规定，道路用液体石油沥青在应用中应注意以下事项：

（1）液体石油沥青适用于透层、粘层及拌制冷拌沥青混合料。在选用液体石油沥青时，应根据使用目的与场所，选择适宜的品种。

（2）液体石油沥青宜采用针入度较大的石油沥青配制，使用前按先加热沥青后加稀释剂的顺序，掺配煤油或轻柴油，经过适当的搅拌、稀释制成，掺配的比例应根据使用要求由试验确定。

（3）液体石油沥青在制作、贮存、使用的全过程中，必须具有良好的通风条件，并有专人负责，确保施工安全和配制质量。基质沥青的加热温度严禁超过140℃，液体石油沥青的贮存温度不得高于50℃。

（四）改性沥青

现代高等级公路的交通特点是：交通密度大、车辆轴载重、荷载作用间歇时间短以及高速和渠化。由于以上这些特点的存在，易造成沥青路面高温出现车辙、低温产生裂缝、抗滑性很快衰降、使用年限缩短。为使沥青路面做到高温不软、低温不裂、保证安全快速行车、延长使用年限，在沥青材料的技术性质方面，必须提高沥青的流变性能，改善沥青与骨料的黏附性，延长沥青的耐久性，才能适应现代交通的要求。改性沥青是采用各种措施使沥青的性能得到改善的沥青。

1. 提高沥青流变性的途径

（1）高聚物类改性剂

在沥青中掺加树脂类高聚物、橡胶类高聚物和树脂-橡胶共聚物，可以改善沥青的多方面流变性质。例如提高沥青在使用高温（60℃）时的抗流动性、使用低温时的脆性，以及抗滑性和耐久性，采用这种改性沥青修筑的路面，可防止高温出现车辙、低温产生裂缝，并具有较高的抗滑性和延长路面使用年限。

（2）微填料类改性剂

随着“非水悬浮”研究的发展，许多研究者致力于研究微填料的颗粒级配、表面性质和孔隙状态等对沥青改性的作用。研究证明，沥青混合料的性状与微填料的颗粒级配、表面性质和孔隙状态等有密切关系。用作沥青微填料的物质，主要有炭黑、高钙粉煤灰，另外还有火山灰和页岩粉等。若采用微填料类改性剂，应经预处理（如活化、芳化等），才能达到改善沥青的性能的效果，否则反而会劣化沥青的性能。

（3）纤维类改性剂

在沥青中掺加各种纤维物质作为改性剂，这是对沥青改性比较早的一种技术措施。常用的纤维物质主要有：各种人工合成纤维（如聚乙烯纤维、聚酯纤维等）和矿质石棉纤维等。这类纤维物质加入沥青中，可显著地提高沥青的高温稳定性，同时可增加低温抗拉强度。掺加纤维物质后能否达到预期的效果，取决于纤维的性能和掺配工艺。

（4）硫磷类改性剂

硫在沥青中具有硫桥作用，能提高沥青的高温抗变形能力，特别是某些组分不协调（如沥青质含量极低）的沥青，掺加低剂量（0.5%～1.0%）的硫，则产生明显效果。在掺加硫改性剂时，应采用“预熔法”，否则高温稳定性虽可以得到改善，但低温抗裂性却明显降低。

此外，磷同样能使芳环侧链成为链桥存在，而改善沥青的流态性质。

2. 改善沥青与骨料黏附性的途径

现代高等级路面为保证高速行车的安全，对路面的抗滑性能提出了更高要求。为保持抗滑层经过行车后，其摩擦系数不致于很快衰降，必须采用高强耐磨的岩石轧制的骨料，而这类岩石多为酸性石料，因此提高石油沥青与酸性石料的黏附性，成为当前一个更为突出的问题。

（1）改善沥青与骨料黏附性的一般方法

1）掺加无机类材料、活化骨料表面。采用水泥、石灰或电石渣等预处理骨料表面，以提高沥青与其黏附性。此外，将这类无机材料直接加入沥青中，也能取得一定效果。

2）掺加有机酸类、提高沥青活性。沥青中最具有活性的组分为沥青酸及其酸酐，各类合成高分子有机酸类掺入沥青，也能起到相同的效果。此外，掺加适量的焦油沥青也能起到相似的作用。

3）掺重金属皂类，降低沥青与骨料的界面张力。最常用的重金属皂类有：皂脚铁、环烷酸铝皂等，掺入沥青中均能起到改善黏附性的效果。此外，还有直接采用各种合成表面活性剂，但是需要油溶性和耐高温的表面活性剂才能使用。

以上这三种方法，在正确使用的情况下，都能获得一定的改性效果。但是一般只能应用于轻、中交通量的路面。由于这些措施可利用工业废料或地方材料，降低工程成本，在一定条件下，仍可采用。

（2）改善沥青与骨料黏附性的高效抗剥剂

对于高等级路面，在黏附性要求很高的情况下，应该采用高性能、低剂量的人工合成化学抗剥剂，即所谓“高效抗剥剂”。这种抗剥剂的专利商品很多，如醚、胺类抗剥剂、醇胺类抗剥剂、烷基胺类抗剥剂、酰胺类抗剥剂等。

3. 改善（延长）沥青耐久性的途径

由沥青老化机理可知，沥青在路面中，受到各种自然因素的作用，由于组分产生移行，而使沥青逐渐老化，最后导致路用性能随之衰降。产生老化的原因主要是沥青受到空气中氧的氧化作用，同时在日光中紫外线的作用下，加之在一定温度条件下加速了反应的进行，并且水又起着催化作用。

R. M. 杰纳茨克曾进行过多种添加剂对沥青进行抗老化效果的考察，认为二乙基二硫代氨基甲酸锌、二乙基二硫代氨基甲酸铅效果较好，并且认为二乙基二硫代氨基甲酸锌（或二乙基二硫代氨基甲酸铅）与炭黑同时掺入效果更佳。

当前对提高沥青耐久性有实际效果的添加剂为专用炭黑。炭黑粒径细微、表面积较大，它弥散于沥青之中，易于热-氧作用产生的游离基吸附，从而阻止沥青老化的链式反应，使沥青老化进程受到抑制。同时，炭黑是一种屏蔽剂，它能阻止紫外线的进入，减少光对沥青的老化作用。由于炭黑与沥青溶度参数差较大，不能直接加入沥青中，必须先用助剂进行预处理，然后才能配制成“炭黑改性沥青”。

4. 改性沥青路面基层材料的组成

公路改性沥青路面基层材料是由基质沥青、骨料与填料、改性剂所组成的。

（1）基质沥青

公路改性沥青路面基层材料所用的基质沥青，一般应遵循以下规定：

1）应采用道路石油沥青，不得采用建筑石油沥青。

2）高速公路、一级公路或某些特殊重要工程的沥青面层，当采用改性沥青时，其基质沥青应采用符合现行规范“重交通道路石油沥青技术要求”规定的石油沥青。

3）选择基质沥青的标号时，宜在根据当地气候条件、交通情况等确定的道路石油沥青标号的基础上，采用稠度相当或稠度降低一个等级的道路石油沥青。

（2）骨料与填料

1）对粗骨料的基本要求。公路改性沥青路面基层材料所用的粗骨料，宜采用碎石或破碎的砾石，其粒径规格和质量要求应符合行业标准《公路沥青路面施工技术规范》的规定。

①粗骨料应洁净、干燥、无风化、无有害杂质，且具有一定的硬度和强度。

②粗骨料应具有良好的颗粒形状。破碎砾石用于高速公路、一级公路时，应采用较大颗粒的砾石进行破碎，并至少有两个以上新鲜的破碎面。

③酸性石料用于铺筑公路路面时，应按照《公路工程沥青及沥青混合料试验规程》（JTJ 052—2000）规定的方法检验其与改性沥青的黏附性，不符合要求时应采取必要的抗剥离措施。

2）对细骨料的基本要求。公路改性沥青路面基层材料所用的细骨料，宜采用天然砂、机制砂和石屑。细骨料应当洁净、干燥、无风化、无有害杂质，有适当的颗粒组成，并与改性沥青有良好的黏附性。细骨料的粒径规格与质量要求应符合《公路沥青路面施工技术规范》规定的技术要求。

3）对填料的基本要求。公路改性沥青路面基层材料所用的填料，应当洁净、干燥，其质量应符合《公路沥青路面施工技术规范》规定的技术要求。

①改性沥青混合料的填料，必须采用石灰岩或岩浆岩中的强基性岩石等憎水性石料经磨细得到的矿粉，矿粉中不应含有泥土等杂质。

②采用水泥、消石灰粉做填料时，其用量不宜超过矿料总量的2%。

③采用沥青混合料拌合厂的回收粉尘做填料时，回收粉尘必须洁净、无杂质。塑性指数应小于4，其用量不得超过填料总量的50%。

(3) 改性剂

1) 改性剂的选择原则

①根据拟改善的沥青路面性能，可对改性沥青作如下初步选择：为提高路面抗永久变形能力，宜使用热塑性橡胶类或热塑性树脂类等改性剂；为提高路面抗低温开裂能力，宜使用热塑性橡胶类或橡胶类等改性剂；为提高路面抗疲劳开裂能力，宜使用热塑性橡胶类、橡胶类或热塑性树脂类等改性剂；为提高抗水损害能力，宜使用各类抗剥落剂等外掺剂。

②应考虑改性剂处理与贮存条件、生产与施工方法的难易程度、对基质沥青与骨料的要求等。

③应考虑改性剂与基质沥青的相容性，在热贮存或使用温度下的离析程度应符合有关规定的要求。

④应考虑改性剂及辅助材料、专用设备的价格，综合考虑改性沥青混合料生产及其路面施工成本。

2) 沥青改性剂的种类

适用于改性沥青的改性剂主要有：热塑性橡胶类、橡胶类和热塑性树脂类。热塑性橡胶类的代表性品种有：苯乙烯-丁二烯嵌段共聚物（SBS）；橡胶类的代表性品种有：丁苯橡胶（SBR）及其乳液；热塑性树脂类的代表性品种有：乙烯-醋酸乙烯共聚物（EVA）、低密度聚乙烯（LDPE）、聚烯烃等。

在以上改性剂均比较缺乏时，也可使用回收废旧塑料制造的再生聚乙烯产品。当使用废旧塑料薄膜做改性剂时，应经过清洗、干燥、切碎处理，并应特别注意不得混入低密度聚乙烯以外的塑料制品，如聚氯乙烯薄膜等。

3) 其他注意事项

①改性剂的生产者或供应商应提供产品的名称、代号、标号与质量检验单，以及运输贮存、使用方法和涉及健康、环保、安全等方面的有关资料。

②根据工程实际需要，在改性沥青中还可以加入稳定剂、分散剂类等辅助外掺剂。

③各类改性剂及辅助外掺剂，应符合有关行业标准的技术与质量要求。

④制备改性沥青可采用一种改性剂，根据工程实际需要也可同时采用几种不同的改性剂进行复合改性。

⑤应根据不同的基质沥青与使用要求，确定适宜的改性剂的剂量。

5. 改性沥青的技术要求

(1) 改性沥青的质量标准

改性沥青的质量标准，也就是对改性沥青的各项技术要求，应当符合行业标准《公路沥青路面施工技术规范》中的要求，其具体技术要求如表3-16所示。对各项技术指标的试验，应按照现行《公路工程沥青及沥青混合料试验规程》（JTJ 052—2000）规定的方法进行。

表 3-16　聚合物改性沥青的技术要求

技术指标	SBS（Ⅰ）				SBR（Ⅱ）			EVA、LDPE（Ⅲ）			
	Ⅰ-A	Ⅰ-B	Ⅰ-C	Ⅰ-D	Ⅱ-A	Ⅱ-B	Ⅱ-C	Ⅲ-A	Ⅲ-B	Ⅲ-C	Ⅲ-D
针入度 25℃,100g,5s(0.1mm)	>100	80~100	60~80	40~60	>100	80~100	60~80	>80	60~80	40~80	30~40
针入度指数 PI　不小于	-1.2	-0.8	-0.4	0	-1.0	-0.8	-0.6	-1.0	-0.8	-0.6	-0.4
延度 5℃，5cm/min（cm）不小于	50	40	30	20	60	50	40	—			
软化点 $T_{r\&b}$（℃）　不小于	45	50	55	60	45	48	50	48	52	56	60
运动黏度①135℃（Pa·s）不大于①	3										
闪点（℃）　不小于	230				230			230			
溶解度（%）　不小于	99				99			—			
贮存稳定性②离析，48h 软化点差（℃）　不大于	2.5				—			无改性剂明显析出、凝聚			
弹性恢复 25℃（%）　不小于	55	60	65	70	—			—			
黏韧性（N·m）　不小于	—				5			—			
韧性（N·m）　不小于	—				2.5			—			
RTFOT 后残留物											
质量损失（%）　不大于	±1.0										
针入度比 25℃（%）　不小于	50	55	60	65	50	55	60	50	55	58	60
延度 5℃（cm）　不小于	30	25	20	15	30	20	10	—			

注：①表中 135℃运动黏度可采用《公路工程沥青及沥青混合料试验规程》规定的“沥青布氏旋转黏度试验方法（布洛克菲德尔黏度计法）”进行测定。若在不改变改性沥青物理力学性质并符合安全条件的温度下易于泵送和拌合，或经证明适当提高泵送和拌合温度时能保证改性沥青的质量，容易施工，可不要求测定。

②贮存稳定性指标适用于工厂生产的成品改性沥青。现场制作的改性沥青对贮存稳定性指标可不作要求，但必须在制作后，保持不间断的搅拌或泵送循环，保证使用前没有明显的离析。

（2）应用改性沥青的注意事项

1）改性沥青可单独或复合采用高分子聚合物、天然沥青及其他改性材料进行制作。各类聚合物改性沥青的质量，应符合表 3-16 中的技术要求，当使用表 3-16 所列以外的聚合物及复合改性沥青时，可以通过试验研究制定相应的技术要求。

2）配制改性沥青的基质沥青与使用的改性剂应有良好的配伍性，其质量要求应符合行业标准《公路沥青路面施工技术规范》中的 A 级石油沥青或 B 级石油沥青的技术要求。供应商在提供改性沥青的质量报告时，应提供基质沥青质量检验报告或沥青样品。

3）天然沥青可以单独与石油沥青混合使用，或与其他改性沥青混融后使用。天然沥青的质量要求宜根据其品种参照相关标准和成功的经验执行。

4）用作改性剂的 SBR 胶乳中的固体物含量不宜少于 45%，使用中严禁长时间暴晒或遭受冰冻。

5）改性沥青的剂量以改性剂占改性沥青总量的百分数计算，胶乳改性沥青的剂量应按扣除水以后的固体物含量计算。

6）改性沥青宜在固定式工厂或在施工现场设厂集中进行制作，也可在拌合厂现场边制作边使用，改性沥青的加工温度不宜超过180℃。胶乳类改性剂和制成颗粒的改性剂可直接投入拌合缸中生产改性沥青混合料。

7）用溶剂法生产改性沥青母体时，挥发性溶剂回收后的残留量不得超过5%。

8）现场制造的改性沥青宜随配随用，如果需要作短时间保存，或运送到附近工地时，使用前必须搅拌均匀，在不发生离析的状态下使用。改性沥青制作设备必须设有随机采集样品的取样口，采集的试样宜立即在施工现场灌模。

9）工厂制作的成品改性沥青到达施工现场后应存贮在改性沥青罐中，改性沥青罐中必须加设搅拌设备并进行搅拌，使用前改性沥青必须搅拌均匀。在施工过程中应按有关规定定期取样检验产品质量，发现离析等质量不符合要求的改性沥青，决不能用于工程，以确保公路工程的质量。

6. 改性沥青的新科技成果

目前我国正处在高速公路的快速发展期，而改善路面使用性能，延长路面使用寿命，节约公路建设投资，是我国公路行业所面临的紧迫问题。由于我国幅员辽阔，气候和自然环境十分复杂，加之超载运输现象十分普遍，对公路路面，特别是沥青混凝土面层提出了较高的技术要求，因此将废旧轮胎橡胶粉用于公路建设，是解决当前面临问题的有效途径之一。

发达国家近几年使用胶粉改性沥青铺设道路的应用证明，胶粉改性沥青是当前一种新型的道路建筑材料，其克服了传统沥青路面夏天高温泛油、鼓包，冬天寒冷开裂的缺陷，具有优良的耐热、耐寒、防滑、经济等特点，不仅提高了行车安全系数，而且特别适用于高等级公路。

工程实践充分证明：胶粉改性沥青道路与普通沥青道路相比，可降低噪声2~3dB，是城市道路降低噪声的主要途径之一；与普通沥青道路相比，可以大大延长路面的使用寿命，从而可节省维修费用；与普通沥青道路相比，可以大大降低道路建设成本。

据中国轮胎翻修利用协会介绍，目前使用进口的SBS合成材料，大约每吨需人民币2万元；而利用废旧轮胎生产的胶粉改性沥青，每吨需人民币3000元左右。由此可见，充分利用废旧轮胎生产的胶粉改性沥青，不仅可以为国家节省大量资金和橡胶资源，而且还可以减少环境污染。发达国家的实践证明，用胶粉改性沥青铺设道路，已取得了良好的保护环境与综合的经济效益。

2001年初，交通部公路科学研究所首次在钢桥桥面铺装中采用了30%（相对于沥青用量）的橡胶粉，桥面经受了四个夏季的超重交通考验，基本保持完好，各项性能指标保持优良。同年，由交通部设立、交通部公路科学研究所主持的《废旧橡胶粉用于筑路的技术研究》西部科研项目，对橡胶沥青及橡胶粉沥青混合料的路用性能及力学特性开展了全面、系统的试验研究。试验和应用结果表明，由于橡胶粉本身的弹性性能，沥青混合料中掺加橡胶粉后，混合料的弹性明显增加，表现为回弹变形增大，模量减小；改善了沥青混合料应力扩散和应力吸收的效果；赋予橡胶粉沥青混凝土良好的降噪效果，随着车速的升高，降噪效果更加显著。试验路和实体工程应用效果良好，为我国今后在道路工程中大规模推广应用橡胶粉技术奠定了基础。

2005年，从中国废轮胎生产胶粉、再生胶应用技术研讨会议上获悉：随着我国汽车工业的快速发展和轮胎使用量的猛增，废旧轮胎的生产量以两位数速度增长，如何充分利用废旧轮胎资源，提高利用水平是当务之急。

据预测，2010年，我国轮胎生产量将达到3亿多条，而废旧轮胎将达到2亿多条。胶粉作为改性沥青的原材料之一，在高等级公路、城市道路上的试验成功，为胶粉改性沥青开辟了重要的应用渠道。

但是，要更广泛地推广这项技术，当前仍存在一些问题。首先是要尽快制定有关的技术标准。橡胶粉作为基本原材料，其质量的稳定关系到橡胶粉在公路行业应用的前景。废胎胶粉的成分比较复杂，则其对沥青及混合料的性能影响也不尽相同。因此需要从技术和经济两方面的综合评价确定适合于公路使用的橡胶粉的技术指标，包括：橡胶粉的加工方式，适于沥青及混合料使用的橡胶粉的目数范围，橡胶粉来源的推荐轮胎，橡胶粉中有效成分的规定，橡胶粉中纤维的合理含量等。

橡胶粉使用中的另一个问题，在于橡胶沥青及混合料的设计施工技术指南的制定。由于我国各地的自然气候和施工条件都不一样，其指南的制定也应当因地制宜、区别对待。在既有研究成果基础上，根据各地区的交通环境和特点，开展橡胶沥青及混合料的性能的研究，制定有关的技术指标、设计标准、设计施工指南，是橡胶粉在道路工程中应用的发展趋势。

（五）改性乳化沥青

1. 改性乳化沥青品种及适用范围

根据行业标准《公路沥青路面施工技术规范》中的规定，改性乳化沥青的品种及适用范围如表3-17所示。

表3-17　改性乳化沥青的品种及适用范围

改性乳化沥青品种		代　号	适用范围
改性乳化沥青	喷洒型改性乳化沥青	PCR	粘层、封层、桥面防水粘结层用
	拌合型改性乳化沥青	BCR	改性稀浆封层和微表处治用

2. 改性乳化沥青的技术要求

根据行业标准《公路沥青路面施工技术规范》中的规定，改性乳化沥青的技术要求如表3-18所示。

表3-18　改性乳化沥青的技术要求

试验项目		单　位	品种及代号	
			PCR	BCR
破乳速度		—	快裂或中裂	慢裂
粒子电荷		—	阳离子（+）	阳离子（+）
筛上剩余量（1.18mm），不大于		%	0.10	0.10
黏度	恩格拉黏度 R_{25}	—	1～10	3～30
	沥青标准黏度 $C_{25,3}$	s	8～25	12～60
蒸发残留物	含量，不小于	%	50	60
	针入度（100g，25℃，5s）	0.1mm	40～120	40～100
	软化点，不小于	℃	50	53
	延度（5℃），不小于	cm	20	20
	溶解度（三氯乙烯），不小于	%	97.5	97.5

续表

<table>
<tr><td colspan="2" rowspan="2">试验项目</td><td rowspan="2">单 位</td><td colspan="2">品种及代号</td></tr>
<tr><td>PCR</td><td>BCR</td></tr>
<tr><td colspan="2">与矿料的黏附性，裹覆面积，不小于</td><td>—</td><td>2/3</td><td>—</td></tr>
<tr><td rowspan="2">贮存稳定性</td><td>1d，不大于</td><td>%</td><td>1</td><td>1</td></tr>
<tr><td>5d，不大于</td><td>%</td><td>5</td><td>5</td></tr>
</table>

注：①破乳速度与骨料黏附性、拌合试验、所使用的石料品种有关。工程上施工质量检验时，应采用实际的石料试验，仅进行产品质量评定时可不对这些指标提出要求。

②当用于填补车辙时，BCR 蒸发残留物的软化点宜提高至不低于55℃。

③贮存稳定性根据施工实际情况选择试验天数，通常采用5d，乳液生产后能在第二天使用完时也可选用1d。个别情况下改性乳化沥青5d的贮存稳定性难以满足要求，如果经搅拌后能够达到均匀一致并不影响正常使用，此时要求改性乳化沥青运至工地后存放在附有搅拌装置的贮存罐内，并不断地进行搅拌，否则不准使用。

④当改性乳化沥青或特种改性乳化沥青需要在低温冰冻条件下贮存或使用时，应按照 T 0656 规定的试验方法进行 -5℃低温贮存稳定性试验，并要求没有粗颗粒、不结块。

第三节　道路沥青混凝土配合比设计

在组成沥青混凝土的原材料选定后，沥青混凝土的很多技术性能在很大程度上取决于其配合比。由于沥青混凝土的组成材料比例不同，形成的组成结构也不相同。如在其他材料的比例确定的情况下，当沥青混凝土中矿粉掺量过低时，矿粉与沥青相互作用的比表面积减少，则会导致混凝土强度与稳定性降低；当沥青混凝土中矿粉掺量过多时，会严重影响沥青混凝土的和易性，更严重的是会降低沥青混凝土的高温稳定性。

在进行沥青混凝土配合比设计之前，首先应了解所拟建道路工程的路面等级、使用功能和使用寿命，明确配合比设计的目标，然后按照步骤进行设计。

一、沥青混凝土的配合比设计的目标

高等级公路路面面层，为汽车提高安全、经济、舒适的服务，并直接承受汽车荷载的作用和自然因素的影响。因此，铺筑公路路面面层所用沥青混合料的设计目标，必须考虑到温度稳定性、耐久性、抗滑稳定性、抗疲劳特性及工作度（也称施工和易性）等问题。

（一）高温稳定性

沥青混合料的强度和抗变形能力随着温度的变化而变化。当温度升高时，沥青的黏滞度降低，矿料之间的粘结力削弱，导致强度与抗变形能力降低。因此，高温季节在行车荷载的重复作用下，路面易出现车辙、波浪、推移等质量病害。提高高温稳定性，可采用提高粘结力和内摩阻力的方法。在沥青混合料中，增加粗矿料的含量，使粗矿料形成空间骨架结构，从而提高沥青混合料的内摩阻力。适当地提高沥青材料的黏稠度，控制沥青与矿料的比值（油石比），严格控制沥青的用量，采用具有活性的矿粉以改善沥青与矿料的相互作用，就能提高沥青混合料的粘结力。

此外，在沥青中掺入适量的天然橡胶、合成橡胶、聚异丁烯、聚乙烯等聚合物，也能获

得较好的高温稳定性。除了材料本身的性质以外，结构效应对热稳定性也有一定影响，如沥青层的厚度和相对于厚度的矿料尺寸。由于轮胎的约束效应和基层、面层之间的摩阻力，薄层沥青呈现出比厚层沥青更高的承载力。如果选用的矿料尺寸与层厚相近，也可得到较高的稳定性。

我国以前评价沥青混合料的高温稳定性，是采用高温时的抗压强度和温度稳定性系数两项指标。由于无侧限抗压强度试件的受力状态与沥青混合料在路面中的实际受力状态不符，所以高温抗压强度和温度稳定性系数的试验结果，往往不能反映沥青混合料的路用性能。

目前，我国采用马歇尔试验的稳定度和流值来评价沥青混合料的高温稳定性。研究资料表明，马歇尔稳定度和流值指标与沥青混合料的高温稳定性有一定的相关性。同时，试验设备和方法较为简单，便于施工现场质量控制，因此马歇尔法被广泛应用。

但是，马歇尔稳定度和流值是一项经验性的混合料指标，它不能确切反映永久变形产生的机理，近年来国外有以蠕变试验取代它的趋势。沥青混合料在一恒定荷载作用下，变形随着时间不断增长的特性称为蠕变。蠕变试验既可以判断混合料的稳定性，指导混合料的组成设计，又可预估车辙量，为路面设计提供依据，因而得到许多国家专家的关注。

此外，还有采用维姆稳度、三轴试验等方法。三轴试验方法是一种比较完善的方法，它可以较为详尽地分析沥青混合料的组成与力学性质之间的关系，同时由于它的受力状态与沥青混合料在路面中的受力状态比较接近，所得试验结果与使用情况有较好的相关性。但这种试验的仪器和操作方法较为复杂，所以目前还未用于生产中。

（二）低温抗裂性

随着温度的降低，沥青的黏滞度增高，抗压强度增大，但变形能力降低，并出现脆性破坏。气温下降，特别是急骤下降时，沥青层受基层的约束而不能收缩，产生很大的温度应力，若累计温度应力超过沥青混合料的极限抗拉强度，路面便容易产生开裂。裂缝往往出现在低温季节，无论是低温荷载裂缝、冻胀裂缝，还是反射裂缝都是在外因作用下沥青混合料低温发“脆”所致，而低温缩裂则是温度降低时内部应力所致。

影响沥青混合料低温开裂的因素很多，主要因素是沥青混合料的性质、当地气温状况、路基的类型、路面结构和层间结合状况。从低温抗裂性的要求出发，沥青混合料在低温时应具有较低的劲度和较大的抗变形能力。因此，沥青混合料组成设计中，应选用稠度较低、温度敏感性低、抗老化能力强的沥青。在沥青中掺入适量的高聚物，也能大大提高沥青混合料的低温抗裂性能。

目前，对沥青混合料低温抗裂性采用开裂温度预估、变形对比和开裂统计法评定。开裂温度预估是通过某温度对沥青路面产生的拉应力，与沥青混合料的抗拉强度的对比来预估路面的开裂温度，从而判断其低温缩裂的可能性。变形对比分析是根据沥青面层的相对延伸率与沥青混合料的极限相对延伸率对比，以判断沥青混合料的抗裂性。开裂统计法是通过野外实际工程调查研究，建立低温开裂指数与各种因素的统计关系，进而进行抗裂性评定。

（三）耐久性要求

在自然因素的长期作用下，要想保证路面具有较长的使用年限，必须使沥青混合料具备良好的耐久性。耐久性差的沥青混合料，容易引起路面过早出现裂缝、沥青膜剥落、松散等质量问题。影响沥青混合料耐久性的主要因素有：沥青的性质、矿料的矿物成分、沥青混合料的组成结构等。

沥青的性质与矿料的矿物成分，对耐久性的影响起着一定作用。沥青混合料组成结构，首先是沥青混合料的空隙率，对耐久性也有很大影响。空隙率的大小与矿料骨料的级配、沥青材料的用量及压实度等有关。从耐久性角度出发，希望沥青混合料的空隙率尽量减小，以防止沥青的老化。但考虑到高温稳定性，一般沥青混合料中均应残留3% ~6%的空隙。当空隙率较大，且沥青与矿料黏附性差的混合料，在饱水后矿料与沥青黏附力降低，易发生剥落质量问题，引起路面早期破坏。

此外，沥青路面的使用寿命还与混合料中的沥青含量有很大关系。当沥青用量较正常的用量减少时，则沥青膜变薄，混合料的抗变形能力降低，脆性增加。如果沥青用量偏小，将使混合料的空隙率增大，沥青膜暴露较多，因而老化速度加快，同时渗水性增大，促使水对沥青的剥落作用。有试验研究认为，沥青用量较标准沥青用量少0.5%的混合料，能使路面使用寿命减少一半以上。在有条件的地方，也可在沥青混合料中掺加抗剥落剂，以提高矿料与沥青膜之间的粘结力，进而提高沥青混合料的耐久性。

我国过去规范曾采用水稳定性系数来反映耐久性。现在已改为马歇尔试验法，采用空隙率（或饱水率）、饱和度（即沥青填隙率）和残留稳定度等指标来表示耐久性。

（四）抗滑性要求

高等级公路的发展，对沥青混合料的抗滑性提出了更高要求。沥青混合料路面的抗滑性与矿料的微表面性质、混合料的级配及混合料的用量等因素有关。为提高其抗滑性，在配料时应特别注意粗矿料的耐磨光性，应选择硬质有棱角的矿料。硬质矿料往往属于酸性石料，与沥青的黏附性较差。为此，在沥青混合料配料时，如采用当地产的软质矿料，必须在其中掺加外运的硬质矿料组成复合矿料和掺加抗剥落剂等措施。

国外有资料认为：在开级配沥青混合料中采用表面结构粗糙的矿料，最大颗粒粒径为9.5 ~12.5mm，可获得最佳的抗滑性。沥青的用量对抗滑性影响非常敏感，沥青用量如果超过最佳用量的0.5%，其抗滑系数明显下降。如果所用沥青混合料的稳定性不佳，路面易出现车辙和泛油现象，也会使抗滑性下降。

（五）抗疲劳性

抗疲劳性是沥青混合料抵抗荷载重复作用的能力。通常把沥青混合料出现疲劳破坏时的重复应力值称为疲劳强度，相应的重复作用次数称为疲劳寿命，而把可以承受无限次重复荷载循环而不发生疲劳破坏的应力值称为疲劳极限。从沥青混合料组成设计方面考虑，影响抗疲劳性能的主要因素有：沥青的质量与含量、混合料的空隙率、矿料的性质及级配。研究表明：最佳的疲劳寿命存在一个最佳的沥青含量。这个含量不仅与矿料的级配有关，而且与矿料的种类有关。通常它与最大混合料劲度所需的最佳含量相符，但比马歇尔稳定度所确定的最佳沥青含量稍大。混合料的疲劳寿命随空隙率的降低而显著增长，密级配混合料比开级配混合料有较长的寿命。

（六）工作度要求

沥青混合料的工作度也称为施工和易性，指沥青混合料摊铺和碾压工作的难易程度。工作度良好的沥青混合料容易进行摊铺和碾压，施工速度快，施工质量好。影响沥青混合料工作度的因素很多，如当地气温、施工条件及混合料性质等。

从沥青混合料组成而言，影响工作度的因素首先是混合料的级配情况。如果粗细矿料的颗粒大小相差过大，缺乏中间尺寸的矿料，混合料容易分层层积；如果细矿料含量太少，沥青层就不容易均匀地分布在粗颗粒表面；如果细矿料含量过多，则拌合比较困难。此外，当沥青用量过少，或矿粉用量过多时，混合料容易变得疏松不易压实。反之，如果沥青用量过多，或矿粉质量较差时，则易使混合料粘结成团，不易摊铺。沥青一般不是影响工作度的主要原因，但仍有一定的影响，这是因为混合料的温度影响着沥青的黏度，温度太低混合料无法施工，而温度太高混合料又太软。此外，沥青的等级、混合料中沥青用量等，均可以影响混合料的工作度。

二、沥青混合料配合比设计步骤

沥青混合料配合比设计的主要任务是选择合格的材料、确定各种粒径矿料和沥青的配比。设计的总目标是确定混合料的最佳组成，使其满足路用各项性能要求。但由于沥青混合料是一种可变的相互矛盾的体系，当满足高温稳定性要求时，可能出现低温稳定性不足的问题；当采取一定措施满足低温稳定性时，却有可能对抗疲劳不利。到目前为止，还没有建立一个统一全面的指标体系，解决各种矛盾交叉的问题。因此，在沥青混合料组成设计中，应结合当地具体情况，抓住要解决的主要矛盾，求得相对比较合理的配比。

（一）矿料的最大粒径

各国对沥青混合料的最大粒径（D_{max}）同路面结构层最小厚度（h）的关系的有规定，一般规定为面层厚度的0.5倍以下。我国研究表明：随着h/D_{max}的增大，疲劳耐久性提高，但车辙量增大。相反，h/D_{max}减小，车辙量随之减小，但耐久性降低，特别是当$h/D_{max}<2$时，疲劳耐久性急剧下降。

为此，建议结构层的厚度h与最大粒径D_{max}之比控制在$h/D_{max}\geqslant 2$，尤其是在使用国产沥青时，h/D_{max}更应接近2。例如，最大粒径30～35mm的粗粒式沥青混凝土，其结构层厚度应大于5～7cm；最大粒径20～25mm的粗粒式沥青混凝土，其结构层厚度应大于4～5cm；最大粒径15mm的粗粒式沥青混凝土，其结构层厚度应大于3cm。同样，最大粒径30～35mm的碎石沥青混凝土，其结构层厚度应大于7～8cm。

施工经验证明：只有控制结构层厚度与最大粒径之比，才能使混合料拌合均匀，易于摊铺。特别是在压实时，易于达到要求的密实度和平整度，保证施工质量。

（二）矿料配合比设计

1. 确定矿料的级配曲线

根据理论曲线和实际使用情况的调查资料，确定既能保证具有一定密实度，又能保证稳定性的矿料级配范围。现在常用的矿料级配范围分为两大类：连续级配和间断级配。

（1）连续级配

连续级配是指矿料颗粒各级尺寸是连续的。连续级配又分为密级配与开级配两种。

密级配混合料，矿料级配曲线范围较小，如图3-3所示，矿料中的矿粉及沥青用量较多，混合料压实后空隙率一般在5%以下。沥青与石料的黏聚力虽然较大，但因矿料中粗颗粒用量较少，粒料之间内摩阻力差，因而沥青混合料的高温稳定性差。

开级配混合料，矿料级配曲线范围较大，如图3-4所示，矿料中粗颗粒含量较多，混合料压实后空隙率一般在5%以上，该级配组成的沥青混合料高温稳定性好，但因沥青用量少很容易渗水，只适用于做路面的底层。

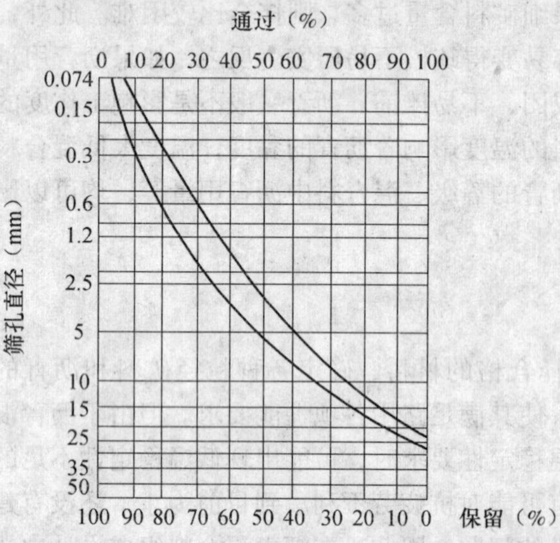

图3-3　密级配沥青混合料级配曲线图

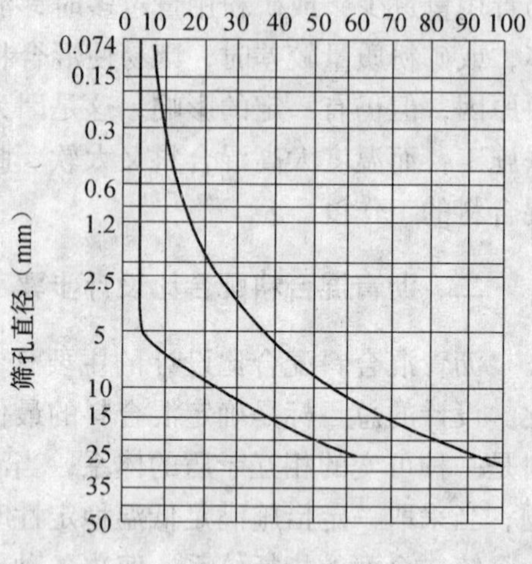

图3-4　开级配沥青混合料级配曲线图

（2）间断级配

间断级配是由粗颗粒、细颗粒石料和矿粉组成，不含或含有较少的中等粒径的砂料。因在混合料中用有较多的粗颗粒石料，保证了沥青混合料具有良好的骨架作用，同时又含有一定数量的细料和粉料，保证了沥青混合料具有较好的密实性和柔韧性，所以这种沥青混合料修筑的路面有较好的高温稳定性、低温抗裂性和耐久性。但是，由于这种混合料在配料、生产和施工中还存在一些技术难题，有待于进一步研究解决，目前尚未广泛应用。

2. 计算各种矿料的配比

选择符合质量要求的各种矿料，分别进行筛析试验，并测定各种矿料的相对密实度。根据各种矿料的颗粒组成，确定达到级配曲线要求时的各种矿料的配比。

矿料配比确定的方法有：试算法、正规方程法、图解法等，其中图解法最为常用。

（1）图解法

图解又称矩形图解法。这种方法原则上适用于最大粒径不超过25mm的热拌沥青混合料的配合试验。这种试验的程序和方法如下：

1）首先根据工程设计确定混合料的种类，并在此混合料的级配范围内确定标准级配曲线，基本上多采用级配范围的中线。

2）把所使用的各种粒料分别进行筛析试验，求出它们各自的级配（包括填充料在内）。

3）绘制标准级配和各种颗粒的级配曲线。首先在普通方格纸上画成矩形图（图3-5a），纵轴表示矿料通过百分率，横轴表示筛孔直径。连接对角线，即表示为标准级配曲线。根据选定的标准级配各筛通过百分率（一般可取级配范围的中值），在纵轴上取坐标引水平线与对角线相交，从交点引垂线与横轴相交的坐标，即表示相应各个筛孔的孔径。按上述所得的各筛孔径与各筛孔通过百分率的坐标位置，绘制各组成矿料的级配曲线（图3-5b）。

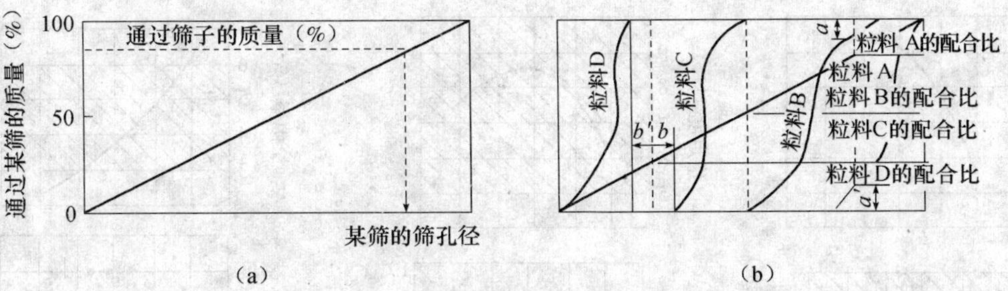

图 3-5 确定各组成矿料配比的图解法

（a）矩形图；（b）级配曲线

（2）正规方程法

正规方程法可用于多种矿料组成设计，利用手算比较麻烦，但所得结果比较准确。目前，有些工程单位已利用电子计算机进行计算。正规方程法的基本思路是：设有 k 种矿料，各种矿料在 n 级筛析的通过百分率为 P_i（j），欲配制在级配范围中值的矿质混合料，矿质混合料任何一级筛孔的通过量 P（j），它是由各种组成矿料在该级的通过百分率 P_i（j）乘各种矿料在混合料中的用量 X_i 之和。即

$$\sum P_i(j)X_i = P(j) \tag{3-1}$$

式中 i——矿料种类，$i=1，2，\cdots，k$；

j——筛孔数，$j=1，2，\cdots，n$。

解这个方程组即可求得矿料配合比。

（三）确定沥青最佳用量

沥青最佳用量可以采用各种理论或半理论半经验公式计算，但是由于实际材料性质的差异，计算公式有很大的局限性，一般只能用作粗略估计沥青用量。由于沥青用量对沥青混合料，特别是密实型沥青混合料的性质影响很大，因此，沥青混合料的沥青用量一般均需要通过试验确定。

以矿料（包括粗细骨料和矿粉）总量为100，沥青用量按其占矿料总重的百分率计。对一定级配的矿料而言，沥青用量则成为唯一的配比参数。为了确定级配，我国现行施工规范规定，沥青混合料的沥青最佳用量，采用马歇尔试验法确定。该方法是首先以已有经验初步估计沥青用量，以估计值为中值，以0.5%间隔上下变化沥青用量，制备马歇尔试件不少于5组，然后在规定的试验温度及试验时间内，用马歇尔试验仪测定其稳定度、流值、密度，并计算其空隙率、饱和度和矿料间隙率。

根据试验和计算所得的结果，编制成如表3-19所示的形式，或者分别绘制沥青用量与密度、稳定度、流值、空隙率、饱和度的关系曲线（图3-6）。

表 3-19 不同沥青用量的混凝土性能指标测试结果统计

测定指标	表中▲表示满足要求，×表示不满足要求					
空隙率	×	×	▲	▲	▲	▲
稳定度	×	×	▲	▲	×	×
流值	×	×	▲	▲	▲	▲
沥青用量	6.5%	7.0%	7.5%	8.0%	8.5%	9.0%

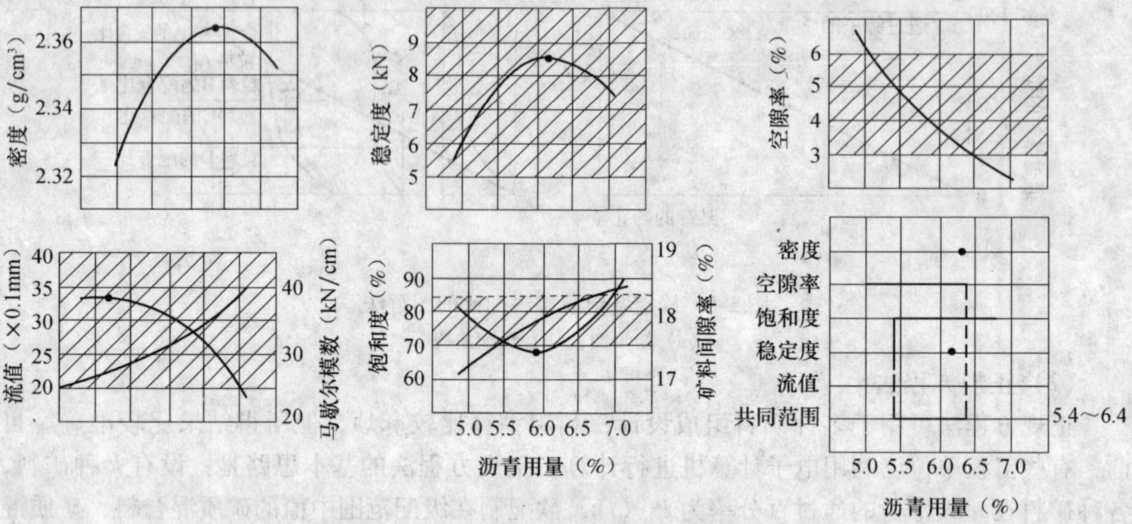

图 3-6 沥青混合料马歇尔试验结果分析图

根据表中的试验结果表明，当沥青用量为 7.5% 和 8.0% 时，沥青混凝土的空隙率、稳定度和流值均满足要求，从经济的角度选用 7.5% 为最佳沥青用量。

从图 3-6 中取相应于稳定度最大值的沥青用量为 a_1，相应于密度最大的沥青用量为 a_2，相应于规定空隙率范围中值的沥青用量为 a_3，求取三者的平均值作为最佳沥青用量的初始值 OAC_1。

$$OAC_1 = (a_1 + a_2 + a_3)/3 \qquad (3\text{-}2)$$

按最佳沥青用量初始值 OAC_1 在图 3-6 中求取相应的各项指标值，检验其是否符合表 3-20、表 3-21 中的技术标准，同时检验矿料间隙率（VMA）是否符合要求，如均符合要求，沥青用量初始值 OAC_1 则为最佳沥青用量。如果不符合要求，应调整级配，重新进行配合比设计马歇尔试验，直至各项指标均能符合要求为止。

表 3-20 沥青混合料马歇尔试验技术标准

试验项目	沥青混合料类型	高等级公路	一般公路
击实次数（次）	沥青混凝土	两面各 75	两面各 50
	抗滑表层	两面各 50	两面各 50
稳定度（kN）	Ⅰ型沥青混凝土	7.0	5.0
	Ⅱ型沥青混凝土、抗滑表层	5.0	4.0
流值（0.1mm）	Ⅰ型沥青混凝土	20～40	20～45
	Ⅱ型沥青混凝土、抗滑表层	20～40	20～45
空隙率（%）	Ⅰ型沥青混凝土	3～6	3～6
	Ⅱ型沥青混凝土	6～10	6～10
	抗滑表层沥青碎石	>10	>10
沥青饱和度	Ⅰ型沥青混凝土	70～85	70～85
	Ⅱ型沥青混凝土、抗滑表层	60～75	60～75
残留稳定度（%）	Ⅰ型沥青混凝土	>75	>75
	Ⅱ型沥青混凝土、抗滑表层	>70	>70

表 3-21　沥青混凝土混合料邮矿料间隙率（VMA）

骨料最大粒径（mm）	37.5	26.0	19.0	13.0	9.5	4.75
VMA（%）不小于	12	13	14	15	16	18

对上述方法决定的最佳沥青用量，还应根据实践经验和公路等级及气候条件考虑下述情况进行调整：

1. 对于较热地区的高等级公路，预计可能产生较大车辙的情况时，可以在表中的中限值与最小值范围内决定，但一般不宜小于中限值的 0.5%。

2. 对于寒冷地区的公路，最佳沥青用量可以在中限值与上限值范围内决定，但一般不宜大于中限值的 0.3%。

（四）水稳性与抗车辙能力的检验

按决定的最佳沥青用量制作马歇尔试件，进行浸水马歇尔试验或真空饱水马歇尔试验，检验其残留稳定度是否合格，如果不符合要求，应重新进行配合比设计。

按决定的最佳沥青用量制作车辙试验试件，在 60℃ 条件下用车辙试验检验动稳定度是否符合技术要求，如果不符合设计技术要求，应对矿料级配或沥青用量进行调整，重新进行沥青混合料配合比设计。

（五）抗滑表层的材料组成设计

路面的抗滑性能是确保行车安全、高速行驶的基本条件。近年来，随着我国高等级公路的快速发展，路面表层抗滑问题已引起工程技术人员的高度重视，有关科研和生产部门对此进行了研究，取得了重要成果。

防滑耐磨层的主要功能，除与面层一样具有抗车辙能力外，更应满足路面摩阻系数和纹理深度指标的要求，因此，要采用磨光值符合要求的矿料和合格的沥青。在矿料组成方面，国外学者一致认为：应采用开级配沥青混凝土，而且 75% 的粒料应介于 12.7mm 和 4.76mm 之间，4.76mm 以下的矿料应尽量减少，使其内部有大量的空隙，表面水可在内部流动，并能使极少量的表面水在空隙内部暂时储存，这样就减少了高速行驶的车辆发生飘滑或滑溜的可能性。更重要的是，防滑层内部的空隙可以为轮胎与路表面之间的水分提供一个压力消减槽，这可以大大改善路面在潮湿状态时的抗滑性。

抗滑表层的材料组成设计，各国都有自己的经验和标准。英国和美国建议的矿料组成如表 3-22 所示。

表 3-22　国外抗滑磨耗层矿料组成

通过美国标准筛			1/2in	3/8in	No4	No8	No10	No20	No40	No200
尺寸（mm）			12.7	9.5	4.76	2.38	2.00	0.84	0.42	0.074
通过量（%）	英国		100	90～100	30～40	17～23	—	—	—	0～5
	美国	（1）	100	90～100	30～35	—	0～22	—	0～12	0～5
		（2）	100	90～100	30～40	17～23	—	—	—	3～5

根据我国当前沥青和矿料的供应情况及施工技术水平，建议防滑耐磨层的矿料组成为：粗骨料以 $D_{max} \sim D_{max}/4$ 为主，一般占 2/3 左右的重量比，以提供良好的抗滑性和抗车辙能

力；$D_{max}/4$ 以下的细料部分采用理想级配组成，以提高结构的稳定性和抗裂性。这样的组成仍有一定空隙，但渗水量大大降低，兼顾了各方面的要求。

（六）确定施工配合比

在实验室中确定的配合比，其材料的各方面不会完全与现场相同，因此必须经过现场试铺加以检验，必要时作出相应的调整。最后选定技术性能符合设计要求，又保证施工质量的配合比，即确定施工配合比。

三、沥青混凝土参考配合比

沥青混凝土参考配合比如表 3-23 所示，沥青砂浆典型配合比如表 3-24 所示，沥青混凝土混合料的矿料级配和沥青用量如表 3-25 所示。

表 3-23　沥青混凝土参考配合比

沥青混凝土种类	粉料和骨料混合物（%）	沥青用量（质量计）（%）	沥青混凝土种类	粉料和骨料混合物（%）	沥青用量（质量计）（%）
细粒式沥青混凝土	100	8 ~ 10	中粒式沥青混凝土	100	7 ~ 9

表 3-24　沥青砂浆典型配合比

沥青混合料类型	混合料累计筛余率（%）							沥青用量（%）	沥青牌号
	5.00	2.50	1.25	0.63	0.315	0.160	0.080		
沥青砂浆	0	20 ~ 38	33 ~ 57	45 ~ 71	55 ~ 80	63 ~ 86	70 ~ 90	11 ~ 14	30 号沥青、10 号沥青或 60 号沥青、10 号沥青混合

表 3-25　沥青混凝土混合料的矿料级配和沥青用量

沥青混合料的类型			通过下列筛孔（mm）的质量百分率（%）													沥青参考用量（%）
			35	30	25	20	15	10	5.0	2.5	1.2	0.6	0.3	0.15	0.074	
粗粒式	LH-35	Ⅱ	95 ~ 100	—	75 ~ 95	—	55 ~ 75	40 ~ 60	25 ~ 45	15 ~ 35	—	5 ~ 18	4 ~ 14	3 ~ 8	2 ~ 5	4.0 ~ 5.5
	LH-30	Ⅱ		95 ~ 100	75 ~ 95	—	55 ~ 75	40 ~ 60	25 ~ 45	15 ~ 35	—	5 ~ 18	4 ~ 14	3 ~ 8	2 ~ 5	4.0 ~ 5.5
中粒式	LH-25	Ⅰ			95 ~ 100	—	—	60 ~ 80	50 ~ 65	35 ~ 50	25 ~ 40	18 ~ 30	13 ~ 21	8 ~ 15	4 ~ 9	5.0 ~ 6.5
		Ⅱ			95 ~ 100	—	—	50 ~ 70	30 ~ 50	20 ~ 35	13 ~ 25	9 ~ 18	6 ~ 13	4 ~ 8	3 ~ 7	4.5 ~ 6.0
	LH-20	Ⅰ				95 ~ 100	—	70 ~ 80	50 ~ 65	35 ~ 50	25 ~ 40	18 ~ 30	13 ~ 21	8 ~ 15	4 ~ 9	5.0 ~ 6.5
		Ⅱ				95 ~ 100	—	50 ~ 70	30 ~ 50	20 ~ 35	13 ~ 25	9 ~ 18	6 ~ 13	4 ~ 8	3 ~ 7	4.5 ~ 6.0

续表

沥青混合料的类型			通过下列筛孔（mm）的质量百分率（%）													沥青参考用量（%）
			35	30	25	20	15	10	5.0	2.5	1.2	0.6	0.3	0.15	0.074	
细粒式	LH-15	Ⅰ-1					95~100	—	70~80	55~60	40~50	30~40	21~28	12~20	6~10	6.0~7.5
细粒式	LH-15	Ⅰ-2					95~100	—	55~70	40~55	30~40	20~30	16~21	10~15	5~9	5.5~7.0
细粒式	LH-15	Ⅱ					95~100	—	35~55	25~40	18~30	12~20	8~16	5~10	4~8	5.0~6.5
细粒式	LH-10	Ⅰ-1						95~100	75~80	55~65	50~60	30~40	21~28	12~20	6~10	6.0~8.0
细粒式	LH-10	Ⅰ-2						95~100	55~70	40~55	30~40	20~30	16~21	10~15	5~9	5.5~7.5
细粒式	LH-10	Ⅱ						95~100	35~55	25~40	18~30	12~20	8~16	5~10	4~8	5.0~6.5
砂粒	LH-5	Ⅰ							95~100	65~85	45~65	30~52	17~37	11~28	8~12	7.0~9.0

第四节　道路沥青混凝土的施工工艺

沥青路面是在柔性基层、半刚性基层上，铺筑一定厚度的沥青混合料作为面层的路面结构。由于沥青路面使用沥青混合料，从而增强了矿料间的粘结力，提高了混合料的强度和稳定性，使路面的使用性能和耐久性能都得到较大提高。与水泥混凝土路面相比，沥青路面具有表面平整、无接缝、行车舒适、耐磨性好、噪声较低、施工期短、养护简单、维修方便、适宜于分期修建等特点，因此，在路面工程中得到广泛的应用。

通常，把未经摊铺和碾压的沥青混凝土混合料和沥青碎石混合料统称为沥青混合料。国外大部分高等级公路路面采用沥青混凝土面层，我国高等级公路路面最常见类型为沥青混凝土和沥青碎石。

一、按施工工艺不同分类

沥青路面分类的方法很多，主要可按强度构成原理不同分类、按施工工艺不同分类、按级配构成结构不同分类和按路面技术特性不同分类。

按施工工艺不同，可将沥青路面分为层铺法、路拌法和厂拌法三大类。各种施工工艺具有不同的特点，也具有不同的适用场合。

（一）层铺法施工沥青路面

层铺法施工是用分层洒布沥青、分层铺撒矿料和分层碾压的方法修筑的施工工艺，其主要优点是工艺和设备简便、功效较高、施工进度快、造价较低，其缺点是路面成型期较长，需要经过炎热季节行车碾压之后路面方能成型。用这种方法修筑的沥青路面，又可分为沥青表面处治和沥青贯入式两种。

（二）路拌法施工沥青路面

路拌法施工是在路上用机械将矿料和沥青材料就地拌合摊铺和碾压密实而成沥青面层的施工工艺。此类面层所用的矿料为碎（砾）石者，称为路拌沥青碎（砾）石；所用的矿料为土者，则称为路拌沥青稳定土。路拌沥青面层，通过就地拌合，沥青材料在矿料中的分布比层铺法均匀，可以缩短路面的成型期。但因所用的矿料为冷料，需使用黏稠度较低的沥青材料，故混合料的强度较低。

（三）厂拌法施工沥青路面

厂拌法施工是将规定级配的矿料和沥青材料在工厂专用设备加热拌合，然后送到工地摊铺碾压而成的沥青路面施工工艺。矿料中的细颗粒含量少，不含或含少量矿粉，混合料为开级配的，空隙率可达10%～15%，称为厂拌沥青碎石；若矿料中含有一定量矿粉，混合料是按最佳密实级配配制的，空隙率控制在10%以下，称为沥青混凝土。

厂拌法按混合料铺筑施工时温度的不同，又可分为热拌热铺和热拌冷铺两种。热拌热铺是混合料在专用设备加热拌合后，立即趁热运到路上摊铺压实，这是我国最常用的一种施工方法。如果混合料加热拌合后储存一段时间，然后再在常温下运到路上进行摊铺压实，即为热拌冷铺。厂拌法使用较黏稠的沥青材料，且矿料经过精心挑选，因而混合料质量高，使用寿命长，但修建费用比较高。

二、沥青路面类型的选择

采用不同的施工工艺和不同材料可以修筑成不同类型的沥青路面，而不同类型的沥青路面又直接影响着道路工程的施工进度、施工质量和工程投资。因此，必须根据路面的使用要求和施工的具体条件，按照技术先进、经济合理的原则来进行综合考虑，选定最适宜的路面类型。

选择沥青路面的类型，一方面要根据任务要求（如道路的等级、交通量、使用年限、投资额、养护维修条件等）和工程特点（施工季节、施工期限、基层状况、地形情况等），另一方面还应考虑材料供应情况、施工机具、劳动力状况和施工技术等因素，可参考表3-26中进行选择。

表3-26　沥青路面类型的选择

公路等级	路面等级	面层类型	设计年限（年）	设计年限内累计标准轴次（万次/一车道）
高速公路 一级公路	高级路面	沥青混凝土、沥青玛瑞脂碎石	15	>400
二级公路	高级路面	沥青混凝土	12	>200
	次高级路面	热拌沥青碎石混合料、沥青贯入式	10	100～200
三级公路	次高级路面	乳化沥青碎石混合料、沥青表面处治	8	100～200
四级公路	中级路面	水结碎石、泥结碎石、级配碎（砾）石、半整齐石块路面	5	<10
	低级路面	粒料改善土	5	

从施工季节来讲，沥青类路面一般都要求在温暖干燥的气候条件下施工，所用沥青材料在施工时应具有较大的流动性，以便于路面摊铺和压实成型。热拌热铺类的沥青碎石或沥青混凝土面层，气候对其影响较小，仅要求在晴朗天气和气温不低于5℃时施工。若施工气温较低，则应选用热拌冷铺法施工较为适宜。

由于沥青材料在高温条件下具有较大的流动性，所以沥青类路面一般不宜铺筑在纵坡大于6%的路段上。对于纵坡大于3%、小于6%的路段，如果考虑到抗滑的要求，宜采用粗粒式的沥青碎石或粗粒式的沥青表面处治。

三、沥青混凝土的施工工艺

（一）沥青混凝土施工准备工作

沥青混凝土施工前的准备工作主要有：确定料源及进场材料的质量检验、机械选型与配套、拌合厂的选址、修筑试验路段等项工作。

确定料源及进场材料的质量检验：

1. 沥青材料

目前，我国高等级公路路面所用的沥青大部分从国外进口，如京津塘高速公路、济青高速公路、广佛高速公路等，主要采用新加坡或阿尔巴尼亚等国的沥青。有些公路工程，如沪嘉高速公路、沈大高速公路等，则采用国产的基本满足道路沥青技术要求的稠油沥青。

近几年来，对国产稠油沥青在高等级公路工程中的应用研究及工程实践表明，克拉玛依、单家寺等厂家生产的稠油沥青，铺筑的高等级沥青路面平整、坚实、无明显车辙、早期裂缝较少，路用性能达到或超过进口沥青，完全可以取代进口沥青。国产稠油沥青与国外进口沥青性质比较见表3-27。

表3-27　国产稠油沥青与国外进口沥青性质比较

试验项目 \ 沥青品种		重交通道路沥青技术要求 AH-90	国产稠油沥青			国外进口沥青			
			克拉玛依 AH-90	羊三木 AH-90	单家寺 AH-90	英国 AH-100	新加坡 ESSO	阿尔巴尼亚	日本 80-100
针入度25℃，100g，1/10		80-100	104	97	87	106	95	94	87
延度 5cm/min (cm)	25℃	>100	>150	>150	>150	>150	>150	>150	>150
	15℃	>100	126	100	>150	>150	>150	>150	>150
软化点（环球法）（℃）		42~52	49.0	47.3	48.8	45.7	46.0	46.7	47.0
溶解度（三氯乙烯）（%）		>99	99.90	99.40	99.72	99.71	99.11	99.70	99.90
薄膜加热试验163℃，5h	重量损失（%）	<0.6	0.02	0.13	0.18	0.73	0.02	0.52	0.11
	针入度比（%）	>50	86	65	81	61	71	56	81
	延度（25℃，cm）	>75	107	>150	>150	>150	>150	>150	>150
闪点（开口式）（℃）		>230	>300	259	292	255	328	252	>300
含蜡量（%）		<3	3.10	1.38	2.91	1.11	1.88	0.04	4.38
比重25℃/25℃		≥1.0	0.970	1.005	1.004	1.028	1.037	1.051	1.024

对于进场的沥青，每批到货均应检验生产厂家所附的试验报告，检查装运数量、装运日期、定货数量、试验结果等。对每批沥青进行抽样检测，试验中若有一项达不到规定要求时，应加倍抽样试验，如仍不合格，应退货并进行索赔。沥青材料的试验项目有：针入度、延度、软化点、薄膜加热、蜡含量、比重等。有时根据工程要求，签订合同可增加其他非常规测试项目。

2. 粗骨料

首先确定石料料场，其目的主要是检查石料的技术标准是否满足要求，如石料等级、饱水抗压强度、磨耗率、压碎值、石料与沥青的粘结力等，这些都是石料场取舍的关键条件。在实际中，有的石料虽然达到了技术标准要求，但不具备开采条件，在确定石料场时也应慎重考虑。

碎石的性能受石料本身的结构与加工设备的影响较大，应先对其进行试轧，并检验碎石中针片状含量及级配情况。对进场的粗骨料也要进行上述技术指标的检验，对不合格的骨料不允许进场。

3. 细骨料

细骨料包括砂、石屑及矿粉，其中砂的质量是确定砂料场的主要条件。进场的砂、石屑及矿粉应满足规定的质量要求。

（二）沥青混凝土的拌合与运输

1. 沥青混合料拌合与运输的一般要求

（1）沥青混合料的试拌

道路沥青混合料宜在拌合厂中制备。在拌制一种新配合比的混合料之前，或生产中断一段时间后，应根据室内配合比进行试拌，通过试拌及抽样试验确定施工质量的控制指标。控制指标主要包括：

1）对间歇式拌合机械，应确定每盘热料仓的配合比；对连续式拌合机械，应确定各种矿料送料口的大小及沥青、矿料的进料速度。

2）沥青混合料应按照设计沥青用量进行试拌，试拌后取样进行马歇尔试验，并将其试验值与室内配合比试验结果进行比较，验证设计沥青用量的合理性，有较大差异时可以进行适当调整。

3）确定适宜的拌合时间。间歇式拌合设备每盘拌合时间宜为30~60s，以沥青混合料拌合均匀为准。

4）确定沥青混合料适宜的拌合与出厂温度。沥青（均指石油沥青）的加热温度宜为130~160℃，加热不宜超过6h，且当天加热的混合料要当天用完，不宜多次加热，以免沥青产生老化。砂石加热温度为140~170℃，但对矿粉不宜加热。沥青混合料出厂温度一般宜控制在130~160℃。

（2）沥青混合料的拌制

根据配料单进料，严格控制各种材料用量及其加热温度。拌合后的沥青混合料要均匀一致，无花白、无离析和结团成块等现象。每班抽样做沥青混合料性能、矿料级配组成和沥青用量检验。每班拌合结束时，要清洁拌合设备，放空管道中的沥青。做好各项检查记录，不符合技术要求的沥青混合料禁止出厂。

（3）沥青混合料的运输

沥青混合料用自卸汽车运至浇筑工地，在车箱底板及周壁应涂一薄层油水（柴油: 水 = 1:3）混合液。运输车辆上应加以覆盖，运至摊铺地点的沥青混合料温度不宜低于130℃。运输中尽量避免急刹车，以减少混合料离析。

2. 拌合与运输的生产组织

沥青混合料的生产组织，主要包括矿料、沥青供应和混合料运输两个方面，任何一方面组织不好都会引起施工混乱。

（1）沥青混合料的拌合

1）材料供应。材料供应是保证所需沥青混合料拌合的基础。所用的矿料要符合质量要求，贮存量应为平均日用量的5倍，堆料场应加以遮盖，以防雨水。研究表明：矿料含水量的多少对设备生产能力的影响很大，矿料的含水量大则意味着烘干与加热费时，生产能力降低，燃料消耗增加。例如，干燥滚筒生产能力为50~80t/h时，含水量为5%~8%的矿料，含水量每增加1%，干燥能力下降约10%，每吨产品的燃油消耗率将增加10%。在一般情况下，矿粉和沥青贮存量应为平均日用量的2倍。

2）拌合设备的运行。拌合设备在正式启动前要拉动信号，使各岗位人员相互联系，确认准备就绪时才能合上电闸。对各组成部分的启动，应按料流方向顺序进行。待各部分空运转片刻，确认工作状态良好时，才可开始上料，进行负荷运转。

通常用装载机将不同规格的矿料投入相应料仓，在拌合设备运行中要经常检查砂石料仓的贮料情况。如果发现各料斗内的贮料不平衡时，应及时停机进行调整，以防止满仓或贮料串仓。检查振动筛的橡皮减振块，发现有裂纹时，应及时更换，贮料仓中的存料要过半后才可开始称量。矿粉要根据用料情况上料，防止上料过多或卡住机器。防止沥青从保温箱中溢出，必要时可用工具在箱内搅动，以免沥青溢出。

拌合设备在停机之前，应先停止供给砂石料并少上矿粉，使滚筒空转3~5min，待筒内出完余料再停止筒的转动。在滚筒空转时还应加大喷燃器的风门，尽快驱除筒内的废气，并使筒冷却下来，然后关闭喷燃器的油门和燃油泵的总油门。停机后矿粉仓和矿粉升运机内不得有余料，在停止搅拌前应先停止喷沥青，将进入搅拌器内的余料干拌几分钟后放净，以便刷净搅拌器内的残余沥青。

拌合设备在每次作业完毕后，必须立即用柴油清洗沥青系统，以防止沥青堵塞管路。

（2）沥青混合料的运输

沥青混合料成品应及时运往工地。运输前应查明具体位置、施工条件、摊铺能力、运输路线、运输距离和运输时间，以及所需沥青混合料的种类和数量等。拌合设备忽开忽停会造成燃料的浪费，并影响沥青混合料的质量。运输车辆的数量必须满足拌合设备连续生产的要求，不能因运输车辆少而临时停工。在生产中所用的运输车辆数量 n，应视拌合设备生产能力 G、车辆载重能力 G_0 及运输时间等因素而定，可按下式计算：

$$n = a(t_1 + t_2 + t_3)/T \tag{3-3}$$

式中 n——沥青混合料所需的运输车辆；

t_1——车辆重载运程的时间（min）；

t_2——车辆空载运程的时间（min）；

t_3——在工地卸料和等待的总时间（min）；

T——拌制一车混合料所需的时间（min），$T=60G_0/G$；

a——储备系数，视交通情况而定，一般取 $a=1.1\sim1.2$。

要组织好车辆在拌合设备处装料和工地卸料的顺序，尤其是要计划好车辆在工地卸料时的停置地点。装料时必须按其载重量装足，经安全检查后再启运。

为了精确控制材料的用量，载料车出厂时应进行称量，常用磅秤或使用拌合厂的自动称量系统。

（3）沥青混合料拌合质量检测

1）拌合质量的直观检查

质检人员必须对沥青混合料进行全过程目测，及时发现混合料可能发生的质量问题。沥青混合料生产的每个环节都应特别强调温度控制，这是质量控制的首要因素。目测经常可以发现沥青混合料的温度是否符合规定。

料车装载的混合料如果冒黄烟证明温度过高，会造成沥青的严重损失和性质变化；如果混合料的温度过低，则沥青裹覆不匀，装车将比较困难。此外，如运料车上的沥青混合料能够堆积很高，则说明混合料欠火，或混合料中所含沥青量过低。反之，如果热拌混合料在料车中容易坍平，则可能是因为沥青含量过大或矿料湿度较大所致。

2）沥青混合料质量检测内容

沥青混合料质量检测主要包括：温度测试、取样与测试、填写检测记录。

①温度测试。温度测试是控制沥青混合料的重要内容，检测人员必须按规定进行温度测试。沥青混合料的温度通常在料车上测出，较理想的方法是使用有度盘的温度计，将枢轴从车箱一侧的预留孔中插入混合料，使之达到足够的深度（15cm 以上）。

②取样与测试。沥青混合料的取样和测试，是拌合厂进行质量控制的重要工作。取样和测试所得到的数据，可以证明混合料是否合格。因此，必须严格遵循取样和测试的程序，确保试验结果能够真实反映混合料的质量和特性。

取样和测试的程序及要求，一般在供货合同中明确规定。主要包括抽样频率、规格、位置，以及要做的试验等内容。取样时，首先应确保所取样品能反映整批混合料的特性。测试的主要内容是马歇尔稳定度、流值、空隙率、饱和度、沥青抽提试验、抽提后的矿料级配组成，必要时进行残留稳定性的测定。测定的频率按生产量确定比较合理。

③检测记录。检验人员必须保留好详细的检验记录，这些记录是确定沥青混合料是否合格的证据，也是供需双方进行结算的基本依据，还是今后对工程质量进行评价的重要资料。因此，记录必须清楚、完整、准确和真实。

为了能够反映实际情况，检测记录必须在进行所规定的试验中及时填写，每项工程都必须记日志。对异常情况，特别是对沥青混合料可能产生不利影响的情况必须说明。

（三）沥青混合料的摊铺技术

摊铺作业是沥青路面施工的关键工序之一，主要包括下承层准备、施工放样、摊铺机各种参数的调整与选择、摊铺机作业等内容。

1. 摊铺沥青混合料的一般要求

（1）摊铺前应先检查摊铺机的熨平板宽度是否适当，并调整好摊铺机的自动找平装置。有条件时，尽可能采用全路幅摊铺，如采用分路幅摊铺，接茬应紧密、拉直，并宜设置样桩控制厚度。

（2）双层式沥青混凝土面层的上下层铺筑宜在当天内完成，如间隔时间过长，下层受到污染的路段铺筑上层前应对下层进行清扫，并浇洒粘结层沥青。

（3）摊铺时，沥青混合料温度一般不应低于100℃，摊铺厚度应为设计厚度乘以松铺系数，松铺系数应通过试碾压确定，也可按沥青混凝土混合料1.15～1.35、沥青碎石料1.15～1.30取值。细粒式混合料取上限，粗粒式混合料取下限。摊铺后应检查平整度及路拱，发现问题及时修整。

（4）施工温度在10℃以下或冬季气温虽在10℃以上，但有大风时，摊铺时间宜在上午9时至下午16时进行，做到快卸料、快摊铺、快整平、快碾压，摊铺机的熨平板及其他接触热沥青混合料的机具要经常加热。

（5）雨季施工时，应随时注意天气预报，加强工地现场与拌合厂的联系，现场应缩短施工路段，各工序要紧密衔接。运料车辆和工地应备好防雨设施，并做好基层及路肩的排水工作。

2. 沥青混合料摊铺的准备工作

（1）下承层的准备工作

在铺筑沥青混合料时，它的下承层无非是基层、联结层或面层下层。虽然下承层完成之后已进行检查验收，但在两层施工的间隔期间，很可能因某种原因，如雨天、施工车辆在其上通行等，会使其发生不同程度的损坏，因此需要进行维修。沥青类联结层表面可能污染，必须进行清洗。下承层表面出现任何质量缺陷，都会影响到路面结构的层间粘结强度，以致路面的整体强度。

（2）施工放样

路面施工放样包括标高测定与平面控制两项内容。标高测定的目的是确定下承层表面高程与设计高程的误差，以便在挂线时纠正到设计值或保证施工层厚度。根据标高值设置挂线标准桩，以控制摊铺厚度和标高。为便于摊铺机掌握铺筑宽度和方向，还应放出摊铺的平面轮廓线或导向线。

标高放样应考虑下承层标高差值、厚度和本层应铺厚度。综合考虑后定出挂线桩顶的标高，再打桩挂线。当下承层厚度不够时，应在本层内加入厚度差并兼顾设计标高；当下承层厚度与标高都超过设计值时，应按本层厚度放样。

总之，不但要保证沥青路面的总厚度，而且要考虑标高不超过容许范围。当两者有矛盾时，应以满足厚度为主考虑放样。

（3）摊铺机施工前的检查工作

摊铺机在每日施工前，必须对工作装置及其调节机构进行专门检查，即检查刮板输送器、闸门和螺旋摊铺器的状态是否良好，有无黏附沥青混合料；振捣梁的底面及其前下部是否磨损过大，行程及运动速度是否恰当，它与熨平板之间的间隙以及离熨平板底面的高度是否合适；熨平板底面有无磨损、变形和黏附混合料，其加热装置是否良好；厚度调节器和拱度调节是否良好；各部位有无异常振动；采用自动调平装置时，要检查装置是否良好。

3. 摊铺机参数的调整与选择

摊铺机的参数包括结构参数和运行参数两大部分。在正式摊铺前，根据施工要求需调整和选择摊铺机的结构参数有：熨平板宽度与拱度；摊铺厚度与熨平板的初始工作迎角。运行参数主要是指摊铺速度。

（1）熨平板宽度与拱度的调整

为减少摊铺的次数，每一条摊铺带的宽度，应按该型号摊铺机的最大摊铺宽度来考虑。这样不仅可以减少机械通过次数，还可以减少路面的纵向接茬，有利于质量的提高。在确定摊铺宽度时应注意：上下铺层的纵向接茬应错开30cm以上；摊铺下层时，为了便于机械转向，熨平板的侧边与路缘石或边沟之间应留有10cm以上的距离；在纵向接茬处应有一定的重叠量（2.5～5cm）；接长熨平板时必须同时相应接长螺旋摊铺器和振捣梁，并检查接长后熨平板底板的平直度和整体刚度。

熨平板宽度调整后，要调整其拱度。各种型号的摊铺机调拱机构大致相同，调整后可在标尺上直接读出拱度的绝对数（mm）或横坡百分数。调整好拱度后要进行试铺校验，必要时再次进行调整。如果调整不当，将会影响摊铺层的表面质量和结构致密的均匀性。只有前后拱均符合规定时，才能获得满意的效果。一般人工接长调整宽度的熨平板，其前后拱之差为3～5mm，液压伸缩调宽的熨平板，差值为2～3mm。

（2）摊铺厚度与熨平板的初始工作迎角的调整

摊铺工作开始前要准备两块长方垫木，以此作为摊铺厚度的基准。垫木宽5～10cm，长与熨平板纵向尺寸相同，厚度为松铺厚度。垫木放好后，放下熨平板，让其提升油缸处于浮动状态，然后转动左右两只厚度调节螺杆，使熨平板以自重落在垫木上。

熨平板放置妥当后，根据说明书中的规定调整初始工作迎角。调节得正确与否，只能通过实际摊铺的厚度检验。所铺的实际平均厚度 h 可按下式计算：

$$h = 100G/\gamma \cdot A \tag{3-4}$$

式中 h——所铺的实际平均厚度（cm）；

G——已用沥青混合料的重量（t）；

A——铺筑面积（m^2）；

γ——未最终压实的混合料密度（一般取2.0t/m^3）。

摊铺厚度还与刮板输送器的生产能力有直接关系。在实际施工过程中，如果已知刮板输送器的生产能力，又知道最大摊铺宽度，就可比较方便地调整摊铺厚度。

（3）布料螺旋与熨平板前缘距离的调整

先进的摊铺机熨平板前缘与布料螺旋之间的距离是可变的。它主要根据摊铺厚度、混合料级配及油石比、矿料粒径、下承层强度与刚度等，对此距离进行适当调整。当摊铺厚度和矿料粒径较大、沥青混合料温度偏低、或发现摊铺层表面出现波纹时，则应将此距离调大；当在石灰稳定土、水泥稳定土、二灰土基层上摊铺厚度较小的沥青层时，则应将此距离调小；在一般摊铺条件下，宜将此距离调至中间位置。

熨平板前缘与布料螺旋之间的距离变化，会引起熨平板前沿堆料高度的改变，影响摊铺的质量。因此，这一项调整是在其他项目调整全部完成后进行。

（4）振捣梁行程的调整

绝大多数摊铺机在熨平板之前设有往复式振捣梁，其由一偏心轴传动。偏心轴一般由一台液压电机驱动，往复运动的行程可进行有级或无级调整，根据摊铺厚度、施工温度、密实度而确定，通常在4～12mm之间。一般情况下，薄层、矿料粒径小宜短行程，反之，摊铺厚度大、温度低、矿料粒径大宜长行程。摊铺面层只能选用短行程。

（5）熨平板前刮料护板高度的调整

有些摊铺机熨平板前装有刮料护板，其作用在于保持熨平板前混合料的堆积高度为定值。因此，刮料护板的高度调整得当，有助于提高摊铺质量。国外研究表明，当摊铺厚度小于10cm时，刮料护板底刃应高出熨平板底板前缘13～15mm。如果摊铺厚度增加，或混合料粒径增大，刮料护板要适当提高。反之，应适当降低刮料护板高度。为确保在熨平板全宽范围内料堆高度一致，刮料护板底刃必须平直，且与熨平板底边缘保持平行。

（6）摊铺机作业速度的选择

摊铺机作业速度对摊铺机的作业效率和摊铺质量影响极大。正确选择作业速度，是加快施工进度、提高摊铺质量的重要手段。现代摊铺机都具有较大的速度调节范围，从零到每分钟数十米之间，可进行无级调节。如果摊铺机时快时慢、时开时停，将导致熨平板受力系统平衡变化频繁，对铺层平整度和密实度影响很大；速度过快会使铺层疏松、供料困难，速度过慢或停机，会使铺层表面形成台阶状，且不易压实。

选择摊铺机作业速度的原则是保证摊铺机连续作业。首先必须考虑供料能力，包括沥青混合料拌合设备的生产能力和运输车辆的运输能力。因此，合理的作业速度可根据混合料供给能力、摊铺宽度和厚度来确定，可按下式计算：

$$V = 100Q/60bh\gamma \text{ 或 } V = Q/1.4bh \quad (3\text{-}5)$$

式中 V——合理的摊铺机作业速度（m/min）；

Q——混合料的供给能力（t/h）；

b——摊铺宽度（cm）；

h——压实后的摊铺厚度（cm）；

γ——沥青混合料压实后的密度（一般取2.35t/m^3）。

4. 摊铺机作业

沥青混凝土摊铺机作业主要包括：熨平板加热、摊铺机供料机构操作、选择摊铺方式和进行接茬处理。

（1）熨平板加热

开始施工前或停工后再工作时，应对熨平板进行加热。施工经验表明，当100℃以上的混合料碰到30℃以下的熨平板底面时，将会冷粘在板底上，这些黏附的黏料随板向前移动时，会拉裂铺层的表面，使之形成沟槽和裂纹。但不可加热过猛过热，过热不仅易使板本身变形和加速磨损，而且还会使铺层表面烫出沥青胶浆和拉沟。

在连续摊铺过程中，当熨平板已充分受热时，可暂停对其加热。但对于摊铺低温混合料和沥青砂，熨平板则应连续加热，以使板底对混合料经常起熨烫作用。

（2）摊铺机供料机构操作

摊铺机供料机构包括刮板输送器和向两侧布料的螺旋摊铺器两部分。两者的工作应相互密切配合，工作速度匹配。工作速度确定后，还要力求保持其均匀性，这是决定路面平整度的一项重要因素。

刮板输送器的运转速度及闸门的开启度共同影响向摊铺室的供料量。通常，在刮板输送器的运转速度确定后不再变动，向摊铺室的供料量基本上依靠闸门的开启高度来调节。若闸门开启度过大，使摊铺室中积料过多，造成螺旋摊铺器过载，加速其叶片的磨损，增加熨平板的前进阻力，破坏熨平板的受力平衡，铺层厚度增加。若闸门开启过小，使摊铺室中的混合料不足，中部形成下陷状，其密实度与对熨平板的阻力减小，同样会破坏熨平板的受力平衡，使熨平板下沉，铺层厚度减小。

摊铺室内最恰当的混合料量，是料堆的高度平齐或略高于螺旋摊铺器的轴心线，即稍微看见螺旋叶片或刚盖住叶片为度。闸门的最佳开启度，应在保证摊铺室内混合料处于上述正确料堆高度状态下，使刮板输送器和螺旋摊铺器在全部工作时间内连续工作，最低也要使其运转时间占全部工作时间的80% ~90%。

(3) 选择摊铺方式

摊铺时，先从横坡较低处开铺。各条摊铺带的宽度最好相同，以节省重新接宽熨平板的时间。使用单机进行不同宽度的多次摊铺时，应尽可能先摊铺较窄的一条，以减少拆接宽的次数。

如果是多机摊铺，则应在尽量减少摊铺次数的前提下，各条摊铺带的宽度可以有所不同，但梯队间距不宜太大，一般在5~10m之间，以便形成热接茬。如果是单机非全幅作业，每幅不宜铺筑太长，一般为100~150m。

(4) 接茬处理

接茬处理按照施工方向不同，可分为纵向接茬和横向接茬两种；按施工方法不同，可分为冷接茬和热接茬两种。

1) 纵向接茬。两条摊铺带相接处，必须有一部分搭接，才能保证该处与其他部分具有相同的厚度。搭接的宽度应前后一致，搭接的施工方法分为冷接茬和热接茬。

冷接茬施工是指新铺层与经过压实后的已铺层进行搭接。搭接的宽度约为3~5cm，过宽会使接茬处压实不足，产生热粘现象；过窄会在接茬处形成斜坡，难以平整。在摊铺新铺层时，对已铺层接茬处边缘应铲修垂直。

热接茬施工是在使用两台以上摊铺机梯队作业时采用的，此时两条毗邻摊铺带的混合料都处于压实前的热状态，纵向接茬易于处理，且连接强度较好，其搭接宽度为2~5cm。

2) 横向接茬。前后两条摊铺带横向接茬质量好坏，对路面的平整度影响很大，它比纵向接茬对汽车行驶速度和舒适性的影响更大。处理好横向接茬的一个基本原则是，要将第一条摊铺带的尽头边缘锯成垂直面，并与纵向边缘成直角。

5. 摊铺过程的质量检验

摊铺中常见的质量缺陷主要有：厚度不准、平整度差、混合料离析、裂纹、拉沟等。产生这些质量缺陷的原因有：机械本身的调整、摊铺机的操作和混合料的质量等。因此，在摊铺过程中应进行严格的质量检验。

(1) 沥青含量的直观检查

如果沥青混合料又黑又亮、料车上的沥青混合料呈圆锥状或沥青混合料在摊铺机受料斗中“蠕动”，则表明沥青含量正常；如果沥青混合料显得特别黑亮，料车上的沥青混合料呈平坦状或沥青结合料从骨料中分离出来，则表明沥青含量过多；如果沥青混合料呈褐色、暗而脆、粗骨料没有被完全覆盖、受料斗中的混合料不“蠕动”，则表明沥青含量太少。

(2) 量测混合料的温度

沥青混合料在正常摊铺和碾压温度范围内，往往冒出淡蓝色蒸汽。若沥青混合料产生黄色蒸汽或缺少蒸汽，说明其温度过高或过低。

通常在料车到达摊铺工地时，测定沥青混合料的温度。每天早晨要特别注意做这项检查，因此时下承层表面温度和气温都比较低。平时只要混合料有温度较低现象或初次碾压，而压路机跟不上时，则应量测混合料的温度。

(3) 摊铺厚度的检测

摊铺厚度是否符合设计要求，是影响路面工程质量的最重要因素。因此，在摊铺机整个摊铺过程中，应按照有关规定经常检测混合料虚铺厚度。

(4) 表观检查

未压实混合料的表面结构，无论是纵向还是横向都应均匀、密实、平整，无撕裂、小波浪、局部粗糙、拉沟等现象，否则应查明原因，及时处理。

(四) 沥青混合料的压实技术

压实是沥青混凝土路面施工的最后一道工序，如果采用优良筑路材料、精良拌合与摊铺设备、良好的施工技术，摊铺出了较理想的混合料层，而良好的路面质量最终要通过碾压来体现。如果碾压中出现任何质量缺陷，必将是前功尽弃。因此，必须十分重视沥青混合料的压实工作。

压实的目的是提高沥青混合料的强度、稳定性及抗疲劳特性。研究表明：沥青混凝土的压实度与疲劳寿命、渗透性有密切的关系。标准压实度相应的空隙率增加1%时，疲劳寿命将降低35%，压实度每降低1%，沥青混合料的渗透性提高2倍。

沥青混凝土的压实，并不是压实压力和压实遍数越多越好，必须根据实际进行适宜的压实。压实试验证明，如果压实不足，将导致混凝土的空隙率增大，从而加速沥青混合料的老化；如果压实过头，将会使矿料破碎而使压实度反而降低，混凝土易出现泛油和失稳，影响路面的强度与稳定性。

沥青混凝土路面压实工作的内容主要包括：碾压机械的选型与组合、压实温度、压实速度、压实遍数、压实方式的确定。

1. 碾压机械的选型与组合

(1) 常用沥青路面压实机械

目前，用于沥青路面的碾压机械很多，最常用的压实机械有：静作用光轮压路机、轮胎压路机和振动压路机。

1) 静作用光轮压路机

静作用光轮压路机可分为双轴三轮式和双轴双轮式两种。双轴三轮式后面有两个较大的驱动轮，前面是一个较小的从动轮，其重量为2.5～16t，常用于沥青混合料的初压。双轴双轮式前后各有一个轮子，比三轮式具有更好的压实适应性，能在摊铺层上横向碾压，产生更均匀的密实度。

2) 轮胎压路机

轮胎压路机根据其大小，可装5～11个光面橡胶轮，这些橡胶轮通常具有改变轮胎压力的性能，其工作重量一般为5～25t。轮胎压路机可用来进行接缝处的预压、坡道预压、消除裂纹、薄摊铺层的压实等作业。

3) 振动压路机

振动压路机分为自行式单轮振动压路机、串联式振动压路机及组合式振动压路机。自行式单轮振动压路机，常用于平整度要求不高的路面作业；串联式振动压路机及组合式振动压路机，在当今沥青混合料的压实中，应用比较广泛。

（2）选型与组合

结合工程实际，选择压路机的种类、大小和数量，应考虑摊铺机的生产率、混合料特性、摊铺厚度、施工现场的具体条件等因素。

摊铺机的生产率决定了需要压实的能力，从而影响了压路机大小和数量的选择；而混合料的特性则为选择压路机的大小、最佳频率和振幅提供了依据。选择的压路机重量和振幅，应与摊铺厚度相适应。压路机的选择还必须考虑到施工现场的具体条件，若有陡坡、转弯的路段应考虑压路机操作的机动灵活性。

2. 压实作业的程序

沥青混合料的压实程序分为初压、复压和终压三道工序。初压的目的是整平和稳定混合料，同时为复压创造有利条件，是整个压实作业的基础，因此要注意压实的平整性；复压的目的是使沥青混合料密实、稳定、成型，沥青混合料的密实程度取决于复压，因此必须与初压紧密衔接，且一般采用重型压路机；终压的目的是消除轮迹，最后形成密实的压实面，因此不能采用重型压路机在高温下完成。

（1）压实程序

沥青混合料的压实程序，一般可分为初压、复压和终压。在各压实阶段，对压实功能、混合料温度和压实遍数也是不同的。

1）沥青混合料进行初压时，一般应采用6～8t双轮压路机或6～10t振动压路机（不需振动）压两遍，初压温度掌握在110～130℃，初压后要检查其平整度、路拱等是否合格，必要时予以修整。如在碾压时出现推移，可待温度稍低后再压；如出现横向裂纹，应检查原因及时采取措施纠正。

2）沥青混合料进行复压时，一般应采用10～12t三轮压路机、10t振动压路机或相应的轮胎压路机进行，复压温度为90～110℃，一般碾压4～6遍为宜，使沥青混合料达到稳定和无明显轮迹。

3）沥青混合料进行终压时，一般采用6～8t的振动压路机，终压温度为70～90℃，以碾压2～4遍为宜。

（2）压实方式

碾压时压路机应由路边向路中进行，这样能始终保持压路机以压实后的材料作为支承边。三轮式压路机每次重叠为后轮宽的1/2，这种碾压方式可减少压路机前推料、起波纹等。双轮压路机每次重叠宜为30cm。压路机压实速度可参考表3-28。

表3-28　沥青混合料的碾压速度

压路机类型＼最大碾压速度	初压（km/h）	复压（km/h）	终压（km/h）
钢轮压路机	1.5～2.0	2.5～3.5	2.5～3.5
轮胎压路机	—	3.5～4.5	—
振动压路机	静压1.5～2.0	振动5～6	静压2～3

3. 特殊路段的碾压

特殊路段的碾压，一般是指弯道、交叉口、路边、陡坡等处的压实作业。这些部位比较难以碾压，但又影响路面工程的总体质量，必须引起足够的重视。对于这些特殊路段的碾压，应采取以下措施。

（1）弯道、交叉口的碾压

应选用铰接转向式压路机作业，先从弯道内侧或弯道较低一边开始碾压，以利于形成支承边。对急弯应尽可能采取直线式碾压，并逐一转换压道，对缺角处用小型机具压实。压实中注意转向同速度相吻合，尽可能选用振动碾压，以减少剪切力。

（2）路边碾压

压路机在没有支承边的厚层上碾压时，可在离边缘30～40cm处开始碾压作业。这样，就能在路边压实前，形成一条支承侧面，以减少沥青混合料碾压时铺层塌边。在以后碾压留下的未压部分时，压路机每次只能向自由边缘方向推进10cm。

（3）陡坡碾压

在陡坡碾压时，压路机的很大部分作用力向下坡方向，因而增加了混合料顺坡下移的趋势。为抵消这种趋势，除了下承层表面必须清洁、干燥、喷洒粘层沥青外，压实时还应注意，先采用轻型压路机预压。无论是上坡还是下坡，压路机的从动轮始终朝着摊铺方向，即从动轮在前，驱动轮在后，与一般路段的碾压时相反。

在陡坡碾压时，压路机的起动、停止、变速要平稳，避免速度过高或过低，混合料温度不宜过高。

4. 提高压实质量的措施

提高沥青混合料压实的措施很多，经过多年的施工实践经验证明，提高压实质量主要从选择碾压温度、选择合理的压实速度与遍数、选择合理的振频与振幅、混合料特性等方面采取措施。

（1）选择碾压温度

碾压温度的高低，直接影响沥青混合料的压实质量和施工速度。因此，选择适宜的碾压温度是非常重要的，不仅可以保证沥青混合料的压实质量，而且还可以快速完成设计规定的压实任务。

碾压试验证明：当沥青混合料温度较高时，可用较少的碾压遍数，获得较高的密实度和较好的压实效果；而当混合料温度较低时，碾压工作变得比较困难，不仅达不到理想的压实效果，而且很难消除压实时产生的轮迹，造成路面不平整。因此，在实际施工中，要求在摊铺完毕后及时进行碾压。

工程实践证明，在一般情况下，沥青混合料的最佳压实温度为110～120℃之间，最高也不宜超过160℃。所谓最佳压实温度是指在材料允许的温度范围内，沥青混合料能够支承压路机而不产生水平推移、且压实阻力较小的温度。

碾压时如果沥青混合料温度过高，会引起压路机两旁混合料的隆起，碾轮后的摊铺层裂纹，碾轮上粘起沥青混合料及前轮推料等问题。若碾压时混合料温度过低，由于沥青混合料的黏性增大，会导致压实无效。

碾压试验研究表明：沥青混合料的摊铺初始温度每提高10℃，则碾压时间可缩短近16%；而最低碾压温度每降低10℃，则碾压时间可延长30%。

碾压试验也证明，压实质量与压实温度有着直接的关系，而摊铺后混合料温度是随着环境温度在不断变化的，特别是在摊铺后 4～15min 内，温度损失可达 1～5℃/min，因此必须掌握好有效压实时间，做到适时碾压。有效压实时间的长短，与混合料的冷却速度、压实厚度等因素有关。

（2）选择合理的压实速度与遍数

碾压试验充分证明，选择合理的压实速度，对减少碾压时间、提高作业效率、确保工程质量有重要意义。速度过快，会产生料物推移、横向裂纹等质量问题；速度过慢，会使摊铺与压实工序间断，影响压实质量。

在实际碾压施工中，压实速度一般宜控制在 2～4km/h，轮胎压路机可适当提高，但不得超过 5km/h。

选择碾压速度的基本原则是：在保证沥青混合料碾压质量的前提下，最大限度地提高碾压速度，从而减少碾压遍数，提高工作效率。

表 3-29 所列三组对比试验表明，在不同碾压温度条件下，当碾压遍数相同，而碾压速度不同时，沥青混合料的压实度平均值相差仅 1% 左右。

表 3-29　压实度、碾压速度和碾压遍数的关系

试验路编号	碾压遍数		碾压速度（km/h）	压实度（%）	空隙率（%）	碾压温度（℃）
	振　压	静　压				
1	2	1	5	97.9	3.9	—
	2	1	10	97.0	5.0	115～130
	4	1	5	97.8	3.7	
	4	1	10	97.5	4.0	
2	2	1	5	99.0	3.0	—
	2	1	10	98.1	3.4	155～170
	4	1	5	98.8	3.5	
	4	1	10	97.8	3.1	
3	2	1	5	99.0	2.7	—
	2	1	10	97.0	4.1	
	4	1	5	97.1	4.3	80～115
	4	1	10	97.3	4.4	120～140

（3）选择合理的振频与振幅

目前，振动压路机已广泛用于沥青混合料的压实，为了获得最佳的碾压效果，合理选择振频与振幅是非常重要的。振频主要影响沥青面层的表面压实质量，对于沥青混合料的碾压，其振频多在 42～50Hz 范围内选择。振幅主要影响沥青面层的压实深度，对于沥青混合料的碾压，其振幅可在 0.4～0.8mm 内选择。

（4）混合料特性

沥青混合料的特性对压实质量有较大影响，表 3-30 中列出了影响原因、后果及对策，供碾压作业中参考。

表 3-30　沥青混合料特性对压实作业的影响

原因			后果	对策
矿料	表面光滑		粒间摩擦力大	使用轻型压路机和较低的混合料温度
	表面粗糙		粒间摩擦力大	使用重型压路机
	强度不足		会被钢轮压路机压碎	使用坚硬矿料，使用轮胎式压路机
沥青	黏度	高	限制颗粒运动	使用重型压路机，提高温度
		低	碾压过程中颗粒容易移动	使用重型压路机，降低温度
	含量	高	碾压时失稳	减少沥青用量
		低	降低了润滑性，碾压困难	增加沥青用量，使用重型压路机
混合料	粗矿料过量		不易压实	减少粗矿料，使用重型压路机
	砂子过量		工作度过高，不易碾压	减少砂用量，使用轻型压路机
	矿粉过量		混合料软黏，不易碾压	减少矿粉用量，使用重型压路机
	矿粉不足		黏性下降，混合料可能离析	增加矿粉用量

第五节　道路沥青混凝土的质量控制

沥青路面施工应根据全面质量管理的要求，建立健全有效的质量保证体系，实行严格的目标管理、工序管理与岗位责任制，对施工各阶段的质量进行检查、控制、评定，达到所规定的质量标准，确保施工质量的稳定性。

根据公路工程施工的特点和过程，按照行业标准《公路沥青路面施工技术规范》中的有关规定，其质量管理与检查验收主要包括：施工前的材料与设备检查、铺筑试验路段的检查、施工过程中的质量管理与检查、交工验收阶段的工程质量检查与验收和工程施工总结及质量保证期的管理。

一、一般规定

1. 沥青路面施工应根据全面质量管理的要求，按照国家或行业现行施工技术规范，建立健全有效的质量保证体系，对施工中各工序的质量进行检查评定，及时发现和纠正出现的质量问题，达到规定的质量标准，以确保施工质量。

2. 对于高速公路和一级公路沥青路面，应当加强施工过程中的质量控制，实行动态质量管理。

3. 以上所介绍的技术要求，是工程施工质量管理和交工验收的依据，是我国公路施工中的现行技术规范。

4. 所有与公路工程建设有关的原始记录、试验检测及计算数量、汇总表格，必须如实记录和妥善保存。对已经采取措施进行返工和补救的项目，应在原记录和数据上加以详细注明，但不得销毁。

二、施工前的材料与设备检查

1. 施工前必须检查各种材料的来源和质量。对经招标程序购进的沥青、骨料等重要材料，供货单位必须提交最新检测的正式试验报告。从国外进口的材料应提供该批材料的船运单。对首次使用的骨料，应检查生产单位的生产条件、加工机械、覆盖层的清理情况。所有材料都应按规定取样检测，经质量认可后方可订货。

2. 各种材料都必须在施工前以“批”为单位进行检查、检验，不符合有关规范技术要求的材料不得进场。对各种矿料是以同一料源、同一次购入并运至生产现场的相同规格的材料为一“批”；对沥青是指从同一来源、同一次购入且储入同一沥青罐的同一规格的沥青为一“批”。材料试样的取样数量与频度按现行试验规程的规定进行。

3. 工程开始前，必须对材料的存放场地、防雨和排水措施进行确认，不符合规范中的技术要求时，不允许材料进场。进场的各种材料的来源、品种、质量，应与招标及提供的样品一致，不符合要求的材料严禁使用。

4. 使用成品改性沥青的工程，应要求供应商提供所使用的改性剂的型号、基质沥青的质量检测报告。使用现场配制改性沥青的工程，应对试生产的改性沥青进行检测。质量不合格的不可使用。

5. 施工前对沥青拌合楼、摊铺机、压路机等各种施工机械和设备进行调试，对机械设备的配套情况、技术性能、传感器计量精度、运载情况等进行认真检查、标定，并得到监理人员的认可。

6. 在正式开工前，各种原材料的试验结果，及据此进行的目标配合比设计和生产配合比设计结果，应在规定的期限内向业主及监理提出正式报告，待取得正式认可后，才能正式用于工程。

三、铺筑试验路段的检查

1. 高速公路和一级公路的沥青路面在施工前应铺筑试验段。其他等级公路在缺乏施工经验或初次使用重大设备时，也应铺筑试验段。当同一施工单位在材料、机械设备及施工方法与其他工程完全相同时，也可利用其他工程的结果，不再铺筑新的试验路段。

2. 试验段的长度应根据试验目的确定，通常一般采用100～200mm，并且最好选在正线上铺筑。

3. 热拌热铺沥青混合料路面试验段铺筑，可以分为试拌及试铺两个阶段，主要包括下列试验内容：

（1）检验各种施工机械的类型、数量及组合方式是否匹配，这是确保施工速度和施工质量的重要条件。

（2）通过试拌确定拌合机的操作工艺，考察计算机打印装置的可信度，以确保沥青混合料拌合质量。

（3）通过沥青混合料试铺确定透层油的喷洒方式和效果、摊铺工艺和压实工艺，也确定松铺系数等。

（4）验证沥青混合料生产配合比设计是否适用，进一步提出生产用的标准配合比和最佳沥青用量。

（5）建立用钻孔法与核子密度仪无破损检测路面密度的对比关系。确定压实度的标准检测方法。核子仪等无破损检测应当在碾压成型后热态测定，取13个测点的平均值为1组数据，一个试验段内测定不得少于3组。钻孔法应当在第2天或第3天以后测定，钻孔数不少于12个。

(6) 检测试验段的渗水系数。

4. 试验段铺筑应由参加公路建设的有关各方共同参加，及时商定有关事项，明确试验结论。铺筑结束后，施工单位应就各项试验内容提出完整的试验路段施工报告和检测报告，取得业主或监理的批复。

四、施工过程中的质量管理与检查

(一) 沥青路面施工的基本规定

沥青面层的施工必须在得到开工令后方可开工。

(二) 沥青路面施工质量自检

施工单位在施工过程中应随时对施工质量进行自检。监理应按规定要求自主地进行试验，并对承包商的试验结果进行认定，如实评定质量，计算合格率。当发现有质量低劣等异常情况时，应立即追加检查。施工过程中无论是否已经返工补救，所有数据均必须如实记录，不得丢弃。

(三) 沥青混合料的原材料质量

沥青混合料在生产过程中，必须按照表3-31中规定的检查项目与检查频度，对各种原材料进行抽样试验，其质量应符合行业标准《公路沥青路面施工技术规范》中的有关规定。

表3-31　施工过程中材料质量检查的项目与频度

材料名称	检查项目	检查频度		试验规程规定的平行试验次数或一次试验的试样数
		高速公路、一级公路	其他等级公路	
粗骨料	外观（石料品种、含泥量等）	随时	随时	—
	针片状颗粒含量	随时	随时	2~3
	颗粒组成（筛分）	随时	必要时	2
	压碎值	必要时	必要时	2
	磨光值	必要时	必要时	4
	洛杉矶磨耗值	必要时	必要时	2
	含水量	必要时	必要时	2
细骨料	颗粒组成（筛分）	随时	必要时	2
	砂当量	必要时	必要时	2
	含水量	必要时	必要时	2
	松方单位重	必要时	必要时	2
矿粉料	外观	随时	随时	—
	<0.075mm颗粒含量	必要时	必要时	2
	含水量	必要时	必要时	2
石油沥青	针入度	每2~3天1次	每周1次	3
	软化点	每2~3天1次	每周1次	2
	延度	每2~3天1次	每周1次	3
	含蜡量	必要时	必要时	2~3

续表

材料名称	检查项目	检查频度		试验规程规定的平行试验次数或一次试验的试样数
		高速公路、一级公路	其他等级公路	
改性沥青	针入度	每天1次	每天1次	3
	软化点	每天1次	每天1次	2
	离析试验（对成品改性沥青）	每周1次	每周1次	2
	低温延度	必要时	必要时	3
	弹性恢复	必要时	必要时	3
	显微镜观察（对现场改性沥青）	随时	随时	—
乳化沥青	蒸发残留物含量	每2~3天1次	每周1次	2
	蒸发残留物针入度	每2~3天1次	每周1次	2
改性乳化沥青	蒸发残留物含量	每2~3天1次	每周1次	2
	蒸发残留物针入度	每2~3天1次	每周1次	3
	蒸发残留物软化点	每2~3天1次	每周1次	2
	蒸发残留物的延度	必要时	必要时	3

注：①表列内容是在材料进场时已按“批”进行了全面检查的基础上，日常施工过程中质量检查的项目与要求。

②“随时”是指需要经常检查的项目，其检查频度可根据材料来源及质量波动情况由业主及监理确定；“必要时”是指施工各方任何一个部门对其质量发生怀疑，提出需要进行检查时，或是根据需要商定的检查频度。

每个检查项目的平均试验次数或一次试验的试样数，均必须按相关试验规程的规定执行，并以平均值评价是否合格。未列入表中的材料的检查项目和检查频度按材料质量要求确定。

（四）沥青混合料生产质量控制

沥青拌合厂必须按下列步骤对沥青混合料生产过程进行质量控制，并按照表3-32中规定的检查项目和检查频度，对沥青混合料产品的质量进行检查，如实计算产品的合格率。单点检验评价方法应符合相关试验规程的试样平均试验的要求。

1. 从料堆和皮带运输机随时目测各种材料的质量和均匀性，检查泥块及超粒径碎石，检查冷料仓有无窜仓现象。目测混合料拌合是否均匀，有无花白料，油石比是否合理，检查骨料和混合料的离析情况。

2. 检查控制室拌合机各项参数的设定值、控制屏的显示值，核对计算机采集和打印记录的数据与显示值是否一致。按照行业标准《公路沥青路面施工技术规范》中附录G的方法，进行沥青混合料生产过程的在线监测和总量检验；按照行业标准《公路沥青路面施工技术规范》中附录F的方法，进行沥青混合料质量动态管理。

3. 检测沥青混合料的材料加热温度、混合料出厂温度，取样抽提、筛分检测混合料的矿料级配、油石比。抽提筛分应至少检查0.075mm，2.36mm，4.75mm，公称最大粒径及中间粒径5个筛孔的通过率。

4. 取样成型试件进行马歇尔试验，测定空隙率、稳定度、流值，计算其合格率。对VMA、VFA指标可只作记录。同时按照行业标准《公路沥青路面施工技术规范》中附录E的方法确定压实度的标准密度。

（注：沥青混合料的存放时间对体积指标有一定的影响，施工质量检验的马歇尔试验以拌合厂取样后立即成型的试件为准，但成型温度和试件高度必须符合试验要求。）

表 3-32　热拌沥青混合料的频度和质量要求

项目		检查频度及单点检验评价方法	质量要求或允许偏差		试验方法
			高速公路、一级公路	其他等级公路	
混合料外观		随时	观察骨料粗细、均匀性、离析、油石比、色泽、冒烟、有无花白料、油团等各种现象		目测
拌合温度	沥青、骨料的加热温度	逐盘检测评定	符合规范规定		传感器自动检测、显示并打印
	混合料出厂温度	逐车检测评定	符合规范规定		传感器自动检测、显示并打印，出厂时逐车按 T0981 人工检测
		逐盘测量记录，每天取平均值评定	符合规范规定		传感器自动检测、显示并打印
矿料级配（筛孔）	0.075mm	逐盘在级检测	±2%（2%）	—	附录 G 总量检验
	≤2.36mm		±5%（4%）	—	
	≥4.75mm		±6%（5%）	—	
	0.075mm	逐盘检查，每天汇总 1 次取平均值评定	±1%	—	计算机采集数据计算
	≤2.36mm		±2%	—	
	≥4.75mm		±2%	—	
	0.075mm	每台拌合机每天 1～2次，以 2 个试样的平均值评定	±2%（2%）	±2%	T0725 抽提筛分与标准级配比较的差
	≤2.36mm		±5%（3%）	±6%	
	≥4.75mm		±6%（4%）	±7%	
沥青用量（油石化）		逐盘在级监测	±3%	—	计算机采集数据计算
		逐盘检查，每天汇总1次取平均值评定	±1%	—	附录 F 总量检验
		每台拌合机每天 1～2次，以 2 个试样的平均值评定	±3%	±4%	抽提 T 0722、T 0721
马歇尔试验：空隙率、稳定度、流值		每台拌合机每天 1～2次，以4～6 个试样的平均值评定	符合规范规定		T 0702、T 0709、规范附录 B、附录 C
浸水马歇尔试验		必要时（试件数同马歇尔试验）	符合规范规定		T 0702、T 0709
车辙试验		必要时（以 3 个试件的平均值评定）	符合规范规定		T 0719

注：①单点检验是指试验结果以一组试验结果的报告值为一个测点的评价依据，一组试验（如马歇尔试验、车辙试验）有多个试样时，报告值的取用按《公路工程沥青与沥青混合料试验规程》的规定执行。

②对高速公路和一级公路，矿料级配和油石比必须进行总量检验和抽提筛分的双重检验控制，互相校核，表中括号内的数字是对 SMA 的要求。油石比抽提试验应事先进行空白试验标定，提高测试数据的准确度。

（五）沥青路面铺筑质量评定

沥青路面铺筑过程中必须随时对铺筑质量进行评定，质量检查的内容、频度、允许偏差应符合表 3-33、表 3-34 和表 3-35 中的规定。

表 3-33　公路热拌沥青混合料路面施工过程中工程质量的控制标准

项目		检查频度及单点检验评价方法	质量要求或允许偏差		试验方法
			高速公路、一级公路	其他等级公路	
外观		随时	表面平整密实，不得有明显轮迹、裂缝、推挤、油汀、油包等缺陷，且无明显离析		目测
接缝		随时	紧密平整、顺直、无跳车		目测
		逐条缝检测评定	3mm	5mm	T 0931
施工温度	摊铺温度	逐车检测评定	符合有关规范规定		T 0981
	碾压温度	随时	符合有关规范规定		插入式温度计实测
厚度①	每一层次	随时 厚度 50mm 以下 厚度 50mm 以上	设计值的 5% 设计值的 8%	设计值的 8% 设计值的 10%	施工时插入法量测松铺厚度及压实厚度
	每一层次	1 个台班区段的平均 厚度 50mm 以下 厚度 50mm 以上	-3mm -5mm	—	按照（JTG F40—2004）中附录 G 的方法检验总量
	总厚度	每 2000m² 一点单点评定	设计值的 -5%	设计值的 -8%	T 0912
	上面层	每 2000m² 一点单点评定	设计值的 -8%	设计值的 -10%	—
压实度②		每 2000m² 检查 1 组逐个试件评定并计算平均值	实验室标准密度的 97%（98%） 最大理论密度的 93%（94%） 试验段密度的 99%（99%）		T 0924、T 0922，按照（JTG F40—2004）中附录 E 的方法检验
平整度（最大间隙）	上面层	随时 接缝处单杆评定	3mm	5mm	T 0931
	中下面层	随时 接缝处单杆评定	5mm	7mm	T 0931
平整度标准差	上面层	连续测定	1.2mm	2.5mm	T 0932
	中面层	连续测定	1.5mm	2.8mm	
	下面层	连续测定	1.8mm	3.0mm	
	基　层	连续测定	2.4mm	3.5mm	
宽度	有侧石	检查每个断面	±20mm	±20mm	T 0911
	无侧石	检查每个断面	不小于设计宽度	不小于设计宽度	
纵断面高程		检查每个断面	±10mm	±15mm	T 0911
横坡度		检查每个断面	±0.3%	±0.5%	T 0911
沥青层层面上的渗水系数③，不大于		每 1km 不少于 5 点，每点 3 处取平均值	300mL/min（普通密级配沥青混合料） 200mL/min（SMA 混合料）		T 0971

注：①表中厚度检测频度指高速公路和一级公路的钻孔频度，其他等级公路可酌情减少状况，且通常采用压实度钻孔试件测定。上面层的允许误差不适用于磨耗层。

②压实度检测按照行业标准《公路沥青路面施工技术规范》中附录 E 的规定执行，钻孔试件的数量按本节（七）中的规定执行。括号中的数值是对 SMA 路面的要求，对马歇尔成型试件采用 50 次或者 35 次击实的混合料，压实度应适当提高要求。进行核子仪等无破损检测时，每 13 个测点的平均数作为一个测点进行评定是否符合要求。实验室密度是指与配合比设计相同方法成型的试件密度。以最大理论密度作标准密度时，对普通沥青混合料通过真空法实测确定，对改性沥青和 SMA 混合料，由每天的矿料级配和油石比计算得到。

③渗水系数适用于公称最大粒径等于或小于 19mm 的沥青混合料，应在铺筑成型后未遭到行车污染的情况下测定，且仅适用于要求防水的密级配沥青混合料、SMA 混合料。不适用于 OGFC 混合料，表中渗水系数以平均值评定，计算的合格率不得小于 90%。

表 3-34 公路沥青表面处置及贯入式路面施工过程中工程质量的控制标准

路面类型	项 目	检查频度及单点检验评价方法	质量要求或允许偏差	试验方法
沥青表面处置	外 观	随 时	骨料嵌挤密实，沥青洒布均匀，无花白料，接头无油包	目 测
	骨料及沥青用量	每日 1 次逐日评定	±10%	每日施工长度的实际用量与计划用量比较，T 0982
	沥青洒布温度	每车 1 次评定	符合规范规定	温度计测量
	厚度（路中及路侧各 1 点）	不少于每 $2000m^2$ 1 点，逐点评定	-5mm	T 0912
	平整度（最大间隙）	随时，以连续 10 尺的平均值评定	10mm	T 0931
	宽 度	检测每个断面逐个评定	±30mm	T 0911
	横坡度	检测每个断面逐个评定	±0.5%	T 0911
沥青贯入式路面	外 观	随 时	骨料嵌挤密实，沥青洒布均匀，无花白料，接头无油包	目 测
	骨料及沥青用量	每日 1 次总量评定	±10%	每日施工长度的实际用量与计划用量比较，T 0982
	沥青洒布温度	每车 1 次逐点评定	符合规范规定	温度计测量
	厚 度	每 $2000m^2$ 1 点，逐点评定	-5mm 或设计厚度的 -8%	T 0912
	平整度（最大间隙）	随时，以连续 10 尺的平均值评定	8mm	T 0931
	宽 度	检测每个断面	±30mm	T 0911
	横坡度	检测每个断面	±0.5%	T 0911

表 3-35 公路稀浆封层、微表处施工过程中工程质量的控制标准

项 目	检查频度及单点检验评价方法	质量要求或允许偏差	试验方法
外 观	随 时	表面平整，均匀一致，无拖痕，无显著离析，接缝顺畅	目 测
油石比	每日 1 次总量评定	±0.3%	每日实际沥青用量与总骨料数量，总量检验
厚度	每 1km 5 个断面	±10%	钢尺测量，每幅中间及两侧各 1 点

续表

<table>
<tr><th colspan="2">项　目</th><th>检查频度及单点检验评价方法</th><th>质量要求或允许偏差</th><th>试验方法</th></tr>
<tr><td rowspan="4">粒径</td><td>0.075mm</td><td rowspan="4">每日1次取2个试样筛分的平均值</td><td>±2%</td><td rowspan="4">T 0725</td></tr>
<tr><td>0.15mm</td><td>±3%</td></tr>
<tr><td>0.30mm</td><td>±4%</td></tr>
<tr><td>0.60，1.18，2.36，4.75，9.5（mm）</td><td>±5%</td></tr>
<tr><td colspan="2">湿轮磨耗试验</td><td>每周1次</td><td>符合设计要求</td><td>从工程中进行取样按T 0752规定进行</td></tr>
</table>

（六）沥青路面施工厚度的控制

施工厚度的检测应按以下方法执行，并进行相互校核，当差值较大时通常以总量检验为准。施工厚度应从以下几个方面进行控制：

1. 利用摊铺过程在线控制，即不断地用插尺或其他工具插入摊铺层内，测量松铺厚度是否符合设计要求。

2. 利用拌合厂沥青混合料总生产量与实际铺筑的面积计算平均厚度进行总量方面的检验。

3. 当具有地质雷达等无破损检验设备时，可利用其连续检测路面厚度，但其测试精度需经标定认可。

4. 待路面完全冷却后，在钻孔检测压实度的同时测量沥青层的厚度。

（七）沥青路面的碾压与钻孔

沥青路面的压实度采取重点对碾压工艺进行过程控制，适度钻孔抽检压实度的方法。在碾压和钻孔中应注意以下几个方面：

1. 碾压工艺的控制包括的内容很多，主要包括：压路机的配置（台数、吨位及机型）、排列和碾压方式、压路机与摊铺机的距离、碾压温度、碾压速度、压路机洒水（雾化）情况、碾压段长度、调头方式等。

2. 碾压过程中宜采用核子密度仪等无破损检测设备进行压实密度过程控制，测点随机选择，一组不少于13个点，取其平均值，与标定值或试验段测定值比较评定。测定温度与试验段测定时一致，检测精度通过试验路与钻孔试件标定。

3. 在沥青路面完全冷却后，随机选点钻孔取样，如一次钻孔同时有多层沥青层时需用切割机切割，待试件充分干燥后（在第二天之后），分别测定其密度。

压实度计算及标准密度的确定方法，应遵照行业标准《公路沥青路面施工技术规范》中附录E的规定，选用其中的1个或2个标准评定，并以合格率低的作为评定结果，但不得以配合比设计时的标准密度作为整个施工及验收过程中的标准密度使用。钻孔后应及时将孔中灰浆淘净，吸净余水，待干燥后以相同的沥青混合料分层填充夯实。

为减少钻孔的数量和避免施工组织不合理，有关施工、监理、监督各方宜合作进行钻孔检测，以避免重复钻孔。

4. 测试压实度的一组数据最少为3个钻孔试件，当一组检测的合格率小于60%，或平均值χ_3小于要求的压实度时，可增加一倍的检测点数。如6个测点的合格率小于60%，或平均值χ_6仍达不到压实度要求时，允许再增加一倍的检测点数，要求其合格率大于60%，且平均值χ_{12}达到规定的压实度要求（注意记录的所有数据不得遗弃）。

如果以上测试仍然不能满足要求时，应当核查标准密度的准确性，以确定是否需要返工以及返工的范围。当所有钻孔试件检测的压实度持续稳定并符合要求时，钻孔频度可减少每千米不少于一个孔。施工过程中钻孔的试件宜编号贴上标签予以保存，以备工程交工验收时使用。

5. 压实层厚度等于或小于3cm的超薄表面层或磨耗层、厚度小于4cm的SMA表面层、易发生温缩裂缝的严寒地区的表面层、桥面铺装沥青层，以及使用改性沥青后，钻孔试样表面形状改变，难以准确测定密度时，可免于钻孔取样，严格控制碾压。

（八）沥青路面的渗水检查

压实成型的路面应按照《公路路基路面现场测试规程》（JTJ 059—1995）规定的方法随机选点检测渗水情况，渗水系数的平均值宜符合《公路沥青路面施工技术规范》中的要求。对排水式沥青混合料，应要求水能迅速排走。如需要测定构造深度时，宜在测定渗水的同时在附近选点测定，记录实测结果。

（九）沥青路面的外观评定

在施工过程中应随时对路面外观进行评定，评定的项目主要包括色泽、油膜厚度、表面空隙等，尤其特别注意防止粗细骨料的离析和混合料温度不均匀，造成路面局部渗水严重或压实不足，酿成隐患。如果确实该路段严重离析、渗水，且经2次补充钻孔仍不能达到压实度要求，确实施工质量差的，应予铣刨或局部挖补，返工重铺。

（十）沥青路面平整度检测

在施工过程中必须随时用3m直尺检测接缝及与构造物的连接处平整度的检测，正常路段的平整度采用连续式平整度仪或颠簸累积仪测定。

（十一）高等级沥青路面的动态管理

高速公路和一级公路沥青路面的施工，应按照行业标准《公路沥青路面施工技术规范》中附录F的方法，利用计算机实行动态质量管理，并计算平均值、极差、标准差及变异系数以及各项指标的合格率。

（十二）特殊及重要施工的管理

公路施工的关键工序或重要部位，宜采用拍摄照片或进行录像，作为实态记录及保存资料的一部分。

五、交工验收阶段的工程质量检查与验收

（一）热拌沥青路面的验收质量标准

工程完工后，施工单位应将全线以1～3km作为一个评定路段；每一侧车行道应按照表3-36、表3-37和表3-38中所规定的频度，随机选取测点；对沥青面层进行全线自检，将单个测定值与表中的质量要求或允许偏差进行比较，计算合格率；然后计算一个评定路段的平均值、极差、标准差及变异系数。

施工单位应在规定时间内提交全线检测结果及施工总结报告，申请交工验收。

表3-36　公路热拌沥青混合料路面交工检查与验收质量标准

检查项目		检查制度（每一侧车行道）	质量要求或允许偏差		试验方法
			高速公路、一级公路	其他等级公路	
外观		随时	表面平整密实，不得有明显轮迹、裂缝、推挤、油汀、油包等缺陷，且无明显离析		目测
面层总厚度	代表值	每1km 5点	设计值的 -5%	设计值的 -8%	T 0912
	极值	每1km 5点	设计值的 -10%	设计值的 -15%	T 0912
上面层厚度	代表值	每1km 5点	设计值的 -10%	—	T 0912
	极值	每1km 5点	设计值的 -20%	—	T 0912
压实度	代表值	每1km 5点	实验室标准密度的96%（98%） 最大理论密度的92%（94%） 试验段密度的98%（99%）		T 0924
	极值（最小值）	每1km 5点	比代表值放宽1%（1km）或2%（全部）		T 0924
路表平整度	标准差	全线连续	1.2mm	2.5mm	T 0932
	IRI	全线连续	2.0m/km	4.2m/km	T 0933
	最大间隙	每1km 10处，各连续10杆	—	5mm	T 0931
路表渗水系数　不大于		每1km不少于5点，每点3处取平均值评定	300mL/min（普通沥青路面） 200mL/min（SMA路面）	—	T 0971
宽度	有侧石	每1km 20个断面	±20mm	±30mm	T 0911
	无侧石	每1km 20个断面	不小于设计宽度	不小于设计宽度	T 0911
纵断面高程		每1km 20个断面	±15mm	±20mm	T 0911
中线偏位		每1km 20个断面	±20mm	±30mm	T 0911
横坡度		每1km 20个断面	±0.3%	±0.5%	T 0911
弯沉	回弹弯沉	全线每20m 1点	符合设计对交工验收要求	符合设计对交工验收要求	T 0951
	总弯沉	全线每5m 1点	符合设计对交工验收要求	—	T 0952
构造深度		每1km 5点	符合设计对交工验收要求	—	T 0961、T 0962、T 0963
摩擦系数摆值		每1km 5点	符合设计对交工验收要求	—	T 0964
横向力系数		全线连续	符合设计对交工验收要求	—	T 0965

注：①高速公路、一级公路面层除验收总厚度外，还应验收上面层的厚度，代表值的计算方法按照行业标准《公路沥青路面施工技术规范》中附录E的方法进行。

②压实度检测按照行业标准《公路沥青路面施工技术规范》中附录E的规定执行，钻孔试件的数量按本节（七）中的规定执行。括号中的数值是对SMA路面的要求，对马歇尔成型试件采用50次或者35次击实的混合料，压实度应适当提高要求。进行核子仪等无破损检测时，每13个测点的平均数作为一个测点进行评定是否符合要求。实验室密度是指与配合比设计相同方法成型的试件密度。以最大理论密度作标准密度时，对普通沥青混合料通过真空法实测确定，对改性沥青和SMA混合料，由每天的矿料级配和油石比计算得到。

③渗水系数适用于公称最大粒径等于或小于19mm的沥青混合料，应在铺筑成型后未遭行车污染的情况下测定，且仅适用于要求防水的密级配沥青混合料、SMA混合料。不适用于OGFC混合料，表中渗水系数以平均值评定，计算的合格率不得小于90%。

表 3-37　公路沥青表面处置及贯入式路面交工检查与验收质量标准

路面类型	检查项目		检查频度（每一侧车行道）	质量要求或允许偏差	试验方法
沥青表面处置	外　观		全　线	密实，不松散	目　测
	厚度	代表值	每 200m 每车道 1 点	-5mm	T 0921
		极　值	每 200m 每车道 1 点	-10mm	T 0921
	路表平整度	标准差	全线每车道连续	4.5mm	T 0932
		IRI	全线每车道连续	7.5m/km	T 0933
		最大间隙	每 1km 10 处，各连续 10 尺	10mm	T 0931
	宽度	有侧石	每 1km 20 个断面	±30mm	T 0911
		无侧石	每 1km 20 个断面	不小于设计宽度	T 0911
	纵断面高程		每 1km 20 个断面	±20mm	T 0911
	横坡度		每 1km 20 个断面	±0.5%	T 0911
	沥青用量		每 1km 1 点	±0.5%	T 0722
	矿料用量		每 1km 1 点	±5%	T 0722
沥青贯入式路面	外　观		全　线	密实，不松散	目　测
	厚度	代表值	每 200m 1 点	-5mm 或 -8mm	T 0921
		极　值	每 200m 1 点	15mm	T 0921
	路表平整度	标准差	全线连续	3.5mm	T 0932
		IRI	全线连续	8.5m/km	T 0933
		最大间隙	每 1km 10 处，各连续 10 尺	8mm	T 0931
	宽度	有侧石	每 1km 20 个断面	±30mm	T 0911
		无侧石	每 1km 20 个断面	不小于设计宽度	T 0911
	纵断面高程		每 1km 20 个断面	±20mm	T 0911
	横坡度		每 1km 20 个断面	±0.5%	T 0911
	沥青用量		每 1km 1 点	±0.5%	T 0722
	矿料用量		每 1km 1 点	±5%	T 0722

表 3-38　公路沥青路面稀浆封层交工检查与验收质量标准

检查项目	检查频度（每一侧车行道）	质量要求或允许偏差		试验方法
		高速公路、一级公路	其他等级公路	
平均厚度	每 1km 3 个点	-10%	-10%	挖小坑量测，取平均
渗水系数	每 1km 3 处	10mL/min	10mL/min	T 0971
路表构造深度	每 1km 5 个点	符合设计要求	—	T 0961、T 0962
路面摩擦系数摆值	每 1km 5 个点	符合设计要求	—	T 0964
横向力系数	全线连续	符合设计要求	—	T 0965

（二）沥青路面面层的质量指标

沥青路面交工时应检查验收沥青面层的各项质量指标，主要包括路面的厚度、压实度、平整度、渗水系数、构造深度、摩擦系数等。

1. 需要作破损路面进行检测的指标，如路面厚度、压实度等，宜利用施工过程中的钻孔数据，检查每一个测点与极值相比的合格率，同时按照行业标准《公路沥青路面施工技术规范》中附录F的方法计算代表值。

路面厚度也可利用路面雷达连续测定路面剖面进行评定。压实度验收可选用其中的1个或2个标准，并以合格率低的作为评定结果。

2. 路表平整度可采用连续式平整度仪和颠簸累计仪进行测定，以每100m计算一个测值，计算其合格率。

3. 路表渗水系数与构造深度，宜在施工过程中在路面成型后立即测定，但每一个点为3个测点的平均值，计算其合格率。

4. 交工验收时可采用连续式摩擦系数测定车在行车道实测路表横向摩擦系数，如实记录测点的数据。

5. 交工验收时可选择贝克曼梁或连续式弯沉仪实测路面的回弹弯沉或总弯沉，如实记录测点的数据（含测定时的气候条件、测定车数据等），测定时间宜在公路最不利使用条件下（指春融期或雨季）进行。

（三）公路工程施工竣工图

工程交工时应对全线的宽度、纵断面高程、横坡度、中线偏位等方面进行实测，以每个桩号的测定结果评定合格率，最后提出实际的施工竣工图。

（四）行人道路沥青面层质量标准

行人道路沥青面层的质量检查及验收，与车行道相同，其质量指标应符合表3-39中的规定。

表3-39 行人道路沥青面层的质量标准

检查项目		质量要求或允许偏差	检查频度	检查方法
厚度		±5mm	每100m 1个点	T 0912
路表平整度（最大间隙）	沥青混凝土	5mm	每200m 2个点 各连续10尺	T 0931
	其他沥青面层	7mm		
宽度		−20mm	每100m 2个点	T 0911
横坡度		±0.3%	每100m 2个点	T 0911

（五）桥面沥青铺装工程质量标准

大、中型桥梁桥面沥青铺装的质量检查与验收，以100m作为一个评定路段，其质量指标应符合表3-40中的规定。

表3-40 桥面沥青铺装工程的质量标准

检查项目		检查频度	允许偏差		检查方法
			高速公路、一级公路	其他等级公路	
厚度		每100m 2个点	0～+5mm		T 0912
路表平整度	标准差	连续测定	1.8mm	2.5mm	T 0932
	最大间隙	连续测定	3.0mm	5.0mm	T 0931
宽度		每100m 10个点	0～+5mm		T 0911
压实度		每100m 2个点	马歇尔密度的97% 最大相对密度的93%		T 0924
横坡		每100m 10个点	±0.3%		T 0911
其他			与热拌沥青混合料的要求相同		

（六）路缘石和止水带的质量检查

路缘石和止水带的质量检查及验收，与车行道检查与验收相同，其质量指标应符合表3-41中的规定。

表 3-41　路缘石及止水带工程质量标准

检查项目	质量要求或允许偏差	检查频度	检查方法
直顺坡	10mm	每 100m 2 个点	拉 20m 小线量取最大值
预制块相邻的高差	3mm	每 100m 5 个点	用钢板尺量
预制块相邻的缝宽	±3mm	每 100m 5 个点	用钢板尺量
立式路缘石顶面高程	±10mm	每 100m 5 个点	T 0911
水泥混凝土路缘石的预制块强度	25MPa	每 1km 1 个点	留试块试验
沥青混凝土拦水带的压实度	95%	每 1km 1 个点	取样试验

第六节　沥青混凝土在工程上的应用

由于沥青混凝土材料来源广、价格低廉、施工简便、不需养护，冷固后即可使用，能耐中等浓度的无机酸、碱和盐类的侵蚀，因此，其用途比较广泛，除了可以铺筑公路路面外，还可用于防腐工程及海港工程中的沥青护面、沥青衬里和沥青屋面等。

沥青材料的强度与温度有密切关系，在施工时其环境温度一般不宜低于5℃，最高温度也不宜高于60℃。

沥青混凝土（砂浆）的主要工程应用及用途，如表3-42所示。

表 3-42　沥青混凝土的主要工程应用及用途

混合物名称	结构物名称		主要用途
沥青混凝土	公路工程		沥青路面
	机场工程		沥青路面、跑道、引跑
	防腐工程	耐酸碱池、槽	基础、地坪面层、垫层
	海港工程	堤坝	护面、面层、高水压、防水层
		填充大坝	面层、衬里、核心
		贮水池	衬里
		航道	衬里
沥青砂浆 沥青胶	公路工程		沥青路面、公路、桥面面层（沥青砂浆）
	防腐工程	耐酸碱池、槽	地坪面层、池壁衬里（沥青砂浆）
	海港工程	堤坝	底部加固（沥青胶）
		填充大坝	核心（沥青胶）
		航道	护面（沥青胶）
		海岸港湾	用于下沉地面沥青垫层（沥青胶）

第四章　道路碾压混凝土

碾压混凝土是一种坍落度为零的干硬性混凝土，也是一种通过振动碾压施工工艺，使其达到高密实度和高强度的混凝土。这是一种近十几年发展起来的新型混凝土，它具有很多独特的性能，未凝固之前其性能完全不同于普通水泥混凝土，而在凝固之后其性能又与普通水泥混凝土的性能非常接近。

碾压混凝土与普通水泥混凝土相比，不仅用水量少、无流动性、节省大量水泥，而且施工速度快、养护时间短，主要用于道路路面工程和水工坝体工程等。

第一节　道路碾压混凝土概述

一、碾压混凝土的发展概况

早在第一次世界大战前后，比利时、丹麦、法国及其他一些欧洲国家已有人碾压修筑了水泥混凝土路面。但是，由于当时具有的碾压手段难以保证良好的工程质量，这种筑路技术未能得到发展。

1970 年初期，西班牙最早将碾压混凝土用于道路路面的铺筑。1973 年和 1979 年的两次石油危机，导致沥青材料价格的上涨，增加了水泥混凝土路面的竞争力，也重新唤起了人们研究开发碾压混凝土路面的热情。到了 20 世纪 70 年代中期，碾压混凝土的应用已非常广泛，极大地促进了碾压混凝土科学理论和工程应用的发展。世界上一些主要工业国家的碾压混凝土施工情况，如表 4-1 所示。

表 4-1　各国碾压混凝土施工量与施工机械

项　目	德　国	法　国	美　国	西班牙	加拿大	日　本
应用场所	军用重车停车场、重交通道路	轻交通道路 木材堆放场	军用重车停车场、机场停车场、集装箱货场、轻交通道路	轻交通道路 城市道路 重交通道路	矿山道路 汽车站场 木材堆放场	工事用道路 木材堆放场 I·C 坡道 厂区道路
施工数量 (1×10^4m)	1.50	200	27	400	—	2.30
摊铺机械	带模板的沥青摊铺机	平地机及沥青摊铺机	带模板的沥青摊铺机	平地机及沥青摊铺机	带模板的沥青摊铺机	带 T·V 模板及大压实模板的沥青摊铺机
压实机械	振动压路机 轮胎压路机	振动压路机 (9～10t) 轮胎压路机 (10～35t)	振动压路机 (8～15t) 轮胎压路机 (30t) 单列式压路机	振动压路机 (10～20t) 轮胎压路机 (9～21t)	振动压路机 (10t) 轮胎压路机 (15t)	振动压路机 (7～10t) 轮胎压路机 (8～25t)

但是，由于设备条件的不完善和施工技术的成套性差，路面平整度等问题未能得到很好的解决，制约了碾压混凝土路面的发展。20 世纪 80 年代，振动压路机和大型沥青摊铺机等强力筑路机械的发展，为保证碾压混凝土路面的施工质量奠定了基础，世界许多国家纷纷投入力量和资金，加强碾压混凝土路面的研究开发，碾压混凝土路面施工技术进入了空前的发展阶段。

我国碾压混凝土最早是用于水库的堤坝建设，1960～1961 年，中国台湾修筑石门坝心墙，首次采用了碾压混凝土。碾压混凝土是在普通的混凝土工厂备制的，采用连续级配，骨料最大粒径达到 76mm。胶凝材料掺用量为 107kg/m^3，混凝土拌合物用自卸卡车运输，用推土机平仓，每层厚 30cm，借助自卸卡车和推土机压实。

我国是从 20 世纪 80 年代初开始进行碾压混凝土路面研究的。1981 年安徽省公路局开始进行室内试验，1982 年铺筑第一段试验路。1983 年、1984 年，安徽省公路局和交通部公路科学研究所及江苏省交通厅合作，进行了扩大试验，取得了不少研究成果。1991 年开始的国家“八五”科技攻关项目“高等级公路碾压混凝土路面施工成套技术的研究”以提高路面平整度，形成实用的施工技术为目标，从材料、施工技术、抗滑技术及接缝技术等多方面开展了系统研究，取得了成套研究成果。

1995 年 7 月完成的山西长治工业性试验路，在规模生产条件下，路面平整度水平达到高速公路优良标准。1996 年铺筑的 307 国道推广应用工程（约 20km），在路面平整度指标上超过了这一水平。因此，可以说从施工技术上已基本解决了碾压混凝土路面平整度这一世界性难题，为碾压混凝土路面在高等级公路上的大规模推广应用创造了条件。

从施工机械来看，当时进口的大型沥青摊铺机等机械还比较少，即使拥有这些机械的单位一般也不愿用来铺筑碾压混凝土路面，只能采用人工或小型机械施工，路面质量难以提高。因此，这一时期的研究成果主要为采用人工或中小型配套机械施工的各种复合式碾压混凝土路面或用于较低等级公路的全厚式碾压混凝土路面施工技术。

随着高等级公路的迅速发展，高密实度摊铺机、振动压路机等大型设备越来越多，为高等级公路碾压混凝土路面的机械化施工创造了条件。国内的一些筑路机械生产厂家也纷纷研制或引进技术生产施工机械，因此公路工程单位的大型机械保有量迅速增加，再加上京津塘高速公路等一些工程明确规定，水泥稳定基层必须采用“厂拌机铺”，改变了一些工程技术人员的认识，从而为我国高等级公路碾压混凝土路面施工中采用高密实度摊铺机等大型机械创造了条件。

近些年来，西班牙、美国和日本等国家，对碾压混凝土路面的研究和应用处于世界前列，为碾压混凝土在公路工程中的应用作出了很大贡献。

在“九五”期间，国家把碾压混凝土铺筑路面作为一个重点研究项目，组织科研单位、施工部门、大专院校等，对碾压混凝土路面的强度、性能、配合比和施工工艺等进行了较为系统的研究，并取得了一定的研究成果，使碾压混凝土路面的应用得到了较快的发展。目前，我国大部分省市在公路、城建、水工建筑和机场建设中应用碾压混凝土铺筑技术。

目前，我国公路上常用下层为碾压混凝土、上层为普通混凝土的复合式路面，或者在碾压混凝土路面上铺筑磨耗层。在《公路水泥混凝土路面设计规范》、《水泥混凝土路面施工及验收规范》（GBJ 97—1987）和《公路水泥混凝土路面施工技术规范》中，已列入碾压混凝土路面的有关内容。

二、碾压混凝土的特点

碾压混凝土是一种干硬性贫水泥的混凝土，其主要施工过程为混凝土拌制、入仓、薄层铺筑、碾压、养护和成缝。它与普通常态混凝土相比有如下优缺点：

（一）碾压混凝土的优点

1. 碾压混凝土主要用于浇筑厚度较小、浇筑面积较大的工程，如公路路面、机场场地、城市道路、大型水工建筑等，因此可进行流水化作业、大面积连续浇筑，可以大大提高混凝土的施工强度，加快工程的施工速度。

2. 碾压混凝土的搅拌、运输、浇筑等主要施工工序，均可利用原有普通混凝土施工配套系统，这样可以提高原有施工机械设备的利用率，最大限度地发挥原有混凝土施工配套系统的工作能力，并可大大节省工程投资。

3. 由于碾压混凝土可以大面积、大方量的铺筑，所以可以最大限度地使用机械，提高工程施工的机械化程度，减轻施工的劳动强度，减少劳动力用量，提高工程施工速度和工程施工质量。

4. 碾压混凝土一般用于强度要求较低的工程（如混凝土坝和路面等），所以可以在混凝土中大量使用掺合料，这样可以节约水泥，降低工程成本。

5. 由于碾压混凝土施工机械化程度高，工程施工进度快，所以可以大大缩短工程的施工工期，一般比普通混凝土可以缩短工期 1/2 ~ 1/3，这样可使公路工程早日投入运行，从而可以提高投资收益。

6. 由于碾压混凝土中含水量少、养护期比较短，一般在公路铺筑施工期就具有承载能力，因此可以实现道路交通早期开放，这是其他混凝土所不能实现的。

（二）碾压混凝土的缺点

1. 与普通水泥混凝土相比，碾压混凝土的施工工艺过程增多，对模板的要求较高，现在逐渐趋向易于拆装、单块面积大、强度高、易调整的大模板，因模板的投资比较大，从而增加了工程的投资。

2. 碾压混凝土大多采用机械施工，因此施工节奏比较快，对整个混凝土施工配套系统要求比较高，施工中对施工组织要求严格，任何施工环节都不能轻易延缓。

3. 由于碾压混凝土中的水泥用量较少，骨料之间产生的孔隙较大，则出现了抗渗性能难以满足设计要求的新问题。

4. 由于碾压混凝土是一种流动性很差的干硬性混凝土，层与层之间粘结强度较差，则出现了如何处理层间结合的新问题。

三、碾压混凝土的主要种类

水利工程和公路工程中所用的碾压混凝土，其水泥用量较少并掺有一定量的粉煤灰。根据胶凝材料用量的多少，一般可以分为水泥固砂石碾压混凝土、高粉煤灰掺量碾压混凝土和干贫型碾压混凝土三种。

（一）水泥固砂石碾压混凝土

水泥固砂石碾压混凝土是一种胶凝材料用量最少的碾压混凝土，胶凝材料的用量一般不超过 $100kg/m^3$，其中还掺有少量的粉煤灰，仅能将砂、石骨料粘结在一起，混凝土中还有较多的孔隙。

（二）高粉煤灰掺量碾压混凝土

高粉煤灰掺量碾压混凝土是一种胶凝材料用量最多的碾压混凝土，胶凝材料的用量为150～250kg/m^3，其中粉煤灰占50%～80%，水胶比为0.50左右。

（三）干贫型碾压混凝土

干贫型碾压混凝土是一种胶凝用量稍多于水泥固砂石碾压混凝土的碾压混凝土，胶凝材料的用量为110～130kg/m^3，其粉煤灰占25%～30%，水胶比可达0.70～0.90。

四、碾压混凝土的压实机理

（一）结构形成机理

碾压混凝土最明显的特征是没有流动性，它的密实性主要取决于振动碾压机械的激振力和频率。在机械振动力的作用下，石子克服石子之间和石子与水泥砂浆之间的摩擦阻力，从而占据混凝土的空间并紧密堆积形成骨架，其空隙被水泥砂浆填充并包裹，使碾压混凝土形成一个密实体。

Wegmouth的粒子干扰学认为：凡是具有一定直径比的骨料组成混凝土时，其粒度级配是以某一粒径等级骨料的平均相互间隔（t），恰好等于其次一等级大小的骨料的平均直径与包裹骨料的水泥膜厚度之和（t_0）时为最佳。当$t<t_0$时，则会发生粒子干扰，而使混凝土空隙增加，密实度下降。

碾压混凝土在激振力和频率的作用下，混凝土中的石子产生一定的位移，当$t<t_0$时，石子之间产生干摩擦，摩擦阻力系数很大，振动力克服这个摩擦阻力要消耗大量的功，混凝土也很难达到密实状态。当$t>t_0$时，水泥砂浆在石子之间形成润滑介质，这时的摩擦阻力系数取决于水泥的黏度、骨料的颗粒形状和表面性质，但摩擦阻力系数已大大减小。

碾压混凝土主要是通过石子之间的嵌锁作用而获得强度，当碾压混凝土满足$t>t_0$时，因石子之间的间距很小、水灰比小、用水量少、稠度低，石子和水泥砂浆移动阻力很大，所以必须依靠机械振动和压力达到密实。按照《公路水泥混凝土路面施工技术规范》中的规定，碾压混凝土现场实测的压实状态的密度不得低于密实状态密度的97%，即压实度应大于或等于97%。

（二）材料流变特性

碾压混凝土的流变特性可以用稳定性、振实性和流动性来表示。碾压混凝土的稳定性是用未施加力时新拌混凝土的泌水和离析来衡量；碾压混凝土的振实性是以振动条件下新拌混凝土最大振实密度来衡量；碾压混凝土的流动性是以新拌混凝土的黏聚力和内摩擦阻力来衡量。黏聚力来自水泥浆基体与骨料之间的粘结力；内摩擦阻力来自骨料颗粒移动或转动时所发生的摩擦力，取决于骨料颗粒形状、表面粗糙度和密度。

无振动条件下新拌混凝土的堆积体，在黏聚力和内摩擦力的作用下处于稳定状态；在振动条件下混凝土内摩擦力显著减小，一般只有静止堆积时的5%，所以混凝土将失去稳定状态而开始流动，这种现象称为液化。液化后混凝土处于重液流动状态，骨料颗粒在重力作用下向下滑动，从而排列紧密构成骨架，骨架内的空隙被流动的水泥砂浆所充填，从而形成密实的混凝土体。由此可见，碾压混凝土要达到密实状态，首先必须使混凝土产生液化，而液化又取决于振动碾压机械的振动特性。

第二节 道路碾压混凝土的组成材料

根据工程实践证明，碾压混凝土所用的原材料，与普通水泥混凝土没有很大的差别，主要由水泥、细骨料、粗骨料、掺合料、外加剂和拌合水按一定比例组成，但是在原材料的配合比例上有所不同。

一、水泥

水泥是水泥混凝土路面中最重要的组成材料，也是价格相对比较高的材料，其质量直接影响混凝土路面的弯拉强度、抗冲击振动性能、疲劳循环周次、体积稳定性和耐久性等关键物理力学性能和路用品质，必须引起高度重视，对水泥必须合理加以选择。因此，在配制水泥混凝土时，如何正确选择水泥的品种及强度等级，将直接关系到水泥混凝土的耐久性和经济性。

碾压混凝土所用的水泥与普通水泥混凝土相同。凡是符合国家标准的硅酸盐系列的水泥均可应用。

（一）水泥品种的选择

一般来说，硅酸盐水泥、普通硅酸盐水泥、矿渣硅酸盐水泥、粉煤灰硅酸盐水泥和火山灰质硅酸盐水泥等，均可用于配制普通水泥混凝土。由于不同混凝土的工程性质、所处环境及施工条件不同，对水泥性能要求也不尽相同。在满足工程要求的前提下，应选用价格较低的水泥品种，以节约工程造价。

在道路工程施工所用的材料中，我国与所有发达国家不同的一点是有特种道路硅酸盐水泥。我国颁布的国家标准《道路硅酸盐水泥》（GB 13693—2005）中的各项技术指标，基本上符合高速公路水泥混凝土路面使用技术要求。

经过多年工程实践证明，特重、重交通公路应当优先选用回转窑生产的道路硅酸盐水泥，也可采用回转窑生产的硅酸盐水泥和普通硅酸盐水泥；对于中等以下交通量的公路路面，也可采用矿渣硅酸盐水泥。但是，其他混合水泥不得在混凝土路面中使用。

当贫混凝土和碾压混凝土用作基层时，可使用各种硅酸盐类水泥。当不掺用粉煤灰时，宜使用强度等级 32.5MPa 以下的水泥。当掺用粉煤灰时，只能使用道路硅酸盐水泥、硅酸盐水泥、普通硅酸盐水泥。水泥的抗压强度、抗折强度、安定性和凝结时间必须检验合格，符合国家的有关标准。

（二）水泥的技术性能

水泥进场时每批量应附有齐全的矿物组成，物理、力学指标合格的检验证明，使用前应对水泥的安定性、凝结时间、标准稠度用水量、抗折强度、细度等主要技术指标检验合格后，方可使用。水泥的存放期不得超过三个月。

根据《公路水泥混凝土路面施工技术规范》的规定，对水泥的化学品质，特别是游离氧化钙、氧化镁和碱度的含量提出了明确要求；对水泥的安定性在蒸煮法检验的基础上，首次提出高速公路、一级公路要用雷氏夹进行检验。各级公路混凝土路面所用水泥的矿物组成、物理性能等路用品质要求，应符合表 4-2 中的规定。

表 4-2　各交通等级路面用水泥的化学成分和物理指标

项　目	特重、重交通路面	中、轻交通路面
铝酸三钙	不宜 >7.0%	不宜 >9.0%
铁铝酸四钙	不宜 <15.0%	不宜 <12.0%
游离氧化钙	不得 >1.0%	不得 >1.5%
氧化镁	不得 >5.0%	不得 >6.0%
三氧化硫	不得 >3.5%	不得 >4.0%
碱含量	$Na_2O+0.658K_2O \leqslant 0.6\%$	怀疑有碱性骨料时，≤0.6%；无碱性骨料时，≤1.0%
混合材种类	不得掺窑灰、煤矸石、火山灰和黏土，有抗盐冻要求时不得掺石灰、石粉	不得掺窑灰、煤矸石、火山灰和黏土，有抗盐冻要求时不得掺石灰、石粉
出磨时安定性	雷氏夹或蒸煮法检验必须合格	蒸煮法检验必须合格
标准稠度需水量	不宜 >28%	不宜 >30%
烧失量	不得 >3.9%	不得 >5.0%
比表面积	宜在 300 ~ 450m^2/kg	宜在 300 ~ 450m^2/kg
细度（80μm）	筛余量不得 >10%	筛余量不得 >10%
初凝时间	不早于 1.5h	不早于 1.5h
终凝时间	不迟于 10h	不迟于 10h
28d 干缩率*	不得 >0.09%	不得 >0.10%
耐磨性*	不得 >3.6kg/m^2	不得 >3.6kg/m^2

注：*28d 干缩率和耐磨性试验方法采用《道路硅酸盐水泥》标准。

二、细骨料

在现行的行业标准《公路水泥混凝土路面施工技术规范》中，砂按技术要求分为Ⅰ级、Ⅱ级、Ⅲ级，路面碾压混凝土用砂的技术要求应符合表 4-3 中的规定。

表 4-3　路用细骨料技术指标

项　目	技术要求		
	Ⅰ级	Ⅱ级	Ⅲ级
机制砂单粒级最大压碎指标（%）	<20	<25	<30
氯化物（按氯离子质量计,%）	<0.01	<0.02	<0.06
坚固性（按质量损失计,%）	<6	<8	<10
云母（按质量计,%）	<1.0	<2.0	<2.0
天然砂、机制砂含泥量（按质量计,%）	<1.0	<2.0	<3.0①
天然砂、机制砂泥块含量（按质量计,%）	0	<1.0	<2.0
机制砂 MB 值 <1.4 或合格石粉含量②（按质量计,%）	<3.0	<5.0	<7.0
机制砂 MB 值 <1.4 或不合格石粉含量（按质量计,%）	<1.0	<3.0	<5.0

续表

项 目	技术要求		
	Ⅰ级	Ⅱ级	Ⅲ级
有机物含量（比色法）	合格	合格	合格
硫化物及硫酸盐（按 SO_3 质量计,%）	<0.5	<0.5	<0.5
轻物质（按质量计,%）	<1.0	<1.0	<1.0
机制砂母岩抗压强度	火成岩不应小于100MPa；变质岩不应小于80MPa；水成岩不应小于60MPa		
表观密度	>2500kg/m³		
松散堆积密度	>1350kg/m³		
空隙率	<47%		
碱-骨料反应	经碱-骨料反应试验后，由砂配制的试件无裂缝、酥裂、胶体外溢等现象，在规定试验龄期的膨胀率应小于0.10%		

注：①天然Ⅲ级砂用作路面时，含泥量应小于3%；用作贫混凝土基层时，可小于5%。

②亚甲蓝试验MB试验方法见有关内容。

配制碾压混凝土的细骨料，其含水量要尽可能少，一般不宜超过6%，否则应当采取脱水措施；细骨料的细度模数宜控制在2.2~3.0之间，人工砂的石粉（$d \leqslant 0.16$mm 的颗粒）含量宜在8%~17%。

三、粗骨料

路面碾压混凝土所用的粗骨料，应使用质地坚硬、耐久、洁净的碎石、碎卵石和卵石，其技术要求应符合表4-4中的规定。

表4-4 碎石、碎卵石和卵石技术指标

项 目	技术要求		
	Ⅰ级	Ⅱ级	Ⅲ级
碎石压碎指标（%）	<10	<15	<20①
卵石压碎指标（%）	<12	<14	<16
坚固性（按质量损失计,%）	<5	<8	<12
针片状颗粒含量（按质量计,%）	<5	<15	<20②
含泥量（按质量计,%）	<0.5	<1.0	<1.5
泥块含量（按质量计,%）	<0	<0.2	<0.5
有机物含量（比色法）	合格	合格	合格
硫化物及硫酸盐（按 SO_3 质量计,%）	<0.5	<1.0	<1.0
岩石抗压强度	火成岩不应小于100MPa；变质岩不应小于80MPa；水成岩不应小于60MPa		
表观密度	>2500kg/m³		
松散堆积密度	>1350kg/m³		
空隙率	<47%		
碱-骨料反应	经碱-骨料反应试验后，试件无裂缝、酥裂、胶体外溢等现象，在规定试验龄期的膨胀率应小于0.10%		

注：①Ⅲ级碎石的压碎指标，用作路面时，应小于20%；用作下面层或基层时，可小于25%。

②Ⅲ级粗骨料的针片状颗粒含量，用作路面时，应小于20%；用作下面层或基层时，可小于25%。

配制碾压混凝土的粗骨料最大粒径以不超过80mm为宜，同时不宜采用间断级配。粗骨料的磨耗率和磨光值、级配与公称最大粒径等，应符合现行的行业标准《公路水泥混凝土路面施工技术规范》中的规定。

根据碾压混凝土配制施工中的实践经验，碾压混凝土的骨料级配范围建议值，可参考表4-5。

表4-5 碾压混凝土的骨料级配范围建议值

最大粒径（mm）	筛孔尺寸（mm）								
	圆孔						方孔		
	40	25	20	10	5.0	2.5	0.60	0.30	0.15
	通过百分率（以质量计,%）								
20	—	—	90~100	5~65	30~40	21~35	10~20	7~15	5~10
40	90~100	65~77	—	35~50	25~40	19~32	10~20	7~15	5~10

四、掺合料

配制碾压混凝土常用的掺合料有粉煤灰、硅灰和磨细（水淬高炉）矿渣等，它们的质量应符合下列要求。

（一）对粉煤灰的要求

粉煤灰是一种活性掺合料，掺在路面混凝土中，必须满足活性高的要求。首先，必须保证水泥混凝土路面的28d强度要求；而后利用其长期强度高的特点增加抵抗超载的强度储备，以利于延长路面使用寿命，保障水泥混凝土路面弯拉强度、耐疲劳性和耐久性。其具体使用要求是：

1. 在混凝土路面或贫混凝土基层中使用粉煤灰时，应确切了解所用水泥中已经加入的掺合料种类和数量。

2. 混凝土路面在掺用粉煤灰时，应掺用质量指标符合行业标准《公路水泥混凝土路面施工技术规范》中的规定，必须使用电收尘Ⅰ、Ⅱ级干排或磨细粉煤灰，不得使用Ⅲ级粉煤灰。贫混凝土、碾压混凝土基层或复合式路面下面层应掺用符合Ⅲ级以上或Ⅲ级的粉煤灰，不得使用等外粉煤灰。

3. 路面混凝土中使用粉煤灰必须有适宜掺量控制。在高速公路水泥混凝土路面中，应根据所使用的水泥种类而确定。当使用硅酸盐水泥时，粉煤灰的极限掺量不得大于30%；当使用普通硅酸盐水泥时，允许有不大于15%的混合材料，则粉煤灰掺量不应大于15%。粉煤灰的极限掺量是水泥及外掺粉煤灰能够全部水化的最高掺量要求，同时也是路面抗冲、耐磨和耐疲劳性能的要求。

4. 粉煤灰进货应有等级检验报告，并宜采用散装干（磨细）粉煤灰。粉煤灰的储藏、运输等要求与水泥相同。

（二）对其他掺合料的要求

路面碾压混凝土中可以掺加适量的硅灰和磨细（水淬高炉）矿渣，其性能及使用要求等应符合《公路工程水泥混凝土外加剂与掺合料应用技术指南》（SHC F90—01—2003）中的规定，使用前应经过试验检验，确保路面混凝土的抗压强度、弯拉强度、工作性、抗磨性、抗冻性等技术指标全部合格，方可使用。

磨细矿渣本身具有自硬化能力，硅灰的水化反应速度极快。这两种掺合料均是配制高性能道路混凝土的必备原材料，配制碾压混凝土也可以采用。尤其是硅灰对混凝土有很强的促凝作用，虽然在路面混凝土中应用较少，但多用于桥面或桥梁主要构件和腐蚀性很强的混凝土结构，用来制作高强混凝土。

五、外加剂

配制碾压混凝土应掺加适宜和适量的外加剂，常用的有减水剂、早强剂、缓凝剂、阻锈剂等。无论掺加任何外加剂，必须进行对水泥和掺合料、几种外加剂之间的相容性试验。其检验方法要符合《公路水泥混凝土外加剂和掺合料应用技术指南》中附录D的规定，化学成分不适应和相容性不良者，不得用于实际工程中。

六、拌合水

配制碾压混凝土所用的拌合水，与普通水泥混凝土相同。其技术指标应符合《混凝土用水标准》（JGJ 63—2006）中的要求。

第三节　道路碾压混凝土配合比设计

碾压混凝土是一种超干硬性的混凝土，其拌合物呈松散状态，根本没有流动性，可借助振动碾的振动力使混凝土密实。但是，仅将常态混凝土拌合物的流动性减小至振动碾可以碾压施工的范围，还不能获得质量良好的碾压混凝土，这是因为碾压混凝土配合比参数的选择与常态混凝土存在一定的差异。

工程实践证明，科学地进行碾压混凝土基本配合条件的确定和配合比参数的选择，是碾压混凝土现场试验和确定施工配合比的基础，是碾压混凝土质量保证的前提。碾压混凝土的配合比设计，一般采用绝对体积法进行。其设计方法既有与普通水泥混凝土的相同之处，也有很多不同之处。一般可按照以下步骤进行：

一、碾压混凝土配合比设计步骤

（一）设计依据和基本资料

为了搞好碾压混凝土的配合比设计，达到配比科学、配制容易、符合要求、施工方便、经济合理的目的，在正式进行配合比设计前，应按照有关要求收集设计依据和基本资料。

1. 配合比设计要求

碾压混凝土配合比设计要求，主要包括设计强度等级、强度保证率、抗渗性、抗冻性、其他方面的要求等。这些设计要求是进行碾压混凝土配合比设计的标准和依据，也是配合比设计所要达到的目标。

2. 施工与质量要求

碾压混凝土的施工要求和质量控制要求，是配合比设计非常重要的方面，直接关系到混凝土的施工难易和施工质量。主要包括：混凝土的工作度（*VC* 值）、施工部位、粗骨料的最大粒径、混凝土的均方差和变异系数等。

3. 组成材料的情况

碾压混凝土组成材料的情况，即各种原材料的技术指标，这是影响混凝土质量的关键。主要包括：水泥品种、强度等级和其他技术指标；掺合料的种类、密度和其他技术指标；骨料的粒径、级配、表观密度、含水率和其他技术指标；外加剂的种类、性质、掺量、相容性和其他技术指标等。

（二）配合比设计参数的选定

碾压混凝土配合比设计参数的选定，主要包括水胶比、掺合料、用水量和砂率等。

1. 碾压混凝土水胶比的选定

实践表明，碾压混凝土仍遵循“水灰比定则”，即混凝土强度主要由水胶比决定。根据设计要求的强度和耐久性，选定混凝土的水胶比。在水泥和掺合料用量一定的条件下，通过试验建立碾压混凝土水胶比与其 90d（或 180d）龄期强度的关系，再根据混凝土配制强度确定水胶比。式（4-1）可供初选配合比时参考：

$$R_{90} = AR_{28}[(C + F)/W - B] \tag{4-1}$$

式中 R_{90}——90d 龄期混凝土的抗压强度（MPa）；

R_{28}——水泥和掺合料 28d 胶砂强度（MPa）；

C——混凝土中水泥的用量（kg/m^3）；

F——混凝土中掺合料的用量（kg/m^3）；

W——混凝土中的用水量（kg/m^3）；

A，B——混凝土的回归系数，由试验确定，无试验资料时可参考表 4-6。

表 4-6 混凝土回归系数参考值

骨料类别	*A* 值	*B* 值	骨料类别	*A* 值	*B* 值
卵石	0.733	0.789	碎石	0.811	0.581

2. 骨料最大粒径和级配的选择

碾压混凝土的骨料选择，在结构、力学性能及施工条件等方面允许的前提下，应尽量选择较大粒径的骨料。混凝土配合试验证明，增大骨料的最大粒径，不仅可以节约水泥用量，而且还能有效降低混凝土的绝热升温，防止混凝土出现温度裂缝。但骨料最大粒径越大，混凝土振密越困难，要求振动机械的振动能力越大，且拌合物在运输、摊铺过程中易发生粗骨料集中的分离现象。

工程实践证明，用于路基碾压混凝土的最大骨料粒径为 40mm，用于路面碾压混凝土的最大骨料粒径为 20mm。骨料的级配应当良好，一般宜选用二级配。

3. 碾压混凝土掺合料的选定

碾压混凝土的掺合料，应当根据水泥品种、强度等级、掺合料品质、设计对碾压混凝土的技术要求和混凝土的使用部位等具体情况，根据同类工程的配合比经验，选择适当的掺合料的掺量，必要时也可通过试验确定。

4. 碾压混凝土用水量的选定

碾压混凝土的用水量，不仅影响混凝土拌合物的工作度，而且关系到碾压混凝土的施工质量。在一般情况下，应根据碾压混凝土施工要求的工作度（VC 值）和混凝土中粗骨料的最大粒径，测定用水量-表观密度-强度之间的关系，由试验选定最优用水量。初选时可参考表4-7中的数值。

表4-7　单位用水量参考值　(kg)

粗骨料最大粒径（mm）	20	40	80
天然砂石料	100～120	90～115	80～110
人工砂石料	110～125	100～120	90～115

5. 碾压混凝土砂率的选定

碾压混凝土砂率直接影响拌合物的施工性能、硬化混凝土的强度及耐久性。砂率过大，拌合物干硬、松散，混凝土强度低、耐久性差；砂率过小，砂浆不足以填充粗骨料空隙并包裹粗骨料，使得混凝土密实度低，导致强度、耐久性下降。因此，在确定碾压混凝土配合比时，必须选定最优的砂率。

碾压混凝土砂率的选定，实际上就是在满足碾压混凝土施工工艺要求的前提下，选择混凝土的最佳砂率。混凝土最佳砂率的评定标准为：①混凝土拌合物中骨料分离现象很少；②在水胶比及用水量固定不变的条件下，混凝土拌合物的 VC 值小；③碾压混凝土的表观密度大、强度高。

在水胶比一定、灰浆对骨料空隙的填充程度不变的条件下，如果变化粗骨料和砂子的用量，可以求得砂率与工作度 VC 值的关系。取 VC 值较小的砂率（28%～30%），就能既可保证混凝土拌合物易于碾压密实，又可以获得良好的性能指标。

碾压混凝土配合比试验表明：碾压混凝土的砂率与骨料的级配和种类也有比较密切的关系。当采用天然砂石料时，三级配的砂率宜为26%～32%，二级配的砂率宜为32%～37%；当采用人工砂石料时，砂率应增加4%～6%。

（三）碾压混凝土配合比设计方法

碾压混凝土的配合比设计，实际上是确定水胶比、掺合料掺量、用水量和砂率这四个参数。由四个设计参数和单位材料绝对体积为1m^{3}五个条件，可以建立以下方程式，求解这些方程式可得到每立方米碾压混凝土中各组成材料的用量，其中用水量由试验选定最优用水量。

$$W/(C+F) = K_1 \tag{4-2}$$

$$F/(C+F) = K_2 \tag{4-3}$$

$$S/(S+G) = K_3 \tag{4-4}$$

$$W + C/\rho_c + F/\rho_f + S/\rho_s + G/\rho_g = 1000 - 10V_a \tag{4-5}$$

式中　K_1，K_2，K_3——碾压混凝土的配合比设计参数；

W——碾压混凝土的用水量（kg/m^3）；

C——碾压混凝土的水泥用量（kg/m^3）；

F——碾压混凝土的掺合料用量（kg/m^3）；

S——碾压混凝土的砂子用量（kg/m^3）；

G——碾压混凝土的石子用量（kg/m^3）；

V_a——碾压混凝土的含气量（%）；

ρ_c，ρ_f，ρ_s，ρ_g——分别为水泥、掺合料、砂子和石子的表观密度（kg/L）。

（四）试拌、调整和现场复核

碾压混凝土的试拌、调整和现场复核，与普通水泥混凝土相同。即试拌测定混凝土的工作度（*VC* 值），当不符合要求时进行适当调整，并对混凝土力学性能等进行复核。经过试拌、调整和现场复核后，最后确定碾压混凝土的配合比，经各方确认后提交工程使用。

二、碾压混凝土参考配合比

表 4-8 和表 4-9 中列出了部分碾压混凝土配合比设计参考值，可供设计和施工中参考。

表 4-8　碾压混凝土配合比设计参考值

水泥种类	水灰比	砂率（%）	单位粗骨料的体积（m^3）	单位体积材料用量（kg/m^3）							理论最大堆积密度（kg/m^3）
				水	水泥	砂子	粗骨料		外加剂		
							10 ~ 13 mm	13 ~ 15 mm	减水剂	AE剂	
普通水泥	0.35	43.9	0.75	105	300	956	646	626	1.80	0.24	2633
粉煤灰水泥	0.33	43.9	0.74	105	318	942	636	616	1.91	0.25	2617
中热水泥	0.35	43.9	0.75	105	300	959	648	627	1.80	0.24	2639

表 4-9　某工程碾压混凝土配合比设计参考值

序　号	水胶比 $W/(C+F)$	粉煤灰（%）	砂率（%）	材料用量（kg/m^3）					密度指标（kg/m^3）	
				水	水泥	粉煤灰	砂子	碎石	干表观密　度	湿密度
1	0.40	20	35	110	220	55	725	1329	2410	2450
2	0.40	20	35	120	240	60	725	1329	2440	2550
3	0.40	20	35	125	250	62	725	1329	2500	2570
4	0.40	20	35	130	260	65	725	1329	2510	2600
5	0.40	20	35	135	270	68	725	1329	2490	2620
6	0.40	20	35	140	280	70	725	1329	2410	2550
7	0.40	25	33	110	206	69	678	1376	2400	2430
8	0.40	25	33	120	225	75	678	1376	2430	2540
9	0.40	25	33	125	234	78	678	1376	2490	2560
10	0.40	25	33	130	244	81	678	1376	2520	2620
11	0.40	25	33	135	253	85	678	1376	2500	2610
12	0.40	25	33	140	262	88	678	1376	2420	2560

第四节　道路碾压混凝土的施工工艺

由于碾压混凝土材料是属于超干硬性材料，所以既不同于常规水泥混凝土路面的施工，更不同于沥青混凝土路面的施工。要把碾压混凝土材料均匀地摊铺到路面基层，并密实成型为具有一定强度和平整度的混凝土路面，必须有一套合理的、适合于干硬性碾压混凝土材料的施工工艺和施工方法。

一、碾压混凝土的施工工艺

碾压混凝土的施工工艺，主要包括碾压混凝土混合料拌合、混合料运输、混合料摊铺、混合料碾压和混合料养护。

（一）碾压混凝土混合料拌合

碾压混凝土混合料的拌合是确保混凝土质量的基础，也是碾压混凝土施工第一个重要工序。为保证碾压混凝土的质量，在拌合过程中应注意以下事项：

1. 碾压混凝土应当进行配合比设计，各种材料的质量应符合国家有关标准要求，用量应严格按设计配合比进行配制，其称量误差应符合现行施工规范的规定。

2. 碾压混凝土宜采用强制式搅拌机拌制，使各种骨料、胶结料、水和外加剂等充分拌合均匀，确保混凝土拌合物的质量。

3. 碾压混凝土的拌合时间长短，不仅影响拌合料的均匀性，而且与拌合生产效率有关。由于碾压混凝土的单位用水量少，是一种干硬性混凝土，所以拌合均匀所需的时间要比普通混凝土长。采用不同的拌合机械，所需要的拌合时间是不同的。日本规定：碾压混凝土的拌合时间是普通混凝土的1.5倍左右；美国规定：采用连续式搅拌机时，碾压混凝土的搅拌时间应不少于35s。

4. 由于碾压混凝土特别干硬、松散，所以从搅拌机出来的混合料如果到运料车的落距过大，很容易造成离析。因此，在安装混凝土搅拌机时应考虑运料车的车型，应采取措施尽量减低混凝土的落差，一般不宜超过2m。

（二）碾压混凝土混合料运输

碾压混凝土混合料运输，不仅关系到混凝土的摊铺速度，而且关系到混凝土的施工质量。在混合料的运输过程中应注意以下事项：

1. 要求在尽可能短的时间内将混凝土卸到摊铺机料斗中，以减少碾压混凝土混合料的离析和稠度变化，保证混凝土摊铺作业的连续性。为快速平稳地运输碾压混凝土混合料，在工程施工中宜选用自卸式汽车和皮带运输机等进行运输，不宜采用溜管或溜槽作为运输机具。

2. 碾压混凝土的运输距离短，需要的运料时间少，有利于碾压混凝土路面的施工。如果自卸式汽车的行驶速度为30km/h，其运距应控制在15km以内较为适宜，即在常温下碾压混凝土的运输时间不超过30min。

3. 碾压混凝土的道路必须平整，采用车辆运输中行驶要避免急刹车和急转弯，以减少混凝土拌合料的离析。使用其他运输机具时，也要避免出现较大的振动。

4. 在运输过程中，混合料中的水分蒸发是其稠度增大的主要原因之一。为了减少由此而造成的稠度损失，当运输距离较大或气温较高、风速较大时，应当采取覆盖措施。

5. 装料是混凝土运输工序的起点，其关键是使混凝土混合料均匀地装载到运料车上，并减少搅拌机的等待和停顿时间。尤其是连续式混凝土搅拌机，如果运料车到站不及时，必然造成停机，影响混凝土的产量和质量。

6. 卸料是混凝土运输工序的重点，也是对碾压混凝土施工质量影响较大的一个环节。其关键是在运料车到达摊铺施工现场后应按照一定规律排列，使得前一辆车卸料完毕驶离摊铺机后，后一辆车能很快到达卸料位置，并迅速将混凝土混合料卸到摊铺机的料斗中，保证混凝土摊铺的连续进行。

（三）碾压混凝土混合料摊铺

摊铺是碾压混凝土路面施工中非常关键的工序，为了保证路面的平整度和较高的密实度，一般应使用带强力熨平板的高密实度沥青摊铺机，摊铺质量与机械的自动找平系统、摊铺速度、熨平板参数有关。在碾压混凝土混合料的摊铺过程中，应注意如下事项：

1. 自动找平系统是保证碾压混凝土摊铺质量的关键控制系统，用于碾压混凝土路面的摊铺机，应配有性能良好的自动找平系统，施工时关键是选择可靠的找平基准和保证系统处于良好的的工作状态。

根据我国公路工程的实践经验，基准线的布设必须注意以下几个方面：

（1）基准线桩必须埋设牢固，各边端部的螺栓紧固有效；基准线桩柱的间距一般为5～10m，间距过大易增大钢丝挠度，影响路面的平整度。

（2）基准线的一次放线长度不宜超过200m，直线段一般可控制在80～120m之间；在弯道处应适当缩短，一般可控在30～60m之间。

（3）基准线最好采用直径适宜的钢丝，并需要用张拉器进行张拉，张拉力不少于1000N，以钢丝的挠度在规定数值为准。

（4）基准桩的横杆应保持水平或稍向上翘，以保证传感器不碰撞横杆。

（5）在碾压混凝土的摊铺施工中，严禁碰撞基准线（钢丝），并设专人负责保护和管理钢丝架，发现钢丝碰撞扭曲变形时，应及时整平调直，及时清除钢丝上粘结、悬挂的砂浆和杂物等。

2. 碾压混凝土的摊铺速度与摊铺层的平整度、密实度、工程进度等有密切关系。因此，正确选用适宜的摊铺速度，对于加快施工进度、提高设备利用率和提高施工质量都具有重要的意义。混合料摊铺的速度应与搅拌机的拌合能力、运输车辆相匹配。

工程实践证明，当路面宽度为9m、厚度为24cm时，摊铺速度以0.6～0.9m/min为宜；当路面宽度为4.85～5.0m、厚度为15～20cm时，摊铺速度以0.9～1.2m/min为宜。

3. 当路面的设计厚度超过30cm时，由于受摊铺机预压能力和压实设备的压实能力所限，混凝土应当分层进行摊铺。在摊铺上层混凝土时，要求下层混凝土表面保持潮湿，这样才能有利于层间的结合。

4. 碾压混凝土摊铺时获得预压的密实度，是路面成型质量的影响因素和控制指标。根据我国的施工经验，摊铺机的预压密实度取85%～89%。

5. 当保持熨平板工作角等于常数时，单位时间进入熨平板底部的混合料体积不变，从而可使其厚度值不变，摊铺厚度均匀一致。

（四）碾压混凝土混合料碾压

在混凝土摊铺作业完成之后，要及时进行碾压作业，碾压是保证碾压混凝土最终密实成型的主要施工工序。工程实践证明，碾压混凝土的质量好坏关键在于碾压。根据碾压混凝土路面的施工经验，在进行混凝土的碾压中，应当注意如下事项：

1. 根据碾压混凝土路面的摊铺机械施工时间的计算，以 4 ~ 5min 摊铺的长度作为一个碾压段比较合适，当路面宽度为 9m、路面厚度为 24cm 时，碾压的工作段长度控制在 30m 左右比较适宜。

2. 碾压混凝土的振实过程一般可以分为三个阶段：塑性阶段→弹塑性阶段→弹性阶段。在这三个阶段中，碾压都必须按设计要求进行，在任何阶段都要注意碾压质量。

3. 根据碾压混凝土振实过程的理论分析，结合碾压施工的经验，碾压密实一般要经历初压→复压→终压三个过程，每个过程对碾压质量均有很大的影响。

4. 振动压路机的振幅和频率是影响碾压混凝土压实效果的重要参数。对于碾压混凝土路面的压实，根据我国工程施工实践，宜采用 10 ~ 20t 的高频率低振幅振动压路机，其振动频率 40 ~ 50Hz，振幅为 0.4 ~ 1.0mm。

5. 根据施工经验，正确掌握碾压速度是保证施工质量的重要条件。在初压（静压）过程中，其速度采用 1.5 ~ 2.0km/h 为宜；在复压（振动碾压）过程中，其速度采用 2.0 ~ 3.0km/h 为宜；在终压（轮胎压路机）过程中，其速度采用 4.0 ~ 6.0km/h 为宜。

（五）碾压混凝土混合料养护

碾压混凝土的养护是水泥混凝土强度形成的必要工序，尤其对超干硬性的碾压混凝土特别重要。由于碾压混凝土本身的水分比较少，如果不进行良好的养护，及时保存和补充水分，必将会严重影响碾压混凝土的强度发展。

对于碾压混凝土的养护，应注意以下事项：

1. 当浇筑的混凝土碾压结束后，应当立即将完成部分覆盖保湿养护，覆盖的材料一般选用塑料薄膜。

2. 根据施工现场的具体情况，在常温条件下 6h 后将塑料薄膜去掉，选择价格较低、保温性能较好的材料（如锯末、湿砂、麻袋、草垫等）覆盖，并洒水保持混凝土表面湿润。

3. 在常温情况下，混凝土碾压结束 4 ~ 6h 后，开始每隔一定时间洒水养护，直至达到设计规定的养护时间。

4. 碾压混凝土的养护时间，应按混凝土抗折强度达到 3.5MPa 以上要求由试验确定的。工程实践和试验证明，碾压混凝土路面所需要的潮湿养护时间一般为 5 ~ 7d；如果掺加粉煤灰较多时，养护时间一般为 7 ~ 10d。

5. 碾压混凝土路面碾压后 8h，可采用切割机按设计缩缝位置进行切缝。切缝时不仅应准确掌握切缝时间及切缝深度，而且应同时加强对切缝部位的养护。待缝槽干燥、清除杂物后，方可进行灌缝。

（六）碾压混凝土混合料成缝

为适应混凝土的温度变形和施工进度安排，对于路面碾压混凝土，在碾压 8h 后即可用切割机按设计伸缩缝位置进行切缝。切缝时应准确掌握切缝的时间及切缝的深度，待缝槽完全干燥、清除杂质后方可灌缝。

对坝工碾压混凝土，为防止压力水渗透不宜设置纵缝，而可采用切割机切割、设置诱导孔或隔板等方法形成横缝，缝面位置及填充材料应满足设计要求。

采用切割机切缝宜“先切后碾”，成缝面积每层应不小于设计面积的60%，填缝材料可采用厚度为0.2～0.5mm的金属片或其他材料。设置诱导孔宜在碾压后立即进行或在层间间歇时完成，孔内应立即用干燥砂子填充。设置隔板时，相邻隔板的间距不得大于10cm，隔板的高度应比压实混凝土的厚度低2～3cm。

二、碾压混凝土的施工设备和施工要点

（一）碾压混凝土的施工设备

根据碾压混凝土路面的施工工艺特点，要保证碾压混凝土路面具有良好的施工质量，必须保证拌合、摊铺和碾压三道主要工序具备相应的设备条件。

1. 碾压混凝土的拌合设备

根据国内外经验和试验研究结果，路面碾压混凝土的拌合必须采用强制式拌合机，水泥、水及砂石材料的计量精度达到现行施工规范规定精度即可。这一要求与普通水泥混凝土路面基本一致。

碾压混凝土的稠度对水的变化非常敏感。研究结果表明，混凝土的稠度及其波动是影响碾压混凝土路面平整度的主要因素，而造成混凝土稠度变化的主要原因是混凝土单位用水量的变化，也就是加水量和砂石材料含水量的变化。对于一般拌合机，加水量的控制还是比较准确的，最大的问题就是砂石含水量变化时能否及时检测并自动修正砂石和水的用量。从这个意义上讲，应推荐带有自动检测砂石含水量的拌合机，或配备附加的快速砂石含水量测定系统。从我国目前引进或国产的一些大型拌合设备来看，这一要求是可以达到的。在实在无法满足这一要求时，采用增加砂石含水量的检测频率、及时人工调整的方法也可在一定程度上解决这一问题。

作为碾压混凝土路面施工技术的配套技术，“八五”攻关项目“碾压混凝土厂拌合设备的研制”专题也已圆满完成任务，为发展碾压混凝土路面提供了有力支持。

2. 碾压混凝土摊铺设备

为了保证路面平整度，摊铺设备应满足以下要求：

（1）保证较好的摊铺平整度

摊铺是碾压混凝土路面施工的关键工序，是碾压等后续工序的基础，只有摊铺出平整的表面，才有可能得到压实后平整的路面。为此，要求摊铺机必须具备工作性能良好的均衡供料系统和自动找平系统。

根据试验路的铺筑经验，采用带强力熨平板的vogeles-1800和s-2000或abgtitan411和titan422等机型，对于保证成型后的路面平整度达到3mm的要求是必要的，并且也是可以达到的。

（2）保证足够的预压密实度

超干硬的碾压混凝土材料经沥青摊铺机摊铺后，必须经过大型振动压路机的碾压作用才能密实成型，如果摊铺后的混凝土过于松散，则在压路机的作用下势必会产生推挤，从而破坏路面的平整度；另外，碾压混凝土路面摊铺之后，由于压实的作用，摊铺后的表面将有一定的沉降，基层的不平整将反映到表面来。当基层的平整度一定时，摊铺后的密实度越高，压实沉降量越小（即松铺系数越小），对摊铺平整度的破坏越小，压实后的平整度越好。根

据攻关过程中铺筑的几条试验路的试验，摊铺预压密实度应能在88%以上。

近年来，随着高等级公路的迅速发展，机械化施工已成为公路建设的方向。为了具备高等级公路的施工资格，各施工单位纷纷从国外或在国内购买大型沥青摊铺机等施工机械。据不完全统计，我国仅从德国进口的大型沥青摊铺机（主要是vogele和abg公司的产品）就有100多台。另外，我国江苏、陕西等地的筑路机械生产厂家已从国外购买了一些型号的高密实度摊铺机的生产技术，正逐步实现国产化。国家“八五”攻关项目中亦安排有高密实度摊铺机的研究课题，“九五”期间即可形成批量生产能力。

另一方面，从京津塘高速公路开始，我国近几年来铺筑的高速公路对水泥稳定类基层的施工已要求采用摊铺机摊铺，大型沥青摊铺机只能用于沥青面层施工的观念正在逐步改变。这就为大型沥青摊铺机应用于碾压混凝土路面创造了思想认识上的有利条件。

综合上述情况，将带有强力熨平板沥青路面摊铺机用于高等级公路碾压混凝土路面施工是完全可能的。

3. 碾压混凝土的碾压设备

碾压是碾压混凝土路面施工必不可少的工序，也是确保路面施工质量极其重要的环节。当混凝土的配合比确定之后，硬化混凝土的强度主要取决于混凝土的密实程度，降低1%的压实度，可造成约0.27MPa的抗折强度损失，由此可见碾压混凝土压实的重要。而压实质量的好坏主要取决于压路机的性能。另一方面，碾压也是破坏摊铺平整度、影响最终平整度的关键因素。因此，选择适宜的压路机是保证路面质量的关键因素之一。

根据碾压混凝土路面施工的特点，压路机的选型总体原则，一是保证能达到预定的压实效果，二是对平整度的破坏最小，三是保证路面表面均匀致密。根据这个原则，在对比多种混凝土路面适宜的主导碾压机械不同型号压路机碾压效果后，认为碾压机械应为：自重10～12t的振动压路机，优先选用振动频率较大（40Hz以上）的压路机。如有可能，尽量选用双轴振动、多级振动频率和振幅、碾压轮直径和宽度较大的振动压路机。

根据目前国内压路机产品的供应情况，可供选择的有下面几种机型：戴纳帕克公司cc-41（自重10.5t，振幅35～42Hz）；宝马bw21（自重10t，振频50Hz）；英格索兰da-50（自重10.2t，振频40Hz）；洛阳建筑机械厂yz10d（自重10.8t，振频28～32Hz）；徐州生产的yzc10（同cc41）、ca25等。

另外，为了进行碾压混凝土的终饰碾压（终压），还要求配备轮胎压路机（15～25t）或水平振荡压路机。

（二）碾压混凝土的施工要点和关键技术

具备一定性能要求的施工机械设备是发展碾压混凝土路面的必要条件，但要铺筑符合高等级公路要求的碾压混凝土路面，还必须有一套相应的施工技术。从1991年开始，我们在国内外原有成果的基础上，以应用于高等级公路为目标，对碾压混凝土路面施工成套技术进行了研究。经过五年的攻关，在以下几项关键技术上取得了突破，已基本形成了成套的施工实用技术。

1. 提高路面平整度的关键技术

碾压混凝土路面最大的难题是难以达到足够的路面平整度，这也是多年来制约碾压混凝土路面发展的主要障碍。

为了攻克碾压混凝土路面平整度这一世界性难题，我们首先对路面平整度的影响因素进行了深入、全面的分析，并通过大量的室内试验和现场试验进行了研究，提出了如下保证碾压混凝土路面平整度的关键技术。

（1）适宜碾压混凝土稠度和骨料级配

通过我国广西田阳试验路6个试验段、山西左云试验路14个试验段的现场考察和室内试验，研究提出了适宜于大型机械化施工的骨料最大粒径20mm、砂率35%～47%的骨料合成级配和“半出浆”改进*VC*值40±5s的稠度设计指标。

（2）保持混凝土拌合物稠度稳定性

通过对造成稠度波动原因的分析和试验，研究提出了包括料场管理、拌合机选择、材料计量、外加剂选择等保持稠度稳定的措施。

（3）提高混凝土摊铺的均匀性

定性和定量研究了减少摊铺过程中离析的措施及影响摊铺预压密实度均匀性的因素，提出了通过“拌合-运输-摊铺”系统分析选择适宜的摊铺速率等保证摊铺作业的连续性、提高摊铺均匀性的技术措施。

（4）增大碾压混凝土预压密实度

通过对碾压混凝土路面成型机理和摊铺机性能的试验和分析，提出了保证摊铺后预压密实度85%以上的摊铺机（尤其是熨平板）选型要求和熨平板工作参数的选用原则。

（5）保证碾压混凝土的均匀性

通过理论分析和现场试验，从选择合适的压路机型号与参数（自重10～12t，振频30Hz以上、振幅1mm以下）、适宜的碾压工作段长度、碾压次序与工艺参数等方面提出了保证碾压均匀性的关键技术。

（6）注意施工缝处理、基层平整度控制

通过试验路的摸索，提出了施工缝的处理方法、基层平整度的控制原则、合理操作等一系列保证路面平整度的技术措施。

1995年7月完成的山西长治工业性试验路，在规模生产（每台班完成9m×300m以上）条件下，路面平整度水平（按照3m直尺最大间隙小于等于3mm或连续式平整度仪σ小于等于1.8mm的要求）达到85%以上的高速公路优良标准。1996年铺筑的307国道山西段中碾压混凝土路面推广应用工程（约20km）在路面平整度和日进度指标上均超过了这一水平。因此，可以说从施工技术上已基本解决了碾压混凝土路面平整度这一世界性难题，为碾压混凝土路面在高等级公路上的大规模推广应用创造了条件。

2. 碾压混凝土的抗滑技术

以前由于路面平整度问题一直没有得到很好的解决，碾压混凝土路面一直停留在低速交通阶段，路面防滑问题相应不很突出。但是要使碾压混凝土路面应用于高等级公路，抗滑问题也是必须解决的一项关键技术。

为了解决碾压混凝土路面抗滑这一关键技术，“八五”攻关中对自然裸露、洒水加速裸露、缓凝裸露、嵌压、硬性刻槽等抗滑处理方法进行了施工方便性、施工经济性的比较，并对各种抗滑处理方法路面抗滑能力的衰变规律进行了观测。结果表明，采用缓凝裸露法和硬性刻槽法可使竣工时路面构造深度达到规定满足要求。我国有关研究人员在对表面构造修筑工艺和解决微观构造的技术措施深入研究的基础上，提出了碾压混凝土路面的抗滑处理原则：

(1) 对于高速公路和一级公路，应采用缓凝裸露法或硬性刻槽法进行表面处理，以形成要求的路表宏观构造。当粗骨料抗磨光能力达不到现行规范要求时，需做抗滑表层（一次摊铺碾压成型）。

(2) 对于其他等级的公路，可不作任何处理，依靠通车后行车的作用逐渐形成宏观构造，必要时可采取限速研磨措施，加速裸露进程。

经过多年的工程实践证明，如果采用上述研究成果，基本可以解决碾压混凝土路面的抗滑问题。

3. 碾压混凝土的接缝技术

碾压混凝土路面由于在材料、施工工艺上与普通混凝土有一定差异，因此在接缝设计及施工上亦有其特殊性。“八五”攻关过程中进行了室内试验、理论分析和现场试验等，提出了碾压混凝土路面从接缝设置原则到施工工艺的成套技术，并在以下两方面取得了突破性进展：

(1) 采用碾压混凝土材料的有关参数和路面板的有关指标，对碾压混凝土路面板的温缩应力、温度翘曲应力、干缩应力及荷载应力进行了计算，并结合试验路的观测结果，研究提出了全厚式碾压混凝土路面缩缝间距的建议值为6~8m。

(2) 在不破坏摊铺机结构的情况下，研制出纵缝拉杆设置装置，解决了全厚式碾压混凝土路面无法设置拉杆的世界性难题。应用上述接缝设计和施工技术，基本上可解决碾压混凝土路面的接缝问题。

三、提高碾压混凝土路面施工质量的措施

碾压混凝土是一种含水量低、水泥用量少，通过振动碾压施工工艺达到高密度、高强度的无坍落度超干硬性水泥混凝土。由于碾压混凝土路面的显著经济效益和社会效益，当今世界上许多国家都在对碾压混凝土路面技术进行研究。解决碾压混凝土路面的摊铺平整度和密实度问题，提高碾压混凝土路面施工质量是推广碾压混凝土路面的关键所在。

（一）碾压混凝土路面摊铺机械选型

由于碾压混凝土具有独特的性能，未凝固前完全不同于普通混凝土，凝固后又与常规混凝土的性能非常相近，所以不能用摊铺普通水泥混凝土路面的摊铺机来摊铺。目前，碾压混凝土路面的摊铺一般采用沥青混凝土摊铺机。但是由于碾压混凝土路面铺层较厚（虚铺厚度达310mm），同时混合料性质也与沥青混凝土有所不同，所以选用合适的摊铺机或改进现有的沥青混凝土摊铺机，使之适合碾压混凝土路面的施工很有必要。

在保证可碾性的前提下，尽可能提高碾压混凝土摊铺路面的初压实度，是提高路面平整度的有力措施之一。为了满足这一要求，应该选用带有强力熨平板的高密实度摊铺机。因为碾压混凝土路面铺层较厚，所以熨平板应带有双夯梁，且夯梁振幅可调。另外，熨平板上应带有偏心激振器。此外，摊铺机应带有自动找平装置。

因为碾压混凝土路面铺层较厚，应选用最大摊铺（虚铺）厚度的摊铺机，若摊铺宽度较大时，应按下式进行生产率核算：

$$Q = HLV\rho_0 k_B \tag{4-6}$$

式中 Q——混凝土摊铺机生产率（t/h）；

H——混凝土路面摊铺厚度（m）；

L——混凝土路面摊铺宽度（m）；

V——混凝土的摊铺速度（m/h）；

k_B——时间利用系数，$k_B = 0.75 \sim 0.95$；

ρ_0——碾压混凝土混合料的理论密度（t/m^3），一般 $\rho_0 = 2.40 \sim 2.55 t/m^3$。

混凝土摊铺机的螺旋分料器、刮板输送器和料斗容量都应满足上述计算的生产率。

熨平板的振动频率和振幅应能够调节，为了留有余地，调节范围可大一些。一般振动频率的调节范围为40～60Hz，可通过调节偏心激振器液压马达的转速来实现，驾驶台上应装有转速表，以便施工时监控和调节。一般振幅的调节范围为0.3～0.8mm，可通过调节偏心块的偏心质量矩来达到。另外，根据文献研究，熨平板的静压力应能调节，调节范围为9～15kPa，可通过增减熨平板箱体内的配重块来实现。熨平板的纵向宽度 B 应大一些，一般取 $B = 0.6m$，以保证熨平板有足够的时间作用于混凝土路面混合料，当纵向宽度 B 较大时，摊铺速度可适当提高。

由于混凝土路面铺层较厚，熨平板仰角 β（初始仰角）相应要大一些，一般1°～2°。所以熨平板仰角调节机构的调节范围应为0°～3°。在工作中，熨平板的仰角由自动找平装置自动控制，以保证路面的摊铺平整度。摊铺机螺旋分料器的安装高度应能调整，以便适应混凝土路面铺层较厚的要求。

（二）摊铺机工作参数的选择及摊铺前的准备

熨平板的振动频率宜取55Hz左右，熨平板振幅宜选0.4～0.6mm范围，夯梁夯击频率宜在15～25Hz范围内取值，熨平板的静压力宜在9～15kPa范围内取值。为了使摊铺机工作装置与碾压混凝土混合料相互作用的效果最佳，在预摊铺试验时，可同时对碾压混凝土混合料配合比参数（包括稠度）和摊铺机工作参数作适当的小幅度调整，以最终成型路面最佳为原则。

确定摊铺速度 v 时，应观察并检测摊铺机低速工作时速度的稳定性，若速度不稳定，则应适当提高摊铺速度。有经验表明，当摊铺机长时间在低于0.5m/min的速度下工作时，可能出现摊铺机“爬行”，出现摊铺速度不稳定以及发动机过热等情况。另外，在确定摊铺速度时，应考虑是否和拌合设备及运输设备配套等问题，以免摊铺中途停机而影响路面平整度。

摊铺前应检查路基平整度是否符合要求，以防路基的不平度反射至路表面。路基不平度最好控制在8～3m直尺范围以内。从保证路面获得良好的平整度考虑，建议在基层施工中就采用高密度沥青摊铺机摊铺基层，使基层具有较好的平整度和足够的强度。摊铺前路基应清扫干净并洒水使之充分湿润，以防路基吸收碾压混凝土的水分，造成混合料含水量降低，影响碾压混凝土路面的提浆性和压实度。

路面摊铺宽度不应超过8m，推荐摊铺宽度为6m。因为摊铺宽度较大时，碾压混凝土混合料从中央输送至两边的过程中骨料的离析也较大。

（三）碾压混凝土路面摊铺机的摊铺速度

摊铺速度宜在0.5～0.7m/min范围内取值，所以碾压混凝土路面摊铺机的摊铺速度 v 应满足在0.4～1.6m/min的范围内可调这一要求。更重要的是要保持摊铺速度 v 的稳定，尤其是低速稳定性。否则，将使熨平板作用于单位体积碾压混凝土混合料的振动压实能量发生改变，造成碾压混凝土路面初压实度不均匀，当压路机碾压时，路面就会出现小波浪。另外，根据碾压混凝土的流变特征，混合料的变形需要时间，摊铺速度忽快忽慢将造成混合变形大小的不均，最终使摊铺厚度不均匀而影响路面平整度。

为了保证摊铺速度的可调及稳定，摊铺机应采用液压传动系统，将发动机转速的影响减弱到最低限度。液压系统中须带有流量自动调节装置。确保液压行走马达的转速不随摊铺机牵引负荷及发动机转速的改变而变化。驾驶台上应装有较精确的行驶速度显示表，用以监控摊铺速度的变化。另外，应选用履带式摊铺机，机器的最小附着重量应保证摊铺牵引负荷最大时滑转率较小。

（四）混凝土摊铺机的操作要求

摊铺机操作人员操作的熟练程度对路面平整度影响较大。在摊铺过程中应随时监控各工作参数的变化，并随时调整。要注意保持熨平板前料位高度的稳定、均匀和连续，料位以保持在螺旋分料器中心轴以上叶片 2/3 处为宜。在施工中应与拌合运输设备配合好以保证不间断摊铺，因为每次停机和开机都会造成振动压实能量的急剧变化以及混合料的调度变化，造成摊铺路面出现横向小波浪。一般选用的拌合设备的生产率应大于摊铺机的生产率，若摊铺机的生产能力达不到时可随时调整拌合设备的生产率使之适应摊铺机的不间断摊铺。

自卸车卸料时应避免碰撞摊铺机，卸料时汽车车箱慢慢升起并上下升降以减小混合料的下落高度。当卸料高度较大时，应配用中间滑料板（槽），以减小骨料离析。

摊铺机是一种操作难度较大的路面机械。例如：摊铺开始时，熨平板的螺旋分料器通道内骨料多少才开始进行摊铺较合适，在摊铺开始启动和停止时应注意哪些事项等，这些对摊铺质量都会带来一定的影响。所以说，熟练和正确的操作技术，是提高碾压混凝土路面摊铺质量的重要因素。

（五）碾压混凝土路面的碾压

碾压混凝土路面的碾压是保证路面密实度和平整度的一道关键工序。为确保碾压质量达到设计要求，在进行碾压时主要应做好压路机的选型和混凝土路面的碾压施工工作。

1. 混凝土压路机的选型

碾压混凝土路面的初压和复压宜选 10～12t 双驱双振的振动压路机（初压时不振动），滚轮直径和宽度应大一些，静线压力应大于 20N/mm，动线压力应大于 60N/mm。压路机振动频率应在 40～60Hz 范围内可调，振幅应在 0.3～0.8mm 范围内可调。振动轮的激振机构最好采用双轴定向振动形式，这种压路机只产生垂直方向的振动，以避免侧向离心力导致的混合料飞散，从而使高能量压实成为可能，而且对深层压实非常有效。

另外，采用钢轮表面裹覆橡胶套的振动压路机可有效防止碾压时的粘轮，并增加路面的粗糙度、致密性等表面功能，对提高路面的表面质量及粗糙度有一定效果。

碾压混凝土路面的终压一般采用 16～25t 的气压式轮胎压路机或双驱双荡的振荡压路机。这两种压路机碾压时的揉搓作用对封闭和消除路表面细小裂缝和复压时留下的压痕，对提高表面密实度是非常有效的，并且轮胎压路机碾压形成的表面宏观构造对提高路面的抗滑能力是有利的。

2. 碾压混凝土路面的碾压施工

振动压路机的振动频率宜选 55Hz 左右，振幅可在 0.4～0.8mm 范围内取值，碾压速度一般控制在 1～2km/h。

压路机压实的次序应从外缘到中心，碾压通数及错轮宽度应根据压实机械种类、型号进行试验优化。

碾压段一般控制在30m左右，一般在限定的碾压时间内尽可能将碾压段安排长一些。碾压过程中压路机不允许在工作面上调头、转向、急刹车或停车振动，应尽量减少振动压路机的停车和起振次数。应及时检测路面的密实度，当达到规定值时，应停止振压。若继续振压反而破坏已达到密实状态的混凝土骨架，重新出现空隙，路表面会被振松。碾压混凝土路面的碾压过程应在规定的时间内完成，否则，混凝土的可压实性变差，强度也会降低。

第五节　钢纤维增强碾压混凝土

碾压混凝土（简称为RCC）与普通水泥混凝土相比，虽然具有水泥用量少、水化热低、早期强度高、施工速度快和工程造价低等优点，但仍具有脆性比较大、易产生开裂等缺陷。为了进一步发挥碾压混凝土的优点，克服其存在的缺点，在碾压混凝土中掺加一定量的钢纤维，则配制成为钢纤维增强碾压混凝土（简称为SFRCC）。

工程实践和材料试验证明，钢纤维增强碾压混凝土，不仅可以保持碾压混凝土的上述优点，还具有弯拉强度较高、抗裂性、韧性和耐磨性良好的特性。

一、钢纤维增强碾压混凝土的原材料

钢纤维增强碾压混凝土，是以钢纤维、粗细骨料、用量较低的水泥、水、掺合料和外加剂等组成的超干硬性混凝土拌合物。

（一）对钢纤维增强碾压混凝土所用水泥的要求

钢纤维增强碾压混凝土所用的水泥，一般多选用强度等级为42.5MPa或52.5MPa的普通硅酸盐水泥，水泥的各项技术指标应符合国家标准《硅酸盐水泥、普通硅酸盐水泥》（GB 175—1999）中的规定。

（二）对钢纤维增强碾压混凝土所用骨料的要求

钢纤维增强碾压混凝土所用的骨料，应当强度满足、粒径适宜、级配良好、洁净无杂，符合国家或行业的有关规定。

对于粗骨料宜采用级配良好的碎石，最大粒径不宜超过20mm，其各项技术指标应符合国家标准《建筑用卵石、碎石》（GB/T 14685—2001）或行业标准《公路水泥混凝土路面施工技术规范》中的规定。

对于细骨料宜采用级配良好的中砂，砂的细度模数控制在2.4～2.8范围内，其各项技术指标应符合国家标准《建筑用砂》（GB/T 14684—2001）或行业标准《公路水泥混凝土路面施工技术规范》中的规定。

钢纤维增强碾压混凝土的砂率，一般控制在40%左右。

（三）对钢纤维增强碾压混凝土所用钢纤维的要求

钢纤维增强碾压混凝土所用的钢纤维，多用剪切型短钢纤维。根据《纤维混凝土结构技术规程》（CECS 38—2004）中的规定，其抗拉强度应大于380MPa，长度为20～60mm，长径比为60～80，钢纤维体积率为0.5%～1.5%。

（四）对钢纤维增强碾压混凝土所用掺合料的要求

钢纤维增强碾压混凝土所用的掺合料主要是粉煤灰，其掺量一般为胶凝材料总量的10%～20%。粉煤灰的各项技术指标应符合国家标准《用于水泥和混凝土中的粉煤灰》（GB/T 1596—2005）中Ⅱ级粉煤灰的要求。

（五）对钢纤维增强碾压混凝土所用外加剂的要求

钢纤维增强碾压混凝土应根据工程需要选用相应的外加剂，在实际工程上多采用减水剂等，减水剂的减水率应为10%～20%。但所选用外加剂的质量应符合国家标准《混凝土外加剂应用技术规范》（GB 50119—2003）和《混凝土外加剂》（GB/T 8077—2000）中的规定。

（六）对钢纤维增强碾压混凝土所用拌合水的要求

钢纤维增强碾压混凝土所用的拌合水，基本与普通水泥混凝土相同，人能饮用的水即可。其技术指标应符合《混凝土用水标准》（JGJ 63—2006）中的要求。拌合水的用量多数以水胶比控制，一般控制在0.30～0.40之间。

表4-10中列出了钢纤维增强碾压混凝土（SFRCC）和钢纤维普通混凝土（SFRC）的配合比，可供在进行钢纤维增强碾压混凝土设计中参考。

表4-10　钢纤维增强碾压混凝土和钢纤维普通混凝土配合比对比　（kg/m^3）

混凝土种类	水泥	水	砂子	大石子	中石子	小石子	减水剂（%）	钢纤维（%）
SFRCC混凝土	330	148.5	692.5	492	370	370	0.25	0.50～2.0
SFRC混凝土	460	207.0	510.0	493	370	370	0.25	0.50～2.0

二、钢纤维增强碾压混凝土拌合料的性能

钢纤维增强碾压混凝土拌合物的性能，主要包括拌合物的工作性和钢纤维在混合料中的分散性。在碾压混凝土中掺入钢纤维和粉煤灰后，对其拌合物的工作性有较大影响，并与钢纤维的品种、掺量、长径比和粉煤灰掺量等因素有关。

（一）钢纤维增强碾压混凝土拌合物的工作性

1. 钢纤维增强碾压混凝土拌合物工作性表示法

工程施工经验证明，钢纤维增强碾压混凝土拌合物必须具有适当的稠度，使其既能承受振动碾压机在上面行走而不陷，又不能过于干硬而压实困难。用传统的坍落度法和维勃稠度测定其工作性不能令人满意，而用*VC*值表示则比较恰当。

*VC*值的测定，是指在固定振动频率（50Hz）和振幅（0.5mm）及固定压重（17.5kg/m^3）的条件下，钢纤维增强碾压混凝土拌合物振捣出浆所需要的时间（s）。如果*VC*值过大，拌合物过于干硬，不易碾压密实；如果*VC*值过小，拌合物过于潮湿，使碾压无法进行。经验证明，钢纤维增强碾压混凝土拌合物的*VC*值控制在15±5s为宜。

2. 影响钢纤维增强碾压混凝土拌合物工作性的主要因素

（1）水胶比及单位用浆量的影响

水胶比是胶凝材料浆体中用水量与胶凝材料用量（水泥用量与粉煤灰掺量之和）之比。比值的大小表示浆体的稀稠程度。水胶比大，浆体的稠度小，胶凝材料浆体的黏聚力减小，塑性黏度降低，骨料与浆体界面处的黏附力下降。

在水胶比不变的情况下，单位用浆量表示钢纤维增强碾压混凝土中胶凝材料和水的总用量。在通常情况下，要求总浆量除填满骨料空隙体积外，还要有一定的盈余，以保证钢纤维增强碾压混凝土的可碾压性。单位用浆量多，拌合物中骨料颗粒周围浆层厚度增大，其游离的浆体增多，因此，拌合物的工作性 *VC* 值随着单位用浆量的增大而减小。单位用浆量 *Q* 与工作性 *VC* 的关系，如图 4-1 所示。

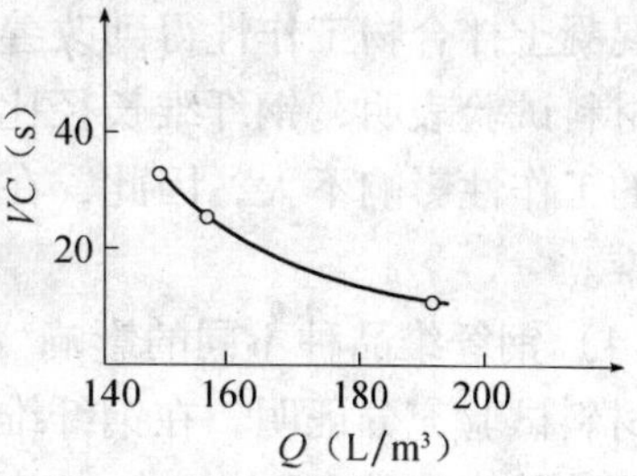

图 4-1　单位用浆量 *Q* 与工作性 *VC* 的关系

（2）钢纤维及粉煤灰掺量的影响

为探讨钢纤维及粉煤灰掺量对钢纤维增强碾压混凝土的影响，我国有关科研人员采用同一种剪切钢纤维（0.3mm × 0.4mm × 25mm），按不掺加粉煤灰、不同钢纤维体积率与掺加 15% 粉煤灰、不同钢纤维体积率几种情况分别进行试验，其结果如表 4-11 所示。

表 4-11　钢纤维及粉煤灰掺量对钢纤维增强碾压混凝土的影响

钢纤维体积率（%）	0	0.5	0.8	1.0	1.2	1.5	2.0
不掺加粉煤灰的 *VC* 值（s）	4.5	5.0	6.5	9.0	11.0	16.0	24.0
掺加 15% 粉煤灰的 *VC* 值（s）	9.0	12.0	14.0	16.0	18.0	21.0	—

从表 4-11 中可以看出，在使用同一种钢纤维时，无论掺加或不掺加粉煤灰，钢纤维增强碾压混凝土拌合物的 *VC* 值均随着钢纤维掺量的增加而增大；掺加粉煤灰的钢纤维增强碾压混凝土拌合物的 *VC* 值，要比不掺加粉煤灰的钢纤维增强碾压混凝土拌合物的 *VC* 值大，这是因为与水泥等量的粉煤灰需水量比水泥的需水量大。

材料试验证明，在水胶比及胶凝材料用量一定的情况下，增大粉煤灰的掺量，拌合物的 *VC* 值将有所增加，胶凝材料浆体体积的增大对 *VC* 值的影响占主导地位时，拌合物的 *VC* 值反而有所降低。

（3）钢纤维长径比的影响

由于钢纤维增强碾压混凝土的粗骨料比较大，这就决定了钢纤维在碾压混凝土中比在普通混凝土中易于分散。因此，钢纤维增强碾压混凝土的长径比可以稍大些，一般可控制在 60 ~ 100 范围内，钢纤维的长度可为 40 ~ 60mm。在钢纤维合理长度和长径比的条件下，钢纤维增强碾压混凝土拌合物的 *VC* 值与钢纤维掺量、长径比的关系，如表 4-12 所示。

表 4-12　钢纤维增强碾压混凝土拌合物的 *VC* 值与钢纤维掺量、长径比的关系

VC 值（s）／钢纤维长径比	钢纤维的体积率（%）			
	0.5	1.0	1.2	1.8
77（0.3mm × 0.4mm × 30mm）	5.5	7.0	10.5	14.0
64（0.3mm × 0.4mm × 25mm）	6.0	8.5	11.5	15.0
51（0.3mm × 0.4mm × 20mm）	7.5	10.0	12.0	15.5

由表 4-12 可以看出，随着钢纤维长径比的增大，钢纤维增强碾压混凝土拌合物的 *VC* 值减小，即工作性得到一定改善。因为随着相同断面的钢纤维长度的增加，相同掺量的钢纤维

根数必然减少，其总表面积也随之减小。在总用浆量不变的情况下，长径比大的钢纤维增强碾压混凝土拌合物工作性得到改善，*VC* 值略有减小。

材料试验表明，钢纤维长径比在 60 ~ 100、掺量不大于 2.0% 时，掺量大小对混凝土拌合物的工作性影响不大，因此，在配制钢纤维增强碾压混凝土时，应适当选择长径比较大的钢纤维。

（4）钢纤维品种不同的影响

材料试验充分证明，在钢纤维长径比相近的情况下，不同品种的钢纤维对钢纤维增强碾压混凝土拌合物的 *VC* 值也有一定影响。钢纤维品种对钢纤维增强碾压混凝土拌合物 *VC* 值的影响，如表 4-13 所示。

表 4-13　钢纤维品种对钢纤维增强碾压混凝土拌合物 *VC* 值的影响

VC 值（s） 钢纤维体积率（%）	圆直钢纤维	熔抽钢纤维	剪切钢纤维	异型钢纤维
0.5	6.0	6.5	7.0	8.0
1.0	9.0	10.0	11.5	13.0

从表 4-13 中可以看出钢纤维的品种、长径比对钢纤维增强碾压混凝土拌合物的 *VC* 值是有一定影响的，而影响钢纤维增强碾压混凝土拌合物 *VC* 值大小的主要因素是钢纤维的掺量。钢纤维增强碾压混凝土拌合物的工作性随着钢纤维掺量的增加而明显降低，即 *VC* 值增大。如果钢纤维掺量过小，虽然其拌合物的工作性较好，但纤维的增强效果不明显；如果钢纤维掺量过大，在搅拌中不易分散，对其工作性和强度均不利。

钢纤维增强碾压混凝土中钢纤维的合理体积率应为 1% ~ 2%。对于不同的钢纤维掺量，可调整单位用水量和胶凝材料用量，通过增加胶凝材料浆体的总量方法，改善钢纤维增强碾压混凝土拌合物的工作性。

3. 影响钢纤维增强碾压混凝土拌合物工作性的其他因素

钢纤维增强碾压混凝土拌合物的工作性 *VC* 值大小，除以上几个主要影响因素外，另外还有粗骨料、细骨料和外加剂等，对其也有一定的影响。

（1）粗骨料的影响

在钢纤维增强碾压混凝土拌合物中，粗骨料的种类、颗粒形状及最大粒径等特性，影响着混凝土组成材料的粘结力及空隙率大小，因而势必影响拌合物工作性 *VC* 值。碎石表面比较粗糙，是一种多棱角的骨料，它与浆体的粘结力和机械咬合力比卵石大，其界面的粘结力也比较大，使混凝土拌合物中游离浆体减少，从而使工作性 *VC* 值增大。

配合比试验证明，当混凝土中的浆体量一定时，用卵石配制钢纤维增强碾压混凝土，能得到工作性较好的混凝土拌合物；但用碎石配制钢纤维增强碾压混凝土，在施工过程中不易发生骨料分离。

配合比试验还证明，如果粗骨料中扁平形状颗粒含量较多，或者骨料的级配不良，则其空隙率大，比表面积也大，使拌合物中游离浆体减少，混凝土的工作性 *VC* 值增大。如果粗骨料的粒径较小，比表面积较大，混凝土的工作性 *VC* 值增大；如果粗骨料的粒径过大，钢纤维在大颗粒之间易发生聚束而不易分散，从而也导致混凝土的工作性 *VC* 值增大。

工程实践证明，配制钢纤维增强碾压混凝土所用粗骨料的粒径一般不宜大于40mm。

（2）细骨料的影响

对于钢纤维增强碾压混凝土，在砂中含有一定量的砂粉，可以改善钢纤维增强碾压混凝土的可压实性和工作性。含砂粉的大小可通过含粉率（即砂粉的用量占砂和砂粉总量的百分比）表示，含粉率一般控制在15%左右比较适宜。

配合比试验证明，砂的种类、细度模数对钢纤维增强碾压混凝土拌合物的 *VC* 值有一定影响。在其他条件相同的情况下，采用细度模数为2.4～3.0的天然中砂配制的钢纤维增强碾压混凝土拌合物，可以获得较好的工作性。

在细骨料中，影响钢纤维增强碾压混凝土拌合物 *VC* 值的最主要因素是砂率。适当提高砂率，可以提高拌合物的润滑作用，降低拌合物的型性黏度，提高拌合物的工作性，同时还有助于钢纤维的分散。如果砂率过大，细骨料的总表面积增大，需要湿润的水分增加，在用水量不变的条件下，浆体的黏度增大，使拌合物的工作性降低，*VC* 值增大。

选择钢纤维增强碾压混凝土的最佳砂率，即在满足设计要求的 *VC* 值的条件下，保证钢纤维增强碾压混凝土拌合物具有良好的抗分离性和可碾压性，并且是胶凝材料用量最少的砂率。通常应通过配比试验，从中找出砂率与 *VC* 值的关系、砂率与钢纤维增强碾压混凝土强度的关系，由此确定其最佳砂率。

工程实践证明，配制钢纤维增强碾压混凝土的最佳砂率一般在40%左右。

（3）外加剂的影响

在配制钢纤维增强碾压混凝土时，根据实际需要和技术要求，选用具有减水、缓凝、分散和引气作用的外加剂，在用水量不变的情况下，由于这类外加剂的掺入，改变了浆体的黏聚力，相对增大了游离浆体的体积，使钢纤维增强碾压混凝土拌合物的工作性得到改善，拌合物的 *VC* 值降低。

（二）钢纤维增强碾压混凝土拌合物的分散性

钢纤维在混凝土中的分散程度，一般可用分散系数 β 表示，分散系数 β 越大，表明钢纤维在混凝土中分散更均匀。我国有关专家对钢纤维在钢纤维增强碾压混凝土（SFRCC）以及钢纤维普通混凝土（SFRC）中的分布情况进行了试验，其统计分析结果如图4-2和表4-14所示。

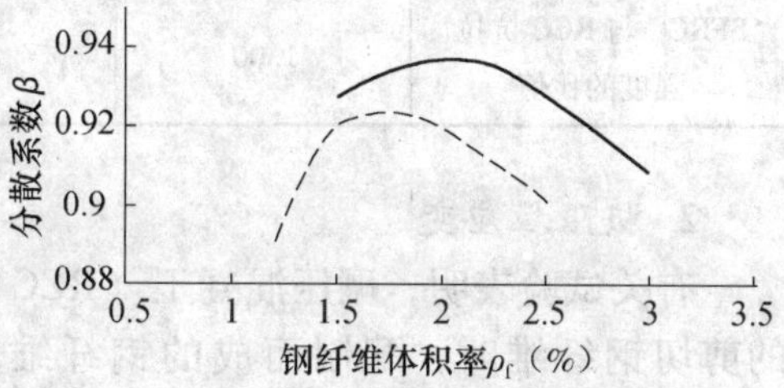

图4-2　钢纤维在SFRCC和SFRC中分散系数与钢纤维体积率的关系

表4-14　钢纤维分散系数试验结果

混凝土的种类	SFRC				SFRCC			
钢纤维体积率（%）	1.2	1.5	2.0	2.5	1.5	2.0	2.5	3.0
分散系数 β	0.891	0.920	0.911	0.900	0.927	0.937	0.925	0.908

从表4-14中可以看出，当钢纤维普通混凝土的钢纤维体积率为1.5%时，其分散系数最大（0.920），钢纤维在混凝土中的分散比较均匀；当钢纤维增强碾压混凝土的钢纤维体积率为2.0%时，其分散系数最大（0.937），钢纤维在混凝土中的分散更加均匀。

三、钢纤维增强碾压混凝土的力学性能

工程实践和材料试验证明，在碾压混凝土（RCC）中掺入适量的钢纤维，能改善和提高碾压混凝土的力学性能，也能较明显地提高其抗拉强度、弯拉强度及变形性能，但其抗压强度无明显变化。

（一）钢纤维增强碾压混凝土的抗拉强度

钢纤维掺入碾压混凝土后，对抗拉强度的影响主要表现在抗拉强度（轴向拉伸强度）和极限拉应变方面。

1. 抗拉强度

有关试验表明，碾压混凝土（RCC）中不掺加粉煤灰，而掺入体积率为0.5%～1.2%的剪切钢纤维时，配制而成的钢纤维增强混凝土（SFRCC）的抗拉强度，随着钢纤维体积率的增加而增大，二者基本上成线性关系，提高的幅度约为23%～34%。钢纤维体积率对钢纤维增强混凝土（SFRCC）抗拉强度的影响，如图4-3所示；不同钢纤维体积率情况下钢纤维增强混凝土（SFRCC）的抗拉强度，如表4-15所示。

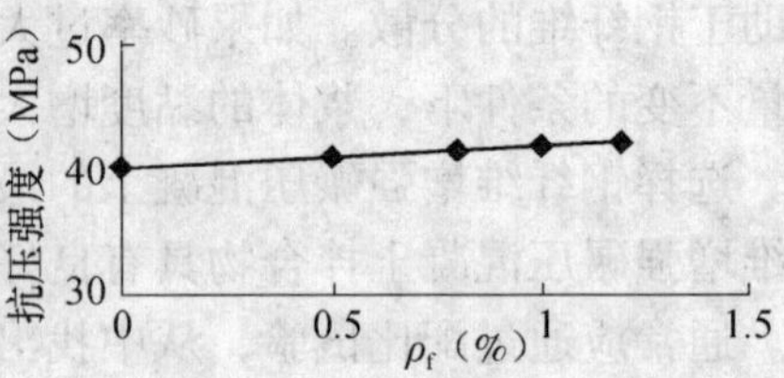

图4-3　钢纤维体积率对钢纤维增强混凝土（SFRCC）抗拉强度的影响

表4-15　不同钢纤维体积率情况下钢纤维增强混凝土（SFRCC）的抗拉强度

钢纤维的体积率（%）	0	0.5	0.8	1.0	1.2
混凝土的抗拉强度（MPa）	2.16	2.65	2.71	2.81	2.90
SFRCC与RCC抗拉强度的比值	1.00	1.23	1.25	1.30	1.34

2. 极限拉应变

有关试验表明，碾压混凝土（RCC）中不掺加粉煤灰，而掺入体积率为0.5%～1.2%的剪切钢纤维时，配制而成的钢纤维增强混凝土（SFRCC）的极限拉应变，随着钢纤维体积率的增加而增大，二者基本上成线性关系，提高的幅度约为39%～62%。钢纤维体积率对钢纤维增强混凝土（SFRCC）极限拉应变的影响，如图4-4所示；不同钢纤维体积率情况下钢纤维增强混凝土（SFRCC）的抗拉强度的关系，如表4-16所示。

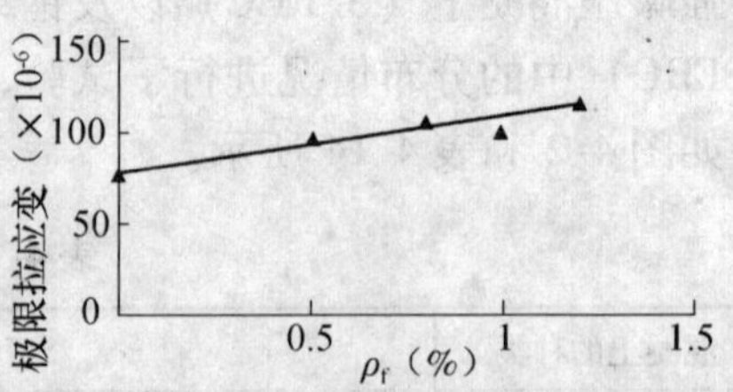

图4-4　不同钢纤维体积率与钢纤维增强混凝土（SFRCC）极限拉应变的关系

表4-16　不同钢纤维体积率情况下钢纤维增强混凝土（SFRCC）极限拉应变

钢纤维的体积率（%）	0	0.5	0.8	1.0	1.2
混凝土的极限拉应变（$\times10^{-6}$）	72	100	110	102	116
SFRCC与RCC极限拉应变的比值	1.00	1.39	1.53	1.42	1.62

（二）钢纤维增强碾压混凝土的弯拉强度

有关试验表明，碾压混凝土（RCC）中不掺加粉煤灰，而掺入体积率为0.5%～1.2%长径比分别为51和77的剪切钢纤维时，配制而成的钢纤维增强混凝土随着钢纤维体积率和长径比的增加而增大，弯拉强度与钢纤维体积率基本成线性关系，弯拉强度提高的幅度分别为18%～49%和32%～82%。不同钢纤维体积率与钢纤维增强混凝土（SFRCC）弯拉强度的关系，如图4-5所示。

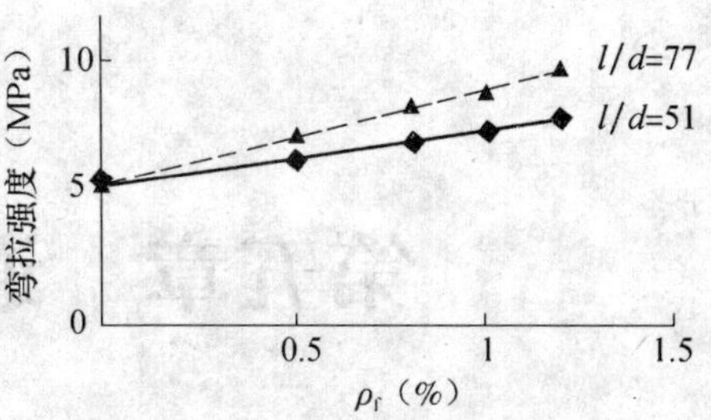

图4-5　不同钢纤维体积率与钢纤维增强混凝土（SFRCC）弯拉强度的关系

试验还表明，粉煤灰的掺量多少对钢纤维增强碾压混凝土的弯拉强度有重要影响，当粉煤灰等量替代水泥时，钢纤维增强碾压混凝土的抗拉强度和弯拉强度，随着粉煤灰掺量的增加而降低。当粉煤灰超量（超量系数$K=1.5$）替代水泥时，则钢纤维增强碾压混凝土的抗拉强度和弯拉强度，并不随着粉煤灰掺量的增加而降低。

四、钢纤维增强碾压混凝土的韧性

有关专家对碾压混凝土（RCC）和钢纤维增强碾压混凝土（SFRCC）韧性的试验结果表明，钢纤维体积率为0.61%（48kg/m^3）的钢纤维增强碾压混凝土的韧度指数I_5，I_{10}，I_{30}，分别为碾压混凝土（RCC）韧度指数的3.8倍、6.9倍和14.6倍，钢纤维增强碾压混凝土的韧性显著提高。碾压混凝土（RCC）和钢纤维增强碾压混凝土（SFRCC）韧性的试验结果，如表4-17所示。

表4-17　碾压混凝土（RCC）和钢纤维增强碾压混凝土（SFRCC）韧性的试验结果

混凝土的种类	钢纤维体积率（%）	弯拉强度（MPa）	混凝土的韧度指数		
			I_5	I_{10}	I_{30}
RCC	0	5.65	1.0	1.0	1.0
SFRCC	0.61	5.87	3.8	6.9	14.6

五、钢纤维增强碾压混凝土的工程应用

由于钢纤维增强碾压混凝土（SFRCC）具有以上良好的力学性能，所以主要应用于比较重要的道路工程中。在重型车辆的繁忙路段、机场道路和跑道及工业地坪，可铺设为无接缝的连续路面。与普通混凝土、连续钢筋混凝土和普通碾压混凝土相比，采用钢纤维增强碾压混凝土，不仅可以提高混凝土的抗弯能力，而且还可以减薄路面的厚度。

在上海外环线道路工程中，采用40mm的沥青混合料、120～140mm的钢纤维增强碾压混凝土、400mm的三渣层、150mm碎石及经处理的土基所组成的结构层。表面覆盖的沥青混合料保护层，可以增加路面的粗糙度和降低行车引起的噪声；钢纤维增强碾压混凝土层在沥青混合料层下面，可以提高抗车辙能力，保证和提高道路的使用寿命。

这种结构的道路工程经应用后的观察和检测，路面的力学性能和使用性能很好，28d的抗压强度和弯拉强度分别达到46.5MPa，7.2MPa，裂缝控制效果完全可以达到设计要求。

第五章　道路耐磨损混凝土

混凝土在使用的过程中，会遇到各种各样的情况和环境，造成不同的作用和磨损。特别是在高速水流（如水工混凝土）、急驶车辆（如道路混凝土）和机械磨损（如车间地面）等的作用下，会使混凝土结构的表面有一定的磨损。如何提高混凝土的耐磨损能力，延长混凝土结构的使用寿命，是耐磨损混凝土重点应解决的技术问题。

工程实践证明，在各种工程中常用的耐磨损混凝土，实际上是在普通水泥混凝土的基础上，掺加或更换一些耐磨损性能好的特殊材料，从而配制成由普通建筑材料和特殊耐磨损材料组成的耐磨损混凝土。

第一节　道路耐磨损混凝土概述

混凝土科学研究表明，耐磨损混凝土是指对机械磨损、流体冲刷等磨损破坏有较强抵抗作用的混凝土。在混凝土的使用过程中，所处的环境不同和所起的功能不同，其受到的磨损类型也不同，因此，混凝土产生磨损的原因主要有以下几种。

一、混凝土磨损的类型

总结混凝土在各种不同的使用情况下，其磨损的类型主要包括研磨型磨损、剥蚀型磨损和气蚀型磨损三种。

（一）研磨型磨损

混凝土研磨型磨损，系指混凝土受到反复研磨或摩擦而造成的磨损，这是一种最常见的混凝土磨损。如公路路面、人流较多的通道，一些工厂、车间及仓库、堆场的地面，商场、车站、舞厅等公共建筑的地面等。

以上这些场所的混凝土表面，由于经常反复地受到车辆、行人、机械、各种货物、工件对其施加滑动或滚动摩擦产生的研磨作用，使混凝土由表及里逐层受到磨耗。

（二）剥蚀型磨损

混凝土剥蚀型磨损，系指混凝土表面在流动液体的冲刷作用下，其表面产生逐层的剥蚀破坏，这也是一种常见的混凝土磨损。如混凝土公路桥桥墩、水上建筑中的水中支柱、混凝土给排水管道和水工建筑物等。

室内试验和工程实践表明，液体在混凝土表面的流速越快，对混凝土表面的剥蚀磨损作用就越大；如果液体中再含有悬浮坚硬的颗粒，对混凝土的剥蚀磨损则更严重。

剥蚀型磨损最典型的是水工建筑中的混凝土溢流坝。如1981年前三门峡水利枢纽经两次改建后，增大了枢纽的泄流规模，但溢流坝的泄水底孔遭受含砂水流的严重磨蚀，工作闸门槽导轨受磨损、剥蚀磨损破坏非常严重，原设计闸门在高程330m水位可动水关闭，而且前部分底孔在高程315m水位启闭已有困难。

（三）气蚀型磨损

混凝土气蚀型磨损，系指在高速流动液体受到扰动时，对混凝土表面所产生的一种冲击性破坏，这也是这三种混凝土磨损中最严重的破坏。如水工建筑中的混凝土溢洪道、江河大坝的冲淤道及泄水闸的挑流鼻坎等。

产生气蚀型磨损破坏的机理比较复杂，主要破坏机理是：当一股流速很高的水或其他液体，在其流动方向或原来流速受到某种干扰而发生改变时，在紧靠变化处下游的混凝土表面局部出现一个低压区，当其压力低于相应环境温度的水蒸气压时，就会形成大量的气泡。气泡随着水流进入高压区，高速水流进入原水蒸气所占的空间，产生很大的冲击力使气泡急速溃灭，随之产生巨大的瞬时压力。当气泡溃灭发生在混凝土的局部边缘时，由于高速水流中不断溃灭的气泡所产生的瞬时压力的反复作用，使混凝土表面产生很多的麻点与坑洞，即出现气蚀型磨损。

通过以上所述，以水工建筑物为例，很显然，混凝土的磨损，从内因方面分析，它与混凝土本身的耐冲磨性能有关；从外因方面分析，它与水流的速度和水流挟带泥砂的含量、颗粒大小、形状和硬度等因素有关。

二、混凝土产生磨损的危害性

通过对以上三种磨损类型的分析可知，不论是研磨磨损、冲刷剥蚀，还是气蚀所产生的损坏，都可以归结到磨耗和冲击两种破坏作用，大部分情况下这两种破坏作用是同时存在的，其区别仅仅是以何种作用为主。

混凝土产生磨损破坏的过程，首先是硬化水泥浆体部分被磨损，并且露出混凝土中的骨料，接着由于冲击力的作用使骨料被磨损。因此，混凝土往往是在冲击力的作用下骨料被剥离出来，从而使剥离处形成孔穴。随后硬化水泥浆体又被磨耗，又露出新的一层骨料，如此反复进行，混凝土由表及里受到逐层破坏。

如果混凝土的内部原来就存有微裂缝，在冲击力的作用下可能会产生扩展，加之一些砂砾进入形成的孔穴后，在高速水流作用下在孔穴中对混凝土进行“洗挖”，更加使混凝土的损坏加剧，甚至出现破坏性的损坏，造成巨大的经济损失。

特别是在公路路面工程中，如果路面混凝土出现严重的磨损，不仅会使混凝土表面凹凸不平，而且会使高速行驶的车辆非常颠簸，甚至出现重大的交通事故。

三、提高混凝土耐磨性的措施

通过对混凝土受磨损破坏的原因和过程分析可知，混凝土的耐磨损性很难进行评定，因为损坏作用的变化取决于磨损的真正原因。因此，选择耐磨损混凝土最适用的指导原则是提高混凝土的抗压强度，抗压强度是决定混凝土具有耐磨损性的最主要因素。由此可见，要提高混凝土的耐磨性，制得耐磨损能力强的耐磨损混凝土，应当从以下两个方面采取相应的技术措施。

（一）提高混凝土表面的耐磨损性

混凝土的耐磨性能好坏，首先表现在混凝土的表面耐磨性高低，因此，提高混凝土表面的耐磨损性，是非常重要的技术措施。要增加混凝土表面的耐磨损性，其最根本的技术措施是：不论是水泥浆体还是骨料，都必须具有足够的耐磨性。这就要求在进行混凝土配合比设计和配制时，要选用耐磨性好的原材料，即选用适宜的水泥和骨料。

1. 选用强度较高的水泥

工程实践证明，水泥的强度越高其耐磨性越好。因此，在配制有耐磨性要求的混凝土时，应优先选择强度等级较高的水泥，一般不能选用低于32.5MPa的水泥。

2. 选用适宜的水泥品种

材料试验证明，常用的硅酸盐系列的水泥，其耐磨性有很大的差别。因此，在配制有耐磨性要求的混凝土时，应优先选用耐磨损性高的水泥品种，如硅酸盐水泥和普通硅酸盐水泥，也可以选用矿渣硅酸盐水泥，但不能选用火山灰质硅酸盐水泥和粉煤灰硅酸盐水泥。

3. 选用强度较高的骨料

配制有耐磨性要求的混凝土时，骨料宜选用强度较高的火成岩和变质岩，一般不选用水成岩，其坚固性和压碎指标应符合《建筑用砂》和《建筑用碎石、卵石》中的规定。

（二）提高混凝土材料的粘结强度

提高混凝土材料的粘结强度，是提高混凝土耐磨性的重要措施。在这方面主要包括以下三个技术措施。

1. 适当提高混凝土的强度

在一般情况下强度越高的混凝土，硬化水泥浆体与骨料的粘结力也越大，其耐冲击磨损的性能也越好。因此，适当提高混凝土的强度，既可以满足混凝土耐磨性的要求，又可符合经济性的要求。

2. 选用质量优良的原材料

混凝土配制试验证明，原材料的质量对混凝土质量影响最直接，因此，应当选用质量良好的原材料。特别是对骨料的含泥量和泥块含量应严格控制，这是影响粘结强度的关键因素，其含泥量和泥块含量应符合《建筑用砂》和《建筑用碎石、卵石》中的规定。

3. 选择良好级配的骨料

因为骨料的级配如何，不仅影响混凝土的强度和材料用量，而且影响混凝土的粘结强度，实践证明级配越好混凝土的粘结强度越高，相应其耐磨性越好。

第二节　道路耐磨损混凝土的组成材料

耐磨损混凝土的组成材料，主要有胶凝材料、粗细骨料、掺合料、外加剂和拌合水等。由于这种混凝土具有耐磨损性要求，因此对材料的要求不同于普通水泥混凝土。

一、胶凝材料

配制耐磨损混凝土的胶凝材料，主要是水硬性胶凝材料水泥，在特殊情况下也可掺加适量的环氧树脂，也可根据工程实际情况采用一些新型胶凝材料。

（一）水泥

水泥的物理力学性能（包括耐磨损性能），主要取决于水泥的矿物成分及水泥矿物成分的耐磨损性能。国内外有关专家在试验室内对水泥熟料的单矿物进行了磨损试验，单矿物水泥及单矿物水泥砂浆的磨损试验结果表明，硅酸三钙（C_3S）的耐磨损强度最高，硅酸二钙

（C_2S）的耐磨损强度最低，铝酸三钙（C_3A）和铁铝酸四钙（C_4AF）的耐磨损强度接近。表5-1中列出了硅酸盐水泥熟料各矿物成分的耐磨性。

表5-1　硅酸盐水泥熟料各矿物成分的耐磨性

矿物成分	水泥石水灰比	水泥石的抗磨强度 $h\cdot(10N)^{-1}\cdot m^{-1}$	砂浆的水灰比	砂浆的灰砂比	砂浆的抗磨强度 $h\cdot(10N)^{-1}\cdot m^{-1}$	砂浆3个月龄期的抗压强度（NPa）
硅酸三钙（C_3S）	0.31	3.45	0.48	1:2.5	4.35	45.0
硅酸二钙（C_2S）	0.23	0.80	0.43	1:2.5	不抗磨	15.0
铝酸三钙（C_3A）	0.47	2.94	0.70	1:2.5	0.87	10.3
铁铝酸四钙（C_4AF）	0.28	3.13	0.45	1:2.5	0.94	6.6

从表5-1的结果可知，硅酸盐水泥熟料矿物水化硬化后的抗磨损强度，从大到小的排列顺序为：$C_3S > C_4AF > C_3A > C_2S$，硅酸三钙的抗磨损强度最高，硅酸二钙的抗磨损强度最低。因此，配制耐磨损混凝土应选择硅酸三钙（C_3S）含量高的水泥。在一般情况下，回转窑生产的水泥熟料中，硅酸三钙（C_3S）的含量远高于立窑生产的水泥熟料。因此，应尽量选用回转窑水泥厂生产的水泥。

配制耐磨损混凝土所用的水泥，应选择水化硬化后浆体耐磨性强的水泥品种，对常用的硅酸盐系列水泥而言，耐磨性高低与硅酸盐水泥熟料矿物的组成有关，也与混合材的品种和掺量有关。

材料试验研究证明，混凝土的耐磨损性能与水泥掺加混合材料的种类和数量有关，从国外有关试验资料看，一般采用掺混合材料的水泥制备的混凝土，在所有龄期内，其抗冲磨强度均比不掺混合材料的水泥制备的混凝土低，如水泥中掺加活性混合材30%～35%时，可使混凝土的磨损率增加30%～35%。

我国工程实践也证明，在水泥中掺加目前常用的任何混合材（如粉煤灰、水淬矿渣、火山灰质混合材等），对混凝土的抗磨性都有程度不同的负面影响。因此，水泥品种最好选用不掺或少掺混合材的水泥，如硅酸盐水泥或普通硅酸盐水泥。如果选用普通硅酸盐水泥，其中掺加的混合材最好用水淬矿渣，尽量不选用粉煤灰和火山灰质混合材。

材料试验研究证明，配制耐磨损混凝土时，如果选用的强度等级、使用的骨料和配合比相同，两种水泥的水灰比不同时，两种混凝土的抗压强度基本相同，如图5-1所示，而两种混凝土的耐磨损强度却有较大的差别，如图5-2所示。

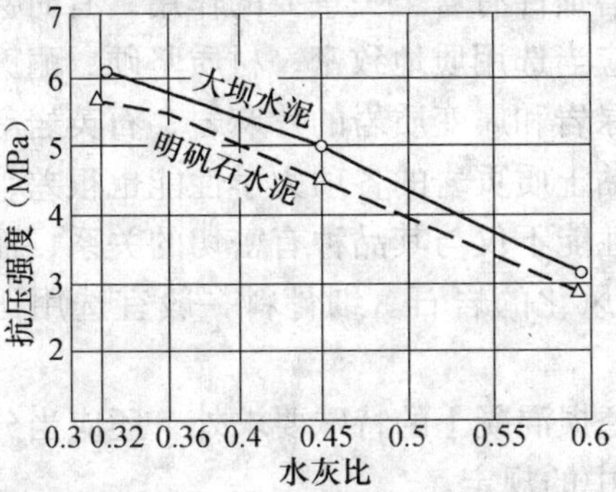

图5-1　不同水灰比的两种水泥混凝土与其抗压强度的关系

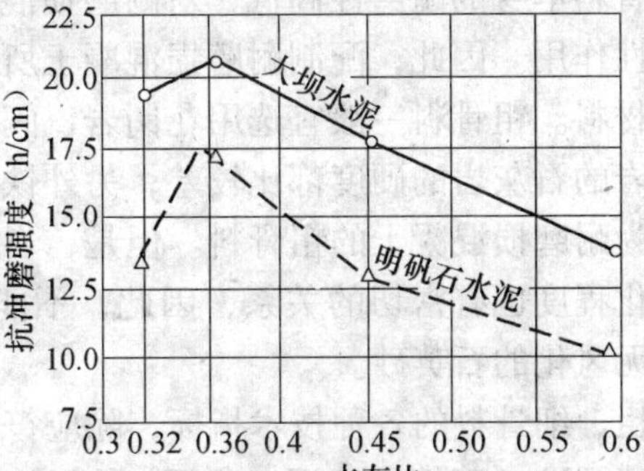

图5-2　不同水灰比的两种水泥混凝土与其耐磨损强度的关系

配制耐磨损混凝土所用水泥的强度等级，一般应大于或等于 42.5MPa。如果选用低于 42.5MPa 的水泥，必须经试验后确定。

（二）环氧树脂

在某些特殊场合下，当使用水泥混凝土不能满足抗磨损要求时，可以采用一些抗磨损性能更好的胶凝材料，如环氧树脂、呋喃树脂、饱和聚酯树脂等。工程实践证明，其中环氧树脂是比较理想的一种材料。有关环氧树脂的性质、用环氧树脂配制混凝土的方法等有关内容，可参考“树脂混凝土”。

（三）新型胶凝材料

最近几年，有关材料生产单位根据耐磨损混凝土的不同要求，研制成功了一些耐磨损混凝土新型胶凝材料，其中绿宇牌 LY-01 防滑耐磨损混凝土胶粉（干拌防滑耐磨砂浆），就是比较典型的一种。此产品是运用无机胶凝材料 C_3S 的抗磨性，配合活性超细骨料及高分子助剂的掺合，构成减水、密实、粘结强度高、抗磨性能强，具有高耐久性和新拌混凝土良好的工作性的防滑耐磨混凝土材料。

其机理主要是在活性超细骨料的掺入下，使混凝土中水泥石的孔隙率大大降低，有效改善孔分布（即尽可能降低有害大孔），减少开口孔提高抗压强度，通过高分子助剂，改善混凝土中硬化水泥浆体与骨料界面的结合功能，增强界面物理连接或化学连接的强度，提高耐磨损性能。

本产品只需按比例添加花岗岩细石子，与水拌合就可以成为防滑耐磨损混凝土材料。主要应用于经常反复地受到车辆、行人及各种货物、工件对其施加滑动或滚动摩擦的路面、人流较多的通道、汽车停车场、车站、车库、货物堆场、仓库、工厂车间等地面。应用于要求具有防滑耐磨损功能的地面混凝土工程。

二、粗细骨料

与普通水泥混凝土一样，骨料是耐磨损混凝土中用量最大的材料，一般占混凝土体积的80%左右，其品种、质量、级配、粒径等，直接影响耐磨损混凝土的强度和抗磨损能力。在选择耐磨损混凝土骨料时，主要应考虑粗细骨料品种选择、最大骨料粒径选择和砂的细度模数选择三个方面。

（一）粗细骨料品种选择

骨料本身的耐磨性高低，对耐磨损混凝土的耐磨损性有着至关重要的作用，有时甚至起决定性作用。因此，配制耐磨损混凝土所用骨料，应当选用质地致密、材质坚硬、耐磨损性强的材料。粗骨料一般宜选用花岗岩、闪长岩、辉绿岩和属变质岩的片麻岩、石英岩等。属沉积岩的石灰岩的硬度都比较差，另外铁质页岩、黏土质页岩的各项力学性能也很差，均不宜作为耐磨损混凝土的粗骨料。但是，岩石的力学性能不仅与其品种有密切的关系，而且与其风化程度也有密切的关系，因此，不能选用已经风化的岩石。细骨料一般宜选用比较纯净、无风化的石英砂。

粗、细骨料的各种技术指标，除应符合配制耐磨损混凝土的特殊要求外，还应当分别符合国家标准《建筑用碎石、卵石》和《建筑用砂》中的规定。

有关建筑材料专家通过研究发现，相同强度等级的碎石混凝土的磨损系数稍高于卵石混凝土，这是因为卵石的表面比较光滑不易磨损，而碎石的表面比较粗糙容易受到磨损。虽然碎石混凝土的磨损系数偏高，但卵石混凝土中的卵石与硬化水泥浆体的界面粘结强度却低于碎石混凝土。在有高速水流的磨损过程中，卵石更容易被冲击脱离开硬化浆体而形成孔穴和凹槽，使混凝土的磨损破坏速度加快。

由以上分析可知，与卵石混凝土相比，即使碎石混凝土的磨损系数稍高一些，由于碎石与水泥浆体的粘结强度高，所以碎石更适宜于耐磨损混凝土的配制。试验研究也证实，磨损导致碎石混凝土结构最终破坏的时间，要比卵石混凝土长一些。由此可见，配制耐磨损混凝土宜选用新鲜的碎石。

（二）最大骨料粒径选择

混凝土试验证明，粗骨料最大粒径（D_{max}）的选择，对混凝土的抗磨损性也有较大的影响。当使用水泥、细骨料及粗骨料岩石品种相同、混凝土水灰比也相同，只是粗骨料粒径不同的混凝土，其抗压强度基本相同，但其抗冲磨强度却随着粒径的增大而增大，如图 5-3 所示。这是因为由于粗骨料粒径增大，使混凝土中抗冲磨强度较低的水泥石含量减少所致。因此，采用较大粒径的粗骨料，是减少混凝土中水泥石含量而有利于提高混凝土抗冲磨强度简单而有效的措施。

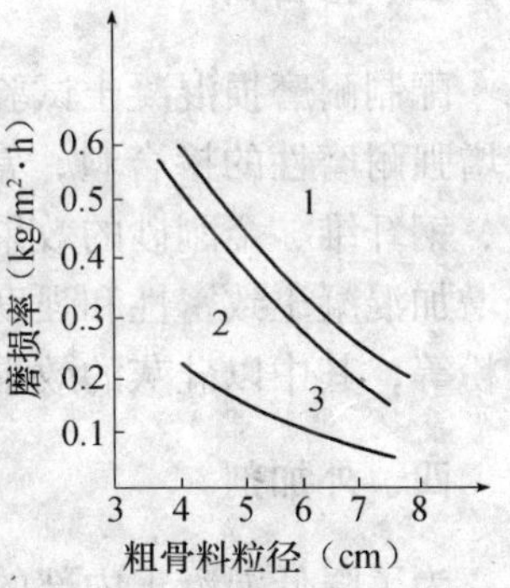

图 5-3　粗骨料粒径与混凝土磨损率的关系

1—玢岩；2—砂岩；3—花岗岩

抗冲磨试验证明，混凝土表层的粗骨料在机械磨损、水流冲击的作用下，如果粗骨料的粒径不适宜，会出现骨料被“拔出”现象，在混凝土表面形成孔穴后，磨耗将继续快速进行下去，从而对混凝土结构造成更大的破坏。

特别是当砂砾进入孔穴中，由于高速水流的旋转，使混凝土受到损坏性的“洗挖”，而使混凝土磨损更加严重。混凝土配合比试验证明，当单位体积混凝土中的水泥用量（C）和水灰比（W/C）确定后，改变粗骨料的最大粒径（D_{max}）时，混凝土的磨损系数随着骨料粒径的增大而降低。

试验结果表明：当采用不同粗骨料最大粒径（10mm，15mm，20mm 和 25mm）时，D_{max} = 25mm 时混凝土的磨损系数最低，而 D_{max} = 10mm 时粗骨料被拔出的比例较大。综合考虑磨损系数和骨料被拔出的孔穴数量，配制耐磨损混凝土粗骨料的最大粒径，宜选 D_{max} = 25mm。

根据工程经验得知，粗骨料的粒径较大，受挟砂水流冲磨后的混凝土表面不平整度较大，因而产生气蚀的可能性也较大。所以在有可能产生气蚀的抗冲磨混凝土中，粗骨料的最大粒径应受到一定限制。据其他有关资料表明，配制耐磨损混凝土粗骨料的最大粒径 D_{max} = 15mm 左右比较适宜。究竟采用什么样的粗骨料最大粒径，最好通过试验确定。

（三）砂的细度模数选择

细骨料的细度模数是砂子平均粗细程度的重要指标，对于混凝土的密实度和强度有很大影响。因此，选择细骨料的适宜细度模数，也是非常重要的一个技术指标。配制耐磨损混凝土试验结果表明，采用的细骨料以洁净、级配良好的石英中、粗砂为宜，其细度模数应控制在 2.4～3.5 范围内。

配制耐磨损混凝土所用的细骨料，除必须符合国家标准《建筑用砂》中的规定外，石英砂的质量应符合表 5-2 中的要求。

表 5-2　用于耐磨损混凝土石英砂的质量要求

项目名称	SiO_2（%）	云母（%）	硫化物（%）	尘土（%）	硬度（HB）	吸水率（%）	比密度（g/cm^3）	空隙率（%）	粒径（mm）	栏堆密度（kg/m^3）
质量技术指标要求	≥95	≤0.5	≤0.5	≤0.5	5~7	≤1.0	2.65	≤40	≥0.15	≥1600

三、掺合料

配制耐磨损混凝土试验结果表明，用于这种混凝土的掺合料主要有两类：一类是用于直接增强耐磨性的掺合料，常用的有钢屑、钢纤维、钢渣砂、金刚砂、烧矾土等，其中以钢屑、钢纤维、金刚砂的效果最好，这类掺合料可以替代混凝土中的部分细骨料。另一类是用于增加混凝土致密性和强度的掺合料，间接地增加混凝土的耐磨性，常用的有硅灰及超细矿渣粉等，其中以硅灰的效果比较好。

四、外加剂

为了降低混凝土内部的孔隙率，提高混凝土的强度，在配制耐磨损混凝土时，可以掺入适量的减水剂及早强剂。在掺加这两种外加剂时，应特别注意以下两点：为确保混凝土的强度不降低，所掺加的减水剂，不宜采用引气型减水剂；如果在钢筋混凝土中掺加早强剂时，应避免掺用对钢筋有锈蚀作用的早强剂。无论掺加何种外加剂，外加剂的掺量、性能和相容性等，均应通过试验确定，不可盲目掺加。

五、拌合水

配制耐磨损混凝土所用的拌合水，其技术要求与普通水泥混凝土相同。应符合《混凝土用水标准》中的要求。

第三节　道路耐磨损混凝土配合比设计

由于耐磨损混凝土的组成材料与普通混凝土有所不同，所以在进行混凝土配合比设计时应遵循的原则也不一样。

一、耐磨损混凝土配合比设计的原则

在选用耐冲磨性能较好的岩石作为混凝土的骨料时，即使是高强度混凝土中的水泥石，其抗冲磨强度也比骨料要低得多。因此，抗冲耐磨混凝土配合比设计的原则是：尽可能提高水泥石的抗冲耐磨强度及粘结强度，同时也要注意尽可能减少水泥石的含量，这是提高混凝土抗冲耐磨强度的根本措施。

（一）抗压强度的确定原则

混凝土在原材料选定后，其抗压强度随着水灰比的减小而增大。在水泥浆用量变化不大的条件下，混凝土的抗冲耐磨强度也随着水灰比的减小而提高。抗冲耐磨混凝土的强度，必

须满足在挟砂石水流冲磨条件下足以把骨料粘结在一起；如果水泥石的粘结强度及抗冲耐磨强度过低，挟带砂石的水流首先将水泥石冲磨后，紧接着就会把骨料冲掉，从而会造成严重的冲蚀磨损现象。因此，要提高混凝土的抗冲耐磨强度，就必须提高混凝土的抗压强度。

混凝土强度试验表明，混凝土的水灰比越小，所形成的水泥浆就越干稠，达到施工所要求的和易性（流动性）时，所需要占水泥浆用量则越多。于是就会出现虽然混凝土中的水泥石强度有所提高，但由于水泥石的增加而降低混凝土的抗冲耐磨强度，图 5-2 中的水灰比为 0.32 时的混凝土，其抗冲磨强度却下降。

由此可见，在配制抗冲耐磨混凝土时，其抗压强度只要能满足在挟砂石水流冲磨条件下，足以将骨料粘结在一起即可；如果再提高混凝土的抗压强度，不仅达不到提高混凝土抗冲磨强度的目的，而且还可能随着抗压强度的提高而抗冲磨强度下降。

究竟抗冲耐磨损混凝土的抗压强度如何选择，目前在各国尚未有统一的意见。俄罗斯和美国 ACI210 委员会经过多年研究和探索，提出了一些推荐性意见，可供设计和施工中参考。美国 ACI210 委员会推荐抗冲耐磨损混凝土的抗压强度可采用 40MPa；俄罗斯把抗冲耐磨材料分成三个等级：①使用期不到 100 年的重要建筑物，建议抗冲耐磨损混凝土采用抗压强度为 C50 ~ C60；②使用期在 50 年以上的较重要建筑物，建议抗冲耐磨损混凝土采用抗压强度为 C40；③使用期不到 25 年的不重要的建筑物或运行期 5 ~ 10 年的重要建筑物，建议抗冲耐磨损混凝土采用抗压强度为 C30。

（二）用水量的确定原则

材料试验证明，对于有抗冲耐磨损要求的混凝土，最好是采用干硬性混凝土，并以施工所用振捣器能将混凝土拌合物振密实为准，一般混凝土的维勃稠度 30 ~ 40s 为宜。如果采用塑性混凝土，拌合物的坍落度最好不超过 5cm，以便尽可能减少混凝土中抗冲耐磨损性能差的水泥石含量，提高混凝土的抗冲耐磨损强度。

水泥石的抗冲耐磨损强度，一般都比骨料低得多。因此，混凝土中水泥石的含量越多，混凝土的抗冲耐磨损强度则越低。当混凝土的原材料相同、水灰比相同，而水泥石含量不同时，混凝土抗压强度基本相同；但其抗冲耐磨损强度却随着水泥石含量的增加而明显下降。不同水泥石含量混凝土的抗冲耐磨损强度及抗压强度的关系，如图 5-4 所示。

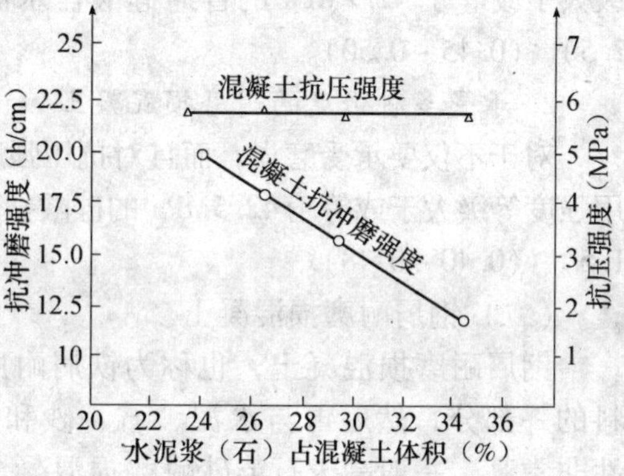

图 5-4　水泥石含量与混凝土抗压、抗冲耐磨损强度的关系

由此可见，在配制抗冲耐磨损混凝土时，不仅要注意选用耐冲磨性能较好的高强度水泥，而且还要注意在保持水灰比不变的前提下，尽可能减少水泥用量。这样，不仅可以节省水泥、降低成本、简化温控措施，而且还能提高混凝土的抗冲耐磨损强度。

当混凝土的原材料和水灰比确定后，混凝土的用水量（即水泥浆用量）决定于混凝土拌合物设计坍落度。混凝土拌合物的坍落度大，则用水量就多，混凝土中的水泥浆含量必然也多，从而就会降低混凝土的抗冲耐磨损强度。因此，对于抗冲耐磨损混凝土流动性的要求，应当在满足混凝土浇筑密实的前提下，流动度（用水量）越小越好。

（三）砂率的确定原则

抗冲耐磨损混凝土砂率的确定，与普通水工混凝土相同，在一般情况下应通过试验确定其最佳砂率，以便减少水泥浆的用量，有利于提高混凝土的抗冲耐磨损强度。根据工程实践，抗冲耐磨损混凝土的砂率宜控制在30% ~40%范围内。

二、工程中常用耐磨损混凝土配合比设计

通过对耐磨损混凝土原材料不同的分析，实质上耐磨损混凝土是对多种具有增强耐磨损性能混凝土的总称。根据工程对混凝土耐磨损性的要求不同，所采用的耐磨损骨料是不同的。也可以说，耐磨损混凝土是由各种特殊耐磨损材料配制而成的混凝土。

在各种工程中，目前常用的耐磨损混凝土主要有：石英砂耐磨损混凝土、钢屑耐磨损混凝土、钢纤维耐磨损混凝土、高性能耐磨损混凝土、环氧树脂耐磨损混凝土和防滑耐磨损胶粉混凝土等。

（一）石英砂耐磨损混凝土

石英砂耐磨损混凝土是以硅酸盐水泥或普通硅酸盐为胶凝材料，以石英砂为主要原料配制而成的一种耐磨损混凝土。

根据耐磨损混凝土工程的要求不同，石英砂耐磨损混凝土的配合比也不同，一般可分为以下两种情况的混凝土配合比设计。

1. 承受磨损为主的耐磨损混凝土

对于主要承受磨损，对抗压强度和抗冲击强度要求不高的混凝土，其水泥可以采用强度等级大于或等于42.5MPa的普通硅酸盐水泥，混凝土的配合比为：水泥∶砂子∶水 =1∶(1.8 ~2.5)∶(0.45 ~0.50)。

2. 承受多种强度的耐磨损混凝土

对于不仅要承受磨损，而且对抗压强度和抗冲击强度有一定要求的混凝土，其水泥可以采用强度等级大于或等于42.5MPa的硅酸盐水泥，混凝土的配合比为：水泥∶砂子∶水 =1∶(1.2 ~1.5)∶(0.40 ~0.48)。

（二）钢屑耐磨损混凝土

钢屑耐磨损混凝土，也称为铁屑耐磨损混凝土。这种混凝土是用钢（铁）屑作为骨料的一部分，然后再与水泥、石、砂和水配制而成的混凝土。钢屑耐磨损混凝土的耐磨性非常高，一般高于石英砂耐磨损混凝土，同时其抗压强度也很高。工程实践证明，配比合理、精心施工的钢屑耐磨损混凝土，其28d的抗压强度可以达到800MPa，耐磨性可与花岗岩媲美。

1. 钢屑耐磨损混凝土对原材料的要求

钢屑耐磨损混凝土的配合比设计方法，与普通水泥混凝土基本相同。水泥应选用强度等级大于或等于42.5MPa的硅酸盐水泥或普通硅酸盐水泥，水泥的各项技术指标应符合国家标准《硅酸盐水泥、普通硅酸盐水泥》(GB 175—1999) 中的要求。

粗骨料优先选用坚硬耐磨的花岗岩、辉绿岩，细骨料应选用洁净、坚硬、级配良好的河砂，骨料的各项技术指标应符合国家标准《建筑用碎石、卵石》和《建筑用砂》中的规定。

钢屑应选用金属切削时的废屑，既可废物利用、降低费用，又能符合钢屑耐磨损混凝土的要求。但是，在配制混凝土前需经过以下筛分和清洗处理。

钢屑的筛分，就是筛去过大或过小的钢屑，即筛除小于0.3mm的碎屑及大于75mm的钢屑，以便于配制和施工。

钢屑的清洗，是将筛分后的钢屑先经10%的氢氧化钠（NaOH）溶液浸泡去除油污，再用50～70℃的热水进行清洗，然后捞出晾干待用。在浸泡和清洗过程中，应当边浸泡边搅动，以便浸泡均匀、去掉油污。

2. 钢屑耐磨损混凝土的参考配合比

表5-3中列出了钢屑耐磨损砂浆典型配合比，表5-4中列出了钢屑耐磨损混凝土典型用料配合比，表5-5中列出了钢屑耐磨损混凝土参考配合比，均可供配制钢屑耐磨损混凝土或砂浆时参考。

表5-3 钢屑耐磨损砂浆典型配合比

质量配合比（水泥:砂子:钢屑:水）	28d的抗压强度（MPa）	主要用途
1:0.3:（1.0～1.5）:0.12	40～80	主要用于车间混凝土地面耐磨层、矿仓料斗衬面、楼梯踏步等

表5-4 钢屑耐磨损混凝土典型用料配合比

项目	钢屑耐磨损混凝土配合比（质量比）						备注
	水泥	钢屑	砂子	石子	水	适用部位	
配合比	1	2.13	1.33	3.38	0.60	耐磨地坪、煤仓或贮煤仓的漏斗	本配合比混凝土的抗压强度可达20MPa
混凝土材料用量（kg/m^3）	310	659.8	412.9	1233	186		
配合比	1	1.00	2.00	2.30	0.50	工业厂房耐磨地面、车间台座	本配合比混凝土的强度可达20～40MPa；以50mm厚度计，每10m用0.525m^3混凝土
混凝土材料用量（kg/m^3）	380	380.0	760.0	874.0	190		

注：表中水泥采用的强度等级为42.5MPa。

表5-5 钢屑耐磨损混凝土参考配合比

序号	混凝土或砂浆强度等级	水泥的强度等级	混凝土（砂浆）材料用量配合比（kg/m^3）				28d抗压强度（MPa）	28d抗拉强度（MPa）
			水泥	砂子	钢屑	水		
1	C40	42.5	1150	细砂345	1150	323.1	45.40	6.68
2	C50	52.5	929	细砂464	1858	343.7	64.85	14.6
3	C50	52.5	1051	中砂329	1544	361.0	54.50	—
4	M40	52.5	978	—	1467	350.0	48.00	—

（三）钢纤维耐磨损混凝土

钢纤维耐磨损混凝土是在钢纤维混凝土的基础上，在配合比方面加以改进配制而成的一种耐磨性很强的混凝土。钢纤维实质上也是一种钢屑，因此钢纤维耐磨损混凝土也可以看作是钢屑耐磨损混凝土的一种。

1. 钢纤维耐磨损混凝土对原材料的要求

钢纤维耐磨损混凝土对原材料的要求，主要包括对水泥、细骨料、粗骨料、砂率、钢纤维、外加剂和水等材料的要求。

钢纤维耐磨损混凝土所用的水泥，优先选用普通硅酸盐水泥、硅酸盐水泥和明矾石膨胀水泥，水泥的强度等级一般不低于42.5MPa，其他技术指标应符合国家标准《硅酸盐水泥、普通硅酸盐水泥》和行业标准《明矾石膨胀水泥》（JC/T 311—2004）中的要求。

钢纤维耐磨损混凝土所用的细骨料，与普通水泥混凝土相同，其他没有具体规定；钢纤维耐磨损混凝土所用的粗骨料，一般宜采用 $D_{max}=15$mm 质地坚硬的碎石。粗、细骨料的其他技术指标，应符合国家标准《建筑用碎石、卵石》和《建筑用砂》中的规定。钢纤维耐磨损混凝土所用的砂率，一般为40%左右比较适宜。

钢纤维耐磨损混凝土所用的钢纤维，与普通钢纤维混凝土有所不同，一般宜采用长度为2～5mm的钢纤维。为使钢纤维耐磨损混凝土易于拌合均匀，使耐磨损面性能最佳，最好采用异型钢纤维，而不采用直线型钢纤维。

钢纤维耐磨损混凝土所用的外加剂，一般多采用普通减水剂或超塑化剂，外加剂的技术指标应符合现行的有关规定。

2. 钢纤维耐磨损混凝土的参考配合比

由于钢纤维耐磨损混凝土是钢屑耐磨损混凝土中的一种，其配合比可以参考表5-3、表5-4和表5-5。对于抗磨要求较高的钢纤维耐磨损混凝土，其配合比应当通过试验确定。

（四）高性能耐磨损混凝土

在“高性能混凝土”中已经了解到，高性能混凝土在各种性能上都优于普通水泥混凝土，其中包括耐磨损性也比较好，因此可以满足一些对耐磨性要求较高的混凝土工程。但是，对于一些有更高耐磨性要求的混凝土，高性能混凝土不能满足耐磨性要求时，可以通过改变原料的选择来解决，配制成高性能耐磨损混凝土。

1. 高性能耐磨损混凝土对原材料的要求

高性能耐磨损混凝土，是在高性能混凝土的基础上，在耐磨损方面提出更高的要求，而成为一种具有高的强度、高的流动性、优异的耐久性和高的耐磨损性的混凝土。这种混凝土所用的原材料和高性能混凝土有所不同。

（1）对于水泥的要求

高性能耐磨损混凝土所用的水泥，优先选用硅酸三钙（C_3S）和铁铝酸四钙（C_4AF）含量高的硅酸盐水泥，水泥的强度等级一般不低于42.5MPa，其用量一般应控制在500kg/m^{3}左右。其他技术指标应符合国家标准《硅酸盐水泥、普通硅酸盐水泥》中的要求。

（2）对于骨料的要求

高性能耐磨损混凝土所用的粗骨料，应选用耐磨性更强的花岗岩或辉绿岩，其最大骨料粒径不应超过20mm；高性能耐磨损混凝土所用的细骨料，应选用洁净、坚硬、级配良好的河砂。粗、细骨料的其他技术指标，应符合国家标准《建筑用碎石、卵石》和《建筑用砂》中的规定。

（3）对于掺合料的要求

高性能耐磨损混凝土所用的掺合料，一般为优质的粉煤灰和硅粉。粉煤灰是火力发电厂排放出来的灰渣，是一种火山灰质混合材料，其化学成分与高铝黏土相近，活性取决于玻璃体及无定形氧化铝和氧化硅的含量，用于配制高性能耐磨损混凝土的粉煤灰，其技术指标应符合国家标准《用于水泥和混凝土中的粉煤灰》（GB/T 1596—2005）中的规定。

硅灰是在电炉内生产硅铁合金时产生大量挥发性很强的 SiO_2 和 Si 气体，这些气体在空气迅速氧化并冷凝而成的一种超微粒固体物质。由于硅灰的主要成分是 SiO_2、粒径在 0.01 ~ 1μm之间，是水泥颗粒的1/50 ~ 1/100。因此，这是一种特效混凝土掺合料，它能明显地改善混凝土的性能，大幅度提高混凝土的耐磨性。

硅灰的 SiO_2 含量多少是其质量好坏的主要指标，根据硅灰的排放条件不同，SiO_2 的含量大致波动在63% ~89%范围内。掺入混凝土和砂浆中的硅灰，至今我国尚未制定其质量标准，根据工程实践证明，用于普通水泥混凝土的硅灰，SiO_2 的含量必须在70%以上；用于高性能耐磨损混凝土的硅灰，SiO_2 的含量必须在75%以上。

（4）对于外加剂的要求

高性能耐磨损混凝土所用的外加剂，主要有膨胀剂、高效减水剂等。所用的膨胀剂应符合建材行业标准《混凝土膨胀剂》（JC 476—2001）中的规定；所用的减水剂应符合国家标准《混凝土外加剂》（GB 8076—1999）中的规定。

高效减水剂是高性能耐磨损混凝土必不可少的组成材料，其有效组分的适宜掺量为胶凝材料总量的1.0%以下，并应控制引气量。

配制高性能耐磨损混凝土适用的高效减水剂有：①磺化三聚氰胺甲醛树脂高效减水剂。该品种减水剂减水分散能力强，引气量低，早强和增强效果明显，产品性能随合成工艺的不同而有所不同。②高浓型高聚合度萘系高效减水剂。低聚合度的萘系减水剂，引气量大，不宜用于高性能耐磨损混凝土。③改性木质素磺酸盐高效减水剂。④复合高效减水剂，包括缓凝高效减水剂。

为使混凝土用水量达到140 ~ 170kg/m^3，外加剂减水率不得小于25% ~30%。减水剂用量可按表5-6建议掺量选用。

表5-6　高效减水剂建议掺量　　（水泥质量的%）

高性能耐磨损混凝土强度等级	外加剂的种类	外加剂的掺量	高性能耐磨损混凝土强度等级	外加剂的种类	外加剂的掺量
C50 ~ C60	密胺系 SM	0.5 ~ 1.0	C60 ~ C80	改性 M + N	0.7 ~ 1.0
C50 ~ C60	萘系 N	0.5 ~ 1.0	C80 以上	M + N + 缓凝剂	0.8 ~ 1.0
C60 ~ C80	SM + 缓凝剂	0.5 ~ 1.0	C80 以上	SM + N	0.8 ~ 1.0
C60 ~ C80	N + 缓凝剂	0.5 ~ 1.0	C80 以上	SM + N + 缓凝剂	0.8 ~ 1.0

（5）对于拌合水的要求

配制高性能耐磨损混凝土所用的拌合水，其技术要求与普通水泥混凝土相同。应符合《混凝土用水标准》中的要求。

2. 高性能耐磨损混凝土的参考配合比

高性能耐磨损混凝土的配合比，可以参考高性能混凝土的配合比，在其基础上加以改进，以满足具有高的强度、高的流动性、优异的耐久性和高的耐磨损性。表5-7中列出了某工程配制高性能耐磨损混凝土的参考配合比，可供施工中参考。对于耐磨损要求高的高性能混凝土，应当经过试验确定其配合比。

表 5-7　高性能耐磨损混凝土的参考配合比

水胶比 [W/(C+F)]	砂率 (%)	混凝土各种材料用量（kg/m^3）						抗压强度（MPa）	
		水	水泥	砂子	石子	粉煤灰	CM-1	7d	28d
0.288	36	170	510	624	1108	80	8.22	65.2	76.8

注：①表中 C+F 为胶凝材料的用量，即水泥和粉煤灰用量之和。

②采用的水泥为强度等级 42.5MPa 的硅酸盐水泥。

（五）环氧树脂耐磨损混凝土

飞机跑道要求耐磨性和耐冲击性较高，一般可将环氧树脂或适量增塑剂拌入水泥浆料中铺制路面，这样的跑道具有高度的耐磨、耐冲击效果。中国环氧树脂行业协会专家表示，道路尤其是高速公路的耐磨性要求也是相当高的。路面上以及道路接缝处，特别是在雨天，防止汽车在急转弯处打滑非常重要。可采用高性能的环氧树脂胶粘剂与表面较硬的粗骨料配合制成防滑粘合层，涂敷在车辆急转弯的显要位置及接缝上，能有效地解决这个问题。

环氧树脂耐磨损混凝土，是由环氧树脂、粗骨料、细骨料、填充料、增强材料和外加剂等按一定比例配制而成。其中环氧树脂是混凝土中的胶凝材料，其质量如何对混凝土的耐磨损性有直接关系。

1. 对环氧树脂的要求

环氧树脂是泛指分子中含有两个或两个以上环氧基团的有机高分子化合物，除个别外，它们的相对分子质量都不高。环氧树脂的分子结构是以分子链中含有活泼的环氧基团为其特征，环氧基团可以位于分子链的末端、中间或呈环状结构。由于分子结构中含有活泼的环氧基团，使它们可与多种类型的固化剂发生交联反应而形成不溶、不熔的具有三向网状结构的高聚物。

根据分子结构，环氧树脂大体上可分为五大类：缩水甘油醚类环氧树脂、缩水甘油酯类环氧树脂、缩水甘油胺类环氧树脂、线形脂肪族类环氧树脂和脂环族类环氧树脂。复合材料工业上使用量最大的环氧树脂品种是上述第一类缩水甘油醚类环氧树脂，而其中又以二酚基丙烷型环氧树脂（简称双酚 A 型环氧树脂）为主。

用于配制环氧树脂耐磨损混凝土的环氧树脂，应当满足以下几个方面的技术要求：

（1）固化方便。选用各种不同的固化剂，环氧树脂体系几乎可以在 0～180℃温度范围内固化。

（2）黏附力强。环氧树脂分子链中固有的极性羟基和醚键的存在，使其对各种物质具有很高的黏附力。环氧树脂固化时的收缩性低，产生的内应力小，这也有助于提高黏附强度。

（3）收缩性低。环氧树脂和所用的固化剂的反应是通过直接加成反应或树脂分子中环氧基的开环聚合反应来进行的，没有水或其他挥发性副产物放出。它们和不饱和聚酯树脂、酚醛树脂相比，在固化过程中显示出很低的收缩性（小于2%）。

（4）力学性能。固化后的环氧树脂体系具有优良的力学性能，尤其是应当具有很高的耐磨损性能。

（5）绝缘性能。固化后的环氧树脂体系，是一种具有高介电性能、耐表面漏电、耐电弧的优良绝缘材料。

（6）化学稳定性。在通常情况下，固化后的环氧树脂体系具有优良的耐碱性、耐酸性和耐溶剂性。像固化环氧体系的其他性能一样，化学稳定性也取决于所选用的树脂和固化剂。适当地选用环氧树脂和固化剂，可以使其具有特殊的化学稳定性能。

（7）尺寸稳定性。由于环氧树脂耐磨损混凝土用于磨损比较严重的部位，因此配制环氧树脂混凝土的环氧树脂，要具有突出的尺寸稳定性和优良的耐久性。

2. 对骨料的要求

配制环氧树脂耐磨损混凝土用的骨料，与普通水泥混凝土相同。可以使用卵石、河砂、硅砂、安山岩及石灰岩等粗、细骨料，粗骨料的最大粒径应在20mm以下，细骨料的粒径在2.5～5.0mm范围内。对于粗细骨料的技术要求，除严格符合国家标准《建筑用碎石、卵石》和《建筑用砂》中的规定外，还应符合以下要求：

（1）严格控制含水率

试验表明，环氧树脂耐磨损混凝土的强度和耐磨损性，随着骨料及粉料含水量的增加而显著下降。强度和耐磨损性下降的原因，主要是骨料及粉料的表面极易被水所浸润，不同程度地形成一层水膜，从而严重影响了骨料与环氧树脂的吸附效应和粘结效果，导致环氧树脂混凝土的强度和耐磨性显著降低。因此，用于环氧树脂耐磨损混凝土的骨料含水率，应严格控制在0.1%以下。

（2）具有良好的级配

用于环氧树脂耐磨损混凝土的粗、细骨料，必须具有良好的级配和密实度，这样才能使配制出的环氧树脂耐磨损混凝土表观密度大，强度和耐磨损性能好。

（3）不得含有杂质

用于环氧树脂耐磨损混凝土的粗、细骨料，不仅应当符合国家标准《建筑用砂》中的有关规定，而且也不允许含有阻碍环氧树脂固化反应的杂质及其他有害杂质。

（4）具有较高的强度

环氧树脂耐磨损混凝土的耐磨损性能好坏，与粗、细骨料的强度大小有直接关系。因此，用于环氧树脂耐磨损混凝土的骨料，必须选用抗压强度较高的火成岩或变质岩，特别是不得使用已经风化的岩石。

3. 对填充料的要求

用于环氧树脂耐磨损混凝土的填充料，在胶结材料中主要是产生增量效果，一方面减少适量的环氧树脂用量，另一方面改善环氧树脂混凝土的工作性能。同时提高混凝土的强度、硬度、耐磨性，增加热导率，减少收缩率和膨胀系数。

填充料宜采用粒径为200目左右的粉状填料，如石英粉、滑石粉、玻璃纤维、玻璃微珠、粉煤灰、火山灰等。

4. 对增强材料的要求

为了改善环氧树脂的抗冲击韧性、抗裂性和耐磨性，可在环氧树脂耐磨损混凝土中掺加适量的增强材料。增强材料主要是一些短纤维，如钢纤维、玻璃纤维、碳纤维和聚合物合成纤维等。

5. 对外加剂的要求

为了改善环氧树脂耐磨损混凝土的某些性能，可加入适量的添加剂，它们主要有固化剂、增韧剂、减缩剂、防老剂等。

（六）防滑耐磨损胶粉混凝土

防滑耐磨损胶粉混凝土由防滑耐磨损胶粉、粗骨料、细骨料和水按照一定比例配制而成。根据工程实践经验，混凝土的水胶比（即拌合水与防滑耐磨损胶粉的比值）一般控制在0.20～0.40之间；防滑耐磨损胶粉与细骨料之比，一般控制在（1∶1.5）～（1∶2.0）之间。

防滑耐磨损胶粉混凝土的配合比，如表5-8所示。

表5-8　防滑耐磨损胶粉混凝土的配合比

混凝土（砂浆）编号	各种材料用量（kg/m³）				配合比（胶粉∶石子∶砂子∶水）
	LY-01耐磨损胶粉	粗骨料用量	细骨料用量	拌合水用量	
混凝土A	455.0	1325.0	616.0	92.2	1∶2.912∶1.354∶0.203
混凝土B	366.9	1310.7	703.8	102.0	1∶3.572∶1.918∶0.278
混凝土C	402.5	1604.7	624.0	147.0	1∶3.987∶1.550∶0.350
防滑耐磨损砂浆	480.0	—	720.0	153～192	1∶1.500∶（0.318～0.400）

第四节　道路混凝土耐磨性影响因素

道路水泥混凝土路面在行车荷载和车轮轮胎的作用下，反复受到磨耗和冲击的双重作用。其作用过程首先是混凝土表面砂浆层被磨损、磨蚀严重后，混凝土中的粗骨料逐渐暴露并失去砂浆的保护，这一过程表现的主要形式为磨耗。

当混凝土中的上层粗骨料大部分暴露后，在行车荷载的冲击下，粗骨料发生松动现象而使混凝土表面形成砂浆孔穴，这一过程称为冲击破坏过程。混凝土路面在如此反复作用下，混凝土路面的厚度逐渐减薄，丧失结构能力，从而发生断裂、缺边掉角等破坏现象。

道路混凝土耐磨性高低，不仅与原材料的品种、质量、配合比、施工质量等因素有关，而且与混凝土抗压强度、混凝土砂率和粗骨料最大粒径等密切相关。

一、混凝土抗压强度

通过大量的混凝土磨损系数试验表明，混凝土的抗压强度与磨损系数之间存在着一定的相关关系。混凝土抗压强度越高，磨损系数成指数关系下降。试验结果还表明，保持砂浆和骨料耐磨系数的一致性，才能使混凝土的耐磨性达到最佳状态。因此，水泥砂浆的强度是提高混凝土路面抗磨性的关键。

二、混凝土砂率大小

一般来说，混凝土中的砂率低，粗骨料占有的体积大，在混凝土强度较低的情况下，其耐磨性主要由粗骨料承担，对混凝土路面是有利的。但通过试验表明，在水泥用量为400kg/m³以下的情况下，磨损系数随着砂率的减小而降低；但当水泥用量为450kg/m³以上时，磨损系数曲线变化为凹形曲线。这种情况在每立方米混凝土水泥用量越多时更加明显。试验结果表明：在水泥用量超过450kg/m³以上后，砂率在30%左右，磨损系数达最小值。

三、粗骨料最大粒径

混凝土骨料在行车冲击荷载作用下的破坏，不仅与混凝土的抗压强度和抗折强度有着密切的关系，而且骨料的粒径大小也是不可忽视的重要指标。当采用每立方米的水泥用量和水灰比一定时，改变混凝土中的粗骨料最大粒径，进行磨损系数试验，其试验结果如图5-5所示。

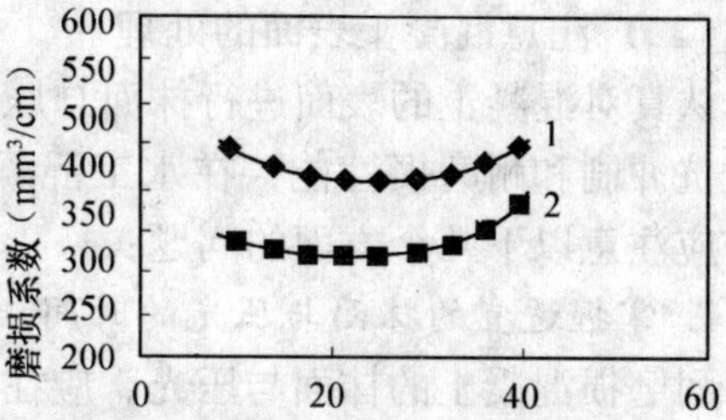

图5-5　最大粒径与磨损系数的关系

1—水泥用量为300kg/m³；2—水泥用量为400kg/m³

试验结果表明，不管单位体积混凝土中的水泥用量多少，磨损系数随骨料粒径的变化呈凹形曲线的变化规律，即有最小值。分析产生的原因，当粗骨料粒径较小时，较低强度的砂浆起着抗磨的主要作用，因此混凝土的耐磨损性能较低；当粗骨料粒径较大时，较高强度的粗骨料起到控制作用，但粗骨料的粒径过大容易产生剥落，因此，耐磨性水泥混凝土有一个最佳粒径。

通过公路工程的实践证明，要提高水泥混凝土路面的耐磨性，应充分重视混凝土材料的选择，在进行混凝土配合比组成设计的同时，还应当着重考虑以下几个方面：①采取各种技术措施，尽量提高混凝土的抗压强度，使混凝土路面均匀受磨损；②要选择最佳粗骨料粒径，使粗骨料的最大粒径适宜，最大粒径应控制在20～25mm范围内；③水泥砂浆的粘结力比较大，比砂浆耐磨性高的粗骨料面积要大，即要选择适宜的粗骨料种类和砂率；④采取措施提高水泥砂浆的抗磨耗性能。

第五节　道路耐磨损混凝土的施工工艺

以上几种抗冲耐磨损混凝土，由于各自的组成材料不同，所以它们的施工方法也不相同。石英砂耐磨损混凝土的施工，与普通水泥混凝土的施工方法相同；钢屑耐磨损混凝土及钢纤维耐磨损混凝土的施工，可参考钢纤维混凝土的施工；高性能耐磨混凝土的施工，可参考高性能混凝土的施工。

一、耐磨损混凝土施工注意事项

在耐磨损混凝土的施工过程中，除了分别按照普通混凝土的规定进行施工外，还应注意如下事项：

（一）采用正确的施工工艺

在抗冲耐磨损混凝土的施工中，采用正确的施工工艺是确保耐磨损混凝土的高性能的有效途径之一，是制备高强、耐磨混凝土的重要措施。

工程实践证明，耐磨损混凝土采用胶粉裹砂搅拌工艺，是提高混凝土耐磨损性能的好方法。胶粉裹砂搅拌工艺流程是：投入砂子→加适量水搅拌1min→加耐磨胶粉搅拌2min→加入石子搅拌2～3min→加入剩余水搅拌2～3min→出料。按这种方法搅拌，强度比常规方法制备的混凝土高20%左右，耐久性、抗渗性也大幅度提高。

另外，采用超声波振动或高频振动密实混凝土，使振动频率≥20000 次/min 以上，这样可以大大提高混凝土的耐磨损强度。

（二）注意混凝土表面的处理

认真对混凝土的表面进行抹面与压光，不仅可以使混凝土的表面美观，而且可以提高混凝土抗冲刷和耐磨损性能，在水工混凝土中显得更加重要。在进行混凝土表面抹面与压光中，应注意以下几个方面的问题：

1. 掌握适宜的抹面与压光的时间

耐磨损混凝土的抹面与压光，应在混凝土浇筑后表面泌水基本消除时进行。材料试验证明，如果在表面泌水未完全消除前就进行抹面，必然会堵塞很多水蒸发的通道，大量多余水被储存在混凝土表层，使混凝土的水灰比（W/C）增加，硬化后混凝土表面的孔隙率较高，不仅严重影响混凝土的强度，而且也大大降低混凝土的耐磨损性。

2. 采用适宜的抹面与压光的工具

在进行耐磨损混凝土的抹面与压光时，应选用钢抹刀而不要选用木抹刀。施工经验证明，用钢抹刀可将混凝土抹压出比较光滑的表面，并封闭一些表面缺陷，使混凝土表面不产生阻挡，具有较好的耐磨损性能。用木抹刀抹压混凝土时，会拉动混凝土表面的水泥浆及骨料，对混凝土的耐磨损性能有不良影响。

3. 正确进行混凝土表面的处理

在耐磨损混凝土的表面进行处理，就是在混凝土表面达到初凝前，均匀地撒上一层干水泥和砂子，再用钢抹刀将其压入混凝土的表面内。这样可以降低混凝土表面的水灰比（W/C），使混凝土的表面更加致密，从而有效地提高混凝土的表面耐磨损性能。

（三）要特别注意加强养护

养护条件对混凝土的强度增长和其他性能均有直接影响。对于抗冲耐磨损混凝土，养护温度、养护湿度和养护时间，对其耐磨损强度的提高更有直接关系。

工程经验证明：耐磨损混凝土的养护温度应大于等于5℃，并保证在14d 内有足够的湿度。浇筑后24h 应用湿麻袋、湿草毡覆盖 1～14d，除覆盖外，还可以喷水或蓄水养护。

当环境温度在 5～15℃时，混凝土构件需养护 20～28d 以上方可使用；当环境温度在 15～30℃时，混凝土构件需养护 14～20d。

二、耐磨损混凝土的真空处理

在耐磨损混凝土施工工艺中，密实成型、提高强度是提高混凝土耐磨损能力的一个重要技术措施，而进行表面混凝土的真空处理，又是提高混凝土密实度的一个重要环节。

（一）真空处理混凝土的定义及特点

1. 真空处理混凝土的定义

混凝土真空处理又称混凝土真空脱水作业，即对刚浇筑完毕的混凝土，借助于真空负压原理抽出一部分多余的水和空气，从而降低混凝土的水灰比，提高混凝土的密实度，达到提高混凝土耐磨损性能的目的。用真空作业法成型的混凝土，称为真空处理混凝土。

2. 混凝土真空作业的特点

目前，普通混凝土主要采用振动成型，其设备简单，操作方便，投资较低，效果良好，但噪声较大，耗能较多，机械磨损严重。采用混凝土真空作业法，既可以避免振动成型的缺点，又能有效地排除混凝土中多余的水分，使混凝土拌合物密实，其抗压强度和耐磨损能力均提高，这是一项具有发展前途的技术。

（二）真空处理混凝土的基本原理

20 世纪 70 年代，瑞典学者对真空处理混凝土的基本原理进行了系统研究，主要表现在挤压脱水原理和过滤脱水原理两个方面。

1. 挤压脱水原理

在混凝土进行真空处理时，当真空泵开始抽气，真空腔内即形成部分真空，混凝土拌合物内的部分多余水分和空气不断被吸出；同时，由于部分真空所产生的压力差，使混凝土拌合物受到一定的机械挤压。当真空腔内的真空度为 65 ~ 70kPa 时，可对新浇筑的混凝土拌合物表面产生 850 ~ 920Pa 的负压作用，相当于对每立方米混凝土拌合物表面 85 ~ 92kN 的挤压力。

由于存在这种挤压作用，更加加强了混凝土中的水和空气被排出的能力，显著地提高了混凝土的密实度，并使体积收缩降为 0.5% ~ 1.5%。

2. 过滤脱水原理

过滤脱水原理是认为混凝土拌合物是一个滤水器，在由大气压与真空负压之间所形成的压差作用下，混凝土中的滤液（即游离水）通过过滤介质而被脱出。这个原理还假定真空向混凝土拌合物内部传播，被束缚在拌合物中的小气泡产生附加膨胀压力，使其容积增大，从而产生了挤水作用。

过滤脱水原理只有在混凝土一面有可能从外部渗入空气的情况下才是正确的，而且没有考虑到脱水过程中拌合物的体积压缩及三相（液相、气相和固相）结构不断变化对脱水密实的影响。

对于挤压脱水原理和过滤脱水原理的阐述，结合实际工艺过程的分析表明，挤压脱水原理大致符合于真空处理的前期，过滤脱水原理大致符合于真空处理的后期。

（三）真空脱水对混凝土性能的影响

混凝土经过真空处理后，不仅可使混凝土的内部结构发生较大变化，而且也对其物理力学性能和耐久性产生很大影响。

真空脱水对混凝土物理力学性能的影响主要表现在：混凝土的强度、耐磨性、粘结力、收缩值和堆密度等方面。

1. 混凝土的强度

由于混凝土拌合物孔隙中的自由水被大量抽出，从而使孔壁形成弯月面，并产生使孔壁收缩的微管压力，将混凝土拌合物中的颗粒挤紧，使混凝土中的黏聚力和内摩擦力增加，提高了混凝土拌合物的初始强度，为快速脱模、表面抹面与压光创造了有利条件，使混凝土表面的抗压强度和耐磨损强度提高。

试验资料证明：混凝土经过真空处理后，其抗压强度大大提高。1d 龄期的抗压强度平均可提高 5%，表面混凝土的强度可提高 94%；28d 龄期的抗压强度平均可提高 30%，表面混凝土的强度可提高 57%。混凝土经过真空处理后，其抗拉强度和抗弯强度也有所提高，劈裂抗拉强度提高约 10% 左右，抗弯强度提高约 15% 以上。

2. 混凝土的耐磨性

混凝土经过真空处理后，其耐磨损强度大大提高，这是耐磨损混凝土进行真空处理的目的。试验结果表明，混凝土表面经真空脱水和机械抹面处理后，其耐磨性可提高 30% ~

50%，如果再经过二次压光，耐磨性可提高100%。因此，在水工建筑、道路工程、机场跑道、楼地面等结构中，如果采用真空吸水作业处理，则可延长其使用寿命。

工程实践证明，抗冲耐磨损混凝土如果进行真空处理，能够有效地提高混凝土的抗冲耐磨强度。真空处理混凝土就是将浇筑完毕的混凝土，立即利用真空模板或气垫薄膜真空吸水装置在混凝土表面造成真空，从表面附近的混凝土中将气泡和水吸出，同时利用大气将混凝土进行加压。

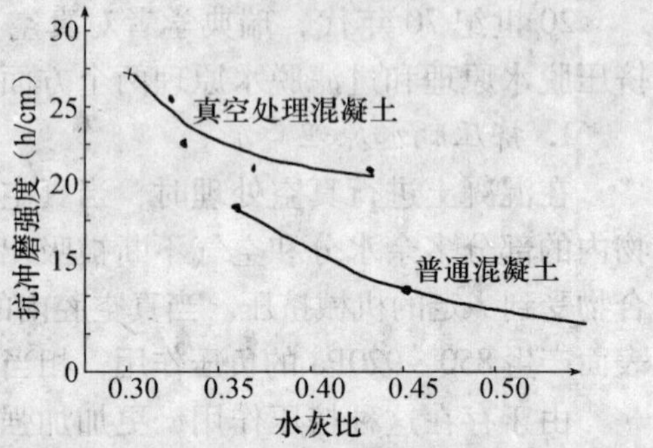

图5-6　真空处理混凝土及普通混凝土水灰比

室内材料试验证明：当试验采用原材料完全相同，一组为不同水灰比的未经真空处理的混凝土，另一组为不同水灰比的经过真空处理的混凝土，然后采用同样的方法（混凝土冲刷仪法）进行抗冲耐磨损试验，其试验结果如表5-9所示。真空处理混凝土及普通混凝土水灰比与抗冲耐磨损强度的关系，如图5-6所示。

表5-9　真空处理混凝土与普通混凝土抗冲耐磨损试验结果

混凝土的种类	原水灰比	真空处理后水灰比	抗冲耐磨强度（h/cm）
未经真空处理的混凝土	0.36	—	18.38
	0.45	—	13.03
	0.55	—	10.31
经过真空处理的混凝土	0.36	0.304	26.95
	0.36	0.324	24.99
	0.36	0.332	22.30
	0.45	0.364	20.78
	0.55	0.429	20.70

3. 混凝土的粘结力

混凝土中的多余水和空气被抽出后，由于混凝土与钢筋界面处的过渡层得到明显改善，从而使混凝土与钢筋之间的粘结力增强。与此类似，新老混凝土之间的粘结力也有所提高。试验结果表明，在一般情况下，真空处理的混凝土与钢筋及老混凝土之间的粘结力，可以提高30%～50%。

4. 混凝土的收缩值

混凝土经过真空处理后，可以降低混凝土的收缩值，但在各个部位的影响程度不同。据试验证明：表面混凝土的收缩值降低最多，一般在70%左右。因此，可以大大提高混凝土的强度和耐磨性。

5. 混凝土的堆密度

由于在混凝土的组成材料中，水和空气的密度最小，因此真空脱水后的混凝土可以增加其堆密度，表面混凝土的堆密度可增加3%左右。

（四）真空处理混凝土的施工

1. 真空处理混凝土的工艺设备

水泥混凝土真空作业的主要设备有：真空吸水机组、真空腔及吸水软管三部分。辅助设备有：清洗槽、抹面机及振动机等。

真空吸水机组是真空作业的核心设备，由真空泵、真空室、集水室、排水管和滤网等组成。真空泵启动后，在其空腔内形成一定的真空度，混凝土中的水便被挤压吸出，经吸水软管引入真空，再由真空泵进入集水室，最后从排水管排出。泵的吸口处设有滤网，以防止水泥颗粒进入泵内。在现场真空处理混凝土所用的真空吸水机组是轻型的，其质量一般为100kg左右，安装在手推车上，移动非常方便。

真空腔有刚性吸盘和柔性吸盘两种。刚性吸盘用金属板材制作而成，其底部为带有小孔的钢板，外设滤网、滤布，沿吸盘的周边有一条边框，边框下贴有橡胶垫以防止外界空气吸入，其构造如图5-7a所示。刚性吸盘能承受较大的压力而不变形，作业后混凝土表面平整度较好，但吸盘下很容易出现漏气。此外，它体积较大、比较笨重，一般适用于预制构件的施工。

柔性吸垫又称柔性卷席，这是瑞典对真空设备的一项重大革新。这种柔性吸垫轻便、耐用，每立方米的质量仅2kg左右，其构造如图5-7b所示。

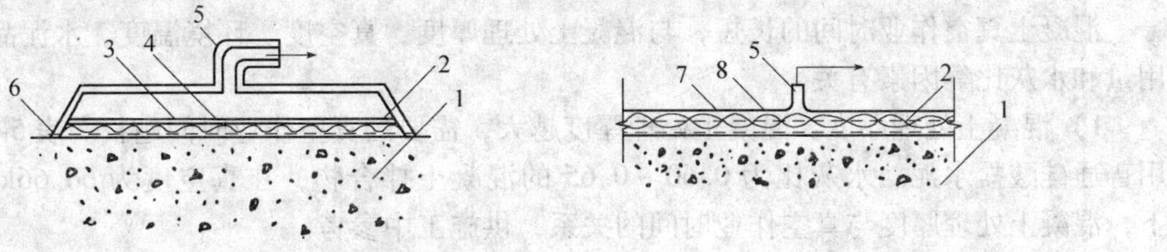

（a）　　（b）

图5-7　真空腔构造示意图

（a）刚性吸盘；（b）柔性吸垫

1—混凝土拌合物；2—滤布；3—滤网；4—带孔钢板；

5—吸水接口；6—橡胶垫；7—骨架层；8—密封层

柔性吸垫的过滤层，由透水纤维织物（如尼龙）做成，用以形成真空区并作为吸水通道；密封层一般用致密的橡胶布或化纤织物夹胶布做成，覆盖在骨架上起密封作用。采用这种柔性吸垫，施工方便，效果良好，可广泛用于各种现浇混凝土的施工。

2. 真空处理混凝土的工艺流程

真空处理混凝土的施工工艺流程比较简单，一般主要包括：布料→抄平→稍加振动→铺设真空腔→周边密封→接通吸水软管→真空作业→抹面压光。

为了保证真空作业的顺利进行，特别应防止真空系统的漏气及真空腔底部过滤层的堵塞。对于柔性吸垫，在真空处理将接近完毕时，要掀开吸垫的边缘，然后继续进行一段时间的真空处理，以除去吸垫底层的残余水分，不使这些水分回渗到混凝土拌合物内。

3. 真空处理混凝土的作业制度

真空处理混凝土的作业制度主要包括：真空度的选择、真空作业时间选择、拌合用水量选择和真空振动作业制度。

（1）真空度的选择

在进行混凝土真空处理抽真空时，必须保证有足够的真空度，真空吸力才能克服混凝土拌合物内部毛细管道的阻力。真空度越高，总的抽水量越大，真空延续时间越短，混凝土也越密实。工程实践证明，在耐磨损混凝土表面真空作业中，一般选用的真空度为60～80kPa，这样既经济又适用。

对于处理不同厚度的混凝土，可采用不同的真空度。处理的厚度越大，需要的真空度也应提高。表5-10中列出了某水泥制品研究院建议真空度，在施工中可以参考选择。

表5-10　混凝土处理厚度与真空度的关系

混凝土处理厚度（mm）	<50	50～100	100～150	150～250
真空度（kPa）	47～60	53～67	67～80	73～87

日本建议，在真空作业的初始阶段，为保持一定的排水通道，提高脱水效率，扩大作业的有效范围，采用的真空度不宜过高，一般可以从26.664kPa开始，以后逐渐上升至控制值，以防止真空腔附近的混凝土拌合物表面过早形成密实层而发生脱水阻滞，这在混凝土拌合物中及粉料或细砂含量较多的情况下尤其要注意。

（2）真空作业时间的选择

混凝土真空作业时间的长短，与混凝土处理厚度、真空度、环境温度、水泥品种、水泥用量和水灰比等因素有关。

1）混凝土处理厚度。混凝土处理厚度越大，需要的真空作业时间越长。表5-11中为采用普通硅酸盐水泥、水灰比为0.60～0.65的混凝土拌合物，在真空度为66.66kPa的情况下，混凝土处理厚度与真空作业时间的关系，供施工中参考。

表5-11　混凝土处理厚度与真空作业时间的关系

混凝土真空处理厚度（cm）	真空作业时间（min）	混凝土真空处理厚度（mm）	真空作业时间（min）
<5	$0.75B$	16～20	$10.0+2.0(B-15)$
6～10	$3.5+(B-5)$	21～25	$20.0+2.5(B-20)$
11～15	$8.5+1.5(B-10)$	26～30	$30.0+3.0(B-25)$

注：表中的B表示混凝土真空处理厚度。

如果进行混凝土处理采用其他真空度时，真空作业的时间可近似按下式进行计算：

$$T_1 = 500T/P_1 \tag{5-1}$$

式中　T_1——相应于真空度为P_1时的真空作业时间（min）；

T——真空度为66.66kPa时的真空作业时间（min），取表5-11中的数值；

P_1——进行混凝土处理时采用的真空度（Pa）。

在混凝土抽真空的过程中，开始时大量的多余水和空气被抽出，但随着抽空时间的持续增长，被抽出的水和空气急剧减少。因此，真空作业的时间不宜过长，一般不要超过表5-11和式（5-1）计算出的数值。

2）水泥用量和拌合物坍落度。试验结果表明：混凝土中的水泥用量和拌合物坍落度，对真空作业的时间长短有重要影响。水泥用量越多，拌合物的坍落度越大，则真空作业的时间越长。

3）环境温度的影响。试验充分证明：混凝土施工的环境温度越低，真空作业的时间需要延长。表5-12中列出了温度修正系数K值，在进行混凝土真空作业时，可由表5-11查得真空作业时间，然后再根据施工环境温度，从表5-12中查得温度修正系数，两者的乘积即为所需要的真空作业时间。

表5-12　温度修正系数K值

温度（℃）	5~10	10~15	15~20	20~25	>25
K值	1.20	1.10	1.00	0.95	0.90

4）水泥的保水性。不同的水泥品种，具有不同的保水性能。实践证明：真空处理混凝土采用硅酸盐水泥、普通硅酸盐水泥和矿渣硅酸盐水泥时，其真空吸水的效果比较好；而火山灰质硅酸盐水泥和粉煤灰硅酸盐水泥，由于它们的保水性能比较好，所以真空处理混凝土的效果就较差。

（3）拌合用水量选择

混凝土中的用水量对真空处理的效果影响很大，因此，拌合用水量应根据水泥用量而定，最低用水量的选择可参考表5-13。

表5-13　最低用水量的选择

水泥用量（kg/m^3）	最小水灰比（W/C）	最低用水量（kg/m^3）	水泥用量（kg/m^3）	最小水灰比（W/C）	最低用水量（kg/m^3）
150	1.15~1.20	172~180	300	0.55~0.60	165~180
200	0.80~0.85	160~170	350	0.50~0.55	174~192
250	0.65~0.70	162~175	400	0.45~0.50	180~200

（4）真空振动作业制度

在混凝土的真空作业过程中，附加适当的振动力，最好是重复的振动，可以促使混凝土拌合物液化，不仅减少脱水中的阻力，而且有利于固相颗粒位置的调整和气泡的排出。俄罗斯的有关学者认为，采用合理的真空-振动作业制度，真空处理混凝土的强度比普通振动成型的混凝土提高60%左右。如果混凝土只进行真空处理而不加振动，将影响混凝土的密实度，所以在进行混凝土真空处理时，另加重复振动是非常必要的。

真空-振动复合工艺制度中，每次周期振动的时间要使真空腔内的真空度限制到0.1~0.2（全真空度为1.0），或者完全切断真空。但此时混凝土内部还是处于真空状态，应立即进行振动，这时混凝土内部阻力最小，振动效果最好。如果不能立即进行振动，外部空气传到混凝土的真空处理厚度，振动效果必然会降低。

第六章　道路透水性混凝土

随着社会经济的发展和现代化建设的进程，现代城市的地表逐渐被钢筋混凝土的房屋建筑、大型基础设施和不透水的路面所覆盖。有关统计资料表明，我国城市道路的覆盖率已达到7% ~20%，一些特大城市已经达到20%以上。在人们提高生活质量和经济效益的同时，也给环境带来许多负面的影响。

过去传统的城市步行道有：烧结型步道砖铺砌的路面、普通硅酸盐水泥混凝土路面、水泥混凝土砌块型步道砖路面和石材铺砌路面等。以上四种路面材料除烧结型步道砖铺砌的路面外，其他三种与自然的土壤相比，有一个共同的缺点，即透水性差。

尤其是普通水泥混凝土路面缺乏呼吸性、呼吸热量和渗透雨水的能力，带来“热岛”效应等一系列环境问题。这些路面不仅会导致路面积水，影响行人行走和车辆行驶，而且不利于道路的绿化，造成大量水资源的浪费。

烧结型步道砖铺砌的路面，虽然具有一定的透水性，但透水量很小、耐磨性差、侵占良田、耗能较大、污染环境，已成为国家明令限用、禁用范围。因此，研制一种具有良好呼吸性和透水性的环保型混凝土，是在城市道路建设中必须解决的技术问题，经过多年的试验和实践，道路透水性混凝土问世。道路透水性混凝土作为一种新的环保型、生态型的道路材料，已日益受到人们的关注。

第一节　道路透水性混凝土概述

选用优良水泥和合理级配的砂、石子与拌合水，再经配合比调整及特殊制备工艺配制出来的具有较强透水性的混凝土，称之为透水性混凝土。由于这种混凝土最适宜用于城市园林景观工程中的步行道路，所以又可称为步行道混凝土。

一、透水性混凝土的分类

透水性混凝土根据其组成材料不同，主要可分为三种类型：水泥透水性混凝土、高分子透水性混凝土和烧结型透水性制品。在道路路面工程中常用的是水泥透水性混凝土。

（一）水泥透水性混凝土

水泥透水性混凝土是以硅酸盐系列水泥为胶凝材料，采用孔隙率较大的单一粒级的粗骨料，不用或少用细骨料配制而成的无砂、多孔混凝土，在工程上也称为无砂大孔混凝土，简称透水性混凝土。这种透水性混凝土抗压强度比较高、成本比较低、制作比较简单、透水性系数比较大、耐久性比较好，适用于用量较大的道路铺筑。

水泥透水性混凝土由于孔隙率比较大（一般为15% ~25%），尤其是含有较多的连通孔隙，所以提高混凝土的强度、耐久性和抗冻性是这项技术的关键。

（二）高分子透水性混凝土

高分子透水性混凝土是采用孔隙率较大的单一粒级的粗骨料，以沥青或其他高分子树脂为胶结材料配制而成的透水性混凝土。根据所用的胶结材料不同，可分为沥青透水性混凝土、聚合物透水性混凝土等。

高分子透水性混凝土强度比较高，成本也较高。由于这种混凝土对温度变化非常敏感，耐候性差、易于老化，所以在道路路面工程中应用较少。

（三）烧结型透水性制品

烧结型透水性制品是以矿物粒状物和浆体进行拌合，经压制成型或高温焙烧而成的具有多孔结构的砖块体材料。这种块体材料强度比较高、耐磨性良好、使用寿命长，但在焙烧的过程中需要消耗大量能量，制品的成本比较高，主要适用于用量较小而档次要求又较高的路面部位。

二、透水性混凝土的特点

工程实践证明，由于混凝土铺筑的路面缺乏透水性和透气性，雨水不能渗入地下，致使地表植物由于严重缺水而难以正常生长；不透气的路面很难与空气进行热量、水分的交换，缺乏对城市地表温度、湿度的调节能力，产生所谓的“热岛现象”。此外，不透水的道路表面容易积水，降低道路的舒适性和安全性。当短时间内集中降雨时，雨水只能通过下水设施排入河流，大大加重了排水设施的负担。

（一）透水性混凝土的优点

与不透水的混凝土路面相比，透水性混凝土路面具有诸多生态方面的优点，具体表现在以下几方面：

1. 透水性混凝土道路能够使雨水迅速渗入地表，还原成地下水，使地下水资源得到及时补充，保持土壤湿度，发挥透水性路基的“蓄水池”功能；改善城市地表植物和土壤微生物的生存条件和调整生态平衡。

2. 透水性路面具有较大的孔隙率，并与土壤相通，能蓄积较多的热量，有利于调节城市空间的温度和湿度；透水性混凝土能提高地表的透气性和透水性，保持混凝土下面土壤的湿度，不仅可以保持城市地表生态平衡，而且还可以明显降低暴雨对城市水体的污染。

3. 透水性混凝土路面不仅可以吸收表面的水分，而且还可以吸收车辆行驶时产生的噪声，从而能够创造一个安静舒适的交通环境。

4. 透水性混凝土路面不仅雨天能防止路面积水和夜间反光，而且冬天也不会在路面形成黑冰（由霜雾形成的一层几乎看不见的薄冰，极其危险），从而提高了车辆、行人的通行舒适性与安全性。

5. 和大多数混凝土构筑物一样，透水性混凝土路面表面的自然色对光线具有良好的反射性，较大的孔隙内能蓄积较多的热量，从而能够减少对太阳光热量的吸收并有利于提高周围的温度，这样就能避免形成“热岛效应”，而这一点是沥青混凝土不能相比的（注：热岛效应是指深色建筑物，尤其是在城市中，由于建筑物表面吸收热量能力强，使得建筑物表面温度比周围环境高）。

6. 在降雪地区，由于透水性混凝土路面通过空隙与地下土壤相连通，地热通过空隙把即时下的雪融化成液体状水，再渗透到地下而积不起固体状雪。

7. 透水性混凝土也被认为是绿色建材。它的原材料可使用再生骨料，而它本身也是可再生利用的。这样，建筑师和工程师就可以用它来创造环境友好的建筑结构。

（二）透水性混凝土的缺点

透水性混凝土虽然具有以上诸多优点，但是，也存在着一些缺点，其主要缺点如下：

1. 透水性混凝土与密实性水泥混凝土相比，其本身的抗压强度和抗折强度较低，用这种混凝土修筑的路面不能行驶较重的车辆。

2. 透水性混凝土对路基基础的要求比较高，其基础的高度必须能够达到蓄水和渗水的要求。

3. 实际使用中运行成本较高和清扫非常困难，特别是垃圾和污物随着雨水渗透到透水性混凝土的空隙中后，使透水性混凝土的空隙率下降，时间长了之后将会逐渐甚至于完全堵塞有渗水作用的空隙而导致失效，现行的手段用大功率吸尘器吸出垃圾和污物，但成本较高，效果也比较差。

三、透水性混凝土的应用

混凝土作为一种新的环保型、生态型的道路材料，已日益受到人们的关注。在人类寻求与自然协调、维护生态平衡和可持续发展的思想指导下，欧美、日本等一些发达国家，从20世纪70年代开始研究开发透水性混凝土路面材料，并将其应用于广场、步行街、道路两侧和中央隔离带、公园内道路以及停车场等，增加城市的透水、透气空间，对调节城市微气候、保持生态平衡起到了良好的效果。

1970年，英国曾尝试用无砂透水混凝土铺筑常规刚性路面，当时的使用效果很好，但由于其28d的抗压强度只有13.3MPa，使用不足10年因冻融而遭到破坏。1979年，美国在佛罗里达州一座教堂附近首次使用无砂多孔混凝土铺筑具有透水性的停车场，并取得专利。这种透水性混凝土28d抗压强度为26.2MPa，透水系数为1.6mm/s。20世纪80年代初期，美国出现专门的透水性混凝土搅拌站，1991年在美国的佛罗里达州成立了“透水性混凝土路面材料协会”。在法国，60%的网球场是用透水混凝土或多孔材料铺筑而成的。

2006年5月24~26日，一年一度的美国混凝土科技系列论坛在田纳西州首府纳什维尔举行。而“聚焦透水混凝土”成为大会开幕议题。据大会的主办方美国国家预拌混凝土协会（NRMCA）介绍，透水混凝土是一种新型高效的混凝土制品。由于具有良好的透水性，它不仅可以及时排除淤积的雨水，还可以补充地表径流，可以广泛地使用于停车场、街道和广场等地。透水混凝土在美国某些地区已经应用和发展了几十年。当前，人们最感兴趣的是其在铺路砖上的技术应用，美国环境保护署正在向北美地区推广使用这一技术，特别是暴雨频发的地方。

1987年日本开始研究和使用透水混凝土，他们采用高分子树脂和微细骨料包裹单粒级粗骨料制备混凝土，为了增加这种混凝土的装饰性，在制品面层还加入彩石或染料，并申请了透水混凝土路面材料的专利。2005年，日本成功地将透水混凝土用于爱知世博会人行道路，为在城市道路中推广透水性混凝土打下了良好的基础。

20世纪70年代，我国北京市园林局在抢救古树中，曾研制成功一些具有透水、透气性能的砌块，用于铺装皇家园林的广场和道路，为推广应用透水混凝土奠定了一定的基础。20世纪90年代以来，我国对透水性混凝土路面材料开始进行系统的研究，鉴于透水混凝土在建筑工程中受到越来越多的青睐，2005年预拌混凝土研究基金（RMC研究基金）决定拨款并调动相关资源，进行透水混凝土应用范围适用性和有效性的研究，这对透水性混凝土的推广和应用起到巨大的推动作用。

2006年3月由上海市科委组织市政方面的专家，对上海建筑科学研究院《透水混凝土材料的研究及其应用》课题进行了验收。与会的专家一致认为：课题对“透水性混凝土材料”进行了较深入与全面的研究，研究成果结合我国目前实际情况，对于本市城市建设中进一步体现生态、环保理念具有重要现实意义和积极的指导、推动作用。根据项目要求，课题组在查阅和研究了大量国内外资料的基础上，提出了透水性混凝土的概念、结构特征及破坏机理，并且通过大量的实验予以验证，透彻地分析研究了混凝土的强度及透水性的影响因素，形成了透水混凝土的配制技术的方法和理论。

目前，我国研制的透水性混凝土路面砖的抗压强度较低，一般在20MPa左右，与国家建材行业标准《混凝土路面砖》（JC/T 446—2000）规定的最低抗压强度（30MPa）还有相当的差距。由于透水性混凝土强度低于普通水泥混凝土，所以主要应用在强度要求不太高，但要求有较高透水性的工程中。例如公园内的道路、人行道、广场、球场、植物园、轻量级车行道路、停车场、地下建筑工程以及各种新型体育场地等。此外，通过改进生产工艺，还可用于河道、高速公路、山体护坡、草坪地板、无土绿色植被种植（如屋顶绿化）、农田水利、植草路面等。

但是，到目前为止我国仍没有达到广泛实际应用的程度。分析其原因，除了人们的认识、地基处理、施工方法等原因之外，透水混凝土产品本身的性能也没有达到十分完善的程度。与密实的混凝土道路材料相比，透水性混凝土的强度较低，为了使其具有透水性，在混凝土内部必须保持一定的孔隙率，这样就必然降低材料的强度。现有的研究一般采用与普通混凝土相同的原材料，所配制的透水性混凝土抗压强度一般只能达到20MPa左右。而现行的国家标准对人行道路砖的强度要求优等品为30MPa。

四、透水混凝土砖的应用

透水混凝土砖是城市道路和广场建设中最常用的材料，随着城市建设发展速度的加快，这种透水混凝土制品的用量越来越大，因此，掌握透水混凝土砖的透水机理、种类、生产工艺和应用是十分必要的。

（一）透水混凝土砖的透水机理

透水混凝土砖是采用特定级配的骨料、水泥、增强材料、外加剂和水等，经过特定的工艺而制成的。由于所用骨料级配特殊，结构中含有大量的连通孔隙（通常为5%～30%），所以透水混凝土砖是一种含有非封闭型孔隙的多孔混凝土制品。在下雨或路面积水时，水能沿着透水混凝土砖中贯通的“线路”，比较顺利地渗入地下或暂时储存在透水性的路基中。

（二）透水混凝土砖的种类

按照透水方式与结构特征不同，透水混凝土砖可分为正面透水型和侧面透水型两种。

正面透水型透水混凝土砖的透水方式有两种：一种是水分由透水砖表面直接渗透或从侧面渗入砖内再渗入地基；另一种是水分由透水砖的接缝处直接渗透。在一般情况下，透水砖的透水方式是以表面直接渗透为主。

正面透水型透水混凝土砖按结构形式不同，又可分为双层复合型、单一材料型和局部透水型三种。

1. 双层复合型

双层复合型也称上下层复合型，其下层要求有较高的强度和透水系数，而上层除要具有足够的强度外，透水系数也必须满足设计要求，这种复合型混凝土透水砖可制成彩色面砖，铺装时可组成各种图案，使用价值比较高，并且能美化环境。

2. 单一材料型

这种类型的透水砖上下层材料组成相同，如果做成彩色面层，相对成本较高，单一结构的透水砖表面粗糙，耐磨性也较差。

3. 局部透水型

这种类型的透水砖在其中间留一个孔洞，这样其表面只有局部能够透水，由于透水面积小，所以透水速度比以上两种都慢。但表面质量较好，造价相对较低。

正面和侧面透水型透水砖各有特点，可在不同场所有针对性地使用。从透水型角度而言，正面透水型透水砖综合性能好，在一般情况下宜采用正面双层复合型透水砖。

（三）影响透水性的因素

透水性如何是透水性混凝土砖的主要性能，根据工程实践证明，影响混凝土透水砖透水性能的主要因素有：材料密度、骨料级配（包括骨灰比和水灰比）、面层骨灰比、面层厚度和透水方式等。试验研究表明，骨料级配和配合比是最主要的影响因素。采用合理的骨料级配和配合比，可以制成高渗透性的混凝土透水砖，透水系数最大可达到15.0mm/s。

（四）透水混凝土砖的性能

透水混凝土砖的特性是高渗透性，作为路面所用的透水混凝土砖，又必须具有良好的物理力学性能。路用透水混凝土砖的性能主要包括：物理性能、耐磨性能和抗压强度。

1. 透水混凝土砖的物理性能

为保证透水混凝土砖具有较高的透水性能，在透水砖中一般应含有15%～25%的连通孔隙，其表观密度通常在1600～2100kg/m³范围内，吸水率为5.5%～9.5%，收缩值（包括干缩值和热膨胀值）相对较小。

2. 透水混凝土砖的耐磨性能

路用透水混凝土砖的耐磨性能，是决定路面制品使用效果和使用寿命的关键技术指标。透水混凝土混合料中骨料间通常是点接触，在耐磨试验过程中，摩擦钢轮对透水混凝土砖的磨损作用，主要是挤压、滑擦和压碎。如果能提高骨料间的粘结强度，可以显著改善透水混凝土的耐磨性。

试验研究表明，在保证混凝土强度和透水性的前提下，通过优化面层混合料的配合比和添加适量增强材料，可以达到很好的效果，耐磨性能可以满足行业标准的要求。

3. 透水混凝土砖的抗压强度

由于透水混凝土中的孔隙率比较大，在同样骨灰比的情况下，透水砖的抗压强度比普通混凝土路面砖要低得多。如果骨料级配固定，其抗压强度随着水泥用量的增大而提高。但是，其透水系数会大幅度降低。与抗压强度相同，透水混凝土砖的抗弯强度也比普通混凝土路面砖要低得多。

透水混凝土强度的高低，主要取决于骨料间接触点处的粘结力，此外与其他因素也有一定关系。研究结果表明，影响粘结力的主要因素包括：水泥基体与骨料之间的界面粘结强度；接触点处的总粘结强度；混凝土透水砖的密度、密实度、成型方法和养护条件等。在保证透水混凝土砖透水性能的前提下，可以从水泥用量及强度等级、添加增强材料等方面采取措施，以便提高透水混凝土砖的强度。

（五）透水混凝土砖的生产

透水混凝土砖的生产，关键在于搞好材料及配合比、严格控制其生产工艺。

1. 透水混凝土砖的材料选择及配合

（1）透水混凝土砖的材料选择

生产透水混凝土砖，一般应选用硅酸盐水泥或普通硅酸盐水泥，也可以采用矿渣硅酸盐水泥或其他系列水泥（如硫铝酸盐水泥、铁铝酸盐水泥）。由于透水混凝土的骨料间为点接触，颗粒间的粘结强度对透水混凝土砖整体力学性能的影响很大，因此，一般应选用强度等级较高和耐久性较好的水泥。

骨料级配是决定透水混凝土砖质量的另一个主要因素。如果骨料级配不良，混凝土结构中将含有大量的孔隙，透水混凝土砖的透水系数就大，但强度则大大降低；反之，如果粗细骨料达到最佳配合，其孔隙率会比较小，强度自然提高，但透水性降低。此外，对骨料的自身强度、颗粒形状、含泥量等均有一定要求，在一般情况下，其质量要求应符合《公路水泥混凝土路面施工技术规范》中的规定。

外加剂和增强材料，两者的作用是在保持一定稠度或干湿度的前提下，提高颗粒间的粘结强度，进而提高制品的整体力学性能和耐磨性能。

在生产彩色透水混凝土砖时，颜料的质量和耐久性应当严格控制，如果选用不当会影响透水混凝土的性能和色彩。

（2）透水混凝土砖的配合比

普通水泥混凝土的配合比设计，其强度主要是由水灰比进行控制，而透水性混凝土的强度，主要取决于水灰比和密度。当骨料级配确定后，透水混凝土的整个骨架基本搭好，透水性混凝土的密度则取决于水泥用量和水灰比。

试验结果表明，水泥用量和强度等级是透水性混凝土的重要因素。混凝土的强度和透水系数是密切相关、相互对立的性能，所以水泥的用量既不宜过多，也不宜太少，一般应控制在300～400kg/m^3。为提高透水混凝土的强度，必须提高骨料间的点接触强度。因此，应选择强度等级较高的水泥，并可以适量掺加一定比例的增强材料或高活性混合材。

2. 透水混凝土砖的质量控制及工艺

除选择适宜的组成材料和进行配合比设计外，生产过程直接决定和影响透水混凝土砖的物理力学性能，因此在生产中必须在原材料质量、生产工艺和养护等方面严格把关。

（1）透水混凝土砖原材料质量控制

在透水混凝土砖制作之前，严格对原材料质量进行控制，是确保制品质量的基础。在该阶段应严格控制骨料的颗粒级配、颗粒形状、含泥量等。原则上要求骨料级配应在规定的范围内，自身强度比较高。胶结料直接决定骨料间的点接触强度，即影响透水混凝土砖的抗压强度和抗折强度，因此应当从优选择，同时还应兼顾其经济合理性。

（2）透水混凝土砖的生产工艺要求

为保证透水混凝土混合料的均匀性，制备时应采用强制式搅拌机。混合料的质量应从配合比、配料精度、搅拌顺序和搅拌时间等方面加以控制。

生产透水混凝土砖可采用加压振动工艺（如砌块成型机）和加压工艺，但要严格控制成型工艺条件。

(3) 透水混凝土砖的养护要求

脱模后的透水混凝土砖坯体应保持一定湿度，以便使混凝土正常凝结硬化，一般应使用塑料布覆盖或存放于条件较好的养护室内一定周期。这是因为透水混凝土砖中含有 20% 以上的孔隙，如果与普通混凝土路面砖一样在露天中放置，空气会在孔隙中流通，从而造成大量失水，严重影响透水混凝土砖的力学性能和耐磨性。

(六) 透水混凝土砖的应用

透水混凝土砖问世后，开始主要应用于道路路面的铺筑。为保证透水混凝土砖能达到相应的透水效果，必须有相配套的适水性路基。首先能保证雨水暂时储存，然后再进行排放；其次是保证基础具有良好的稳定性。

透水混凝土路面砖经济实用，与普通混凝土路面砖相比，透水混凝土路面砖的制造费用并没有增加，用于透水、保水有特殊要求的场合，具有一定的竞争优势，由于这种路面具有可调整生态平衡、保护地下水资源、消除路面噪声、避免光污染、提高能见度、减轻排水负担、提高行车安全等优点，其综合效益十分明显。

透水混凝土试验还证明，通过调整混凝土的配合比、改进生产工艺等，透水混凝土路面砖也能用于河道、高速公路、山体护坡、草坪底板、无土绿色植被种植和农田水利等。

第二节　道路透水性混凝土的组成材料

普通水泥透水性混凝土的组成材料，主要包括水泥、骨料和拌合水，必要时还应按规定掺入少量的增强剂、减水剂等外加剂材料。

一、对水泥的要求

由于水泥透水性混凝土是由少用或不用细骨料的多孔混凝土构成，故可将其看作是粗骨料颗粒与水泥石胶结而成的多孔堆聚结构，即工程上常讲的无砂大孔混凝土结构。凝结硬化后的水泥透水性混凝土的内部结构模型，如图 6-1 所示。

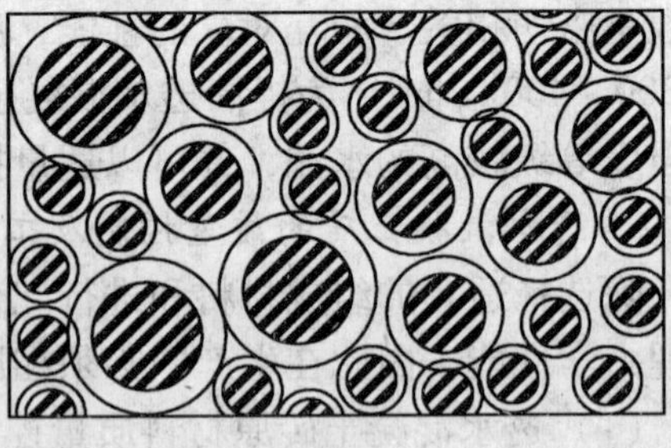

图 6-1　水泥透水性混凝土的内部结构模型

从研究混凝土的结构破坏特征可以发现，水泥石与粗骨料界面的粘结强度，往往是混凝土中最薄弱的环节。在一般情况下，由于骨料的强度远远高于透水性混凝土的强度，因而结构的破坏常常发生骨料界面间的水泥石层中，从而可以看出水泥的活性、品种和数量是决定透水性混凝土强度的关键因素。

由此可见，配制水泥透水性混凝土所用的水泥，应当采用强度等级较高、混合材料掺量较少的水泥。

二、对骨料的要求

水泥透水性混凝土所用的骨料，主要包括普通骨料和特种骨料两种，这些骨料是透水性混凝土的结构骨架，是形成透水性孔隙的材料。骨料可以采用普通的卵石、碎石，也可以采用特制的陶粒、浮石等轻骨料，甚至还可以选用废弃的建筑物的碎砖、混凝土碎块等。

骨料粒径的大小，应根据透水性混凝土结构的强度和厚度要求而定。通常，骨料的粒径不宜过大，最大骨料粒径应不大于25mm，且粒径大于20mm的骨料含量应控制在5%以内。有时根据需要也可以掺加部分细骨料，但细骨料的含量不宜太多，以防止影响混凝土的透水性和绿化植物的生长。

水泥透水性混凝土的颗粒级配是决定其强度和透水性的主要因素之一。为了保证透水性混凝土的强度及透水功能，粗骨料通常应采用粒径较小的单一粒级，常用的有10~20mm或5~10mm，对于碎石粗骨料除应满足强度和压碎指标要求外，碎石中针状和片状颗粒的含量应尽量减少，且石子中的含泥量不得大于1%。

由以上可知，配制多孔连续型混凝土所用的粗骨料，其质量技术指标应符合国家标准《建筑用卵石、碎石》中的要求。配制多孔连续型混凝土所用的细骨料，其质量技术指标应符合国家标准《建筑用砂》中的要求。

三、对外加剂的要求

水泥透水性混凝土除了采用水泥、粗骨料、细骨料和水这四种基本材料外，通常还根据设计要求掺入一定量的外加剂。在配制透水性混凝土中常掺加的外加剂有：增强剂、减水剂、着色剂、消石灰、早强剂等。

材料配比试验证明：掺入适量的增强剂，有助于提高水泥浆与骨料间的界面粘结强度；掺入适量的减水剂，有助于改善混凝土成型时的和易性，同时也能提高混凝土的强度；为了使路面混凝土变得更加美观，可在配制混凝土中添加一定量的着色剂；掺入一定量的消石灰，可以增加水泥浆的黏性，提高施工时面层的平整度，对酸性雨有中和作用，也能提高混凝土路面的耐久性；在冬期低温情况下施工时，加入适量的氯化钠等早强剂，可以加速混凝土的硬化。

四、对拌合水的要求

拌制水泥透水性混凝土所用的拌合水质量要求，与普通水泥混凝土完全相同。其技术指标应符合《混凝土用水标准》中的要求。

第三节　道路透水性混凝土配合比设计及性能

道路水泥透水混凝土主要是指无砂透水混凝土，这种混凝土配合比设计到目前为止仍无成熟的计算方法，根据无砂透水混凝土所要求的孔隙率和结构特征，可以认为$1m^3$混凝土的外观体积由骨料堆积而成。因此，其配合比设计的原则是将骨料颗粒的表面用厚度为1mm的薄水泥浆包裹，并通过水泥将骨料颗粒互相粘结起来，成为一个具有一定强度和透水性的整体。

透水性混凝土配合实践证明，$1m^3$无砂透水混凝土的质量应为骨料的紧密堆积密度和单方水泥用量及用水量之和，一般在$1600\sim2100kg/m^3$范围内。根据这个原则，可以初步确定无砂透水混凝土的配合比。

由于水泥透水性混凝土的功能和组成材料不同，所以其配合比设计的方法和步骤也有所不同。水泥透水性混凝土的配合比设计，主要包括对原材料的选择和混凝土配合比设计参数的确定。

一、透水性混凝土的原材料选择

水泥透水混凝土原材料的选择，主要是水泥强度等级、粗骨料的类型、粒径及级配和外加剂等。

（一）水泥的选择

大量的工程实践证明，在配制普通水泥透水性混凝土时，最好选用硅酸盐水泥、普通硅酸盐水泥，也可以用矿渣硅酸盐水泥、粉煤灰硅酸盐水泥或快硬水泥；当配制的混凝土为绿化用透水性混凝土时，在选择水泥时应尽量选择碱性低的水泥。为了提高混凝土的强度，可掺加适量的混合材料（如硅灰），一般应选用强度等级为32.5MPa以上的水泥。

无论选用何种水泥，均需要降低游离石灰的溶出，以不对植物生长产生影响，同时也不使耐久性下降为宜。为此，最好选用硅酸二钙（C_2S）含量少的水泥，或者选用掺加火山灰质混合材的水泥。

（二）骨料的选择

骨料级配是控制透水性混凝土的重要指标。如果骨料级配不良，则堆积骨架中含有大量的孔隙，透水系数大但强度降低，使混凝土制品容易损坏；如果骨料级配良好，虽然其强度比较高，但渗透性不能满足绿化混凝土的要求。因此，配制多孔连续型透水性混凝土所用的骨料，不仅要求其级配适宜，而且对骨料的自身强度（抗压强度、抗拉强度、抗折强度）、颗粒形状（针状、片状含量）、含泥量等都有一定要求。

如果水泥透水性混凝土是绿化用混凝土，为了使植物能够在混凝土孔隙内生根发芽并穿透至土层，要合理选择骨料的粒径，保证绿化混凝土有一定的孔隙率、表面空隙率。如果表面空隙率小时，虽然混凝土强度较好，对地面防护效果较好，但植物生长材料不容易填充，草的成活率低；如果表面空隙率过大时，混凝土中容易产生直贯性孔隙，植物的生长环境较好，但混凝土强度较低，影响混凝土对地面的防护功能。

（三）对外加剂的选择

配制多孔连续型混凝土所用的外加剂，主要包括高效减水剂和增强剂。这两种外加剂的作用是在保持一定稠度或干湿度的前提下，提高颗粒间的粘结强度，进而提高制品的整体力学性能和耐磨性能。

二、混凝土配合比设计参数的确定

影响透水混凝土技术性能的因素很多，主要有透水方式、材料密度、原材料性能、配合比、成型方法和养护条件等。但是，透水混凝土的透水性和强度是对立的，同时也是必须统一的，在进行配合比设计时必须综合考虑。

在进行透水性混凝土配合比设计时，主要应考虑的参数有：水灰比、用水量、骨浆比、骨料用量和水泥用量。

（一）水灰比

水灰比（W/C）的大小，既影响透水性混凝土的强度，又影响其透水性。合理控制水灰比，选择适宜的水灰比，是保证绿化混凝土具有相互贯通的孔隙，以利于植物根系生长，并使绿化混凝土制品具有良好耐久性的需要。

透水性混凝土配合比材料试验证明，对特定的某一骨料，透水性混凝土均有一个最佳的水灰比。当选用的水灰比（W/C）小于最佳值时，很容易造成水泥浆过于干稠，混凝土拌合物的和易性比较差，水泥浆体不能充分包裹骨料表面，不利于透水混凝土强度的提高；当选用的水灰比（W/C）大于最佳值时，水泥浆可能会把透水孔隙部分或全部堵塞，既不利于透水，也不利于混凝土强度的提高。

工程实践证明，配制透水性绿化用混凝土的水灰比（W/C），一般介于0.25~0.35之间。

（二）用水量

对于透水性混凝土来说，在一般情况下不进行和易性试验，也不必要进行坍落度测试，只要目测判断所有骨料颗粒表面均形成平滑的水泥浆包裹层，而且包裹层有光泽、不流淌就认为质量合格，用水量比较适宜。

混凝土配制证明，对普通卵石、碎石骨料来说，一般用水量为80~120kg/m^3；对透水混凝土和透水砖的实际用水量，应根据其透水性及强度要求由试验确定。

（三）骨浆比

骨浆比（G/C）是指骨料用量（G）与水泥用量（C）的比例。选择合理的骨浆比，就是保证绿化混凝土具有相互贯通的孔隙，以利于植物根系的生长，并具有良好的耐久性，可防护地面不被草根膨胀而导致破坏。

配制试验证明：当水泥用量一定时，增大骨浆比（G/C），骨料颗粒周围包裹的水泥浆厚度减薄，从而增加了混凝土的孔隙率，但透水性混凝土的强度减小；当水泥用量一定时，减小骨浆比（G/C），骨料颗粒周围包裹的水泥浆厚度增大，透水性混凝土的强度提高，但其孔隙率减小，透水性能降低。

另外，小粒径骨料具有较大的比表面积，为保持水泥浆体在骨料表面的合理厚度，小粒径骨料的骨浆比（G/C）应适当比大粒径的小一些。通常透水性混凝土的骨浆比（G/C）应控制在3~6之间。

（四）骨料用量

透水性混凝土配合比试验证明，1m^3 透水性混凝土所用骨料总量，一般取骨料的紧密堆积密度数值，大约在1200~1800kg/m^3 之间。其中主要是粗骨料，细骨料用量控制在20%以内。粗骨料级配一般宜选用单一粒级，以10~20mm或5~10mm最佳。

（五）水泥用量

根据骨料的单位体积孔隙率，胶凝材料在骨料内的填充率一般为25%~50%，再根据水泥密度和所用骨料粒径定出水泥的用量。水泥用量随着所用骨料粒径的增大而减少，一般控制在250~350kg/m^3 范围内。

三、无砂透水混凝土配合比设计与试验

无砂透水混凝土是在道路路面工程中最常用的混凝土，这种混凝土是由粗骨料、水泥和水拌制而成的一种多孔轻质混凝土，它不含细骨料，由粗骨料表面包覆一薄层水泥浆相互粘

结而形成孔穴均匀分布的蜂窝状结构，故具有透气、透水和重量轻的特点，作为环境负荷减少型混凝土，无砂透水混凝土的研究开发越来越受到重视。

有关生产单位对无砂透水混凝土的配合比设计和性能进行了试验研究，分析了混凝土抗压强度和透水性与水灰比、灰骨比之间的关系，提出了不掺外加剂配制强度为24.5MPa，透水系数为2.8mm/s的无砂透水混凝土的配制方法。

（一）混凝土原材料的组成

水泥选用普通硅酸盐水泥，其强度等级为42.5MPa。粗骨料采用5～13mm，13～24mm两种粒级的卵石为骨料。拌合及养护用水采用当地的饮用水。

（二）配合比设计的原则

无砂透水混凝土的配合比设计到目前为止仍无成熟的计算方法，根据无砂透水混凝土所要求孔隙率和结构特征，可以认为1m^3混凝土的外观体积由骨料堆积而成。因此，配合比设计的原则是将骨料颗粒表面用一层薄水泥浆包裹，并将骨料颗粒互相粘结起来，形成一个整体，具有一定的强度，而不需要将骨料之间的孔隙填充密实。1m^3无砂透水混凝土的质量应为骨料的紧密堆积密度和单方水泥用量及水用量之和，大约在1600～2100kg的范围内。根据这个原则可以初步确定无砂透水混凝土的配合比。

（三）原材料的选择及用量

无砂透水混凝土原材料的选择主要是水泥强度等级、粗骨料的类型、粒径及级配。在粗骨料相互接触而形成的双凹粘结面上，水泥浆厚度越厚，粘结点越多，粘结就越牢固。就强度而言，人工碎石和单一粒径的骨料皆不利于相互粘结。因此，无砂透水混凝土应采用高强度等级水泥及较大幅度级配的卵石骨料配制。1m^3混凝土所用的骨料总量取骨料的紧密堆积密度的数值，大致为1200～1400kg。

1. 水泥用量的选择

水泥用量在保证最佳用水量的前提下，适当增加用量，这样能够增加骨料周围水泥浆膜层的稠度和厚度，可有效地提高透水混凝土的强度。但水泥用量过大会使浆体增多，孔隙率减少，降低透水性。另外，水泥用量受骨料粒径大小的影响，如果骨料的粒径较小，骨料的比表面积较大，则应适当增加水泥的用量。通常透水性混凝土的水泥用量在250～350kg/m^3范围内。

2. 水灰比的选择

水灰比是透水性混凝土中最重要的技术指标，其大小既影响无砂透水混凝土的强度，又影响其透水性。无砂透水混凝土的水灰比一般是随着水泥用量的增加而减少，但只是在一个较小的范围内波动。对确定的某一级配骨料的水泥用量，均有一最佳水灰比，此时无砂透水混凝土才会具有最大的抗压强度。当水灰比小于这一最佳值时，水泥浆难以均匀地包裹所有的骨料颗粒，工作度变差，达不到适当的密实度，不利于强度的提高。反之，如果水灰比过大，易产生离析，水泥浆会从骨料颗粒上淌下来，从而形成不均匀的混凝土组织，既不利于混凝土的透水，也不利于混凝土强度的提高。

工程实践经验证明，在一般情况下无砂透水混凝土的水灰比介于0.25～0.40之间，在实际工作中常常根据经验来判定水灰比是否合适。在工程实际中常常取一些拌合好的拌合物进行观察，如果水泥浆在骨料颗粒表面包裹均匀，没有水泥浆下滴现象，而且颗粒有类似金属的光泽，则说明水灰比较为合适。

（四）试验过程

无砂透水混凝土的搅拌采用水泥包裹法。先将全部骨料及1% ~3%的水装入搅拌机中预拌，再加入水泥拌合，以形成包裹骨料表面的水泥浆壳，最后加入剩的水搅拌均匀。这样的投料顺序和搅拌程序能使骨料表面形成均匀厚度的水泥浆层，以保证混凝土的强度和透水性。将搅拌均匀的混凝土混合料装入100mm×100mm×100mm的试模中，机械振捣20s。试件经自然养护28d后，分别在万能试验机上测试混凝土抗压强度，在透水系数测定仪上测定变水位和定水位透水系数。

（五）试验结果分析及结论

无砂透水混凝土的试验结果见表6-1和表6-2。

表6-1　相同灰骨比、不同水灰比的试验结果

混凝土配合比（水泥:水:骨料）	骨料粒径（mm）	混凝土28d抗压强度（MPa）	混凝土的透水系数（mm/s）
1:0.35:6.0	5~13	15.3	5.50
	13~24	10.7	4.90
1:0.33:6.0	5~13	15.6	4.70
	13~24	11.3	3.30
1:0.30:6.0	5~13	19.3	4.40
	13~24	15.4	1.70
1:0.28:6.0	5~13	17.2	4.20
	13~24	13.5	2.90
1:0.25:6.0	5~13	16.1	1.40
	13~24	12.8	3.20

表6-2　不同水灰比、不同灰骨比的试验结果

混凝土配合比（水泥:水:骨料）	骨料粒径（mm）	混凝土28d抗压强度（MPa）	混凝土的透水系数（mm/s）
1:0.35:5.6	5~13	24.5	2.80
	13~24	17.6	2.10
1:0.30:6.0	5~13	19.3	4.40
	13~24	15.4	1.70
1:0.30:6.4	5~13	15.8	3.10
	13~24	12.4	2.00
1:0.230:7.0	5~13	10.9	5.60
	13~24	7.20	7.10

1. 力学性能

骨料类型影响无砂透水混凝土的抗压强度。一般认为，卵石骨料的混凝土抗压强度大于碎石骨料，这是由于碎石骨料粘结点少而小，且在荷载作用下易产生应力集中引起局部破坏所致。对于卵石骨料的无砂透水混凝土，试验表明在其他条件相同的情况下，5～13mm 粒径骨料的混凝土抗压强度大于 13～24mm 粒径骨料的混凝土强度；当灰骨比（1:6.0）相同时水灰比有一最佳值（约 0.30），对 5～13mm，13～24mm 粒径的骨料的混凝土抗压强度分别达到 19.3MPa 和 15.4MPa，见表 6-1、图 6-2。其强度同时随灰骨比的变化而变化，当水灰比不变（0.30）时，两种粒径骨料的混凝土强度均增加，见表 6-2、图 6-3。

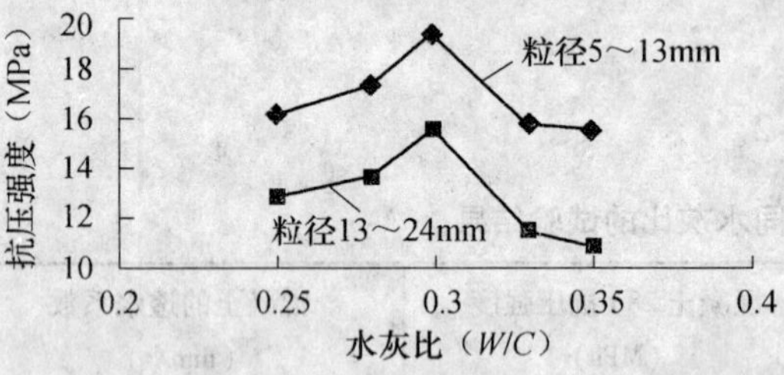

图 6-2　灰骨比为 1:6 时强度随水灰比变化规律

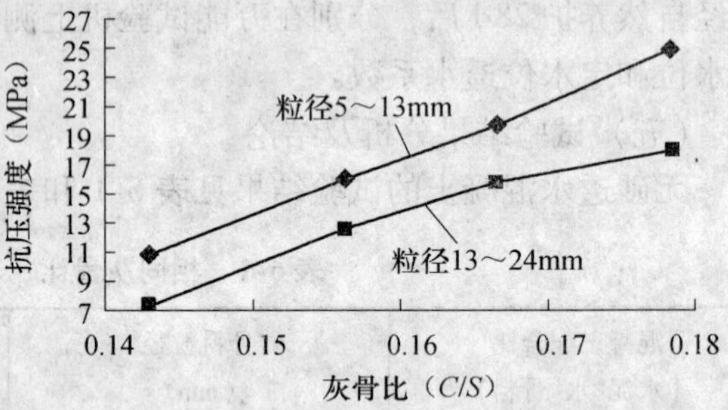

图 6-3　水灰比为 0.30 时强度随灰骨比变化规律

2. 透水性

试验结果表明：无砂透水混凝土的透水性在灰骨比一定的情况下，随水灰比的增大，透水系数增大，且粒径小的比粒径大的混凝土的透水系数略高，见表 6-1；在水灰比一定的情况下，随着骨料量的增加，透水系数增大，见表 6-2。

3. 最佳配合比的确定

当采用 5～13mm 的卵石骨料，强度等级为 42.5 的普通硅酸盐水泥在不掺外加剂的情况下，用水泥裹石法可以配制出抗压强度为 24.5MPa，透水系数为 2.8mm/s 的无砂透水混凝土，其最佳配合比为 1:0.30:5.6（水泥:水:骨料）。

4. 无砂透水混凝土的参考配合比

表 6-3 中根据碎石的不同粒径和水泥的不同掺量，列出了工程中所配制无砂透水混凝土的参考配合比，可供施工中参考。

表 6-3　无砂透水混凝土的参考配合比和性能

水泥（kg）	碎石		粉体胶粘剂（kg）	BHF-4（kg）	水（kg）	抗压强度（MPa）			28d 抗折强度（MPa）	孔隙率（%）	透水系数（cm/s）
	用量（kg）	粒径（mm）				3d	7d	28d			
260	1400	5～10	2.6	6.5	67	5.9	8.0	9.4	2.7	25.9	2.5
280	1400	5～10	2.8	7.0	67	7.0	9.4	13.5	2.7	23.8	2.3
300	1400	5～10	3.0	7.5	73	10.4	12.2	14.9	3.2	18.5	2.0
320	1400	5～10	3.2	8.0	80	10.1	12.8	16.8	3.5	17.0	1.9
260	1400	10～20	2.6	6.5	67	6.0	8.2	9.5	2.7	27.4	2.8
280	1400	10～20	2.8	7.0	67	6.8	8.9	13.1	2.8	24.4	2.4
300	1400	10～20	3.0	7.5	67	9.3	10.2	15.3	3.0	21.5	1.9
320	1400	10～20	3.2	8.0	73	10.1	13.1	17.5	3.2	20.0	1.8

四、透水性混凝土的技术性能指标

（一）透水性混凝土的技术性能

目前，有关透水混凝土的技术性能指标及测定方法，各国还没有正式的标准规范。参照日本《多孔混凝土性能试验方法（草案）》，对道路或路面所用的透水性混凝土，应当进行总孔隙率、连通空隙率、透水系数和抗压强度等项技术指标的测试。其试验方法规定如下：

1. 总孔隙率和连通空隙率的测试

透水性混凝土的总孔隙率（P_1）和连通空隙率（P_2），可分别按式（6-1）和式（6-2）进行计算：

$$P_1 = [1 - (m_2 - m_1)/V_1] \times 100\% \quad (6\text{-}1)$$

$$P_2 = [1 - (m_3 - m_1)/V_1] \times 100\% \quad (6\text{-}2)$$

式中 P_1，P_2——分别表示透水性混凝土的总孔隙率和连通空隙率（%）；

V_1——透水性混凝土试件的外观体积（m^3）；

m_1——透水性混凝土试件的饱和质量（kg）；

m_2——透水性混凝土试件的干燥质量（kg）；

m_3——透水性混凝土试件在自然状态下的质量（kg）。

2. 透水性混凝土的透水系数测试

透水性混凝土透水系数的测定方法，可分为简易透水系数测定法和固定水位透水系数测定法两种。

（1）简易透水系数测定法

比较简单的方法是采用图 6-4 所示的简易透水性测定装置。透水性混凝土的透水系数分为变水位（T_1）和定水位（T_2）两种。这两种情况的透水系数可分别按式（6-3）和式（6-4）进行计算：

$$T_1 = (160 - 140)/t_1 \quad (6\text{-}3)$$

$$T_2 = 160/t_2 \quad (6\text{-}4)$$

式中 t_1——当水面通过试件进行渗漏，水面下降到 160mm 时开始计时到水面下降至 140mm 时的时间（s）；

t_2——当水面通过试件进行渗漏，水面下降到 160mm 时开始计时到水全部渗漏完毕时的时间（s）。

（2）固定水位透水系数测定法

固定水位透水系数测定法的装置，如图 6-5 所示。其透水系数可用式（6-5）进行计算：

$$T = H/h \times Q/A \times \Delta t \quad (6\text{-}5)$$

式中 T——透水性混凝土的透水系数（mm/s）；

H——透水性混凝土圆柱体试件的高度（mm）；

h——水槽出水口至套筒出水口之间的距离，即水位差（mm）；

Q——测定从水槽出水口流出的水量（mm^3）；

A——透水性混凝土圆柱体试件的断面积（mm^2）；

Δt——水量 Q 流出的时间（s）。

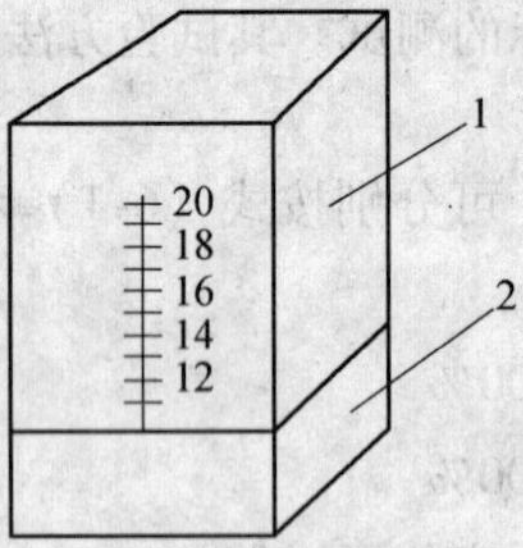

图 6-4 简易透水性测定装置

1—透明方框；2—混凝土试件

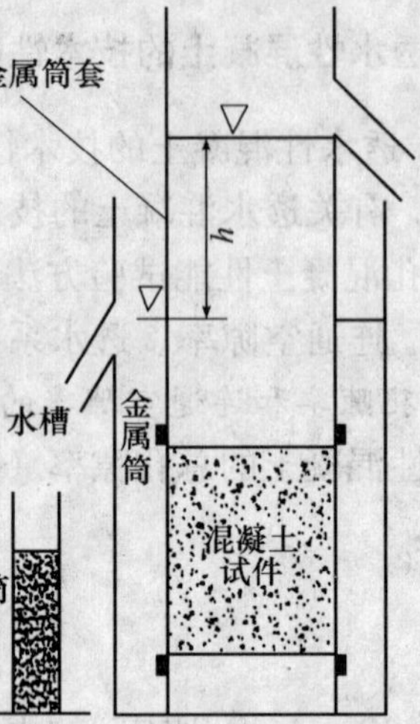

图 6-5 固定水位透水系数测定方法

3. 透水性混凝土的强度及其他性能

透水性混凝土除必须进行以上技术性能的测定外，根据实际需要还要进行力学和其他性能方面的测定。透水性混凝土的抗压强度和抗折强度，可以参照普通水泥混凝土的试验方法进行测定。对于寒冷地区的透水性混凝土，还要进行抗冻融试验。对于耐磨性要求较高的路面，还要进行耐磨性试验。为了减少渗透水的碱性对地下土质的影响，必要时还要进行石灰溶出性试验。

（二）透水性混凝土的技术指标

在道路工程中最常用的透水性混凝土制品是路面砖，现以透水性混凝土路面砖为例，在表 6-4 和表 6-5 中列出了日本和我国所测定的物理力学性能，供配制这种混凝土时参考。

表 6-4 透水性混凝土路面砖的物理力学性能

技术性能	普通透水性混凝土	高透水性混凝土	
		日本试验资料	我国试验资料
抗压强度（MPa）	5～20	25～35	25～45
抗折强度（MPa）	1～4	4.5～6.0	4.0～6.0
表观密度（kg/m^3）	1600～2100	2000～2100	1950～2050
孔隙率（%）	5～30	15～20	—
透水系数（mm/s）	1.0～15.0	1.0～15.0	2.8～15.0

注：日本试验资料中的数据为恒水位法测得；我国试验资料中的数据为变水位法测得。

表 6-5 透水性混凝土路面砖的物理力学性能

抗压强度（MPa）		耐磨性		孔隙率		透水率（mm/s）	抗冻性（25 次）	
平均值	单块最小值	磨坑长度（mm）	耐磨度（%）	总孔隙率（%）	连通孔隙率（%）		质量损失（%）	强度损失（%）
≥35.0	≥20.0	≤28.0	≥1.9	≥25.0	≥15.0	≥1.6	≤3.0	≤20.0

注：本表是由日本《多孔混凝土性能试验方法（草案）》及我国《混凝土路面砖》（JC/T 446—2000）有关资料得出。

第四节　道路透水性混凝土的施工工艺

由于水泥透水性混凝土的特殊功能和特殊构造，加上透水性混凝土多数为绿化型混凝土，所以其施工工艺也不同于普通水泥混凝土。首先必须用专用混凝土生产设备制作透水性混凝土或构件，然后根据绿化的要求对透水混凝土进行改造，最后在透水性混凝土中种植绿化植物。

透水性混凝土的施工工艺，大致可分为搅拌、成型和养护三个阶段。在每个施工阶段，必须严格按照设计要求进行施工，以确保透水性混凝土的强度、孔隙率、构造等各方面符合绿化混凝土的要求。

一、透水性混凝土的搅拌

透水性混凝土拌合物中的水泥浆稠度较大，且数量也比普通水泥混凝土少，为了保证水泥浆能够均匀地包裹在骨料表面上，应当采用强制式混凝土搅拌机进行搅拌，其搅拌的时间控制在 2 ~ 4min。

透水性混凝土搅拌时的投料顺序有多种，可根据实际情况采用一次全部倒入法、预拌水泥浆法、包裹粗骨料法和水泥裹砂法等几种。

（一）一次全部倒入法

这种方法是将所有的原材料一次性倒入搅拌机，边加水边进行搅拌，一般搅拌 2 ~ 4min 后即可出料，适用于混凝土搅拌量比较小、机械拌合能力较强的情况。

（二）预拌水泥浆法

预拌水泥浆法工艺是首先拌制比需要量大 3 ~ 4 倍的水泥浆，然后将骨料与已拌好的水泥浆一起搅拌，再将这些拌好的混凝土通过一个以一定频率振动的筛子，筛去多余的水泥浆，留在骨料表面的水泥浆恰好是设计的。这种搅拌工艺可以保证混凝土的均匀性，水泥浆的利用率也最大。

（三）包裹粗骨料法

包裹粗骨料法，就是先将粗骨料、水泥和水拌合，使水泥浆均匀地包裹在粗骨料的表面上，然后边搅拌边撒入细骨料，使其均匀地混入水泥浆体中，共同包裹在粗骨料的表面。这种搅拌方法适用于细骨料比较细的情况。

（四）水泥裹石法

水泥裹石法又称造壳法，这是透水混凝土施工中提倡应用的一种搅拌方法，其工艺流程如图 6-6 所示。采用水泥裹石法，这种搅拌工艺预拌水量（W_1）的控制是一个重要的技术指标，在一般情况下预拌水量（W_1）为总用水量的 8% ~10%。

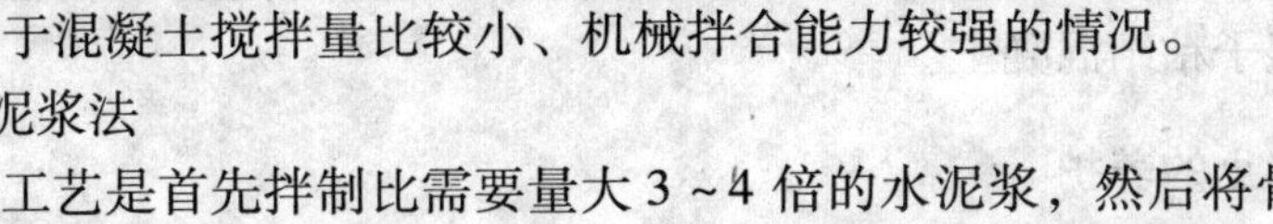

图 6-6　水泥裹石法工艺流程

如果预拌水量（W_1）太少，粗骨料预湿不完全，在加入水泥拌合时，不能形成包裹石子表面的水泥浆壳；如果预拌水量（W_1）太多，则形成的水泥浆壳很稀，容易被第二次加水搅拌时冲刷破坏，所以在搅拌的过程中，要控制好预拌水量（W_1）和两次搅拌的时间。

二、透水性混凝土的成型

透水性混凝土的成型，主要包括混凝土的浇筑和振捣，对于大面积浇筑的透水混凝土，还包括混凝土的辊压。

（一）透水性混凝土的浇筑

由于透水性混凝土拌合物比较干硬，其浇筑不同于流动性普通水泥混凝土，应当采用铺路机进行铺平。在混凝土浇筑之前，浇筑处路基必须先用水湿润，因为透水混凝土中的拌合水量有限，如果浇筑处路基干燥再吸收其中的部分水，就会加速水泥的凝结，从而影响混凝土的成型，减少用于路面浇筑、振捣、压实和接缝的时间，也会因快速失水减弱骨料间的粘结强度。

（二）透水性混凝土的振捣

由于透水混凝土中的水泥浆量较少，一般只能包裹骨料颗粒，所以在浇筑过程中不宜强烈振捣或采用夯实。施工经验证明，采用高频振捣器会使混凝土过于密实而减少孔隙率，严重影响混凝土的透水效果，所以宜采用低幅低频振捣器。实现低幅低频振捣的途径有：减少振动设备的荷重块质量、降低振动电机的振动频率、使用小型手扶式振动器。

（三）透水性混凝土的辊压

对于大面积制作的透水混凝土，在振捣完成之后，应进一步采用实心钢管或轻型压路机压实压平透水混凝土拌合料，使混凝土表面达到平整、美观的要求。考虑到混凝土拌合物的稠度和周围温度等条件，可根据实际采取多次辊压，但应特别注意，在辊压前必须清理辊子并涂油，以防止辊子粘结混凝土。

三、透水混凝土的养护

由于透水混凝土中存在着大量的孔洞，非常容易失去水分，如果失水后过于干燥，很易产生裂缝和开裂，所以透水混凝土保湿养护极其重要。尤其是早期养护，要注意避免混凝土中的水量出现大量蒸发。

通常情况下，透水混凝土拆模时间比普通混凝土短，其侧面和边缘很容易暴露于空气中，所以应用塑料薄膜及时覆盖构件的表面，以保证湿度和水泥充分水化，并在浇筑后 1d 开始洒水养护。如果遇到干热天气，可在浇筑后 8h 即可开始洒水养护，以免出现过早失水而影响混凝土质量。

在洒水养护时，应在距混凝土构件 2～3m 处用散射水喷洒，常温下每天至少洒水 4 次。洒水时不宜用压力水直接冲击混凝土表面，这样会将未硬化混凝土中的部分水泥浆带走，造成一些比较薄弱的部位，透水混凝土的湿养护时间应不少于 3～7d。

第五节 透水性沥青混凝土路面

一、透水性沥青混凝土的性能

透水性沥青混凝土，与一般沥青混合料相比，其特点是：空隙率较大、大粒径骨料含量较多、沥青为高温热稳定性好、粘结性强的高黏度改性沥青。因此，透水性沥青混凝土具有一些优良的路用性能：①透水性路面可以避免雨天路面积水形成水膜，可以提高路面抗滑性能；②减小路面反光，改善路面标志的可见度，改善车辆行驶的安全性和舒适性；③吸收车辆行驶产生的噪声，有利于创造安静舒适的交通环境。

此外，使用透水性沥青混凝土材料铺设具有排水性的道路，可以减轻集中降雨季节道路排水系统的负担；有助于补充城市地下水资源，保持土壤湿度，增加城市透水、透气面积，调节城市气候，降低地表温度，改善城市环境，保持生态平衡。

透水性沥青混凝土路面（简称为 OGFC）在我国还处于发展起步阶段，目前尚无完整的设计施工规范及验收指标。我国有关专家在杭州市庆春路的整治工程设计中，参考国外相关技术标准，对透水性路面的结构设计、沥青混合料的材料选择、配合比、施工工艺等方面进行了尝试，为我国透水性沥青混凝土路面的发展积累了经验。

半透式路面设计需重点考虑下渗水的排除和避免对下部结构层的影响，因此，设计时，须在透水性面层下喷洒橡胶乳化沥青隔水层，下层采用中粒式沥青混凝土密级配结构，并按照上面层的要求进行施工，严格控制平整度，保证排水迅速、通畅，避免因局部凹陷形成积水无法排除，引起下渗水对下部结构层的破坏。

在道路平面两边设置宽 10cm、深 12cm 的盲沟（同道路纵坡），采用透水沥青混凝土填筑，埋设内径 5cm 的盲管（采用钢管打孔）接入雨水口。盲沟周围喷洒橡胶乳化沥青，并铺设改性油毛毡用以防水。具体结构设计详见图 6-7。

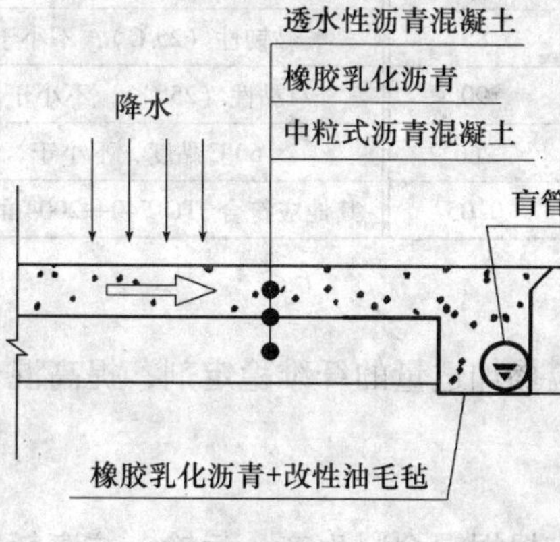

图 6-7　路面结构简图

二、透水性沥青混合料设计

透水性路面特有的多孔性对该混合料本身的力学强度有一定的影响，因此，为了保证混合料的多孔透水性和力学强度，关键就要选择正确的材料与合理的混合料配合比。

（一）透水性沥青混凝土的材料选择

1. 混合料骨料的选择

透水性沥青混合料骨料间断级配，粗骨料含量大且粒径单一，细骨料含量少，结构空隙率一般为 18% ~22%，混合料的粗骨料应采用质地坚硬，表面粗糙，形状接近立方体，有良好的嵌挤能力的破碎骨料，其技术要求见表 6-6。

表 6-6 透水性沥青混凝土对粗骨料的技术要求

技术指标名称	技术指标要求	技术指标名称	技术指标要求
压碎值（%），不大于	25	吸水率（%），不大于	2.0
洛杉矶磨耗（%），不大于	30	针片状颗粒含量（%），不大于	15.0
表观密度（g/cm^3），不小于	2.60	软石的含量（%），不大于	1.0
与沥青的黏附性（级），不小于	4	其他性能指标，应符合	GB/T 14685—2001 规定

细骨料宜选用机制砂，其技术指标应符合国家标准《建筑用砂》中的规定。如使用石屑时，宜采用与沥青黏附性好的石灰岩石屑，且不得含有泥土、杂物。

混凝土中如果需要掺加填料，必须是由石灰石等碱性岩石磨细的矿粉，一般宜采用消石灰或水泥部分或完全取代矿粉。

2. 沥青胶结料的选择

配制透水性沥青混合料应采用高黏度改性沥青。沥青应具有较小的针入度、较高的软化点和黏度，应有较好的抗裂性，避免沥青面层低温开裂。具体指标见表 6-7。

表 6-7 高黏度改性沥青的技术要求

技术指标名称	单位	技术指标要求	技术指标名称	单位	技术指标要求
针入度（25℃，100g，5s）不小于	0.1mm	40	薄膜加热针入度比，不小于	%	65
软化点 $T_{r\&b}$，不小于	℃	85	黏韧性（25℃），不小于	N·m	20
延度（15℃），不小于	cm	90	黏性（25℃），不小于	N·m	15
闪点，不小于	℃	260	60℃黏度，不小于	Pa·s	10000
薄膜加热质量损失率，不大于	%	0.05	其他应符合 JTG F40—2004 的规定	—	—

3. 纤维稳定剂材料的选择

在配制透水性沥青混合料时，应掺加适量的纤维稳定剂，提高混合料的沥青用量，以便提高沥青混合料的耐久性能。

（二）混合料配合比设计

透水性沥青混合料的配合比，应根据混合料生产、运输、抗磨耗等方面的要求及目标空隙率进行确定。在一般情况下，透水性沥青混凝土的配合比设计应按以下步骤进行：

1. 根据路面工程的实际要求，选择透水性沥青混合料的目标空隙率。

2. 根据路面工程的设计要求，认真选择粗骨料和细骨料的种类，其技术指标应符合表 6-6 中的要求，其物理力学性能指标应符合防滑面层的相关规定。

3. 根据路面工程的设计要求，选择混合料所用沥青的种类，其技术指标应符合表 6-7 中的要求，并根据沥青与骨料的黏附性，确定是否掺加抗剥落剂。

4. 对现行规范中的防滑面层骨料级配进行适当调整。根据空隙率与骨料中粒径在 4.75mm 以下骨料的质量通过率的关系，确定其通过率范围。

5. 4.75mm 的通过率对混合料的空隙率和骨架嵌锁结构有很大影响，应严格加以控制。设计时将粒径 4.75mm 以下骨料的质量通过率范围等分成四部分，构成四种骨料级配。在相同沥青质量分数下（取5.0%），分别测定四种级配的透水性沥青混合料的矿料间隙率 V_{MA}，并绘出 V_{MA} 与粒径4.75mm以下的骨料的质量通过率的关系图。在图中找出 V_{MA} 的拐点，若该点的 V_{MA} 值大于17%，则将与此拐点对应的粒径为4.75mm骨料的质量通过率作为采用的级配值。

透水性沥青混凝土所选用骨料级配，如表6-8所示。

表6-8　透水性沥青混凝土所选用骨料级配

级配性质	通过下列筛孔（mm）的质量百分率（%）								
	13.2	9.50	4.75	2.36	1.18	0.60	0.315	0.150	0.075
级配范围	92～100	50～80	9～21	9～19	6～18	4～17	3～12	3～8	2～7
拌合级配	99.6	76.1	16.2	12.9	10.1	8.3	7.4	6.6	6.4

6. 根据骨料比表面积与沥青膜厚的关系，确定最佳沥青膜厚所需要的沥青用量。对混合料进行滴落试验和磨耗试验，绘出滴落损失率和骨料磨耗损失率与沥青用量的关系图，确定最佳沥青用量。

7. 对混合料空隙率 V_V 和矿料间隙率 V_{MA} 进行检验。若 V_{MA} 小于17%或者 V_V 小于规定范围，则需重新调整级配。

8. 对透水性沥青混合料进行各项性能试验，包括马歇尔稳定度检验、残留稳定度试验、劈裂试验、老化试验、车辙试验及透水试验。若性能指标达不到要求，则需调整级配或改变结合料类型，检测指标见表6-9。

表6-9　透水性沥青混合料的技术要求

技术指标名称	单　位	技术要求	技术指标名称	单　位	技术要求
击实次数	次	双面各50	空隙率	%	18～22
马歇尔稳定度	kN	≥4.5	流　值	0.1mm	20～40
矿料间隙率	%	≥17	残留稳定度	%	≥80
沥青滴落损失率	%	≤0.2	动稳定度	次/mm	≥5000
骨料磨耗损失率	%	≤20	老化后骨料磨耗损失率	%	≤20
冻融劈裂试验的残留强度比	%	≥80	渗水系数	mL/15s	≥900

（三）透水性沥青混凝土路面的施工

透水性沥青混凝土路面的施工，与一般沥青混凝土路面的施工基本相同，主要包括拌制、运输及摊铺施工。在施工中应当注意如下事项：

1. 在正式拌制混凝土之前，应对确定的配合比和级配进行室内试拌与拌合机试拌，验证最佳沥青用量与混合料质量指标是否符合规定。试拌确定最佳用量后，拌合中应严格按量称取沥青用量，沥青用量在拌合过程中变化范围不大于±0.3%。

2. 沥青混合料拌制时温度宜控制在170～185℃范围内。同时，应通过试拌确定其混合的时间。

3. 混合料运输时间宜尽可能缩短，运输过程中应采取保温措施，确保混合料摊铺温度不低于165℃。当温度低于160℃时，混合料应废弃。

4. 透水沥青混凝土层的下面应铺设封层防止渗水。透水沥青混合料摊铺应当采用机械摊铺，要求摊铺一次平整，一般不宜用人工进行修整，摊铺速度应控制在约3m/min，摊铺温度宜控制在175~165℃。

5. 在进行混凝土碾压时，压路机距离摊铺机不宜过长。初碾、二次碾压一般宜选用10~12t滚筒式压路机，终碾压宜选用6~10t多轮式压路机或8~15t胶轮式压路机。碾压应采用静压方式，其方法与一般沥青混凝土面层相同。初碾速度宜控制在2km/h，温度应控制在160~140℃；复碾速度宜控制在3km/h，温度应控制在120~100℃；终碾速度宜控制在2km/h，温度应控制在90~70℃。

6. 铺筑面层时，需对透水管进行保护，避免沥青混合料堵塞透水管孔眼，确保透水性路面结构中的雨水能顺畅地排至透水管。两侧排水边沟应有足够的坡度，确保排至边沟的雨水能够迅速排出。

7. 沥青混合料碾压成型后，应避免车辆进入，直至终压4h后或表面温度低于50℃，且足够坚硬后方可开放交通。

（四）透水性沥青混凝土路面的管理与养护

1. 透水性沥青混凝土面层质量保证期为一年，期间须具备应用同质透水性沥青混凝土材料用于及时养护维修的能力。

2. 透水性沥青混凝土面层道路养护，应注意及时清除路面存在的黏土类抛洒物，应采用专门的冲洗和吸出设备，定期对路面积尘物质进行清除，以保证路面的空隙率。

3. 透水性沥青混凝土面层道路设计年限内，应严格控制道路开挖，五年内禁止条带形开挖。

4. 透水性沥青混凝土路面层道路，应避免发生可能导致隔水层被破坏的行为，如钉入、钻孔等，如果已有发生，应及时采取可靠修复措施。

5. 尽可能避免导致空隙覆盖或堵塞的行为，如路面热熔性不透水交通标志标线的现场变换、堆放沙土、拌合混凝土等。

第七章　路面彩色混凝土

普通水泥混凝土是当今世界上最主要的建筑材料，不仅可以作为建筑材料，也具有一定的装饰作用。由于混凝土具有良好的可塑性，可以浇筑成各种各样的复杂形状；由于拌合物具有较好的流动性，在交通公路工程中，主要可用于道路路面、桥梁、码头等的浇筑；在城市道路工程中，主要可用于城市道路、雕塑及其他美术创作品。

但是，普通水泥混凝土的最大不足之处是外观色彩单调、灰暗、呆板，给人以压抑感。于是人们设法在建筑物的墙面、地面和屋面上作些适当处理，使普通水泥混凝土的表面上具有一定的色彩、线条、质感或花饰，产生一定的装饰效果，达到设计的艺术感，这种具有艺术效果的混凝土称为装饰混凝土。

在路面彩色混凝土中，主要是指白色混凝土和彩色混凝土。白色混凝土是以白色水泥为胶凝材料，白色或浅色矿石为骨料，或掺入一定数量的白色颜料配制而成的混凝土。彩色混凝土是以白色水泥、彩色水泥或白色水泥掺入彩色颜料，以及彩色骨料和白色或浅色骨料按一定比例配制而成的混凝土。路面彩色混凝土主要用于城市道路的美化、公路交通的标志等，在国内外已经得到比较广泛的应用。

第一节　路面彩色混凝土概述

在建筑装饰工程的设计和施工中，为使建筑物的表面美观，一般要在其表面进行装修饰面，如涂刷装饰涂料、铺贴装饰板材等。这些饰面不仅耗费大量工时和材料，使工程成本大大增加，而且随着使用期的延长，往往出现褪色、剥落、掉皮等现象，严重影响了建筑物的外观美。

早在20世纪20年代，国内外就有人研究将普通水泥混凝土直接制成装饰材料，如把混凝土砌块表面预制成仿天然蘑菇的做法等。40年代，有人开始研制彩色混凝土，使原来的灰色混凝土变成多种颜色，彩色装饰混凝土迅速发展起来。进入70年代后，随着经济、技术和社会的发展，各种装饰混凝土不断涌现，并在工程中得到推广应用，逐渐从用于中低档建筑发展到应用于高档建筑。

从目前发展的趋势，在建筑装饰特别是在建筑物的外墙装饰中，装饰混凝土的应用比例已越来越大。随着装饰混凝土质量和性能的不断改进和品种的不断增加，装饰混凝土的应用必将越来越广泛。

装饰混凝土是装饰与功能结合为一体，结构施工与装饰同时进行，充分利用混凝土的可塑性和材料的构成特点，在墙体、构件成型时采取适当措施，使其表面具有装饰性的线条、图案、纹理、质感及色彩，以满足建筑在装饰方面的要求，因此，装饰混凝土又被称为“建筑艺术混凝土”、“视觉混凝土”。

随着建筑装饰技术的不断发展，对装饰混凝土的认识也逐渐发生变化。目前，装饰混凝土主要指的是白色混凝土和彩色混凝土。对于这两种装饰混凝土，美国、俄罗斯、日本和德国等国家都进行了大量的试验研究，并获得较大的成功。试验研究证明，白色混凝土和彩色混凝土所用原材料基本相同，所不同的是彩色混凝土除用白色水泥、白色骨料制作之外，还要使用彩色骨料及彩色颜料。所用颜料多为红、黄、褐、蓝、绿等色。

装饰混凝土所用的原材料，基本上与普通混凝土相同，只不过在原材料的颜色等方面要求更为严格。对于一个工程用的水泥，应当选用同一工厂同一批号的水泥；对于骨料应选用同一产源的材料，骨料的颜色应一致；对于颜色应选用不溶于水，与水泥不发生化学反应，耐碱、耐光的矿物颜料；对于水和外加剂的选择，与普通混凝土相同。

普通混凝土通过采取适当措施，使其表面具有装饰性的线条、图案、纹理、质感及色彩，以满足人们的审美要求，满足各种装饰的不同要求，展现出独特的建筑装饰艺术效果。使普通混凝土获得装饰效果的手段很多，主要有线条与质感、色彩、造型与图案三个方面。

一、线条与质感

混凝土是一种塑性成型材料，利用模板几乎可以加工成任意形状和尺寸。在墙体、构件成型时，利用设计的适当模具，采用一定的工艺方法，使混凝土表面形成一定的线条或纹理质感，这是普通混凝土进行装饰的主要手段，被称为清水装饰混凝土。如采用钢模板成型，可以使混凝土表面形成大的分格缝；纹理质感则可通过模板、模衬、表面加工，或露出的粗、细骨料形成；在墙体表面形成线条、质感时，要有一定的凸凹程度，使一部分混凝土成为纯装饰性的混凝土。

二、颜色与色彩

当采用露骨料装饰混凝土时，其色彩随着表面剥离的深浅和水泥、砂或石渣品种而异。表面剥离的程度较浅，表面比较平整时，水泥和细骨料的颜色将起主要作用；随着剥离程度加深，粗骨料颜色的影响加大。在露骨料装饰混凝土的表面上，由于表面光影及多种材料颜色、质感的综合作用，使其色彩显得比较活泼。

改变清水装饰混凝土颜色的措施有多种，主要措施是在混凝土制品表面掺加颜料做一层色彩装饰层，或者在混凝土表面喷涂一层色调适宜、经久耐用的涂料。改变露骨料装饰混凝土色彩的有效措施，是采用色泽明亮的水泥或骨料，这种方法不仅可获得较好的色彩，而且骨料色泽稳定、耐污染，具有很好的耐久性。目前，在建筑装饰工程中最常采用白色水泥、彩色水泥或彩色骨料等。

三、造型与图案

利用混凝土可以塑性成型的特点，使混凝土制品按设计的艺术造型进行制作，或使混凝土表面带有几何图案及立体浮雕花饰，这是近几年发展起来的混凝土装饰手段。在满足设计功能的前提下，将普通混凝土制品设计成一定的造型，既美观耐久，又经济实用。

工程实践证明，在混凝土的模板内，按设计布置一定花纹和图案的衬板，待混凝土硬化拆除模板后，便可使混凝土表面形成立体装饰图案，这是一种施工比较简便、装饰效果良好的装饰手段。

原来，彩色混凝土仅是在建筑装饰工程中应用较多，随着公路工程和城市道路工程在建设中的需要，其应用范围逐渐扩大，现已广泛用于道路工程的美化和特殊用途。

彩色混凝土装饰是一种新颖的路面铺设材料。它具有施工方便、自然美观、立体感强、坚固耐久、保养维修简便等优点。杜绝了地砖所常有的易于松动，高低不平，缝隙长草等缺点。融合了水泥地之坚固和天然石材之美观。主要适用于人行道、庭院、各种类型广场、小区内车道、园林小径、停车场、公园人行道、河边小路、游泳池、校园或各种公共场合的休闲小道集散地、各种娱乐场所的道路等。

第二节　路面彩色混凝土的组成材料

熟练运用各种颜色装饰建筑物，这是建筑师惯于使用的关键性有效措施。彩色混凝土是以白色水泥为胶凝材料，以白色或浅色矿石为骨料，或者掺加一定数量的颜料而制成的装饰混凝土。目前，在建筑装饰工程中，彩色混凝土有两种做法：一种是使整个混凝土混合物中均匀混入适量的颜色；另一种是只在混凝土的表面上涂以设计的颜色。前者成本比较高，但不单纯依赖于技巧或环境条件，比较容易获得成功；后者施工比较方便，但耐久性差，经不起磨损，易于褪色。

在彩色混凝土施工中，常应用的颜料多数为红、黄、黑、蓝、绿等色。彩色混凝土与白色混凝土所用材料基本相同，所不同的是彩色混凝土除用白色水泥、白色骨料制作外，还可以使用彩色水泥、彩色骨料及彩色颜料。因此，彩色混凝土是一种典型的装饰混凝土。

一、彩色混凝土原材料要求

彩色混凝土的主要原材料包括：彩色水泥、彩色骨料和掺合料等。原材料的质量如何，不仅直接关系到混凝土结构构件的质量，而且也关系到彩色混凝土的设计装饰效果。因此，对彩色混凝土所用原材料，必须符合一定的技术要求。

（一）对彩色水泥的技术要求

彩色水泥一般是在浅色的普通灰水泥或白色水泥熟料中，掺入适量的规定颜料，经磨细混合加工而成。

1. 彩色水泥的定义

根据我国行业标准《彩色硅酸盐水泥》（JC/T 870—2000）中的规定：凡以白色硅酸盐水泥熟料和优质白色石膏在粉磨过程中掺入颜料、外加剂（防水剂、保水剂、增塑剂、促硬剂等）共同粉磨而成的一种水硬性彩色胶凝材料，称为彩色硅酸盐水泥，简称彩色水泥。

在生产彩色水泥时，加入适量的色散剂和表面活性剂，可使色彩更加均匀。各国生产彩色水泥的方法基本相同，只是掺入的颜料不同，所得水泥的颜色也不同。生产和使用实践证明，一般使用天然或合成的矿物颜料比较适宜，它不会与水泥或骨料发生化学反应。有机颜料在使用中容易褪色，一般不宜选用。适宜于生产彩色水泥和混凝土的颜色主要有：红、黄、黑、褐、绿、蓝等。

2. 颜料应具备的性质

用于生产彩色水泥的颜料应具备与水泥相容性好、色彩浓厚、颗粒较细、耐碱性强、耐久性好、均匀性好和不含杂质等优良性能。

(1) 相容性好

颜料的相容性好，是指与水泥熟料具有良好的相容性，即将颜色掺入水泥熟料后不会与水泥发生化学反应，不应有明显损害水泥的现象，也不应与骨料发生反应，这是生产彩色水泥所用颜料非常重要的性质。实践证明，任何颜料均会程度不等地影响水泥的性质，如使水泥的凝结、硬化、收缩等发生改变。

对水泥所起到的不良影响，有时是因为颜料的材质起作用，有时是颜料中的杂质起作用。在作为生产彩色水泥的材料时，必须考虑到对水泥所产生的不良作用；在作为涂料使用时，可以完全不加以考虑。

(2) 色彩浓厚

颜料对水泥性质的影响随着掺量的增加而加大，但颜料的价格一般是较高的。因此在生产彩色水泥中，为了降低彩色水泥的生产成本，希望尽量减少颜料的掺量而获得满意的效果，这就要求掺加的颜料必须色彩浓厚。

(3) 颗粒较细

颜料颗粒的细度根据其种类和制造方法而不同，一般从0.1μm到数微米不等。由于颜料的颗粒细度与其表面积大小有关，所以颜料的颗粒愈细则着色力愈强，颜料在混凝土中的分布均匀性也愈好。

有关试验证明，颜料的着色力与粒径的平方成正比，即当颜料的粒径减至一半时，则同一着色度所需要的颜料仅为大粒径的1/4，这样对于减少颜料用料、降低彩色水泥成本也具有很大作用。

(4) 耐碱性强

颜料的耐碱性主要是指耐石灰的碱性作用。由于水泥在水化过程中生成大量的氢氧化钙，并溶于混凝土的水中呈强碱性。如果所用颜料的耐碱性不强，可能导致某些颜料失去其颜色，使混凝土变色、褪色或咬色。有机颜料一般耐碱性比较差，不宜生产彩色水泥。

(5) 耐久性好

颜料的耐久性一般是指其耐光性和耐大气腐蚀性。用彩色水泥配制的彩色混凝土，大多数暴露于空气之中，长年经受阳光、大气、雨雪、温差、干湿等的作用，颜料非常容易分解变色，因此要求颜料必须具有较强的耐光性和耐大气腐蚀性。有机颜料的耐光性和耐大气腐蚀性均较差，不宜生产彩色水泥。

(6) 均匀性好

必须要注意保证颜料在混凝土中具有良好的分散性。有些特种水泥厂以颜料和白水泥共同粉磨来提供一系列彩色水泥，这样可以比较好地控制色彩的均匀性。即使如此，在整个用量较大的装饰工程中，要使全部用料完全颜色一致也是不容易的。因此，所用的颜料必须具有较好的均匀性，能够较好的扩散到混凝土中。

(7) 着色力强

着色力系颜料与水泥或其他胶凝材料混合后所显现颜色深浅的能力。颜料着色力的大小，不仅影响到彩色混凝土的色彩效果，而且还影响彩色混凝土的成本。颜料的着色力决定于颜料的饱和度的高低，高着色力效果好，低着色力效果差。

(8) 比密度

颜料的比密度在一定程度上对色浆、彩色砂浆或彩色混凝土色泽的均匀性有一定影响。在配制彩色混凝土时，应选用比密度与胶凝材料基本接近的颜料。如颜料的比密度较小，拌合时容易出现颜料上浮现象；反之则出现颜料下沉现象。

（9）pH值

配制彩色混凝土所用的颜料，其pH值以7～8为宜。如果pH值低于6，配制的彩色混凝土将会发生早期褪色现象。

（10）不含杂质

颜料在生产、贮藏、搬运和使用的过程中，如果混进一定量的杂质（如砂糖、腐殖酸等），很可能就损害水泥的性能，也可能助长发生粉化（如水溶性盐类）等，因此用于生产彩色水泥的颜料不得含有杂质。

（11）氧化-还原

凡是在空气中容易被氧化-还原的颜料，很容易使混凝土变色，这类颜料均不能用来配制彩色混凝土。

3. 使用注意事项

为确保配制的彩色混凝土符合设计的要求，在用颜料配制生产彩色水泥时，对颜料的使用应注意以下事项：

（1）要特别注意同一名称的颜料，因制造厂商不同可能质量有所不同，同一制造厂商的质量也可能不相同。

（2）将水泥熟料和颜料混合成颜色均匀的彩色水泥，需要非常熟练的技术。即使使用同一数量的颜料，因混合装置和技术不同，水泥也可能出现颜色差别。

（3）水泥熟料与颜料混合必须在工厂中进行，质量管理水平不高的工厂，也很难制得颜色固定和一致的彩色水平，因此，水泥熟料与颜料混合不能在混凝土施工现场进行。

4. 颜色的装饰作用

色彩在装饰混凝土中起着非常重要的作用，不仅直接影响建筑物的装饰效果，而且对人的情绪也有很大的感染作用，在装饰工程设计和施工中应引起足够的重视。颜色与感情的关系如表7-1所示。

表7-1　颜色与感情的关系

色的属性	色的种类	色彩赋予的感情	各种颜色对人的情绪感染	
			颜　色	感情的象征
色　相	暖　色	温暖的 积极的 活泼的	红　色	激烈、欢喜、活力、兴奋
			黄　红	喜悦、欢闹、活泼、健康
			黄　色	快活、明朗、愉快、强壮
	中性色	平庸的 平静的	绿　色	安闲、舒适、平静、生机
			紫　色	严肃、神秘、不安、温柔
	冷　色	冰凉的 消极的 沉静的	黄　绿	安息、凉爽、忧郁
			青　蓝	沉着、寂寞、悲哀、深远
			蓝　紫	神秘、崇高、孤独

续表

色的属性	色的种类	色彩赋予的感情	各种颜色对人的情绪感染	
			颜　色	感情的象征
亮　度	明	明朗的	白　色	显明、纯真、清新
	中	沉着的	灰　色	沉着、稳重、忧郁
	暗	阴郁的、稳重的	黑　色	郁闷、不安、庄严
色　度	高	新鲜的、活泼的	朱　红	热烈、激烈、热情
	中	舒适的、温和的	粉　红	可爱、温柔
	低	雅致的、沉着的	茶　色	沉着、稳重

5. *颜料的用量*

在配制彩色砂浆和彩色混凝土时，用于水泥色浆的颜料用量必须适宜、准确，这样才能配制出所需要的颜色和色彩。从对水泥性质有影响的颜料的掺合比例而言，在正常情况下一般约为水泥质量的6%，最大掺量限制在10%以内。在混合时，加入适量的色散剂和表面活性剂，可使水泥的色彩更加均匀。

水泥色浆颜料用量参考配合比如表7-2所示，可以供设计和施工中进行配比参考。

表7-2　水泥色浆颜料用量参考配合比

色浆组成材料	色调分类																				
	红　色			黄　色			青　色			绿　色			棕　色			紫　色			褐　色		
	浅红	中红	暗红	浅黄	中黄	暗黄	浅青	中青	暗青	浅绿	中绿	暗绿	浅棕	中棕	暗棕	浅紫	中紫	暗紫	浅褐	中褐	暗褐
32.5MPa水泥	93	86	79	95	90	85	93	86	79	95	90	85	95	90	85	93	86	79	94	88	82
红色系的颜料	7	4	12	—	—	—	—	—	—	—	—	—	—	—	—	—	—	—	4	7	9
黄色系的颜料	—	—	—	5	10	15	—	—	—	—	—	—	—	—	—	—	—	—	—	—	—
蓝色系的颜料	—	—	—	—	—	—	3	7	12	—	—	—	—	—	—	—	—	—	—	—	—
绿色系的颜料	—	—	—	—	—	—	—	—	—	5	10	15	—	—	—	—	—	—	—	—	—
棕色系的颜料	—	—	—	—	—	—	—	—	—	—	—	—	5	10	15	—	—	—	—	—	—
紫色系的颜料	—	—	—	—	—	—	—	—	—	—	—	—	—	—	—	7	14	21	—	—	—
黑色系的颜料	—	—	—	—	—	—	—	—	—	—	—	—	—	—	—	—	—	—	2	5	9
白色系的颜料	—	—	—	4	7	9	—	—	—	—	—	—	—	—	—	—	—	—	—	—	—

6. *彩色水泥的技术标准*

彩色硅酸盐水泥的技术标准主要包括物理力学性能和化学性能两个方面。根据行业标准《彩色硅酸盐水泥》（JC/T 870—2000）中的规定，国产彩色硅酸盐水泥的技术标准应符合表7-3中的要求。

表7-3　国产彩色硅酸盐水泥（42.5MPa）的技术标准

<table>
<tr><td colspan="3">技术标准项目</td><td colspan="4">技术标准</td></tr>
<tr><td rowspan="6">物理力学性能</td><td colspan="2">水泥细度（筛余）</td><td colspan="4">4900孔/cm标准筛，筛余量不得超过6%</td></tr>
<tr><td colspan="2">凝结时间</td><td colspan="4">初凝不得早于60min，终凝不得迟于10h</td></tr>
<tr><td colspan="2">体积安定性</td><td colspan="4">用沸煮法试验，试件体积变化必须均匀</td></tr>
<tr><td rowspan="3">强度（MPa）</td><td rowspan="2">强度类别及养护龄期</td><td colspan="2">抗压强度</td><td colspan="2">抗折强度</td></tr>
<tr><td>3d</td><td>28d</td><td>3d</td><td>28d</td></tr>
<tr><td>强度指标</td><td>≥15.0</td><td>≥42.5</td><td>≥3.50</td><td>≥6.50</td></tr>
<tr><td rowspan="3">化学性能</td><td colspan="2">烧失量</td><td colspan="4">水泥的烧失量不得超过5%</td></tr>
<tr><td colspan="2">氧化镁含量</td><td colspan="4">熟料中氧化镁的含量不得超过4.5%</td></tr>
<tr><td colspan="2">三氧化硫含量</td><td colspan="4">水泥中三氧化硫的含量不得超过4.0%</td></tr>
</table>

（二）对彩色骨料的技术要求

彩色混凝土所用的骨料，除应符合设计的色泽要求外，其他的技术性质应符合国家标准《建筑用卵石、碎石》（GB/T 14685—2001）和《建筑用砂》（GB/T 14684—2001）中的要求。特别注意不允许含有尘土、有机物和可溶盐，因此在配制时应对骨料进行清洗。一般情况下宜采用天然骨料，如花岗岩或陶瓷材料；特殊的混凝土制品的骨料，常用膨胀矿渣、页岩、火山灰、浮石及带色石子。

（三）对掺合料的技术要求

彩色混凝土所用的掺合料，主要包括引气剂、促凝剂、填充料、防水剂和火山灰等，它们各自的掺量应符合设计的要求。

1. 引气剂

在塑性混凝土中加入占体积3%～10%的引气剂，在混凝土中产生一定量的微小气泡，不仅能增加混凝土的抗风化能力和抗冻性，而且能破坏毛细渗透作用，而减少水分流通现象，增加混凝土的抗渗透能力。

2. 促凝剂

为使彩色混凝土在早期有较高的强度，在配制彩色混凝土时，应加入适量的促凝剂，彩色混凝土应用最广泛的促凝剂是氯化钙，其使用量一般为水泥质量的2%，这样3d时间即可达到其7d的强度。

3. 填充料

为了增加混凝土的和易性及密实度，特别是在制作彩色混凝土砌块时，应掺加适量的磨细硅石、黏土和硅藻土等填充料，其掺加量一般占水泥用量的3%～8%。

4. 防水剂

为了增加混凝土的防水性能，在进行混凝土配制时，可掺加适量的各种油类、乳剂和金属硬脂酸盐类防水剂，其掺加量一般占水泥用量的2%。

5. 火山灰

火山灰能和水泥水化时生成的石灰质发生作用，从而提高混凝土的强度，最常用的是优质粉煤灰，它在含有高碱性骨料的混凝土拌合物具有特殊的作用。但是，粉煤灰含有一定量的碳质，能使彩色混凝土制品变成墨色或减弱原来的颜色。

二、白色混凝土原材料要求

白色混凝土是以白色硅酸盐水泥为胶结料，以白色矿石骨料配制而成的混凝土。白色混凝土的用途不如普通混凝土广泛，除用作建筑物装饰材料外，还常用于道路工程中。

（一）对白色水泥的技术要求

根据国家标准《白色硅酸盐水泥》（GB/T 2015—2005）中的规定，凡以适当成分的生料烧至部分熔融，所制得的以硅酸钙为主要成分及含少量铁质的熟料，加入适量的石膏，磨成细粉，制成的白色水硬性胶凝材料，称为白色硅酸盐水泥，简称为白色水泥或白水泥。

1. 白色水泥的生产方法

制造白色水泥的方法很多，国内外应用比较广泛的生产方法主要有：脱色法、冷却法和氯化钡替代法等。

（1）脱色法

脱色法是日本发明的一种方法，即将含有2%氧化铁的白土或黏土，与纯度为90%以上的石灰石烧成的淡灰色熟料，在1100℃以上的赤热状态下，用氯化石灰（漂白粉）溶液或氯化镁溶液浸渍灰色熟料，或者均匀地撒在熟料上面，熟料即可全部变成白色。经过水洗、干燥后，再加入适量的石灰磨细即可。

（2）冷却法

冷却法是一种用不起氧化作用的液体或气体冷却剂，将烧制的熟料快速冷却的方法。目前最常用的冷却剂是水，其用量大约为水泥熟料的一半。采用水这种冷却剂，还能消除水泥熟料中的氧化物。

（3）替代法

替代法也称掺加氧化钡法，这是罗马尼亚发明的一种含有氧化钡的白色硅酸盐水泥，即用氧化钡代替水泥熟料中的一部分氧化钙，且尽量不掺加有害的熔剂来制造的含氧化钡的白色水泥。

试验表明，在水泥原材料混合料中，掺加占混合料质量10%的工业用硫酸钡（含有8.2% $BaSO_4$），或8%的人造硫酸钡（含有99.13% $BaSO_4$、0.18% Fe_2O_3），或12%的氧化铁含量极低的天然重晶石最适宜。

2. 白色硅酸盐水泥的技术标准

由于生产方式和原料比例不同，各国所生产的白色水泥的技术标准也有所差异。国产的白色硅酸盐水泥的技术标准如表7-4所示。

表7-4 国产白色硅酸盐水泥（42.5MPa）的技术标准

技术标准项目			技术标准					
物理力学性能	水泥细度（筛舍）		4900孔/cm标准筛，筛余量不得超过10%					
	凝结时间		初凝不得早于45min，终凝不得迟于12h					
	体积安定性		用沸煮法试验，试件体积变化必须均匀					
	强度（MPa）	强度类别及养护龄期	抗压强度			抗折强度		
			3d	7d	28d	3d	7d	28d
		强度指标	≥18.0	≥26.5	≥42.5	≥3.50	≥4.50	≥6.50

续表

技术标准项目		技术标准
化学性能	水泥的白度	水泥的白度≥80%
	氧化镁含量	熟料中氧化镁的含量不得超过4.5%
	三氧化硫含量	水泥中三氧化硫的含量不得超过3.5%

（二）对骨料的技术要求

配制白色混凝土骨料不同于普通混凝土，选择白色或浅色的骨料对白色混凝土的亮度影响很大。天然存在的硬质岩石（如石英）一般是透明的，用它作为白色混凝土的骨料时，如果粒径超过1mm就会呈现出暗色。用作道路混凝土时，粗大颗粒在车辆行驶之下会使其表面变暗，如果在细小和中等颗粒中间掺加一种不透明的白色岩石（如白色石灰石），则可以克服这一缺点。

在白色混凝土中掺加石灰石有利于亮度，却降低其耐磨性。如果需要较大的耐磨性，则只能掺加小量的石灰石，混凝土的色彩则会暗淡；如果需要较大的亮度，则掺加较多的石灰石，混凝土的磨损性变大。因此，用石灰石配制的白色混凝土，应用于不受磨或受磨较轻的地方。国外经验表明，在各种由方解石矿物形成的岩石中，最常用的是侏罗系的白色石灰石。

如果白色混凝土既要满足耐磨性的要求，又要满足亮度的要求，选用煅烧过的燧石更为适宜。这种骨料不仅具有硬质岩石的硬度，而且具有不透明侏罗系石灰石的白度。采用这种岩石的骨料，必须使其不沾染颜色，粒径要在3mm以下，当采用蒸压养护时效果更好。

（三）对拌合水的技术要求

拌合水的质量在很大程度上能决定混凝土制品的耐久性、强度和防水性。配制白色混凝土的拌合水首先必须是洁净的，不得含有任何油质、碱、酸和盐类，其他技术要求必须符合国家现行的有关要求。

（四）对颜料的技术要求

工程实践充分证明，在白色混凝土中掺加一定数量的白色颜料，可以明显提高混凝土的亮度。如用氧化镁反射的百分率表示亮度，则其最低值在干燥的情况下应达到70%，在沾湿的情况下应达到60%。普通的白色混凝土达不到这一数值，因此，可以根据工程设计要求掺加适量的白色颜料，但白色颜料必须具备下列条件：

1. 彩色颜料所起的作用主要是由于材料吸色，而所用白色颜料应使混凝土反射白色，不应当有吸色现象。

2. 由于白色混凝土对照射光的反射率是随着颜料的表面扩大而增长，因此用于混凝土的颜料颗粒越细越好。试验证明，颜料的颗粒越小，其表面积越大；表面积越大，其反射率也越大。

3. 如果白色颜料仅具备以上两个条件，则可满足在干燥时的白度要求，但湿润后的亮度则大大削弱，其主要原因是颜料的折射率太小，因此配制白色混凝土所用的白色颜料，其折射能力越大越好。

表7-5中列出了一些能很好反射出白色，并易于制成细颗粒的物质，供施工中配制颜料时参考。

表 7-5　能反射白色并易制成细颗粒的物质

材料名称	化学成分	对水的折射率 n	材料名称	化学成分	对水的折射率 n
金刚石	C	1.83	毒重石（碳酸钡）	$BaCO_3$	1.20
金红石（二氧化钛）	TiO_2	2.03	硬石膏（硫酸钙）	$CaSO_4$	1.19
锐钛矿（二氧化钛）	TiO_2	1.91	方解石	$CaSO_3$	1.18
硫化锌	ZnS	1.78	石　英	SiO_2	1.16
氧化锑	Sb_2O_4	1.64	石　膏	$CaSO_4 \cdot 2H_2O$	1.14
铅　白	$Pb_3(OH)_2$	1.51	玻　璃	SiO_2	1.13～1.36
氧化锌	ZnO	1.50	水	H_2O	1.09
重晶石（硫酸钡）	$BaSO_4$	1.23	空　气		0.75

根据对水的折射率的数值 n，可以确定这些材料是否适宜作为白色混凝土的颜料。因为当某种物质对水的折射率等于 1 时，根本不能发生光的折射，所以折射率数值大于 1 的物质才能作为白色混凝土的颜料。

但是，并不是所有折射率 n 大于 1 的物质都适宜用作白色混凝土的颜料，如金刚石价格昂贵，锌白会破坏水泥的硬化能力，铅白在一定的气候条件下会发黑。

4. 所掺加的颜料对混凝土的某些重要性能不得产生不良影响。国外试验证明，白垩对水的折射率比较小，因此不适宜作为白色混凝土的颜料，最适用的是二氧化钛和硫化锌，其价格也比较便宜。当掺量达到 10% 左右时，既不会影响混凝土的各种力学性能，也会产生良好的色泽效果。如果很好地加以湿润的颜料，在无细砂的骨料中能将混凝土更好地密实，有时甚至能提高混凝土的强度。

5. 由于作标志用的白色混凝土一般是分两道工序制作的，即底面层用普通混凝土，上面再铺设含有白色颜料的白色混凝土，因此，必须避免上面一层混凝土的收缩比底层大，否则会引起较大的内应力，从而产生裂缝和高低不平。

从有关试验结果可以看出，当颜料的掺加量达最高时收缩，比不掺加颜料的白色混凝土的收缩小。在 111d 达到完全干燥后，普通白色混凝土比底层混凝土多收缩 0.21mm/m，而掺加占水泥用量 15% 硫化锌的白色混凝土，比底层混凝土多收缩 0.02mm/m，由此可见，效果是非常明显的，收缩是完全无损害的。

试验结果还证明，二氧化钛和硫化锌这两种颜料，对混凝土的抗冻性和抗霜性也无不利作用，选用它们作为白色混凝土的颜料是适宜的。

白色颜料在潮湿情况下特别显眼，对亮度起决定性作用的是所含二氧化钛或硫化锌等，经试验证明，其掺量为水泥质量的 3%～5% 最为适宜。

第三节　路面彩色混凝土配合比设计

路面彩色混凝土的配合比设计，也与建筑工程中的装饰混凝土一样，不同的用途具有相应的设计方法、步骤和要求。从总体上来讲，路面彩色混凝土配合比设计的基本原理，与普通混凝土基本相同。

一、彩色混凝土配合比设计

彩色混凝土在公路工程和城市道路工程混凝土结构中，一般常用于装饰工程和结构工程。由于用于不同工程所受到力的作用是不同的，所以对于混凝土的组成材料也要求不同。道路工程中所用彩色混凝土的配合比设计，也可分为装饰用彩色混凝土配合比设计和结构用彩色混凝土配合比设计。

（一）装饰用彩色混凝土配合比设计

1. 装饰用彩色混凝土配合比设计要求与步骤

（1）配制彩色水泥，并确定其活性

白色水泥可掺加5%的赭石。采用掺10%～20%的赭石的灰水泥和白色水泥混合，可以制得带灰色的黄色混凝土；当掺加铁丹颜料时，掺量为水泥用量5%，配制的混凝土的颜色和强度较好，如果颜料用量增至10%～20%，彩色混凝土的强度则会下降。

（2）选择骨料混合物的颗粒级配

对于浇筑在密实混凝土基层上的装饰混凝土，骨料的孔隙率应控制在25%左右；对于浇筑在轻混凝土基层上的装饰混凝土，骨料的孔隙率应控制在33%～35%之间，粗骨料的最大粒径不大于20mm。

（3）确定拌合水用量（W）

当骨料采用石灰石时，拌合水用量一般为240kg/m^3；当骨料采用大理石或河砂时，拌合水用量一般为120kg/m^3。

（4）确定混凝土水灰比（W/C）

按照普通水泥混凝土强度计算经验公式，求得混凝土的水灰比，装饰混凝土的强度一般可取15MPa左右。

（5）求单位体积水泥用量（C）

为使彩色装饰混凝土具有最大的气候稳定性，必须使水泥用量较少，而使表面突出的骨料颗粒较多。水泥用量及最优用水量的数量，必须通过试拌确定。彩色混凝土水泥用量可按下式计算：

$$R_{28} = 0.55R_c(C/W - 0.50) \tag{7-1}$$

式中 R_{28}——彩色混凝土的设计强度（MPa）；

R_c——水泥的实际强度（MPa）；

C/W——混凝土的灰水比，即水灰比的倒数。

（6）确定混凝土拌合物捣实系数

混凝土拌合物捣实系数，是指标准松散状态下的混凝土拌合物体积与捣实后的混凝土体积之比，一般可取1.3～1.4。

（7）试压调整配合比

初步配合比确定后，试拌的混凝土制成抗压强度试块，按规定的条件和时间养护后进行试压，对不符合要求的配合比进行适当调整。

2. 装饰用彩色混凝土配合比设计示例

选择外墙陶粒混凝土预制板装修层彩色混凝土的配合比。采用强度为42.5MPa的白色硅酸盐水泥，配制成强度为10.0MPa的浅黄色混凝土；骨料采用粒径小于10mm的石灰石碎屑，块状骨料的密度为2250kg/m³。

此种彩色混凝土的配合比设计步骤为：

（1）确定白色硅酸盐水泥的活性

在白色水泥中掺加5%的赭石，并在球磨机中细磨至颜色均匀而制成彩色水泥，经试验确定其活性强度为42.5MPa。

（2）计算骨料的空隙率

通过对石灰石碎屑进行筛分试验，测得振实后这种骨料混合物的表观密度为1.50kg/cm³，则石灰石骨料混合物的空隙率为：

$$(2.25-1.50)/2.25\times100\%=33.33\%$$

空隙率在30%～35%之间，符合颗粒级配要求。

（3）选择拌合用水量

由于采用的骨料为石灰石碎屑，因此混凝土的拌合用水量应选用240kg/m³。

（4）计算水泥用量

根据彩色混凝土的设计强度 $R_{28}=10.0\text{MPa}$，水泥的实际强度 $R_c=42.5\text{MPa}$，按式（7-1）得：$10=0.55\times42.5\ (C/W-0.50)$

$$C/W=10/23.375+0.50=0.928$$

$$C=240\times0.928=222.72\text{kg/m}^3$$

（5）试验确定水泥用量及拌合水用量

按 $C=222\text{kg/m}^3$、$W=190$、215和240kg/m³三种进行试拌混凝土，得到的最大捣实系数的拌合水用量 $W=190\text{kg/m}^3$，其捣实系数为1.35，符合要求。

（6）制作试块，测其强度

经试压抗压强度 $R_{28}=8.0\text{MPa}$，不符合设计要求的10MPa强度。在原有配合比的基础上增加水泥用量10%，则 $C=244\text{kg/m}^3$，重复以上步骤，直至一切技术指标符合要求。

3. 常用装修层彩色混凝土施工配合比

用于装修层的彩色混凝土，一般多采用轻质多孔混凝土，这种彩色混凝土的施工配合比如表7-6所示。

表7-6　多孔混凝土装修层彩色混凝土施工配合比

混凝土种类	混凝土（砂浆）质量配合比				水胶比	表面特征
	水　泥	石　灰	砂　子	碎　石		
泡沫混凝土	1	—	4	—	0.60	细粒式
加气混凝土	1	—	2	2	0.50	中粒式
加气粉煤灰混凝土	1	—	1	3	0.45	粗粒式
泡沫硅酸盐	—	1	4	—	1.40	细　粒
加气硅酸盐	—	1	2	2	1.20	中　粒

（二）结构用彩色混凝土配合比设计

1. 结构用彩色混凝土配合比设计要求与步骤

（1）骨料混合物颗粒级配的选择

结构用彩色混凝土宜采用细度模数不小于2和细度模数不大于4的碎石，必要时可以采用彩色骨料，如大理石和石灰石骨料。

（2）选择水泥的颜色

为保证水泥的强度不产生过大的降低，对结构用彩色混凝土中掺加的颜料应当加以控制，铁丹的掺量应不大于5%，赭石的掺量应不大于15%。

（3）进行强度验算

若采用干硬性彩色混凝土，可参考式（7-2）进行强度验算：

$$R_2 = 0.16R_c(C/W - 0.50) \tag{7-2}$$

式中 R_2——混凝土经过2h蒸养后的强度（MPa）。

（4）确定水泥用量

结构用彩色混凝土的水泥用量用试验法确定，首先近似地选用混凝土的胶骨比，当采用台座法生产预制板时，水泥:砂子:碎石=1:2.5:1，则其胶骨比为1:3.5；当采用压轧板时，水泥:砂子:碎石=1:1.5:0.5，则其胶骨比为1:2。

按照预先确定的灰水比（C/W）加水，制作混凝土试块并测其强度，然后调整水泥浆使混凝土的工作度达到30~40s。

（5）进行必要鉴定

对于确定的配合比应进行强度试验和颜色两个方面的鉴定，如果不符合设计要求，可改变水泥用量及颜料用量。

2. 结构用彩色混凝土配合比设计示例

选择外墙压轧板结构用彩色混凝土的配合比。采用灰色普通硅酸盐水泥，水泥的强度为52.5MPa；要求混凝土呈粉红色，其蒸养2d的强度为21MPa；骨料采用细度模数大于2的砂子；混凝土拌合物的工作度为40s。

此种彩色混凝土的配合比设计步骤为：

（1）配制彩色水泥

首先在选用的水泥中掺加5%的铁丹，并在球磨机中细磨至颜色均匀而制成彩色水泥。

（2）测定水泥活性

测定配制好彩色水泥的活性，测试后水泥的强度 R_c=55MPa。

（3）筛分砂子砂样

对砂样进行筛分试验，其结果如表7-7所示。

表7-7 所用砂样筛分试验结果

筛孔尺寸（mm）	10	5.0	2.5	1.2	0.6	0.3	0.15
分计筛余（%）	0	5.5	6.1	16.4	16.2	20.3	24.6
累计筛余（%）	0	5.5	11.6	28.8	44.2	64.5	89.1

根据砂的细度模数计算公式 $M_x = (A_2 + A_3 + A_4 + A_5 + A_6 - 5A_1)/(100 - A_1) = 2.22$，符合细度模数不小于2的要求。

（4）求混凝土的水灰比

将已知值代入式（7-2）中，$21 = 0.16 \times 55\ (C/W - 0.50)$，计算得水灰比 W/C =

0.347，取 $W/C=0.35$。

（5）进行混凝土试拌

由于采用的是压轧板，所以先按水泥∶砂子∶水＝1∶2∶0.35 的配合比，制作三块 10cm×10cm×10cm 试块，经计算需用水泥 2.25kg、砂子 4.5kg、水 0.78kg。用工业黏度计经测定混凝土拌合物的工作度为 45s，比设计的干硬，需增加一定量的水泥浆。若水泥增加 0.25kg，则新的材料用量为：水泥 2.25＋0.25＝2.50kg，水 2.50×0.35＝0.88kg，砂 4.5kg。经测试混凝土拌合物的工作度为 38s，符合设计要求。

（6）制作混凝土试块

将以上新的材料用量搅拌后制作混凝土试块，经 2h 蒸养后测得其强度为 24MPa，折合成 20cm×20cm×20cm 的试块强度为 24×0.90＝21.6MPa，符合设计要求。

（7）确定混凝土配合比。

由以上计算所得出的各种材料用量，混凝土的配合比为：1∶1.8∶0.35。

二、白色混凝土配合比设计

白色混凝土的配合比设计，与彩色混凝土完全相同，可以参见彩色混凝土的配合比设计方法和步骤。

第四节　彩色混凝土的着色方法

路面彩色混凝土的色彩是由各种颜料配制而成的，不同的颜料可以配制出各种所需要的色彩，从而达到彩色混凝土的不同用途。

一、色彩的基本知识

配制彩色水泥或彩色混凝土所用的颜料，必须具有高度的磨细度与着色力，根据彩色混凝土所用的部位不同，还要有一定的耐光和耐碱性能（即耐石灰和水泥），不得含有石膏和酸性杂质。根据路面彩色混凝土的施工经验，配制彩色混凝土所用颜料，其系别及性能如下：

（一）颜料的系别及性能

颜料的系别主要包括红色系、黄色系、蓝色系、绿色系、棕色系、紫色系和黑色系，各系别又各具有不同的性能，在配制彩色混凝土中应根据设计要求和颜料性能进行选用。

1. 红色系颜料

红色系颜料包括氧化铁红和甲苯胺红两种。

（1）氧化铁红

氧化铁红有天然和人造两种，这种颜料的遮盖力与着色力均很强，有良好的耐光性、耐高温性、耐污染性、耐碱性和耐候性，是效果较好、比较经济的红色颜料之一。

（2）甲苯胺红

甲苯胺红这是一种鲜艳红色的粉末，其遮盖力与着色力也比较强，具有较好的耐光性、耐热性和耐酸碱性，长期在大气中无敏感性，一般常用于配制较高档的彩色混凝土。

2. 黄色系颜料

黄色系颜料包括氧化铁黄和铬黄（铅铬黄）两种。

（1）氧化铁黄

氧化铁黄是配制彩色混凝土中既美观又经济的颜料之一，具有良好的着色力、耐候性、耐污染性和耐碱性，尤其是遮盖力比其他黄色颜料都强。

（2）铬黄（铅铬黄）

铬黄（铅铬黄）是一种色泽鲜艳的黄色颜料，具有较高的着色力和较强的遮盖力，但耐强碱性较差。

3. 蓝色系颜料

蓝色系颜料主要包括群青和钴蓝两种。

（1）群青

这是一种半透明且鲜艳的蓝色颜料，具有比较好的耐光性、耐热性和耐酸碱性。

（2）钴蓝

这是一种带有绿光且鲜艳的蓝色颜料，具有较好的耐光性、耐热性和耐酸碱性。

4. 绿色系颜料

绿色系颜料包括氧化铁绿和氧化铬绿两种。

（1）氧化铁绿

氧化铁绿又称绿色三氧化二铁，分子式为 Fe_2O_3，是一种无机彩色颜料，具有较高的遮盖力和较强的着色力，以及良好的分散性，它的耐光性、耐候性都很好，广泛应用于建筑、橡胶、绘画等领域。

（2）氧化铬绿

氧化铬绿又称铬绿、三氧化二铬，分子式为 Cr_2O_3，为六方晶系列或无定形橄榄绿色粉末，有金属光泽。密度 5.21，熔点 2266 ± 25℃，沸点 4000℃。不溶于水和酸，可溶于热的碱金属溴酸盐溶液中。对光、大气、高温及腐蚀性气体（SO_2，H_2S 等）极稳定，有很高的遮盖力，并具有磁性。

5. 棕色系颜料

棕色系颜料主要是氧化铁棕，是氧化铁红与氧化亚铁的混合物，不溶于水、醇、醚，但溶于热强酸。其着色力和遮盖力很高，耐光性和耐碱性良好，无水渗性和油渗性。另外，铁棕还具有颜色范畴大，适应性强等特点。氧化铁棕的色相随工艺的不同，又分为黄棕色、红棕色。

6. 紫色系颜料

紫色系颜料主要是氧化铁紫，是氧化铁红与群青的混合物。这种颜料具有很好的耐光性和耐候性；着色力强，遮盖力高，展色性好；尤其是不含危害人体健康的重金属离子，环保性能好，符合当前的环保要求。

7. 黑色系颜料

黑色系颜料主要包括氧化铁黑和碳黑两种。

（1）氧化铁黑

氧化铁黑是氧化铁和氧化亚铁的混合物，黑色粉末，简称铁黑。一般氧化亚铁的含量在 18% ~26% 之间，氧化铁的含量在 74% ~82% 之间。这种颜料具有饱和的蓝色黑光；遮盖力和着色力均很强；对阳光和大气都有很好的稳定性；耐一切碱类，但能溶于酸类；有强烈的磁性。这是一种效果好又经济的黑色颜料之一。

（2）碳黑颜料

碳黑颜料分为槽黑和炉黑两种，配制彩色混凝土常用的是炉黑，其性能与氧化铁黑基本相同。炉黑与槽黑的显著区别是，其粒子的熔结或聚结程度可根据不同用途来调节，炉黑的含氧量通常比槽黑低1%左右，表面呈中性或弱碱性。

（二）色彩的选择

颜料可以使混凝土具有各种色彩，以达到路面工程和城市道路工程的使用功能及美化效果。在选择颜料时，应当根据色彩三要素，按照一定规律仔细地进行色彩的调配。

1. 色彩三要素

色彩即颜色，通常认为颜色是颜料材料本身固有的，从科学和全面的角度分析，色彩应当决定于以下三个方面：①颜料材料的光谱反射；②观看时射于材料上光线的光谱组成；③观看者眼睛对光谱的敏感性。

以上色彩三要素，涉及物理学、生理学和心理学，以光线尤为重要，因为无光线也就看不出颜色。人的眼睛对颜色的辨认，由于某些生理和心理上的原因，不同的人对同一种颜色感受不一定完全相同。因此，在进行彩色混凝土设计和配制中，要科学、客观地测定颜色，要根据工程环境、功能要求和用者感情等选择色彩。

2. 色彩的调配

色彩的调配是配制高质量彩色混凝土比较细致而复杂的工作，因为色彩是多种多样，要进行调色，首先应当对色彩的性能有一定的了解。

（1）色彩的原色

色彩的原色即指色彩的单色，也称为基色，是指不能用其他色混合而成的颜色，即用以调配其他色彩的基本色。原色的色纯度最高，最纯净、最鲜艳。其他颜色不能调配出三原色，而原色则可以混合出许许多多其他的色彩。原色有红色、黄色和蓝色三种。

（2）色彩的间色

由任意两个原色混合后的色被称为间色。那么，三原色分别进行混合就可以调出三个间色来。它们的配合如下：红色 + 黄色 = 橙色；黄色 + 蓝色 = 绿色；蓝色 + 红色 = 紫色。三原色拼色而形成的三间色，如图7-1所示。以上原色色像混合所得的橙色、绿色、紫色即是我们所说的间色。

（3）色彩的复色

由一种间色和另一种原色混合而成的色，被称为复色。复色的配合如下：黄色 + 橙色 = 黄橙色；红色 + 橙色 = 红橙色；红色 + 紫色 = 红紫色；蓝色 + 紫色 = 蓝紫色；蓝色 + 绿色 = 蓝绿色；黄色 + 绿色 = 黄绿色。所得六种复色为：黄橙色、红橙色、红紫色、蓝紫色、蓝绿色、黄绿色。这样由原色、间色、复色组成了一个有规律的12种色相的色相环。

从图7-2色彩图中可以看出更多的色彩拼色关系，其中黄色在色彩图中表明是最浅色，紫色在色彩图中表明是最深色。

在进行调色时，两种单色可拼成一个复色，而与其对应的另一个色则为补色。补色加入复色中会使色彩变暗，甚至变成灰色或黑色，因此应引起特别注意。调色与补色的关系如表7-8所示。

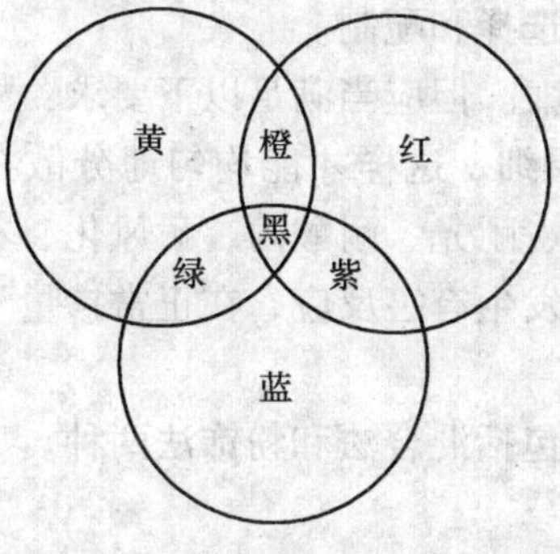

图 7-1　三原色拼色示意图

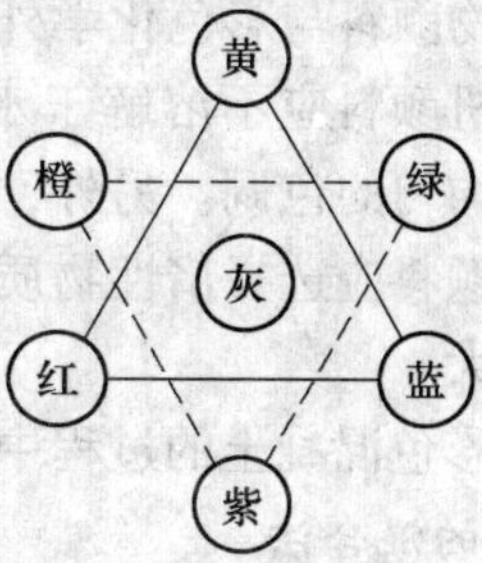

图 7-2　色彩图

表 7-8　调色与补色的关系

调　色	成　色	补　色	调　色	成　色	补　色
红色＋黄色	橙　色	蓝　色	紫色＋橙色	深　褐	绿　色
蓝色＋红色	紫　色	黄　色	橙色＋绿色	柠　檬	紫　色
黄色＋蓝色	绿　色	红　色	紫色＋绿色	橄　榄	橙　色

二、彩色混凝土的着色法

彩色混凝土采用何种着色方法，直接影响着彩色混凝土的工程造价和美化效果。在通常情况下，彩色混凝土的着色法主要有：配制彩色水泥法、掺加彩色化学外加剂、掺加各种彩色颜料、掺加化学染色剂、干撒着色硬化剂和浸渍混凝土法等。

（一）配制彩色水泥法

在配制彩色混凝土时，除了使用标准的彩色水泥外，还有四种普通类型的水泥可以选用。这四种水泥不同于影响混凝土色彩的灰色硅酸盐水泥，它们可以生产出复色混凝土。这四种水泥是：白色硅酸盐水泥、浅色标准硅酸盐水泥、专门生产的某种色彩水泥和带颜料的白色硅酸盐水泥。

在以上四种水泥中，把颜料同白色硅酸盐水泥混合为带色水泥，把彩色水泥同彩色外加剂混合在一起，可得到良好的效果。这种方法虽然费用比较高，但所要求的准确颜色是其他方法所不能达到的。

（二）掺加彩色化学外加剂

用彩色化学外加剂着色混凝土，是一种比较简单的着色方法。这种方法不仅适用于平面混凝土结构，而且也适用于立面的混凝土。彩色化学外加剂不同于原来使用的其他混凝土着色料，而是用适当的组分按一定比例配制而成的均匀混合物。

工程实践证明，彩色化学外加剂不仅可以提高混凝土所有养护龄期的强度，改善混凝土拌合物的和易性，而且可以对水泥和颜料有较好的扩散作用，从而可以取得良好的色彩均匀性。

（三）掺加各种彩色颜料

在混凝土中直接加入矿物氧化颜料，也能使混凝土比较均匀的着色。根据颜料加入混凝土的方法，从施工技术的角度被认为是一种外加剂，但实际上这些颜料并不属于彩色化学外加剂的范畴。在加入混凝土之前，必须对颜料仔细进行选择和配制。

无机矿物颜料与彩色化学外加剂相比，价格比较低廉。但应当满足以下要求：配制彩色混凝土的无机颜料应不溶解于水，其颗粒应比水泥还要细，这样才能均匀地分散在混凝土中，以获得均匀的色调。另外，无机颜料还应具有耐碱、耐光、耐酸雨、耐风化、不褪色等性能，无机颜料应选择惰性物质，不与混凝土中的成分发生有害反应，在正常掺量下对制品强度影响不大。

在配制彩色混凝土的过程中，使用颜料的方法主要包括混合法和粉饰法两种。

1. 颜料的混合法

混合法即把矿物晶体颜料直接掺加到混凝土拌合物中，使其成为混凝土的组成成分。混凝土彩色的获得是由于颜料出现在混凝土中，而不是由于矿物晶体的溶解而显露。这种方法的缺点是，人们看到的只是混凝土的表面，而实际上是混凝土从里及表完全着色，其内部的颜料是一种浪费。这样不仅会造成费用增大，而且还会损害混凝土的强度。

2. 颜料的粉饰法

粉饰法即在混凝土抹平、压实、表面水分蒸发后，在其表面均匀地撒上颜料，待颜料从混凝土中吸收水分后，再抹平压光一次。当采用粉饰法时，仅撒一次颜料往往是不够的，应根据实际情况撒第二次，在撒第三次后进行压光，这样可以获得均匀的彩色表面。粉饰法主要适用于褐红色、瓦红色、绿色、棕色、米色、黑色等。以上这些颜色适于铺设轻便交通道或人行道的路面。

（四）掺加化学染色剂

混凝土的着色除采用以上几种方法外，还可以将化学染色剂施加于已养护的混凝土上，这是一种施工简单的方法。

真正的化学染色剂是一种金属盐水溶液，这种染色剂浸入混凝土中并与之反应，从而在混凝土孔隙中生成难溶的、抗磨的颜色沉淀物。化学染色剂中含有稀释的酸，以此轻微地腐蚀混凝土的表面，从而使化学染色剂成分能浸透较深和反应更加均匀。

化学染色剂应施于具有较高强度的混凝土上，其养护龄期至少要在一个月左右，在施加之前应清除干净阻碍化学染色剂溶液浸透和与混凝土起反应的杂质。

由混凝土化学染色剂通常可以得到黑色、绿色、红褐色和黄褐色。其中褐色、黑色适用于耐磨混凝土。在混凝土中所产生的颜色不仅在其表面，而且还可以一直浸透到所限制的深度。

（五）干撒着色硬化剂

干撒着色硬化剂是一种现成的产品，可以用以对新浇混凝土楼板、庭院、水池底、人行道、汽车道、城市道路及其他水平表面进行着色、促凝和饰面。

对于高速公路路面、停车场和城市道路等要求高抗磨和防滑的地方，在干撒着色硬化剂的生产中，应掺入适量的金刚砂或金属骨料。但这种着色方法只适用于水平表面，而不适用于大面积的垂直表面，在进行养护时应采用专门的彩色养护石蜡。

干撒着色硬化剂是一种不闪光的产品，所掺加的颜料必须具有良好的耐碱性，并且具有很强的抗紫外线能力。干撒着色硬化剂所包含的骨料颗粒，应按硬度和纯度进行选择，并通过规定的各种筛孔进行筛分，以使其表面具有密实性和抗磨性。

（六）浸渍混凝土法

浸渍混凝土法是先将混凝土表面粗略加工或使骨料表面暴露，按规定条件养护一定龄期（1～3d），然后在水泥或其他水硬性胶凝材料凝结和硬化过程中，用液体浸渍新拌混凝土物料的表面。由于湿的混凝土或砂浆在凝固时强度减弱，水泥具有吸收作用，因此此时浇筑到表面上的颜料液体被吸入到混凝土或砂浆内部一定的深度，它在孔隙中形成一定的色彩。浸渍法所采用的颜料几种配比如下：

1. 将占质量15%可溶于挥发油的偶氮颜料微微进行加热，使它溶解在占质量98.5%的挥发油中，将这种溶液喷洒在混凝土的表面上。

2. 在特制的胶体磨中，将挥发油和亚麻油油漆按1∶1的比例混合均匀，并将占质量2.5%极小颗粒的绿色苯二甲蓝素放在混合液中。用缓凝剂延缓混凝土表面的硬化，然后刮去一层未凝固的水泥砂浆，使部分骨料裸露出来，将上述配制好的悬浮液涂抹或喷洒于裸露骨料的混凝土表面。

3. 将占质量89%的氧化铁溶解在占质量92%的水中，用涂抹或喷射的方法使混凝土表面的胶凝材料部分吸收一定量的这种溶液。由于水泥砂浆和石灰乳形成了黄褐色的不溶性氢氧化铁，而在露骨料的表面上不发生这种变化，结果使混凝土表面呈花色。

4. 将占质量1.5%的可溶于油的偶氮颜料溶于占质量98.5%的亚麻油油漆中。用这种配制好的溶液浸渍多孔的灰浆表面，使溶液深入孔隙之中，这样亚麻油油漆就在孔隙中聚合成固态物质，从而使孔隙封闭起来。

5. 将占质量2.0%的可溶于油的偶氮颜料溶于占质量98.0%的溶液中，溶液是由氯化的二苯酸树脂溶化在挥发油中配制而成，其配比为1∶1，用这种配制好的溶液浸渍混凝土的表面。

6. 将占质量2.5%的绿色偶氮颜料溶于占质量97.5%蒸馏过的油脂中。然后用这种配制好的溶液浸渍混凝土的表面，这种溶液与石灰乳形成脂油钙皂，从而堵塞了混凝土的毛细孔隙。

第五节　路面彩色混凝土的应用

由于彩色混凝土具有许多优良的性能，所以这种混凝土及其制品在各个领域中的应用越来越广泛。最近几年，彩色混凝土及其制品已广泛用于建筑工程、市政工程、交通公程和园林工程，特别是在公路工程和城市道路工程中，已成为不可缺少的建筑装饰材料。路面彩色混凝土的制品主要有：彩色混凝土地砖、彩色混凝土砌块和园林装饰材料等。

一、彩色混凝土地砖

彩色混凝土地砖是指预制的彩色混凝土路面砖，主要有彩色混凝土路面砖和彩色混凝土连锁砖等制品。目前，在城市道路和园林装饰建筑中应用较多。

（一）彩色混凝土路面砖

彩色混凝土路面砖又称混凝土铺地砖、混凝土铺道砖，这是一种以水泥、砂石、颜料等为主要原料，经过搅拌、压制成型或浇筑成型、养护等工艺制成的板材。这种地砖强度比较高，不仅可以用于人行道的铺设，而且也可以用于车行道的装饰。

用于人行道铺设的路面砖，又分为普通型和异型砖两种。普通型砖的规格分为250mm×250mm，300mm×300mm，厚度为50mm；500mm×500mm，厚度分为60mm和100mm。异型砖的厚度分为50mm和60mm两种，形状与尺寸由供需双方商定。

用于车行道铺设的路面砖，其厚度分为60mm，80mm，100mm，120mm，尺寸与形状不作具体规定。

混凝土路面砖的表面可作出多种色彩、凹凸线条和各种花纹，可以拼出很多不同的图案，并具有较高的抗折强度和抗冻性，主要用于人行道、停车场、广场等。

（二）彩色混凝土连锁砖

彩色混凝土连锁砖又称连锁砌块，这种砖的生产工艺与普通混凝土铺路砖完全相同，只是砖的外形不同。由于铺设时利用每块砖边缘的曲折变化，使铺设的砖互相啮合交接、相联相扣，故称为连锁砖。

用彩色混凝土连锁砖铺地，不仅能使地面拼成各种美观的图案，而且还具有防滑性好、耐荷性高、实用性强、铺设方便、价格低廉等优点，是国际上近二十年来发展迅速的铺地、铺路新产品，很受设计和施工人员的欢迎。

彩色混凝土连锁砖按其特性和用途不同，可以分为透水砖、不透水砖、防滑砖、护坡砖、植草砖等；按其表面处理不同，可以分为水泥浆本色面、水磨石面、凿毛面、凹凸条纹面等。彩色混凝土连锁砖由于装饰效果好，其应用范围越来越广泛，主要用于人行道、花园小路、停车场、路面分隔带、广场等。

二、彩色混凝土砌块

彩色混凝土砌块是近些年发展起来的一种块状装饰材料，其种类已经很多。如有在混凝土拌合物中掺入颜料、彩色骨料制成的彩色砌块，有用不同线型金属模箱成型的雕塑砌块，有用锤击法冲击砌块表面制成的凿毛砌块，有用磨研机制成的类似水磨石砌块等。

最近几年，彩色混凝土砌块开始在建筑装饰工程和其他工程中应用，并取得了良好的技术、经济、环境和装饰效果。如600mm×300mm，500mm×250mm的大型仿毛石边砌块，已用于工业与民用建筑工程，以及市政、园林、水利等建筑工程的内外墙、柱子、护墙和基座等。

仿毛石边砌块是在水泥混凝土小型砌块的外侧表面上进行仿石装饰而制成的一种既可以承载、又可以起到装饰作用的混凝土砌块，通常情况下制成空心砌块。在进行这种砌块制作时，应特意加大砌块外侧的厚度，待养护脱模之后用劈离机进行割边，使加厚的侧面呈现毛石或蘑菇状的饰面。

装饰混凝土砌块将承重、围护和装饰作用融为一体，大大简化了施工过程，加快了施工进度。工程实践证明，装饰混凝土砌块的装饰效果很好，可以与天然石材媲美，显得古朴、自然、美观、大方，给人一种全新的感觉。

三、园林装饰材料

在城市园林建设中，利用装饰材料美化环境，已成为不可缺少的技术手段。采用着色及模具衬模成型法，制作用于园林装饰的材料，这是园林设计和施工中的重要组成内容。如仿古树的树干树根，仿自然岩石制成假山等。

一些经验丰富的制作者，用装饰混凝土仿制的作品可以达到以假乱真的程度，不仅可以具有良好的装饰效果，而且还可以降低园林建造成本。

第六节　路面彩色混凝土的施工工艺

装饰混凝土的施工不同于普通水泥混凝土，特别是当装饰混凝土外观表层要求有复杂的铸型时，必须特别注意混凝土在振动作用下的工作度，以保证混凝土与模板的紧密接触，从而形成棱角清晰的细部构造。因此，在装饰混凝土的施工过程中，主要应当包括混凝土搅拌工艺、浇筑成型工艺、振捣密实工艺、饰面与找平工艺、混凝土养护工艺和全面清理与装饰等方面。

一、混凝土搅拌工艺

混凝土搅拌是比较简单的，在一般情况下，用搅拌机分批拌合彩色混凝土，只需连续搅拌2~3min即可。如果采用干拌法，则需要8min左右。搅拌时间的长短主要应根据搅拌机类型、翼片情况和组成材料的性质而定。为了使所有色料发挥出最好的效果，防止混凝土产生条痕或出现不均匀现象，在拌制彩色混凝土之前，最好把色料和干水泥在搅拌机中至少分别搅拌10min后再调合。

二、浇筑成型工艺

在彩色混凝土的浇筑成型时，要采用正确的成型工艺。根据施工经验，彩色混凝土的浇筑成型工艺一般有一次浇筑法、两次浇筑法和均匀撒粉法3种。

（一）一次浇筑法

彩色混凝土的一次浇筑法，与普通水泥混凝土的成型方法相同。即在模板支设完毕后，将搅拌的混凝土连续浇筑于支好的模板中，使混凝土成为一个整体。

（二）两次浇筑法

彩色混凝土的两次浇筑法，是将混凝土结构（构件）分为两部分。在浇筑混凝土施工时，先浇筑彩色混凝土的基层，待该层混凝土凝固和表面水分蒸发后，再浇筑15~20mm厚的彩色混凝土表层。

（三）均匀撒粉法

均匀撒粉法是用1份水泥（白色水泥或普通水泥）、0.5~1份砂子或色料干拌均匀，然后将这些混合料均匀地撒在新浇筑的混凝土表面上，所用色料一般不少于0.06kg/m^2。然后把这些混合料用工具镘平，直到获得均匀的颜色为止。

三、振捣密实工艺

对于彩色混凝土，当要求以浇灌的面作为饰面时，混凝土捣实不同于普通水泥混凝土，这是一个需要着重考虑的问题，在进行振捣的过程中应注意如下事项：

1. 当混凝土的表面在以后再饰以某种组织结构时，可容许捣实偏差稍微大一些。但即使在这样一种情况下，也不可降低对混凝土捣实密度的要求。工程实践证明，适当而充分的振捣对于避免混凝土结构表面出现缺陷，使混凝土表面光滑、棱角清晰、质量均匀、强度提高是施工中的关键。

2. 当彩色混凝土采用精心设计的低坍落度混凝土时，超振不一定会引起不良的作用，相反振捣不足很容易引起表面缺陷。如果在混凝土的振捣过程中，振动不能正常进行，则被驱赶到模板表面的空气不能被彻底排除，混凝土的表面则会出现蜂窝麻面，严重影响混凝土的装饰效果。

3. 在混凝土振捣过程中，不应使振动器碰撞模板，如果碰撞模板会使混凝土表面浆液过多，导致彩色混凝土组织结构和颜色的改变。当采用露石装饰混凝土饰面时，应使振动器距模板表面至少保持75mm，以防止由于成型造成的细粒小囊。

四、饰面与找平工艺

白色混凝土或彩色混凝土的精心镘光找平，不仅可以消除混凝土组织结构的微小差别，而且能使更多的水泥和颜料带到表面上。这样可以提高颜色的均匀性，从而导致颜色更好和表面更亮。但是，如果待彩色混凝土太硬之后再进行镘光，可能会使混凝土出现“镘刀烧伤”质量问题。这主要是由于均匀的压缩而引起的褪色。为避免出现“镘刀烧伤”，在镘光找平时最好使用质地较软的塑料镘刀，对混凝土表面应加以保护，以防混凝土表面出现过大、过快的蒸发，同时还要避免使用氯化钙。

工程实践证明，可能有许多其他因素引起混凝土找平的斑点或褪色。例如，水泥的含碱量或者不适当的养护方法，均可以引起或加重混凝土表面的斑渍。表面杂色的出现，也可能是由水化铁酸盐数量的变化或者孔隙内盐类的局部沉积作用所引起。当混凝土的表面出现这些质量问题时，在某些情况下反复的冲洗便可除去斑渍，但在另外一些情况下必须用化学处理才能解决。

五、混凝土养护工艺

工程实践证明，良好的养护工艺对于维护彩色混凝土表面的均匀性、保证适当的水化作用和强度发展是非常重要的。如果让彩色混凝土过早的干燥，其颜色较更长时间养护的混凝土的色彩要浅一些，这与水化变色是同样的作用。因此，应该比较均匀地养护彩色混凝土，否则由水化变色将重新引起颜色的变化。

如果使用塑料薄膜来保持彩色混凝土表面的湿润，应当注意避免与混凝土局部接触，接触处可能会使混凝土表面出现斑点；采用专门的防水纸不会引起混凝土表面着色；一般不要采用养护复合剂进行养护，因为这些养护剂会引起着色或褪色。

彩色混凝土最好是在拆除模板之前养护若干天，以保证均匀的水化作用和强度正常的发展，减少在拆除模板过程中可能发生的破坏，并能使由于迅速干燥引起的开裂或裂纹减至最少，同时防止水化变色所重新引起的颜色变化。

六、全面清理与装饰

对于养护好的彩色混凝土进行全面清理与装饰，这是确保彩色混凝土施工质量的重要环节。对混凝土的全面清理与装饰，主要包括清理与装饰、防止表面碳化两个方面。

（一）清理与装饰

在进行彩色混凝土的清理与装饰的过程中，主要应当注意以下几个方面：

1. 在混凝土脱模之后，对于露出的混凝土应当及时进行清理，并修复到表面均匀、光滑。这项工作主要包括：用水泥砂浆填充螺栓孔和拉杆孔、修补蜂窝麻面、切除不平和凸出部分、清除表面污斑、填塞表面孔洞和气孔等。以上这些在脱模之后应尽可能地快速完成。

如果在浇筑和振捣混凝土中，认真控制了各施工过程的质量，则需要清理的工作量自然很小；如果在混凝土施工中不严格控制质量，需要清理的工作量必然就大，在极个别的情况下，大量劣质的混凝土可能需要拆除和重浇。

2. 对于彩色混凝土中出现的小孔和微坑，应当用尽可能干的砂浆进行填补，同时及时用凿刀切掉凸出部分，并且用粗砂纸打磨平整。混凝土中的小面积蜂窝麻面，可以涂薄浆进行处理，但大面积的缺陷必须彻底除去和重浇。

3. 彩色混凝土表面出现的污斑，通常是由脱模剂或铁锈斑点所引起，因为这些污斑只是在混凝土的表层，所以用轻微的喷砂可以比较容易地除掉。然后湿润被喷砂处理的表面，并在整个表面上用刷、喷射或擦涂一层普通硅酸盐水泥和细砂的薄浆，便可填满小的气孔并盖住所修补之处。

用镘刀适宜抹平并刮去薄浆多余部分，待其表面基上干燥之后，用粗麻布擦掉留在表面上干涸的薄浆。这样处理可使彩色混凝土表面达到颜色均匀、光滑无瑕的效果。在擦拭时要掌握好时间，如果干涸的薄浆停留时间太久，在擦掉时就比较困难。

4. 在彩色混凝土的整个修补操作期间，应当使用完全相同的原料和配合比是非常重要的。应当在修补之前提前配制薄浆，以获得所要求的准确颜色。同样，在进行所有的局部修补时，采用与最初使用相同的材料和配合比，以便获得良好的协调颜色。

（二）防止表面碳化

混凝土的碳化作用，是指混凝土表面出现白色沉淀物（又称白花），这种现象是由于水泥或石灰发生水化作用后而产生的。在混凝土表面上的氢氧化钙［$Ca(OH)_2$］遇到空气中的二氧化碳（CO_2），生成白色的碳酸钙（$CaCO_3$）晶体，这就是混凝土所谓的泛霜现象，从而隐蔽了水泥的本色，造成彩色混凝土的碳化污染。

混凝土表面的水分蒸发后，呈现在混凝土上的碳酸钙白色晶体如果不均匀，就形成花斑、条纹，并且长久滞留在饰面上，严重影响混凝土表面着色效果和美观，严重的白霜还会腐蚀混凝土表层，缩短装饰混凝土的使用寿命。

白霜的产生具有一定的规律，尤其是受到气候条件的微妙影响。在一般情况下，低温、阴凉、潮湿环境及适度风速，均容易造成白霜，特别是冬季的背阴面最为常见，而高温夏季及冬季的向阳面则很少发生。

由于白霜存在着很多不利之处，因此有效地防止白霜的产生，是装饰混凝土设计、施工中的一个值得注意的问题。在一般情况下，可以采用如下方法防止白霜出现。

1. 混凝土骨料的粒度级配要调整合适，这是确保混凝土密实的基础，只有适宜的粒度和良好的级配，才能减少混凝土白色晶体的析出。

2. 在满足混凝土拌合物和易性流动性的前提下，尽可能减少单位用水量（降低水灰比），以便施工时尽量使水泥砂浆或混凝土密实。

3. 掺加能够与白霜成分发生化学反应的物质，如有火山灰活性的混合材料、碳酸铵、丙烯酸钙等；或者掺加能够形成防水层的物质等外加剂，如石蜡乳液等。

4. 在装饰混凝土成型后，使用表面处理剂（如聚烃硅氧系憎水剂、丙烯酸系树脂等），使装饰混凝土表面具有憎水性能，不让白霜有形成的环境条件。

5. 少许白霜就能明显污染深色彩色装饰混凝土，但对浅色装饰混凝土却影响较小，当预计有白霜出现时，最好避免使用深色的彩色水泥。

6. 装饰工程施工经验证明，装饰混凝土若采用蒸汽养护，出现的白霜要比自然养护大大减轻，所以有条件的工程最好采用蒸汽养护。

为了保证彩色水泥的装饰效果，必须防止或清除这层白色的沉淀物。工程实践证明，去掉碳酸钙（$CaCO_3$）的方法是：先用清水洒湿混凝土的表面，然后用1份盐酸和5～10份水的溶液进行洗涤，再用清水冲洗干净。在进行冲洗时，可用刷子随刷随冲。

第七节　彩色沥青混凝土路面

彩色沥青混凝土路面在国外已有较多的应用与研究，自20世纪50年代起，欧美等国家便开始研究，并逐渐扩大应用范围：20世纪60年代前苏联道路科学研究所，哈尔科夫公路学院已对彩色沥青混凝土路面铺设进行了研究和应用，并先后在莫斯科、哈尔科夫等城市铺筑数万平方米的彩色沥青混凝土路面。波兰研究成果认为，在城市街道上铺设不同色彩的彩色沥青混凝土路面，不仅可以与道路周围的建筑艺术更好的协调，而且还可以起到美化城市和诱导交通的作用，并且还能体现出一个国家或一个城市的特色和风格，提升整个城市的形象和功能，显示出现代化都市的气派和魅力。

20世纪80年代初，我国某些市政部门也进行过彩色沥青混凝土路面的技术探讨，但收效甚微，且在道路上应用尚少。近几年，彩色沥青混凝土路面才作为一种新型的铺面技术，营造着21世纪交通的时代气息，在公路、道路或广场等场所使用得越来越多，引起了人们的兴趣和关注，被全球工程界视为“新型绿色建材”。

一、彩色沥青混凝土路面的应用

所谓彩色沥青混凝土路面是指脱色沥青与各种颜色石料、色料和添加剂等材料，在特定的温度下进行混合和搅拌，即可配制成各种色彩的沥青混合料，再经过摊铺、碾压而形成具有一定强度和路用性能的彩色沥青混凝土路面。

彩色沥青混凝土路面技术之所以在国外发达国家广泛的推广，不仅在于其良好的经济效益，更重要的是基于环保和可持续发展的国际潮流。对于我们国家，随着经济建设的快速发展，各省、市为了美化环境，展现城市的风貌，提高市民生活品味，体现城市现代化的步伐，都设法在城市基础设施建设中让城市环境“绿起来”、城市道路“亮起来”、城市交通“快起来”。而彩色沥青混凝土路面是城市现代化步伐中的一个标志，对美化公共社区，点缀城市建筑、园林建筑，警示道路交通安全等社会公益事业，具有广泛的实用性。

工程实践证明，在道路中采用彩色沥青混凝土铺设路面，具有两大功能：其一，具有美化城市、改善道路环境，展示城市风格的效果，具体可应用于城市街道、广场、风景区、公园和旅游观景道路等；其二，具有诱导车流，使交通管理具有直观化的作用，具体应用于区分不同功能的路段和车道，以提高驾驶员的识别效果，增加道路的通行能力和交通安全。

彩色沥青混凝土路面在国外应用最典型的有：日本北九州市199号国道（街道段），靠边的两侧车道铺成铁红色路面、神户市中心长田楠日尾线中间车道铺成黄色的密级配彩色路面、大阪浪速区则在停车站车道上铺有草绿色的路面、大阪府大道铺正区大正通道铺有黄色路面、水户市50号国道正弯道位置上铺有黄色路面专供大型客车行驶、名古屋则是在水泥混凝土路面上铺上一薄层黄色路面。日本彩色路面还有石川县松任海滨公园、山口县的下关赛艇游乐场；法国巴黎东北路，有一段长约30km的公路，路面是蓝色；荷兰阿姆斯特海牙、鹿特丹等城市在人行道上都设有1.5～2.0m的铁红色沥青路面自行车道；英国伦敦白金汉宫前的林荫大道全部铺成铁红色的路面等。

彩色沥青混凝土路面在国内应用最典型的有：厦门市大道约4km两侧非机动车道和环岛路旅游观景道；北京市长安街延线、路新大成彩色篮球场和石景山游乐场；沈阳植物园彩色游览路、植物园彩色游览路（二期）、路达彩色屋顶、华星中学彩色操场和沈阳市北京街、北陵大街彩色景观路；上海市肇家浜路和太原路的慢车道、成都市数百米的提督街、武汉的江滩将建起8m宽的机动车道、烟台市滨海中路彩色观景路、广州黄埔大道与车陂路口到广园东快速干线宝蓝色的立交人行道、辽宁大厦彩色广场和南京升州路人行道等。

总之，彩色沥青混凝土路面新技术应用越来越广泛，在国内外的应用不胜枚举。它可创造舒适环境效果，给人良好的感受，并能减少危险区域的交通问题，提高路面的可视度。特别是在交通管理上，彩色沥青混凝土路面可以通过不同的路面颜色清晰地警示汽车驾驶员前方道路的安全状况；也可起到指示不同车道的用途，对车流的引导比在普通路面上画线效果更好。因此，目前已经成功地在厦门、广州、宁波、桂林、烟台、北京等20多个城市进行了铺设，效果颇佳。

二、彩色沥青混凝土路面的特点

经过五十余年的使用证明，彩色沥青混凝土路面具有许多优良的性能。如具有可以诱导车流、良好的路用性能、美化路面环境、减少沥青污染、降低道路噪声等优点。但是，也存在着一定缺点和需要今后解决的问题。

（一）彩色沥青混凝土路面的优点

1. 可以诱导车流

近几年，彩色沥青对交通的组织和管理作用得到人们的重视。有研究认为不同色彩的路面，在某种程度上比垂直的交通标志以及在车道上划标志线更好。这是因为，不同颜色的沥青路面，不仅可以提高驾驶员的识别效果，而且还能使驾驶员的注意力更加集中，从而起到诱导车流、安全行车、使交通管理直观化的作用。

例如在城市道路交通事故多发地段，可以铺筑红色或黄色路面，直观地提醒驾驶员注意，从而谨慎行车。又如在中小学校区门前的道路上铺筑红色路面，使车辆在此路面上减速慢行，避免危险的发生。更重要的是，由于彩色沥青的色彩艳丽，提高了司机和行人的注意力。彩色路面也起到指示不同车道的用途，大大提高车辆和行人的安全性。

2. 良好路用性能

新型的彩色沥青混凝土路面，具有普通沥青混凝土路面的良好性能，如足够的力学强度、一定的弹性和塑性变形能力，同时比普通沥青混凝土路面摩擦系数高，所以不仅可以满足路面力学性能的要求，而且还会有很好的防滑作用。在司机遇到紧急情况刹车时，彩色沥青混凝土路面可以防止车辆出现侧滑。

在不同的温度和外部环境作用下，彩色沥青混凝土路面的高温稳定性、抗水损坏性及耐久性均非常好，且不出现变形、沥青膜剥落等现象，与基层粘结性也很好。

3. 美化路面环境

彩色沥青混凝土路面除具有普通沥青混凝土的弹性比较高、减振性较强和容易清扫冲洗等良好性能外，还改善了普通沥青混凝土路面黑色的单调性，可以与周围的建筑、景观相互搭配、协调。城市建设实践表明，采用彩色沥青混凝土铺筑的步行街、景观路、广场、庭苑、小区道路、园林的地坪等，既可以美化环境，又可以突显自然情趣。

4. 减少沥青污染

通常铺路用的黑色沥青中所含挥发性轻质馏分较多，因而环境污染较大，甚至有的还会产生“热岛”效应。但用彩色沥青铺筑的路面中挥发性轻质馏分含量极少，因而彩色沥青的污染要比黑色沥青大大减少。

5. 降低道路噪声

长期以来，道路噪声一直是世界各国的一大城市公害，危害着市民身体健康。近几年来，欧美一些国家采用多孔性低噪声彩色沥青铺设道路，由于此种路面具有若干抗磨耐压的小孔，因而具有较强的吸声功能。当汽车轮胎在道路上高速滚动时，就不会因空气压缩产生强大的噪声，从而大大降低了城市道路噪声带来的环境污染。经监测，一辆轿车在防噪声道路上高速行驶时，比在普通道路上行驶降低 6～9dB 噪声。也就是说，此种路面能把汽车行驶中产生的噪声的 80% 去除掉。此外，用此种彩色沥青铺筑的道路还能吸收来自外界的其他噪声。

另外，在彩色沥青混凝土材料里掺入夜间能发光的材料如玻璃珠，使道路在夜间更醒目，发光效果更好，在易于发生交通事故的路段使用，具有很高的实用价值。

（二）彩色沥青混凝土路面的缺点

由于彩色沥青混凝土路面的颜色一般均较浅，所以其最大的缺点就是不耐脏，不易维护清洁，尤其淡色沥青路面。这主要是由于各种施工引起的扬尘及机动车的黑色轮胎污染。因此，彩色沥青路面不适合用在车流量大的城市路面，而适用于公园道路、景观广场等。

另外，彩色沥青混凝土的造价比较高，比普通黑色沥青混凝土路面高出 20 倍左右。目前国产彩色沥青混合料的价位为 1100～1500 元/t，每平方米路面的成本一般在 100 元以上。这个价位在一定程度上限制了彩色沥青路面的推广，目前只在景区道路和城市交叉路口等特殊路段铺设。

（三）彩色沥青混凝土路面需要解决的问题

当前，我国已将彩色沥青的胶结料基本研制成功，进入铺筑试验和推广应用阶段。但是彩色沥青混凝土路面技术中还有许多工作要做，主要包括以下几个方面：

1. 彩色沥青混凝土的成本比普通沥青混凝土要高得多，因此如何进一步降低彩色沥青混凝土的成本，尽快推广这种彩色混凝土是一个需要解决的问题。

2. 彩色沥青路面的色彩主要是由骨料和颜料确定的，因此如何选择与颜料同色或浅色的且性能合格的骨料，如何选择色泽鲜艳、耐久性久、价格不高的颜料，还需要进行系统的调查和试验工作。

3. 建立和完善彩色沥青胶结料产品的标准和性能评价指标，尽快编写出彩色沥青混凝土路面的设计与施工规范。以上这些问题尚待进一步深入研究，才能使彩色沥青路面技术走向成熟。

三、彩色沥青混凝土路面技术的发展

纵观世界彩色沥青混凝土路面应用技术的研究及其发展状况，可以清楚地看到，在国内外，彩色沥青混凝土路面已经达到相当成熟的程度，但与任何事物一样，发展是无止境的。近几年来国内已有多家公司或研究机构对彩色沥青及技术应用进行研究，均达到一个新的技术水平，有的甚至是国内领先水平或国际先进水平。目前他们重点是对彩色沥青及其混凝土路面技术产品系列和品种的研究，具体在以下几方面：

（一）彩色沥青的生产技术飞速发展

彩色沥青混凝土中的胶结材料是配制彩色沥青混凝土的关键性材料，彩色胶结料（彩色沥青）的生产途径，已经从传统沥青减压脱质向利用现代工业石油化工产品调配出与沥青性能相当的聚合物浅色胶结料（彩色沥青）方向发展，并研制开发了以红、黄、蓝、绿、驼色（本色）为主色的系列彩色沥青，其色彩、性能更加优良，使用寿命更长。

（二）彩色沥青混凝土路面技术发展迅速

随着彩色沥青混凝土在道路工程中的推广应用，彩色沥青混凝土路面技术也从原有单一色彩向多元化色彩发展。随着技术和设备的不断发展，彩色沥青混凝土的生产和施工工艺也得到了不断改进，并取得了很大的成就，已先后研制和开发了红、黄、蓝、绿等十多种彩色沥青混凝土路面和生产技术，并全面掌握了彩色沥青混凝土生产技术及其路面施工的工艺流程，且形成了一套完整的彩色沥青混凝土路面应用技术。

（三）在道路工程中的应用价值越来越高

材料配比试验证明，在彩色沥青混凝土材料里掺入夜间能发光的材料（如玻璃珠等），可以使道路在夜间更加醒目，发光效果更好，对易于发生交通事故的路段使用，具有很高的实用价值。

（四）彩色沥青路面技术的新成果问世

在应用彩色沥青混凝土路面的实践中，有关科研单位发明了彩色沥青的另一种技术，即彩色慢裂快凝乳化沥青稀浆封层。这是将彩色沥青与稀浆封层技术结合在一起的彩色稀浆封层铺设，由于薄层罩面，无需对原有路面进行清除等前期处理。这样就可以大大降低彩色沥青路面成本，并且施工方便，更适合在城市中施工应用，同时也填补了国内空白。

四、彩色沥青混凝土的材料组成

彩色沥青混凝土主要由沥青胶结料、颜料和骨料，按照设计的配合比配制而成。其质量如何，均直接影响彩色沥青混凝土的质量。

（一）沥青胶结料

获得彩色胶结料有两种方法：一是用适当的溶剂将石油沥青中的黑色沥青质脱去，留下颜色较淡的其他组分，并配以适宜的改性材料，加入一定色泽的特殊颜料，使沥青按照需要变成红、黄、蓝、绿、驼等不同的色彩。但这种生产工艺比较复杂，需投入大量资金及设备，且污染比较严重，不利于推广。二是利用现代石油化工产品，人工调配出与沥青性能相当的浅色胶结料。此技术生产的浅色胶结料的粘结性、弹性和韧性指标大大优于普通沥青，将这种浅色胶结料与具有一定级配的浅色骨料拌合，加入一定色泽的颜料，再经摊铺、碾压就形成具有一定强度的彩色沥青路面，目前我国研制的彩色胶结料均采用此种技术生产。

胶结料的技术指标应达到《沥青路面施工及验收规范》（GB 50092—1996）重交通AH-50的标准。胶结料的主要技术指标如表7-9所示。

表7-9　胶结料的主要技术指标

胶结料技术指标项目	AH-50对胶结料的技术要求
针入度（25℃，0.1mm）	40～60
延度（15℃，cm）	>80
软化点（环球法，℃）	45～55

（二）颜料

颜料对彩色沥青混凝土路面的成本有较大的影响，应尽可能选择效果较好、价格低廉的颜料，因而一般均不采用有机颜料，而应当选用无机颜料。比如采用铬红、铬黄、铬绿配制彩色沥青混凝土混合料。

（三）骨料

彩色沥青混凝土中的骨料，与其他混凝土不同，除了满足作为路面材料的一般要求外，其色泽也是重要的选择依据。不同底色的骨料反映色彩的效果是有差别的，一般黑色或深褐色的骨料不宜使用，而宜选用与铺面颜色相近或浅色骨料。一般以红色、黄色、绿色为主，骨料多用石灰岩、玄武岩、辉绿岩、花岗岩等彩色石料。

各种材料的技术要求如表7-10所示。

表7-10　各种材料的技术要求

材　料	通过筛孔（mm）									表观密度
	13.2	9.50	4.75	2.36	1.18	0.60	0.30	0.15	0.075	（g/cm^3）
5～10mm	100	89.0	5.0	—	—	—	—	—	—	2.630
3～5mm	100	100	88.8	19.0	8.4	2.4	1.4	1.0	0.4	2.598
0～3mm	100	100	95.0	79.0	60.0	41.0	21.0	9.0	2.0	2.630
水　泥	—	—	—	—	—	—	100	99.9	96.4	3.100
色　粉	—	—	—	—	—	—	—	100	99.9	5.000

五、彩色沥青混凝土的路面施工工艺

彩色沥青混凝土路面的施工工艺，与普通沥青混凝土路面基本相同，主要包括混合料的拌合、混合料的摊铺和混合料的压实。

（一）混合料的拌合

彩色沥青混凝土混合料与普通沥青混合料的拌合基本相似，为确保混凝土中各组成材料的均匀性和拌制质量，在进行拌合中应着重注意以下几个事项：

1. 在进行混凝土拌合前，应将搅拌站的拌合机和沥青输送管道、运输车、施工机械设备等清洗干净。

2. 配制彩色沥青混凝土的原材料性能应合格、稳定，并使生产目标配合比能够最大限度地接近设计配合比。

3. 由于色粉比重大、在混合料中具有着色、分散、吸附、稳定、增黏作用，添加时需考虑其对环境的影响，生产前应根据目标配合比计算出每盘混合料色粉的用量，用聚乙稀塑料袋装好，并在拌合中由人工辅助加入。

4. 彩色沥青混凝土的拌合温度应控制在160~170℃，拌合时间比普通沥青混合料延长10s左右，出料后应及时检查粒料和颜色分布是否均匀。

（二）混合料的摊铺

彩色沥青混合料的摊铺，是路面工程中最关键的施工环节，不仅直接影响混凝土路面的平整度，而且也影响混凝土路面的使用功能和行车安全。因此，在进行彩色沥青混合料的摊铺中，应注意以下事项：

1. 在铺设彩色沥青混合料前应仔细检查下基层的质量，确保坚实、平整、洁净，同时应对摊铺、压实机械的工作状态进行检查，避免因准备不充分而导致施工中停工现象。

2. 为提高界面粘结力和减少雨水渗到路面结构，摊铺前，基层应清扫干净，喷洒乳化沥青，其用量为0.3~0.5kg/m^2。

3. 在开始摊铺混凝土路面时，严格按照松铺标高用垫块将熨平板垫好，确保起始摊铺厚度满足要求；并根据工期安排，考虑到混合料的生产、运输、摊铺和碾压能力，确保摊铺连续，将摊铺机的工作速度严格控制在2.0~2.5m/min范围。

4. 混合料摊铺宽度应调整为全幅摊铺，不间断一次性成型，以保持色泽一致、粒料均匀、美观，摊铺后及时进行碾压。

（三）混合料的压实

沥青混合料的压实是确保路面混凝土密实度的重要一环，在施工过程中必须认真对待，做好压路机械选择、合理进行碾压组合和注意施工细节等工作。

1. 压路机械选择

彩色沥青混合料的压实，首先应根据工程的工程量大小、施工场地复杂情况，选择压路机的型号、功率和台数。而对于轮胎压路机由于在彩色沥青面层上进行碾压时，其黑色的橡胶轮胎会对彩色沥青面层造成严重的污染且极易产生粘料现象，故不得采用。

2. 碾压组合方式

彩色沥青混合料的压实，与普通沥青混合料一样，分初压、复压、终压3个阶段进行。初压温度应控制在130~145℃，终压温度不得低于70℃，碾压过程中应按“紧跟、慢压、高频、低幅”的原则进行。一般正常情况下，根据试验段摊铺后结果，来确定碾压组合方式。常规做法是：

（1）初压由重型压路机将路面静压1遍后，再带轻振进行碾压1遍，初压即告结束。

（2）复压主要工作由轻型压路机来完成，碾压的遍数视现场而定，直至压实为止。

（3）终压待轻型压路机边脚处理完毕，路面温度降低至80℃时终压开始，由重型压路机静压1~2遍，直至轮迹完全消除则碾压结束。

3. 碾压过程中应注意的细节

（1）为防止压路机碾压过程中出现的粘料现象，可在压路机的水箱中加入适量的洗衣粉，对钢轮进行适当的润滑，避免钢轮压路机的粘料现象。

（2）为做到文明施工，防止重型压路机因碾压过于靠边而造成路缘石破损，在碾压路面混凝土的过程中，重型压路机钢轮距路缘石不应小于15cm，余下部分由轻型压路机在专人指挥下进行碾压。

（3）为防止彩色沥青混凝土面层受污染，在正式碾压前，必须用水冲去黏附在压路机钢轮上的杂物及砂土，确定碾压设备清洁后方可允许进行碾压。同时，碾压结束待温度冷却至常温才能开放交通。

第八章　聚合物混凝土

聚合物混凝土是由有机聚合物、无机胶凝材料、骨料有效结合而形成的一种新型混凝土材料的总称。确切地说它是普通混凝土与聚合物按一定比例混合起来的材料，它克服了普通水泥混凝土抗拉强度低、脆性大、易开裂、耐化学腐蚀性差等缺点，具有强度高、耐腐蚀、耐磨、耐火、耐水、抗冻、绝缘等优点，扩大了混凝土的使用范围，是国内外大力研究和发展的新型混凝土。

由于聚合物混凝土是在普通水泥混凝土的基础上再加入一种聚合物，以聚合物与水泥共同作为胶结料粘结骨料配制而成的，因而配制工艺比较简单、可利用现有设备、成本比较低、实际应用广泛。20 世纪 70 年代以后，许多国家开始将这种混凝土用于生产实践，并取得了良好的效果。

第一节　聚合物混凝土概述

将有机材料与无机材料进行复合从而产生具有优良性能的新材料，具有非常悠久的历史。例如我国闻名于世的长安古城墙和长城的建造中，采用糯米与黏土混合砌筑城墙；将有机的稻草用于增强黏土砖，是一种沿用了几千年的建筑材料。

1824 年波特兰水泥问世以后，使建筑业进入快速发展期。但水泥凝结后容易收缩，形成一些细小的裂缝，使其抗渗性能大大降低，在地下工程的使用中受到很大限制。法国一名普通的泥瓦匠从古罗马人掺尿液、中国人掺糯米糊及在白垩粉中拌入牛羊血中获得启发，在水泥中掺加一定量的牛羊血，工程实践证明，凡用这种材料粉刷的地窖，均无发生渗水现象。

聚合物在水泥砂浆和混凝土中的应用也已有很久的历史。1923 年 Cresson 获得了第一个这方面的专利，在这个专利中，用天然胶乳改性道路材料，将水泥作为填料使用。1924 年 Lefebure 的专利已成为现代意义上的聚合物改性混凝土，并且用配合比设计的方法来进行天然胶乳改性水泥混凝土的配制。从此，聚合物混凝土开始逐渐发展起来。

聚合物混凝土是一种有机、无机的复合材料。从 1930 年开始，塑料被首次用于普通水泥混凝土中，但由于这种新型材料未经实践充分证明其优越性，所以一直在小范围内应用。到 1950 年它的潜在用途引起了人们的重视，人们开始了对聚合物用于普通混凝土的研究。美国在这方面更加领先一步，开始了聚合物的商业应用，在一定规模上开始了塑料用于混凝土的试验研究，并取得了显著的研究成果。聚合物混凝土最初是用于生产人造大理石，此后，开始在建筑领域逐渐应用。

1971 年，美国混凝土协会下面成立了一个混凝土中的聚合物（Polymers in Conerete）委员会，即 548 委员会。美国塑料工业协会（SPI）下面也成立了一个聚合物混凝土委员会（Polymer Conerete Committee），它和 548 委员会共同从事聚合物混凝土复合材料方面的组织工作。548委员会每隔2～3年召开一次学术讨论会，出版技术指南、使用指南和论文集，为聚合物混凝土的发展起到一定的促进作用。国际上为开展聚合物混凝土的学术研究和交流，成立了国际聚合物混凝土组织（ICPIC）。

1975年5月，在英国伦敦召开了由英国混凝土学会、塑料协会、塑料橡胶协会、美国混凝土协会、国防建筑材料及结构研究试验协会联合举办的第一届国际聚合物混凝土会议（ICPIC—Internatinal Congress on Polymers in Concrete），在这次会议上第一次使用聚合物混凝土这一专业用词语。1978年10月，在美国奥斯汀召开了第二届国际聚合物混凝土会议，世界各国的专家发表了大量关于聚合物混凝土的专题性论著，这些论著大大促进了在水泥及混凝土中应用聚合物的研究工作。此后，聚合物混凝土在一些国家引起重视，较大规模地开展了研究工作，并陆续在一定规模上用于生产实践，逐渐积累了一些经验。

1981年，在日本召开了第三届国际聚合物混凝土会议，着重讨论和研究了聚合物在水泥及混凝土中的应用，使世界各国对聚合物水泥及其混凝土兴趣与日俱增，掀起了聚合物混凝土用于工程的高潮。1990年9月，在中国上海召开了第六届国际聚合物混凝土会议，有力地促进了亚洲聚合物混凝土的发展。

亚洲地区于1993年成立了亚洲聚合物混凝土国际组织（ASPIC），并于1994年5月在韩国召开了第一届东亚聚合物混凝土会议，1997年5月在日本郡山市日本大学工学部召开了第二届东亚聚合物混凝土会议，2000年在上海同济大学召开了第三届东亚聚合物混凝土会议。

我国自20世纪70年代也开始重视这方面的研究，特别是在成立亚洲聚合物混凝土国际组织后，更加促进了应用研究和实践。现在，在特种聚合物乳液在PC材料中的应用、制备技术的新进展、聚合物改性水泥混凝土的性能，以及废材料在PC材料中的再生利用等方面，取得了显著成效。

目前，美国、日本、德国、俄罗斯等国家都非常重视聚合物混凝土的研究与应用，我国在该领域也开始了试验研究工作，有的已在工程中应用，并取得良好效果。

聚合物混凝土这一新型材料学科，是介于聚合物科学、无机胶结材料化学及混凝土工艺学之间的边缘学科，现已逐渐成为一个独立的研究方向。随着科学技术的发展，聚合物混凝土必将成为一种前途光明、发展迅速的新型建筑材料。

按照国际惯例，聚合物在混凝土中的应用包括三个分支，即聚合物混凝土主要分为聚合物浸渍混凝土、聚合物混凝土和聚合物水泥混凝土三类。

一、聚合物浸渍混凝土

聚合物浸渍混凝土（Polymer Impregnated Concrete），简称PIC。它是将已硬化的普通混凝土，经干燥和真空处理后，浸渍在以树脂为原料的液态单体中，然后用加热或辐射（或加催化剂）的方法，使渗入到混凝土孔隙内的单体产生聚合作用，使混凝土和聚合物结合成一体的一种新型混凝土。按其浸渍方法的不同，又分为完全浸渍和部分浸渍两种。

二、聚合物混凝土

聚合物混凝土（Polymer Concrete），简称PC，又称树脂混凝土。它是以聚合物（树脂或单体）代替水泥作为胶结材料与骨料结合，浇筑后经养护和聚合而成的一种混凝土。

三、聚合物水泥混凝土

聚合物水泥混凝土（Polymer Cement Concrete），简称 PCC；又称聚合物改性混凝土（Polymer Modified Cement Concrete），简称 PMC。它是在普通水泥混凝土（水泥砂浆）拌合物中，加入单体或聚合物，浇筑后经养护和聚合而成的一种混凝土。

在一般情况下，将普通水泥混凝土与聚合物的复合材料（或称含聚合物的混凝土复合材料）称为聚合物混凝土，这种称谓在我国工程界应用非常广泛。而将单独用聚合物作为胶结材料的混凝土称为树脂混凝土或纯聚合物混凝土。

以上三种类型的聚合物混凝土，由于其生产工艺不同，所以它们的物理力学性质也有所区别，其造价和应用范围亦有不同程度的不同。

第二节　聚合物浸渍混凝土

普通水泥混凝土是一种材料来源广、各种性能良好、施工比较容易、价格比较低廉的结构材料，在土木工程中应用非常广泛。但是，与其本身的抗压强度相比，其抗拉强度和抗弯强度均很小，伸缩变形能力也较差，在温度和湿度变化的条件下，易产生裂纹或裂缝，同时其耐化学腐蚀性能也较差。

普通水泥混凝土是一种非均质的多孔材料，在其凝结硬化干燥后，由于水分的蒸发存在着许多微小的孔隙，严重影响混凝土的强度、抗裂性、抗渗性、耐腐蚀性和耐久性等性能，使得其使用范围受到很大限制。如果采用聚合物浸渍混凝土，对普通水泥混凝土进行改性，可以克服上述缺点。

一、聚合物浸渍混凝土简况

所谓聚合物浸渍混凝土（Polymer Impregnated Concrete），就是将已经硬化的混凝土（基材）浸渍在以树脂为原料的液态单体中，然后用加热或辐射等方法使混凝土孔隙内的单体聚合而成。将聚合物浸渍于混凝土的孔隙中，其在混凝土内与水泥水化产物共同形成膜状体，使聚合物填充了混凝土内部的孔隙和微裂缝，特别是提高了水泥石与骨料间的粘结强度，减少了应力集中，使聚合物浸渍混凝土具有高强、密实、防腐、抗渗、耐磨、抗冲击等优良的物理力学性能。与基准混凝土相比，抗压强度可提高 2 ~ 4 倍，一般在 150MPa 以上，最高可达 285MPa。

聚合物浸渍混凝土，按其浸渍深度可分为完全浸渍和局部浸渍。完全浸渍适用于制作高强度浸渍混凝土；局部浸渍通常用以改善混凝土的面层性能。用于聚合物浸渍的基材种类很多，如水泥混凝土、轻骨料混凝土、钢丝网水泥混凝土、石棉水泥混凝土、石膏混凝土等。这些浸渍处理后的基材，性能改善效果都非常显著。如经浸渍处理的轻骨料混凝土，具有轻似木材、强如岩石的优点。

按其浸渍单体的种类不同，可分为聚苯乙烯浸渍混凝土、聚甲基丙烯酸甲酯浸渍混凝土、聚苯乙烯-环氧树脂浸渍混凝土等。

聚合物浸渍混凝土技术，是 1965 年在美国原子能委员会的大力支持下，由布鲁克海文国立研究所和美国垦务局共同开发的，1966年正式研制成功浸渍聚合物浸渍混凝土。由于具有比普通混凝土更加优良的性能，很快引起人们的重视。日本、前苏联、原联邦德国、英国、西班牙、意大利、挪威、瑞士、波兰、澳大利亚等国家，先后开展了一系列的研究工作，并取得了可喜的成果，为推广应用聚合物浸渍混凝土作出了贡献。

目前，聚合物浸渍混凝土主要用于具有耐腐蚀、耐高温、耐久性好的特性的一些构件，如管道内衬、隧道衬砌、铁路轨枕、混凝土船等；在公路工程中主要用于公路桥的桥面板和路缘石等；可以作为高效能结构材料应用于海洋构筑物，如海上采油平台、水下建筑制品、大吨位油轮等。

当前，国外对聚合物浸渍混凝土的研究方向有：低聚合物含量（1%～3%）的聚合物浸渍混凝土，简化聚合物浸渍混凝土的生产工艺，在密封的模板内进行浸渍和聚合的方法。在扩大应用范围方面，除研究聚合物浸渍混凝土外，还正在研究聚合物浸渍石棉水泥、聚合物浸渍石膏水泥和聚合物浸渍陶瓷等。

我国于20世纪80年代初开始聚合物浸渍混凝土的开发研究工作，并在葛洲坝电站等工程中试用。大量的研究和应用证明，聚合物浸渍混凝土是一种有发展前途的新型材料。但是，由于高分子材料价格昂贵及制备工艺对产品尺寸的局限，目前应用范围还很不广泛，大多用于强度和耐久性有特别要求的小型构件，或者用于一些混凝土结构表面的强化处理。

二、聚合物浸渍混凝土的原材料

聚合物浸渍混凝土的原材料，主要是指基材（被浸渍材料）和浸渍液（浸渍材料）两种。混凝土基材、浸渍液的成分和性能，对聚合物浸渍混凝土的性能有着直接的影响。另外，根据工艺和性能的需要，在基材和浸渍液中还可以加入适量的添加剂。

（一）聚合物浸渍混凝土的基材

聚合物浸渍混凝土的基材很多，凡用无机胶凝材料与骨料经过凝结硬化组成的混合材料（水泥砂浆、普通混凝土、轻骨料混凝土、石棉水泥、钢丝网水泥、石膏制品等），经成型制成为构件，都可以作为聚合物浸渍混凝土的基材。目前，国内外主要采用水泥混凝土和钢筋混凝土作为被浸渍基材，其制作成型方法与一般混凝土制品相同，但应满足下列要求：

1. 混凝土构件表面或内部应有适当的孔隙，并能使浸渍液渗入内部。聚合物浸渍量随着孔隙率的增大而增加，而聚合物浸渍混凝土的强度又随浸渍量的增加而提高。

2. 有一定的基本强度，能承受干燥、浸渍和聚合过程中的作用力，不会在搬动时产生裂缝、掉角等缺陷。

3. 在基体混凝土中的化学成分（包括掺加的外加剂），不得含有溶解浸渍或阻碍浸渍液的聚合的物质。

4. 组成混凝土的材料结构尽可能是匀质的，构件的尺寸和形状要与浸渍、聚合的设备相适应。

5. 被浸渍的混凝土如果含有水分，不仅影响聚合物的浸渍量，而且影响聚合物浸渍混凝土的质量，因此，基材表面与内部要充分干燥，应达到几乎不含水分的要求。

工程实践证明，在一般情况下，混凝土的水灰比、空气含量、坍落度、外加剂掺量、砂率等变化不大时，对聚合物浸渍混凝土的强度无显著影响。

混凝土养护方法的不同，会引起混凝土孔结构的变化。孔隙率高而强度低的混凝土经浸渍处理后，能达到原来孔隙率低而强度高的混凝土同样的浸渍效果，但将导致混凝土成本的迅速增加。因此，在选择浸渍基材时，必须对浸渍量适当加以控制。

（二）聚合物浸渍混凝土的浸渍液

浸渍液是聚合物浸渍混凝土的主要材料，由一种或几种单体组成，当采用加热聚合时，还应加入适量的引发剂等添加剂。

浸渍液的选择，主要取决于浸渍混凝土的最终用途、浸渍工艺、混凝土的密度和制造成本等。如果基材需完全浸渍时，应采用黏度较小的单体，如甲基丙烯酸甲酯、苯乙烯等，它们的黏度均小于 1×10^{-4} Pa·s，这种单体浸渍液具有很高的渗透能力；如果基材需局部浸渍或表面浸渍时，可选用黏度较大的单体，如聚酯-苯乙烯、环氧-苯乙烯等，以便控制浸渍的深度，减少聚合时的流失。

为了取得改善混凝土（基材）性能的良好效果，必须选用性能优良、与水泥相容好、价格较低的浸渍液。作为浸渍用的单体，一般应满足下列要求：

1. 有较低、适当的黏度，浸渍时容易渗入到被浸渍混凝土（基材）的内部，并能达到要求的浸渍深度。

2. 有较高的沸点和较低的蒸汽压力，以减少浸渍后和聚合时的损失，使更多的聚合物存在于混凝土中。

3. 浸渍液所生成的玻璃状聚合物耐热温度，必须超过混凝土（基材）的使用温度，以适应混凝土的应用范围。

4. 经过加热等处理后，浸渍液能在基材内聚合，并与基材的粘结性好，能与基材形成一个整体。

5. 聚合物应有较高的强度，并具有较好的耐水、耐碱等性能。

6. 聚合物浸入混凝土孔隙后，其收缩率小，聚合后不会因水分等作用而产生软化或膨润。

在工程中常用的浸渍液主要有：甲基丙烯酸甲酯（MMA）、苯乙烯（S）、丙烯腈（AN）、聚酯树脂（P）、环氧树脂（E）、丙烯酸甲酯（MA）、三羟甲基丙烷三甲基丙烯酸甲酯（TMPTMA）、不饱和聚酯等，应用最广泛的是甲基丙烯酸甲酯（MMA）和苯乙烯（S）。

几种常用的单体和聚合物的性能见表 8-1。

表 8-1 常用的单体及聚合物的性能

单体或聚合物名称	简称	单体性能			聚合物性能						
		蒸气压 20℃ (kPa)	密度 20℃ (g/cm^3)	沸点 (℃)	软化温度 (℃)	密度 20℃ (g/cm^3)	收缩 (mm)	伸长率 (%)	抗压强度 (MPa)	拉伸强度 (MPa)	拉伸弹性模量 ($\times10^4$MPa)
甲基丙烯甲酯	MMA	4.665	0.936	100	80~120	1.18~1.19	—	2.0~7.0	77~130	75~90	3.16
苯乙烯	S	0.38	0.909	145	90~120	1.03~1.10	0.002~0.007	1.5~3.7	80~110	35~80	2.8~4.0
丙烯酸甲酯	MA	—	0.953	79.9	—	1.17~1.20	0.001~0.004	2.0~10	77~130	50~77	2.4~3.1
聚酯树脂	P	24℃ 0.93	1.13~1.15	—	60~100	1.10~1.45	体积 7	1.3	92~190	42~71	2.1~4.5
环氧树脂	E	—	1.12~1.43	—	300	1.15	0.004~0.010	1.7	110~130	65~85	3.2
丙烯酸	AN	11.33	0.808	77~79	270	1.17	—	—	—	—	—

（三）其他添加剂

聚合物浸渍混凝土中所用的添加剂种类很多，常用的有阻聚剂、引发剂、促进剂、交联剂、稀释剂等。

1. 阻聚剂

阻聚剂指能迅速与游离基作用，减慢或抑制不希望有的化学反应物质，用于延长某些单体和树脂的贮存期，也称聚合终止剂。阻聚剂可以防止聚合作用的进行，在聚合过程中产生诱导期（即聚合速度为零的一段时间），诱导期的长短与阻聚剂含量成正比，阻聚剂消耗完后，诱导期结束，即按无阻聚剂存在时的正常速度进行。

科学试验和工程实践证明，凡适用于浸渍混凝土的单体浸渍液，大多数是不稳定的，即使在常温下都会不同程度地自行发生聚合，从而造成浸渍液的失效。因此，在工厂生产的单体浸渍液中，一般都会掺加适量的阻聚剂，以防止单体浸渍液过早聚合。常用的阻聚剂有：对苯二酚、苯醌等。

2. 引发剂

引发剂是乳液聚合的重要组分之一，其种类和用量等影响产品的性能质量。常用的引发剂有：自由基聚合引发剂、阳离子聚合引发剂、阴离子聚合引发剂和配位聚合引发剂。乳液聚合中常用的为自由基聚合引发剂，它可分为不同种类，主要有：偶氮类引发剂、有机过氧类引发剂和氧化-还原引发剂等。

采用加热聚合法时，必须同时使用引发剂，以引发单体产生聚合。当加热到一定温度时，引发剂以一定的速度分解成游离基，诱导单体产生连锁反应。常用的引发剂有：过氧化物（如过氧化二苯甲酰、过氧化甲乙酮、过氧化环已酮等），偶氮化合物（如偶氮二异丁腈、α-特丁基偶氮二异丁腈等）和过硫酸盐等。

由于引发剂的用量多少对聚合速度和高聚物的分子量均有很大的影响，所以其掺加量必须适宜。工程试验证明：如果掺量过少，不能克服阻聚剂和为完全聚合产生足够的游离基；如果掺量过多，会引发单体过早、过快聚合，甚至可能产生爆炸事故，且生成物的分子量过小，影响浸渍混凝土的质量。引发剂的适宜掺量，一般为单体质量的0.1%～2.0%。

3. 促进剂

促进剂是能促使固化剂在其临界温度以下形成游离基（即实现室温固化）的物质。促进剂主要用来降低引发剂的正常分解温度，加快引发剂分解生成游离基的速度，以促进单体在常温下发生聚合。常用的促进剂主要有：环烷酸钴、异辛酸钴、二甲基苯胺等。

环烷酸钴一般为1%的苯乙烯溶液，称为1号促进剂。常与1号固化剂过氧化环已酮配合使用。几十年来，人们一直认为钴盐保进剂固化性能好，在不饱和聚酯树脂室温固化中广泛采用。

异辛酸钴，常用在预促进型树脂中，尤其是用较浓的异辛酸钴预促进，能得到较好的催干效果。通常情况下异辛酸钴的促进效果要比环烷酸钴好，这是因为环烷酸是一个分子量不固定（分子量范围180～350）的环烷烃的羧基衍生物，所以其钴含量难于做得十分精确，并且由于它是石油精制时的副产物，通常颜色较深，所以目前市场上异辛酸钴有取代环烷酸钴的趋势。

二甲基苯胺通常为10%的苯乙烯溶液，称为2号促进剂。常与2号固化剂（过氧化二苯甲酰）配合使用。在树脂中含有大量游离酚或聚酯分子链中含有大分子支链的分子结构的场合，是很有效的固化系统（如对于乙烯基酯树脂固化、双酚A类聚酯树脂的固化、氯桥酸酐类聚酯树脂等）。

4. 交联剂

交联剂是一类受热能放出游离基来活化高分子链，使它们发生化学反应而相互交联起来的一种助剂。在聚合物浸渍混凝土中掺加适量的交联剂，能使线型结构的聚合物转化成为体型结构的聚合物，从而提高混凝土的强度。常用的交联剂主要有：甲基丙烯酸甲酯、苯乙烯、邻苯二甲酸二丙烯酯等。

甲基丙烯酸甲酯主要应用在聚合和共聚领域，对每一种应用都需要采用特别的聚合工艺，使用引发剂为游离型（有机过氧化物、偶氮化合物）或离子型。可以代替苯乙烯做交联剂，稀释不饱和聚酯树脂，做天然和合成橡胶改性剂。甲基丙烯酸甲酯大部分用于有机玻璃行业，但在建筑工程等其他许多领域应用也极其广泛。

邻苯二甲酸二丙烯酯为无色或浅黄色油状液体，能与醇、苯和乙酸乙酯等多种有机溶剂相混溶，也能微溶于石油、醚和甘油，但不溶于水，沸点为290℃。是聚合物混凝土中很好的一种交联剂。但对眼和呼吸道黏膜有刺激性，在使用中要注意安全。

5. 稀释剂

稀释剂主要用于降低浸渍液的黏度，提高浸渍液的渗透能力，保证聚合物浸渍混凝土的质量。例如，聚酯树脂类的高黏度浸渍液，如果不掺加适量的稀释剂，要渗进混凝土的内部是比较困难的，无法制成聚合物浸渍混凝土。常用的稀释剂主要有：甲基丙烯酸甲酯、苯乙烯等。由此可见，它与交联剂是相同的。

聚合物浸渍混凝土所用添加剂的主要作用及品种，如表8-2所示。

表8-2　聚合物浸渍混凝土所用添加剂

添加剂名称	主要作用	主要品种
阻聚剂	单体几乎都不稳定，在常温下都有一定程度的自发聚合，所以单体中都含有一定量的阻聚剂	对苯二酚、苯醌等
引发剂	加热至一定温度时，引发剂以一定的速度分解成游离氢，诱导单体产生连锁反应。所以在加热聚合时必须使用引发剂，引发单体产生聚合。引发剂用量一般为单体质量的0.1%～0.2%	过氧化物（二苯甲酰、甲乙酮、环乙酮）、偶氧化合物（偶氮2异丁腈）、过硫酸盐等
促凝剂	用来降低引发剂的分解温度，加快引发剂生成游离氢，促进单体在常温下产生聚合	环烷酸钴、辛酸钴、二甲基苯胺等
交联剂	使线型结构的聚合物转化为体型结构的聚合物	甲基丙烯酸甲酯、苯乙烯、二甲酸、二丙烯酯
稀释剂	降低浸渍液的黏度，提高其渗透能力	甲基丙烯酸甲酯、苯乙烯等

三、聚合物浸渍混凝土的配合比设计

聚合物浸渍混凝土基体配合比设计可采用普通混凝土设计方法。浸渍砂浆各成分的构成体积比可参考表8-3。几种常用浸渍混凝土的配合比及性能见表8-4。

表 8-3　浸渍砂浆的成分浓度

砂浓度	理论密度	脱模时实测密度	绝干密度	计算含气量（%）	成分体积比					水未反应率（%）	浸渍率（%）
					聚合物	反应水泥	未反应水泥	砂子	最后空隙		
0.0	2.110	2.11	1.797	0	0.221	0.325	0.310	0	0.144	39.7	14.98
0.2	2.162	2.17	1.893	0	0.213	0.240	0.241	0.207	0.099	38.5	13.12
0.4	2.198	2.18	1.902	1.5	0.224	0.137	0.170	0.410	0.059	34.9	13.94
0.6	2.146	2.08	1.772	4.5	0.245	0.086	0.100	0.470	0.090	34.9	16.97

表 8-4　几种浸渍混凝土的配合比及性能

基材种体	使用骨料		配合比				浸渍率（%）	抗压强度（MPa）	抗弯强度（MPa）	对基材强度的增长倍数
	砂子	石子	水	水泥	砂子	石子				
混凝土 1	标准砂	碎石（1）	171.5	380	764	1141	5.85 ~ 7.92	162 ~ 167	10.6 ~ 24.2	2.5 ~ 3.8
混凝土 2	标准砂	碎　石	171.5	380	764	1141	3.91 ~ 7.30	102 ~ 137		2.7 ~ 4.5
混凝土 3	标准砂	碎　石	171.5	380	764	1141	6.00 ~ 6.10	91.0 ~ 129		4.1 ~ 4.2
混凝土 4	河　砂	碎石（2）	165.0	450	756	1019	4.83 ~ 5.23	91.0 ~ 93.8		2.3 ~ 2.5
轻混凝土	人造骨料	人造骨料	201	358	433	394	24.8 ~ 25.2	101 ~ 105	11.8 ~ 14.2	5.4 ~ 5.5
轻混凝土	珍珠岩	天然骨料	222	347	143	361	51.0 ~ 52.3	51.7 ~ 53.5		8.1 ~ 8.4
轻混凝土	珍珠岩	珍珠岩	208	398	614	737	39.7 ~ 40.2	25.2 ~ 26.8		2.8 ~ 2.9

四、聚合物浸渍混凝土的增强机理

水泥混凝土经过聚合物浸渍后，虽然在外观上与原来基本一样，但其内部结构和一些性能发生了变化，特别是在力学性能方面发生了根本性变化。由此可见，聚合物浸渍混凝土的增强效果是最显著的。

经过养护硬化后的混凝土，原来是内部含有尺寸大小不等的孔隙和水隙的多孔性复合材料。根据混凝土水化硬化的孔隙计算，毛细孔的含量一般在 5% ~40% 范围内，如此大量的孔隙大大降低了水泥混凝土的强度和其他性能。对这样有孔隙的混凝土，若能使黏度低的单体、聚合物等浸渍于孔隙中，再经过聚合等处理，便可使混凝土与聚合物形成一个整体，从而达到提高强度和改善其他性能的目的。

图 8-1 为聚合物浸渍混凝土的浸渍原理图。从浸渍原理图中，可以得到聚合物浸渍混凝土的增强机理，主要包括以下几个方面：

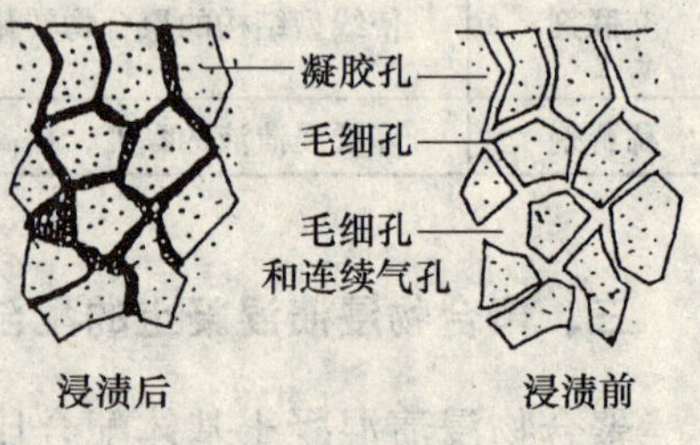

图 8-1　聚合物浸渍混凝土浸渍原理图

1. 混凝土中的毛细孔被聚合物所浸渍填充，减小了混凝土的孔隙，增加了混凝土的密实度，从而提高了混凝土的强度和其他性能。经浸渍后混凝土复合材料的强度，可按下式计算：

$$S_c = 816V_1(1 - P) \quad (8\text{-}1)$$

式中　S_c——混凝土浸渍后混合材料的强度（MPa）；

V_1——未浸渍前混凝土体积百分率（%）；

P——混凝土的孔隙率（%）。

2. 聚合物浸渍使水泥石本身强度得到增强，同时骨料的粘结强度也得到提高。水泥在水化后的主要水化物为C-S-H凝胶、氢氧化钙等，而在C-S-H凝胶中又含有28%的凝胶孔，聚合物浸渍后增加了对凝胶孔的填充，从而提高C-S-H的密实度，使水泥浆体本身的强度得到提高。

普通水泥混凝土在破坏时，主要发生在浆体与骨料的界面处，界面的主要特征表现为孔隙率高和粘结强度低，聚合物浸渍到此区域并发生聚合后，不仅填充了界面处的孔隙，而且增大了骨料与基体的粘结，从而提高了混凝土的整体强度。

3. 聚合物浸渍混凝土的断裂韧性增加。聚合物浸渍混凝土如采用甲基丙烯酸甲酯和丙烯酸丁脂混合物浸渍，可明显增加混凝土的延性，但单独使用效果不佳。聚合物浸渍混凝土的应力-应变曲线，如图8-2所示。

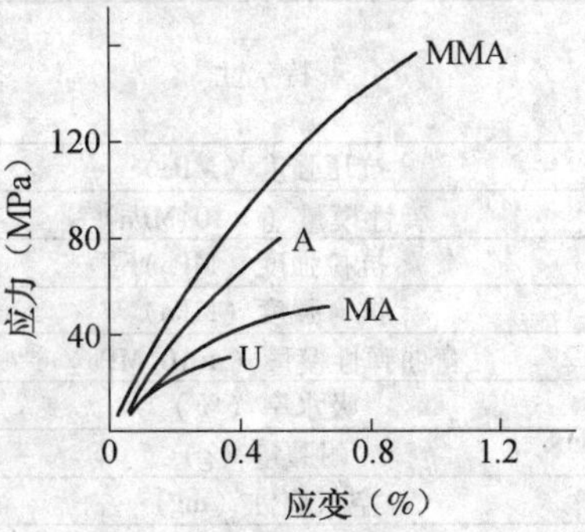

图8-2　聚合物浸渍混凝土的应力-应变曲线

MMA—甲基丙烯酸甲酯；A—丙烯腈；MA—丙烯酸甲酯；U—未浸渍的混凝土

从图8-2中可以看出：聚合物浸渍混凝土的应力-应变曲线，在达到最大应力后具有很长的分支。聚合物浸渍混凝土的强度极限远远大于未经浸渍的混凝土，从而增加了混凝土的断裂韧性，可以避免发生脆性断裂。

综上所述，混凝土经过浸渍后可以得出以下结果：

（1）由于浸渍液填充混凝土的孔隙之中，可以大大减少混凝土的孔隙率，改变其孔径分布，从而提高了混凝土的强度。

（2）由于改变了裂缝顶端周围的应力场，且在基体中调整了应力集中，从而使其受力趋于合理。

（3）由于聚合物浸渍液与水泥均匀地混合在一起，有效地改善了水泥浆体-骨料的粘结和混凝土的断裂过程。

五、聚合物浸渍混凝土的物理力学性能

聚合物浸渍混凝土是在普通混凝土中浸入6%～9%的聚合物而制成的，混凝土的改性也是由于聚合物充满混凝土中的孔隙和毛细管而造成的。因此，聚合物浸渍混凝土与普通混凝土虽然在外观上基本相同，但其内在的性能却有很大区别。

研究表明，聚合物浸渍混凝土抗压强度及抗拉强度的提高与浸填量有关，而浸填量又取决于混凝土的孔隙率和毛细管的大小，此外，也与单体的黏性、表面张力、单体分子量大小等有关。试验充分证明，聚合物浸渍混凝土对于孔隙率较大而强度低的混凝土，用有机单体来浸渍改性效果是非常显著的；而对于孔隙率小且强度高的混凝土，用有机单体来浸渍改性效果是不大的。

（一）聚合物浸渍混凝土的强度

在一般情况下，聚合物浸渍混凝土的各种强度均比普通水泥混凝土高。其抗压强度约提高3~4倍；抗拉强度约提高3倍；抗弯强度约提高2~3倍；弹性模量约提高1倍；冲击强度约提高0.7倍。此外，徐变大大减少，如图8-3所示，抗冻性、耐硫酸盐性、耐酸和耐碱等性能都有很大的改善。

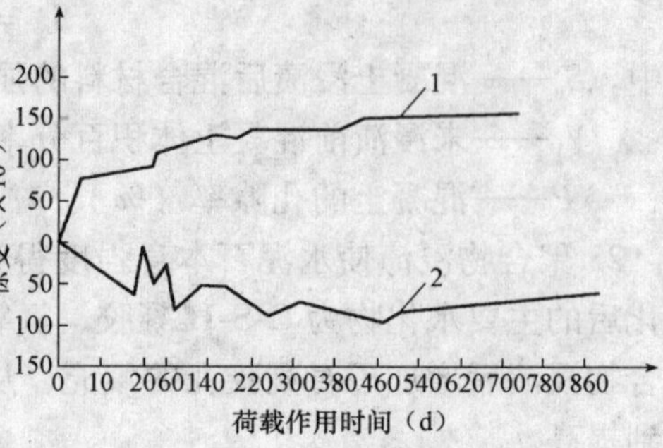

图8-3 MMA浸渍混凝土与普通混凝土的徐变

1—普通混凝土的徐变；2—MMA浸渍混凝土的徐变

聚合物浸渍混凝土显著地改善了普通混凝土的物理力学性能，参见表8-5。

表8-5 聚合物浸渍混凝土的物理力学性能

特 性	甲基丙烯酸甲酯（MMA）（浸渍率4.6%~6.7%）			苯乙烯（浸渍率4.2%~6.0%）		
	未浸渍	辐射聚合	热聚合	未浸渍	辐射聚合	热聚合
抗压强度（MPa）	37.00	142.40	127.70	37.00	103.40	7200
弹性模量（$\times10^4$MPa）	2.50	4.40	4.30	2.50	5.40	5.20
抗拉强度（MPa）	2.92	11.43	10.60	2.92	8.47	5.91
抗弯强度（MPa）	5.20	18.54	16.08	5.20	16.79	8.15
弯曲弹性模量（$\times10^4$MPa）	—	—	—	—	—	—
吸水率（%）	6.40	1.08	0.84	6.40	0.51	0.70
耐磨量（g）	15.00	4.00	4.00	15.00	9.00	6.00
空气腐蚀（mg）	8.13	1.63	0.51	8.13	0.89	0.23
透水性（mg/年）	0.16	0.02	0.04	0.16	—	0.04
热导率23℃（1000K/m·h·℃）	1.98	1.94	1.88	1.98	1.91	1.94
热膨胀系数（cm/cm·℃$\times10^{-6}$）	7.25	9.66	9.48	7.25	9.15	9.00
热扩散系数（23℃）（m^2/h）	0.0035	0.0038	0.0036	0.0036	0.0037	0.0038
抗冻性（浸渍龄期；重量损失%）	490；25	750；4.0	750；0.5	490；25	620；0.5	620；0.5
冲击强度（L锤）	32.00	55.30	52.00	32.00	48.20	50.10
耐硫酸盐浸渍300d（膨胀率%）	0.14	0.00	—	0.14	0.00	—
耐盐酸性15% HCl浸渍84d重量减少（%）	10.40	3.64	3.49	10.40	5.50	4.20

特 性	MMA+10% TMPTMA（浸渍率5.5%~7.6%）			聚丙烯腈（浸渍率3.2%~6.0%）		
	未浸渍	辐射聚合	热聚合	未浸渍	辐射聚合	热聚合
抗压强度（MPa）	37.00	158.10	140.70	37.00	104.70	87.80
弹性模量（$\times10^4$MPa）	2.50	5.90	3.58	2.50	4.41	3.61
抗拉强度（MPa）	2.92	12.00	9.77	2.92	9.00	6.39
抗弯强度（MPa）	5.20	59.0	—	5.20	12.90	4.62
弯曲弹性模量（$\times10^4$MPa）	3.00	4.30	—	3.00	3.40	2.60
吸水率（%）	6.40	1.09	1.21	6.40	2.95	5.68
耐磨量（g）	15.00	9.00	5.00	15.00	7.00	6.00
空气腐蚀（mg）	8.13	1.83	—	8.13	2.51	2.34
透水性（mg/年）	0.16	0.0003	0.0366	0.16	—	—
热导率23℃（1000K/m·h·℃）	1.98	1.97	—	1.98	1.85	1.86
热膨胀系数（cm/cm·℃$\times10^{-6}$）	6.70	8.43	3.43	6.70	8.18	7.63
热扩散系数（23℃）（m^2/h）	0.0036	0.0041	—	0.0036	0.0038	0.0036
抗冻性（浸渍龄期；重量损失%）	490；25	2560；8.0	2560；0	490；25	1840；25	2020；2
冲击强度（L锤）	32.00	54.20	—	32.00	47.50	33.70
耐硫酸盐浸渍300d（膨胀率%）	0.14	0.004	0.002	0.14	0.088	0.006
耐盐酸性15% HCl浸渍84d重量减少（%）	—	10.58	—	—	13.31	—

（二）聚合物浸渍混凝土的弹性模量

聚合物浸渍混凝土的弹性模量比普通混凝土高，其应力-应变关系近似直线，如图 8-4 所示，延性比普通混凝土还差。其原因是：普通混凝土破坏时裂缝围绕着骨料展开，裂缝遇到骨料要转向绕道，因而骨料起到阻挡裂缝开展的作用，故普通混凝土表现出有一定的延性。而聚合物浸渍混凝土破坏时的裂缝是通过骨料展开，上述作用很小或不存在，特别在受拉时，聚合物浸渍混凝土无任何预兆就会破坏。

在有必要的情况下，通过在浸渍单体中添加丙烯酸丁酯或添加钢纤维的办法，提高聚合物浸渍混凝土的延性。但是，应当注意：添加丙烯酸丁酯可能使浸渍混凝土的强度有所降低。

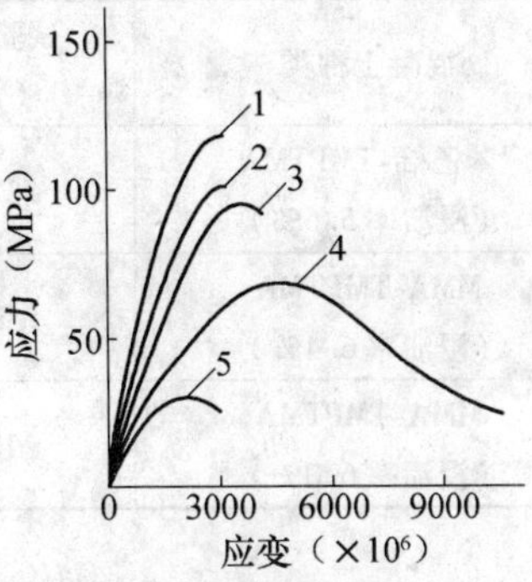

图 8-4　聚合物浸渍混凝土的应力-应变关系

1—100% MMA；2—90% MMA + 10% BA；3—70% MMA + 30% BA；4—50% MMA + 50% BA；5—普通混凝土

（三）聚合物浸渍混凝土的吸水率与抗渗性

普通水泥混凝土中的孔隙在浸渍之后，被聚合物所填充，使混凝土的密实度大大提高。从而使得浸渍混凝土的吸水率、渗透率显著减小，抗冻性和抗渗性显著提高。

（四）聚合物浸渍混凝土的耐化学腐蚀性

试验结果表明，浸渍混凝土对碱和盐类具有良好的耐蚀稳定性，对无机酸的耐蚀能力也有一定的改善，是一种耐化学腐蚀性较好的建筑材料。

（五）聚合物浸渍混凝土的抗磨性能

对聚合物浸渍混凝土抗磨性的全面研究还很少，根据目前的研究结果表明，这种混凝土的抗磨性与单体类型、骨料种类及混凝土的水灰比有关。在以苯乙烯为基本单体的浸渍混凝土中，引入类似于甲基丙烯酸丁酯这样的共聚单体，其聚合物具有良好的弹性，可以提高聚合物浸渍混凝土的抗磨性能；采用强度较高的硬骨料可以充分发挥聚合物浸渍处理的作用；较高的水灰比有利于共聚单体的浸渍，并可以获得高抗磨性的聚合物浸渍混凝土。

由于聚合物在高温下易产生分解，因此温度对聚合物浸渍混凝土的性能也会产生一定影响，因此，目前在高温下使用聚合物浸渍混凝土还存在着安全隐患，当到达比产生火灾还低的温度时，聚合物就会产生热分解、冒烟，并产生恶臭气体和燃烧，强度和刚度急剧下降，严重地影响结构的安全。

表 8-6 中所示为苯乙烯（S）-三羟甲基丙烷三甲基丙烯酸甲酯（TMPTMA）、甲基丙烯酸甲酯（MMA）-三羟甲基丙烷三甲基丙烯酸甲酯（TMPTMA）浸渍混凝土，分别在温度为 21℃和 177℃的试验结果。可以清楚地看出：随着温度的升高，抗压强度、弹性模量、泊松比等皆有所降低。

表 8-6　温度对聚合物浸渍混凝土性能的影响

混凝土种类	试验温度（℃）	抗压强度（MPa）	弹性模量（MPa）	弹性极限（MPa）	泊松比
基体混凝土	21	34.5	2450	8.3	0.16
基体混凝土	177	34.5	2030	7.9	0.14
苯乙烯-TMPTMA（浸渍率 5.7%）	21	117	4480	72.5	0.21

续表

混凝土种类	试验温度（℃）	抗压强度（MPa）	弹性模量（MPa）	弹性极限（MPa）	泊松比
苯乙烯-TMPTMA（浸渍率5.6%）	177	100	3710	68.3	0.18
MMA-TMPTMA（浸渍率6.4%）	21	122	4130	94.0	0.19
MMA-TMPTMA（浸渍率6.0%）	177	86	3290	61.5	0.17

工程实践和材料试验证明：经聚合物浸渍过的混凝土基材强度极大增加，其增加的幅度根据基材的种类、单体的类型、浸渍处理条件等而有所不同。表8-7中列出了聚合物浸渍材料的有关参数和强度值。

从表8-7中可以看出，经过聚合物浸渍后，混凝土（砂浆）的抗压强度大幅度提高。砂浆的抗压强度接近200MPa，抗弯强度达20～50MPa；普通混凝土的抗压强度达170MPa，抗弯强度达24MPa；轻混凝土的抗压强度达50～105MPa，抗弯强度达14MPa。

表8-7　聚合物浸渍材料的有关参数和强度值

基材类型	骨料种类		配合比				浸渍率（%）	抗压强度（MPa）	抗弯强度（MPa）	强度增长倍数
	砂子	石子	水	水泥	砂子	石子				
砂浆1	标准砂	—	—	450	1588	—	13.6～15.7	—	21.5～52.1	—
砂浆2	标准砂	—	—	480	1588	—	13.4～13.9	108.8～188.7	—	9.5～16.8
砂浆3	标准砂	—	—	330	1588	—	13.8～14.2	145.2～165.8	14.4～15.1	—
混凝土1	标准砂	碎石	171.5	380	764	1141	5.85～7.92	101.9～137.0	10.6～24.2	1.5～2.2
混凝土2	标准砂	碎石	171.5	380	764	1141	3.91～7.30	91.0～129.2	—	2.5～3.8
混凝土3	标准砂	碎石	171.5	380	764	1141	6.00～6.10	91.0～93.8	—	—
混凝土4	标准砂	碎石	165	450	756	1010	4.83～5.23	160.6～178.2	—	2.7～4.5
轻混凝土1	人造轻骨料	人造轻骨料	201	358	433	394	24.8～25.2	101.6～105.0	11.8～14.2	5.4～5.5
轻混凝土2	珍珠岩	天然轻骨料	222	347	143	361	51.0～52.3	51.7～53.5	—	8.1～8.4
轻混凝土3	珍珠岩	珍珠岩	208	398	614	737	39.7～40.2	25.2～26.8	—	2.8～2.9

从聚合物浸渍砂浆切片的光学显微镜观察得知，基材的空隙均被聚合物单体所填充。混凝土强度的离散依存于孔隙的离散，由于聚合物浸渍使其成为均匀性较高的材料，所以实测的强度变动系数比较小，适用于韦布尔理论（随机变数分布），所求的均匀性系数值比普通水泥混凝土要大。

聚合物浸渍混凝土由于工艺过程比较复杂，特别是全浸渍制作费用很高，目前尚未能进一步工业化生产，对混凝土进行全部浸渍应用很少。但近年来所研究开发的表面浸渍工艺（即聚合物作为涂层或封闭剂用于混凝土结构），不仅不需要保留单体，使成本大大下降，而且可显著改善被浸渍表面的强度、硬度、抗渗、抗冻、耐久性，因此表面浸渍的PIC至今主要用于砂浆、混凝土的表面维护工程中。

第三节 聚合物水泥混凝土

所谓聚合物水泥混凝土（Polymer Cement Concrete，简称 PCC），也称为聚合物改性水泥混凝土（Polymer Modified Cement Concrete，简称 PMC）。这种混凝土是在普通水泥混凝土的拌合物中加入一定量的聚合物，以聚合物和水泥共同作为胶结材料，与骨料结合形成的聚合物水泥混凝土。

这种由水泥混凝土和高分子材料有效结合的有机复合材料，聚合物在混凝土内形成膜状体，填充了水泥水化物和骨料之间的空隙，并与水泥水化物结为一体，起到增强与骨料粘结的作用，其性能比普通水泥混凝土要好得多。如果将高分子材料加入水泥砂浆中，称为聚合物改性砂浆（简称 PMM）。

在水泥混凝土中加入高分子材料后，水泥混凝土的强度、变形能力、粘结性能、防水性能、耐久性能等都会发生改变，改变的程度与聚合物种类、聚合物本身性质、聚灰比（固体聚合物的质量与水泥质量之比）有很大关系。由于其制作简单和研究历史较长，利用现有普通混凝土的生产设备，即能生产聚合物水泥混凝土，因而成本较低，实际应用较广泛，近年来被进一步扩大应用到很多建筑结构中。美国、日本等国家都是应用聚合物水泥混凝土较多的国家，我国最近几年发展较快。

聚合物水泥混凝土性能优良，应用范围较广泛，目前主要用于地面、路面、桥面和船舶的内外板面，尤其是更适用于有洒落化学物质的楼地面，也可用作衬砌材料、喷射混凝土和新旧混凝土的接头。

一、聚合物水泥混凝土的原材料

聚合物水泥混凝土所用的原材料，除一般混凝土所用的水泥、骨料和水外，还有聚合物和助剂。国内外用于水泥混凝土改性的聚合物添加剂品种繁多，但总体上可以分三种类型：即乳胶（如橡胶乳胶、树脂乳胶和混合分散体等）、液体聚合物（如不饱和聚酯、环氧树脂等）和水溶性聚合物（如纤维素衍生物、聚丙烯酸盐、糠醇等），其中乳胶是聚合物水泥混凝土中应用最广泛的一种。

由于乳胶类树脂在生产过程中，大多用阴离子型的乳化剂进行乳液聚合，因此当这些乳胶与水泥浆混合后，由于与水泥浆中大量的 Ca^{2+} 阳离子作用会引起乳液变质，产生凝聚现象，使其不能在水泥中均匀分散，因此必须还加入阻止这种变质现象的稳定剂。此外，有些乳胶树脂或其乳化剂、稳定剂的耐水性较差，有时还需加入抗水剂；当乳胶树脂等掺量较多时，会延缓聚合物水泥混凝土的凝结，还要加入水泥促凝剂。

聚合物水泥混凝土对原材料的技术要求如下：

（一）对胶结材料的要求

聚合物水泥混凝土中的胶结材料，主要包括水泥和聚合物两种。

1. 对水泥的要求

聚合物水泥混凝土所用的水泥，除优先选用普通硅酸盐水泥外，还可使用各种硅酸盐水泥、矾土水泥、快硬水泥等，其技术性能应符合现行的国家标准的要求，其强度等级大于或等于 32.5MPa 即可。

2. 对聚合物的要求

聚合物水泥混凝土所用的聚合物可以分为以下四类：(1) 聚合物乳液（或水分散体）；(2) 水溶性聚合物；(3) 可再分散的聚合物粉料；(4) 液体聚合物。如图 8-5 所示。

- 混凝土改性用聚合物
  - 水溶性聚合物（单体）
    - 聚乙烯醇（PVA）
    - 聚丙烯酰胺（PAM）
    - 丙烯酸盐——丙烯酸钙、镁的聚合物
    - 纤维衍生物——甲基纤维素、羟乙基纤维素等
    - 呋喃苯胺树脂——以水溶性的呋喃醇和盐酸苯胺混入混凝土
  - 聚合物乳液
    - 橡胶胶乳
      - 天然橡胶胶乳
      - 合成胶乳
        - 丁苯胶乳（SBR）
        - 氯丁胶乳（CR）
        - 甲基丙烯酸甲酯-丁二烯胶乳（MBR）
    - 热塑性树脂乳液
      - 聚丙烯酸酯乳液（PAE）
      - 乙烯-醋酸乙烯醋共聚乳液（EVA）
      - 聚醋酸乙烯酯乳液（PVAc）
      - 苯丙乳液（SAE）
      - 聚丙酸乙烯酯乳液（PVP）
      - 氯乙烯-偏氯乙烯共聚乳液
    - 热固性树脂乳液——环氧（EP）树脂
    - 沥青乳液（乳化沥青）混合乳液
      - 乳化沥青
      - 橡胶改性沥青
  - 可再分散性聚合物粉料
    - 乙烯-醋酸乙烯共聚物（EVA）
    - 醋酸乙烯酯-支化羧酸乙烯基酯共聚物（VA–VeoVa）
    - 苯乙烯-丙烯酸酯共聚物（SAE）
    - 聚丙烯酸酯（PAE）
  - 液体聚合物
    - 环氧（EP）树脂
    - 不饱和聚酯（UP）树脂

图 8-5 混凝土改性用聚合物的种类

对水泥中掺用的聚合物，除应符合表 8-8 中的要求外，还应满足以下几个方面：①对水泥的凝结硬化和胶结性能无不良影响；②在水泥的碱性介质中不被水解或破坏；③对钢筋无锈蚀作用。

表 8-8 水泥掺合用聚合物的质量要求

试验种类	试验项目	规定值
分散体试验	外观总固体成分	应无粗颗粒，异物和凝固物 35% 以上，误差在 ±1.0% 以内
聚合物水泥砂浆试验	抗弯强度（MPa）	4 以上
	抗压强度（MPa）	10 以上
	粘结强度（MPa）	1 以上
	吸水率（%）	15 以下
	透水量（g）	30 以下
	长度变化率（%）	0 ~ 0.15

（1）水溶性聚合物

水溶性聚合物主要用来改善水泥混凝土的工作特性，可以以粉末或水溶液的形式使用。当以粉末形式使用时，一般先将其与水泥和骨料进行干混均匀，然后再加水进行湿拌。当使用粉末状水溶性聚合物时，应选择易于在冷水中溶解的品种。

水溶性聚合物可以提高水相的黏度，对于大流动性的混凝土，能提高其稠度而避免或减轻骨料的离析和泌水，但又不影响其流动性。另外，水溶性聚合物还会形成一层极薄的薄膜，从而提高砂浆和混凝土的保水性。一般情况下，水溶性聚合物对硬化砂浆和混凝土的强度没有大的影响。

（2）聚合物乳液（或分散体）

聚合物乳液通常是将可聚合单体在水中进行乳液聚合而获得的。乳液中聚合物的粒子很小，直径一般为0.05～5μm。根据乳液中粒子所带电荷的类型将其分为3类：阳离子型乳液（粒子带正电）、阴离子型乳液（粒子带负电）和非离子型乳液（粒子不带电）。通常，聚合物乳液的固体含量为40%～50%，其中包括了聚合物和其他助剂。

水泥混凝土中最常用的聚合物乳液有：丁苯胶乳（SBR）、丙烯酸酯乳液（PAE）、乙烯-醋酸乙烯共聚物（EVA）、氯丁胶乳、聚醋酸乙烯酯乳液（PVAC）、聚偏二氯乙烯（PVDC）等。聚偏二氯乙烯（PVDC）中的游离氯化物随时间推移有可能释放出来，对钢筋有腐蚀作用，因此聚偏二氯乙烯（PVDC）胶乳改性水泥砂浆不适合用于钢筋混凝土的修补材料，也不可用于潮湿的环境中。

日本JISA 6203—2000标准对水泥改性用聚合物乳液和再分散性粉料的技术要求作出了明确规定，如表8-9所示。

表8-9 水泥改性用聚合物乳液和可分散粉料的质量要求（JISA 6203—2000）

测试类别	项目	指标
聚合物乳液	外观 不挥发物含量（%）	无粗粒、杂质和胶凝现象 不小于35
乳液改性砂浆	弯曲强度（MPa） 抗压强度（MPa） 与水泥砂浆粘结强度（MPa） 水渗透量（98kPa，1h，水渗入试样的质量） 长度变化（%）	不小于5.0 不小于15.0 不小于1.0 不大于20g 0～0.15
可分散聚合物粉料	外观 挥发分含量	无粗粒、杂质和结团 不大于5.0
粉料改性砂浆	弯曲强度（MPa） 抗压强度（MPa） 与水泥砂浆粘结强度（MPa） 水渗透量（98kPa，1h，水渗入试样的质量） 长度变化（%）	不小于5.0 不小于15.0 不小于1.0 不大于20g 0～0.15

(3) 可分散的聚合物粉料

可分散的聚合物粉料一般是由聚合物乳液经喷雾干燥而成的，具有很好的干流动性，在水中很容易重新乳化而得到聚合物乳液，其中聚合物粒子约为 1 ~ 10μm。也可将可分散聚合物粉料与水泥、骨料一起进行干混，然后再加水湿拌，在湿拌时，聚合物粉末便重新分散。

(4) 液体聚合物

将液体聚合物用于水泥砂浆和混凝土改性时，必须使用能在水状态下固化的系统，且聚合物的固化反应和水泥的水化反应同时进行，从而形成聚合物与水泥凝胶互穿的网络结构。这种结构能使骨料粘结得更为牢固，同时还提高了砂浆和混凝土的性能。

与聚合物乳液改性相比，使用液体聚合物的用量要更多，因为聚合物不亲水，分散不是很容易。因此，目前用液体聚合物改性比其他类型聚合物要少得多。

工程实践证明，无论采用何种类型的聚合物，用于水泥混凝土中一般应满足以下要求：①对于水泥的硬化无负的影响；②水泥水化过程中释放的高活性离子有很高的稳定性；③自身有很好的储存稳定性；④有很高的机械稳定性，不会因为计量、运输和搅拌时的高剪切作用而破乳；⑤具有很低的引气性；⑥在混凝土或砂浆中能形成与水泥水化产物和骨料有良好粘结力的膜层，且最低成膜温度较低；⑦形成的聚合物膜应有极好的耐水性、耐碱性和耐候性；⑧水泥的碱性介质不被水解或破坏；⑨对钢筋无锈蚀作用。

(二) 对骨料的要求

聚合物水泥混凝土所用的粗细骨料，与普通水泥混凝土相同，即卵石、碎石、河砂、碎砂、硅砂等。有时根据工程的需要，也可选用人造轻骨料；当用于有防腐蚀要求的工程时，应使用硅质碎石和碎砂。

(三) 对主要助剂的要求

聚合物水泥混凝土所用的主要助剂有稳定剂和消泡剂。

1. 稳定剂

聚合乳液与水泥拌合时，由于水泥溶出的多价离子（指 Ca^{2+}、Al^{3+}）等因素的影响，往往使聚合物乳液产生破乳，出现凝聚现象。为了防止乳液与水泥拌合时及凝结过程中聚合物过早凝聚，保证聚合物与水泥均匀混合，并有效地结合在一起，通常需要加入适量的稳定剂。常用的稳定剂有 OP 型乳化剂、均染剂 102、农乳 600 等。

2. 消泡剂

聚合乳液与水泥拌合时，由于乳液中的乳化剂和稳定剂等表面活性剂的影响，通常在混凝土内产生许多小泡，如果不将这些小泡消除，就会增加砂浆的孔隙率，使其强度明显下降。因此，必须添加适量的消泡剂。

常用的消泡剂有：①醇类消泡剂，如异丁烯醇、3-辛醇等；②脂肪酸酯类消泡剂；③磷酸酯类消泡剂，如磷酸三丁酯等；④有机硅类消泡剂，如二烷基聚硅氧烷等。

良好的消泡剂必须具备以下几个方面：①有较好的化学稳定性；②其表面张力要比被消泡介质低；③不溶于被消泡介质中。另外，消泡剂还要具有较好的分散性、破泡性、抑泡性及碱性。

必须特别指出：消泡剂的针对性非常强，它们往往在这一种体系中能消泡，而在另一种体系中却有助泡的作用。因此，在使用消泡剂时应当认真地进行选择，并通过试验加以验证。工程实践证明，几种消泡剂复合使用有较好的效果。

3. 抗水剂

有聚合物（如乳胶树脂及乳化剂、稳定剂），其耐水性比较差，会严重影响聚合物水泥混凝土的耐久性，因此在配制中尚需掺加适量的抗水剂。

4. 促凝剂

当聚合物水泥混凝土中的乳胶树脂等掺量较多时，会延缓聚合物水泥混凝土的凝结速度，应根据施工温度等条件加入适量的促凝剂，以促进水中的凝结。

二、聚合物对水泥混凝土（砂浆）的改性机理

我国有关专家在聚合物改性水泥混凝土的机理方面，进行了大量的研究工作，主要包括：聚合物-水泥材料结构形态、聚合物的玻璃化温度对改性砂浆的影响、孔结构和聚合物成膜温度、聚合物掺加对水泥水化作用的影响等。

研究结果证明，聚合物乳液对混凝土和水泥砂浆的改性作用，是通过聚合物在水泥浆与骨料间形成具有较高粘结力的膜，并堵塞砂浆内的孔隙来实现的。水泥水化形成的水泥浆与聚合物颗粒聚集形成的聚合物相互交织在一起，从而形成一个完整的互相穿透的网状结构，骨料被粘结在其中形成一个复合体，这个改性过程的简化模型如图 8-6 所示。

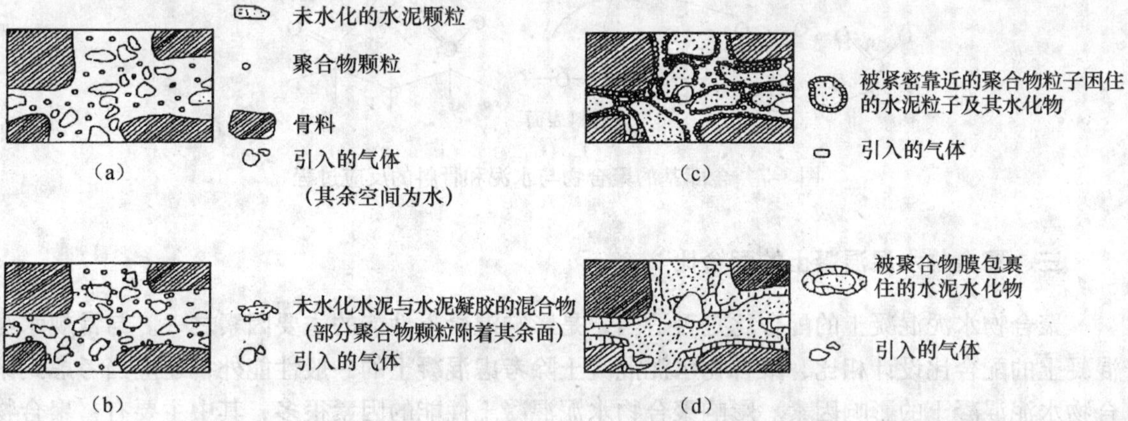

图 8-6　水泥浆与聚合物的结构形成过程

（a）开始搅拌时；（b）第一阶段；（c）第二阶段；（d）第三阶段（硬化结构）

在聚合物乳液掺入后，在改性的水泥砂浆和水泥混凝土的拌合物中，聚合物颗粒均匀分散在水泥浆中，从而形成聚合物-水泥混合体系，随着水泥的不断水化，水相逐渐被水化产物氢氧化钙所饱和，同时水泥凝胶也逐渐形成，聚合物颗粒部分沉积在水泥凝胶和未水化水泥颗粒的表面，水相中的氢氧化钙［$Ca(OH)_2$］与骨料表面的二氧化硅（SiO_2）反应生成硅酸钙（$CaSiO_4$）层。

随着水泥凝胶结构的继续发展，聚合物颗粒逐渐被封存在毛细管孔道中，水泥水化的不断进行使得毛细管中的水大大减少，聚合物颗粒逐渐凝聚而趋向连续，并黏附到水泥颗粒混合物表面及硅酸盐层上。一些化学反应可能发生在活性聚合物和 Ca^{2+}，$Ca(OH)_2$ 固态颗粒表面或骨料的硅酸盐表面，其发展形成过程如图 8-7 所示。

随着砂浆或混凝土中自由水的排出，聚合物颗粒在水化水泥表面凝聚成一连续的薄膜并

黏附在水化水泥上面，形成一均匀并互相穿透的网状结构，形成聚合物乳液改性混凝土（砂浆）的复合结构，同时骨料也通过复合结构被粘结在一起。在这种混凝土（砂浆）中，应力作用产生的裂缝被聚合物薄膜架桥连起来，从而避免了裂缝的进一步扩展，同时水泥水化物和骨料之间的粘结也得到加强。

随着聚灰比的不断增加，这种架桥作用也更加明显，导致拉伸强度和开裂韧度的增加，因此，改性混凝土（砂浆）的防水性、水密性、耐潮湿、耐空气渗透、耐化学介质和冻融性都有所改善。

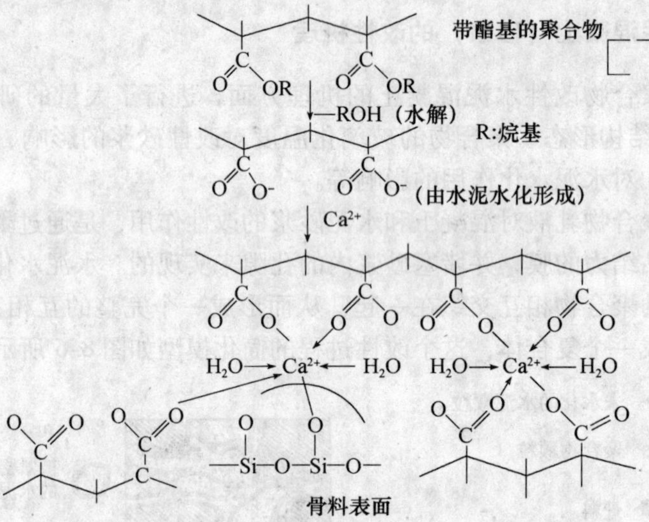

图 8-7　含酯基的聚合物与水泥和骨料的反应过程

三、聚合物水泥混凝土的配合比

聚合物水泥混凝土的配合比是否适当，是影响混凝土性能的主要因素之一。与常规水泥混凝土的配合比设计相比，聚合物水泥混凝土除考虑混凝土的一般性能外，还应当考虑到聚合物水泥混凝土的影响因素。影响聚合物水泥混凝土性能的因素很多，其中主要有：聚合物的种类、聚合物的掺量、聚合物与水泥用量之比（聚灰比）、水灰比、消泡剂及稳定剂的掺量和种类等。

聚合物水泥混凝土由于水灰比的影响没有像普通水泥混凝土那样大，为此，对聚合物水泥混凝土的水灰比，主要以被要求的和易性（坍落度或流度）来确定。

设计聚合物水泥混凝土的配合比时，除要着重考虑拌合物的和易性和混凝土的抗压强度外，还应根据使用要求，考虑其抗拉强度、抗弯强度、粘结强度、抗渗性、耐腐蚀性等。以上各项性能虽与混凝土的水灰比有密切关系，但与聚灰比（聚合物与水泥的重量比）有着更重要的关系。试验证明，当聚灰比为15%～20%时，混凝土的抗弯强度最大。

聚合物水泥混凝土的配合比设计，除应考虑聚灰比以外，其他大致可按普通水泥混凝土进行。在一般情况下，聚合物水泥砂浆的配合比为：水泥∶砂＝1∶2～1∶3（质量比）。聚灰比控制在5%～20%范围内，水灰比可根据混凝土拌合物的设计和易性适当选择，大致控制在0.30～0.60范围内。

聚合物水泥混凝土的参考配合比见表8-10。

表8-10　聚合物水泥混凝土参考配合比

聚合物与水泥之比（%）	水灰比	砂率（%）	聚合物分散体用量（kg/m^3）	用水量（kg/m^3）	水泥用量（kg/m^3）	砂用量（kg/m^3）	石子用量（kg/m^3）	坍落度（mm）	含气量（%）
0	0.50	45	0	160	320	510	812	50	5
5	0.50	45	16	140	320	485	768	170	7
10	0.50	45	32	121	320	472	749	210	7

聚合物水泥砂浆的参考配合比见表8-11。

表8-11　聚合物水泥砂浆参考配合比

砂浆用途	参考配合比（重量比）			涂层厚度
	水　泥	砂	聚合物	（mm）
路面材料	1	3.0	0.2～0.3	5～10
地板材料	1	3.0	0.3～0.5	10～15
防水材料	1	2～3	0.3～0.5	5～20
防腐材料	1	2～3	0.4～0.6	10～13
粘结材料	1	0～3	0.2～0.5	—
粘结材料	1	0～1	>0.2	—
粘结材料	1	0～3	>0.2	

四、聚合物水泥混凝土的物理力学性能

根据大量的研究表明，聚合物与无机胶结材料之间的作用，是可以形成离子键或共价键，其中两价或三价离子可在有机聚合物链之间形成特殊的桥键，在一定程度上改变了水泥混凝土（砂浆）的微观结构，因而聚合物水泥混凝土（砂浆）性能得到明显的改变。

（一）新拌聚合物水泥混凝土的性能

1. 减水性和流动性

普通水泥混凝土中加入专用乳液后，由于聚合物具有较好的减水作用，再加上颗粒、引入的空气滚珠效应和乳液中表面活性剂对水泥颗粒的分散作用，使得水泥混凝土的和易性大大改善。因此，在规定的流动度下，加入聚合物乳液可减少用水量，减水率随着聚灰比（聚合物的用量）的提高而增大。

当混凝土的水灰比不变时，随着聚灰比的提高，混凝土拌合物的流动性增大，或者要达到某预定的流动性，其所需的水灰比会随着聚灰比的增大而降低。这一作用对提高混凝土的早期强度及降低混凝土的干缩具有重要作用。但非专用乳液可能无减水效果。

2. 混凝土中的含气量

由于乳液中表面活性剂的作用，会在水泥混凝土中引入大量的气泡。少量气泡对于混凝土的流动性和抗冻性是有益的，如果含气量过多会降低混凝土的强度。聚合物水泥混凝土中的含气量较多，有的可达到10%～30%。在配制中如果掺加适量的消泡剂，含气量可控制在2%以下，与普通水泥混凝土基本相同。这是因为混凝土与砂浆相比，混凝土中的骨料颗

粒大一些，有利于空气的排除。

3. 保水性、泌水和离析

与普通水泥混凝土相比，乳液改性的聚合物水泥混凝土有很好的保水性，这是由于聚合物乳液本身亲水的胶体特性和所形成的聚合物薄膜的填充及封闭效果所致。聚合物水泥混凝土的保水能力与聚灰比有关，良好的保水性对于提高养护条件下的长期性能及在高吸水性基底上施工的混凝土是有益的。

聚合物乳液本身亲水的胶体特征及减水效应，还可以减小混凝土（砂浆）的泌水和离析现象，这样有益于提高混凝土（砂浆）的强度和抗渗性能。

4. 混凝土的凝结时间

试验结果表明，聚合物改性的混凝土（砂浆）的凝结时间比普通水泥混凝土（砂浆）要长一些，延长的程度与聚合物的类型和聚灰比有密切关系。不同种类的聚合物，对水泥混凝土（砂浆）凝结时间的影响是不同的；随着聚灰比的增加，水泥混凝土（砂浆）的凝结时间有延长的趋势。

（二）硬化聚合物水泥混凝土的性能

在聚合物改性水泥混凝土（砂浆）中，由于聚合物与水泥形成互穿网络结构，堵塞了砂浆内部的孔隙，强化了作为胶结料的水泥硬化体，加强了骨料之间的粘结，因此，硬化后的聚合物水泥混凝土的各种性能均比普通水泥混凝土好。

1. 力学性能

硬化聚合物改性水泥混凝土（砂浆）的力学性能，主要包括强度、粘结性、韧性和弹性模量、耐磨性、徐变等。

（1）强度

与普通水泥混凝土相比，影响聚合物水泥混凝土强度的因素更多，除影响普通水泥混凝土的因素，如水灰比、灰砂比、养护条件、测试方法等外，还要受聚合物本身性能、聚灰比等因素的影响，并且这些因素还相互关联。

聚合物的品种不同，本身的性能也不同，对聚合物水泥混凝土强度的影响变化也不同。弹性胶乳有使抗压强度下降的趋势，而热塑性树脂乳液有使抗压强度提高的倾向。同一种聚合物乳液，其共聚物中单体含量的不同对强度也有不同的影响。图 8-8 为不同聚合物中单体含量对强度的影响。

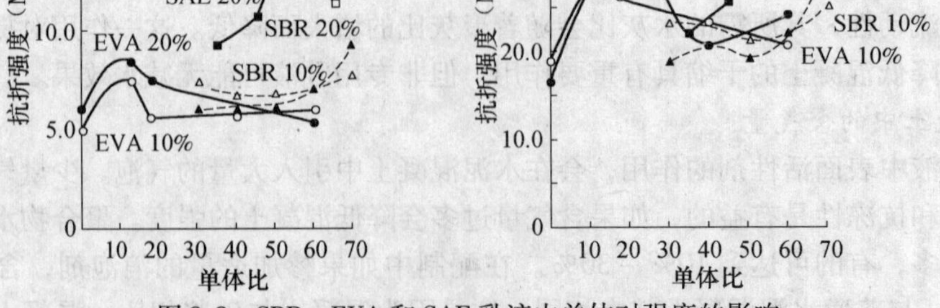

图 8-8　SBR、EVA 和 SAE 乳液中单体对强度的影响

一种聚合物聚灰比不同，对混凝土的强度影响也不同。一般来说，聚合物水泥混凝土的抗压强度、抗弯强度、抗拉强度和抗剪强度，均随着聚灰比的增加而有所提高，其中以抗拉及抗弯强度的增加更为显著，如表8-12所示，而抗压强度则基本不变，有时呈现上升或下降的趋势。其下降的原因是聚合物的弹性模量比水泥石低，当复合体受压时起不到刚性支撑的作用。如果聚合物的刚性提高，则抗压强度可随聚灰比的提高而提高。

表8-12 聚合物改性混凝土的强度随聚灰比的变化情况

混凝土种类	聚灰比（%）	水灰比（%）	相对强度（%）				强度比			
			抗压	抗剪	抗拉	剪切	抗压/抗剪	抗压/抗拉	抗剪/抗压	剪切/抗压
丁苯橡胶水泥混凝土（SBR）	5	53.3	123	118	126	131	7.13	13.84	1.94	0.185
	10	48.3	134	129	154	144	7.13	12.40	1.74	0.184
	15	44.3	150	153	212	146	6.75	10.05	1.49	0.168
	20	40.3	146	178	236	149	5.64	8.78	1.56	0.178
聚丙烯酸酯混凝土（PAE-1）	5	40.3	139	127	150	111	8.64	15.17	1.77	0.120
	10	33.6	179	146	158	116	8.44	16.23	1.96	0.111
	15	31.3	157	143	192	126	7.58	11.65	1.55	0.139
	20	30.0	140	192	184	139	5.03	10.88	2.19	0.170
聚丙烯酸酯混凝土（PAE-2）	5	59.0	111	106	128	103	7.23	12.92	1.81	0.161
	10	52.4	112	116	130	116	6.65	11.40	1.71	0.178
	15	43.0	137	167	219	118	5.64	9.06	1.62	0.148
	20	37.4	138	214	238	169	4.45	8.32	1.88	0.210
聚醋酸乙烯酯水泥混凝土（PVAC）	5	51.8	98	95	112	102	7.13	12.53	1.78	0.178
	10	44.9	82	105	120	106	5.37	9.76	1.81	0.221
	15	42.0	55	80	90	88	4.60	8.39	1.81	0.274
	20	36.8	37	62	91	60	4.10	5/76	1.38	0.275
普通水泥混凝土	0	60.0	100	100	100	100	6.88	12.80	1.86	0.174

养护条件对聚合物水泥混凝土强度也有一定影响，对聚合物水泥混凝土，理想的养护条件是：早期水中养护以促进水泥水化，而后进行干养护，以促进聚合物成膜。

（2）粘结性

工程实践和试验证明，有机聚合物水泥混凝土在各种基材的粘结性，均比普通水泥混凝土有所提高，其提高的程度受聚合物品种、聚灰比、被粘基材对聚合物与水泥悬浮体的液相渗透程度影响。

与普通水泥混凝土相比，乳液改性混凝土对各种基材的粘结强度均得到提高，并且粘结强度随聚灰比的提高而提高，同时也受基底材料性质的影响。试验也证明，由于试验方法、养护条件和基面孔隙度的不同，其粘结强度试验数据往往相当分散。

有机聚合物不仅可以改善水泥混凝土的内聚强度及水泥浆与骨料之间的粘结力，而且对旧混凝土或钢板的粘结效果都有显著提高，这种性质使得聚合物水泥混凝土（砂浆）很适用于老混凝土的修补及表面涂层。

（3）韧性和弹性模量

试验研究证明，聚合物水泥混凝土（砂浆）的韧性比普通水泥混凝土（砂浆）要好得多，断裂能是普通水泥混凝土（砂浆）的2倍以上。显微研究表明，在胶乳改性混凝土横断面上，可以清楚地看到聚合物薄膜像桥一样跨于微裂缝上，有效地阻止裂缝的形成和扩展，所以胶乳改性混凝土的韧性、变形性能较普通混凝土有很大提高。

乳液改性混凝土（砂浆）的冲击韧性随着聚灰比的提高而增大，其弹性胶乳优于热塑性树脂乳液，但弹性模量明显比普通水泥混凝土（砂浆）下降，下降的程度也与聚合物种类和聚灰比有关，通常聚灰比增大，弹性模量下降。

（4）耐磨性

普通水泥混凝土中加入适量的聚合物，可以大幅度提高其耐磨性。耐磨性提高的程度，与聚合物的种类、聚灰比以及磨损条件有关。在一般情况下，随着聚灰比的提高，其耐磨性也提高。试验研究证明，在混凝土中掺加聚合物，可以使磨损表面中含有一定数量的有机聚合物，这些聚合物对水泥材料的颗粒起着很好的粘结作用，可防止它们从表面脱落。

聚合物水泥混凝土（砂浆）的耐磨性，比普通水泥混凝土（砂浆）有大幅度提高，聚灰比越大，耐磨性越好。如聚灰比为5%的聚酯酸乙烯改性砂浆，在相对湿度50%条件下养护，其耐磨性比普通水泥砂浆提高2倍；聚灰比为20%的聚酯酸乙烯改性砂浆，其耐磨性比普通水泥砂浆提高20倍。

（5）徐变

养护条件、聚合物种类和聚灰比等，对聚合物水泥混凝土的徐变有一定影响，如表8-13所示。有的研究结果表明，聚合物水泥混凝土的徐变比普通水泥混凝土大，如表8-14所示。但也有的研究结果表明，聚合物水泥混凝土的徐变比普通水泥混凝土小得多，如图8-9所示。

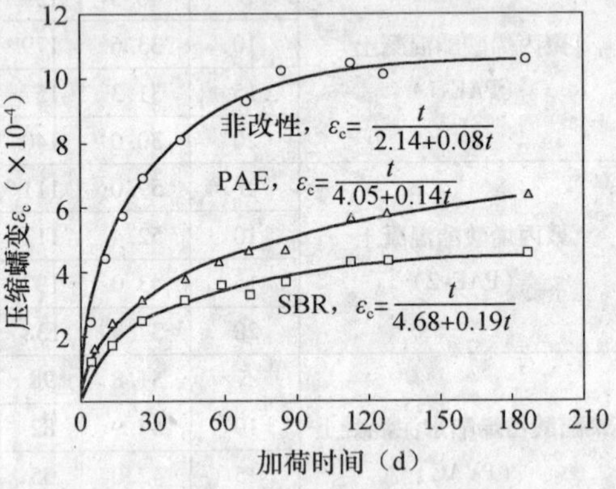

图8-9 乳液聚合物水泥混凝土的徐变

表8-13 养护条件和聚灰比对聚合物水泥混凝土徐变的影响

聚合物含量	养护条件	应力/强度	徐变（$\times10^{-6}$）
0	干养护	0.25	796
15	干养护	0.25	1054
20	干养护	0.25	1224
0	湿养护	0.25	406
15	湿养护	0.25	887
20	湿养护	0.25	875

表8-14 不同品种的聚合物对混凝土90d徐变的影响

影响＼聚合物品种	丙烯酸酯	改性丙烯酸酯	苯乙烯-丙烯酸酯	丁苯胶乳
徐变（$\times10^{-6}$）	1224	887	863	694
养护条件	干养护	干养护	干养护	干养护
应力/强度	0.25	0.25	0.25	0.25

在普通水泥混凝土中掺加聚合物后，由于其孔隙率的减小，使得聚合物水泥混凝土的强度比普通水泥混凝土的高。但强度提高的幅度又随着聚合物的种类、聚灰比、水灰比不同而不同。

聚合物改性水泥混凝土（砂浆），目前主要用于地面、路面、桥面和船舶的内外甲板面，尤其是有洒落化学物质的楼地面更为适宜，也可以用作衬砌材料、喷射混凝土和新老混凝土的接头。

2. 物理和化学性能

聚合物水泥混凝土的物理和化学性能，主要包括密度及孔隙率、耐水性、抗冻性、抗碳化性和耐候性、抗氯离子渗透性、耐化学腐蚀性、干缩性等。

（1）密度

聚合物水泥混凝土的密度取决于很多因素，但在其他因素相同的情况下，聚合物混凝土的密度与聚合物的用量（聚灰比）、聚合物的类型、聚合物的性能（如表面活性的大小、引气量的大小等）有关。据有关文献报道，当聚合物含量增加时，由于混凝土中空气引入量的增加，聚合物混凝土的密度减小。当聚灰比为0.20~0.25时，密度出现极大值可能是由于在这个用量下，聚合物分散体的塑化作用，提高了混凝土的成型性，有利于混合物的密实。

（2）孔隙率

普通水泥混凝土中加入聚合物乳液，引起材料内孔隙的重新分布，使得混凝土的孔隙率提高，因此聚合物水泥混凝土在密度下降的同时，孔隙变小及在整体中均匀分布。

（3）耐水性

聚合物水泥混凝土的耐水性，可以用吸水性、不透水性和软化系数来描述。由于聚合物填充了孔隙，使总的孔隙量、大直径孔隙量和开口孔隙量减少，使得聚合物水泥混凝土的吸水性大大减小。在比较理想的情况下，吸水率可下降50%，软化系数达到0.80~0.85，这种聚合水泥混凝土属于稳定性材料。

试验充分证明，用不同的聚合物所配制的聚合物水泥混凝土的吸水率不同，其中聚醋酸乙烯乳液配制的混凝土的耐水性最差，这与乳液本身耐水性差有关。

（4）抗冻性

由于聚合物水泥混凝土的吸水率大大下降、孔隙率降低及具有一定的引气作用，所以改性后的水泥混凝土抗冻性比普通水泥混凝土要好得多。图8-10为乳液改性砂浆冻融耐久性试验结果。

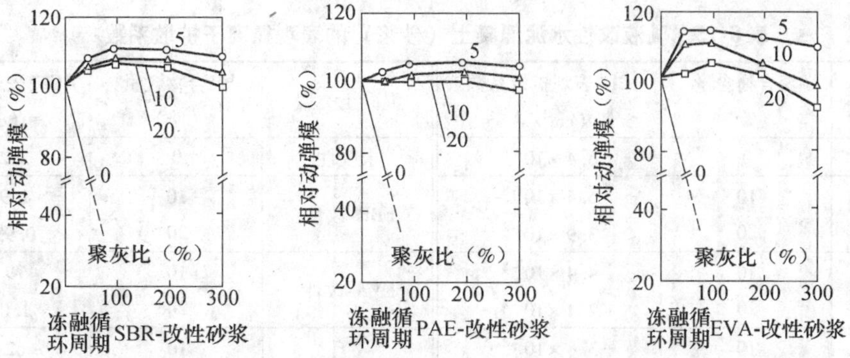

图8-10　乳液改性砂浆的相对动态弹性模量与冻融循环次数的关系

（5）抗碳化性

在聚合物水泥混凝土中，由于聚合物的填充作用和封闭作用，空气、二氧化碳、氧气的透过性降低，因而其抗碳化能力大大提高。在一般情况下，聚灰比提高，抗碳化能力也相应提高。抗碳化作用的大小与聚合物的含量、二氧化碳的暴露条件等有关。图 8-11 和图 8-12 为不同聚合物种类、不同聚合物含量、不同二氧化碳暴露时间下，几种乳液改性水泥砂浆的碳化深度情况。

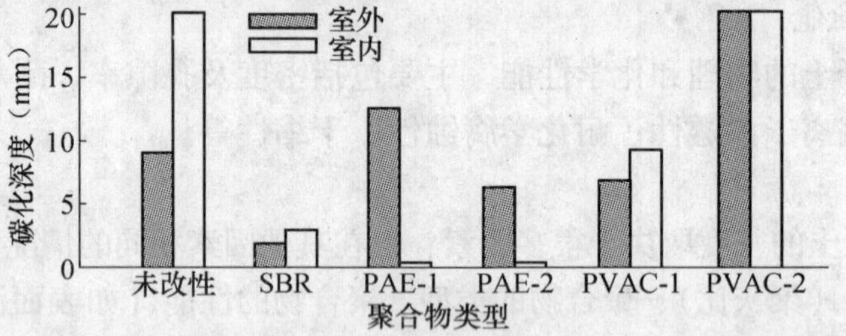

图 8-11　乳液改性砂浆室内外暴露 10 年后的碳化深度

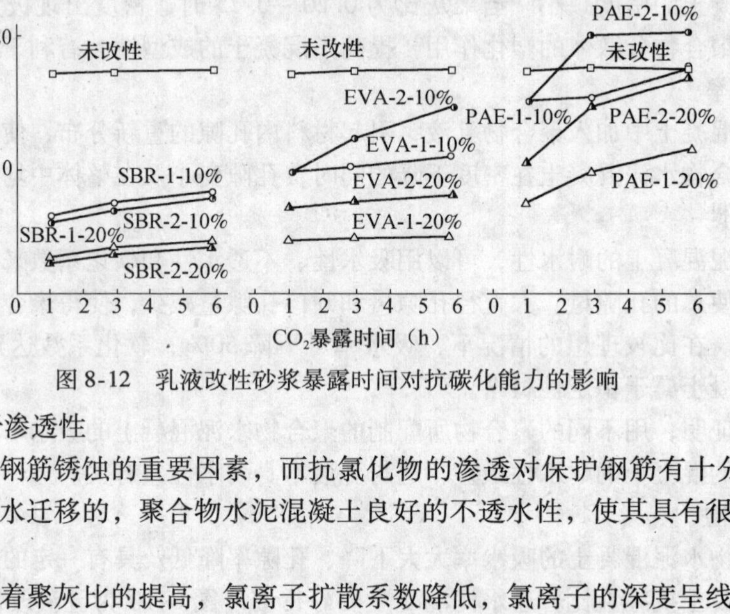

图 8-12　乳液改性砂浆暴露时间对抗碳化能力的影响

（6）抗氯离子渗透性

氯离子是影响钢筋锈蚀的重要因素，而抗氯化物的渗透对保护钢筋有十分重要的意义。因为氯离子是随着水迁移的，聚合物水泥混凝土良好的不透水性，使其具有很好的抗氯离子渗透性。

试验证明，随着聚灰比的提高，氯离子扩散系数降低，氯离子的深度呈线性下降，如表 8-15 所示。

表 8-15　乳液改性水泥混凝土（砂浆）的表观氯离子扩散系数

砂浆类型	聚合物含量（%）	Cl^- 表观扩散系数（cm^2/s）	混凝土类型	聚合物含量（%）	Cl^- 表观扩散系数（cm^2/s）
未改性	0	6.4×10^{-8}	未改性	0	2.2×10^{-8}
SBR-改性	10	6.4×10^{-8}	SBR-改性	10	1.9×10^{-8}
	20	3.9×10^{-8}		20	0.93×10^{-8}
EVA-改性	10	4.4×10^{-8}	EVA-改性	10	79×10^{-8}
	20	2.4×10^{-8}		20	1.0×10^{-8}
PAE-改性	10	3.8×10^{-8}	PAE-改性	10	62×10^{-8}
	20	4.4×10^{-8}		20	0.58×10^{-8}

（7）耐化学腐蚀性

聚合物水泥混凝土由于聚合物的填充作用和聚合物薄膜的密封作用使其耐腐蚀性提高。试验证明，聚合物耐化学腐蚀性，主要是耐油和耐油脂，但不能耐酸。耐化学腐蚀性随着聚灰比的提高而提高。

（8）干缩性

聚合物水泥混凝土的干缩受到聚合物种类及聚灰比的影响，有的干缩增加，有的干缩减小。如聚灰比为12%的丙烯酸酯共聚乳液配制的混凝土，比不掺加的收缩率减少60%；而氯丁胶乳配制的混凝土，其干缩反而比不掺加的有所增加。

五、聚合物改性混凝土（砂浆）的应用

聚合物改性水泥混凝土与聚合物浸渍混凝土和树脂混凝土相比，研究历史较长、商品化时间也最长，其应用自然就比较广泛。在各种改性用聚合物中乳液应用比较多的有：氯丁胶乳（SBR）、丙烯酸酯类及丙烯酸酯类共聚乳液、乙烯-醋酸乙烯酯类（EVA）、环氧乳液、氯乙烯-偏氯乙烯乳液（PVDC）和呋喃类等。

随着聚合物种类的增多和理论研究的加深，聚合物改性混凝土（砂浆）在工程中的应用越来越广泛。目前，主要用于修补材料、用于粘结材料、用于路桥铺面材料、用于防腐蚀涂层、用于表面装饰和保护、配制预应力聚合物改性混凝土、配制水下不分散聚合物改性混凝土等。

（一）用于修补材料

由于聚合物对旧混凝土有很好的粘结效果，因此，聚合物改性水泥混凝土最早是用于修补混凝土结构，可以用于修补混凝土裂缝、表面剥落和钢筋防腐保护等。

用作修补材料的聚合物胶乳，大多数已制备成水泥材料的专用外加剂，这样使用起来非常方便，如聚醋酸乙烯酯（PVAC）、聚偏二氯乙烯（PVDC）、丁苯胶乳（SBR）、丙烯酸和改性丙烯酸乳液（常用的苯-丙乳液）。

由于聚偏二氯乙烯（PVDC）中含有游离氯化物，随着时间的延续游离氯化物有可能释放出来，所以不宜用于钢筋混凝土的修补；由于聚醋酸乙烯酯（PVAC）在碱性或潮湿条件下不稳定，所以不宜用于水中或潮湿环境中混凝土的修补。

近些年来，我国已有专供聚合物水泥混凝土使用的商品化聚合物胶乳供应。如苏州混凝土水泥制品研究院研制的MA、MB、MS型水泥改性液，是采用合成胶乳及各种化学助剂配制而成的有机高分子乳液；又如南京永丰化工厂生产的专供配制聚合物水泥混凝土（砂浆）使用的聚丙烯酸乳液，其粘结性、防水性、抗氯离子渗透性、抗冻融性和抗碳化老化性能俱佳，自1980年起，在混凝土结构修复、钢结构保护、高速公路路面、水工建筑耐水层等多个工程中得到成功的应用，取得了良好的技术经济效益。

进行混凝土结构修补的情况是多种多样的，如房屋建筑中混凝土的修补，路面、桥梁、水库大坝、溢洪道、港口码头混凝土的修补，由于这些混凝土所处的使用条件和环境不同，所以，不仅需要根据工程的实际情况选用所适宜的聚合物-混凝土材料，而且还要根据混凝土结构破坏的情况选择适宜的修补材料。

表8-16中列出了各种聚合物修补材料的物理和力学性能，表8-17中列出了在工程中常用的修补材料，可供工程施工中参考。

表 8-16 各种聚合物修补材料的物理和力学性能

材料基本性能	环氧树脂、灰浆、砂浆、混凝土	聚酯树脂、灰浆、砂浆、混凝土	水泥灰浆、砂浆、混凝土	聚合物改性水泥基材料
抗压强度（MPa）	5.5 ~ 110	5.5 ~ 110	20 ~ 70	10 ~ 80
抗压弹性模量（MPa）	0.5 ~ 20	2 ~ 10	20 ~ 30	1 ~ 30
抗弯强度（MPa）	25 ~ 50	25 ~ 30	2 ~ 5	6 ~ 16
抗拉强度（MPa）	9 ~ 20	8 ~ 17	1.5 ~ 3.5	2 ~ 8
极限拉伸（%）	0 ~ 15	0 ~ 2	0	0 ~ 5
线性膨胀系数（/℃）	$25 \sim 30 \times 10^{6}$	$25 \sim 35 \times 10^{6}$	$7 \sim 12 \times 10^{6}$	$8 \sim 20 \times 10^{6}$
吸水率（25℃，7d）（%）	0 ~ 1	0.2 ~ 0.5	5 ~ 15	0.1 ~ 0.5
承载下最大允许温度（℃）	40 ~ 80	50 ~ 80	>300	100 ~ 300
20℃温度下强度发展速率	6 ~ 48h	2 ~ 6h	7 ~ 28d	1 ~ 7d

表 8-17 在工程中常用的修补材料

用途 / 修补材料	大面积剥落厚度（mm）			小面积厚度（mm）		裂缝封填	结构裂缝修补	粘结到	蜂窝混凝土	抗渗性差的混凝土
	25	12 ~ 25	6 ~ 12	12 ~ 25	6 ~ 12					
混凝土、喷射混凝土、水泥砂浆（掺与不掺外加剂）	√									
聚合物改性水泥砂浆		√		√						
环氧砂浆			√		√					
聚酯树脂砂浆					√					
潮湿型环氧树脂								√		
丁苯胶乳丙烯酸酯共聚胶乳						√		√		取决于混凝土的渗透性
低黏性环氧树脂							√		√	取决于混凝土的渗透性
低黏性聚酯和丙烯酸树脂						√			√	取决于混凝土的渗透性
浸渍聚合物										√
特殊浸渍表面涂层和表面封填剂										√
万能胶结剂、聚醋酸乙烯酯（PVA）及改性砂浆	不适于混凝土外部修补									

目前，聚合物改性水泥混凝土在国内的应用，主要还是以聚合物改性水泥砂浆的形式用于修补及用作耐蚀防护材料，在公路上主要用于公路桥桥墩和桥面的修补。经过对许多工程

的实际应用，对混凝土的冻融剥蚀的修补、防水防渗表面保护层、混凝土防碳化处理或碳化混凝土的修补、表面防侵蚀或侵蚀破坏的修补、混凝土一般裂缝的修补或混凝土伸缩缝的修补等，均取得了良好的经济、技术和社会效益。

经过对所修补工程的跟踪调查表明，修补层无开裂、不脱落、表面平整、效果良好，这充分说明聚合物水泥混凝土（砂浆）的力学性能优良、耐久性好，适用于野外恶劣环境混凝土结构的修补，将会在混凝土工程的修补中得到更加广泛应用。

（二）用于粘结材料

由于聚合物水泥混凝土和水泥砂浆具有良好的粘结性能，因此，作为一种粘结材料已用于粘结瓷砖、新旧混凝土之间的粘结等。近几年来，我国研制了许多优良的聚合物。

聚合物水泥砂浆可采用的有机聚合物是聚乙烯醇缩甲醛胶或聚醋酸乙烯乳液，最常用的是聚乙烯醇缩甲醛胶。在水泥或水泥砂浆中掺入适量的聚乙烯醇缩甲醛胶，可以将水泥或水泥砂浆的粘结性能提高 2 ~ 4 倍，增加砂浆的柔韧性与弹性，防止面层空鼓、脱落等现象，还可以提高砂浆的黏稠度和保水性，以便于操作。

由于水泥砂浆中有聚乙烯醇缩甲醛胶，胶体阻隔水膜，砂浆不易流淌，容易保证墙面洁净，减少了清洁墙面的工作，而且能延长砂浆的使用时间。此外还可减薄粘结层，一般只需 2 ~ 3mm，此法称为“硬贴法”。其配合比（质量比）为水泥: 砂: 水: 聚乙烯醇缩甲醛胶 = 1: 2. 5: 0. 44: 0. 03。聚乙烯醇缩甲醛胶的掺量不可盲目增大，否则会降低粘结层的强度，一般以占水泥重量的 3% 为宜。

（三）用于路桥铺面材料

早在 20 世纪 60 年代，前苏联、日本等国已开始这方面的研究，并开始将聚合物改性水泥混凝土用于公共建筑、民用及工业厂房的地面、路面及公路、桥梁、机场跑道的面层材料。实践证明，用聚合物水泥混凝土作为道路面层，不仅具有良好的防水性能和耐磨效果，而且具有较好的弹性和耐久性。

目前，在我国仍然很少用聚合物改性水泥混凝土作为建筑结构材料，这是因为与树脂混凝土和聚合物浸渍混凝土相比，其成本比较高、投资比较大。因此，在我国除了某些特殊使用场合，如消震、抗冲击、耐磨性要求高的结构外，还没有采用聚合物改性水泥混凝土作为大体积的结构材料。

（四）用于防腐蚀涂层

由于聚合物改性水泥混凝土（砂浆）的密实度显著提高，从而使其吸水率大大降低，抗渗性能大为改善，能够有效阻止腐蚀介质的渗入，提高混凝土结构的耐腐蚀性。

我国已有将聚合物水泥砂浆应用于化工车间（或化学实验室）的地面、墙面、屋面板、高压引入管、钢筋混凝土防腐保护以及港口码头的钢筋混凝土海水池防腐保护层等，并获得成功和显著效益。

（五）用于表面装饰和保护

工程实践充分证明，聚合物改性水泥砂浆不仅可直接作为建筑物墙面的装饰层，也可作为要进一步装饰用的找平层，还可用作各种结构的保护层。如作为隧道、地沟、坑道、管道、桥面板等的保护层，不仅可以延长结构的使用寿命，而且还可以降低工程的投资。

当将聚合物改性水泥砂浆用作内外装饰层时，对砂浆的性能要求和聚灰比是不同的。因此，在选用聚合物种类时应特别注意，如本身耐水性较差的聚合物乳液（聚醋酸乙烯）不适合用于湿度较大的场所和部位。

（六）配制预应力聚合物改性混凝土

在配制预应力聚合物改性混凝土方面，前苏联进行了很多研究工作，并取得了可喜的成果。研究结果表明，用聚合物改性水泥混凝土代替普通水泥混凝土后，可在减少水泥用量的条件下，减少混凝土梁的高度和混凝土的横截面积5%～10%，在水泥用量相同时可减少10%～15%，这样不仅可以减轻建筑结构的自重，而且可以增加建筑物的利用空间；在梁的横截面、高度相同时，张拉钢筋的用量可减少25%～35%，混凝土构件的抗裂性约提高30%，这样不仅可以降低工程的造价，而且可以提高混凝土的耐久性。

聚合物改性水泥混凝土（砂浆），除了可以在以上几个方面应用外，随着科学技术的不断发展，其应用范围还在不断的扩大。如可以作为防水材料用于结构防水，其防水效果远远超过普通水泥防水混凝土；纤维增强聚合物改性水泥混凝土（砂浆），具有更好的抗开裂性、更高的抗拉强度和更优良的耐磨性。

第四节　聚合物胶结混凝土

聚合物胶结混凝土（Polymer Conerete，简称为PC），是以合成树脂（有机聚合物）或单体为胶结材料、以砂石为骨料的混凝土。由于胶结材料全为合成树脂，所以也称为树脂混凝土、聚合物混凝土、塑料混凝土或纯聚合物混凝土。这种混凝土常用一种树脂或几种树脂及固化剂，与天然或人工骨料混合固化而成。在实际配制中，为了减少合成树脂的用量、降低工程造价，还可加填料粉砂等。

聚合物混凝土与普通水泥混凝土相比，聚合物胶结混凝土的强度高达几倍以上；其粘结性、抗渗性、耐水性、耐冻融性、耐药物性及耐化学腐蚀性能均有很大提高；尤其是具有优良的绝缘性能，使其应用范围更加广泛。

另外，聚合物胶结混凝土还具有施工方便、工艺简单、硬化速度快、粘结强度高等特点，不仅可以广泛用于耐腐蚀的化工结构和高强度接头，而且在装配式建筑板材、桩、管道等预制构件中得到广泛应用。

如果将聚合物混凝土中掺入适当颜料，选择彩色骨料，可以使这种混凝土具有漂亮的外貌，所以有时人们称它为人造大理石、人造花岗石或人造玛瑙。因此，在建筑装饰工程中可用作饰面构件，如窗台、窗框、地面砖、花坛、桌面、浴缸等。聚合物胶结混凝土的主要用途如表8-18所示。

表8-18　聚合物胶结混凝土的主要用途

主要用途	主要应用范围
胶结材料	粘结瓷砖、预制混凝土板、修补混凝土裂缝、埋锚栓、修补混凝土枕木等
防腐材料	化工厂和化学实验室地面、废液槽、电解槽、温泉的浴槽（缸）等
底板材料	学校、医院、办公楼、仓库、工厂地面、通道、站台、机械的基础等
防水材料	混凝土地下防水层、屋面防水、水塔、水池等
混凝土制品	主要用于管道、柱子、桩体、板、盖板、装饰板、卫生洁具等

由于聚合物混凝土具有上述一系列优点和用途，所以从1950年开始研究以来，受到很多国家的高度重视，无论是基础研究还是应用研究都取得显著进展，尤其是前苏联、原联邦德国、日本、美国、法国、意大利等国家，在这方面进行了大量的研究试制和推广工作。

各国重点使用的树脂材料不尽相同，如在美国和西欧最常用的聚合物材料是甲基丙烯酸甲酯单体、环氧树脂和不饱和聚酯，在日本最常用的聚合物材料是以不饱和聚酯树脂为主，前苏联和东欧却以呋喃树脂（糠醛、丙酮树脂）为主。

自20世纪60年代以来，我国的上海、江西、北京、西安、成都等地有关部门也开始了聚合物混凝土的研究和应用工作，并取得了一定成绩。

一、聚合物胶结混凝土的原材料

配制聚合物胶结混凝土的原材料，主要包括胶结材料、骨料、填充粉料、增强材料和外加剂等。

（一）胶结材料

生产聚合物胶结混凝土，胶结材料是其主要组成材料。目前所采用的胶结材料主要是各种树脂，主要有热固性树脂、热塑性树脂、沥青类及树脂改性沥青、煤焦油改性树脂和乙烯类单体五种类型。

1. 对胶结材料的要求

聚合物混凝土选用的胶结料（即合成树脂材料），应视此种混凝土的用途而定，选择时应考虑以下几点：

（1）在满足混凝土设计要求性能的前提下，尽可能选用价格较低的树脂，以降低聚合物混凝土的单价。

（2）树脂的黏度要低，并能比较容易地进行调整，这样不仅便于同骨料混合，而且便于混凝土的拌制均匀。

（3）当混凝土中掺入硬化剂、促进剂等外加剂时，这些外加剂无论是否对其加热，均能正常硬化成固体。

（4）混凝土的硬化时间可随意调节，并在硬化过程中不得产生低分子物质及有害物质，其固化收缩比较小。

（5）与混凝土中的粗细骨料具有良好的粘结性能，能使混凝土中的组成材料成为一个紧固的整体。

（6）具有良好的耐水性，应当达到极少吸水或不吸水的要求，并且要具有良好的化学稳定性。

（7）为确保达到设计的使用年限，所选用的树脂具有良好的耐候性、耐老化性，并有一定的耐热性，且不易燃烧。

（8）在通常的成型条件或现场施工的条件下，固化过程中温度和湿度等现场环境条件对硬化过程的影响不大。

（9）适应预制品的成型条件或现场施工条件，而且达到完全硬化的时间要短，以便于树脂混凝土构件及早使用。

2. 胶结材料的种类

（1）热固性树脂

热固性树脂加热后产生化学变化，逐渐硬化成型，再受热也不软化，也不能溶解。热固性树脂其分子结构为体型，它包括大部分的缩合树脂。热固性树脂的优点是耐热性高，受压不易变形；其缺点是机械性能较差。热固性树脂的种类很多，在混凝土工程中常用的有：不饱和聚酯（收缩型、低收缩型）树脂、聚氨基甲酸乙酯、环氧树脂、苯酚树脂、呋喃树脂（糠醛树脂、丙酮树脂等）等。

（2）热塑性树脂

热塑性树脂是指有线型或分枝型结构的有机高分子化合物。这类树脂最大的特点是遇热软化或熔融，处于可塑性状态，冷却后又变得坚硬，而且这一过程可以反复进行。热塑性树脂种类很多，在混凝土工程中应用最广泛的是聚氯乙烯树脂、聚乙烯树脂等。

（3）沥青类及树脂改性沥青

沥青类及树脂改性沥青如沥青、橡胶沥青、环氧沥青、聚硫化物沥青等。

（4）煤焦油改性树脂

煤焦油改性树脂如环氧焦油、焦油氨基甲酸乙酯、焦油聚硫化物等。

（5）乙烯类单体

乙烯类单体如甲基丙烯酸甲酯（MMA）、苯乙烯（S）等。

目前，在道路工程和建筑工程中最常用的胶结材料有：环氧树脂、不饱和聚酯树脂、呋喃树脂、脲醛树脂及甲基丙烯酸甲酯单体、苯乙烯单体等。其中以不饱和聚酯树脂的价格比较低，对聚合物混凝土的固化控制比较容易；当采用甲基丙烯酸甲酯单体时，由于其黏度低，聚合物混凝土的和易性好，施工非常方便，在低温（-20℃）下固化性能也较优良。

（二）骨料

聚合物胶结混凝土使用的粗、细骨料，基本与普通混凝土相同，可使用河卵石、河砂、硅砂、安山岩或石灰岩等碎石，有时也可使用轻骨料。粗骨料的粒径一般为10~20mm，细骨料的粒径一般为2.5~5.0mm。

骨料的性能、粒径、质量等，对聚合物胶结混凝土的性能有很大的影响，使用时应满足以下要求：

1. 聚合物胶结混凝土所用的骨料，与普通水泥混凝土基本相同，其质量要求应符合国家标准《建筑用卵石、碎石》和《建筑用砂》中的要求。工程实践证明，聚合物胶结混凝土所用粗骨料，应选用最大粒径不大于20mm的坚硬材料。

2. 为确保聚合物胶结混凝土质量，骨料和粉料中不得含有与树脂发生化学反应的杂质，也不得含有影响树脂固化的物质。

3. 试验表明，聚合物胶结混凝土的强度，随着骨料及粉料的含水量增加而显著下降，如果超过一定的含水量，可造成树脂的不完全交联，甚至影响聚合反应的正常进行，同时也会使混凝土拌合物失去黏性，流动性变差，施工比较困难，还会使硬化后的混凝土收缩随着含水量的增加而增大。因此，骨料和粉料必须保持干燥，其含水率应在0.1%以下，以使骨料能与树脂牢固地粘结在一起，这是保证聚合物混凝土质量的关键。

4. 所选用的骨料和粉料的吸附性要小，以降低骨料和粉料的总表面积，减少树脂混凝土中树脂材料的用量，降低聚合物胶结混凝土的单价。

5. 骨料要满足强度高、级配好、密度大、易于与树脂粘结的要求。为了提高聚合物胶结混凝土的强度，骨料本身的强度应尽可能高，一般规定，配制聚合物胶结混凝土的骨料强度，应为混凝土设计强度的2倍以上。

不同的应用场合对骨料的级配有不同的要求，主要取决于聚合物胶结混凝土的厚度。一般要求骨料的最大尺寸不得超过聚合物树脂混凝土厚度的1/3，如用作桥面、停车场等罩面的聚合物混凝土对骨料的要求，如表8-19所示。

表8-19　桥面、停车场等罩面聚合物混凝土用骨料的性能指标

性　能	指标要求	测试方法
级　配	3.35mm筛（6）筛余0%～3% 1.70mm筛（12）筛余70%～97% 1.18mm筛（16）筛余0%～3%	ASTM D-75
分解性	500次循环时质量损失<20%	ASTM C-131
水分含量	<0.15%	ASTM C-566

（三）填充材料

细颗粒粉状材料一般被称为填充材料，填充材料在聚合物胶结混凝土组成中，主要是产生增量效果，使得有更多体积的树脂用于粘结骨料，或减少树脂用量和改善聚合物胶结混凝土的性能。填充材料应满足以下基本条件：基本不含水分；对树脂或单体以及其他液体组分的吸收量很小；对单体的聚合反应或树脂的固化反应没有有害的影响；对树脂组分的流变性质的影响比较小。

填充材料宜加入细度为1～30μm的惰性材料。常与液态树脂一起使用的填充材料有：碳酸钙（$CaCO_3$）：即石灰石粉；二氧化硅（SiO_2）：即硅石粉、粉砂、粉煤灰、火山灰等；滑石粉及铸石粉等。如果选用粉煤灰，在使用前要经过检验，因为质量不合格的粉煤灰对聚合反应有不良影响。

工程实践证明，氢氧化铝、氢氧化镁等粉末作为填充材料，还能提高聚合物混凝土的阻燃性能，如用作厨房台面板的聚合物混凝土通常使用氢氧化铝作为填充材料。当聚合物混凝土用于耐腐蚀场合时，必须对填充材料的耐腐蚀性也提出相应的要求。常用无机填充材料的性状如表8-20所示。

表8-20　聚合物混凝土用各种无机填充材料的性状

填充材料	化学组成	颗粒形状	色　调	相对密度	颗粒尺寸（mm）
石　棉	$Ca\cdot Mg\cdot SiO_2$	纤维状	灰　色	2.4～2.6	—
氧化铝	Al_2O_3	板　状	白　色	3.7～3.9	30～150
高岭土	$Al_2O_3\cdot 2SiO_2\cdot 2H_2O$	六角板状	白　色	2.58	0.5～50
炭　黑	C	球　状	黑　色	1.80	0.01～40
石　墨	C	薄片状	黑　色	2.26	5～45
硅微粉	SiO_2	球　状	白　色	2.30	0.015
硅酸钙	$CaO\cdot SiO_2$	针　状	白　色	2.89	5～20
硅藻土	$SiO_2\cdot nH_2O$	不定形	乳　白	2.00	40～80
氧化镁	MgO	—	白　色	3.40	40～80
二氧化钛	TiO_2	球　状	白　色	4.26	0.2～50

续表

填充材料	化学组成	颗粒形状	色 调	相对密度	颗粒尺寸（mm）
氢氧化镁	$Mg(OH)_2$	—	白 色	2.40	40~80
氢氧化铝	$Al_2O_3 \cdot 3H_2O$	板 状	白 色	2.40	0.5~60
石英粉	SiO_2	不定形	白 色	2.60	50~80
熔融硅石	SiO_2	不定形	白 色	2.20	1~140
碳酸钙	$CaCO_3$	不定形	白 色	2.70	1~50
碳酸镁	$MgCO_3$	—	白 色	2.80	40~150
二硫化钼	MoS_2	板 状	黑 色	4.80	0.5~40
重晶石	$BaSO_4$	板 状	白 色	4.40	—
云 母	$K_2O \cdot 3Al_2O_3 \cdot 6SiO_2 \cdot 2H_2O$	薄片状	灰 白	2.8~3.1	10~80
滑石粉	—	—	—	2.7~2.8	—
无水石膏	$CaSO_4$	不定形	白 色	2.96	10~50
蒙脱土	—	多层片状	灰 色	—	—
金属粉	Fe、Al、Mg、Zn 等	—	—	—	5~200

（四）增强材料

在聚合物混凝土中掺加适量的增强材料，能够提高聚合物混凝土的韧性和弯曲强度。工程试验证明，许多类型的增强材料都可用于聚合物混凝土的增强，如钢筋或玻璃纤维增强材料制成的增强筋，由钢丝、玻璃纤维、聚合物纤维制成的织物，钢纤维、碳纤维或聚合物纤维等。

在聚合物混凝土中掺加玻璃纤维、玻璃纤维织物或玻璃纤维毡，由于这些增强材料的耐久性、强度和耐化学腐蚀性均比较好，价格比较便宜，施工比较简单，是优先选用的增强材料之一。

（五）外加剂

试验证明，液体树脂原料本身不会硬化，在配制聚合物胶结混凝土的搅拌过程中，还需加入一定量的外加剂，应用较多的有：消泡剂、浸润剂、减缩剂、防老剂、固化剂、稀释剂、增塑剂、阻燃剂、偶联剂和促进剂等。

消泡剂和浸润剂主要用来排除混合时包裹的空气和减少聚合物的含量；增塑剂用于减小弹性模量和增加韧性；减缩剂是为了降低树脂固化过程中产生的收缩；防老剂是用于防止树脂在紫外线的作用下产生老化；阻燃剂是为了提高树脂含量体系中树脂的阻燃性能；偶联剂是为了提高胶结料与骨料界面间的粘结力，以利于提高聚合物胶结混凝土的耐久性和强度。为使液态树脂很好的固化，有时需要加入适合于树脂的固化剂及固化促进剂，其用量要依据施工现场环境温度进行适当调整，一般应在规定的范围内变动。为防止骨料同胶结材料分离，常掺入适量的玻璃纤维。

总之，掺加以上各种外加剂目的是使液态树脂较好地转化为固态，以改善操作性能和硬化树脂混凝土的性能。

聚合物胶结混凝土中常用外加剂，如表 8-21 所示。适当选择它们的种类和掺入量，就可以控制聚合物胶结混凝土的硬化时间。

表 8-21　聚合物胶结混凝土常用外加剂

外加剂名称	外加剂外观特征	作　用	用量（%）
苯二甲胺	浅黄色液体	环氧固化剂	10~20
乙二胺	无色液体，有刺激臭味	环氧固化剂	6~8
多乙烯多胺	浅黄色液体	环氧固化剂	10~15
聚酰胺	深棕色黏稠液体	环氧固化剂	50~100
环氧丙烷丁基醚	无色透明液体	环氧稀释剂	5~15
丁基多缩水甘油醚	淡黄色透明液体	环氧稀释剂	10~20
邻苯二甲酸二丁酯	无色液体	增韧剂	10~20
多缩水甘油醚	微黄色液体	环氧稀释剂	10~30
聚酰胺	深棕色黏稠液体	环氧增韧剂	20~30
液体聚硫橡胶	浅蓝色黏稠体	环氧固化剂	50~300
聚酯树酯	浅黄色黏稠体	环氧固化剂	10~20
苯乙烯	无色液体	聚酯稀释剂	20~30
过氧化环己酮、苯甲酰	白色固体	引发剂	0.5~2.5
偶氮二异丁腈	白色固体粉末	引发剂	0.5~2.0
环烷酸钴	紫褐色	促进剂	0.1~0.5
二甲基苯胺	浅黄色液体	促进剂	0.1~0.5

二、聚合物混凝土配合比设计

聚合物胶结混凝土配合比设计合理与否，对其技术性能及成本有很大影响。聚合物混凝土配合比设计的目的，是寻求液态树脂和骨料之间的有效而经济的配合比。

因此，聚合物胶结混凝土配合比设计必须满足以下几个方面：①提高混凝土的耐久性，使混凝土结构达到设计的使用年限。②提高混凝土的安定性，使混凝土结构在使用过程中比较稳定。③降低单位体积混凝土的成本，使工程投资大幅度下降。

（一）聚合物胶结混凝土配合比设计的内容

聚合物胶结混凝土配合比直接关系到混凝土的性能和造价，在一般情况下主要包括以下内容：

1. 树脂与固化剂（硬化剂）之间的适当比例，使固化后的聚合物材料有最佳的技术性能，并可适当调整混凝土拌合物的使用时间。

2. 按最大密实体积法选择骨料（包括砂、石、粉料）的最佳级配，可以采用连续级配，也可以采用间断级配。

3. 确定胶结材料与填充材料之间的配比关系，即根据对固化后聚合物胶结混凝土技术性能的要求和对拌合物施工工艺性能的要求，确定两者合适的比例关系。在配合比设计时常把树脂和固化剂作为胶结料，按比例计算填充材料，填料应采用最密实级配。

（二）聚合物胶结混凝土配合比设计的步骤

根据工程实践证明，聚合物胶结混凝土配合比的设计内容，实际上也是在配合比设计中的设计步骤。在一般情况下，可按如下设计步骤进行：

1. 确定树脂与硬化剂的适当比例

确定液态树脂与硬化剂（引发剂、促进剂）的适当比例，以保证操作方便和硬化后的聚合物混凝土的性能。若硬化剂用量过多，则混凝土硬化过快，不仅操作困难，而且振捣不密实便产生硬化，严重影响混凝土的密实性和性能；若硬化剂用量过少，则硬化时间过长，甚至硬化不完全，也会影响硬化聚合物混凝土的性能。

2. 按最大密实体积法选择最佳骨料级配

根据骨料级配理论，将不同粒度分布的骨料和填料混合，测定其空隙率，寻求最密实状态的骨料组成，级配可采用连续级配或间断级配。

实践证明，填充材料用量和砂率高低皆影响聚合物混凝土的强度。砂率对聚合物混凝土的影响见表8-22，填充材料对聚合物混凝土的影响见表8-23，不同表观密度环氧砂浆的强度如表8-24所示。

表8-22 砂率对聚合物混凝土强度的影响

砂率（%）	骨料表观密度（kg/m^3）		混凝土抗压强度（MPa）
	松 散	密 实	
30	1660	1840	40.1
35	1680	1840	40.2
40	1700	1920	50.0
45	1730	1920	63.4

表8-23 填充材料对聚合物混凝土强度的影响

填料占骨料量的百分比（%）	骨料表观密度（kg/m^3）		混凝土抗压强度（MPa）
	松 散	密 实	
10	1730	2010	78.6
20	1780	2070	92.4
30	1830	2130	102.5
40	1860	2110	100.0

表8-24 不同表观密度环氧砂浆的强度

河砂用量（kg/m^3）	水泥用量（kg/m^3）	砂浆表观密度（kg/m^3）	力学强度（MPa）	
			28d抗压强度	28d抗拉强度
260	0	1840	61.2	11.5
200	100	1920	67.7	12.8

3. 试验确定最佳配合比

以最密实状态下级配的骨料、填料和液态树脂进行拌合，制成聚合物混凝土拌合物，并根据拌合物的施工工艺要求和硬化后聚合物混凝土的性能，测定其和易性和强度等各项性能，寻求出最佳配合比，确定树脂的用量。

日本常用的聚合物混凝土配合比，如表8-25所示；我国常用的聚合物混凝土配合比，如表8-26所示。

表 8-25　日本常用聚合物混凝土配合比（质量比）

原材料		聚酯混凝土		环氧混凝土	酚醛混凝土	聚氨基甲酸酯混凝土
胶结料		不饱和聚酯树脂 10.0	不饱和聚酯树脂 11.25	环氧树脂（含固化剂）10.0	酚醛树脂 10.0	聚氨基甲酸酯（含固化剂、填料）20
填　料		碳酸钙 12.0	碳酸钙 12.0	碳酸钙 10.0	碳酸钙 10.0	—
骨料（mm）	细砂	(0.1 ~ 0.8) 20	(<1.2) 38.8	(<1.2) 20	(<1.2) 20	(<1.2) 20
	粗砂	(0.8 ~ 4.8) 25	(1.2 ~ 5) 9.6	(1.2 ~ 5) 15	(1.2 ~ 5) 15	(1.2 ~ 5) 15
	石子	(4.5 ~ 20) 33	(5 ~ 20) 29.1	(5 ~ 20) 45	(5 ~ 20) 45	(5 ~ 20) 45
其他材料		短玻璃纤维适量；过氧化物促凝剂适量；早强剂适量	过氧化甲基乙基适量；辛烯酸钴适量	邻苯二甲酸二丁酯适量	—	—

表 8-26　我国常用聚合物混凝土的配合比（质量比）

组成材料	环氧树脂混凝土	聚酯树脂混凝土
环氧树脂	180 ~ 220	—
溶　剂	36 ~ 44	—
不饱和聚酯树脂	—	180 ~ 220
乙二胺	8 ~ 10	—
引发剂	—	2 ~ 4
促进剂	—	0.5 ~ 2
粉	350 ~ 400	350 ~ 400
砂	700 ~ 760	700
石	1000 ~ 1100	1000 ~ 1100

三、聚合物胶结混凝土的物理力学性能

与普通水泥混凝土相比，聚合物胶结混凝土是一种具有极好耐久性和良好力学性能的多功能材料，这种混凝土的抗压、抗拉、抗弯强度均高于普通水泥混凝土，其抗冲击性、耐磨性、抗冻性、抗渗性、耐水性、耐化学腐蚀性能良好，因此在土木工程中得到广泛的重视和应用。

（一）未硬化聚合物胶结混凝土的性能

1. 与普通水泥混凝土相比，由于液态树脂的黏性较大，其混凝土拌合物的和易性较差，必须用搅拌机进行拌合。

2. 适当选择液态树脂适用的硬化剂、促凝剂，即可在大范围内调节和控制混凝土拌合物的操作和硬化时间。

3. 与普通水泥混凝土相比，早期强度发挥得较早，一般可在浇筑后 1 ~ 3h 内脱模。在预制厂可加速模板周转；在现场施工时，可节省时间，缩短工期，并可适用于寒冷地区或冬期施工。

（二）硬化后聚合物胶结混凝土的性能

聚合物胶结混凝土具有多种优异的力学性能和物理化学性能，如强度高、抗渗和抗冻性好、耐磨、抗冲击、耐化学腐蚀、电绝缘性好等，但其耐燃性差。

1. 强度

聚合物胶结混凝土的抗压强度一般在 60 ~ 180MPa 之间，用 MMA 制成的聚合物胶结混凝土抗压强度最高可达 210MPa，其强度大小取决于所用聚合物的类型、骨料的尺寸、级配和类型。

聚合物胶结混凝土的抗弯强度受聚合物种类的影响。通常情况下，高度交联聚合物有更高的弯曲强度和弹性模量，也更倾向于脆性断裂。未掺加增韧剂的聚合物胶结混凝土，其抗弯强度为 14 ~ 28MPa 或更高些。用柔性聚合物制作的聚合物胶结混凝土，比用刚性聚合物制作的聚合物胶结混凝土，具有更好的韧性。

聚合物胶结混凝土的抗拉强度，一般用劈裂拉伸试验方法（ASTM C496）来测定，一般为 10. 3 ~ 17. 2MPa。聚合物胶结混凝土的剪切强度一般为 2 ~ 26MPa，处于抗拉强度和抗压强度之间。

聚合物胶结混凝土对金属及非金属（如水泥混凝土、石材、木材及其他材料等），都具有很好的粘结强度。据试验，聚合物胶结混凝土对钢的粘结强度为 40 ~ 140kg/cm^3，对混凝土的粘结强度为 40 ~ 60kg/cm^3。

试验还证明，用聚合物胶结混凝土制作的梁比普通水泥混凝土梁疲劳寿命长。疲劳强度的大小与所用应力的大小及最大应力与最小应力之间的差值大小有关，应力或差值越大，则疲劳寿命也越短。

聚合物胶结混凝土的物理力学性能，如表 8-27 所示。从表中可以看出：其堆积密度小于普通混凝土，其各种强度都大大高于普通混凝土，其吸水率不仅低于普通混凝土，而且还低于沥青混凝土。

表 8-27　几种聚合物胶结混凝土的物理力学性能

性能	树脂种类						对比混凝土	
	聚氨酯	呋喃	酚醛	聚酯	环氧	聚氨基甲酸酯	沥青混凝土	普通混凝土
堆积密度（kg/m^3）	2000 ~ 2100	2000 ~ 2100	2000 ~ 2100	2200 ~ 2400	2100 ~ 2300	2000 ~ 2100	2100 ~ 2400	2300 ~ 2400
抗压强度（MPa）	65. 0 ~ 72. 0	50. 0 ~ 140. 0	24. 0 ~ 25. 0	80. 0 ~ 160. 0	80. 0 ~ 120. 0	65. 0 ~ 72. 0	2. 0 ~ 15. 0	10. 0 ~ 60. 0
抗拉强度（MPa）	8. 0 ~ 9. 0	6. 0 ~ 10. 0	2. 0 ~ 8. 0	9. 0 ~ 14. 0	10. 0 ~ 11. 0	8. 0 ~ 9. 0	0. 2 ~ 1. 0	1. 0 ~ 5. 0
抗弯强度（MPa）	20. 0 ~ 23. 0	16. 0 ~ 32. 0	7. 0 ~ 8. 0	14. 0 ~ 35. 0	17. 0 ~ 31. 0	20. 0 ~ 23. 0	2. 0 ~ 15. 0	2. 0 ~ 7. 0
弹性模量（×10^{4}MPa）	10. 0 ~ 20. 0	2. 0 ~ 3. 0	1. 0 ~ 2. 0	1. 5 ~ 3. 5	1. 5 ~ 3. 5	1. 0 ~ 2. 0	0. 1 ~ 0. 5	2. 0 ~ 4. 0
吸水率（重量%）	0. 3 ~ 1. 0	0. 1 ~ 1. 0	0. 1 ~ 1. 0	0. 1 ~ 1. 0	0. 2 ~ 1. 0	1. 0 ~ 3. 0	1. 0 ~ 3. 0	4. 0 ~ 6. 0

不同的填料对聚合物胶结混凝土的抗折强度和抗压强度也有一定的影响，用水泥和粉煤灰对提高聚合物胶结混凝土28d的抗压强度很有利；氧化铝作为聚合物胶结混凝土的填料，对聚合物胶结混凝土的强度最为不利。从综合方面考虑，水泥和粉煤灰是聚合物胶结混凝土最理想的填料。各种填料对聚合物胶结混凝土的强度影响如表8-28所示。

表8-28　填料对聚合物胶结混凝土的强度影响

试样编号	填料种类	7d抗折强度（MPa）	7d抗压强度（MPa）	28d抗压强度（MPa）
1	水泥	27.7	56.5	85.5
2	粉煤灰	23.8	62.1	83.8
3	氧化铝	19.7	59.5	71.6
4	氧化钙	23.1	63.5	43.7
5	玻璃纤维	17.0	55.8	64.8

聚合物胶结混凝土的抗压强度和应力-应变曲线等，都受温度的影响。其影响如图8-13、图8-14所示。

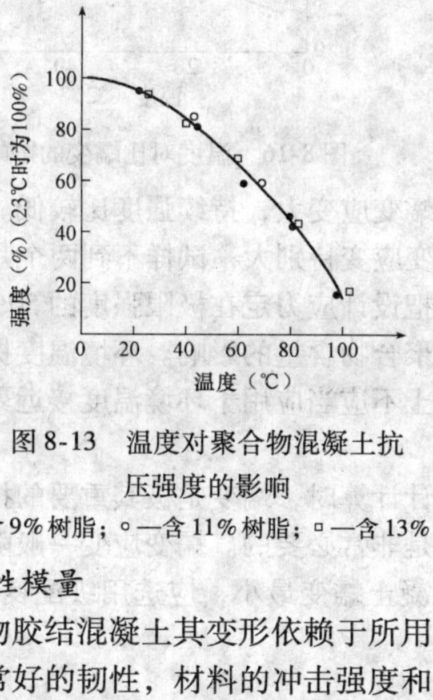

图8-13　温度对聚合物混凝土抗压强度的影响

·—含9%树脂；○—含11%树脂；□—含13%树脂

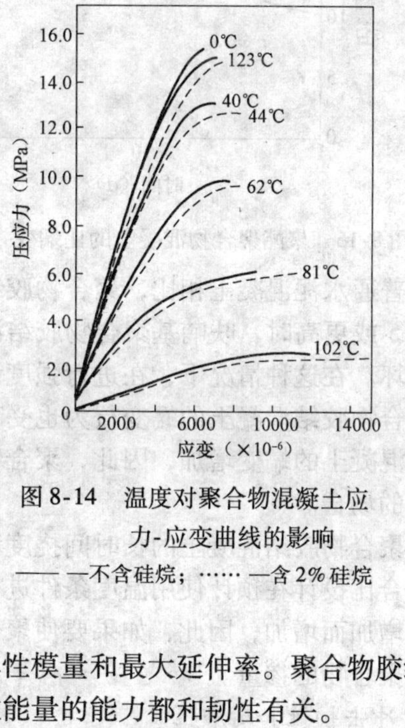

图8-14　温度对聚合物混凝土应力-应变曲线的影响

——不含硅烷；……—含2%硅烷

2. 弹性模量

聚合物胶结混凝土其变形依赖于所用聚合物的弹性模量和最大延伸率。聚合物胶结混凝土具有非常好的韧性，材料的冲击强度和断裂前吸收能量的能力都和韧性有关。

聚合物胶结混凝土的弹性模量可以在很宽的范围内变化，弹性模量的大小主要取决于所用聚合物粘结剂的种类及聚合物所占的比例。当胶粘剂含量减少（体积的近5%时），聚合物胶结混凝土的弹性模量越来越受骨料和增强材料的影响。聚合物胶结混凝土的弹性模量范围小到柔性树脂系统的4GPa，高到刚性树脂系统的40GPa，拉伸断裂应变相应为15%到小于1%。弹性模量随着温度而变，也因主要应力状态不同而不同。

3. 疲劳和蠕变

所用应力的大小是影响聚合物胶结混凝土结构疲劳寿命的重要因素。试验证明，当应力增加时，其疲劳寿命降低；最大应力与最小应力之间差值越大，疲劳寿命也越短。在静态试验中有较高弯曲强度和刚性的梁，在疲劳试验中更不容易产生破坏，聚合物胶结混凝土梁的疲劳寿命比水泥混凝土梁要长。

聚合物胶结混凝土具有聚合物的一般蠕变特性，在明显低于短时间极限强度的应力水平下，聚合物胶结混凝土就可能因蠕变而破坏。当应力增加时，其蠕变应变也随之增加。应力越接近短时间极限强度，蠕变破坏也就越快。

聚合物胶结混凝土的蠕变约为普通水泥混凝土的2~3倍，但两者的比蠕变（蠕变与强度之比）却几乎相同。图8-15是某种聚酯聚合物胶结混凝土的比蠕变-应变曲线，图8-16是环境温度对这种聚合物胶结混凝土比蠕变的影响。

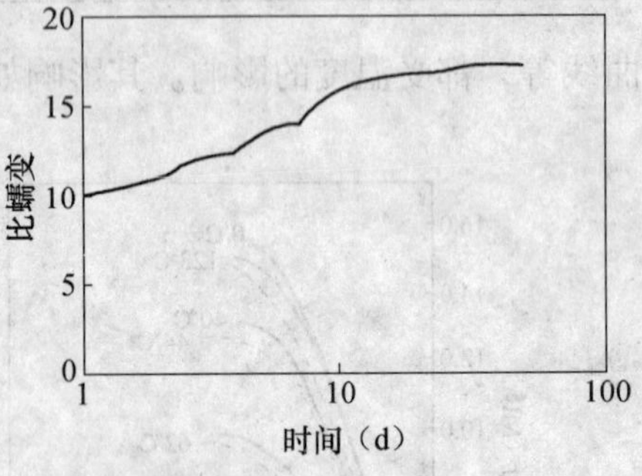

图8-15　聚酯聚合物混凝土的比蠕变-应变曲线

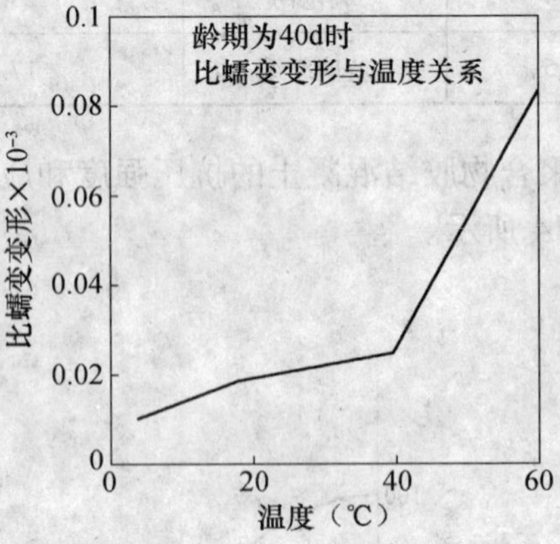

图8-16　温度对比蠕变的影响

与普通水泥混凝土相比，聚合物胶结混凝土的蠕变应变大，持续强度比较低。当应力水平为0.5或更高时，呋喃基聚合物胶结混凝土的蠕变应变特别大，试样不到两个月就会发生蠕变破坏。在这种情况下，在进行强度设计时，应把设计应力定在极限强度的50%以下。

聚合物胶结混凝土的蠕变行为也受环境温度和聚合物含量的影响。环境温度提高，聚合物胶结混凝土的蠕变增加，因此，聚合物胶结混凝土不应当应用于环境温度接近聚合物热变形温度的场合。

在聚合物胶结混凝土的长时间挠度和变形的设计计算时，蠕变是极其重要的指标，用相应的混合比设计在预计使用温度条件进行蠕变试验是非常必要的。蠕变应变一般随着聚合物含量的增加而增加，因此，如果要使聚合物胶结混凝土蠕变最小，应选用级配良好的骨料，以减少聚合物的掺量。

4. 冲击韧性和耐磨性

聚合物胶结混凝土的抗冲击韧性、耐磨损性均高于普通水泥混凝土，分别为普通水泥混凝土的6倍和2~3倍。Neelamegam等研究了不同玻璃纤维增强聚合物砂浆的抗冲击和磨耗性能，其中聚合物砂浆是用间苯二甲酸的聚酯和很细的河砂制备的，玻璃纤维的含量为0~4质量百分数。试验结果表明，加入玻璃纤维2%以上时，能明显提高混凝土的冲击韧性；玻璃纤维的长度对其性能也有影响，长纤维的抗冲击韧性值较高；加入2%~3%的长纤维也能提高混凝土的耐磨性，玻璃纤维的长度以6~25mm比较适宜。

5. 耐老化性

聚合物老化的基本机理是分子链的分解，虽然通常是一个非常缓慢的过程，但当聚合物受到紫外线照射和高温作用时，也会产生不同程度的老化，聚合物的种类不同，其老化程度也不相同。因此，当聚合物胶结混凝土的使用环境将受到紫外线照射和高温作用时，应根据其耐老化性能来选用适宜的聚合物。

由于高填充料可以增加聚合物胶结混凝土的不透明性，所以聚合物粘结料本身的耐老化性能也许不是紫外线稳定性的一个好的判据。在美国，某些聚合物胶结混凝土建筑幕墙板和地下的公用设施构件，至今已用了三十多年，其使用性能仍丝毫没有降低。

6. 吸水性和抗渗性

聚合物胶结混凝土的吸水性很小，一般为1%（质量）或更小，这是因为新拌合的所有液体组分在固化时均能聚合为固体，不产生初始毛细孔，大多数吸收的水分存在于表面或近表面的不连续孔内，这些孔是在混合时或浇筑时由夹入的空气产生的，因此，聚合物胶结混凝土吸水很少、抗渗性很好。

有些研究表明，有些聚合物的强度在浸水后会降低，这是因为水损坏了骨料和聚合物间的粘结。聚合物本身耐水性差，用在聚合物胶结混凝土中时，遇水很容易降低强度。但强度的降低一般很小，固化很好、孔隙很少的聚合物胶结混凝土，要经过很长的时间才会发生强度的降低。

聚合物胶结混凝土的可渗透性，要比普通水泥混凝土小，但比金属大。聚合物胶结混凝土中没有相互连通的内部孔结构，在浇筑过程中因夹入空气所产生的孔隙都是孤立的、不连续的。

7. 抗冻融性

交替冻融会降低非加气普通水泥混凝土的抗冻性，由于聚合物胶结混凝土的各种强度均较高，再加上其内部没有吸水和放水的孔结构，因此各种聚合物混凝土都具有良好的抗冻性。例如不饱和聚酯树脂混凝土，经过400次冻融循环，其弹性模量基本不变；有人对聚合物胶结混凝土进行了1600次冻融循环试验，都没有发现质量损失。

8. 收缩性

聚合物的聚合反应是放热反应，随着温度升高其体积产生膨胀，当聚合物胶结混凝土硬化时，温度下降则产生收缩。所用树脂品种不同，其收缩值也不同。聚合物胶结混凝土的收缩率是普通水泥混凝土的几倍甚至几十倍，因此在工程应用中经常发生聚合物胶结混凝土开裂和脱空等质量问题。为降低聚合物胶结混凝土的收缩率，可通过添加热塑性高分子弹性体或加入减缩剂、适当增加填料量、降低固化过程的温度升高等方法减少收缩。

9. 耐热性

试验充分证明，在温度升高到某一温度时，有机聚合物的物理性能会发生突变，这个温度被称为玻璃化温度。在玻璃化温度下，聚合物从坚硬的玻璃态转变为更有柔性的高弹态。玻璃化温度可以在很宽的范围内变化，依赖于最终聚合物的分子结构。对聚合物胶结混凝土中的常用聚合物来说，玻璃化温度可从柔性很大的10℃到刚性的耐高温的200℃。

聚合物的耐热性随着聚合物的种类不同而有所差异，丙烯酸系统和环氧系统的一般耐热温度为65～90℃，乙烯基酯、呋喃和酚类的耐热温度可达120～150℃，具有特殊性能的聚合物胶结混凝土耐热温度可超过150℃，但这类材料不易获得、价格昂贵。

聚合物胶结混凝土随着工作温度的提高，其强度按一定规律降低，图8-17表示工作温度对聚酯胶结混凝土强度的影响。当温度升高、接近或超过聚合物的负荷变形温度时，聚合物的性能会发生剧烈变化，在负荷变形温度时，聚合物开始软化，在负荷下会变形或流动。在配制聚合物胶结混凝土时，应测量聚合物胶结混凝土在预计的高温和低温下的物理性能。

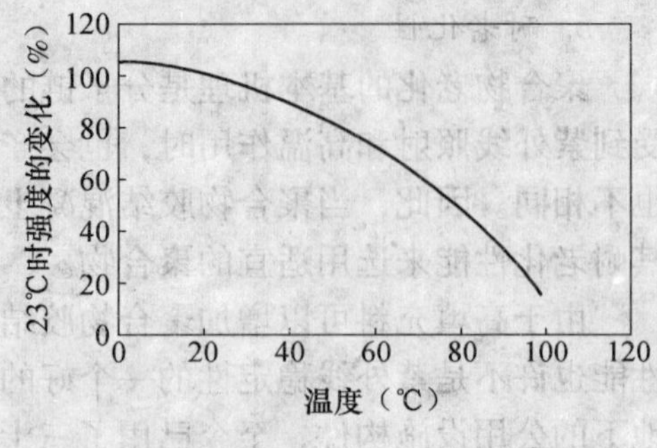

图8-17　温度对聚酯胶结混凝土强度的影响

10. 耐燃性

如果聚合物胶结混凝土中的树脂含量为10%或更少，这种混凝土一般是不会燃烧的。如果树脂含量超过10%，仍然要求不燃烧，应在混凝土配制中掺加适量的阻燃剂。与其他的聚合物胶结混凝土相比，呋喃基的聚合物混凝土有更高的比热，具有更好的耐燃性。但是，在180℃或更高温度持续加热的条件下，呋喃基的聚合物混凝土的强度会明显下降，接着有材料的分解和气体放出。当温度接近所用树脂的负荷变形温度时，聚合物的力学性能会发生突变（下降）。

11. 热胀系数

聚合物胶结混凝土的热膨胀系数可在很宽的范围内变化。低聚合物含量小于10%的聚合物胶结混凝土，其热膨胀系数较小，主要受骨料的影响。随着聚合物含量的增加，聚合物胶结混凝土的热膨胀系数逐渐接近聚合物的数值。

聚合物胶结混凝土的热膨胀系数，一般在（13～126）$\times 10^{-6}$/K之间变化，其线膨胀系数通常是钢或普通水泥混凝土的1.5～2.5倍。这种性能对于与其他材料作刚性连接的聚合物胶结混凝土结构（如建筑外墙板等）是非常重要的。

12. 电性能

对于聚合物胶结混凝土，若适当选择材料，可以得到介电性能优良的绝缘材料。聚合物胶结混凝土的这种特性，可以使它用于电气绝缘材料。Gunasekaran报告说，现在已成功开发了生产绝缘级聚合物胶结混凝土的配方、试验方法和浇筑工艺。

试验证明，纯环氧树脂固化物的体积电阻率为10^{14}～10^{15}Ω·cm，介电常数为3.0～4.2，介电强度为160～200kV/mm，功率因数为（17～80）$\times 10^{13}$。当添加填料时，其体积电阻、介电强度和功率因数值将提高，而介电常数值将降低。

13. 耐化学介质性

聚合物胶结混凝土具有很强的耐化学介质性能，但骨料和聚合物的选择也会影响其耐化学介质性。聚合物是化学上比较不活泼的材料，因此大多数聚合物胶结混凝土都耐碱、耐酸和其他腐蚀性介质，如氨、石油产品、盐类和一些溶剂，但不能耐氧化性的酸（如硝酸和铬酸等）。氧化性的酸会与大多数聚合物反应，会与酚类聚合物和聚酯类聚合物反应。所以，在酸性环境中，应当选择能抗酸的骨料。有机溶剂大多数会腐蚀常用聚合物，并使之溶胀甚至产生破坏。

14. 阻尼性能

聚合物胶结混凝土的阻尼性能，实质上是指其防震性能。由于纯聚合物胶结混凝土的连续相是交联的大分子，大分子的复杂结构和可运动单元的多样性，使其比低分子的无机材料有更多的吸收能量的机理，所以聚合物胶结混凝土可用于削弱震动，在精密机床基础方面已获得成功应用。

15. 表观密度

聚合物胶结混凝土的密度大小，主要取决于所用的骨料。当使用普通水泥混凝土骨料和聚合物含量小于15%时，其密度约为2200~2400kg/m^3，聚合物砂浆的密度接近上述值的下限。使用轻骨料的聚合物胶结混凝土，其密度的典型值为1000~1400kg/m^3，在工程中也开发了一些密度为640kg/m^{3}的特殊聚合物胶结混凝土材料。

聚合物胶结混凝土由于具有强度高、耐腐蚀、耐热性好等优点，因此应用范围比较广泛。如用于耐腐蚀要求较高的化工结构、强度要求较高的混凝土接头。此外，还可用于衬砌、堤坝面层、柱、轨枕、喷射混凝土等。绝缘性能良好的聚合物混凝土，也可作为绝缘材料。另外，聚合物混凝土具有漂亮的外貌，也可用作饰面构件，如窗台、窗框、地面砖、花坛、桌面、浴缸、盥洗室装修等。

几种聚合物胶结混凝土的物理力学性能，如表8-29所示。

表8-29 几种聚合物胶结混凝土的物理力学性能

性能	树脂种类						普通混凝土
	聚氨酯	呋喃	酚醛	聚酯	环氧树脂	聚氨基甲酸酯	
表观密度(kg/m^3)	2000~2100	2000~2100	2000~2400	2200~2400	2100~2300	2000~2100	2300~2400
抗压强度(MPa)	65.0~72.0	50.0~140.0	24.0~25.0	80.0~160.0	80.0~120.0	65.0~72.0	10.0~60.0
抗拉强度(MPa)	8.0~9.0	6.0~10.0	2.0~8.0	9.0~14.0	10.0~11.0	8.0~9.0	1.0~5.0
抗弯强度(MPa)	20.0~23.0	16.0~32.0	7.0~8.0	14.0~35.0	17.0~31.0	20.0~23.0	2.0~7.0
弹性模量(×10^{4}MPa)	10.0~20.0	2.0~3.0	1.0~2.0	1.5~3.5	1.5~3.5	1.0~2.0	2.0~4.0
吸水率(质量的%)	0.3~1.0	0.1~1.0	0.1~1.0	0.1~1.0	0.2~1.0	1.0~3.0	4.0~6.0

(三) 聚合物胶结混凝土的性能特征

1. 聚合物胶结混凝土的胶结材料由液态树脂和硬化剂组成，如果改变其硬化剂的掺量，即能控制混凝土的硬化速率。因此，在实际工程中可根据不同用途，较广泛地选择容许静置时间。

2. 由于液态树脂早期强度发挥较快，所以能获得较高的早期强度，有利于寒冷地区或冬期施工。

3. 聚合物胶结混凝土力学性能好，特别是可获得较大的抗弯强度和抗拉强度，因此可以减小构件的断面尺寸，增加结构的抗震能力。

4. 聚合物胶结混凝土硬化后，可以成为完全不透水的结构，具有优良的防水和抗渗性。由于抗渗性良好，水难以浸入结构内部，其抗冻融循环能力很强。

5. 聚合物胶结混凝土一般具有较好的粘结力，可粘结水泥混凝土、水泥砂浆、石材、金属、木材、陶瓷、黏土砖等。

6. 聚合物胶结混凝土抗化学侵蚀能力良好。另外，聚合物胶结混凝土的耐磨损、抗冲击、绝缘性能也很好。

第五节　聚合物混凝土的施工工艺

一、聚合物浸渍混凝土的施工工艺

聚合物浸渍混凝土的生产工艺流程为：混凝土（基体）干燥→真空抽气→单体浸渍→聚合。被浸渍的材料即基材就是普通混凝土制成的预制构件，其成型方法相同于一般预制构件所用的各种方法。但对于基材也具有如下要求：

1. 根据浸渍容器能容纳的尺寸，一般基材的厚度不超过15cm。

2. 基材的厚度不宜变化太大，以便提高浸渍容器的使用效率。

3. 由水灰比、捣固、养护所确定的基材的致密度，应适合浸渍所要求的范围。

4. 在混合剂、脱模剂中不得含有溶解于单体阻碍聚合的物质。

5. 不得在单体中引入产生膨胀的物质。

为了获得高强度的聚合浸渍混凝土，选择适宜的基体养护方法十分重要。试验表明，混凝土用高压釜养护较好，因为高压釜养护在混凝土内所形成孔隙的形状和大小，对单体浸渍是有利的。其制备工艺过程如图8-18所示。

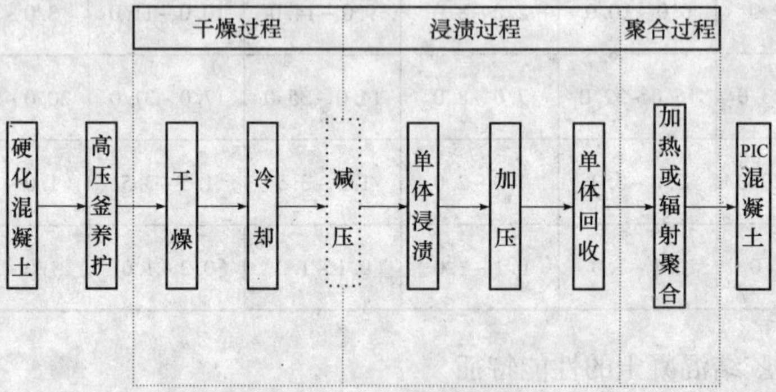

图8-18　聚合物浸渍混凝土的生产工艺

（一）基材干燥

基材干燥的目的是为了使聚合物能充分浸渍基体的孔隙，基材和树脂很好的粘结，确保树脂的连续性，抑制聚合时的蒸发收缩等，使基材性能得到最大限度的改善，从而确保聚合物浸渍混凝土的强度和耐久性。

聚合物能否充满基材的孔隙，对聚合物浸渍混凝土的强度和耐久性等性能有很大的影响。为了最大限度地改善基材的性能，提高聚合物浸渍混凝土的物理力学性能，必须对基材进行充分的干燥，这是基材浸渍之前的必要准备步骤，其目的是排除阻碍单体渗入的游离水，以使基材获得较大的单体浸渍量，确保聚合物对基材的粘结性。一般要求基材中的含水率以不超过0.5%为宜。

基材一般采用常压下热风干燥的方法，干燥所用的温度，取决于基材的致密度、大小和形状。为了加快基材的干燥速度，制作出高质量的聚合物浸渍混凝土，经过试验，美国建议干燥的温度以120~150℃为宜，因为采用这个温度进行干燥，不但干燥速度较快，而且能制作出高质量的聚合物浸渍混凝土。

如果温度过高，不仅对基材性能产生不利影响，而且导致浸渍混凝土强度降低；如果温度过低，基材干燥不充分，单体在基材中的渗入也就不完全，浸渍的改性效果就差。基材干燥温度对浸渍率及聚合物浸渍混凝土强度的影响，如表8-30所示。

表8-30 干燥温度对浸渍率及聚合物浸渍混凝土强度的影响

干燥温度（℃）	浸渍率（%）	抗压强度（MPa）	抗拉强度（MPa）	抗折强度（MPa）
0	0	54.5	5.1	10.7
105	3.8	121.0	13.5	23.2
120	4.2	116.0	13.8	23.2
150	4.3	131.0	14.7	24.6
170	4.3	124.0	15.1	29.6
190	4.3	105.0	14.1	26.9

注：浸渍率是衡量基材被浸渍液浸填程度的指标，即基材浸渍后，浸渍前后的重量差与浸渍前重量的百分比。

干燥所用的时间与基材的表面积体积之比、基材最小厚度、干燥环境温度和湿度、基材表面部分的气流速度、开始干燥时含水率、干燥方式等有关。

（二）真空抽气

干燥的基材自然冷却到常温，转至正式浸渍工序，在导入单体前基材应预先进行真空抽气。采取真空抽气是提高浸渍量、增强浸渍效果的重要措施，其目的是用负压将混凝土孔隙中的空气抽出，以增大混凝土中真空孔隙率，避免空气热膨胀，加快浸渍液的渗透速度，提高混凝土的抗压强度。

浸渍率是衡量基材被浸渍充填程度的指标，以基材浸渍前和浸渍后质量之差与浸渍前质量的百分比表示。但浸渍率的大小，在很大程度上取决于基材真空抽气如何。真空处理对砂率的浸渍率及强度的影响，如表8-31所示。

表8-31 真空处理对砂率的浸渍率及强度的影响

单体	处理方式	浸渍率（%）	抗压强度（MPa）	抗压强度（%）	抗压强度（MPa）	抗压强度（%）	抗压强度（MPa）	抗压强度（%）
80%S+20%MA	真空处理	5.60	146.5	125	9.7	126	28.2	104
	未真空处理	4.65	117.0	100	7.7	100	27.1	100
90%S+10%P	真空处理	5.05	138.0	147	11.0	136	26.8	130
	未真空处理	4.35	94.0	100	8.1	100	20.6	100
MMA	真空处理	5.75	170.0	110	13.0	102	30.5	110
	未真空处理	5.55	153.5	100	12.7	100	27.7	100

真空抽气是在密封的容器内进行的，真空度以50mmHg为宜。真空抽气是一项繁杂、费

时的施工工艺，并不是所有的混凝土都必须进行真空抽气，对高强浸渍混凝土应当进行真空抽气处理，对强度要求不高的混凝土及耐腐蚀混凝土等不必要进行真空抽气处理。

（三）单体浸渍

浸渍，即将基体混凝土制品在常压或压力状态下浸渍在单体浸渍液中，直到浸透为止。在选择用于浸渍的单体时应注意以下几个方面：①浸渍单体后可获得设计的混凝土强度、耐久性等。②浸渍、聚合易于处理，成本较低。③单体本身的成本不高，不至于造成浸渍混凝土的成本过高。④同基材不发生化学反应，操作处理比较方便，对人体健康无大的影响，对环境无污染。

根据对浸渍混凝土的不同要求，浸渍可分为完全浸渍和局部浸渍，在进行浸渍中应选用适宜的时间和压力。

1. *完全浸渍*

完全浸渍是指混凝土断面被单体完全渗透，完全浸渍主要是为了提高混凝土的密实度和强度，如混凝土板、管、柱等。由于构件是完全浸渍，其强度与基材混凝土关系不大。浸渍量一般为6%左右，浸渍方式为真空-常压或真空-加压浸渍。

完全浸渍常用的单体有：甲基丙烯酸甲酯（MMA）、苯乙烯（S）、80%苯乙烯+20%甲基丙烯酸甲酯、90%苯乙烯+10%甲基丙烯酸甲酯、80%苯乙烯+20%丙烯酸甲酯（MA）、90%苯乙烯+10%丙烯酸甲酯等。单体使用量取决于混凝土基材的孔隙率，孔隙率大的混凝土基材，能比较容易达到完全浸渍，其单体用量必然也大。

2. *局部浸渍*

局部浸渍是指混凝土断面被单体浸透到一定深度，我国浸渍的深度一般为10~20mm，浸渍量一般为2%左右。局部浸渍主要是封闭混凝土表面孔隙，改善混凝土的表面性能，提高混凝土的耐久性、抗渗性、耐腐蚀性等，同时也可用于修补混凝土基材，浸渍的方式一般为浸泡法。

局部浸渍常用的单体有：90%苯乙烯+10%聚酯树脂（P）、80%苯乙烯+20%聚酯树脂、70%苯乙烯+30%聚酯树脂、90%苯乙烯+10%环氧树脂（E）、80%苯乙烯+20%环氧树脂、70%苯乙烯+300%环氧树脂等。由于采用局部浸渍，聚合物浸渍混凝土的强度取决于混凝土中最后的孔隙，而对未浸渍混凝土强度没有显著影响。

不同的浸渍方法所用的单体不同，其起到的作用和适用范围也不同，如表8-32所示。

表8-32 不同的浸渍方法所用的单体及其作用

浸渍方法	浸渍所用的单体	浸渍后起到的作用	适用范围
完全浸渍	MMA S AN 80%S+20%MA 90%S+10%NA 80%S+20%MMA 90%S+10%MMA	可以提高混凝土的强度及密度	适用于高强混凝土构件，如柱、桩、板等
局部浸渍	90%S+10%P 80%S+20%P 70%S+30%P 90%S+10%E 80%S+20%E 70%S+30%E	可以封闭混凝土的表面孔隙，提高混凝土的耐久性、抗渗性和抗腐蚀性	适用于耐腐蚀、耐磨和抗渗要求较高的工程

3. *浸渍时间和压力*

混凝土基材的浸渍时间，主要取决于浸渍方法、单体种类、基材种类和尺寸。如水灰比为0.45的普通混凝土，构件尺寸为40mm×40mm×160mm，完全浸渍需要浸渍4h；构件尺寸为100mm×100mm×100mm，完全浸渍则需要8h。

试验证明，浸渍可以在常压下进行，也可以在压力下进行，但采用加压浸渍是浸渍的最好方式，不但能提高浸渍速度，而且能提高浸渍量，增强混凝土的浸渍效果。

施工现场进行浸渍处理，一般多为局部浸渍，现场浸渍的经验工艺参数如表8-33所示。表8-34为我国以水泥砂浆为基材进行加压浸渍试验的结果，可以看出高压下混凝土的浸渍效果较好。

表8-33 现场浸渍经验工艺参数

所用单体	单体黏度（厘泊）	烘干器与受热面距离（cm）	受热面的温度（℃）	烘干时间（h）	浸渍时间（h）	浸渍深度（cm）
90%S+10%P	1.42	60	120	4	14	1.2
90%S+10%P	1.42	60	120	6	14	2.0
90%S+10%P	1.42	60	120	8	14	2.3
90%S+10%P	1.42	60	120	12	14	2.5
90%S+10%P	1.42	60	120	8	12	2.3
90%S+10%P	1.42	60	120	8	8	2.3
80%S+20%P	2.41	60	120	12	12	2.0
70%S+30%P	4.47	60	120	12	12	2.0

表8-34 MMA加压浸渍的效果（未经热处理）

试件类型	浸渍量（重量百分数）	抗折强度（MPa）	抗压强度（MPa）	抗压强度提高的倍数（a）
水泥砂浆基体	0.0	9.00	60.0	1.00
常压下浸渍	7.5	3.20	162.0	2.70
在 25×10^5Pa下浸渍	8.3	33.50	206.0	3.43
在 25×10^5Pa下浸渍	9.0	33.00	218.0	3.63
在 25×10^5Pa下浸渍	9.1	31.00	225.0	3.75
在 25×10^5Pa下浸渍	9.2	27.00	237.0	3.95

加压浸渍所以能提高浸渍的质量和效果，是由于加压浸渍时混凝土中残留空气的影响大幅度下降，基体中呈墨水瓶状气孔的气堵现象被克服，减少了浸渍液在聚合时的体积收缩，同时增大了聚合物与基体的界面面积，大大提高了界面间的粘结。

表8-35中的数据表示了在不同水灰比、不同养护时间、不同浸渍方法时的浸渍率，其充分证明：浸渍方法对浸渍率有很大影响。真空处理和加压并用时是最有效的，其单体浸渍率最高；单纯只是加压浸渍时，内部产生的空气压会影响浸渍率；单纯只是真空浸渍时，浸渍率稍高于单纯加压浸渍。随着混凝土水灰比的增大，单体浸渍率增加；随着养护时间的延长，单体浸渍率减小。

表 8-35 几种不同情况下的单体浸渍率

浸渍方法	养护时间（d）	混凝土的水灰比（%）		
		30.4	45.0	60.0
自然浸渍	0	4.19	5.65	6.99
	3	3.45	5.65	6.40
	7	—	—	—
平均值		3.82	5.65	6.70
加压浸渍	0	4.06	5.99	6.57
	3	4.16	5.22	6.27
	7	3.64	5.53	6.91
平均值		3.95	5.58	6.58
真空浸渍	0	4.10	6.72	7.37
	3	3.76	6.12	7.38
	7	3.60	4.99	7.53
平均值		3.82	5.94	7.43
真空加压浸渍	0	4.34	7.33	7.46
	3	4.38	6.92	7.58
	7	4.29	7.08	7.35
平均值		4.84	7.11	7.46

（四）聚合

聚合是将渗入混凝土孔隙中的单体转化为聚合物，使聚合后的聚合物混凝土具有较高的强度、较好的耐热性、抗渗性、耐腐蚀性和耐磨性等。

聚合物浸渍混凝土的聚合方法，有热催化聚合（加热法）、辐射聚合（辐射法）和催化剂聚合（化学法）三种。目前，工程上应用较多的是催化聚合和辐射聚合，美国和日本认为热催化聚合最好，其施工工艺简单、聚合速度较快、工程造价较低，我国也较多采用热催化聚合。各种聚合方法的优缺点如表 8-36 所示。

表 8-36 各种聚合方法的优缺点

引发聚合的方法	主要优点	主要缺点
辐射法 （用高能射线引发聚合）	（1）不需加入引发剂，单体可循环使用；（2）可在常温下聚合，单体挥发损失少	（1）开始阶段投资比较大；（2）聚合速度较慢；（3）射线穿透深度有限，不易处理厚壁、异型制品
加热法 （在加有或未加引发剂的情况下通过加热引发）	（1）设备投资较少，使用比较方便；（2）聚合速度快；（3）适宜于厚壁、异型制品的处理	（1）聚合时温度比较高，单体挥发损失大；（2）含引发剂的单体容易过早聚合，回收利用比较困难
化学法 （通过引发剂和促进剂引发）	（1）无需进行加热、辐射，使用非常方便；（2）在常温下可聚合，单体挥发损失少	（1）引发剂和促进剂配比不当容易产生过早聚合；（2）单体回收利用困难

1. 热催化聚合法

热催化聚合是增加化学引发剂的加热法，促进引发剂分解产生游离基而诱导单体聚合，加热温度一般在60～100℃之间。加热聚合时温度不宜过高，因为温度如果过高，聚合物的分子量越低，从而会影响聚合物的强度（如表8-37所示）。通常根据聚合时间限制在一个合理范围来确定聚合物的强度，如果温度过低，聚合速度很慢，完全聚合所需时间越长。

表8-37　聚合温度与分子量、绝对黏度的关系

聚合温度（℃）	分子量 Mn（$\times 10^4$）	绝对黏度 η（dl/g）
60	38.9	1.73
70	19.3	1.26
80	15.3	0.856
100	6.20	0.350

化学引发剂有过氧化苯酰、特丁基过苯甲酸盐、偶氮双异丁腈、α-特丁基偶氮异丁腈等，用化学引发剂时，必须事先将其溶解于单体中。热催化聚合的加热方式，可用电炉、蒸汽或热水。

此方法的效果如何，关键在于要选择合适的聚合温度和加热时间，聚合温度和加热时间不同，得到的聚合物浸渍混凝土的物理力学性能亦不同。

但是，在加热或聚合热的影响下，会产生浸渍单体的损失。产生浸渍单体损失的主要原因是：①未脱气的空气的膨胀或浸渍砂浆的汽化使单体产生逆流；②单体的热膨胀使混凝土的浸渍量减少；③加热媒体的侵入以及同单体的混合，占据单体部分体积。

针对以上情况，相应可采取的技术措施有：用聚乙烯或锡箔包裹基材；用树脂的稀释液或石蜡等在聚合前施涂表面；在水中聚合的方法等。

2. 辐射法

辐射法是采用X射线或γ射线照射，从而引发单体分子活化产生游离基而进行聚合的方法，聚合时要选择合适的辐射量。聚合物浸渍混凝土热聚合加热的时间和辐射聚合时应当选择的合适辐射量，可参考表8-38。

表8-38　各种聚合物聚合时所需要的辐射量和加热时间

聚合物种类	聚合物软化温度（℃）	100%聚合所需要的辐射量（$10^{10}\times cd/m^2$）（辐射强度为$1.68\times 10^9\times cd/m^2$）	加热时间（d）（75℃加入1%过氧化苯）
甲丙烯酸甲酯	100	1.53	1.25
苯乙烯	110	15.90	8.00
丙烯酯	270	0.51	0.60
苯乙烯-丙烯腈60/40	110	1.62	1.00
醋酸乙烯	70	1.62	1.00

3. 催化剂法

催化剂法也称化学法，这种方法是利用掺加适量的促进剂，降低引发剂的正常分解温度，从而促进单体在常温下进行聚合的方法。由于催化剂法聚合速度较慢、聚合效果较差，一般不宜首先选用。

但总起来讲，以上三种聚合的方法各有优缺点，但在一般情况下，在工程上优先选用热催化聚合法，其次考虑催化剂聚合法，最后才选择辐射聚合法。三种聚合方式的优缺点如表8-39所示。

表8-39　三种聚合方式的优缺点

聚合方式	主要优点	存在缺点
热催化聚合法	热源比较容易得到，设备投资比较少，使用方便；适用于厚壁、异形的大件混凝土制品的处理；聚合速度也比较快	由于在发生聚合时温度较高，所以单体挥发损失比较大；引发剂-单体容易出现过早聚合，单体回收利用也比较困难
辐射聚合法	在常温下可以聚合，聚合时温度较低，单体挥发损失较少；不需要加入任何引发剂，单体可以循环利用，比较节省材料	由于温度较低，所以聚合速度较慢；开始阶段设备投资较大；对厚壁、异形的大件混凝土制品，射线不易透过，处理比较困难
催化剂聚合法	既不需要辐射，也不需要加热，在常温下即可产生聚合，单体挥发损失少；特别适用于现场大面积混凝土结构的处理	如果引发剂和促进剂的配比不适宜，易产生过早聚合；掺加引发剂的单体回收利用比较困难

二、聚合物水泥混凝土的施工工艺

（一）拌制工艺

聚合物水泥混凝土中聚合物的掺量，一般为水泥用量的5%～25%，并根据实际工程要求和聚合物种类经试验而确定。由于大多数聚合物具有一定的减水作用，因此，采用的水灰比应稍低于普通水泥混凝土。

聚合物水泥混凝土的拌制，与普通水泥混凝土相似，拌制时可使用与普通水泥混凝土一样的搅拌设备，其区别是将水泥和聚合物共同作为胶结材料。另外，搅拌时间应稍长于普通水泥混凝土，搅拌时间一般为3～4min即可。

聚合物掺加方法有两种：一种是在拌合混凝土加水时将单体直接掺入，然后用聚合的办法制得。另一种是将聚合物粉末直接掺入水泥中。待掺加聚合物的水泥混凝土凝结后，采取一定方式加热混凝土，使聚合物熔化浸入混凝土的孔隙中，这样聚合物便浸入混凝土的孔隙中，混凝土冷却后便使聚合物和混凝土成为一个整体。这种聚合物水泥混凝土具有良好的抗渗性能。

（二）施工工艺

1. 基层处理

聚合物水泥混凝土（砂浆）在正式浇筑前，应当对基层进行认真处理，即用钢丝刷刷去基层表面的浮浆及污物，如有裂缝等缺陷，应用砂浆堵塞修补。对基层处理的顺序为：

（1）边喷砂、边用钢丝刷子刷去砂浆或混凝土表面脆性的浮浆层或泥土等，用溶剂（汽油、酒精或丙酮）洗掉油污或润滑油的油迹。

（2）对出现的孔隙、裂缝等伤痕，首先进行V型开槽冲洗，然后用砂浆进行堵塞修补。对排水沟周围、管道贯通部位，也要进行同样的处理。

（3）对处理过的基层认真检查，并用水冲洗干净，用棉纱擦去游离的水分。

2. 施工要点

如为聚合物水泥砂浆施工，则应注意以下几个方面：①分层涂抹，每层厚度以7～10mm为宜，但不宜像普通水泥砂浆那样用抹子压抹多遍，一般压抹2～3遍为宜；②在抹平时，抹子上往往会黏附一层聚合物薄膜，应边抹边用木片、棉纱等将其拭掉；③如大面积涂抹，每隔3～4m要留设宽15mm的缝。

如为聚合物水泥混凝土，则可与普通水泥混凝土一样进行浇筑和振捣，但需要在较短的时间内浇筑完毕。浇筑后如果混凝土尚未硬化，必须注意养护，但不能洒水养护或遭雨淋，否则表面会形成一层白色脆性的聚合物薄膜，影响混凝土的表面美观和使用性能。

三、聚合物胶结混凝土的施工工艺

聚合物胶结混凝土的生产工艺，主要包括生产工艺流程和配合比设计。

（一）聚合物混凝土生产工艺流程

聚合物胶结混凝土生产工艺流程，如图8-19所示。其中影响聚合物胶结混凝土质量的最重要因素是称量的准确性，以及树脂和固化剂在混凝土拌合物体积内的均匀性。

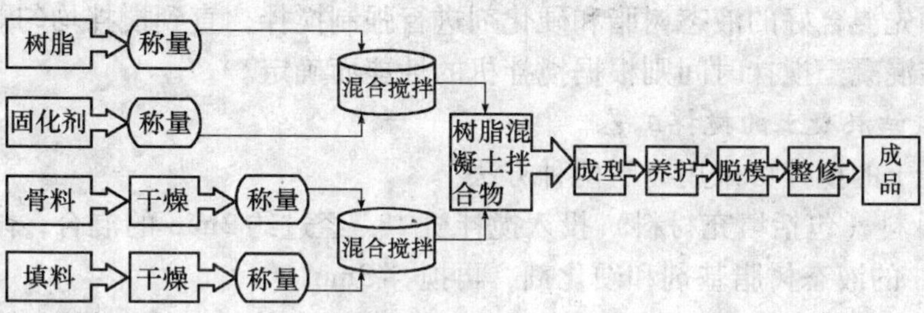

图8-19　聚合物混凝土生产工艺流程图

构件的成型工艺较多，如振动法、离心法、压轧法、挤压法等成型工艺。由于聚合物混凝土的黏度较大，若采用振动成型时，应注意宜选用高频振动，所用模板一般应采用玻璃钢模板。

聚合物混凝土的发热不但速度快，而且热量大，为避免过大的热量产生不良影响，聚合物混凝土的浇筑厚度，一般掌握在10cm以下。

聚合物混凝土构件的养护，除自然养护外，还有加热养护。加热养护不受环境条件的影响，质量容易控制，而且可以批量生产。在养护过程中，聚合物混凝土虽有一定的收缩，但收缩值很小，可以忽略不计。

在混凝土浇筑之前，可根据树脂的种类，选用合适的脱模剂，这是应当引起重视的施工环节。模板拆除后，国外多用含二氯甲烷的洗涤剂清理模板。

（二）聚合物胶结混凝土的搅拌

在确定最密实填充状态的骨料组成后，接着决定胶结材料用量，再根据配合比进行聚合物混凝土的搅拌。若是在施工现场，必须进行试搅拌，检验是否符合施工和易性等。与普通水泥混凝土不同，聚合物混凝土的黏性较大，如不迅速搅拌，会使其发生硬化反应，混凝土无法混合均匀。为此，对于聚合物混凝土必须选用搅拌机进行机械搅拌，最好使用搅拌盘与滚轮同时作反向回转的艾里奇型强制式搅拌机。连续式或间断式强制搅拌机各具有优缺点，如表 8-40 所示。

表 8-40　聚合物胶结混凝土用搅拌机的优缺点

搅拌机种类	优　点	缺　点
连续式搅拌机	①原材料自动称量，配比误差很小； ②能自动连续搅拌； ③不需要熟练工操作	①需用另外的搅拌机对骨料和填充材料进行干式混合； ②不能搅拌大粒径骨料； ③因排料速度较慢，不能用于生产大型制品； ④搅拌机的清洗需用高价的二氯甲烷等
间断式搅拌机	①能够一次进行短时间而量大的搅拌； ②不必另外进行骨料和填充材料的干式混合； ③可搅拌粒径较大的骨料； ④搅拌机的清洗不必使用溶剂，喷射热水或水蒸气即可，费用较低	①需要分批搅拌，不能连续进行； ②原材料若需要自动称量，则需另外安装自动称量装置

使用间断式搅拌机的标准搅拌方法，首先是在搅拌机中加入骨料和填充材料充分均匀混合，然后再将预先混合好的液态树脂和硬化剂进行强制搅拌，直到搅拌均匀。

聚合物胶结混凝土搅拌时间则根据搅拌机的性能而确定。

1. 聚合物胶结混凝土的搅拌工艺

聚合物混凝土的搅拌可采用以下两种方法：

（1）先将骨料（包括填充材料）投入搅拌机中，经过约 2min 的混合，随后投入预先混合好（约 2min）的液态树脂基剂和硬化剂，再搅拌 3min。

（2）先在搅拌机中加入液态树脂基剂和硬化剂，混合约 2min 的时间，随后投入骨料和填充材料的混合料，再搅拌 3min。

无论采用何种方法，都应使混凝土拌合物达到均匀状态。

2. 搅拌中的注意事项

在聚合物胶结混凝土搅拌的过程中，除按照普通混凝土搅拌的有关规定外，还应特别注意以下三个方面：

（1）液态树脂的称量是否准确，对聚合物混凝土的硬化速度和力学性能影响很大，因此，对液态树脂的比例应当严格控制。

（2）骨料和填充材料中的含水量大小，对聚合物混凝土的强度影响非常显著，强度随着含水量的增大而降低，因此，应使骨料和填充材料保持绝干状态。

（3）搅拌时的温度高低，对聚合物混凝土能否拌合均匀起决定性作用。工程实践证明，搅拌温度以常温为宜。

（三）聚合物胶结混凝土的浇筑和成型

聚合物胶结混凝土不能像普通水泥混凝土那样在搅拌后可以放置一段时间再浇筑，应当在搅拌后在尽可能短的时间内全部用完，更不能在搅拌机内存放，而应立即送到施工现场铺开，使反应热尽快散发。

聚合物胶结混凝土对各种材料均具有良好的粘结性，使用模型浇筑成型时，应根据所用树脂的种类选择适当的脱模剂（如硅酮等），事先将其涂在模板的表面上，否则就不易脱模，致使表面损伤而影响外观质量。聚合物混凝土浇筑、抹平及装修所用的机具，与普通水泥混凝土相同，但应当注意用后要立即进行冲洗和清除黏附在机具上的混合物。

在工厂生产预制构件时，筑模、振动、离心、挤压等成型方法均适用。采用何种成型方法主要由产品的形状、尺寸和产量等来确定。

在浇筑聚合物混凝土时，应严格控制每次的浇筑厚度，厚度大小主要取决于液态树脂的种类和发热程度，通常每层为 50 ~ 100mm。若浇筑厚度过大，由于蓄热过多的影响，将会出现不良后果。

（四）聚合物胶结混凝土的养护

聚合物胶结混凝土的养护是保证其质量的关键环节，它与普通水泥混凝土不同，其硬化条件随液态树脂和引发剂、促进剂的种类以及它们的掺量多少而发生较大变化，这是聚合物混凝土的一大明显特征。根据适用的温度条件，聚合物混凝土的养护，可分为常温养护硬化法和加热养护硬化法两种。

1. *常温养护硬化法*

常温养护硬化法，是一种不采取任何加热措施，在常温下使混凝土强度增长的方法。其特点是：节省能源，成本较低，硬化收缩值小；但容易受到气温等环境条件的影响，质量控制工作比较复杂。

采用常温养护硬化法，只要充分把握液态树脂和引发剂、促进剂的种类、掺量，以及它们各自的性能，即使不准备特别的加热装置，也可达到硬化的目的。这种方法最适用于现场浇筑或大型制品以及形状复杂制品的生产。但要有适应环境突变的应急措施，避免在养护的过程中降低质量。

2. *加热养护硬化法*

加热养护硬化法，是一种适用范围较广泛、能确保工程质量的方法。其特点是：不受环境条件的限制，质量控制比较容易，养护周期短，最适合批量生产；但产品硬化收缩大，易发生变形或裂缝，需要配备加热装置，工程成本相应增加，现场浇筑应用比较困难。这种养护方法适用于冲压或挤压方法成型的制品。

第六节　聚合物混凝土在公路工程中的应用

普通水泥混凝土和沥青混凝土桥面和停车场，由于容易受到雨水特别是除冰盐的侵蚀，所以要求人们开发更加耐久的铺面材料。工程实践充分证明，用聚合物混凝土和聚合物砂浆作为桥面和停车场的罩面，具有耐磨损、耐水、抗氯离子渗透等优点，从而可以防止混凝土的冻融破坏和钢筋锈蚀破坏。

对桥面板的罩面层的基本要求很多，主要包括以下几个方面：（1）对于雨水和除冰剂的渗透性很小；（2）形成的罩面层必须具有适宜的抗滑能力；（3）保证罩面层具有很高的耐磨性；（4）对现有的混凝土和钢材具有良好的粘结力；（5）具有足够的柔韧性，能避免因热和机械应力而引起裂缝；（6）具有较好的耐久性，其使用寿命一般在 15 年左右；（7）对其混合比例稍加改变，性能不会产生较大的变化。

对于一些特殊的施工，可能还会有一些其他的特殊要求。如在混凝土中填充钢筋网后能降低桥面板的交通噪声。工程实践证明，利用聚合物混凝土制作一层较薄的罩面，完全可以满足以上的基本要求，虽然首次费用比较高，但长期性经济核算是比较合适的。

除了公路桥的桥面，聚合物混凝土也在停车场和高速公路的罩面层，机场跑道和工厂地面中获得比较广泛的应用。同时，这种罩面层既可以用于新的混凝土结构，也可以用于旧结构的修补。

一、聚合物混凝土罩面层的类型

按照聚合物混凝土的配制和施工方法的不同，在公路工程中聚合物混凝土罩面层可以分为：砂子填充树脂薄层罩面、聚合物封闭涂层罩面、现场配合的聚合物混凝土罩面和预包装聚合物砂浆罩面等。

（一）砂子填充树脂薄层罩面

砂子填充树脂薄层罩面，是通过多次树脂和砂子交替而形成的。首先，用辊筒、扫帚、挤压机和喷枪等，将树脂配合料涂覆在清洁的混凝土表面上，然后将骨料（砂子）铺洒在尚未凝结和固化的树脂上，在铺洒骨料时要比设计的用量稍多一些，待树脂完全固化后，清除多余的（即未被粘结的）砂子。

按照以上施工方法进行重复，一般铺洒 3 ~ 4 层。这种罩面具有良好的抗渗性和抗滑性能。可以使用不饱和聚酯、乙烯基酯树脂或环氧树脂。

（二）聚合物封闭涂层罩面

聚合物封闭涂层罩面的施工方法如下：先在清洁的混凝土表面上铺上厚度为 6mm 的干燥的砂子，在砂子的上面再铺上一层防滑、耐磨、耐久的骨料，并将这两层材料用工具进行夯实。随后分两次将树脂或单体混合物喷洒在骨料上，第一次使用黏度较低的树脂体系，使树脂能够比较容易地渗入骨料之中，直到混凝土的表面。第二次使用黏度较大的树脂体系（可以通过向单体中加入聚合物来提高单体系统的黏度），喷洒在骨料的表面。

为了减少单体的挥发损失，在喷洒第二次树脂后，应当用聚乙烯薄膜进行覆盖。

（三）现场配合聚合物混凝土罩面

现场配合的聚合物混凝土罩面，是用现场拌合好的聚合物混凝土摊铺而成的。这种罩面的施工方法是：用小型普通混凝土搅拌机或连续的聚合物混凝土搅拌机，将树脂或单体与骨料混合搅拌均匀，然后将混合好的聚合物混凝土摊铺在清洁的混凝土表面上，并用适当的机具将其压实。

在高速公路上施工时，可以采用连续的路面摊铺设备，以提高铺筑效率和施工质量。对有些聚合物混凝土的罩面，还需要在表面洒一层坚硬的骨料，以获得良好的防滑效果。此外，这种罩面体系通常先要用树脂体系进行打底，然后将混凝土摊铺在潮湿或干燥的底层上。

（四）预包装聚合物砂浆罩面

预包装聚合物砂浆罩面，是一种由供应商在工厂将单体和引发剂、促进剂以及骨料，按照一定的配合比分别进行包装，施工时将各个包装混合均匀即可使用。这种施工方法配料比例准确，避免了现场可能发生的物料混合次序错误引起的危险。

材料混合试验证明，如果将引发剂与促进剂直接混合，有产生爆炸的危险，预包装则可以完全避免。预包装的方式之一（如双组分体系）：一个组分为含有促进剂的液体丙烯酸酯，另一个组分为预先混合的细骨料、聚合物、引发剂和颜料。

预包装聚合物砂浆罩面的施工厚度通常为 6 ~ 13mm，施工时在待铺设表面的两侧支护模板，聚合物砂浆摊铺后用刮板将其刮平即可。

二、聚合物混凝土罩面层的技术性能

在公路工程路面工程中，常用的聚合物混凝土（砂浆）主要有：多层砂子填充环氧树脂罩面、低模量环氧树脂混凝土罩面、环氧树脂混凝土罩面、不饱和聚酯树脂混凝土罩面和甲基丙烯酸甲酯混凝土罩面等。

不同的聚合物混凝土罩面层，对技术性能的要求也是不同的。对以上几种罩面层的技术要求分别如下。

（一）多层砂子填充环氧树脂罩面

多层砂子填充环氧树脂罩面，是用低模量环氧树脂作为胶粘剂、以砂子作为填充材料的树脂薄层罩面。这种罩面具有一定的柔性，能防滑和抗渗透，可对公路桥面和停车场起到很好的保护作用，既可以用于新的混凝土结构，也可以用于旧建筑的维修。施工时将没有填充的环氧树脂均匀地涂布在清洁的混凝土表面，然后铺撒过量的细骨料，如此反复进行多次，因而称为多层砂子填充环氧树脂罩面。

1. 对环氧树脂的技术要求

多层砂子填充环氧树脂罩面，对未固化环氧树脂及环氧树脂固化物的性能要求，如表 8-41所示。

表 8-41　多层砂子填充环氧树脂罩面对环氧树脂的技术要求

未固化环氧树脂的性能		环氧树脂固化物的性能	
黏度（ASTM D2393）（mPa · s）	700 ~ 2500	7d 拉伸强度（ASTM D638，Type I）（MPa）	12 ~ 34
凝胶时间［ASTM C881（70mL）］（min）	15 ~ 45	7d 断裂伸长率（ASTM D638，Type I）（%）	30 ~ 70
闪点（ASTM D3278）（℃）	>93	弹性模量（ASTM D638，Type I）（MPa）	最大 90
		粘结强度（CSA　A23.2-6B）（MPa）	1.7

2. 对骨料的技术要求

用于多层砂子填充环氧树脂罩面的细骨料，其质量要求除符合国家标准《建筑用砂》（GB/T 14684—2001）和行业标准《公路水泥混凝土路面施工技术规范》（JTG F30—2003）对细骨料的分类、技术性能要求等外，其级配应符合表 8-42 中的规定。由于所用场合的受力状况不同，所以对它们的技术要求也有不同。

表 8-42　多层砂子填充环氧树脂罩面对骨料的技术要求

桥面用骨料级配		停车场用骨料级配	
筛孔尺寸（mm）	通过率（%）	筛孔尺寸（mm）	通过率（%）
4.75	100	1.18	51 ~ 75
2.36	30 ~ 70	0.85	14 ~ 50
1.18	0 ~ 5	0.60	0 ~ 25
0.60	0 ~ 1	0.425	0 ~ 2

3. 对混凝土性能的技术要求

用细骨料（ASTM C778 标准砂）与环氧树脂体积比为 2.75∶1 制备混凝土试样，环氧树脂混凝土的强度应达到下述要求：3h 的抗压强度应大于 7MPa，24h 的抗压强度应大于 34MPa；环氧树脂混凝土与水泥混凝土基材的热相容性，应当满足 ASTM C884 方法 B 的要求。

4. 对混凝土表面处理的要求

在进行环氧树脂混凝土铺筑之前，首先用喷砂或其他方法除掉混凝土表面的污物和其他影响罩面层粘结的物质，每一次清理的面积一般不要超过 $418m^2$，在每一个罩面的施工区域，准备至少有 $0.4m^2$ 面积进行试验，按照加拿大的测试方法 A23.2-6B 检验环氧树脂罩面与水泥混凝土的粘结强度是否达到 1.7MPa。如果达不到这个强度要求，必须改进表面处理的方法，并重新进行试验，直到达到这一最低粘结强度。

5. 对于罩面层施工的要求

按照规定比例混合环氧树脂的各个组分，既可以采用批量混合的方法，也可以采用连续混合、连续施工的方法。在进行环氧树脂混凝土铺筑时，水泥混凝土基材的表面不得有可见的潮气。在施工之前，可以接照 ASTM D4263 的方法检测潮气，即用塑料片覆盖在水泥混凝土的表面上 12h，掀起后看塑料片上是否有水珠存在。

环氧树脂混凝土施工分两步进行，即先涂环氧树脂，然后再铺撒骨料。一般是用橡胶辊或涂料辊施涂第一层环氧树脂，其用量一般掌握在平均 $1L/m^2$。在环氧树脂仍处于液体状态时，铺撒第一层细骨料，骨料应当全部覆盖住树脂，并稍微有点过量。待第一层罩面固化后，用扫帚或真空吸尘器清除未粘住的细骨料，然后重复以上施工方法施涂环氧树脂和铺撒细骨料。

在一般桥面罩面工程中，环氧树脂的平均用量为 $2.0L/m^2$，细骨料的平均用量为 $7kg/m^2$。经过两次施工，罩面层的厚度可以达到 6mm 左右。根据设计需要可以重复施工，直到设计规定的厚度。

6. 对于伸缩缝的技术处理

对伸缩缝的处理，包括旧水泥混凝土和环氧树脂混凝土两部分。在一般情况下，水泥混凝土原来的伸缩缝要继续保留，以便发挥原设计的伸缩缝的功能；如果要在罩面层上设置伸缩缝，应当尽快在罩面层能够支撑锯切设备时进行，一般应在罩面层铺设 12h 内，并在第一个环境温度循环之前，以避免可能的热应力导致的分层剥落。

7. 罩面层施工的注意事项

为确保多层砂子填充环氧树脂罩面的施工质量，不应在养护龄期小于 28d 的混凝土表面施工，这种罩面不能用在磷酸镁水泥混凝土的表面，也不能用在可能影响罩面粘结性能的裂缝修补材料上面。

多层砂子填充环氧树脂罩面施工完毕后，应当有足够的时间使其硬化。在开放交通之前，应进行固化程度的鉴定。如果用厚度为 2mm、宽度为 10mm、长度为 200mm 的螺丝刀，用 20kg 的力不能将其压入罩面层时，则认为固化已达到设计要求，可以开放交通。

（二）低模量环氧树脂混凝土罩面

低模量环氧树脂混凝土罩面，其使用的是低模量的环氧树脂系统，技术要求如表 8-43 所示。低模量环氧树脂混凝土罩面的施工方法为：先将环氧树脂与骨料混合配制成为混凝土，然后再摊铺在旧混凝土的表面上。最后再在罩面的表面上铺撒一层细骨料，以获得良好的抗滑效果。

表 8-43 低模量环氧树脂罩面对环氧树脂的技术要求

未固化环氧树脂的性能		环氧树脂固化物的性能	
黏度（ASTM D2393）（mPa·s）	700～2500	7d 拉伸强度（ASTM D638，Type I）（MPa）	12～34
凝胶时间［ASTM C881（70mL）］（min）	15～45	7d 断裂伸长率（ASTM D638，Type I）（%）	30～70
闪点（ASTM D3278）（℃）	>93	粘结强度（ASTM C882）（MPa）	>7
		线膨胀系数（$\times10^6$/℃）	10～14

低模量环氧树脂混凝土罩面对骨料的级配要求，如表 8-44 所示。骨料的莫氏（MOHS）硬度应大于或等于 6，骨料的含水量（ASTM C566）应小于 0.15%。骨料可以用天然的石英砂、玄武岩或其他不易碎的骨料。

表 8-44 低模量环氧树脂混凝土罩面对骨料的级配要求

配制混凝土用的骨料	筛号	4	12	16	18	20	30	40
	通过率	100	90～95	75～80	55～75	25～35	15～22	15～20
表面铺撒用的骨料	筛号	6	12	20	—	—	—	—
	通过率	98～100	5～30	0～5	—	—	—	—

表面处理的要求与多层砂子填充环氧树脂罩面基本相同，其施工一般包括三个步骤：即用环氧树脂进行打底→摊铺聚合物混凝土→铺撒表面防滑骨料。低模量环氧树脂混凝土罩面的性能要求，如表 8-45 所示。

表 8-45 低模量环氧树脂混凝土罩面的性能要求

技术性能	试验方法	要求指标
3h 抗压强度（MPa）	ASTM C579	>7.0
24h 抗压强度（MPa）	ASTM C579	>34
弹性模量（GPa）	ASTM D790	2.5～3.0
粘结强度（MPa）	ASTM C882	>7.0

（三）环氧树脂混凝土罩面

环氧树脂混凝土罩面，这是一种普通型环氧树脂混凝土，对环氧树脂及混凝土罩面的性能要求，分别见表 8-46 和表 8-47。

表 8-46 环氧树脂混凝土罩面对环氧树脂的要求

未固化环氧树脂的性能		环氧树脂固化物的性能	
黏度（ASTM D2393）（mPa·s）	300～800	7d 拉伸强度（ASTM D638，Type I）（MPa）	>27.6
凝胶时间［ASTM C881（70mL）］（min）	7～35	7d 断裂伸长率（ASTM D638，Type I）（%）	5～10
闪点（ASTM D3278）（℃）	>93		

表 8-47 环氧树脂混凝土罩面的性能要求

技术性能	试验方法	要求指标
凝胶时间（min）	ASTM C881	7～35
固化时间（21℃）（h）	—	<3
3h 抗压强度（MPa）	ASTM C579	>7
24h 抗压强度（MPa）	ASTM C579	>34
弹性模量（GPa）	ASTM C469	<15
粘结强度（MPa）	ASTM C882	>27
线膨胀系数（$\times 10^6$/℃）	ASTM C696	<19

环氧树脂混凝土罩面的表面处理，与低模量环氧树脂混凝土罩面基本相同，不同之处是不需要用环氧树脂进行打底。混凝土摊铺后也要铺撒一层防滑的骨料，直到出现一层干燥的骨料为止。

（四）不饱和聚酯树脂混凝土罩面

不饱和聚酯树脂混凝土罩面，是用不饱和聚酯树脂配制混凝土，然后再进行摊铺的一种聚合物罩面。这种聚合物混凝土罩面也必须在清洁、干燥的表面上施工，其施工表面的准备与环氧树脂混凝土基本相同。施工时的环境平均温度应控制在 5～27℃范围内，当混凝土的表面温度超过 38℃或低于 5℃时均不宜施工。应当引起特别注意的是：不饱和聚酯树脂中的苯乙烯是一种有毒物质，施工中要求其通风必须良好。

不饱和聚酯树脂混凝土罩面，一般采用高分子量的甲基丙烯酸甲酯树脂进行打底，对打底树脂的性能要求，如表 8-48 所示；对不饱和聚酯树脂的性能要求，如表 8-49 和表 8-50 所示；对不饱和聚酯树脂混凝土罩面所用骨料级配的要求，如表 8-51 所示；对不饱和聚酯树脂混凝土的性能要求，如表 8-52 所示。

表 8-48 对打底树脂的性能要求

技术性能	试验方法	要求指标	技术性能	试验方法	要求指标
黏度（mPa·s）	ASTM D2196	40～60	闪点（℃）	ASTM D3278	>82
相对密度（g/cm³）	ASTM C905	0.90～1.10	蒸气压（kPa）	ASTM D323	<0.13
施工温度下凝胶时间（min）	ASTM C881	15～20	固化物拉伸强度（MPa）	ASTM D638	13.8～34.4

表 8-49 对未固化不饱和聚酯树脂的性能要求

技术性能	试验方法	要求指标	技术性能	试验方法	要求指标
黏度（mPa·s）	ASTM D2196	40～60	闪点（℃）	ASTM D3278	>31
单体含量（质量）（%）	—	34～40	偶联剂含量（%）	—	<0.13
凝胶时间（min）	AASHTO T237	10～30	—	—	—

表 8-50 对固化不饱和聚酯树脂的性能要求

技术性能	试验方法	要求指标	技术性能	试验方法	要求指标
拉伸强度（MPa）	ASTM D638	>13	粘结强度（MPa）	ASTM C882	>5
断裂伸长率（%）	ASTM D638	30 ~ 70	线膨胀系数（$\times 10^6$/℃）	ASTM D696	5 ~ 9
弹性模量（MPa）	ASTM D638	400 ~ 830	—	—	—

表 8-51 对不饱和聚酯树脂混凝土罩面所用骨料级配的要求

筛号（筛孔尺寸）	(13mm)	(9.5mm)	4	8	16	30	50	100	200
通过率（%）	100	83 ~ 100	62 ~ 82	45 ~ 64	27 ~ 50	12 ~ 35	6 ~ 20	0 ~ 7	0 ~ 3

表 8-52 对不饱和聚酯树脂混凝土的性能要求

技术性能	试验方法	要求指标	技术性能	试验方法	要求指标
24h 抗压强度（MPa）	ASTM C579	>35	粘结强度（MPa）	ASTM C882	>10
抗折强度（MPa）	ASTM C580	>14	热相容性	ASTM C884	5 个周期
弹性模量（GPa）	ASTM C579	0.6 ~ 1.0	—	—	—

（五）甲基丙烯酸甲酯混凝土罩面

甲基丙烯酸甲酯混凝土罩面，是用甲基丙烯酸甲酯配制而成的混凝土，然后再进行摊铺混凝土罩面。甲基丙烯酸甲酯混凝土罩面一般采用高分子量的甲基丙烯酸甲酯树脂进行打底，对打底树脂的性能要求，如表 8-48 所示；对单体的要求，如表 8-53 所示。

表 8-53 对甲基丙烯酸甲酯单体的性能要求

技术性能	试验方法	要求指标	技术性能	试验方法	要求指标
黏度（mPa·s）	ASTM D2196	<10	闪点（℃）	ASTM D3278	>10
密度（g/cm^3）	ASTM C905	0.90 ~ 0.97	凝胶时间（20℃）（min）	AASHTO T237	20 ~ 25

为了降低甲基丙烯酸甲酯混凝土罩面的造价，所用骨料的级配应当很好。混凝土最大骨料的粒径，应按罩面层的厚度大小和工作需要的流动度决定。单体可以少到占骨料的 5% ~6%（质量比）。最佳的粗骨料和细骨料的比例，可以在不同比例的粗细骨料中加入最小饱和量的水分来测量求得，对骨料的级配要求见表 8-54。

表 8-54 甲基丙烯酸甲酯混凝土对骨料的级配要求

筛号（mm）	9.5	4	12	18	20	30	70	100	140	240	270
通过率（%）	100	90 ~ 100	76 ~ 82	58 ~ 64	34 ~ 46	29 ~ 39	17 ~ 29	11 ~ 21	5 ~ 13	2 ~ 6	—

由于水分会影响骨料的粘结强度，因此用于甲基丙烯酸甲酯混凝土的骨料含水量要少于 1%，混合时不能加水。对甲基丙烯酸甲酯混凝土罩面的性能要求，如表 8-55 所示。

表 8-55　对甲基丙烯酸甲酯混凝土罩面的性能要求

技术性能	试验方法	要求指标	技术性能	试验方法	要求指标
1.5h 抗压强度（MPa）	ASTM C579	≥24	弯曲弹性模量（GPa）	ASTM D790	1.70～4.00
24h 抗压强度（MPa）	ASTM C579	≥35	耐磨性（g）	ASTM C501	<4.50
抗折强度（MPa）	ASTM C580	6.90～10.35	耐冻融	ASTM C666	无变化
拉伸强度（MPa）	ASTM C307	≥4.0	防湿滑性	ASTM F274	55
拉伸弹性模量（GPa）	ASTM D638	0.90～1.00	—	—	—

第九章 纤维增强混凝土

自1824年约瑟夫·阿斯普丁发明波特兰水泥后，普通混凝土在各种工程中得到迅速发展，经过近180多年的研究和应用，普通混凝土已成为当今主要的一种优良建筑材料。但是，普通混凝土存在着一个非常突出的缺陷，即混凝土具有非常明显的脆性。它的抗压强度虽然比较高，但其抗拉强度、抗弯强度、抗裂强度、抗冲击韧性、抗爆等性能却比较差。

纤维混凝土就是在考虑如何改善普通混凝土的脆性，提高其抗拉、抗弯、抗冲击和抗爆等力学性能的基础上发展起来的，它具有普通钢筋混凝土所没有的许多优良品质。

第一节 纤维增强混凝土概述

纤维混凝土，又称纤维增强混凝土，是以水泥净浆、砂浆或混凝土作为基材，以适量的非连续的短纤维或连续的长纤维作为增强材料，均布地掺合在混凝土中，使普通混凝土的韧性得到改善，抗弯性和折压比得到提高的一种特种混凝土。

纤维混凝土的发展始于20世纪初，其中以钢纤维混凝土研究的时间最早、应用得最广泛。早在1910年，美国的 H. F. Porter 就发表了关于短钢纤维增强混凝土的第一篇论文。1911年，美国的 Graham 则提出了将钢纤维加入普通钢筋混凝土中。20世纪40年代，由于军事工程的需要，英、美、法等国的学者，先后发表了纤维混凝土的研究报告，但这些研究报告均未能从理论上说明纤维对混凝土的增强机理，因而限制了这种复合材料在工程结构中的推广应用。

纤维混凝土真正应用于工程的研究，是在经过50年后的20世纪60年代初期。1963年，美国的 J. P. Romualdi 等人发表了钢纤维约束混凝土裂缝发展机理的研究报告，首次提出了纤维的阻裂机理（或称纤维间距理论），才使这种复合材料的发展有了实质性的突破，钢纤维混凝土的研究和应用受到高度重视。1966年，美国混凝土协会成立了纤维混凝土专业委员会（ACI 544 委员会），继而国际标准化协会也增设了纤维增强水泥制品技术标准委员会（简称 ISO TC77）。

20世纪70年代，不仅钢纤维混凝土的研究发展很快，而且碳、玻璃、石棉等高弹纤维混凝土，尼龙、聚丙烯、植物等低弹性纤维混凝土的研制也引起了各国的关注。1973年，在加拿大的渥太华，由美国 ACI 544 委员会举办了第一次纤维混凝土的国际性会议。而后于1975年、1978年，在英国伦敦又相继召开了纤维混凝土的国际性学术讨论会，讨论的广度和深度以及研究和应用，都取得了令人鼓舞的成果，为进一步研究和应用纤维混凝土起到了有力的促进作用。

近些年来，不仅发达国家在纤维混凝土方面取得许多研究成果，一些发展中国家也对纤维混凝土进行了研究和应用。在地震比较频繁的日本，开始将纤维混凝土应用于抗震建筑，这是纤维混凝土应用的另一广阔前景。广大科学工作者确信：纤维混凝土以它具有的良好韧性、抗疲劳性和抗冲击性，完全符合抗震设计的要求，一定能在结构抗震领域得到推广应用。

我国开展纤维混凝土的研究起步较晚，大约始于20世纪70年代末，有关科研单位和大专院校才开始研究纤维混凝土的配合比、增强机理、物理力学性能等，并使纤维混凝土在实际工程中得以应用。目前，在一些水利、交通、军工、建筑、矿山等行业，纤维混凝土已有成功的实际应用经验，我们对于纤维混凝土已从实验研究阶段逐渐过渡到了实际工程的应用阶段。

随着人们对这些新型材料的认识深化，其应用领域也不断扩大。就目前的情况来看，纤维混凝土，特别是钢纤维混凝土在大面积混凝土工程上的应用最为成功。若钢纤维掺量大约为混凝土体积的2.0%，其抗弯强度可提高2.5~3.0倍，韧性可提高10倍以上，抗拉强度可提高20%~50%。

钢纤维混凝土在工程中应用很广，如桥面部分的罩面和结构；公路、地面、街道和飞机跑道；坦克停车场的铺面和结构；采矿和隧道工程、耐火工程以及大体积混凝土工程的维护与补强等。

此外，在预制构件方面也有不少应用，而且除了钢纤维，玻璃纤维、聚丙烯纤维在混凝土中的应用也取得了一定经验。纤维混凝土预制构件主要有：管道、楼板、墙板、柱、楼梯、梁、浮码头、船壳、机架、机座及电线杆等。

纤维混凝土一般是按纤维的种类不同分类，命名也是按纤维种类命名为“某纤维混凝土”。目前应用比较广泛的有：钢纤维混凝土、玻璃纤维混凝土、碳纤维混凝土、陶纤维混凝土、聚丙烯纤维水泥基混凝土、尼龙纤维水泥基混凝土、丙烯酸纤维水泥基混凝土、聚乙烯纤维水泥基混凝土、普纶纤维水泥基混凝土、木纤维水泥基混凝土和竹纤维增强水泥基混凝土等。

纤维混凝土与普通混凝土相比，虽然具有许多优点，但毕竟不能代替钢筋混凝土。这又引起了人们对在配有钢筋的混凝土中掺加纤维，使其成为钢筋-纤维复合混凝土的研究兴趣，这将成为纤维混凝土应用的更有发展前途的新途径。

钢纤维混凝土最突出的优点是抗裂性能良好，并对其抗拉强度、抗弯强度、抗疲劳强度等均能得到改善。用钢纤维混凝土制作的钢筋混凝土构件，可以减小裂缝的宽度，或者说设计达到同样裂缝宽度时，钢筋的应力将成倍提高，因而可以选用强度更高的钢筋，以增加混凝土构件的耐久性。

经研究表明，当混凝土构件的裂缝宽度为0.2mm时，钢纤维混凝土和普通混凝土中的钢筋应力分别为550MPa和230MPa；当裂缝宽度为0.3mm时，钢筋应力分别为660MPa和300MPa。

纤维混凝土由于抗疲劳和抗冲击性能良好，用于多震灾国家的抗震建筑，将是发挥纤维混凝土特长的另一发展途径。如日本，现在已投入相当的技术人员致力于这方面的探讨和研究，并取得了一定成果。可以相信纤维混凝土将会以其独特的优点，应用于抗震建筑的设计与施工中，为人类作出更大的贡献。

纤维混凝土虽然有普通混凝土不可相比的长处，但在实际应用上，目前还受到一定的限制。如施工和易性较差，搅拌、浇筑和振捣时会发生纤维成团和折断等质量问题，粘结性能也有待于进一步改善；再如纤维价格较高，使工程费用提高，也是影响纤维混凝土推广应用的一个重要因素。事实上，要对纤维混凝土作出合理的经济评价，现在还为时过早，这需要对长期利益和短期利益、一次投资和维修保养费用以及材料管理费用等全面分析，进行综合评价。

纤维混凝土作为一种新型混凝土，有它独特的优点和性能，但在应用上目前还受到一定限制，也有需要进一步解决的问题，有时还不能完全代替钢筋混凝土，因此，推广应用纤维混凝土还需要一个认识、实践、再认识的过程。随着科学技术的进步和纤维混凝土研究的不断深入，我们相信在不久的将来，纤维混凝土一定会在更多的应用范围内显示出其许多潜在的优越性。

第二节　纤维增强混凝土增强机理

由于纤维增强混凝土是一种多相、多组分、非均匀和不连续的材料，加上不同的纤维材料的形状和表面性能及施工方式不同，从而造成纤维具有不同形式的分布，导致纤维的增强机理非常复杂。

自 1910 年纤维混凝土问世以来，有诸多研究者对其增强机理进行了研究，经过 90 多年的不懈努力，其增强机理才逐渐发展起来。但到目前为止，尚无一个无争议的理论来反映纤维增强的本质。

目前争议比较少，对于混凝土中均匀而任意分布的短纤维对混凝土的增强机理，存在着两种不同的理论解释。其一，是建立在弹性断裂力学基础上的纤维间距理论，即为美国的 J. P. Romualdi 提出的"纤维间距机理"；其二，是基于复合材料力学的混合定律，即为英国的 Swamy，Mamgat 等人提出的"复合材料机理"。

一、纤维间距机理

J. P. Romualdi 纤维间距机理，是根据线弹性断裂力学理论来说明纤维材料对于裂缝发生和发展的约束作用。这一机理认为：在混凝土内部原来就存在缺陷，欲提高这种材料的强度，必须尽可能地减小缺陷的程度，提高这种材料的韧性，降低内部裂缝端部的应力集中系数。

图 9-1 是说明"纤维间距机理"的力学模型。假定纤维在拉应力方向呈现棋盘状布置（间隔为 S），裂缝（半径为 a）存在于 4 根纤维所围住的中心时，材料在受到拉伸时，由于拉伸应力所引起的粘结应力分布（τ），产生于和纤维相邻近的裂缝端部附近处，从而对裂缝尖端产生反向应力场，降低了裂缝尖端的应力集中程度，使裂缝的扩展受到约束，裂缝端部的扩展力大大减少，材料的强度（特别是韧性）得到增加。很明显，纤维对这种裂缝扩展的约束作用与纤维之间的间距和纤维的数量有密切关系。材料试验证明，纤维的间距越小，单位体积混凝土中的纤维数量越多，这种作用就越有效。

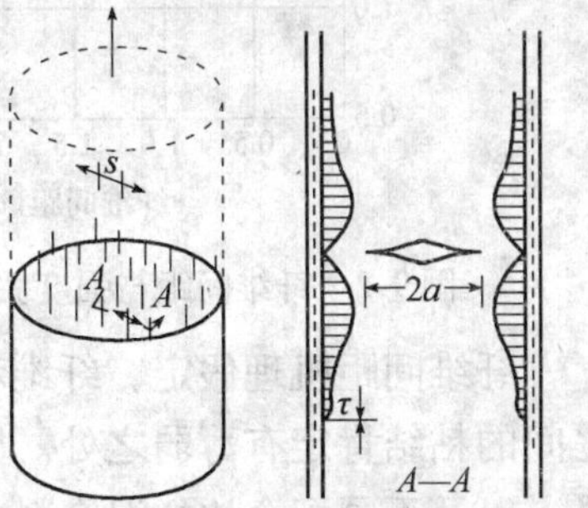

图 9-1　纤维间距机理力学模型

如果设拉伸应力引起的内部裂缝端部应力集中系数为 K_σ，而与裂缝端部相邻近的粘结应力τ产生的具有相反意义的、起约束作用的应力集中系数为 K_f，则总的应力系数 K_t 就将减小，即：

$$K_t = K_\sigma - K_f \tag{9-1}$$

所以初裂强度得以提高。可见，单位面积内的纤维数（n）越多，亦即纤维间距越小，强度提高的效果也就越好。

Romualdi 根据理论推导，得出了某一截面对应力有效的平均间距计算公式：

$$\bar{S} = \frac{1}{\sqrt{n}} = 1.38d\sqrt{\frac{V}{V_x}} = 13.8d\sqrt{\frac{1}{P}} \tag{9-2}$$

式中 $\bar{S}$——某一截面纤维的平均间距；

d——纤维的直径；

P——纤维体积百分率；

V——纤维混凝土的体积；

V_x——单位体积内的纤维体积。

所谓“对应力有效”，即是在这一计算公式的推导中，已经考虑了拉伸应力方向上的有效的纤维含量。

为了证实混凝土的初裂强度受纤维间距的支配，Romualdi 等人还做了相应的试验，图 9-2 是其试验结果。这个试验结果同理论推导是比较一致的。由图 9-2 中可以看出，有效的纤维最大间距在 1.5cm 以下。

图 9-3 是 Romualdi 等人给出的初裂应力增长与纤维之间关系的理论推算结果。理论推算和材料试验结果都表明，在纤维体积含量一定时，可以认为抗拉强度近似地同纤维间距成 $(1/S)^{1/2}$ 比例关系。

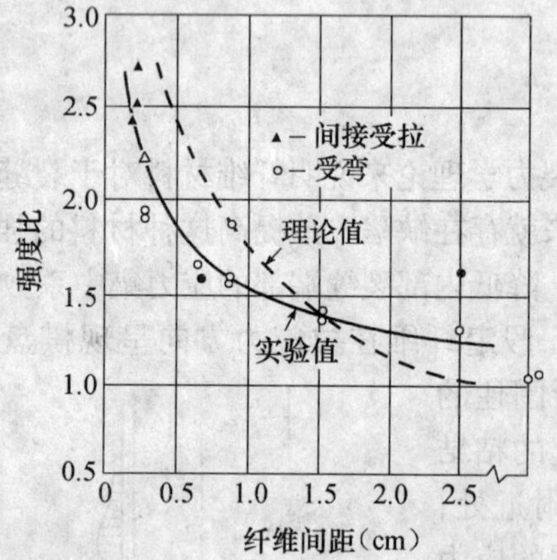

图 9-2　纤维间距与强度关系试验曲线

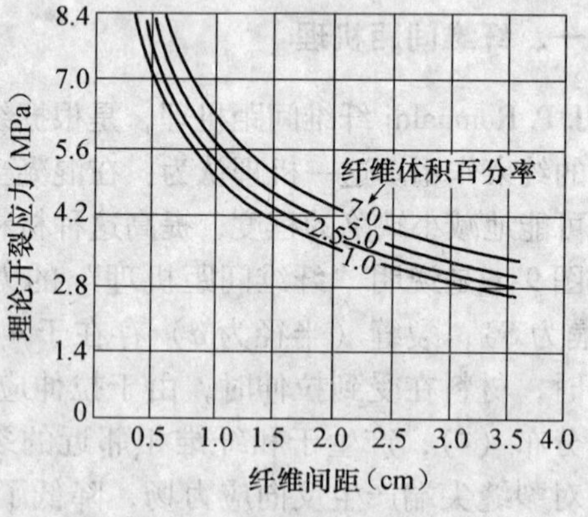

图 9-3　理论开裂应力与间距关系曲线

纤维间距机理假定，纤维和基体间的粘结是完美无缺的。但是，事实却不尽如此，它们之间的粘结肯定有薄弱之处。因此，后来有人将间距的概念扩大到包括不同长度和直径的纤维，以及不同配合比的混合料，并提出了其他的间距计算公式。Romualdi 等人认为：纤维的平均间距与纤维体积率和纤维直径密切相关。由于纤维分布方式有一维、二维和三维之分，所以和纤维方向有效系数也有关系。间距的概念一旦超出了比例极限就不再成立，因而还不能客观反映纤维增强的机理。

二、复合材料机理

复合材料机理的理论也称为混合定律，是研究复合材料性能与复合材料各组分性能之间关系的理论。1964 年，H. Kvenchel 首先研究出了由两相组成的复合材料的混合定律。随后，Ekavall，Kelly，H. L. Cox，Swamy Shah 及 Mangat 等人，相继从不同的角度用混合定律的基本原理，从纤维的形状、长短、体积率、纤维的缺陷等不同的方面，深入研究了纤维对混凝土力学性能的影响。

复合材料机理的理论出发点是复合材料构成的混合原理。将纤维增强混凝土看作是纤维强化体系，并应用混合原理来推定纤维混凝土的抗拉和抗弯强度。

用复合材料机理研究纤维增强混凝土时，应当基于以下几个假设：（1）纤维增强混凝土在宏观上是均质的；（2）纤维与混凝土基体本身是各向同性（或正交各向异性）的线弹性材料；（3）纤维与混凝土基体之间无任何相对滑动（即完全粘结牢固状态）。

在上述假设的条件下，可有两种纤维状态下的混合定律，即单向连续长纤维增强混凝土混合定律和不连续短纤维增强混凝土混合定律。

（一）单向连续长纤维增强复合材料混合定律

如果纤维材料在基体中连续均匀排列，并与荷载的方向一致，如图 9-4 所示，即成为单向连续纤维增强复合材料。

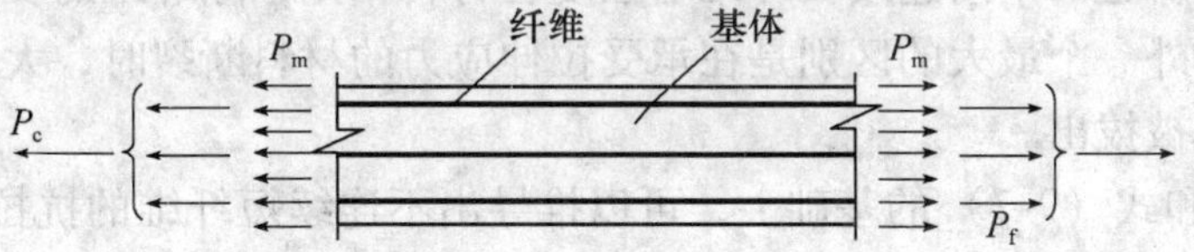

图 9-4　单向连续纤维增强复合材料

由于已经假定了纤维与基体之间粘结非常牢固，无相对滑动位移，因此在承受荷载时，基体的应变 ε_f 与纤维的荷载 ε_m 及复合材料的应变 ε_c 均应相同，即

$$\varepsilon_f = \varepsilon_m = \varepsilon_c \tag{9-3}$$

设作用在复合材料、基体和纤维上的荷载分别为 P_c，P_m，P_f，则

$$P_c = \sigma_c A_c, \qquad P_m = \sigma_m A_m, \qquad P_f = \sigma_f A_f$$

式中　A——材料受荷载的截面积；

　　　σ——荷载对材料施加的应力。

由于　$$P_c = P_m + P_f$$

可得到　$$\sigma_c \cdot A_c = \sigma_m \cdot A_m + \sigma_f \cdot A_f \tag{9-4}$$

将式（9-4）两边同除以 A_c，并令 $V_f = A_f/A_c$，$V_m = A_m/A_c$，即得式（9-5）：

$$\sigma_c = \sigma_m \cdot V_m + \sigma_f \cdot V_f \tag{9-5}$$

由于　$$V_m = 1 - V_f$$

可以将式（9-5）改写为：$$\sigma_c = \sigma_m(1 - V_f) + \sigma_f \cdot V_f \tag{9-6}$$

由于　$$\sigma_c = E_c \cdot \varepsilon_c, \qquad \sigma_f = E_f \cdot \varepsilon_f, \qquad \sigma_m = E_m \cdot \varepsilon_m$$

由此可得：$$E_c = E_f \cdot V_f + E_m(1 - V_f) \tag{9-7}$$

式（9-6）和式（9-7）即为单向连续纤维增强复合材料混合定律的表达式。由这两个表达式可知，纤维增强复合材料的拉应力与纤维的拉应力和基体的拉应力及纤维体积率有关。由式（9-6）还可以求得单向连续纤维增强材料的抗拉强度 σ_{cn} 应为：

$$\sigma_{cn} = \sigma_{fu} \cdot V_f + \sigma_m(1 - V_f) \tag{9-8}$$

式中 σ_{fu}——纤维的抗拉强度；

σ_m——基体断裂时的拉伸应力。

由以上理论推导可知，当基体中无纤维存在时，即 $V_f = 0$，$\sigma_{cn} = \sigma_m$；而当 $V_f \neq 0$，$\sigma_{cn} = \sigma_{fu} \cdot V_f + \sigma_m(1 - V_f)$，材料的抗拉强度则增加 $\sigma_{fu} \cdot V_f$。

由式（9-8）计算得到的复合材料抗拉强度往往大于实际测定值。其主要原因是纤维强度较高时，基体受拉断裂后纤维不一定完全与基体粘合而无滑动。考虑到这一情况，在纤维抗拉强度 σ_{fu} 前应当乘以一个小于或等于 1 的系数 k，则式（9-8）应改写为：

$$\sigma_{cn} = k\sigma_{fu} \cdot V_f + \sigma_m(1 - V_f) \tag{9-9}$$

当基体发生断裂后，不能再承担拉应力，全部荷载由纤维承担，此时复合材料的抗拉强度可用式（9-10）表示：

$$\sigma_{cn} = k\sigma_{fu} \cdot V_f \tag{9-10}$$

（二）不连续短纤维增强复合材料混合定律

对于不连续短纤维增强复合材料，也称为乱向短纤维增强复合材料或无方向短纤维增强复合材料。与以上所述的单向连续长纤维增强复合材料相比，除纤维的长短不同和在基体中的状态不同外，另外一个最大的区别是在承受拉伸应力的材料断裂时，大多数纤维不是被拉断，而是从基体中被拔出。

在式（9-6）和式（9-7）的基础上，可以推导出不连续短纤维的抗拉强度 σ_{cn} 和弹性模量 E_c，即式（9-11）和式（9-12）：

$$\sigma_{cn} = \varphi\sigma_{fu} \cdot V_f + \sigma_m(1 - V_f) \tag{9-11}$$

$$E_c = \varphi E_f \cdot V_f + E_m(1 - V_f) \tag{9-12}$$

式中 φ——与纤维长度、取向、分布、纤维缺陷及纤维与基体粘结力有关的综合有效系数；

其他符号同式（9-6）和式（9-7），φ 值可以用式（9-13）进行计算：

$$\varphi = \eta_0\eta_b\eta_l \tag{9-13}$$

式中 η_0——纤维方向系数；

η_b——纤维与基体界面粘结的粘结系数；

η_l——纤维长度有效系数。

对于纤维增强混凝土，一般是属于乱向短纤维复合材料。纤维分布在表面层接近于二维分布，在基体内部可视为三维分布，因此纤维方向系数应处于 0.637 ~ 0.500 之间。

纤维与基体界面粘结的粘结系数，为顺向纤维可能达到的最大拉应力与纤维的极限抗拉强度之比。对于不同长度的纤维，作用在纤维上的应力也不同，所以界面粘结系数也不同。对于一定品质的纤维，当纤维长度 L_f 大于或等于临界纤维长度 L_{fc} 时，$\sigma_f = \sigma_{fu}$，$\eta_b = 1$。

复合材料开裂后，横跨于裂缝上的某根纤维所能承受的拉应力，取决于纤维在基体中距裂缝面埋深长度较短的一端。当这端纤维的埋入长度 $L_f \leqslant L_{fc}$ 时，纤维将可能被拔出；当这端纤维的埋入长度 $L_f \geqslant L_{fc}$ 时，纤维将可能被拉断。

第三节　钢纤维增强混凝土

以适量的钢纤维掺入普通混凝土中，成为一种既可进行浇灌又可喷射的特种混凝土，即为钢纤维混凝土。由于大量很细的钢纤维均匀地分散在混凝土中，钢纤维与混凝土的接触面积大大增加，并且在所有方向都使混凝土各向强度得到增强，大大改善了混凝土各项性能，使钢纤维混凝土成为一种新型复合材料。

钢纤维混凝土与普通混凝土相比，其抗拉强度、抗弯强度、耐磨性、耐冲击性、耐疲劳性、抗裂性、抗爆性和韧性等都得到很大改善和提高。虽然钢纤维具有以上优良性能，但是由于价格等方面的原因，钢纤维混凝土还不能作为普通钢筋混凝土的代用品，但在国内外工程应用上已证明在多方面具有优良性能，钢纤维混凝土除已广泛用于建筑工程的屋面板、窗台板、内墙板、天花板等结构构件外，现在也开始用于道路、飞机跑道、桥面、铺装、隧道衬砌等土木工程，特别是在需要薄的断面或不规则形状断面、不易配置钢筋时更为有效。

工程实践证明：根据不同用途，钢纤维增强混凝土中的纤维用量，最小为混凝土体积的0.1%或$8kg/m^3$，最大为混凝土体积的3%或$240kg/m^3$。

一、钢纤维混凝土的组成材料

钢纤维混凝土所用的材料，主要由钢纤维和混凝土基体组成，它们的质量和配比不仅直接影响钢纤维混凝土的质量，而且也影响着施工难易、造价高低。

（一）对钢纤维的要求

配制钢纤维混凝土时对钢纤维的要求，主要包括钢纤维的强度、尺寸、形状、长径比和技术性能等方面。

1. 钢纤维的强度

工程实践和试验证明，钢纤维混凝土被破坏时，往往是钢纤维被拉断，因此要提高其韧性，但也没有必要过于增加其抗拉强度。如果材料是用淬火或其他激烈硬化方法获得较高的抗拉强度，则其质地变得硬脆。质地硬脆的钢纤维在搅拌过程中易被折断，也会降低强化效果。因此，仅从钢纤维的强度方面，只要不是易脆断的钢材，通常强度较高的钢纤维均可满足要求。

2. 钢纤维的尺寸

钢纤维的尺寸主要由强化特性和施工难易性决定。如果钢纤维过粗、过短，则钢纤维混凝土强化特性差；如果钢纤维过长、过细，则钢纤维混凝土在搅拌时容易结团。比较合适的钢纤维尺寸是：圆截面长直形的钢纤维，其直径一般在0.25～0.75mm范围内，扁平形钢纤维的厚度为0.15～0.40mm，宽度为0.25～0.90mm。这两种钢纤维的长度一般在20～60mm范围内。带弯钩的集束状钢纤维是用水溶性胶将20～30根纤维粘结在一起而制成的，其单根钢纤维的直径为0.30～0.50mm，长度为40～60mm，粘结后纤维束的长径比为20～30，这种集束状纤维在搅拌过程中遇水后，可离解成单根纤维并易于均匀地分布在混凝土中。

试验资料表明：较合适的钢纤维尺寸是：断面积为$0.1\sim0.4mm^2$，长度为20～40mm。在$1m^3$混凝土中掺入2%的0.5mm×0.5mm×30mm的钢纤维时，其总表面积可达到

1600m^2，是与其重量相同的18根直径16mm、长度为5.5m钢筋总表面积的320倍左右。适当增大钢纤维的总表面积，可以增加钢纤维与混凝土之间的粘结强度。

3. 钢纤维的形状

试验充分证明，为了增加钢纤维同混凝土之间的粘结强度，常采用增大表面积或将钢纤维表面加工成凹凸形状，如波形、哑铃形、端部带弯钩、扁平形等。但工程实践也证明，钢纤维如果表面呈凹凸形，只是在同一方向定向时，对提高与混凝土间的粘结强度效果显著，在均匀分散的状态下则不一定有效。同时，钢纤维不宜加工得过薄或过细，过薄或过细不仅在搅拌时易于折断，而且还会提高成本。

4. 钢纤维的长径比

为使钢纤维能比较均匀地分布于混凝土中，必须使钢纤维具有合适的长径比，一般均不应超越纤维的临界长径比值。当使用单根状钢纤维时，其长径比不应大于100，在一般情况下控制在60～100。各种混凝土结构中适用的钢纤维几何参数如表9-1所示。

表9-1　各种混凝土结构中适用的钢纤维几何参数采用范围

钢纤维混凝土结构类别	长度（mm）	直径（mm）	长径比（l/d）	钢纤维混凝土结构类别	长度（mm）	直径（mm）	长径比（l/d）
一般浇筑成型结构	25～50	0.3～0.8	40～100	铁路用钢纤维轨枕	20～30	0.3～0.6	50～70
抗震混凝土框架节点	40～50	0.4～0.8	50～100	喷射钢纤维混凝土	20～25	0.3～0.5	40～60

5. 钢纤维的价格

在钢纤维混凝土中，钢纤维的掺量约为混凝土体积的2%，虽然掺量并不是太多，但其价格约为厚钢板的4倍，薄钢板的2.5倍，钢筋的4倍。由此可见，钢纤维的价格是比较高的，这是钢纤维难以推广应用的一个重要因素。在设计钢纤维混凝土和选择钢纤维时，必须考虑到这一点。在国外对于钢纤维混凝土，往往是宁可降低一些强化特征，也力求降低一些钢纤维的成本。

6. 钢纤维的技术性能

普通水泥混凝土增强用的钢纤维技术指标，应符合表9-2中的要求。

表9-2　水泥混凝土增强用的钢纤维技术指标

材料名称	密　度	直径（mm）	长度（mm）	软化点/熔点	弹性模量（MPa）	抗拉强度（MPa）	极限变形（%）	泊桑比
低碳钢纤维	7.80	0.25～0.50	20～50	500/1450	0.20	400～1200	0.4～1.0	0.30～0.33
不锈钢纤维	7.80	0.25～0.50	20～50	550/1450	0.20	500～1600	0.4～1.0	—

7. 钢纤维的种类与强度

钢纤维的分类有以下几种不同的方法：按钢纤维长度不同分类、按钢纤维加工方法不同分类和按钢纤维外形不同分类。在工程中所用的钢纤维有以下几种：

（1）钢丝切断制成短钢纤维

用钢丝切断这种加工方法制作钢纤维比较简单，是用经过压延和冷拔的钢丝用刀具切断成一定长度的钢纤维，这种加工方法所获得的钢纤维抗拉强度很高，一般在1000~2000MPa之间，但这种钢纤维与混凝土基体的粘结强度较小，且成本也比较高。

（2）剪断薄钢板制成剪切钢纤维

将预先剪切成同钢纤维长度一样宽的卷材，连续不断地送入冲床进行切断。这种加工方法制成的钢纤维形状很不规则，但能增大与混凝土的粘结力。目前日本大多采用这种方法制造钢纤维。

（3）切削厚钢板制造切削钢纤维

采用一定厚度的钢板或钢锭为原料，用旋转的平刃铣刀进行切削而制成的钢纤维。这种加工方法所用的原材料以软钢比较适宜。在加工的过程中，可以通过改变切削条件，来改变钢纤维的断面形状和尺寸，也可以制得极细的钢纤维。这种钢纤维具有轴向扭曲的特点，因此可以有效增大与混凝土的粘结力，且制得的钢纤维价格比较低。

（4）熔钢抽丝制成熔融抽丝钢纤维

抽丝钢纤维从熔炼钢中抽出，即以离心力从圆盘分离并抛出而制成的钢纤维。这种钢纤维的断面呈月牙状，两头比中间稍粗。当用碳素钢加工时，由于急冷成淬火状态，质地变得硬脆，故应当经过回火处理。

在上述不同的分类方法中，钢纤维的外形是非常重要的。大量材料试验证明，对于纤维增强混凝土，纤维外形是影响与混凝土基体粘结力的关键，是影响纤维增强混凝土力学性能的主要因素。对于直线形钢纤维增强混凝土，在破坏时是钢纤维被拔出而不是被拉断。而变形的钢纤维，可以大大增大钢纤维与混凝土基体间的咬合力。

钢纤维的品种如表9-3所示，各种钢纤维的抗拉强度如表9-4所示。

表9-3　钢纤维的品种

名　称	外形简图	制造方法
长直形圆截面		冷拔-切断
变截面	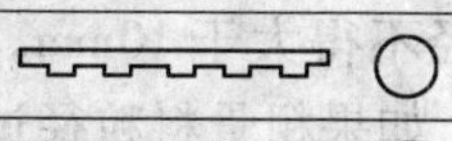	冷拔-压形-切断
波　形		冷拔-压形-切断
哑铃形	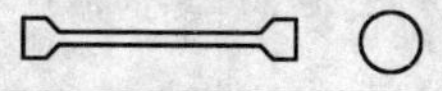	冷拔-压形-切断
带弯钩（单根）		冷拔-压形-切断
带弯钩（集束状）	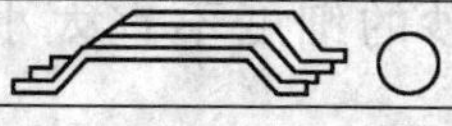	冷拔-粘结-压形-切断
扁平形		剪切薄钢板
表面凸凹状	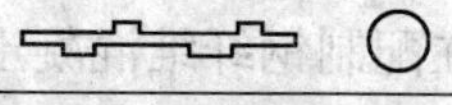	熔钢抽丝法
卷曲状		铣削厚钢板或钢锭

注：1. 长直形圆截面直径为0.3~0.6mm；扁平形厚度为0.15~0.40mm，宽度为0.25~0.90mm。以上两种钢纤维长度一般为20~60mm。

2. 钢纤维的长径比（即长度与直径之比）宜为60~80。

3. 带弯钩（集束状）钢纤维系用水溶性胶将20~30根粘结在一起，单根直径为0.3~0.5mm，长度为40~60mm，粘结后，其束的长径比为20~30，这种钢纤维在搅拌时遇水后将解离成单根，易于分布。

表 9-4　各种钢纤维的抗拉强度

钢纤维种类		平均断面积（mm^2）	抗拉强度（MPa）
切断钢纤维		0.10	2350
剪切钢纤维	1号	0.11	790
	2号	0.25	540
	3号	0.25	460
切削钢纤维		0.25	710
熔融抽丝钢纤维	1号	0.26	620
	2号	0.23	670
	3号	0.18	760

（二）对混凝土基体的要求

任何品种的纤维增强混凝土，都应采用强度高、密实性好的混凝土基体。因为只有采用这样的混凝土才能保证纤维与基体有较高的界面粘结强度，从而充分发挥纤维的增强作用。当配制钢纤维混凝土时，对混凝土基体的原料还有以下特殊要求：

1. 对水泥的要求

配制一般体积钢纤维混凝土的水泥，应尽量选用强度等级等于或大于42.5MPa的普通硅酸盐水泥、硅酸盐水泥。如果配制体积较大的混凝土构件，也可采用水化热较低的矿渣硅酸盐水泥或粉煤灰硅酸盐水泥。考虑到配制混凝土一般要掺加适量的高效减水剂，为减少新拌混凝土的坍落度损失，应控制水泥中铝酸三钙（C_3A）的含量应小于6%。

2. 对骨料的要求

配制钢纤维混凝土所用的骨料，要选用硬度高、强度大的碎石，在实际工程中，一般宜选用花岗岩、辉绿岩、正长岩及致密石灰岩等。

对粗骨料的最大粒径应加以控制，一般要控制在20mm以下，最好在10～16mm。当配制钢纤维喷射混凝土时，其最大粒径不得大于10mm。粒径较小是配制高强混凝土的需要，在高强混凝土中已讲述得非常清楚；如果粗骨料粒径过大，不利于钢纤维在混凝土基体中均匀分散。粗骨料的其他质量要求，应符合国家标准《建筑用卵石、碎石》（GB/T 14685—2001）中的规定。

对细骨料一般可选用河砂、山砂和碎石砂，其质量要求应符合国家标准《建筑用砂》（GB/T 14684—2001）中的规定。砂的细度不宜太小，细度模数 M_x 应控制在2.5～3.2之间。

3. 对掺合料的要求

为了提高混凝土基体的强度，在配制钢纤维混凝土时，一般应掺加适量的掺合料。用于钢纤维增强混凝土的掺合料，可以是二级以上的粉煤灰、硅灰、磨细高炉矿渣、磨细沸石粉等。粉煤灰、磨细高炉矿渣、磨细沸石粉的比表面积应控制在450m^2/kg以上。

在一些特殊情况下，也可以掺入一定量的聚合物，使混凝土基体成为聚合物混凝土。以聚合物混凝土为基体的钢纤维混凝土，能够进一步发挥钢纤维的增强作用。

4. 对外加剂的要求

配制钢纤维混凝土常用的外加剂，主要有减水剂和缓凝剂两种。

（1）减水剂

对于钢纤维增强混凝土，应选用减水率较高（一般应大于18%）、引气性低的高效减水剂。国内比较适用的高效减水剂品种有 NF、FDN 和 SM 等减水剂。

（2）缓凝剂

在配制体积较大的钢纤维增强混凝土，并使用一些水化热较高的水泥（如硅酸盐水泥、普通硅酸盐水泥）时，可掺加适量的缓凝剂，以减缓水化热的放热速率，避免水化热引起的混凝土结构破坏。

二、钢纤维混凝土的配合比设计

钢纤维掺入普通混凝土后，对新拌混凝土的和易性和硬化混凝土的很多性能都有不同程度的影响。近十几年来，我国混凝土科学技术人员对钢纤维混凝土配合比设计的方法进行了很多研究，提出了不少配合比设计方法，为钢纤维混凝土的科学配制作出了一定成绩。

目前，在工程中应用比较广泛的钢纤维混凝土配合比设计方法有：钢纤维等体积替代骨料法、以抗压强度为控制参数法和二次合成设计法等。

（一）钢纤维混凝土配合比设计参数的确定

1. 钢纤维掺量的确定

钢纤维混凝土中钢纤维的含量，应以混凝土的抗拉强度和抗弯强度来确定，同时既要考虑施工方便，还要兼顾混凝土的经济性。根据钢纤维混凝土的施工经验，在一般情况下，钢纤维掺量为混凝土体积的2%左右为宜，当使用单根状钢纤维时，其长径比控制在不应大于100，多数应控制在60～80（长径比越小，纤维的掺量相应可大些），并尽可能取有利于和基体混凝土粘结的纤维形状。对于粗骨料最大粒径为10mm的钢纤维混凝土，钢纤维的掺量不应超过水泥质量的2%。

2. 混凝土水灰比的确定

钢纤维混凝土的抗拉强度，基本上受钢纤维的平均间隔（S）和混凝土的基本强度所支配。钢纤维的平均间隔越小，势必导致增加钢纤维掺量并选用直径小的钢纤维；同时混凝土的水灰比越小，钢纤维混凝土的抗拉强度也越高。

由此可见，配制钢纤维混凝土宜采用强度等级较高的水泥，一般应选用42.5MPa的普通硅酸盐水泥；当配制高强钢纤维混凝土时，可选用52.5MPa以上的硅酸盐水泥或硫铝酸盐水泥。钢纤维混凝土的水泥用量比普通混凝土大，一般都超过400kg/m^3。其所采用的水灰比与普通混凝土相同，一般控制在0.40～0.50范围内，如果掺加适量的减水剂，既可节省水泥，又可降低水灰比。

3. 粗骨料最大粒径的确定

普通混凝土中粗骨料的最大粒径，主要根据构件尺寸和钢筋间距来决定，而钢纤维混凝土中粗骨料的最大粒径对混凝土的抗弯强度有较大影响。当钢纤维掺量为1%左右时，其影响比较小，达到1.8%时则影响十分明显。

试验充分证明，如果粗骨料的粒径较大，钢纤维不容易均匀分散，引起局部混凝土中平均间隔加大，导致抗弯强度的降低。在粗骨料最大粒径为15mm左右时，能够获得最高的强度，而最大粒径为25mm时，钢纤维的增强效果较差。因此，配制钢纤维混凝土粗骨料最大粒径控制在10～15mm。

4. 混凝土砂率的确定

钢纤维混凝土配合比中的砂率，比普通混凝土的砂率有更重要的意义。试验证明，混凝土的砂率支配着钢纤维在混凝土中的分散度，对混凝土的强度有影响，另外砂率又是支配钢纤维混凝土稠度最重要的因素。

钢纤维混凝土配制试验证明，从强度方面考虑，砂率在60%左右比较合适；从混凝土的稠度方面考虑，砂率在60%~70%范围内比较合适。究竟采用何种砂率，在实际工程中最好通过材料配比试验确定。

5. 单位用水量的确定

钢纤维混凝土的单位用水量，与混凝土的稠度有密切关系。塑性钢纤维混凝土单位用水量如表9-5所示，半干硬性钢纤维混凝土单位用水量如表9-6所示。

表9-5 塑性钢纤维混凝土单位用水量

拌合料条件	粗骨料品种	最大骨料粒径（mm）	单位体积用水量（kg）
$L/d=50$，$V_f=0.5\%$ 坍落度为20mm $W/C=0.50\sim0.60$ 中砂	碎石	10~15	235
		20	220
	卵石	10~15	225
		20	205

注：1. 坍落度变化范围为10~50mm时，每增减10mm，单位用水量相应增减7kg；

2. 钢纤维体积率每增减0.5%，单位体积用水量相应增减8kg；

3. 钢纤维长径比每增减10，单位体积用水量相应增减10kg；

4. L/d为钢纤维的长径比。

表9-6 半干硬性钢纤维混凝土单位用水量

拌合料条件	维勃稠度（s）	单位体积用水量（kg）
$V_f=1.0\%$ 碎石最大粒径10~15mm $W/C=0.40\sim0.50$ 中砂	10	195
	15	182
	20	175
	25	170
	30	166

注：1. 当粗骨料最大粒径为20mm时，单位体积用水量相应减少5kg；

2. 当粗骨料为卵石时，单位体积用水量相应减少10kg；

3. 钢纤维体积率每增减0.5%，单位体积用水量相应增减8kg。

6. 混凝土外加剂的确定

由于钢纤维混凝土的水泥用量较大，一般情况下均超过400kg/m³，所以工程造价比较高。利用高效减水剂，不仅能大幅度地降低水泥用量，而且还可以降低工程造价。如果适当地使用高效减水剂，可节省水泥用量15%左右。高效减水剂对钢纤维混凝土水泥用量的减少效果如表9-7所示。

表 9-7 高效减水剂对钢纤维混凝土水泥用量的减少效果

砂率（%）	钢纤维混凝土类别	水泥用量		钢纤维混凝土的坍落度（cm）				
		用量（kg/m）	比较值（%）	$V_f=0\%$	$V_f=0.5\%$	$V_f=1.0\%$	$V_f=1.5\%$	$V_f=2.0\%$
60	不掺减水剂	410	100	7.0	4.7	2.4	0.6	0.0
	掺加减水剂	350	85	8.0	6.0	2.8	0.2	0.0
80	不掺减水剂	434	100	5.7	4.8	3.8	2.8	1.4
	掺加减水剂	366	84	7.0	5.7	4.7	3.4	1.7

（二）钢纤维等体积替代骨料法

钢纤维等体积替代骨料法，是把钢纤维看作混凝土中的一种骨料，对已经配好的基体混凝土中的骨料进行等体积替代。根据替代的骨料种类不同，又可分为等体积替代细骨料法和等体积替代粗细骨料法两种。

1. 等体积替代细骨料法

等体积替代细骨料法是掺入的钢纤维只替代细骨料。设已配制成功的 $1m^3$ 基体混凝土中砂的用量为 S_0kg，拟掺入钢纤维增强混凝土中的体积率为 V_f，钢纤维对砂等体积替代，则钢纤维增强混凝土中砂的用量应为：

$$S_f = S_0 - \rho_s \cdot V_f \tag{9-14}$$

式中 S_f——$1m^3$ 钢纤维增强混凝土中砂的掺量（kg）；

ρ_s——砂子的堆积密度（kg/m^3）；

V_f——钢纤维的体积率（%）。

2. 等体积替代粗细骨料法

等体积替代粗细骨料法，是在保持基体混凝土砂率不变的情况下，钢纤维同时替代混凝土中的粗细骨料。如基体混凝土的砂率为 S_p，则

$$S_p = S_0/(G_0 + S_0) \tag{9-15}$$

式中 G_0——$1m^3$ 基体混凝土中粗骨料的用量（kg）；

S_0——$1m^3$ 基体混凝土中细骨料的用量（kg）。

设基体混凝土砂与石子的比例为 $k=S_0/G_0$，由式（9-15）可得：

$$G_0 = S_0(1 - S_p)/S_p \tag{9-16}$$

将式（9-16）代入 $k=S_0/G_0$ 可得：

$$k = S_p/(1 - S_p) \tag{9-17}$$

令掺入钢纤维增强混凝土中的体积率为 V_f，其中替代粗骨料和细骨料的用量分别为 ΔG_0 和 ΔS_0，则组成式（9-18）和式（9-19）的二元一次方程：

$$\Delta S_0/\rho_s = V_f \tag{9-18}$$

$$\Delta S_0/\Delta G_0 = k \tag{9-19}$$

解这个二元一次方程，即可求得 ΔS_0 和 ΔG_0，由此可计算得出钢纤维增强混凝土中石子和砂子的用量：

$$G_f = G_0 - \Delta G_0 \tag{9-20}$$

$$S_f = S_0 - \Delta S_0 \tag{9-21}$$

钢纤维等体积替代骨料法，其配合比设计沿用了普通混凝土的设计基础，仅仅是对骨料的用量加以变动，相对比较简单，但不能预知钢纤维增强混凝土的有关性能，其中也包括新拌混凝土的工作性。因此，应在计算配合比的基础上进行试配，然后根据实际进行调整，调整方法同普通混凝土或高性能混凝土。

（三）以抗压强度为控制参数法

以抗压强度为控制参数法，是我国周清涛等人于 1994 年提出的。这种方法以抗压强度为主要控制参数，首先近似地按不掺加钢纤维的“空白”混凝土进行配合比设计，然后用一定的图表进行简化计算。

以抗压强度为控制参数法的设计步骤如下：

1. 根据混凝土的设计强度，按照普通混凝土的计算方法，确定混凝土的配制强度。

2. 根据确定混凝土的配制强度，按普通混凝土水灰比计算公式，确定混凝土的水灰比。

3. 确定钢纤维增强混凝土单位体积的用水量 W_0。根据施工中对混凝土流动性的要求不同，可分为半干硬性钢纤维增强混凝土 W_0 的确定和塑性钢纤维增强混凝土 W_0 的确定。

（1）半干硬性钢纤维增强混凝土 W_0 的确定。可以根据混凝土中粗骨料最大粒径 D_{max} 及干硬性混凝土的维勃稠度 S，从图 9-5 曲线中查取。在一般情况下，钢纤维体积率在 0.5% ~2.0% 范围内每增减 0.5%，混凝土的单位用水量相应增减 8kg。

（2）塑性钢纤维增强混凝土 W_0 的确定。可以根据混凝土所要求的坍落度 h，从图 9-6 中查得用水量 W_0，钢纤维体积率每增减 0.5%，混凝土的单位用水量相应增减 8kg；钢纤维长径比每增减 10，混凝土的单位用水量相应增减 10kg。

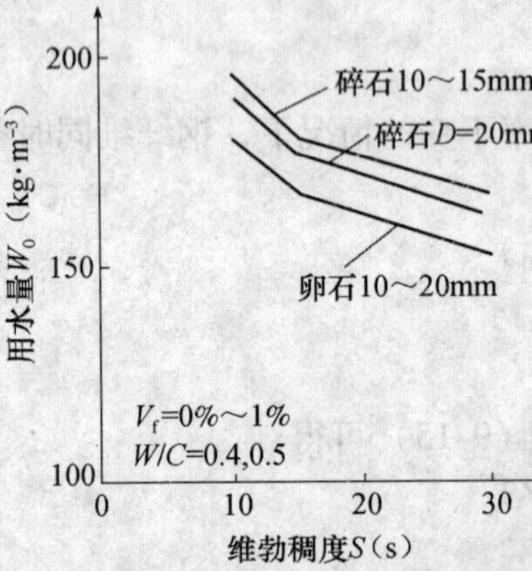

图 9-5 半干硬性钢纤维增强混凝土 W_0 与要求的维勃稠度 S 的关系曲线

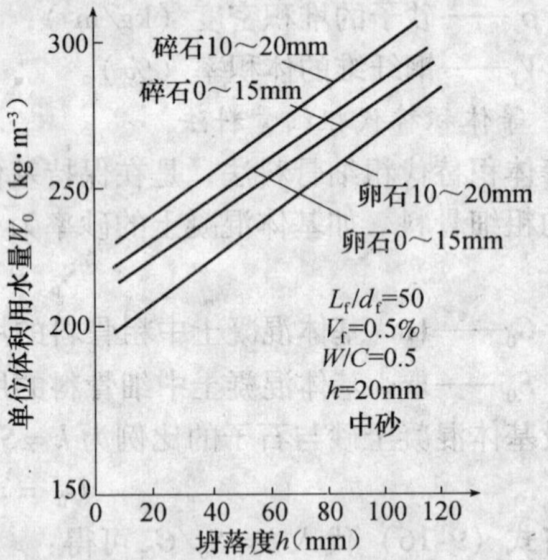

图 9-6 塑性钢纤维增强混凝土 W_0 与要求坍落度 h 的关系曲线

在公路工程中，钢纤维增强混凝土的坍落度选择可参考表 9-8 中的数值。

表 9-8 钢纤维增强混凝土的坍落度选择

混凝土的类型	钢纤维混凝土标准锥坍落度 h（使用振捣器捣实）(mm)
素混凝土或少筋混凝土	10 ~ 30
配筋率不超过 1% 的钢筋混凝土	30 ~ 50
配筋率超过 1% 的钢筋混凝土	50 ~ 70

4. 根据确定的混凝土水灰比和单位用水量，可计算水泥用量 C_0。

5. 根据钢纤维的长径比、体积率、水灰比和砂的细度模数，混凝土的砂率一般可选择45% ~50%。当以上各因素发生变化时，钢纤维混凝土的砂率应进行适当调整，调整的幅度可参考表9-9中的数值。

表9-9　钢纤维混凝土的砂率调整参考　（%）

$L_f/d_f=50$，$V_f=1.0\%$，$W/C=0.5$，$M_x=3.0$	50	45
钢纤维的长径比 L_f/d_f 每增减10	±5	±3
钢纤维的体积率 V_f 每增减0.5%	±3	±3
混凝土的水灰比 W/C 每增减0.1	±2	±2
砂子的细度模数 M_x 每增减0.1	±1	±1

6. 根据钢纤维混凝土的不同结构类型，选择适宜的钢纤维体积率 V_f。可参考表9-10中的数值进行选取。

表9-10　钢纤维体积率选取参考表

钢纤维结构类型	钢纤维体积率（%）	钢纤维结构类型	钢纤维体积率（%）
一般浇筑成型的结构	0.5~2.0	铁路轨枕、刚性屋面防水	0.8~1.2
局部受压、桥面、预制桩桩尖	1.0~1.5	喷射钢纤维混凝土	1.0~1.5

7. 计算粗骨料 G_0 和细骨料 S_0 的用量。用不掺加钢纤维的普通混凝土配合比计算粗、细骨料用量的绝对体积法，即可求得粗骨料 G_0 和细骨料 S_0 的用量。其中钢纤维也作为一个组分占混凝土的一部分体积，即可得下列二元一次方程：

$$G_0/\rho_G + S_0/\rho_s + C_0/\rho_c + W_0/\rho_W + 1000V_f + 10\alpha = 1000 \tag{9-22}$$

$$S_p = S_0/(G_0 + S_0)$$

解上述二元一次方程组，即可求得粗骨料 G_0 和细骨料 S_0 的用量。

8. 对以上计算所初步确定的混凝土配合比进行试拌与调整，其试拌与调整的方法和普通混凝土相同。

（四）二次合成设计法

二次合成设计法，是林小松等人于1996年提出的。其思路是将钢纤维增强混凝土看作是由钢纤维水泥浆和基准混凝土两种组分组成的。在进行配合比设计时，先计算出1m^{3}钢纤维混凝土中两种组分各自材料的用量，然后再将两者合并成为钢纤维增强混凝土的配合比。

二次合成设计法的具体设计步骤如下：

1. 根据设计强度 $f_{cu,k}$ 计算钢纤维增强混凝土的配制强度 $f_{fcu,0}$：

$$f_{fcu,0} = f_{cu,k} + 1.65\sigma \tag{9-23}$$

2. 选取钢纤维增强混凝土中的钢纤维体积率 V_f，一般取3% ~5%。

3. 根据钢纤维增强混凝土的配制强度 $f_{fcu,0}$ 和钢纤维体积率 V_f，用式（9-24）确定基准混凝土的强度 f_{cu}：

$$f_{cu} = (0.70 \sim 0.85)f_{cu,0} \tag{9-24}$$

当钢纤维体积率 V_f 低时取高值，反之取低值。

4. 按基准混凝土的强度 f_{cu}，用普通水泥混凝土配合比设计方法，求出 1m³ 基准混凝土的组成材料配合比。

5. 通过试验确定钢纤维水泥浆单位质量钢纤维所需水泥浆量，其具体试验方法如下：

（1）按基准混凝土的胶结料的各组成材料（水泥、掺合料）的相对比例及水灰比（W/C）配制成水泥料浆。

（2）在单位重量的钢纤维中由少到多逐步加入水泥料浆，直至流动性最好而又不发生离析，此时所用的水泥浆量即为单位质量（如 1kg）钢纤维所需的水泥浆量。

6. 计算 1m³ 钢纤维混凝土所需的钢纤维水泥浆用量。

7. 确定 1m³ 钢纤维混凝土中基准混凝土材料的用量。由以上可知，在 1m³ 钢纤维混凝土中，基准混凝土的实际体积 V_c 可用式（9-25）进行计算：

$$V_c = 1 - V_{fc} \tag{9-25}$$

式中 V_c——基准混凝土的实际体积（m³）；

V_{fc}——钢纤维水泥浆的体积（m³）。

由此可见，1m³ 钢纤维混凝土中基准混凝土各种材料的用量，只要用 1m³ 基准混凝土中的用量乘以基准混凝土的实际体积 V_c 即可。

8. 合成钢纤维混凝土的配合比。将以上所求得的钢纤维水泥浆与基准混凝土用量相加，即可得 1m³ 钢纤维混凝土的各种材料用量。

（五）钢纤维混凝土参考配合比

随着钢纤维混凝土的推广应用，其配合比也趋于逐渐成熟，国内外总结出很多成功的配合比。美国农里欧斯大学经过试验研究，得出一种典型的钢纤维混凝土的设计配合比，他们经过实践认为，这是一组经济、合理、切实可行，具有较高强度和较小干燥收缩值的配合比。这种钢纤维混凝土的配合比和 28d 的强度如表 9-11 所示。

表 9-11　典型钢纤维混凝土的配合比及 28d 强度

每立方米混凝土的材料组成（kg/m³）						28d 的强度指标（MPa）		
水泥	粉煤灰	砂子	石子	钢纤维	水	抗压强度	抗拉强度	抗弯强度
297	139	848	837	119	142	45.0	5.5	7.8

表 9-12 中列出了日本钢纤维混凝土配合比示例，表 9-13、表 9-14 和表 9-15 中列出了国内钢纤维混凝土配合比及特性，可供工程施工中参考。

表 9-12　日本钢纤维混凝土配合比示例

粗骨料最大粒径（mm）	水灰比（%）	砂率（%）	钢纤维掺量（%）	坍落度（cm）	各种材料用量（kg/m³）					
					水	水泥	砂子	石子	外加剂	钢纤维
25	42	50	1.5	5.0	182	434	808	839	1.11	118
10	42	80	2.5	5.0	215	512	1116	231	1.28	196
9.5	40	70	1.3	3.8～7.6	155	384	842	366	1.68	100
10	53	72	1.4	7.5	207	393	1151	471	—	133

表 9-13　钢纤维混凝土参考配合比

序　号	配合比（kg/m³）						性　能	
	水	水　泥	碎　石		钢纤维	减水剂（%）	抗压强度（MPa）	抗折强度（MPa）
			规格（mm）	用　量				
1	184	400	5～12	1050	100	0.25	391.0	157.1
2	185	430	5～12	1045	150	0.25	444.0	186.1
3	198	396	5～12	1120	30	—	—	—

表 9-14　钢纤维混凝土配合比及特性

序　号	纤维体积（%）	混凝土中混合物的比例（质量比）				水泥用量（kg/m³）	湿堆积密度（kg/m³）	含气体积（%）
		水　泥	骨　料	钢纤维	水			
1	0	1	4.51	0	0.42	400	2.39×10^3	0.3
2	1.0	1	4.38	0.20	0.42	400	2.46×10^3	0
3	2.0	1	4.31	0.40	0.42	400	2.50×10^3	0.1
4	2.5	1	4.28	0.50	0.42	400	2.52×10^3	0.3
5	3.0	1	4.25	0.60	0.42	400	2.55×10^3	0
6	1.5	1	3.90	0.27	0.42	400	2.47×10^3	0.1
7	1.5	1	3.90	0.27	0.42	430	2.47×10^3	0
8	2.0	1	3.87	0.37	0.42	430	2.48×10^3	0.2
9	2.0	1	3.87	0.37	0.42	430	2.50×10^3	0
10	2.0	1	3.87	0.37	0.42	430	2.49×10^3	0
11	2.5	1	3.84	0.46	0.42	430	2.51×10^3	0
12	2.5	1	3.84	0.46	0.42	430	2.53×10^3	0
13	2.5	1	4.28	0.50	0.42	400	2.49×10^3	0.5
14	2.5	1	4.28	0.50	0.42	400	2.52×10^3	0.3

表 9-15　钢纤维混凝土配合比及抗拉强度

混凝土强度等级	石子种类	水灰比 W/C	材料用量（kg/m³）			减水剂 HF（%）	消泡剂 SP100（%）	不同掺量（%）钢纤维混凝土抗拉强度（MPa）					
			水泥	砂子	石子			0	0.5	1.0	1.5	2.0	2.5
C60	碎石	0.26	300	404	944	0.80	—	3.85 3.97	4.42 3.72	4.22 4.30	4.70 4.53	4.60 5.12	5.13 5.54
C40	卵石	0.42	340	778	1167	0.50	0.04	2.31 2.64	2.93 3.09	3.72 3.35	4.21 3.92	4.49 4.22	4.89 4.98
C#0	卵石	0.58	320	910	910	0.50	0.04	1.65 1.90	2.61 2.51	3.13 3.17	3.30 3.49	3.87 4.22	3.75 4.24

三、钢纤维混凝土的技术性能

钢纤维混凝土的技术性能，主要包括力学性能、耐久性能和收缩性能。

（一）力学性能

钢纤维混凝土的力学性能，与普通混凝土基本相同，主要包括抗压强度、抗拉强度、抗折强度、抗剪切强度和抗冲击性。

1. 抗压强度

测定钢纤维混凝土的抗压强度，一般用边长150mm的立方体混凝土试件，在(20±3)℃的温度和标准的相对湿度的空气中养护28d，然后按国家规定的标准方法测定。在确定其强度等级时，应有95%的保证率。

有关资料中推荐了钢纤维混凝土抗压强度计算公式，式（9-26）是通过对55组不同品种的普通钢纤维混凝土的抗压强度测定值，经统计归纳分析得出的。

$$f_{fcu} = f_{cu}(1 + 0.06\lambda_f) \tag{9-26}$$

式中 f_{fcu}——钢纤维混凝土的抗压强度（MPa）；

f_{cu}——不掺加钢纤维混凝土（基体）的抗压强度（MPa）；

λ_f——钢纤维含量特征系数。$\lambda_f = V_f L/d$（L和d分别为钢纤维的长度和直径）。

式（9-26）适宜于钢纤维体积率V_f较低的钢纤维混凝土。对于中、高钢纤维掺量的钢纤维混凝土与用掺加活性粉料等方法制得的钢纤维混凝土，其实测的抗压强度值比用式（9-26）计算所得的强度值要高得多。但是，从式（9-26）中也可以看出，钢纤维混凝土的抗压强度，比素混凝土基体高出的部分，与钢纤维的掺量和相关尺寸有密切的关系。

2. 抗拉强度

钢纤维混凝土的抗拉强度应为轴向拉伸强度，但由于在实际测定时夹具难以准确地在一条直线上对试件夹紧拉伸，因此测得的数据变异性比较大。目前，一般用劈拉强度来表征轴向拉伸强度，经大量轴向拉伸强度与劈拉强度试验结果统计，钢纤维混凝土的轴向拉伸强度与劈拉强度的关系为：

$$f_{ft} = 0.85 f_{ct} \tag{9-27}$$

$$f_{ct} = 0.637P/A \tag{9-28}$$

式中 f_{ft}——钢纤维混凝土的轴向拉伸强度（MPa）；

f_{ct}——钢纤维混凝土的劈拉强度（MPa）；

P——试件劈拉破坏荷载（N）；

A——试件劈拉面积（mm^2）。

钢纤维混凝土劈拉强度所用试件，一般应用标准条件养护至28d的边长为150mm的立方体试块。另外，也可以用经验公式（9-27）或式（9-28）对钢纤维混凝土的抗拉强度进行计算：

$$f_{ft} = f_t(1 + a_t\lambda_f) \tag{9-29}$$

式中 f_{ft}——钢纤维混凝土的抗拉强度设计值（MPa）；

f_t——素混凝土（基体）的抗拉强度设计值（MPa）；

a_t——钢纤维对抗拉强度的影响系数，可通过试验确定，也可按表9-16中取值；

λ_f——钢纤维含量特征系数，可按$\lambda_f = V_f L/d$进行计算。

表 9-16　钢纤维对抗拉强度的影响系数 a_t 及抗折强度的影响系数 a_{tm}

钢纤维品种	熔抽（$L<35$mm）圆直型	熔抽（$L\geqslant35$mm）剪切型
a_t	0.36	0.47
a_{tm}	0.52	0.73

$$f_{ft} = f_t(1 - V_f) + \eta_1 \tau L V_f / d \tag{9-30}$$

式中　f_{ft}——钢纤维混凝土的抗拉强度设计值（MPa）；

f_t——素混凝土（基体）的抗拉强度设计值（MPa）；

η_1——钢纤维长度有效系数；

τ——钢纤维与基体界面的粘结强度（MPa）；

V_f——钢纤维的体积率（%）；

L——钢纤维的长度（mm）；

d——钢纤维的直径（mm）。

3. 抗折强度

钢纤维混凝土的抗折强度设计值可按式（9-31）进行计算：

$$f_{ftm} = f_{tm}(1 + a_{tm}\lambda_f) \tag{9-31}$$

式中　f_{ftm}——钢纤维混凝土的抗拉强度设计值（MPa）；

f_{tm}——素混凝土（基体）的抗拉强度设计值（MPa）；

a_{tm}——钢纤维对抗拉强度的影响系数，可通过试验确定，当 $f_{tm}<0.6$MPa 时，也可按表9-16中取值。

4. 抗剪切强度

钢纤维混凝土的抗剪切强度，可以用普通混凝土抗剪切强度测定方法，对其抗剪切强度进行测定。也可以通过钢纤维混凝土抗压强度、抗拉强度与抗剪切强度的相关性来计算剪切强度。图 9-7 及图 9-8 分别表示了钢纤维混凝土抗剪切强度与抗压强度及抗拉强度的关系。

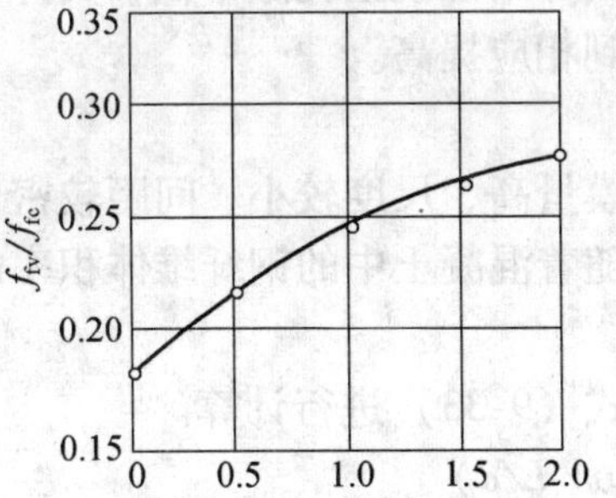

图 9-7　抗剪切强度与抗压强度的关系

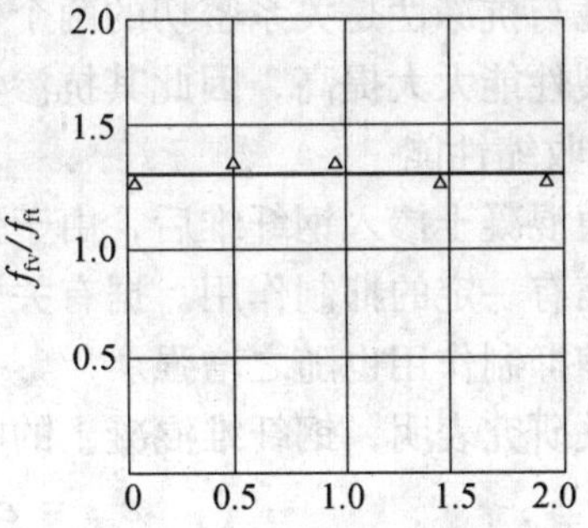

图 9-8　抗剪切强度与抗拉强度的关系

从以上两图中可看出，钢纤维混凝土抗剪切强度与抗压强度之比，随着钢纤维体积率的增加而呈上升趋势；而与抗拉强度之比基本上不受钢纤维体积率的影响，其比值一般约为 1.33。因此，只要测得钢纤维混凝土的抗压强度或劈拉强度，由图 9-7 和图 9-8 即可求得其钢纤维混凝土的抗剪切强度。

在一般情况下，也可用式（9-32）来计算钢纤维混凝土的抗剪切强度。

$$f_{fv} = f_v(1 + a_v\lambda_f) \tag{9-32}$$

式中 f_{fv}——钢纤维混凝土的抗剪切强度（MPa）；

f_v——素混凝土（基体）的抗剪切强度设计值（MPa）；

a_v——钢纤维对抗剪切强度的影响系数，由试验统计可取 $a_v = 0.55$。

5. 抗冲击性

材料的抗冲击性是韧性的指标。钢纤维混凝土的主要优点之一，就是使普通混凝土的抗冲击性得到很大提高。目前，混凝土抗冲击性的测定方法很多，但不论采用何种方法测定，虽然测定的指标值有较大差异，但得到的结果都说明钢纤维混凝土抗冲击性有极大程度的改善。采用美国ACI 544委员会的测定方法表明，钢纤维混凝土的抗冲击性是相应的基体混凝土的12~20倍。

（二）耐久性能

钢纤维混凝土的耐久性能主要包括抗腐蚀性、抗冻性和抗渗性。

1. 抗腐蚀性

钢纤维混凝土具有优良的抗腐蚀性，其主要原因一方面是因为混凝土基体的强度较高、致密性较好；另一方面是钢纤维掺入后，对混凝土承受荷载及收缩变形产生的裂缝有很强的抑制和约束作用。因此，各种侵蚀介质向混凝土内部的扩散速度大大降低，从而提高了混凝土的抗腐蚀能力。

2. 抗冻性

钢纤维混凝土具有比普通混凝土更好的抗冻性。其抗冻性良好的主要原因不仅是基体混凝土孔隙率低，而且钢纤维的掺入对提高混凝土的抗冻性有以下三种作用：一是改善了孔隙结构，即减少了连通孔、开口孔的数量；二是在混凝土结构中形成与冰冻过程中，钢纤维具有阻张和抑制膨胀的作用；三是钢纤维的掺入使混凝土抗拉强度提高后，本身就提高了抵抗冰冻引起的膨胀应力对混凝土结构的破坏作用。

3. 抗渗性

抗渗性与抗冻性是关系密切的两个性能，由于钢纤维混凝土孔隙率低，其开口孔、连通孔少，抗裂性能大大提高，因此其抗渗性也必然得到相应提高。

（三）收缩性能

在普通混凝土掺入钢纤维后，由于钢纤维弹性模量高、尺度较小、间距较密，因此对混凝土的收缩有一定的抑制作用。据有关资料报道，随着混凝土中的钢纤维体积率的增加，混凝土的收缩抑制作用也随之增强。

据有关研究表明，钢纤维混凝土的收缩率可由式（9-33）进行计算。

$$\varepsilon_{cs} = \varepsilon_{ms}(1 - 2.54\mu V_f L/d) \tag{9-33}$$

式中 ε_{cs}——钢纤维混凝土的收缩率（%）；

ε_{ms}——混凝土基体的收缩率（%）；

μ——钢纤维与混凝土的摩擦系数，

如用普通直型钢纤维，$\mu = 0.04$，

如用异形钢纤维，$\mu = 0.12$；

V_f——钢纤维的体积率（%）；

L——钢纤维的长度（mm）；

d——钢纤维的直径（mm）。

不同的钢纤维体积率对钢纤维混凝土收缩率的影响如图 9-9 所示。

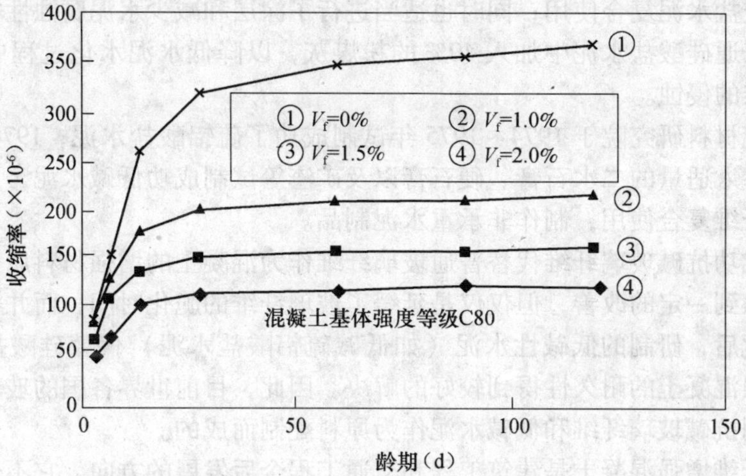

图 9-9　不同钢纤维体积率的钢纤维对基体混凝土收缩率的影响

第四节　玻璃纤维增强混凝土

玻璃纤维增强混凝土（Glass Fiber Reinforced Concrete Cement，简称 GRC 或 GFRC 混凝土），是将弹性模量较大的抗碱玻璃纤维，均匀地分布于水泥砂浆、普通混凝土基材中而制得的一种复合材料，是一种开发应用较早的纤维增强混凝土，它是在玻璃纤维与不饱和树脂复合材料（即玻璃钢）的基础上发展起来的。

玻璃纤维增强混凝土是一种轻质、高强、不燃类的新型建筑材料，它具有较高的抗拉强度和抗弯强度，韧性比较大，耐冲击性能好，设计自由度大，其堆积密度及导热系数均小于水泥制品，可以根据需要设计成薄壁或水泥制品不易成型的其他形状的制品。因此，自问世以来，很快在全世界范围内得到广泛应用。

一、玻璃纤维增强混凝土的发展概况

20 世纪 50 年代以前，玻璃纤维增强混凝土主要由硅酸盐系列水泥作为胶结料，由于这类水泥在水化时产生大量的氢氧化钙，使混凝土呈较强的碱性。而一般的玻璃纤维耐碱性较差，在混凝土中会因被碱蚀而导致脆化，但混凝土的韧性和抗弯强度严重下降。

但是，由于玻璃纤维增强混凝土具有普通混凝土所没有的很多独特的优良性能，因此，近二十多年来，玻璃纤维增强混凝土在英国、美国、日本等 40 多个国家已开始大量应用。它以轻质、高强和高韧性优点集于一体，在土木工程领域中占有独特的地位。特别是自 20 世纪 90 年代以来，低碱度水泥和超抗碱玻璃纤维的相继出现，把玻璃纤维混凝土技术引向新的发展阶段。

由于玻璃纤维的直径仅为 5～20μm，几乎与水泥的颗粒相接近，使用玻璃纤维时，所用的结合材料为水泥浆，或者在其中掺入细砂来使用，几乎不使用粒径较大的粗骨料。所以，用这种素材制作而成的复合材料，又称为纤维补强水泥（GFRC）。

20世纪50年代以后，各国对玻璃纤维增强混凝土的研究重点是研制耐碱玻璃纤维，并用它与普通硅酸盐水泥复合使用；同时也适当进行了涂层和减少水泥腐蚀性等方面的研究工作。如英国在普通硅酸盐水泥中加入40%的粉煤灰，以降低水泥水化过程中所析出的碱性物质对玻璃纤维的侵蚀。

原中国建筑材料研究院于1974～1975年试制成功了硫铝酸盐水泥，1978年又在硫铝酸盐水泥熟料中掺入适量的二水石膏、硬石膏以及矿渣等试制成功低碱水泥，可以与不含氧化锆的中碱玻璃纤维复合使用，制作非承重水泥制品。

各国研制成功抗碱玻璃纤维代替普通玻璃纤维作为混凝土的增强材料后，使玻璃纤维的碱蚀脆化现象得到一定的改善，但仅仅是延缓了玻璃纤维的脆化时间，而并没有从根本上解决这一问题。此后，研制的低碱性水泥（如低碱硫铝酸盐水泥）代替硅酸盐系列水泥，才使玻璃纤维增强混凝土的耐久性得到较好的解决。因此，目前世界各国的玻璃纤维增强混凝土，一般都是用抗碱玻璃纤维和低碱水泥作为原料配制而成的。

采用玻璃纤维增强混凝土是建筑工程和交通工程今后发展的方向，它不仅可以弥补普通混凝土制品自重大、抗拉强度低、耐冲击性能差等不足，而且还具有普通混凝土所不具有的特性。玻璃纤维混凝土制品较薄，其自身重量较轻；由于采用抗拉强度极高的玻璃纤维作增强材料，因而其抗拉强度很高；玻璃纤维均匀分布于混凝土中，可以防止混凝土制品的表面龟裂；由于在破坏时能大量吸收能量，因而耐冲击性能优良、抗弯强度较高。此外，玻璃纤维增强混凝土制品脱模性好，加工方便，易做成各种形状的异型制品。

随着耐碱玻璃纤维和低碱水泥的开发和利用，玻璃纤维混凝土的用途越来越广泛，这种高强轻质的混凝土将成为应用极广的新型建筑材料。

二、玻璃纤维增强混凝土的特点

根据纤维混凝土不同成型方法的需要，所制成的玻璃纤维有硬质玻璃纤维、软质玻璃纤维、玻璃纤维束及玻璃纤维网等类型。

以水泥砂浆为基体，用耐碱玻璃纤维作为增强材料，不仅必须具备在碱性环境中的长期稳定性，而且还必须具有增加抗拉强度、抗弯强度、提高韧性和耐冲击性能等力学性能。这样，不但可以改善混凝土构件或制品的使用功能，而且可以减小混凝土构件的断面尺寸，降低混凝土构件的自重，有利于在建筑工程中推广应用。

材料试验和工程实践证明，玻璃纤维混凝土由于使用玻璃纤维作为增强材料，比采用合成纤维、石棉纤维具有更大的优越性。玻璃纤维比高分子合成纤维价格便宜，比石棉纤维资源丰富，比增强塑料纤维耐火性好，比石棉水泥制品耐冲击性高。

归纳起来，耐碱玻璃纤维有以下优点：（1）抗拉强度高：由于玻璃纤维在混凝土中能均匀分布，使混凝土的抗拉强度普遍得到提高，可以有效地防止混凝土出现收缩裂缝；（2）抗弯强度较高：玻璃纤维增强混凝土的极限变形值较大，韧性比普通混凝土好，从而大大提高了其抗弯强度，在破坏时也不会出现飞散；（3）耐冲击性能良好：材料试验证明，掺加玻璃纤维的混凝土，其耐冲击性能明显高于水泥混凝土，用于高等级公路是非常适宜的；（4）增强热工性能较好：玻璃纤维是一种完全不燃的无机燃料，具有良好的耐燃性；（5）其他方面：隔声性较好，其透水性小于石棉板。

三、玻璃纤维增强混凝土的组成材料

玻璃纤维混凝土主要由水泥、水、骨料、玻璃纤维和外加剂按照一定比例配制而成。对所用水和骨料的要求，与普通混凝土基本相同。

（一）对玻璃纤维的要求

在各种工程施工中，由于常用的水泥混凝土多数呈碱性，所以配制玻璃纤维增强混凝土的玻璃纤维，一般多采用耐碱玻璃纤维，这种玻璃纤维除应当满足一般纤维的要求外，还应符合下列技术指标的要求。

1. 玻璃纤维的成分与性能

耐碱玻璃纤维是在玻璃纤维的化学组成中加入适量的氧化锆（ZrO_2）、氧化钛（TiO_2）等元素，从而提高玻璃纤维的耐碱蚀能力。在玻璃纤维化学组成中加入氧化锆（ZrO_2）、氧化钛（TiO_2），主要作用是锆和钛等元素的加入使玻璃纤维中的硅氧结构更为完善，活性更小，从而降低了玻璃纤维与碱液发生化学反应的可能性。

根据工程实践证明，在玻璃纤维中加入氧化锆（ZrO_2）、氧化钛（TiO_2）后，也可以在玻璃纤维的表面涂覆一层树脂，或者将纤维表面经过一些特殊的浸渍处理，使玻璃纤维表面与碱液形成一个隔离层，使碱液不仅不能对玻璃纤维表面进行侵蚀，同时也防止了氢氧化钙晶体在玻璃纤维表面的成长，从而增加了玻璃纤维的耐碱性。

表 9-17 和表 9-18 中列出了中国、英国和日本生产的耐碱玻璃纤维的化学成分及物理力学性能，表 9-19 中列出了耐碱玻璃纤维与普通玻璃纤维的耐蚀能力比较。

表 9-17　中国、英国和日本生产的耐碱玻璃纤维的化学成分

耐碱玻璃纤维类别	化学成分（%）								
	SiO_2	CaO	Na_2O	K_2O	ZrO_2	TiO_2	Al_2O_3	MgO	Fe_2O_3
中国锆钛纤维	61.0	5.0	10.4	2.6	14.5	6.0	0.3	0.25	0.20
英国 Cem-fil-2	60.0	4.7	14.2	0.3	18.0	0.1	0.7	—	—
日本 MinilonL	62.0	6.9	12.1	0.3	14.1	—	1.6	0.10	0.30

表 9-18　中国、英国和日本生产的耐碱玻璃纤维的物理力学性能

耐碱玻璃纤维类别	单丝直径（μm）	长度（mm）	密度（g/cm^3）	抗拉强度（MPa）	弹性模量（$\times10^4$MPa）	极限延伸率（%）
中国锆钛纤维	12~14	30~40	2.70~2.78	2000~2100	6.3~7.0	4.0
英国 Cem-fil-2	12.5	30~40	2.70	2500	8.0	3.6
日本 MinilonL	13.0	30~40	2.66	2300	7.0	—

表 9-19　耐碱玻璃纤维与普通玻璃纤维的耐蚀能力比较

玻璃纤维类别	纤维经碱液侵蚀后的抗拉强度保留率（%）	
	100℃饱和 $Ca(OH)_2$ 溶液 4h	80℃合成水泥滤液①24h
耐碱	66.2~88.1	54.3~84.3
中碱	41.5~44.3	24.6~26.4
无碱	29.2~35.5	25.3~32.0

注：①合成水泥滤液成分：$Ca(OH)_2$——0.48g/L；NaOH——0.88g/L；KOH——3.45g/L。

2. 玻璃纤维的形式

用于玻璃纤维增强混凝土的玻璃纤维，一般不是玻璃的原丝，而是由100～200根原丝组成的纤维束，每根原丝的直径约为10μm。而由原丝组成的集束状纤维断面一般都不是圆形，图9-10为含有204根原丝的集束玻璃纤维示意图。

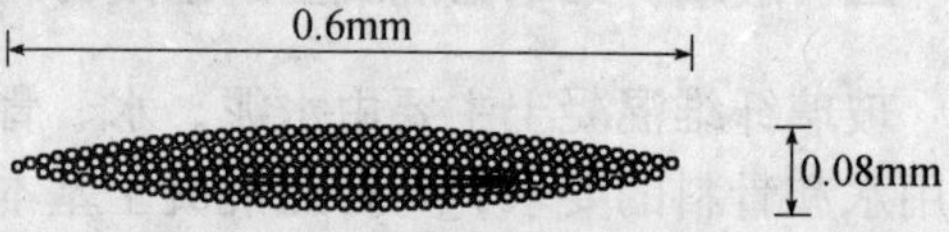

图9-10 集束玻璃纤维理想状态示意图

若干根集束纤维松弛地粘结在一起组成粗砂称其为玻璃纤维无捻粗纱。将其切割成适当长度或用无捻粗纱编织成纤维毡或网格布，即可用于玻璃纤维增强混凝土的制备。表9-20中列出了常用的一种耐碱玻璃纤维网格布的规格，可供在工程中参考选用。

表9-20 耐碱玻璃纤维网格布的规格

网格尺寸（mm）	幅宽（mm）	经向		纬向		质量（kg/m²）
		经纱密度（根/cm）	承载力（kg/cm）	纬纱密度（根/cm）	承载力（kg/cm）	
5×5	850	4.0	32.4	2.0	15.1	130

（二）对水泥材料的要求

配制玻璃纤维所用的水泥，在工程中常用的有：低碱硫铝酸盐水泥、混合型低碱水泥和改性硅酸盐水泥等。

1. 低碱硫铝酸盐水泥

低碱硫铝酸盐水泥是目前在玻璃纤维混凝土中应用最多的一种水泥，这种水泥在20世纪60年代由原中国建筑材料研究院研制成功，其主要原料是石灰石、矾土、石膏，按一定的比例配料粉磨成生料后，在1280～1350℃的温度下煅烧成以硫铝酸钙为主要矿物成分的熟料，最后掺以石膏磨细而制成。

低碱硫铝酸盐水泥中不含硅酸三钙（C_3S），硅酸二钙（C_2S）的含量也很少，水化后产生的氢氧化钙要比硅酸盐水泥要少得多，因此其碱性较低，而硫铝酸钙是一种水化速度较快、早期强度较高的矿物。在进行水化反应的过程中，不仅不产生氢氧化钙，而且消耗体系中由硅酸二钙水化产生的氢氧化钙，使混凝土的碱度进一步降低。这个化学反应产生的化学收缩很小，可以在一定程度上抵消混凝土干缩对强度不利的影响。

我国生产的硫铝酸盐水泥的化学成分如表9-21所示，其物理力学性能如表9-22所示。

表9-21 硫铝酸盐水泥的化学成分

水泥类别	化学成分（%）						
	SiO_2	Fe_2O_3	TiO_2	Al_2O_3	CaO	MgO	SO_3
早强型硫铝酸盐水泥	11.38	1.11	1.58	26.53	37.54	2.66	14.53
Ⅰ型低碱度水泥	4.93	0.72	0.73	13.83	40.38	2.23	31.67

表 9-22 硫铝酸盐水泥的物理力学性能

水泥类别	比表面积（cm^2/g）	凝结时间（h）		配合比为 1:3 砂浆强度（MPa）					
		初凝时间	终凝时间	抗折强度			抗压强度		
				3d	7d	28d	3d	7d	28d
早强型硫铝酸盐水泥	5011	0.88	3.50	2.5	2.8	3.2	39.8	48.8	60.3
Ⅰ型低碱度水泥	5800	0.33	0.66	2.2	1.9	3.2	41.5	45.1	64.1

2. 混合型低碱水泥

混合型低碱水泥是一种以硫铝酸钙熟料为基本原料，掺加适量的其他原料而组成的一种低碱性水泥。根据掺加的原料不同，目前主要有以下几种：

（1）中国混合型低碱水泥

中国混合型低碱水泥是由原中国建筑科学研究院研制的，其原料组成为：硫铝酸钙熟料，硅酸盐水泥熟料或水泥，明矾石，石膏。

（2）日本混合型低碱水泥

日本混合型低碱水泥是由日本秩父水泥公司研制的秩父玻璃纤维混凝土用水泥，其原料组成为：硫铝酸钙熟料，硅酸盐水泥，水淬高炉矿渣，石膏。

（3）英国混合型低碱水泥

英国混合型低碱水泥是由英国兰圈（Blue Cirle）公司研制的，其原料组成为：硫铝酸钙熟料，硅酸盐水泥，偏高岭土，石膏。

3. 改性硅酸盐水泥

改性硅酸盐水泥是通过在硅酸盐水泥中掺加可降低碱性，而对水泥强度影响不大或对水泥强度产生有利影响的物质制成的低碱水泥。目前，在工程中应用的主要有以下几种：

（1）荷兰 Intron-Forton 公司研制的聚合物低碱水泥，即在硅酸盐水泥中掺加适量的聚合物乳液，如氯丁胶乳液等。

（2）法国 St. Goban 公司研制的低碱度水泥，这种水泥除在硅酸盐水泥中掺加适量的聚合物乳液外，还掺加一些高活性火山灰材料。

（3）原中国建筑材料研究院研制的矿渣-硅灰硅酸盐水泥。这种水泥是在矿渣硅酸盐水泥中掺加 10% ~20% 的硅灰。

（4）德国 Heidebery 公司研制的低碱矿渣水泥。这种水泥是在矿渣掺量达 70% 的矿渣硅酸盐水泥中掺加硅灰或偏高岭土。据有关资料报道，这种水泥的水化产物中基本没有氢氧化钙，因此对玻璃纤维的碱蚀作用很小。

（三）对骨料的要求

配制玻璃纤维混凝土所用的骨料，一般只用细骨料——砂，其质量除应符合国家标准《建筑用砂》（GB/T 14684—2001）中的规定外，其他具体技术要求还应符合如下规定：（1）最大粒径小于或等于 2mm；（2）细度模数在 1.2 ~1.4 范围内；（3）含泥量应不大于 0.3%。

（四）对增黏剂的要求

为有利于玻璃纤维的分散，在配制玻璃纤维混凝土时，应加入少量的增黏剂，一般为甲基纤维素或聚乙烯醇的水溶液。

四、玻璃纤维混凝土强度影响因素及配合比

（一）玻璃纤维混凝土强度影响因素

玻璃纤维混凝土的强度，受玻璃纤维的掺入率、玻璃纤维的长度、水泥品种、成型的龄

期、干湿条件、成型方法等的影响。因此，进行玻璃纤维混凝土配合比设计时，对其主要影响因素应认真考虑。

1. 纤维的掺入率

玻璃纤维的掺入率在10%以内时，玻璃纤维增强水泥的抗弯强度及抗冲击强度，均随纤维含量百分率的增加而增大，但超过10%后，强度却不再增加。其原因可能是由于水泥（砂）浆与玻璃纤维的接触状态所造成。并且玻璃纤维掺入率超过10%后，成型比较困难，施工操作不便，所以一般将玻璃纤维的掺入率定为5%左右。图9-11为玻璃纤维含量与弯曲破坏强度及抗冲击强度的关系。

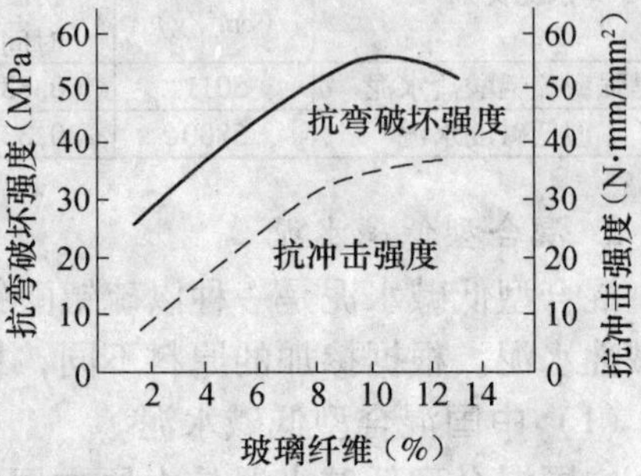

图9-11　玻璃纤维含量与强度的关系

2. 纤维长度的影响

玻璃纤维长度与其强度的关系如图9-12所示。从图中可以清楚地看出，随着玻璃纤维长度的增加，其抗弯强度和抗冲击强度相应增加，但由于实际上成型困难，纤维长度不可能过大，特别是预搅拌法成型时，纤维在搅拌过程中易于折断，增强效果随之减弱（如图9-13所示）。

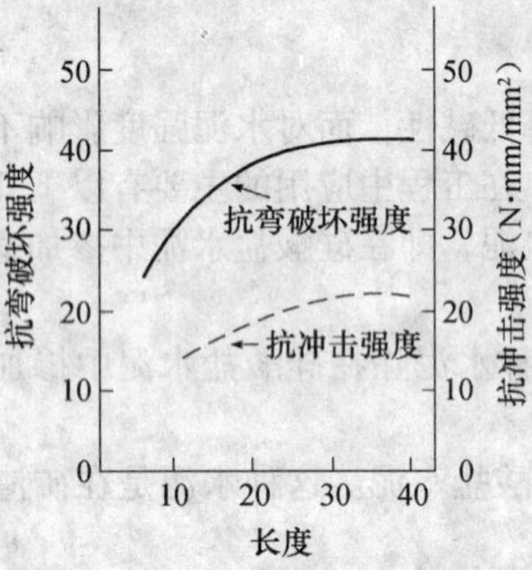

图9-12　玻璃纤维长度与强度的关系

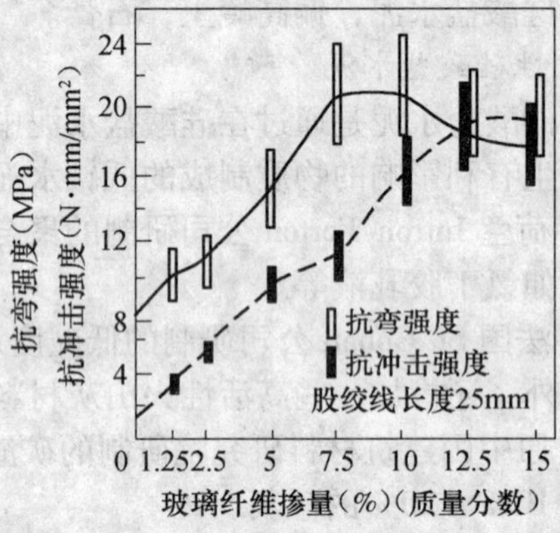

图9-13　预搅拌成型时玻璃纤维含量与强度的关系

3. 水泥品种的影响

不同的水泥品种对玻璃纤维混凝土的力学性能有一定的影响，参见表9-23。试验试件的水灰比为0.30，玻璃纤维掺入率为5%（质量比），龄期为28d。

表9-23　水泥品种与玻璃纤维混凝土的强度

水泥品种	弹性模量（MPa）	拉伸比例极限应力（MPa）	拉伸极限应力（MPa）	弯曲极限应力（MPa）	抗冲击强度（N/mm²）	密度（g/cm³）
普通硅酸盐水泥	2.0×10^4	9.0	16.0	40.0	25	2.0~2.1
高铝水泥	2.0×10^4	9.0	16.0	40.0	25	2.0~2.1
60%硅酸盐水泥、40%磨细烟灰	1.2×10^4	6.0	12.0	30.0	20	2.0~2.1

4. 施工方法对强度的影响

当玻璃纤维混凝土采用喷射脱水法成型时，玻璃纤维的含量、长度与玻璃纤维增强混凝土的强度关系，如图9-14所示。

表9-24表示不同成型方法对玻璃纤维混凝土强度的影响。从它们的成型工艺很容易推测，各种强度以真空吸引喷射法的制品强度为最高。

表9-24 各种不同成型方法玻璃纤维补强水泥特性

特　性	喷射脱水法	直接喷射法	预先混合法
弯曲比例极限（MPa）	10.0～15.0	8.0～13.0	5.0～10.0
弯曲强度（MPa）	30.0～40.0	25.0～35.0	10.0～20.0
拉伸强度（MPa）	16.0	9.0～15.0	5.0～8.0
冲击强度（N/mm^2）	15.0～25.0	12.0～18.0	8.0～10.0

5. 时效变化的影响

玻璃纤维混凝土虽然选用的是耐碱性玻璃纤维，但是由于其耐碱性未必有足够的把握，所以，混凝土的强度随着成型后时间的增长而下降。其下降的程度，为该期间内的干湿条件所左右。在潮湿条件下，强度下降的速度要快些，如图9-15所示。

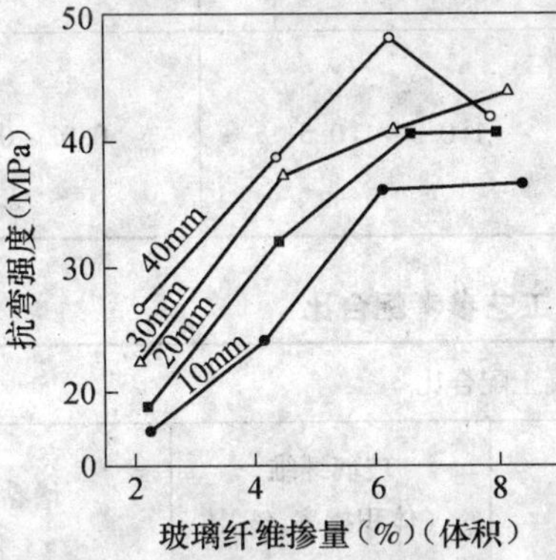

图9-14　喷射脱水法成型时纤维含量、长度与强度关系

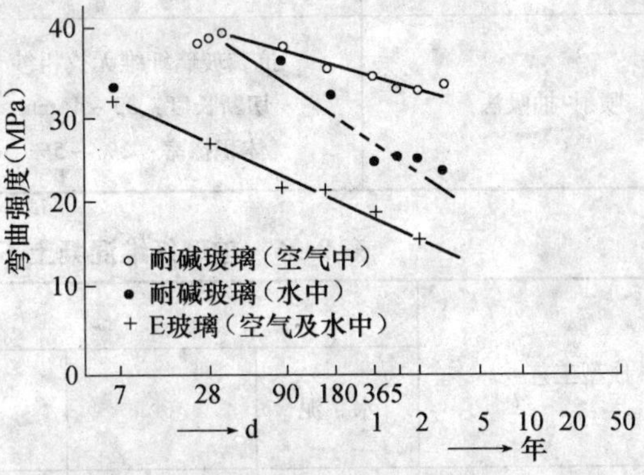

图9-15　玻璃纤维补强水泥复合体中弯曲强度的时效变化

（二）玻璃纤维混凝土配合比设计

玻璃纤维混凝土配合比设计方法与水泥砂浆基本相同。即通过试验，选定符合工程技术要求的施工配合比。

1. 配合比设计的注意事项

（1）配合比设计计算要以发表的性能数据为基础，并要有充分的安全系数。由于生产厂家目前均具备一定的试验能力，因此使用时必须与对方联系，如建筑墙板要求承受风荷载和其他应力，就应进行相应的试验。

（2）使用直接喷射法制作墙板时，一般的标准厚度为10～19mm，但由于存在表面偏差，最小厚度可能在6～13mm，因此，设计时必须考虑用加劲肋增强，以提高墙板的刚度，增强其抗变形的能力。

（3）玻璃纤维混凝土，包括不含砂的玻璃纤维增强混凝土，很少出现裂缝，但如果玻璃纤维的含量过少，则抑制不住裂缝的扩展，将会沿玻璃纤维方向出现收缩裂缝。

(4) 对于长、大断面的构件，由于玻璃纤维混凝土干缩时也会出现变形和裂缝，因此在玻璃纤维增强混凝土中配置钢筋和其他钢材。

(5) 对于带有沟、槽或尖棱的制品，采用喷射玻璃纤维增强水泥时，玻璃纤维容易出现“搭接”现象，水泥基体不能充分覆盖，容易造成薄弱区域。因此在制作时必须进行碾压和精细的处理，为减少玻璃纤维的“搭接”，应选用更加柔软的玻璃纤维。

2. 玻璃纤维混凝土经验配合比

玻璃纤维混凝土的配合比，根据成型工艺不同而不同。表9-25列出了采用喷射成型法和铺网-喷浆法时参考配合比，表9-26中列出了成型工艺不同时的参考配合比，可以供施工时进行选用。

表9-25 不同成型工艺参考配合比

成型工艺	玻璃纤维	灰砂比	水灰比
直接喷射法	切断长度：34～44mm 体积掺率：2%～5%	1:0.3～1:0.5	0.32～0.38
铺网-喷浆法	抗碱玻璃纤维网格布 体积掺率：2%～5%	1:1.0～1:1.5	0.42～0.45
喷射-抽吸法	抗碱玻璃纤维无捻粗纱 切断长度：33～44mm 体积掺率：2%～5%	1:0.3～1:0.5	0.32～0.38

表9-26 玻璃纤维混凝土不同成型工艺参考配合比

成型工艺	混凝土配合比				
	水　泥	砂	水	玻璃纤维（体积掺率,%）	增黏剂
预拌法	1	1.0～1.2	0.32～0.38	3～4	0.01～0.015
压制成型法	1	1.2～1.5	0.70～0.80	3～4	0.01～0.015
注模成型法	1	1.1～1.2	0.50～0.60	3～5	0.03～0.05
直接喷涂法	1	0.3～0.5	0.32～0.40	3～5	—
铺网-喷浆法	1	1.2～1.5	0.40～0.45	4～6	—
缠绕法	1	0.4～0.6	0.60～0.70	12～15	—

第五节 其他纤维增强混凝土

随着科学技术及经济的快速发展，除钢纤维增强混凝土和玻璃纤维增强混凝土的应用越来越广泛外，还有其他材料组成的纤维增强混凝土也逐步在工程中得到越来越多的应用，如碳纤维增强混凝土、聚丙烯纤维增强混凝土、聚氨酯纤维增强混凝土、尼龙纤维增强混凝土、芳纶纤维增强混凝土和植物纤维增强混凝土等。这里仅介绍碳纤维增强混凝土和聚丙烯纤维增强混凝土。

一、碳纤维增强混凝土

当今，随着现代混凝土技术的不断进步与发展，人们逐渐认识到各种高强纤维增强混凝土技术，是有效克服钢筋锈蚀、碳化、盐蚀、碱-骨料反应等引起的钢筋混凝土“综合症”的技术措施，从而可以延长混凝土结构的有效使用寿命，提高混凝土的耐久性，使古老而廉价的混凝土材料焕发出新的活力。

继钢纤维之后，各国又陆续开发研制出许多新型高强、低密度的增强纤维材料，如聚酰胺纤维、聚乙烯纤维、碳纤维等，有力地促进了纤维增强混凝土制品工业的发展。新型高强纤维的种类不同，其物理力学性能也各不相同，如表 9-27 所示。本节主要介绍碳纤维增强混凝土的物理力学性能及应用。

表 9-27 新型高强纤维的各种特性

项目	碳纤维				聚酰胺纤维			其他纤维		玻璃纤维
	PAN		硬沥青		给布拉		HM-50	太库米纶	库拉纶	
	高强	高弹性	一般	高强高弹性	给布拉-49	给布拉-29				
抗拉强度（MPa）	2600~4500	2000~2500	1000	3000 以上	2800	2800	3100	1500~3500	700~1500	2500~3500
弹性模量（GPa）	200~240	350~450	40	400~800	130	63	77	80~100	11~37	70~80
延性（%）	1.3~1.8	0.4~0.6	2.5	0.4~0.6	2.3	4.0	4.4	3.0~6.0	7.0	4.5~6.0
密度（g/cm^3）	1.7~1.8	1.8~1.9	1.6	1.9~2.1	1.45	1.44	1.39	0.96	1.26~1.30	2.5
直径（μm）	7~8		10		12		12	50~100	14	12
热分解温度（℃）	3000				600		500	140	240	800

（一）碳纤维增强混凝土的发展和应用

近十几年来，碳纤维的应用范围日益扩大，在建筑工程领域更是日新月异。由于水泥是当今消耗的建筑材料，而水泥砂浆与混凝土中又存在抗拉强度低，干缩率大，变形能力低，脆性大和抗冲击性能差等缺点，而且在某些特种条件下（酸、碱、潮湿环境中），由于钢筋的抗腐蚀性差而面临着严峻的挑战。然而碳纤维以其高强、高模、质轻、优良的抗疲劳性、抗冲击性、抗震性和耐腐蚀性完全弥补了钢筋混凝土的不足。

碳纤维增强水泥在国外发达国家研究和应用得比较早，尤其是日本已经达到广泛的研究和应用。美国联合碳化物公司（UCC）于 1959 年开始最早生产粘胶基碳纤维，20 世纪 50 年代末是粘胶基碳纤维的鼎盛时期。1959 年，日本研究人员发明了用聚丙烯腈（PAN）原丝制造碳纤维的新方法。在此基础上，英国皇家航空研究院研制出了制造高性能PAN基碳纤维的技术流程，使其发展驶入了快车道，PAN基碳纤维成为当前碳纤维工业的主流，产量占世界总产量的90%左右。

1974年，美国联合碳化物公司开始了高性能中间相沥青基碳纤维Thornel-35的研制，并取得成功。目前Thornel-P系列高性能沥青碳纤维仍是最好的产品，这样就形成了PAN基、沥青基和粘胶基碳纤维的三大原料体系。

世界碳纤维的主要生产商为日本的东丽、东邦人造丝、三菱人造丝三大集团和美国的卓尔泰克（ZOLTEK）、阿克苏（AKZO）、阿尔迪拉（ALDILI）和德国的SGL公司等。其中日本三大集团占世界生产能力的75%。世界CT型碳纤维总生产能力为22100t/年，LT型碳纤维总生产能力为9550t/年；实际生产量约为7000t/年。

我国尚处在研发阶段，国内碳纤维生产能力仅占世界高性能碳纤维总产量的0.4%左右，国内用量的90%以上靠进口。而PAN原丝质量一直是制约我国碳纤维工业规模化生产的瓶颈。2002年11月在郑州召开的全国第九届纤维水泥和纤维混凝土学术会议上，关于碳纤维增强混凝土的科研和论文已经很多，在工程中的实际应用已经出现。

碳纤维是高科技纤维中发展最快的品种之一，它具有高强度、高弹性模量、高抗疲劳性和高抗腐蚀性等众多的优点，因此，国内外对碳纤维增强混凝土的研究日趋活跃。但决定碳纤维能否推广使用于土木工程的关键是其价格的高低。随着工业技术的进步，美国的卓尔泰克（ZOLTEK）公司开发出了民用工业级大丝束碳纤维，从而大大降低了碳纤维的价格，为碳纤维在各种工程领域的应用铺平了道路。国外在土木工程领域的应用包括以下几种：

1. 短切碳纤维加入新混凝土中，目前主要应用于需要减重、防震耐腐蚀的环境中或喷射混凝土和道路工程中。

2. 将碳纤维长丝支撑预应力筋，代替钢筋埋植于混凝土中，主要用于海洋工程、大跨度桥梁及需要电磁透过的工程结构或结构加固的场合。

3. 将碳纤维长丝支撑预应力绞绳，用于大跨度桥梁的拉锁或大跨度空间结构的悬索拉索等。

4. 将短切碳纤维或连续碳纤维应用于各种公路路面及桥梁路面工程和高速公路的防护栏，以提高公路的质量及耐久性。

5. 将碳纤维棒材与混凝土制成预制件，包括梁、板、屋架或网架，充分利用碳纤维的质轻高强耐腐蚀等优点。

6. 将碳纤维制成单向织物，用于结构补强。

短切碳纤维填充到混凝土中，不仅约束微裂缝扩展，提高混凝土的抗裂性、抗渗性和抗冻性，减少干缩变形，而且可以明显地改善混凝土结构的物理力学特性。提高结构的抗震性和抗疲劳特性，这是由于碳纤维具有高强度和高弹性模量的优势。

另外，碳纤维增强混凝土具有良好的压敏性，而且具有一定导电性，如果在混凝土中埋藏电极可有效实现对混凝土结构件的在线检测（应变）和安全监控（损伤程度）在实际应用中，可实现对桥梁幕墙建筑的智能化管理。

因此，短切碳纤维增强混凝土不仅具有减重增强的优点，而且还是一种智能材料，将来必然具有良好的发展前景。

目前，国外短切碳纤维增强混凝土主要应用于腐蚀性高，要求减重强度的场合，如薄壳结构、大跨度桥梁、海洋工程、超高层结构、抗震结构等。

（二）碳纤维的种类与特性

碳纤维是一种将一些有机纤维在高温下碳化成石墨晶体，然后使石墨晶体通过“热张法”定向而得到的一种纤维材料。碳纤维是一种高强度、高弹性模量的材料，按其原材料不同分为两种：一种是以聚丙烯腈为主要原料的高分子碳化纤维，通常称为聚丙烯腈基碳纤维，简称 PAN 系碳纤维；另一种是以煤焦油、石油硬沥青为主要原料的碳化纤维，通常称为硬沥青系碳纤维。

碳纤维不仅有很高的抗拉强度和弹性模量，而且与大多数物质不起化学反应，因此用碳纤维配制的增强混凝土具有高抗拉性、高抗弯性、高抗裂性和高抗蚀性等优良性能。以硬沥青为原料的碳纤维，是石油化学工业和煤化学工业副产品的派生物，所以硬沥青系碳纤维的商品价格比聚丙烯腈基碳纤维（PAN 系碳纤维）低得多，前者仅为后者价格的 1/5～1/10。

据有关资料介绍，目前硬沥青系碳纤维增强混凝土的成本（按掺入量 2% 体积比计），约为镀锌钢纤维的 2 倍，如果大批量生产时，能与镀锌钢纤维、耐碱玻璃纤维的成本相接近，如表 9-28 所示，今后将有很强的市场竞争力。

表 9-28　几种纤维增强混凝土的成本比较

<table>
<tr><th colspan="2" rowspan="2">纤维种类</th><th rowspan="2">参考价格
（日元/kg）</th><th colspan="2">$1m^3$ 混凝土掺 2% 纤维时</th><th colspan="2">成本比较</th></tr>
<tr><th>纤维重量
（kg/m^3）</th><th>参考成本
（日元/m^3）</th><th>以碳素钢
纤维为 1 时</th><th>以镀锌钢
纤维为 1 时</th></tr>
<tr><td rowspan="3">钢</td><td>碳素钢</td><td>200</td><td>158</td><td>31600</td><td>1.0</td><td>0.7</td></tr>
<tr><td>镀锌钢</td><td>300</td><td>158</td><td>47400</td><td>1.5</td><td>1.0</td></tr>
<tr><td>不锈钢</td><td>800</td><td>158</td><td>126000</td><td>4.0</td><td>2.7</td></tr>
<tr><td colspan="2">耐碱玻璃纤维</td><td>800</td><td>54</td><td>43200</td><td>1.4</td><td>0.9</td></tr>
<tr><td rowspan="2">碳纤维</td><td>低弹性</td><td>3000
（1500）</td><td>32</td><td>96000
（48000）</td><td>3.0
（1.5）</td><td>2.0
（1.0）</td></tr>
<tr><td>高弹性</td><td>30000
（15000）</td><td>30</td><td>900000
（450000）</td><td>28.5
（14.2）</td><td>19.9
（9.5）</td></tr>
</table>

如表 9-28 所示，碳纤维的密度约为玻璃纤维的 70%，抗拉强度虽然与玻璃纤维基本相同，但弹性模量却高于玻璃纤维好几倍。在现有的工业纤维材料中，碳纤维的比强度、比弹性模量都是最高的。此外，碳纤维还具有以下几个优点：

1. 具有优异的耐碱、耐海水等抗化学腐蚀性，试验证明：除硝酸等强酸外，不怕其他酸碱的腐蚀。

2. 具有较好的导电性。用碳纤维增强混凝土（简称 CFRC）板装饰电子计算机房，可防止静电感应。

3. 具有超高温耐热特性，这是碳纤维增强混凝土最突出的一个性能，可在 3000℃ 高温环境条件下使用。

4. 对人体无害，是一种环保型建筑材料，施工比较安全。

5. 施工工艺比较简单，可用一般混凝土搅拌机进行拌合。可采用挤压成型、加压成型等工艺生产制品，也可以湿式喷射法喷射混凝土施工。

（三）碳纤维增强混凝土的物理力学性能

材料试验证明：碳纤维增强混凝土的力学性能与碳纤维在混凝土中的排列方向有很大关系。一般纤维在混凝土中的排列方向有三种：（1）一维定向排列，是将长纤维（连续纤维）像钢筋那样，按应力方向进行排列；（2）二维乱向排列，是短纤维随气流和胶结料同时落在一起，所以仅局限于喷射混凝土的施工；（3）三维乱向排列，是将长度为 3 ~ 30mm 的短纤维在混凝土搅拌机内均匀地分散于混凝土中，浇筑成型后短纤维在混凝土中呈无规则排列。虽然三维排列的增强效果比一维定向排列差，但可以利用提高生产率和各种物理特性（如抑制干缩龟裂）加以弥补。因此，纤维增强混凝土制品大多采用短纤维，碳纤维增强混凝土也是如此。

1. 碳纤维增强混凝土的抗拉强度

碳纤维的基本性能如表 9-29 所示。试验混凝土的水灰比为 0.42，骨料水泥比为 0.25，试件尺寸为 330mm × 30mm × 6mm。试验结果表明：随着碳纤维掺量的增加，碳纤维增强混凝土的抗拉强度、拉伸应变能力逐渐增大，试件龟裂的间隙和宽度减小，微细裂纹大多呈分散状态。另外，取拉断试件断面做显微镜观测，发现对面突出的纤维长度基本在 1mm 以下，0.3 ~ 0.6mm 最多，这说明碳纤维与胶结料之间的粘结特别好，碳纤维是被拉断的，而不是被拔出的。

表 9-29　碳纤维的基本性能

碳纤维的尺寸			密　度	抗拉强度	弹性模量	延伸率
直径（μm）	长度（mm）	长径比（L/d）	（g/cm^3）	（MPa）	（GPa）	（%）
14.5	10	600	1.63	780	38	2.1

2. 碳纤维增强混凝土的抗弯强度

在进行碳纤维增强混凝土抗弯强度试验时，碳纤维的性能、混凝土的水灰比、骨料水泥比等与抗拉强度试验时相同。试件尺寸为 530mm × 40mm × 6mm，两个支点的间距为 450mm，加载为中心加载。试验结果表明：碳纤维增强混凝土的抗弯强度随着碳纤维掺量的增加而提高，与此同时其韧性也得到明显提高。

3. 碳纤维增强混凝土的耐水性

将碳纤维增强混凝土试件投入 75℃ 的热水中，分别做龄期 1 周至 5 个月的不同龄期浸渍后的抗弯强度试验，以检验碳纤维增强混凝土的耐水性。试验结果表明：各个浸渍龄期的抗弯强度值虽有若干增减变化，但从总体来说，抗弯强度仍保持在热水浸渍前的强度水平，这充分说明 CFRC 的耐水性很好。

4. 碳纤维增强混凝土的抗冻性

按照美国 ASTMC 666 标准规定，碳纤维增强混凝土经过 300 次冻融循环试验，其相对动弹性模量在 95% 以上，这说明碳纤维增强混凝土具有很好的抗冻性。

5. 碳纤维增强混凝土长度尺寸变化

碳纤维增强混凝土试件出釜（蒸压养护）后的长度尺寸变化，为一般钢筋混凝土制品在20℃、相对湿度65%标准条件养护下一年的20%。碳纤维增强混凝土脱模两周至一年的长度变化仅为$\pm 2\times 10^{-4}$左右，这说明碳纤维增强混凝土的尺寸稳定性非常好。

（四）碳纤维增强混凝土的主要用途

碳纤维增强混凝土是一种具有高强度、高韧性的新型混凝土，在工程中主要用于一些对强度和韧性要求很高、对收缩变形要求很小，或者有一定耐热性要求的构件。在公路工程中主要用于桥面和停车场，最适宜用于机场跑道。

二、聚丙烯纤维混凝土

在纤维混凝土中，继钢纤维混凝土得到重视和应用后，聚丙烯纤维混凝土也开始得到重视。美国将聚丙烯纤维称为杜拉纤维（Dura fiber），我国称为聚丙烯纤维。聚丙烯纤维混凝土，是将切成一定长度的聚丙烯纤维，均匀地分布在水泥砂浆或普通混凝土的基材中，用以增强基材的物理力学性能的一种复合材料。

聚丙烯纤维混凝土具有轻质、抗拉强度高、抗冲击和抗裂性能等优点，也可以以聚丙烯纤维代替部分钢筋而降低混凝土的自重，从而增加结构的抗震能力。

聚丙烯纤维的抗拉强度虽然比普通混凝土高，但其弹性模量却比较低，在较高应力的情况下，混凝土易达到极限变形。但是，在掺加适量聚丙烯纤维时，这种复合材料的抗冲击性能比普通混凝土要大得多。聚丙烯纤维的这一显著特点，为荷载不高但要求耐冲击、高韧性的构件的制作，找到了一条很有发展前途的路子。此外，聚丙烯纤维不锈蚀，其耐酸、耐碱性能也很好。

值得注意的是聚丙烯纤维对紫外线非常敏感，长期暴露在阳光下会产生氧化反应，质量易急剧下降。如果聚丙烯纤维包裹在混凝土内部，受到混凝土一定厚度的保护，会避免产生氧化反应。

配制聚丙烯纤维混凝土既可用于制作预制品，也可用于现场施工。掺加适量的短切聚丙烯纤维，即可部分或全部代替制品或构件中的钢筋，达到提高抗冲击性能，保持开裂后混凝土构件的整体性和降低自身质量等目的。

（一）聚丙烯纤维混凝土的原材料

组成聚丙烯纤维混凝土的原材料，主要有：聚丙烯膜裂纤维、水泥和骨料。

1. 聚丙烯膜裂纤维

聚丙烯膜裂纤维系一种束状的合成纤维，拉开后可成为网格状，其纤维直径一般为6000～26000旦尼尔（9000m长的质量克数）。我国生产的聚丙烯膜裂纤维，其物理力学指标如表9-30所示。

表9-30　聚丙烯膜裂纤维物理力学性能

比密度（g/cm^2）	抗拉强度（MPa）	弹性模量（$\times 10^4$MPa）	极限延伸率（%）	泊桑比
0.91	400～500	0.8～1.0	8.0	0.29～0.46

2. 水泥

配制聚丙烯纤维混凝土对水泥没有特殊要求，一般采用强度为42.5MPa或52.5MPa硅酸盐水泥或普通硅酸盐水泥均可。

3. 骨料

配制聚丙烯纤维混凝土所用的粗骨料和细骨料，与普通水泥混凝土基本相同。其质量要求应当符合国家标准《建筑用卵石、碎石》（GB/T 14685—2001）和《建筑用砂》（GB/T 14684—2001）中的规定。

配制聚丙烯纤维混凝土细骨料的可用细度模数为2.3~3.0的中砂或3.1~3.7的粗砂，粗骨料可用最大粒径不超过10mm的碎石或卵石。

（二）聚丙烯纤维混凝土的配合比

原来，我国对聚丙烯纤维混凝土的研究和应用较少，在配合比设计方面尚无十分成熟的经验。最近几年，根据一些工程的实践经验，聚丙烯纤维混凝土的配制，配合比因成型方法而不同。

表9-31列出了预拌法和喷射法的参考配合比，供施工中进行配合比设计的参考。

表9-31 不同成型工艺的配合比

成型工艺	聚丙烯纤维要求	水 泥	骨 料	外加剂	灰骨比	水灰比
预拌法	细度：6000~13000旦尼尔 切矩长度：40~70mm 体积掺率：0.4%~1%	强度42.5MPa或52.5MPa硅酸盐水泥或普通硅酸盐水泥	细骨料：$D_{max}=5mm$ 粗骨料：$D_{max}=10mm$	减水剂或超塑化剂，掺量由预拌试验确定	砂浆： 水泥:砂=1:1~1:1.3 混凝土： 水泥:砂:石=1:2:2~1:2:4	0.45~0.50
喷射法	细度：4000~12000旦尼尔 切矩长度：20~60mm 体积掺率：2%~6%	强度42.5MPa或52.5MPa硅酸盐水泥或普通硅酸盐水泥	骨料： $D_{max}=2mm$	减水剂或超塑化剂，掺量由预拌试验确定	砂浆： 水泥:砂=1:0.3~1:0.5	0.32~0.40

（三）聚丙烯纤维混凝土的物理力学性能

聚丙烯纤维混凝土中的聚丙烯膜裂纤维的抗拉强度极高，一般可达到400~500MPa，但其弹性模量却很低，一般为$(0.8\sim1.0)\times10^4$MPa。所以，配制出的聚丙烯纤维混凝土，也具有比普通混凝土抗拉强度高、但弹性模量很低的特性。以致在较高的应力情况下，混凝土将达到极限变形，在纤维能够产生约束应力之前，混凝土即将开始破裂。

所以，聚丙烯纤维混凝土同不含纤维的普通混凝土相比，聚丙烯纤维混凝土的抗压、抗拉、抗弯、抗剪、耐热、耐磨、抗冻等性能几乎都没有提高，一般还将随着含纤率、长径比的增大而降低，这是由于稍大的纤维含量，引起混凝土均匀性不良和水灰比过高的缘故。

但是，混凝土在纤维含量较小的情况下，这种复合材料的抗冲击性能，要比普通混凝土大得多，所以，一般常用于耐冲击要求高的构件。

表9-32是聚丙烯纤维混凝土硬化后的物理力学性能。

表 9-32　聚丙烯纤维混凝土的物理力学性能

名　称	性能特点
抗拉强度	用喷射法制得的混凝土极限强度可达 7.0～10.0MPa
抗弯强度	体积掺率为 1% 左右时，抗弯强度提高不超过 25%； 用喷射法（掺率为 5%），抗弯极限强度可达 20MPa
抗压强度	比普通砂浆、普通混凝土无明显增加
抗冲击强度	体积掺率为 2% 时，抗冲击强度可提高 10～20 倍； 用喷射法（掺率为 6%），抗冲击强度可达 3.0～3.5J/cm^2
抗收缩性	体积掺率为 1% 左右时，收缩率降低约 75%
耐火性	体积掺率为 1% 左右时，耐火等级与普通混凝土相同
抗冻性	经 25 次冻融，无龟裂、分层现象，质量和强度基本无损失
耐久性	英国曾将体积掺率为 4% 的聚丙烯纤维混凝土构件在 60℃水中浸泡一年，未发现抗弯极限强度和抗冲击强度有明显下降

法国预制混凝土工业研究中心，对聚丙烯纤维混凝土进行过系统的力学性能试验研究，表 9-33、表 9-34、表 9-35、表 9-36 是其试验结果。

表 9-33　纤维混凝土的抗冲击强度比值

体积含量（%）	高度比（与普通混凝土对照）	
	初裂	破裂
0.6	2.5	4.0
1.0	3.5	6.5

表 9-34　纤维混凝土与普通混凝土的抗压强度比值

养护方式	混凝土龄期		7d					28d				
	纤维含量（%）		0.0	0.20	0.50	1.00	2.00	0.0	0.20	0.50	1.00	2.00
干养护	纤维长度	35mm	1	1.10	1.00	0.82	0.72	1	1.04	0.98	0.81	0.70
		45mm		1.20	1.00	0.76	0.70		1.08	0.92	0.72	0.65
		75mm		0.99	0.80	0.60	0.50		0.95	0.78	0.64	0.60
湿养护	纤维长度	35mm	1	1.10	0.90	0.80	0.73	1	1.06	0.98	0.81	0.71
		45mm		1.21	1.00	0.74	0.70		1.03	0.97	0.74	0.65
		75mm		0.98	0.82	0.57	0.54		0.88	0.79	0.63	0.60

表 9-35　纤维混凝土与普通混凝土的弯曲抗拉强度比值

养护方式	混凝土龄期		7d					28d				
	纤维含量（%）		0.0	0.20	0.60	1.00	2.00	0.0	0.20	0.60	1.00	2.00
干养护	纤维长度	35mm	1	0.99	1.20	0.87	0.58	1	0.97	1.06	1.00	0.52
		45mm		1.04	1.23	1.13	0.59		1.06	0.90	0.91	0.49
		75mm		0.96	1.28	1.02	—		1.00	1.04	0.96	—
湿养护	纤维长度	35mm	1	1.12	1.05	0.80	0.50	1	0.95	0.94	0.83	0.40
		45mm		1.12	1.10	0.84	0.45		0.86	0.91	0.68	0.42
		75mm		0.85	1.04	0.80	—		0.93	0.90	0.67	—

表 9-36 纤维混凝土的弹性模量（压）[①]

养护方式	纤维长度	纤维含量（%）			
		0	0.20	0.60	1.00
干养护	35mm	28400	25600	23600	15200
	45mm		24900	24000	13900
	75mm		21300	20400	11400
湿养护	35mm	26000	—	18500	11600
	45mm			17900	10200
	75mm			18200	9400[②]

注：①单位为 MPa，施加 10MPa 荷载测出 28d 受压弹性模量；

②施加 5MPa 左右荷载。

（四）聚丙烯纤维混凝土的主要用途

工程实践和材料试验证明，聚丙烯纤维的性能，与普通混凝土的各种材料都有较好的相容性，对搅拌、浇筑等设备也没有特殊要求。

经过长期使用证明，聚丙烯纤维混凝土能适用于下列项目的要求：（1）对表面抗裂有严格要求的项目；（2）对抗渗或自防水有较高要求的项目；（3）有抗碱、抗化学腐蚀要求的项目；（4）需要加强内部结构和粘结性能的项目。

但是，聚丙烯纤维混凝土不能用作结构性能的加强材料或代替钢筋作加固性处理，也不能用于承受强大外力冲击的项目，其主要用途如表 9-37 所示。

表 9-37 聚丙烯纤维混凝土的主要用途

工程类别	适用的工程项目
现浇工程	1. 基础工程：结构性防水、地下室侧墙、底板； 2. 混凝土路面：公路路面、城市道路路面等； 3. 地面：停车场地面、球场地面等； 4. 基座：机械设备机座、其他抗震用基座等； 5. 经常受雨淋日晒的露天结构：如码头结构、各种立交桥等； 6. 挡土墙、水池、屋面、输水渠道等； 7. 水坝、腐化池等
预制构件	1. 各种水泥管道、电线杆等制品； 2. 各种规格的绝缘板，保温墙板和砌块等； 3. 墙体或板块的装饰板、广告板等； 4. 泡沫混凝土

第六节 纤维混凝土的施工工艺

工程施工实践证明，纤维混凝土的施工与普通混凝土有较大的差异，各种纤维混凝土的组成材料不同，它们的施工工艺也各不相同。因此，在纤维混凝土的施工过程中，应当根据不同纤维混凝土的特点，采取相应不同的施工工艺，这样才能确保其施工质量，达到工程设计的要求。

一、钢纤维混凝土的施工工艺

钢纤维混凝土的质量如何，关键在于施工质量；施工质量如何，关键在于混凝土的拌制。另外，其浇筑和养护对质量也有重要影响。

（一）钢纤维混凝土的拌制质量控制

配制钢纤维混凝土最关键的问题，是钢纤维不产生结团，能在混凝土中均匀分散。特别是当钢纤维掺量较多时，如果不能使其均匀分散，就容易同水泥浆或砂子结成球状团块，混凝土的强度必然会因拌合物不均匀而降低增强效果。因此，千方百计避免钢纤维产生结团，则成为搅拌工序中的控制重点。

工程实践证明，避免钢纤维混凝土在拌制中出现结团现象的措施，主要可从以下几个方面着手：

1. 采用强制式搅拌机

工程实践充分证明，在混凝土中掺加钢纤维后，如果没有足够的搅拌能力，钢纤维在混凝土中很容易出现结团现象。因此，拌制钢纤维混凝土，必须采用搅拌能力较强的强制式搅拌机，在有施工条件时，最好采用双卧轴强制式搅拌机，这样才有可能使钢纤维比较均匀地分散于混凝土中。

2. 采用适宜投料顺序

由于钢纤维材料的掺加，使混凝土拌制比普通混凝土难度增大，因此采用适宜的投料顺序，对缩短搅拌时间、提高均匀性有重要作用。

表9-38 中列出了三种不同的钢纤维混凝土配制中投料顺序，其根本区别在于先湿拌或先干拌后湿拌。先干拌虽然会使飞扬的粉尘较多，但钢纤维分布均匀后湿纤维结团的可能性较少。

表 9-38　钢纤维混凝土的搅拌工艺

项　目		操作工艺
搅拌设备		有施工条件时，最好采用双卧轴强制式搅拌机
纤维投料方法		1. 使用散装钢纤维时，应通过摇筛进行加料； 2. 采用人工投料时，宜采用分散投料方式； 3. 使用集束状钢纤维时，可集束进行投放
投料和搅拌	方法（一）	1. 粗细骨料、水泥和水同时一次投入（时间 1min）； 2. 再将钢纤维投入（时间 1.5～2.0min），如图 9-16a 所示
	方法（二）	1. 将粗细骨料与钢纤维同时投入并进行干拌（时间 1min）； 2. 再将水泥与水同时投入（时间 1.0～1.5min），如图 9-16b 所示
	方法（三）	1. 将细骨料与水泥同时投入进行干拌（时间 0.5min）； 2. 加入粗骨料和钢纤维再进行干拌（时间 2min）； 3. 最后同时加入水与活性剂进行湿拌（时间 1min），如图 9-16c 所示

究竟采用何种投料顺序，并没有固定的模式选择。如果工程中钢纤维混凝土用量较多时，在确定采用何种投料顺序之前，可实地对所用设备、材料配合比进行试拌，然后选择比

较适宜的投料顺序。

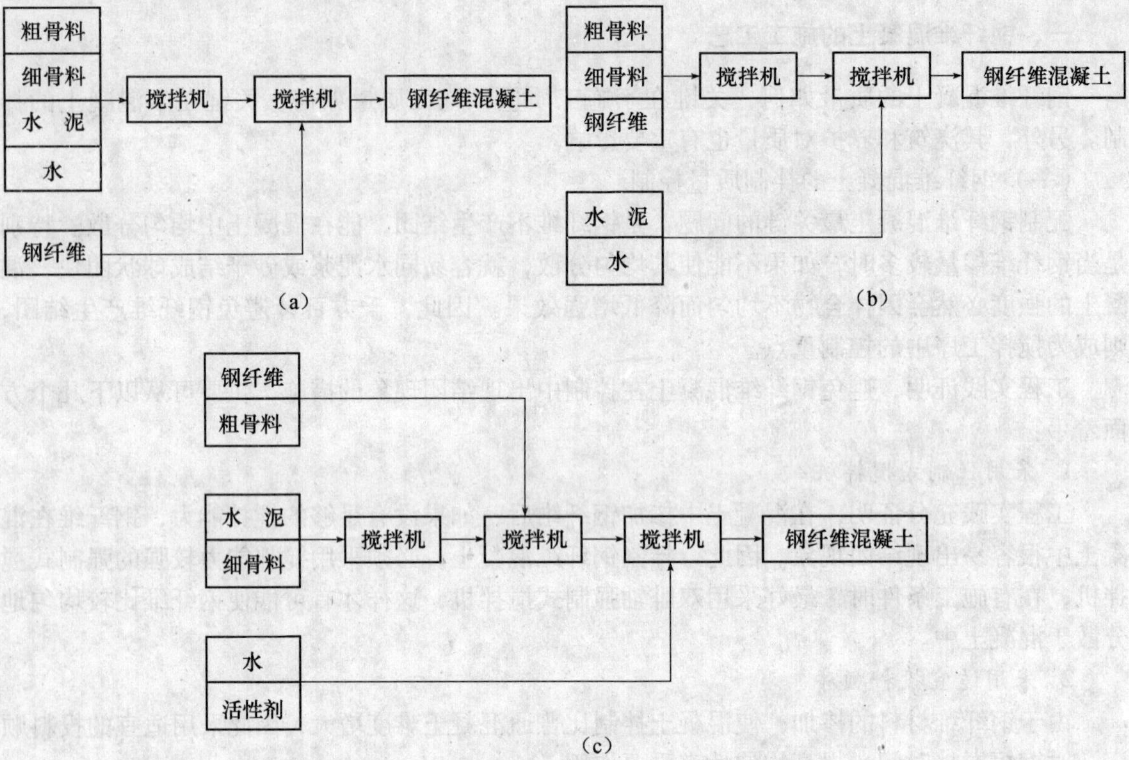

图9-16 钢纤维混凝土搅拌的三种投料顺序

(a) 投料顺序（一）；(b) 投料顺序（二）；(c) 投料顺序（三）

（二）钢纤维混凝土的浇筑与养护

钢纤维混凝土的浇筑和养护，除了按照普通混凝土的要求外，其工艺要点应符合表9-39中的规定。

表9-39 钢纤维混凝土浇筑和养护的工艺要点

项 目	工艺要点
基本要求	1. 宜将模型的杂角、棱角处做成圆角，以避免钢纤维露在混凝土表面； 2. 为使混凝土边角处达到饱满，宜进行模外振动，较大的构件可采用附着式振动器振捣； 3. 同一个连续浇筑区或一个完整的构件，浇筑工作应连续进行，不得中断；局部增强部分与普通混凝土搭接还应连续搭接，互相掺合，不得中断； 4. 混凝土应采用机械振捣为主，边角部位可用人工进行补插，但要确实保证振捣密实； 5. 振捣的时间应按规定进行，既不要欠振，也不要过振，特别是过度振捣则钢纤维向下沉积； 6. 浇筑和振捣方法在保证混凝土密实的同时，应保证钢纤维混凝土的均匀性和连续性，避免出现结团； 7. 不得采用快速脱模
路面、地面和桥面	1. 混凝土表面浇筑基本平整后，先用平板动捣器振捣密实，然后再用振动梁振平； 2. 用表面带有凸棱的金属圆滚将竖起的钢纤维和露在表面的石子压入混凝土内，再用圆滚将表面压平整；外表面不得裸露钢纤维，也不应留有浮浆； 3. 如果混凝土表面需做拉毛处理的，可在初凝前做好，进行拉毛时不得将钢纤维带出；拉毛工具可用刷子或压滚，不得使用木刮板、粗布刷或竹扫帚； 4. 路面、地面和桥面胀缩缝的设置，应当严格按设计施工

项　目	工艺要点
刚性防水屋面	1. 粗骨料的最大粒径不应大于 10mm； 2. 应采用平板振动器进行振实，并在泛浆后抹平，收水后随即压光
局部增强	1. 钢纤维混凝土用于受压增强时，其配置范围如图 9-17 所示，其高度应不小于配置区最小边长加 80mm，但三边临空和角部受压区不宜采用钢纤维混凝土增强； 2. 对钢筋混凝土板作抗冲切的局部增强，其配置范围如图 9-18 所示； 3. 框架节点中钢纤维混凝土进入相邻梁、柱中的范围为 50～100mm，如图 9-19 所示； 4. 用作局部增强的钢纤维混凝土所用的水泥，应与该结构混凝土所用的水泥同一品种、同一批号
混凝土养护	1. 养护基本上与普通混凝土相同，主要是应注意连续保湿养护；预制构件也可以用蒸汽养护； 2. 路面、地面和桥面等大面积面层，一般宜采用蓄水养护，或用蓄水性能良好的覆盖物淋水保湿养护

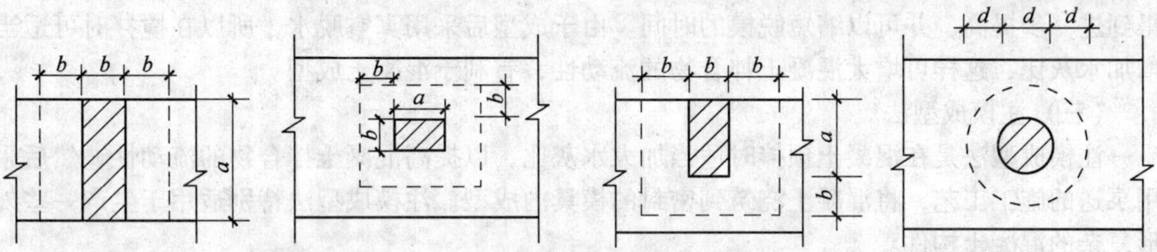

图 9-17　局部受压区钢纤维混凝土配置范围

注：1. 图中斜线为局部受压区；

2. 虚线为钢纤维混凝土最小配置范围。

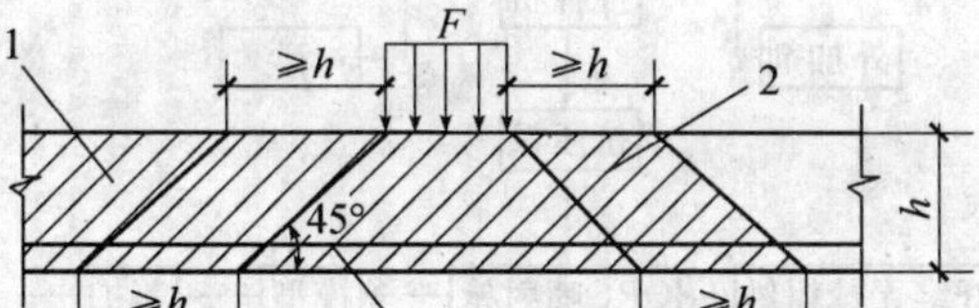

图 9-18　钢纤维混凝土在板内抗冲切增强配置范围

1—钢筋混凝土板；2—钢纤维混凝土；3—冲切力影响锥体斜面线

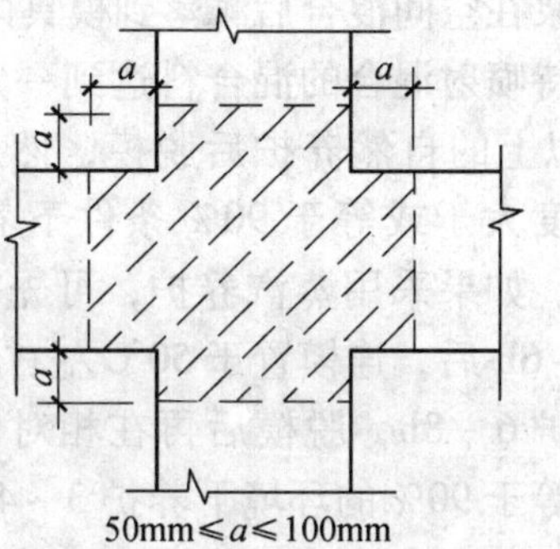

图 9-19　钢纤维混凝土在节点区的配置范围

注：斜虚线为钢纤维混凝土增强区。

二、玻璃纤维混凝土的施工工艺

玻璃纤维混凝土的浇筑、密实成型和纤维处理等施工工艺，与普通混凝土传统施工方法根本不同。浇筑要有专门的设备和特殊的方法，密实成型应采用不同类型的平板或插入式振动器、振动台和轮压设备。在一般情况下，玻璃纤维混凝土是采用普通硅酸盐水泥、粒径 2mm 以下的砂子，并根据不同的成型方法按适用的范围选用玻璃纤维。

为适应不同类型制品的需要，已经研究发展了预拌成型法、压制成型法、注模成型法、直接喷射法、喷射抽吸法、铺网-喷浆法和缠绕法等多种玻璃纤维混凝土的成型方法。如果采用玻璃纤维丝网，也可以采用与一般水泥制品相同的成型方法。

（一）预拌成型法

预拌成型法是先将水泥和砂在强制式搅拌机中干拌均匀，将增黏剂溶于少量的拌合水中（一般占总拌合水的1%左右），然后将短切玻璃纤维分散到有增黏剂的水中，再与拌合水同时加入到水泥与砂的干混合料中，边加边搅拌，直至均匀。

搅拌好的混凝土混合料分层入模并分层捣实，每层厚度不得超过25mm。捣实应采用平板式振动器。表面经抹光覆盖薄膜后，在温度大于或等于10℃的条件下养护24h脱模。脱模后再在相对湿度大于或等于90%、温度大于或等于10℃条件下养护7～8d即可使用。

（二）压制成型法

压制成型法是在预拌成型法的基础上，浇筑成型后在模板的一面或两面采用滤膜（如纤维毡、纸毡等）进行真空脱水过滤，以减少已成型混凝土中的水分，而使混凝土的强度得到进一步提高，并可以缩短脱模的时间。由于成型后采用真空脱水，所以在搅拌时可适当增加水灰比，这样可增大混凝土拌合物的流动性，有利于混凝土成型。

（三）注模成型法

注模成型法是在混凝土预拌时适当加大水灰比，以提高混凝土拌合物的流动性，然后采用泵送的施工工艺，将混凝土浇筑到密封的模具内成型。注模成型法特别适用于生产一些外形复杂的混凝土构件。

（四）直接喷射法

直接喷射法是利用专门的施工机械喷射机进行施工的方法。施工时用两个喷嘴，一个喷嘴喷射短切的玻璃纤维，一个喷嘴喷射拌制好的水泥砂浆，并使喷出的短切纤维与雾化的水泥砂浆在空间混合后溅落到模具内成型。

待喷射混合的混合料达到一定厚度后，用压辊或振动抹刀压实，再覆盖塑料薄膜，经20h以上的自然养护后脱模，然后在相对湿度大于或等于90%条件下养护7d左右。如果采用蒸汽养护，可先带模养护4～6h后，连模置于50℃左右的蒸汽中养护6～8h，脱模后再在相对湿度大于或等于90%的环境下养护3～4d即可用于工程。直接喷射法施工工艺流程如图9-20所示。

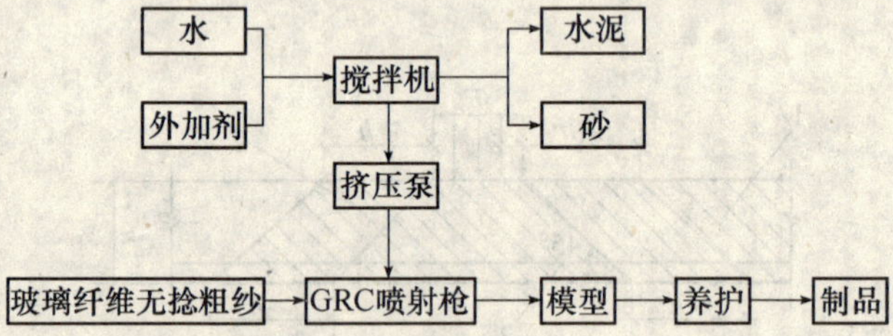

图9-20　直接喷射法施工工艺流程

用直接喷射法时，应使纤维喷枪与砂浆喷枪喷射方向的夹角保持在28°～32°之间，纤维喷枪的喷嘴与受喷面的距离应为300～400mm。

（五）喷射抽吸法

喷射抽吸法是在用直接喷射法成型时，采用可抽真空的模具（模具表面开有许多小孔，并覆以可滤水的毡布）。当喷射到规定的厚度后，通过真空（真空度约8000Pa）抽出部分水以降低混凝土的水灰比，达到降低孔隙率、提高强度的目的。

经过真空吸水后，可使混凝土拌合料成为具有一定形状的湿坯，然后用真空吸盘将湿坯吸至另一模具内，再进行进一步的模塑成型。这种方法不仅可以提高混凝土的强度，而且可以生产形状比较复杂的制品。所用的机具除模具与直接喷射法有区别外，还需要增加一套真空抽吸装置。

（六）铺网-喷浆法

铺网-喷浆法是将一定数量、一定规格的玻璃纤维网格布置于砂浆中，从而制得的一定厚度的玻璃纤维增强混凝土制品。具体的施工方法为：先用砂浆喷枪在模具内喷一层砂浆，然后铺一层玻璃纤维网格布；在网格布上再铺一层砂浆，接着铺第二层玻璃纤维网格布，如此反复喷射至设计厚度；再用真空抽吸法吸抽部分水，最后进行振压抹平收光。每层砂浆的厚度根据需要控制在 10 ~ 25mm，养护条件及时间，与直接喷射法相同。铺网-喷浆法的施工工艺流程如图 9-21 所示。

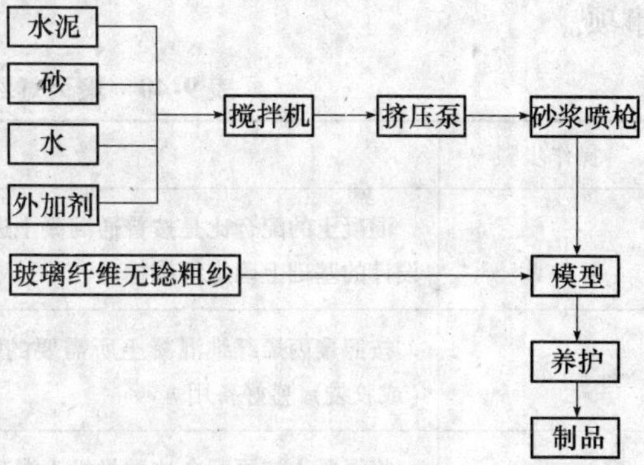

图 9-21　铺网-喷浆法的施工工艺流程

（七）缠绕法

缠绕法一般适用于生产玻璃纤维增强混凝土管材制品，如市政工程上常用的输水管道和空心柱材等。

玻璃纤维混凝土的缠绕法施工，与以上几种施工方法均不相同，所用的机具也比较特殊。缠绕法的施工工艺如下：

连续的玻璃纤维无捻纱在配制好的水泥浆槽中浸渍，然后按预定的角度和螺距绕在卷筒上，在缠绕过程中将水泥浆及短纤维喷在沾满水泥浆的连续玻璃纤维无捻纱上，然后用辊压机进行碾压，并利用抽吸法除去多余的水泥浆和水。由于缠绕法的玻璃纤维体积率很高，一般可以达到 15% 以上，因此生产的玻璃纤维混凝土的强度很高。工程实践证明，如果生产大批的玻璃纤维混凝土管材制品，完全可以实现生产过程自动化。

缠绕法生产玻璃纤维管材制品工艺如图 9-22 所示。

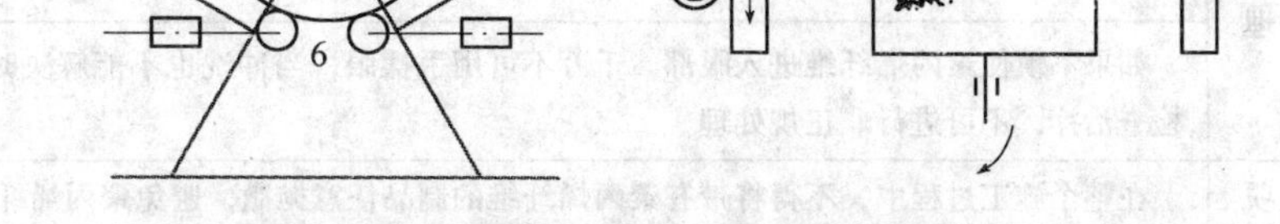

图 9-22　缠绕法生产玻璃纤维管材制品工艺

1—线筒；2—无捻纱；3—缠绕筒；4—水泥浆喷射机；5—切断的纤维喷射机；6—辊压机

三、聚丙烯纤维混凝土施工工艺

聚丙烯纤维混凝土的施工，在搅拌、运输、浇筑和养护等方法，均与普通混凝土基本相同。由于在混凝土基体中掺加了适量的聚丙烯纤维，所以在一些具体操作中还有不同之处。表9-40为聚丙烯纤维混凝土的搅拌操作要求，表9-41为聚丙烯纤维混凝土施工中的注意事项。

表9-40　聚丙烯纤维混凝土的搅拌操作要求

操作步骤	操作中的注意事项
1	混凝土的配合比是按普通混凝土进行设计的，聚丙烯纤维是另加的。此步是在混凝土基体配合比设计的基础上确定纤维掺量
2	按照聚丙烯纤维混凝土所需要的数量进行备料，质量要符合要求，称量要准确，并用清洁容器（或胶袋）盛好备用
3	将混凝土按原配合比数量投入混凝土搅拌机时，也同时将聚丙烯纤维投入，待这些干料搅拌均匀后，再加入水开始搅拌
4	搅拌完成后，取出部分拌合物试样进行观察，可能出现以下四个情况：一是合格，即可输送进行浇筑；二是稠度有很小的损失，这是因为纤维丝的影响，不会影响操作，可以浇筑混凝土；三是稠度与设计相差很大，处理的方法是加入适量的减水剂搅拌至合格即可使用，千万不可加水搅拌；四是混凝土搅拌合格，但纤维在混凝土中分布不均匀，这种情况可能因搅拌时间不足而造成，可再搅拌30s便可
5	在聚丙烯纤维混凝土搅拌操作中，搅拌机组工作人员在熟练掌握搅拌工艺后，在一般情况下不宜多变动，这样可保证混凝土的搅拌质量和搅拌效率

表9-41　聚丙烯纤维混凝土施工中的注意事项

序　号	项　目	操作时的注意事项
1	检查质量	在混凝土搅拌完毕后，应按照规定随机进行取样检查；如果聚丙烯纤维均匀分散在混凝土中，即可将混凝土送往浇筑地点
2	常规操作	聚丙烯纤维混凝土的浇筑、养护操作无特殊要求，在一般情况下与普通混凝土相同，可按照常规要求进行操作
3	配戴劳保用品	聚丙烯纤维有一个最大的缺陷是易使人的皮肤过敏，操作者应按规定穿戴好防护帽、眼镜、手套、工作服、鞋袜等，避免在施工中沾染散飞的聚丙烯纤维
4	意外处理	如果施工中不小心，聚丙烯纤维沾在人的皮肤上，或感到眼睛有不适，应当立即用水进行冲洗，千万不可大意
		如果不慎使聚丙烯纤维进入眼部，千万不可用手揉眼，当冲洗也不能解决时，应立即到医院检查治疗，不可进行非正规处理
5	其他事项	在整个施工过程中，不得将带有聚丙烯纤维的制品任意抛撒，避免聚丙烯纤维扩散

参 考 文 献

[1] 杨伯科主编．混凝土实用新技术手册［M］．长春：吉林科学出版社，1998.

[2] 高强与高性能混凝土委员会编．高强混凝土工程应用［M］．北京：清华大学出版社，1998.

[3] 赵志缙、李继业等编．高层建筑施工［M］．上海：同济大学出版社，1999.

[4] 李继业主编．新型混凝土技术与施工工艺［M］．北京：中国建材工业出版社，2002.

[5] 卢循主编．建筑施工技术［M］．上海：同济大学出版社，1999.

[6] 建筑施工材料手册编写组．建筑材料手册（第四版）［M］．北京：中国建筑工业出版社，2001.

[7] 迟培云等编著．现代混凝土技术［M］．上海：同济大学出版社，1999.

[8] 项翥行著．冬季混凝土施工工艺学［M］．北京：中国建材工业出版社，1993.

[9] 买淑芳著．混凝土聚合物复合材料及其应用［M］．北京：科学技术文献出版社，1996.

[10] 高丹盈等编著．钢纤维混凝土设计与应用［M］．北京：中国建筑工业出版社，2003.

[11] 张应力主编．现代混凝土配合比设计手册［M］．北京：人民交通出版社，2003.

[12] 张明征编著．高性能混凝土的配制及应用［M］．北京：中国计划出版社，2003.

[13] 赵志缙等编著．新型混凝土及其施工工艺［M］．北京：中国建筑工业出版社，1986.

[14] 李兰权编．混凝土施工手册（第三版）［M］．北京：中国建筑工业出版社，2005.

[15] 冯乃谦编著．流态混凝土［M］．北京：中国铁道出版社，1988.

[16] 雍本主编．特种混凝土配合比手册［M］．成都：四川科学技术出版社，2003.

[17] 乔英杰，李家和等编著．特种水泥与新型混凝土［M］．哈尔滨：哈尔滨工业大学出版社，1997.

[18] 傅温主编．混凝土工程新技术［M］．北京：中国建材工业出版社，1996.

[19] 杨文浦、钱绍武编．道路施工工程师手册［M］．北京：人民交通出版社，1997.

[20] 王政、战宁亭主编．新型建筑材料［M］．哈尔滨：哈尔滨工业大学出版社，1996.

[21] 曹文达、曹栋编著．新型混凝土及其应用［M］．北京：金盾出版社，2001.

[22] 程绪楷主编．建筑施工技术［M］．北京：化学工业出版社，2005.

[23] 悉尼．明德斯等著．方秋清等译．混凝土［M］．北京：中国建筑工业出版社，1989.

[24] 李继业编著．新型混凝土实用技术手册［M］．北京：化学工业出版社，2005.

[25] 沈旦申编著．粉煤灰混凝土［M］．北京：中国铁道出版社，1989.

[26] 张厚先、王志清主编．建筑施工技术［M］．北京：机械工业出版社，2003.

[27] 吴中伟、张鸿直著．膨胀混凝土［M］．北京：中国铁道出版社，1990.

[28] 程良奎编著．喷射混凝土［M］．北京：中国建筑工业出版社，1990.

[29]《建筑施工手册》编写组编．建筑施工手册（第二版）［M］．北京：中国建筑工业出版社，1992.

[30] 陈肇元等编著．高强混凝土及其应用［M］．北京：中国建筑工业出版社，1992.

[31] 王士川主编．建筑施工技术［M］．北京：冶金工业出版社，2004.

[32] 雍本编著．特种混凝土设计与施工［M］．北京：中国建筑工业出版社，1993.

[33] 中国建筑工业出版社编．现行建筑材料规范大全［M］．北京：中国建筑工业出版社，1995.

[34] 李继业主编．建筑装饰材料［M］．北京：科学出版社，2002.

[35] 雍本编著．特种混凝土施工手册［M］．北京：中国建材工业出版社，2005.

[36] 文梓芸等主编．混凝土工程与技术［M］．武汉：武汉理工大学出版社，2004.

[37] 赵志缙、赵帆编著．混凝土泵送施工技术［M］．北京：中国建筑工业出版社，1998.

[38] 李继业主编．道路建筑材料［M］．北京：科学出版社，2004.

[39] 沈威等编著．水泥工艺学［M］．武汉：武汉工业大学出版社，1991.

［40］张信鹏等编著．耐腐蚀混凝土［M］．北京：化学工业出版社，1989.
［41］王异，周兆桐主编．混凝土手册（六册）［M］．长春：吉林科学出版社，1985.
［42］沈荣熹等编著．纤维增强水泥与纤维增强混凝土［M］．北京：化学工业出版社，2006.
［43］姚燕等主编．高性能混凝土［M］．北京：化学工业出版社，2006.
［44］姚武编著．绿色混凝土［M］．北京：化学工业出版社，2006.